2021年主题出版重点出版物

国家自然科学基金应急项目系列丛书

中国乡村振兴之路

——理论、制度与政策

刘守英　程国强　等/著

科学出版社
龍門書局
北京

内 容 简 介

2021 年中央一号文件提出全面推进乡村振兴。党的十九大报告提出实施乡村振兴战略，作为实现“两个一百年”奋斗目标的重要举措。本书在构建乡村振兴理论框架的基础上，研究了乡村产业兴旺、生态宜居、智慧治理、农民增收、生产要素流动、农业支持保护和巩固脱贫攻坚成果所面临的深层次约束和问题，基于学术研究和实地调研提出乡村振兴的实施路径、政策建议和体制保障，对实施乡村振兴战略的决策制定、政策实施和政府工作具有重大指导意义。

本书适合从事乡村振兴和城乡融合政策研究、政策制定和实践操作的政府官员、研究人员及基层工作人员，经济学、社会学、农林经济管理、城市规划等专业背景的从事乡村振兴学习和研究的硕博士研究生，以及对乡村振兴和城乡融合感兴趣的普通读者阅读。

图书在版编目（CIP）数据

中国乡村振兴之路：理论、制度与政策 / 刘守英等著. —北京：科学出版社，2021.11

（国家自然科学基金应急项目系列丛书）

2021 年主题出版重点出版物

ISBN 978-7-03-069906-0

Ⅰ. ①中…　Ⅱ. ①刘…　Ⅲ. ①农村–社会主义建设–研究–中国　Ⅳ. ①F320.3

中国版本图书馆 CIP 数据核字（2021）第 196897 号

责任编辑：李　莉　陈会迎　江　研 / 责任校对：贾娜娜

责任印制：霍　兵 / 封面设计：有道设计

科学出版社
龍門書局 出版

北京东黄城根北街 16 号

邮政编码：100717

http://www.sciencep.com

三河市春园印刷有限公司 印刷

科学出版社发行　各地新华书店经销

*

2021 年 11 月第　一　版　开本：720×1000　1/16

2022 年 12 月第五次印刷　印张：29

字数：580 000

定价：98.00 元

（如有印装质量问题，我社负责调换）

国家自然科学基金应急项目系列丛书
编委会

总　序

为了对当前人们所关注的经济、科技和社会发展中出现的一些重大管理问题快速做出反应，为党和政府高层科学决策及时提供政策建议，国家自然科学基金委员会于 1997 年特别设立了管理科学部主任基金应急研究专款，主要资助开展关于国家宏观管理及发展战略中急需解决的重要的综合性问题的研究，以及与之相关的经济、科技和社会发展中的“热点”与“难点”问题的研究。

应急管理项目设立的目的是为党和政府高层科学决策及时提供政策建议，但并不是代替政府进行决策。根据学部对于应急管理项目的一贯指导思想，应急研究应该从“探讨理论基础、评介国外经验、完善总体框架、分析实施难点”四个主要方面为政府决策提供支持。每项研究的成果都要有针对性，且满足及时性和可行性要求，所提出的政策建议应当技术上可能、经济上合理、法律上允许、操作上可执行、进度上可实现和政治上能为有关各方所接受，以尽量减少实施过程中的阻力。在研究方法上要求尽量采用定性与定量相结合、案例研究与理论探讨相结合、系统科学与行为科学相结合的综合集成研究方法。应急管理项目的承担者应当是在相应领域中已经具有深厚的学术成果积累，能够在短时间内（通常是 9～12 个月）取得具有实际应用价值成果的专家。

作为国家自然科学基金专项项目，管理科学部的应急管理项目已经逐步成为一个为党和政府宏观决策提供科学、及时的政策建议的项目类型。与国家自然科学基金资助的绝大部分（占预算经费的 97%以上）专注于对经济与管理活动中的基础科学问题开展理论方法研究的项目不同，应急管理项目面向国家重大战略需求中的科学问题，题目直接来源于实际需求并具有限定性，要求成果尽可能贴近实践应用。

应急管理项目要求承担课题的专家尽量采用定性与定量相结合的综合集成方法，为达到上述基本要求，保证能够在短时间内获得高水平的研究成果，项目的承担者在立项的研究领域应当具有较长期的学术积累和数据基础。

自 1997 年以来，管理科学部对经济、科技和社会发展中出现的一些重大管理问题做出了快速反应，至今已启动 101 个项目，共 833 个课题，出版相关专著 57 部。已经完成的项目取得了不少有影响力的成果，服务于国家宏观管理和决策。

应急管理项目的选题由管理科学部根据国家社会经济发展的战略指导思想和方针，在广泛征询国家宏观管理部门实际需求和专家学者建议及讨论结果的基础上，形成课题指南，公开发布，面向全国管理科学家受理申请；通过评审会议的形式对项目申请进行遴选；组织中标研究者举行开题研讨会议，进一步明确项目的研究目的、内容、成果形式、进程、时间节点控制和管理要求，协调项目内各课题的研究内容；对每一个应急管理项目建立基于定期沟通、学术网站、中期检查、结题报告会等措施的协调机制以及总体学术协调人制度，强化对于各部分研究成果的整合凝练；逐步完善和建立多元的成果信息报送常规渠道，进一步提高决策支持的时效性；继续加强应急研究成果的管理工作，扩大公众对管理科学研究及其成果的社会认知，提高公众的管理科学素养。这种立项和研究的程序是与应急管理项目针对性和时效性强、理论积累要求高、立足发展改革应用的特点相称的。

为保证项目研究目标的实现，应急管理项目申报指南具有明显的针对性，从研究内容到研究方法，再到研究的成果形式，都具有明确的规定。管理科学部将应急管理项目的成果分为四种形式，即专著、政策建议、研究报告和科普文章，本丛书即应急管理项目的成果之一。

希望此套丛书的出版能够对我国管理科学政策研究起到促进作用，对政府有关决策部门发挥借鉴咨询作用，同时也能对广大民众有所启迪。

国家自然科学基金委员会管理科学部

2020 年 9 月

前　言

这项研究成果交付出版社，正好是中国实现现行标准下消除绝对贫困的人类历史上罕见的奇迹之日。从此，中国开启从脱贫致富奔小康向乡村振兴的历史性战略转移。这项研究成果的形成，得益于国家自然科学基金的远见，在党的十九大提出乡村振兴战略后即设立如何实施乡村振兴战略的应急课题，使中标该课题的主要成员得以进行合作研究，并产出呈现在读者面前的这一凝聚了每个成员对乡村的关注与心血的成果。本书在构建一个分析乡村振兴的理论框架基础上，对乡村产业兴旺、生态宜居、智慧治理、农民增收、生产要素流动、城乡融合、农业支持保护和巩固脱贫攻坚成果进行了基于学理和实地调研的研究，提出了实现乡村振兴的实施路径、体制保障和政策措施，尽了我们这批长期研究乡村问题的学人的心力。

本书首先提出了一个分析乡村振兴的理论，旨在表明中国在城市化水平达到60%基础上乡村振兴的基本格局，明确提出城乡中国是我们理解、分析和解决中国乡村现代化的基本结构形态，农民的代际革命及他们与土地和村庄的黏度变化是乡村转型的根本维度，任何违背这一规律的极端都将加重乡村问题。在乡村振兴的支撑框架里，我们强调了食品安全和生态安全在乡村振兴作为国家战略实施中的支撑作用，只有守住了这两个安全，乡村振兴才有实现的前提。为此，国家相关农业和乡村支持保护政策的实施不仅是为了农民和农村的发展，更是为了国家现代化战略的实施。产业兴旺是乡村振兴的根本，我们的研究表明农业产业的低回报、产业单一和低复杂度是中国与发达经济体乡村产业产生差距的根本原因，必须革新农业理念，推进农业要素组合与升级，实现农业和乡村产业革命。生态宜居是乡村振兴的基本形态，我们的研究明确提出乡村振兴中的乡村与自然是紧密的孪生体，村庄既是农民关系的载体，也是与生态环境互动的主体，乡村规划与形态必须以生态韧性为导引，实现人、村庄与自然的有机和谐。农民收入可持续增长与缩小和其他群体差距是乡村振兴的标志，我们的研究表明，农民非农收入的增长难度加大及财产性收入低是影响农民收入增长的主要制约因素，只有真正实现农民的市民化才能使整体农民群体和继续从事乡村产业的农民实现收入水平的提高。乡村治理是乡村振兴的内在规则保障，我们的研究表明，乡村的正式规则和非正式规则都在发生历史性变化，智慧治理嵌入乡村社会是提升乡村治理效能的重要途径。全面脱贫后农民收入的可持续增加依然是乡村振兴阶段的重要问题，我们的研究表明，正确理解乡村产业的基本特性，发展提高在地农民劳动利用率的可持续乡村产业是增加农民收入的可行方式。城乡融合是城乡中国格局下乡村振兴的基本路径，我们的研究表明，乡村振兴的重要空间在城市与乡村的融合和延伸带上，只要打破城乡二元制度阻隔，实现要素、公共服务、基本权利的城乡平等，就能实现城乡融合与乡村振兴。

2021 年，中国开启建设现代化国家新征程。没有乡村现代化，就没有国家现代化；没有乡村振兴，就没有乡村现代化。乡村仍是相较于城市的弱势空间，农业仍是相较于其他产业的弱质产业，农民仍然是相较于其他群体的弱势群体，不能有浪漫主义，唯有脚踏实地，一步一个脚印，才能真正使乡村复兴，也才能实现中华民族之复兴。

刘守英

2021 年 2 月 26 日

目　录

第一章　乡村振兴的理论与制度供给 ……………………………………………1
第一节　研究进展 ……………………………………………………………………1
第二节　关于乡村振兴的理论 ………………………………………………………7
第三节　影响乡村振兴与城乡融合发展的体制机制与制度问题分析 ………16
第四节　强化乡村振兴制度建设与政策支撑的总体思路、目标模式与路径选择 ………………………………………………………………………28
第五节　乡村振兴制度框架与政策体系 …………………………………………32
参考文献 ……………………………………………………………………………39
第二章　农业高质量发展与乡村振兴：一个政策框架 ……………………41
第一节　乡村振兴的支撑政策需求 ………………………………………………41
第二节　乡村振兴支持政策的国际经验镜鉴 ……………………………………46
第三节　农业支持保护政策的改革创新与体系完善 ……………………………51
第四节　构建城乡融合发展体制机制与政策体系 ………………………………56
第五节　乡村振兴支持政策的探索实践和改革创新 ……………………………62
参考文献 ……………………………………………………………………………71
第三章　乡村产业振兴机制研究 ………………………………………………73
第一节　城乡中国时代的乡村产业新需求与新供给 ……………………………73
第二节　质量兴农体制机制研究 …………………………………………………76
第三节　一二三产业融合的体制机制研究 ………………………………………109
参考文献 ……………………………………………………………………………129
第四章　完善农民增收的体制机制研究 ………………………………………133
第一节　农业补贴政策与农户家庭经营收入 ……………………………………133
第二节　劳动力市场与农户工资性收入 …………………………………………154
第三节　美国家庭农场的政策体系及其对中国农户增收的启示 ………………170
第四节　完善农民增收体制机制的政策建议 ……………………………………173
参考文献 ……………………………………………………………………………176

第五章　生态宜居目标导向下乡村空间规划和建设指引的政策建议 ………… 179
第一节　乡村生态宜居环境内涵和组成 ………… 179
第二节　乡村人居环境规划建设面临的挑战 ………… 186
第三节　乡村空间规划研究和政策建议 ………… 193
第四节　乡村规划建设指引案例研究和政策建议 ………… 208
参考文献 ………… 223

第六章　新型农业支持保护政策体系设计：问题、成因与策略 ………… 225
第一节　现实背景 ………… 225
第二节　文献综述 ………… 226
第三节　我国农业支持保护的基本特征与现存问题 ………… 229
第四节　新型农业支持保护政策体系设计 ………… 230
第五节　农业发展的五大困境及其成因分析 ………… 237
第六节　实施农业支持保护的策略探索 ………… 239
第七节　对策建议 ………… 268
参考文献 ………… 271

第七章　乡村治理有效实践研究 ………… 277
第一节　人口流动与乡村治理面对的新场景 ………… 278
第二节　数字技术应用与多主体参与的实践 ………… 282
第三节　融入数字乡村的智慧治理机制 ………… 307
参考文献 ………… 312

第八章　县域乡村治理数字化的路径：对浙江五个先行县（市、区）的比较研究 ………… 314
第一节　引言 ………… 314
第二节　县域乡村治理数字化推进的背景 ………… 316
第三节　县域乡村治理数字化平台的不同 ………… 318
第四节　乡村治理数字化的推广路径 ………… 324
第五节　结语 ………… 335
参考文献 ………… 336

第九章　构建权利开放与要素通畅的城乡土地制度体系 ………… 337
第一节　研究的背景和意义 ………… 337
第二节　国内外研究现状 ………… 339

第三节　权利开放——中国土地制度改革的经验与展望 …………………… 342
第四节　城乡要素流通面对的体制机制障碍 …………………………… 347
第五节　市场与产权——土地制度改革主要问题辨析 ………………… 349
第六节　地方改革实践 …………………………………………………… 352
第七节　构建城乡权利开放、要素通畅的体制机制和政策体系 ………… 379
参考文献 …………………………………………………………………… 381

第十章　深度贫困地区贫困的特征、机理与脱贫模式研究 ………………… 383
第一节　深度贫困地区的贫困特征与政策倾斜 ………………………… 383
第二节　深度贫困地区的贫困发生机制 ………………………………… 392
第三节　深度贫困地区的产业扶贫模式研究 …………………………… 398
第四节　深度贫困地区的脱贫机理研究 ………………………………… 410
第五节　扶贫产业发展的社会基础 ……………………………………… 421
第六节　政策建议 ………………………………………………………… 424
参考文献 …………………………………………………………………… 427

第十一章　乡村振兴的主要挑战与政策建议 ………………………………… 428
第一节　加大制度供给，完善乡村振兴的体制机制 …………………… 429
第二节　促进乡村产业兴旺的政策机制 ………………………………… 433
第三节　提升生态韧性的乡村宜居空间规划和建设指引 ……………… 434
第四节　多主体参与、场景关注与乡村智慧治理 ……………………… 438
第五节　完善农民增收的体制机制 ……………………………………… 441
第六节　生产要素间自由流动与合理配置的体制机制 ………………… 443
第七节　基于目标导向的新型农业支持保护政策体系 ………………… 445
第八节　总结深度贫困地区脱贫经验，实现深度贫困地区与乡村振兴的
有效衔接 ……………………………………………………………… 447

第一章　乡村振兴的理论与制度供给①

第一节　研 究 进 展

一、农业为什么没有跟上工业化步伐

工业化在后发经济体中一直被赋予至高无上的地位，它被普遍认为是一切现代社会进步的动力和源泉（Chang，1949）。但是，工业化普遍被理解为经济重心由初级产品向制造业生产的转移（Chenery et al.，1986），主要特征为制造业活动在国民收入和劳动人口中份额的上升（伊特韦尔等，1996）。这种对工业化的片面理解造成二战后很多民族国家的农业发展受挫和对国民经济的拖累。Krueger（1997）认为，发展中国家误以为工业能够带来经济发展而农业代表落后，从而应当用获得的农业剩余来补贴工业，尤其许多社会主义国家通过剪刀差实现这一目标。张培刚（1992）认为，将工业化看作制造业（尤其是重工业部门）在国民经济中比重的增加，造成了只注重集中资源投资于制造业，而忽视了传统农业的改造和农村发展的错误倾向，这是二战后发展中国家工业化进程步履维艰和屡屡失败的重要根源之一。张培刚正确指出，工业化应该涵盖整个国民经济，它至少应该包括工业和农业的机械化与现代化。工业化表现为“一系列基要的生产函数”发生连续的变化，进而导致生产过程、经济组织、社会结构，以及人们的生活方式、消费方式、行为方式和思维方式的变化。以此认识工业化，就不可能出现为了发展工业制造业而牺牲农业的错误倾向（Chang，1949）。

遗憾的是，以错误理念推动的工业化就在提出过正确概念的经济学家的国家发生了。林毅夫等（2012）研究发现，中国通过重工业优先发展战略建立完备的工业体系、实现从农业国到工业国的转变，所付出的代价极其高昂。这套政策导致农业增长速度下降，也造成农产品和农业生产要素市场的扭曲（蔡昉和杨涛，2000）。要素市场扭曲所导致的农业增长缓慢，使得整个经济增长受到影响。Knight和Song（1993）认为，由此导致的对农村劳动力向城市流动的限制，导致了中国

① 本章为国家自然科学基金应急项目（71841004）总课题“乡村振兴的理论、制度供求与体制政策保障——总体思路、目标模式与基本框架”（承担单位：中国人民大学。课题主持人：刘守英。课题组成员：熊雪锋、龙婷玉、颜嘉楠、王宝锦、陈航、王维汀、张悦洲、程果）研究成果的一部分。本章执笔人：刘守英、熊雪锋。

的农村贫困。

二、城市偏向导致的城乡差距

城市是经济、政治和人民精神生活的中心，是前进的主要动力[①]。都市化是人口从乡村向城市运动，并在城市中从事非农业工作，是乡村生活方式向城市生活方式的转变。但是，后发经济体实施的城市偏向政策往往导致农业、农村发展被忽视。形成城市倾向政策的手段通常是实行“工农业产品价格的剪刀差”政策，即通过扭曲产品和生产要素价格，创造偏向城市而不利于农业、农村和农民的政策，获取农业剩余以补贴工业化（Schultz，1978）。发展中国家选择城市倾向政策，一方面，对农业征税可以为工业化提供绝对必要的财政支持。中国城乡分割的根源在于中央计划经济采取了重工业优先的发展策略，需要提取农业剩余以增加城市资本积累及对城市进行补贴（Yang，1999）。另一方面，大多数发展中国家的政治结构造成城乡居民在政治谈判地位和政策影响力上存在严重的不对等。农村部门拥有大多数贫困人口及成本低廉的各种资源，城市部门拥有大部分的表达渠道、组织和权力，农民的分散居住和个体产出水平占比有限导致极高的集体沟通成本和“搭便车”问题，这些因素导致农村部门居于不利地位。中国实施城市倾向政策的根源在于中华人民共和国成立初期确立的重工业优先发展战略，改革开放之后城市倾向政策依然存在则是由于原有战略形成的城市利益刚性（蔡昉和杨涛，2000）。

中国城市倾向政策的主要执行机制包括对农业生产的控制、农产品上缴、压低粮价，以及通过户籍制度对劳动力由农村到城市的流动进行限制。城乡居民之间的福利待遇差异、倾向性政策下农村居民更高的生活成本、城乡之间教育及医疗卫生设施差异及有利于城市的金融转移项目，导致了巨大的城乡收入差距。城市倾向政策造成农产品和农业生产要素市场的扭曲，导致经济系统的扭曲，从而最终降低了农业和整个经济体系的增长（蔡昉和杨涛，2000），对中国未来的经济增长不利。

三、城乡统筹与城乡关系调整

直到 20 世纪 90 年代中期前后，农村总体上都仍处于为城市和工业部门提供资金的阶段，在 1998 年国家确立“多予、少取、放活”的方针后，情况才有所缓解，但是农村、农业受扶持的力度非常有限（李明等，2014）。2002 年以来中央政府对城乡关系进行了重大调整，我国城乡关系进入城乡统筹发展阶段，密集出台

① 《列宁全集》（第十九卷），北京：人民出版社，1959。

了一系列强农惠农富农政策（表 1-1）。

表 1-1　中共十六大以来城乡统筹政策演变

来源	日期	提法
中共十六大：《全面建设小康社会，开创中国特色社会主义事业新局面》	2002 年 11 月 8 日	统筹城乡经济社会发展，建设现代农业，发展农村经济，增加农民收入
中共十六届三中全会：《中共中央关于完善社会主义市场经济体制若干问题的决定》	2003 年 10 月 14 日	统筹城乡发展；建立有利于逐步改变城乡二元经济结构的体制；统一城乡劳动力市场；形成城乡劳动者平等就业的制度
中共十六届五中全会：《中国共产党第十六届中央委员会第五次全体会议公报》	2005 年 10 月 11 日	促进城乡区域协调发展；统筹城乡经济社会发展，推进现代农业建设，全面深化农村改革，大力发展农村公共事业，千方百计增加农民收入
中共十七大：《高举中国特色社会主义伟大旗帜 为夺取全面建设小康社会新胜利而奋斗》	2007 年 10 月 15 日	统筹城乡发展，推进社会主义新农村建设；建立以工促农、以城带乡长效机制，形成城乡经济社会发展一体化新格局
中共十七届三中全会：《中共中央关于推进农村改革发展若干重大问题的决定》	2008 年 10 月 12 日	大力推动城乡统筹发展；以工促农、以城带乡；破除城乡二元结构、形成城乡经济社会发展一体化新格局；统筹城乡经济社会发展；构建新型工农、城乡关系；建立健全以工促农、以城带乡长效机制；推进城乡基本公共服务均等化，实现城乡、区域协调发展；促进公共资源在城乡之间均衡配置、生产要素在城乡之间自由流动，推动城乡经济社会发展融合；统筹城乡产业发展；统筹城乡基础设施建设和公共服务；统筹城乡劳动就业；统筹城乡社会管理
中共十八大：《坚定不移沿着中国特色社会主义道路前进 为全面建成小康社会而奋斗》	2012 年 11 月 8 日	推动城乡发展一体化；加大统筹城乡发展力度，增强农村发展活力，逐步缩小城乡差距，促进城乡共同繁荣；加快完善城乡发展一体化体制机制，着力在城乡规划、基础设施、公共服务等方面推进一体化，促进城乡要素平等交换和公共资源均衡配置，形成以工促农、以城带乡、工农互惠、城乡一体的新型工农、城乡关系
中共十八届三中全会：《中共中央关于全面深化改革若干重大问题的决定》	2013 年 11 月 12 日	健全城乡发展一体化体制机制；必须健全体制机制，形成以工促农、以城带乡、工农互惠、城乡一体的新型工农城乡关系，让广大农民平等参与现代化进程、共同分享现代化成果
中共十九大：《决胜全面建成小康社会 夺取新时代中国特色社会主义伟大胜利》	2017 年 10 月 18 日	建立健全城乡融合发展体制机制和政策体系，加快推进农业农村现代化

资料来源：依据历年文件整理

总的来说，中共十六大以来统筹城乡发展对城乡之间公共资源均衡分配功不可没，城乡之间公共政策差距在缩小。但是，在城乡统筹中政府占主导、市场力量不足，最后导致乡村被城市“统筹”，城市高度繁荣、农村衰败的局面并没有得到改变。城乡分隔的二元体制和城市优先发展战略，促使大量劳动力、土地、资本等生产要素向城市集聚，制约了乡村可持续发展，引发了日趋严峻的“乡村病”：土地、人口等生产要素高速非农化（姜德波和彭程，2018）；农村社会主体过快老弱化、乡村人气不旺、人力不足，制约了现代农业与乡村的转型发展（刘彦随，2018）。农村青壮年主力军选择离开家乡到大城市闯荡，他们离土、出村、不愿意回村，加剧了农村的衰落（姜德波和彭程，2018），村庄用地严重空废化。2011 年，全国空心村综合整治潜力已达 1.14 亿亩[①]（刘彦随等，2011），空心村不整治，新农村难振兴（刘彦随，2018）；此外，还存在城乡居民收入差距难以缩小（韩俊，2009）、乡村社会治理机制不完善等问题（姜德波和彭程，2018）。

四、中共十九大以来对乡村振兴战略的解读

（一）乡村振兴的意义

现阶段我国社会主要矛盾已经转化为人民日益增长的美好生活需要和不平衡不充分的发展之间的矛盾，这种发展的不平衡不充分，突出反映在农业和乡村发展的滞后上（陈锡文，2018a）。随着农业机械化的普及和农业社会化服务体系的健全，农民在大宗作物生产上的劳动强度逐步降低，劳动时间不断减少，如果能使农民利用好比以往更充裕的剩余劳动时间，在农村创造新的供给、满足城镇居民新的需求，正是实施乡村振兴战略的本意所在（韩俊，2009）。

（二）乡村振兴的内容

顾益康（2017）将乡村振兴战略概括为坚持七个原则：要坚持党管农村工作，坚持农业农村优先发展，坚持农民主体地位，坚持乡村全面振兴，坚持城乡融合发展，坚持人与自然和谐共生，坚持因地制宜、循序渐进。陈文胜（2017）认为乡村振兴应当包含美好产业、美好家园、美好风气、美好秩序和美好生活等五个方面。

（三）乡村振兴的路径和制度保障

党国英（2018）提出五个建立健全城乡融合制度保障体制：一是必须建立城乡统一的要素市场，进一步扩大要素在城乡之间的自由流动；二是必须抛弃将农村视为剩余劳动力和贫困人口这两个“蓄水池”的陈旧思想；三是必须将农业竞争力提高战略纳入国民经济整体竞争力提高战略；四是必须使各项经济政策推动

---

① 1 亩≈666.67 平方米。

中国人口布局大调整；五是必须完成现行农村政策在实施对象上的转变。除此之外，还应当实现农业技术进步模式转变、农地保护模式转变、城乡区划模式转变、城乡社会治理模式转变、土地产权制度及农业经营制度变革。

（四）乡村振兴的路径

实施乡村振兴战略就是要坚持改革创新精神，2017 年中央农村工作会议提出按照“七个必须”的要求走中国特色社会主义乡村振兴道路：一是必须重塑城乡关系，走城乡融合发展之路；二是必须巩固和完善农村基本经营制度，走共同富裕之路；三是必须深化农业供给侧结构性改革，走质量兴农之路；四是必须坚持人与自然和谐共生，走乡村绿色发展之路；五是必须传承发展提升农耕文明，走乡村文化兴盛之路；六是必须创新乡村治理体系，走乡村善治之路；七是必须打好精准脱贫攻坚战，走中国特色减贫之路。刘守英（2017）从以下五个方面阐述乡村振兴的路径：一是完整理解乡村振兴战略，改变重农业增产、农民增收而轻农村现代化的倾向；二是从城乡统筹转向城乡融合，实现人、地、资本等要素的城乡互动，实现城市和乡村文明共荣共生；三是农业农村优先发展和农业农村现代化；四是改革农村土地产权和农业经营制度；五是乡村治理，重建乡村秩序和制度。

（五）乡村振兴要注意的问题

陈锡文（2018b）给出以下提醒：①关于巩固和完善农村基本经营制度，坚持农村土地农民集体所有，坚持家庭经营的基础性地位，坚持稳定土地承包关系，实行“三权分置”（指农地所有权、承包权和经营权的分置）。②关于深化农村集体产权制度改革，落实农民集体土地承包权、宅基地使用权和集体资产收益分配权，明确农村集体经济组织的基本性质。③关于实现小农户和现代农业发展有机衔接，在有条件也符合农民意愿的地方，应当引导土地经营权流转、集中及发展适度规模经营。但是，并非所有的耕地都适合规模经营，关键是要向小农户的生产提供优良品种、栽培技术、储运营销和其他各种适合于他们的服务。把握好土地经营权流转、集中及规模经营的度，要与城市化进程和农村劳动力转移规模相适应，与农业科技进步和生产手段改进程度相适应，与农业社会化服务水平提高相适应。

五、乡村振兴的国际理论与经验借鉴

（一）乡村振兴的欧美实践

欧美国家的工业化虽然带来了经济上的繁荣，但在工业化和城市化快速推进过程中，依然存在乡村发展滞后于城市、农村居民收入增长滞后于城市居民收入增长的不协调现象。以美国为例，20 世纪 40 年代，美国非农业人口与农业人口可支配收入比值为 1.66，50 年代扩大到 2（曾国安和胡晶晶，2008）。不仅城乡居民收入差距在扩大，城乡基础设施建设、公共服务方面也存在巨大差异。为此，美国通过发展农业规模经营，鼓励农民发展农业以外的经济，加大对农民的直接经济补贴，加强农村道路、水电、市场等基础设施及教育、文化、卫生等社会事业建设，为农村发展和缩小城乡差距提供了保障；同时，针对农民职业技能薄弱的状况，实施了旨在提高农民技能和素质的“工读课程计划”。这一系列措施改善了美国乡村发展的条件，提升了乡村发展价值，推动了乡村快速发展（图 1-1）。无独有偶，20 世纪 60 年代中期，法国及一些欧洲发达国家的大都市出现了繁荣城市与落后乡村并存的现象。一方面，大都市中人口拥挤导致住房、交通、环境等条件不断恶化，城市发展的成本不断提高，“城市病”日益严重；另一方面，大都市周边存在着辽阔的农村，这些农村不仅可以吸纳都市人口和企业，还可以减少由拥挤产生的“城市病”，但由于基础设施、公共服务等方面发展落后，其价值均未很好地得到体现。为此，这些国家专门制订了大都市周边地区乡村发展计划。例如，巴黎对中心区征收“拥挤税”，对从中心区搬迁到郊区且占地 500 平方米以上的工厂，政府给予 60%的搬迁补偿费；同时确定了“保护旧市区，重建副中心，发展新城镇，爱护自然村”的方针，由农业区、林业区、自然保护区和中小城镇组成乡村绿化带，加强农村基础设施建设和社会事业建设，实现乡村生活方式城市化，使乡村拥有跟城市同等的生活条件（张军和李勤，2010）。

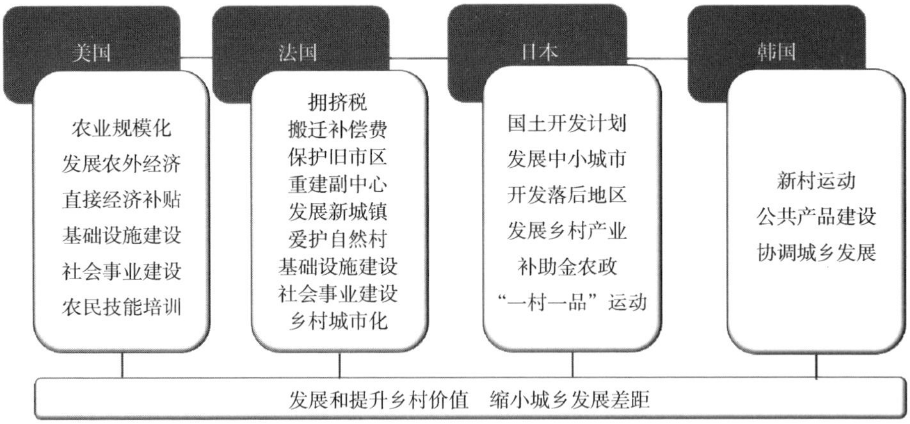

图 1-1　乡村振兴的国际经验

（二）乡村振兴的日韩实践

日本、韩国与中国相邻，文化相通，因此，这两个国家在工业化和城市化进程中有关乡村振兴的经验，对中国乡村振兴更具参考意义。日本和韩国都属于经济分布空间和人口分布空间均极度失衡的国家。例如，1975 年日本 26.9%以上的工业产品出厂额和 24.2%的人口聚集在只占国土面积 3.54%的东京都市圈（张季风，2004）；韩国的这一现象也比较突出，20 世纪 70 年代中期，首尔（当时叫汉城）都市圈聚集了韩国 40%以上的人口和 48%的制造业工人，而其面积仅占全国的 11.8%（李恩平，2006）。乡村在科学进行国土开发、平衡分布产业和人口、缓解“大城市病”、缩小城乡发展差距及保护生态环境等方面的价值没有得到充分体现。为此，日本在 20 世纪 60 年代通过国土开发计划等综合手段提升乡村发展价值和促进乡村振兴。例如，1962 年，日本制订了第一次全国综合开发计划；1977 年，在第三次全国综合开发计划中进一步提出调整工业布局，大力发展中小城市，开发落后地区，解决工业及人口过密和过疏的矛盾。除此之外，为推动乡村产业发展，日本政府不断加大对乡村的财政投入。在 1967～1979 年第二次新农村建设期间，日本政府加大了补助金农政的实施力度。紧接着日本于 1979 年开始推动“一村一品”运动，即要求每一个地方的乡村根据自身条件和优势，发展一种或几种有特色、在一定的销售半径内名列前茅的拳头产品。由于这些产品实行了错位竞争战略，从而大大提高了各村的竞争优势，促进了乡村的持续发展。韩国虽然在 1961～1972 年发展期间创造了举世瞩目的“汉江奇迹”，但同时因为忽视乡村发展价值，形成了繁荣的城市与凋敝、落后的乡村并存的不合理格局。为缩小城乡差距、提升乡村发展价值，1970 年，韩国发起了旨在缩小城乡发展差距的新村运动，将新村建设引导到一家一户办不成、私人不愿意办的公共产品建设上，修建了村民会馆、敬老院、读书室、运动场、娱乐场、青少年活动中心等农村文化设施。经过几十年的新村运动，韩国基本实现了城乡经济的协调发展，城乡居民收入差距从 1972 年的 3∶1 左右，缩小到 2004 年的 1∶0.84（张军和李勤，2010）。

第二节　关于乡村振兴的理论

乡村振兴的理论包括国民经济变革下的城乡结构形态、作为乡村主体的农民的行为特征、农业内涵和功能的重新定义、新型城乡关系的表现，以及作为乡村空间与制度装置的村庄变迁（图 1-2）。城乡中国的结构变迁，导致了农民与土地、乡村的黏性发生变化，表现在代际上的农民分化：“农一代”在离土、出村后回村、返农，但是“农二代”出村后不回村、乡土变故土。“农二代”的离土、离村，意味着我们要重新定义农业，包括阐释新阶段农业的基础地位和新内涵，对农业功能、形态与产业有新的认识，以及转变农业发展方式。农民的代际分化与农业的新界定，意味着村庄的功能和制度会发生变化，村庄发生分化，乡村制度与治理出现大变局。人、产业、村庄的变化背后是城乡的互动与融合，表现在资本、劳动与土地等要素在城乡间的对流增强，城市对乡村的需求上升，城、镇、村的分工更加明确，以及城市文明与乡村文明的共融共生。

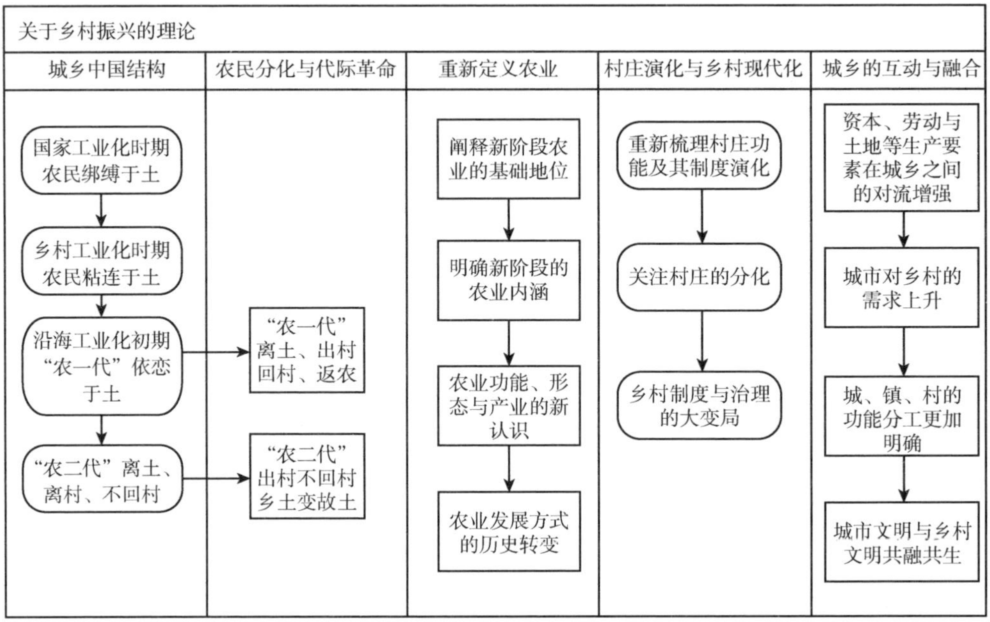

图 1-2　关于乡村振兴的理论

一、城乡中国结构

实施乡村振兴战略既不同于乡土中国下的乡土重建，也不是面对的结构转型完成后城市中国的乡村问题，而是要解决我们所称的城乡中国的乡村问题。本书课题组几年来组织经济学、社会学的力量，对中国国民经济结构变革与城乡转型进行了长时段研究，自近代以来，中国先后历经近代工业化、国家工业化、乡村工业化，以及参与全球化的沿海为主的工业化，实现了由传统农业国向现代意义上的工业化国家的结构变革，转型的成色取决于结构变革对乡村的影响。通过两个维度——农民与土地的关系及农民与村庄的关系——考察农民与土地及村庄的黏度变化，我们发现，由于工业化与城市化在各个阶段的推进方式不同，由此带来的农民与土地和村庄的黏度变化也不一，新中国成立以来，长期被绑缚于土的乡土中国农民历经了国家工业化时期的绑缚于土、乡村工业化时期的粘连于土、沿海工业化初期进城又返乡的“农一代”的依恋于土，进而到“农二代”时期的离土、离村、不回村、乡土变故土的新阶段。工业化与城市化进程在不断扩展农民向城市自由流动空间的同时，也使得传统的村庄制度发生转型，随着农民的离土、出村，不仅村庄功能及其在国家工业化阶段所强化构建的“集体”等制度安排发生蜕变，传统村庄的非正式制度也在农民异质化中迈向其现代转型，村庄开始出现大规模的分化、衰而未亡与复活并存的格局。持续的经济增长与结构变迁已经投射到乡村，均质化的小农已高度分化，长期依赖过密劳动投入的土地密集型农业已转向依赖资本投入的劳动集约型农业，承载乡土社会的村庄呈现分化，维系熟人社会的制度出现锐变。乡村巨变使这个古老大国的经济和社会形态发生了根本转变，中国已经发生的转型是历史性的，且具有不可逆性，即已由过去以农为本、以土为生、以村而治、根植于土的乡土中国，转变为乡土变故土、告别过密化农业、乡村变故乡、城乡互动的城乡中国。为此我们提出，从结构形态意义上，中国现代化进程需要历经乡土中国、城乡中国、城市中国三个阶段，城乡中国——而非城市中国——将是中国未来一个时期的基本结构特征（图 1-3）。

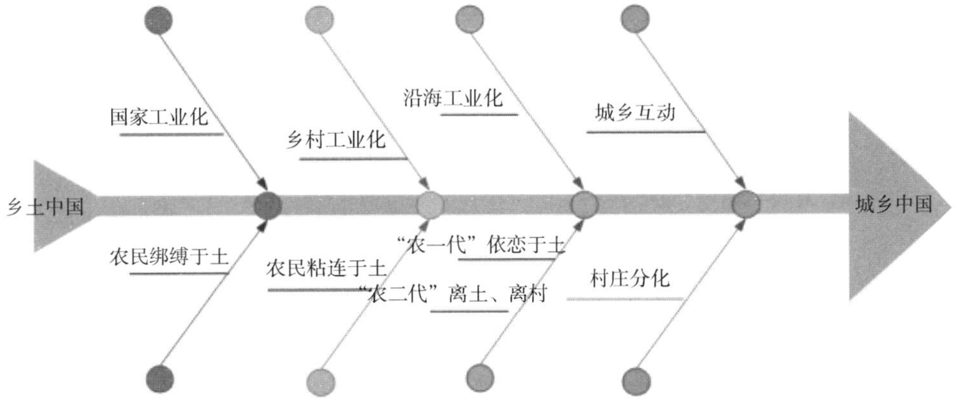

图 1-3　农民与土地、村庄的黏性

二、农民分化与代际革命

决定未来城乡格局及乡村变迁的根本力量是农民的分化与代际变化。利用国家统计局农调队数据发现，中国传统均质化的、以农为生的小农已出现高度异质化，到 2012 年，纯农户仅为 18.3%，纯非农户为 15.9%，一兼户（以农为主、兼营非农业的农业兼业户）和二兼户（以非农为主、兼营农业的非农业的兼业户）分别为 30.1%和 35.7%。农户的分化还会进一步加深。我们通过利用 2011～2015 年全国流动人口卫生计生动态监测调查数据对农民迁移的代际特征进行了实证分析，发现中国自 20 世纪 90 年代出现的农民工（我们称的“农一代”）实现了有别于乡土中国农民的离土、出村，但是，由于城市权利对这批撞城入城的农民的不开放及“农一代”与土地和农业的特殊关联，他们大多数最终选择了回村、返农。现在“80 后”“90 后”（我们称之为“农二代”）已经成为城乡迁移的主力军，他们保留着农民身份，但已不再务农。“农二代”差不多进入劳动年龄就开始离开家乡，他们的初次外出务工平均年龄为 21.7 岁，与农业和土地的关系疏离，平均每年在外时间达 9 个月，不像他们的上一辈那样农忙时回家打理农事，他们之中 87.3%的人没有从事过任何农业生产劳动，平均每年花费在农业活动上的时间仅 0.7 个月。他们在城市中，逐渐不再从事其擅长的建筑业（仅有 10%左右还从事这一行当），而是主要从事更为正式的制造业和服务业，两者所占比重各超过 40%，从事机关、专业技术岗位的比例也在增加，还有部分选择自营劳动或作为雇主进行生产经营。他们受教育程度更高，平均受教育年限达到 9.515 年，“90 后”更高达 9.79 年，他们在城市里也获得了比“农一代”更多的工作技能培训，人力资本的提高更有利于他们在城市工作和生活。他们迁移的距离更长，跨省流动、前往东部地区及大中城市务工经商是他们的主要选择。他们既看重在外挣钱，也在乎家庭团聚和孩子教育，2003 年以来，举家外出农民工的数量和占比不断增长，2014 年达到 21.27%。大部分家庭将孩子带在身边，让其在流入地接受教育到初中程度，高中期间由父母一方回县城陪读，直到孩子完成高考。他们的生活方式基本城市化，“农二代”在城市的消费方式已经与城市同龄人趋同，他们乐于通过商场、公园等城市公共设施从事休闲娱乐活动，在外面挣得的收入 70%在城市消费。他们不像“农一代”那样有钱就在农村盖房，而是选择将积累的资本在本地的县城和城镇买房，显示出将未来“落叶归根”于城而非村的倾向，2016 年农民工购房占农民工总数的 17.8%，其中购买商品房的为 16.5%。“农二代”购房意愿比本地农业户籍居民高出很多。他们融入城市的意愿很强，“农二代”在工作地享有社保的比例显著高于“农一代”，但是由于城乡之间的那堵墙的隔离，他们对不被城市接纳的感受更强。他们与乡村的情感联结渐行渐远，不少人在春节返乡时住在县城或乡镇的酒店，再开车回到村里，经过短暂停留后又回城。“农二代”的出村、不回村，正在令乡土变故土，传统乡土社会的人际关系、礼治秩序、非正式规则等正面临严重冲击与挑战。“农二代”在经济社会等方面的行为特征呈现显著的代际差别，甚至具有不可逆性，其成为引领中国城乡关系变革的重要力量（图 1-4）。

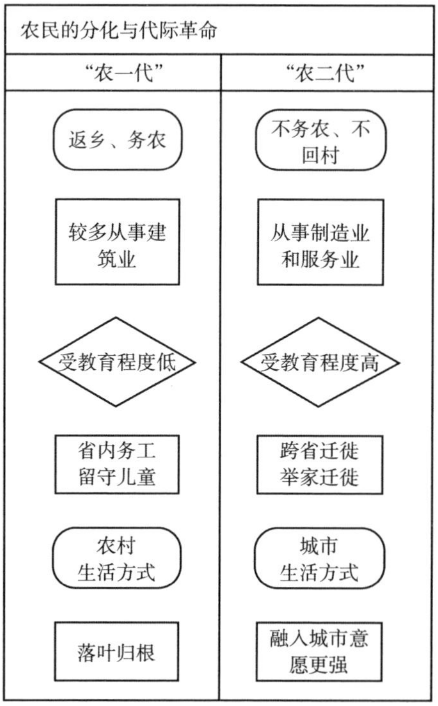

图 1-4　农民的分化与代际革命

三、重新定义农业

农业的生命力是乡村振兴的基础，没有农业的现代化和竞争力提高，乡村振兴就成了无源之水（图 1-5）。

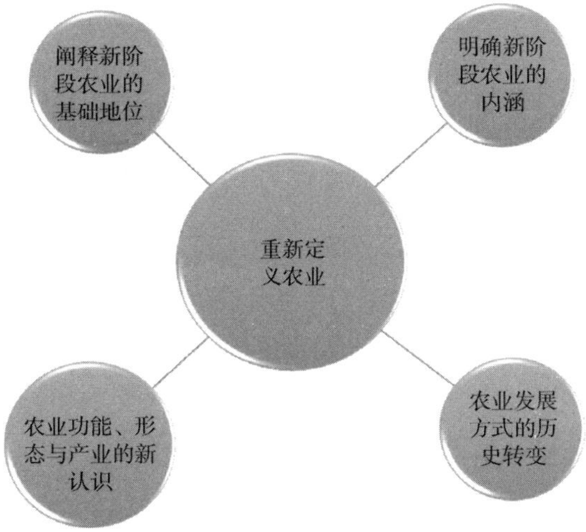

图 1-5　重新定义农业

首先，“三农”问题是中国共产党的工作重点。对“三农”问题作为国计民生及全党工作重中之重的强调毋庸置疑，但是截至 2016 年农业生产总值占 GDP 比重已低至 4.3%，农业就业占比已低至 27.7%，农业作为国民经济的基础地位遭到挑战，需要阐释新阶段农业的基础地位。通过基于真实世界的案例研究，我们认为，可以从农业产出品的不可替代性、农业保障粮食安全的重要性、农业的生态等多功能性，以及农业在供给侧结构性改革中的重要性等方面来重新表述农业基础性作用。

其次，明确新阶段农业的内涵。长期以来，受困于温饱和农业服务于国家工业化战略，中国的农业内涵被不断窄化，主要就是提供粮食，农业变成了种植农业，甚至粮食农业。随着恩格尔系数下降，居民消费需求变化，城乡关系调整，需要重新审视农业的内涵，尤其是要做出新阶段需求的内涵拓展。农业是以土地为生产资料，与有生命的动植物打交道的整个自然再生产过程，只要是与土地结合、与有生命的动植物打交道、在自然上进行的再生产过程和创造，都是农业的范畴，农业内涵的重新定义，将为未来乡村产业发展和经济活动的变化打下基础。

再次，农业功能、形态与产业的新认识。在老百姓食物消费从“吃饱”向“吃好”转变，以及城市化带来对乡村新需求增长的情况下，农业的功能开始扩展，从原来的粮食农业转向休闲、转向生态、转向文化。农业的形态发生重大变化，一二三产业融合，农业服务业、农业旅游业、农业休闲业快速发展，休闲农业和乡村旅游业在2010年以后增长极其迅速，游客数量从2008年3亿人次增加到2010年的4亿人次，2011年跃升至6亿人次，并在2014年、2015年继续保持快速增长，分别达到了12亿人次和22亿人次。农业的功能变化带来农业形态的变化，农业产业将经历裂变。农业的工业化成为关键，随着乡村产业发展，传统制造业工业化理念将得到矫正，正如张培刚在《农业与工业化》中所指出的，工业化就是"一系列基要的'生产函数'连续发生变化的过程"，就是基要生产要素的重新组合，包括土地、资本、劳动、创新、企业效率等，这些生产要素的重新组合带来生产效率的提高和规模报酬的递增。中国的未来农业领域将产生各种生产要素的新组合，迎来农业工业化发展的巨大机会。

最后，农业发展方式的历史转变。我们利用国家统计局农调队数据分析发现，由于人口迁移，尤其是代际变化，农业劳动机会成本上升，农业发展模式发生历史性转折。在农业投入上机械替代劳动，农业同非农业用工竞争加剧，劳动力价格上涨，农作物劳动投入成本上升，1999～2015年，主要作物用工成本上升、亩均用工减少，农民采取减少劳动力投入、增加机械和资本投入的策略，带来各类农业机械使用量每年6%左右的快速增长。农业发展动能发生变化，21世纪以来农业劳动生产率快速提升，其增速远远超过土地生产率。2000～2012年，农业劳动生产率年均增长5.46%，农业人均产值年增长率高达14.11%，同期亩均产量年增长率只有1.73%。长期依靠高劳动投入提高土地单产的传统农业发展模式正在转向提高劳动生产率的现代农业发展模式。中国的农业正在历经一场革命，它将成为支撑乡村振兴的脊梁。

四、村庄演化与乡村现代化

乡村是城市区域以外的重要地理空间，乡村也是重要的经济和社会活动区域。村庄是各种社会关系的载体，是维系农民与国家、农民与农民之间关系的制度装置。因此，乡村是一个由地理空间、经济活动空间、社会关系和制度秩序组成的农民、农业、村庄三位一体的结构。进到乡村，除了成千上万的小农，还有村庄。在乡村振兴考量中，村庄是一个重要的分析和观察单位。

首先，我们要重新梳理村庄功能及其制度演化。基于历史和社会学研究，我们发现，在乡土中国，村庄无论从其地理空间、社会关系抑或组织规则而言，都是无法被忽视的基础性社会建制，我们将村庄作为一种制度装置来理解，视其为维系村庄秩序的各种制度、规则与关系的总和。村庄在乡土中国承担着重要的功能，包括进行宗教活动和经济活动，以及地方秩序维系和地方防卫等。村庄制度事实上奠定了乡土社会的一整套规则、价值乃至公私秩序的基础。1949 年以后，随着国家权力全面渗透乡村，通过土改、集体化等一系列政治运动，传统乡村社会的秩序和治理结构被重构，村干部取代传统的士绅阶层成为乡村领导者。土地改革以重分土地方式废除了地主所有制，也重构了乡村的治理秩序和制度规范；合作化运动使乡村土地产权由私向公转变，也使以合作名义的强制性集体组织在乡村建立；人民公社制度完成了乡村“三级所有、队为基础”的集体产权制度建构，也实现国家对乡村主导权的制度化。国家在集体化时期事实上成为经济要素第一位的决策者、支配者和受益者，依靠国家权力建构的“集体”组织承担着贯彻和执行国家意志的功能，成为一个担负基本经济职能和一定政治控制功能的地方组织。当然，农村尽管进行了如此强大的集体化再造，但并未彻底解构传统村庄制度，实际上乡村里的组织、管理、协调、合作等还依赖于此。这一时期的乡村治理本质上是一个“传统村庄+集体”的结合体。由于集体化时期的乡村社会依然是相对封闭的社会，个体在特定语境中非常介意自己的地位与处境，权力不只是有形的，自上而下的，一些老人、能人也掌握话语力量。集体化制度下的村庄在很大程度上依旧延续了传统社会的制度文化规范，正式权力、精英与非正式权力、精英合作等基本延续了传统乡土社会的规范与秩序形态。就农民与村庄的关系论，这一时期最突出的变化是家庭经营的复归和人民公社制度的解体，村一级经济功能在大多数村庄退出，代之以党支部和村委会的行政功能。1987 年通过和公布了《中华人民共和国村民委员会组织法（试行）》，在乡村实行村民自治。在非正式制度方面，1978 年改革开放之后，宗族组织在全国各地快速复兴，一系列在集体化时期被禁止的活动，如祭祖、年会、修缮祠堂、编修族谱等开始回归乃至复兴。随着 20 世纪 90 年代以后农村地区村民自治的发展，农村基层组织与宗族组织之间出现互动。在执行上级政府各项工作的村委会及党支部的运作之外，村庄的宗族掌管着一定的公共财产，并承担了不同的宗教类、礼仪文化类、经济资产管理类及道德规范类活动，不少村庄出现了如老年协会、“修桥”与“修路”委员会等大量的民间组织。总体而言，这一阶段的村庄制度更多表现为，在集体力量渐趋弱化与瓦解的情况下，传统村庄制度与规则续存并部分转向复兴。

2000 年以后，农村税费改革和取消农业税使得农民对国家的义务取消，城乡统筹政策和新农村建设的实施、公共财政覆盖乡村、支农惠农项目下乡等，使得国家与农民的关系发生了由取到予的转变。在村庄形态上，村庄合并、村改居等成为全国性态势，部分地方出现赶农民上楼、集中居住。在村庄正式治理方面，这一时期实行了村干部工资的财政覆盖，村干部行政化，乡镇政府通过驻村干部包村、大学生村官进村等方式加强渗透村治及村庄选举等重大事项，对村民自治造成一定程度的空间挤压，导致村干部身份转化和双重角色的不平衡。这一时期也在一些地方进行村治的实践，村民自治下沉到自然村，或村民小组。村庄在非正式制度方面尚未出现根本性变化，“村中人情往来”支出居高不下，说明传统村庄制度规范对于农户，尤其是“农一代”仍然有着深远的影响（图 1-6）。

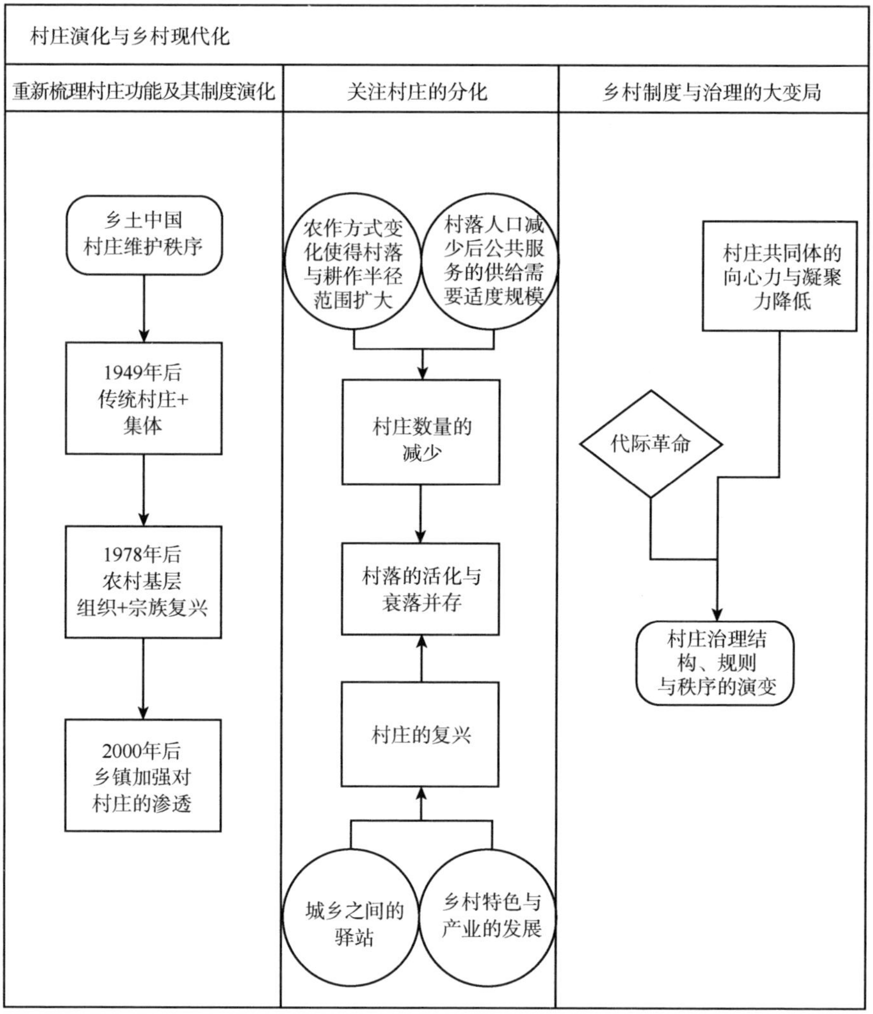

图 1-6　村庄演化与乡村现代化

其次，关注村庄的分化。伴随城市化进程，中国的村庄缩减势成必然。1985 年时全国行政村数量为 94.1 万个，到 2016 年时减少到 52.6 万个；全国自然村数量从 1990 年的 377 万个降到 2016 年的 261 万个；1997 年时全国村民小组共 535.8 万个，到 2016 年时减少到 447.8 万个。未来的村庄数量还会进一步减少，一方面是因为农作方式变化带来耕作半径扩大，由此形成范围更大的村落；另一方面是因为村落人口减少难以满足公共服务供给需要的适度规模，由此人口少的村庄因为公共服务不能供给而消亡。与此同时发生的是村庄的分化加剧，村落的活化与衰落并存。具体表现在相当部分村庄“农二代”的去村化趋向及“农三代”的完全城市化，这会使多数村庄进一步衰落。然而，还有一类村庄会在新的城乡关系中复活甚至兴旺，其中部分村庄会随着城市扩展直接融入城市，部分村庄可能成为连接城乡的驿站，还有一些村庄则因为自身的独特性加上人力资本与企业家的努力而活化，这些活化的村庄或者具有独特的历史和文化记忆，或者能够提供具有地方性、独特性、安全性的产品，或者有好的带头人，或者找到了可持续发展现代农业的路子，等等。

最后，乡村制度与治理的大变局。随着乡村经济活动与社会关系的变化，维系乡村社会的血缘、地缘及人情关系趋于淡漠，村民的集体意识降低，村庄共同体的向心力与凝聚力降低。代际革命带来的村里人成为陌生人，礼治秩序让位于经济权力的主宰，村庄治理结构、规则与秩序正在进一步演化与变迁。

五、城乡的互动与融合

在城乡中国结构下，农民、农业与农村的变化最终会反映在城乡关系上。中国在经历急速的城市化以后，城市与乡村之间的关系正在重塑。单向的城市化正在转向城乡互动。在城乡巨大差距、城乡二元体制和政府主导发展权的共同作用下，上一轮的城市化进程中劳动力、资本和土地从乡村向城市单向配置。基于真实世界的观察、试点参与、案例研究，我们发现，近年来，生产要素在城乡之间的双向配置与互动增强，资本下乡的速度和规模增加，劳动力流动出现一定比例的从沿海向内陆的回流，乡村经济活动变化带来建设用地需求增加。我们研究发现，随着城乡中国的到来，中国的城市化进程正在转向城乡互动（图 1-7）。

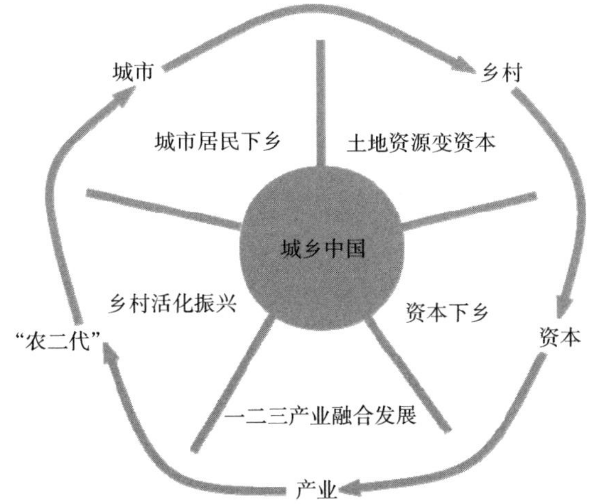

图 1-7　城乡的互动与融合

其一，资本、劳动与土地等生产要素在城乡之间的对流增强。随着乡村经济活动的变化，资本下乡增加；劳动力在继续由乡到城的迁移趋势下，部分在城市闯荡积累能力的乡土青年回到家乡创业，企业家在乡村寻找新的发展机会，进行新的商业和经营模式尝试，部分城里人到乡村创业和寻找新的生活方式；资本和劳动的城乡再配置，带来乡村建设用地需求的上升。

其二，城市对乡村的需求上升。在急速城市化时期，人们的普遍观念是，工业和城市的生产率高于农业和乡村，城市代表先进，乡村代表落后，随着工业和城市的发展，乡村人口向城市迁移，乡村逐渐消失。但是，中国的城市化还未发展到一半时，大量的城市问题出现并加剧，城里人主动到乡村寻找与城市差异化的休闲、宁静的生活方式，带来乡村经济发展机会的增加和村庄活化。

其三，城、镇、村的功能分工更加明确。随着城乡互动的增强，市场和经济力量在城乡之间生产要素的配置主导性增强，更有利于大城市、城镇与乡村发展各自比较优势。大城市发挥其集聚、效率、创新、知识、产业、就业的优势，成为城乡人口就业和创造收入机会的场所；活化的村庄在满足城里人新的消费需求的同时，发展出一批体现乡村特色、个性化、有地方风格的产业；在大城市和活化的乡村之间，部分乡镇成为连接城乡的驿站，承担城市部分产业转移等功能，也成为城乡人口互动的过渡地带。

其四，更为根本的是城市文明与乡村文明共融共生。我们在城市化过半以后才发现，不平等的城乡关系不仅没有消灭乡村文明，城市文明也出现大量病兆。城里人的经济活动和生活被城市病困扰，他们开始主动到乡下去寻找另一种文明的慰藉。城市文明与乡村文明的共存与呼应是城乡中国阶段的基本特征。乡村是城市以外非常重要的一个空间，具有不可替代性。城市越来越被认为是现代文明的象征，乡村则代表落后贫穷。但乡村是永远存在的，最发达、最现代化的国家，都有乡村存在。城与乡两个板块不能割裂，但城市高度繁荣、乡村衰败，正是中国面临的紧迫问题。但城市高度繁荣，乡村衰败，这是中国现在面临的紧迫问题。城乡真正好的形态是城市文明和乡村文明彼此共生，互有特点，但相互交融。城乡互动是中国经济从数量增长转向质量发展、人们消费需求变化的结果，具有阶段转换与趋势变化的性质，将成为城乡中国的一个基本特征。

第三节　影响乡村振兴与城乡融合发展的体制机制与制度问题分析

当前，实现乡村振兴与城乡融合发展还面临着诸多制度性难题。综合分析，我们认为这些难题主要存在五个方面：一是赶超战略和城市偏向导致乡村的从属地位；二是城乡分割制度体系造成农民的城市权利被忽视；三是城乡二元土地制度致使乡村发展权丧失；四是农地权利结构不完善使得农业转型受阻；五是无偿性、成员权和村庄封闭的宅基地制度阻碍村庄转型（图 1-8）。

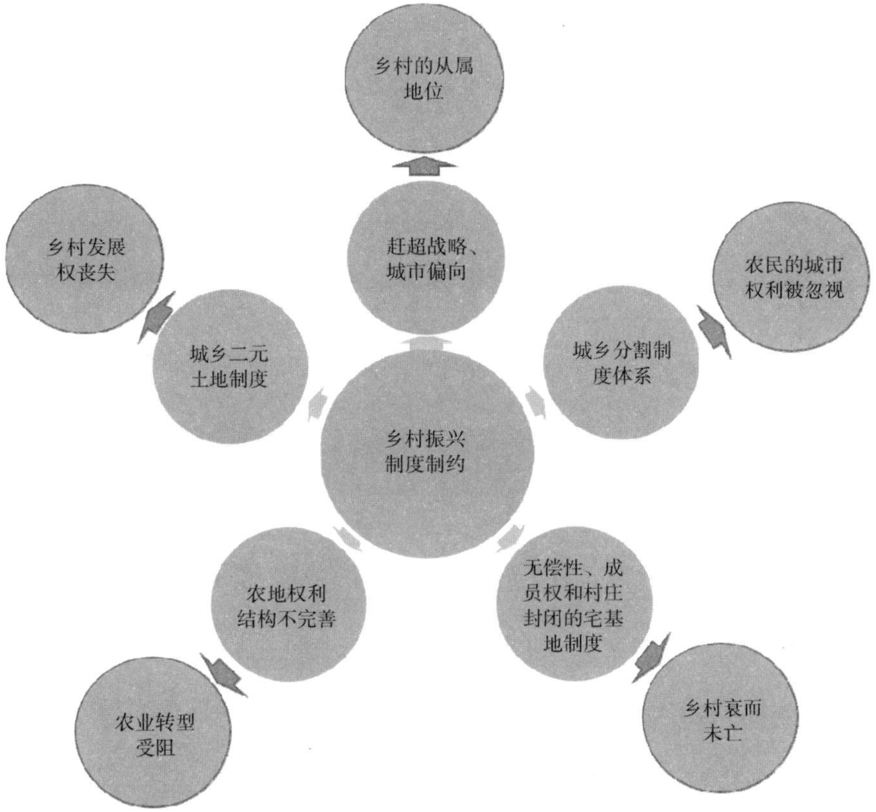

图 1-8　影响乡村振兴与城乡融合发展的体制机制与制度问题

一、赶超战略、城市偏向与乡村的从属地位

通过历史和制度变迁分析，我们得出，中国乡村问题的根源来自工业和城市优先的发展导向。新中国成立不久，中国共产党开启了一个农业国向工业国的转变，并选择了重工业优先发展的国家工业化战略，农业充当了提供资本形成与积累的角色，农产品统购统销制度、集体化和人民公社制度、城乡分割的户籍制度提供重要支撑。在以上制度的共同作用下，农民于 1951～1978 年为工业化提供了 4340 亿元的净积累。国家计划工业化启动并推动了结构转变，但也由此形成了工业化先于农业现代化、农业和农村服务于工业发展的工农关系，农民被剥夺了参与工业化的权利。20 世纪 80 年代初率先开启的农村改革，开放了农村的发展权利，

即乡村工业化和城市化的权利，改变了不平等的城乡关系，农民收入快速增长，城乡收入差距缩小，国家的结构转变主要由乡村工业化推动，这成为我国城乡关系最顺畅的时期。乡村工业化开放了农民在农村地区参与工业化的权利，农村的分工分业带来农民的就业与收入对农业的依赖性降低。但是，无论是乡村工业化还是农民自主城市化，农民及其经济活动仍然被圈在本乡本土，并未根本改变城市主导乡村的格局。1995 年特别是 1998 年以后，中国的工业化、城市化进入快车道，园区工业化兴起，尤其是以沿海为主的园区工业快速发展，使中国成为世界制造工厂。城市化进程加速，1998～2016 年，中国的城市化率以每年 35.89%的增长率提速，城市建成区面积从 21 380 平方公里扩增到 54 331.47 平方公里，年均增长率达到 5.32%，但是，在政府主导的园区工业化和城市化下，城乡发展权利差距拉大，乡村工业化退场，在规划、土地用途等管制下，乡村失去发展权，农村产业发展受阻，农业功能窄化，城乡差距拉大，农民的收入主要依托于外出打工赚取收入，在不断繁荣的城市下，乡村陷入衰败（图 1-9）。

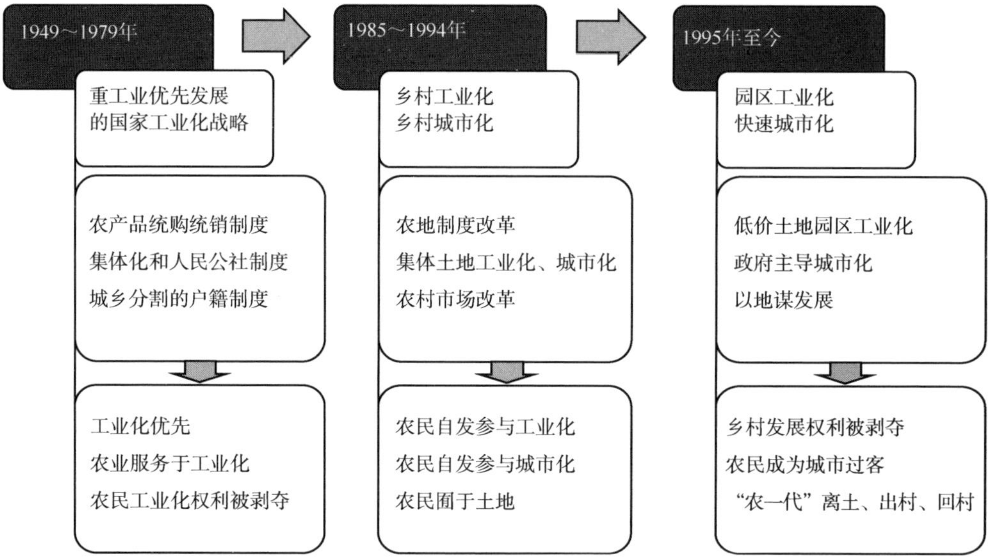

图 1-9　结构转变与乡村的从属地位

二、农民的城市权利被忽视

新中国成立后的 1949～1950 年中期，自由迁徙权是受到法律保护的。1954 年《中华人民共和国宪法》规定：“中华人民共和国公民有居住和迁徙的自由。”“一五”计划时期大量农民纷纷涌入城市，导致城市就业压力和粮食供应紧张，加上城市管理体制毫无准备，这些人口被政府视为盲目流动人口，国家采取紧缩城市人口政策，每隔几年就要求各地政府清理城市流动人口，特别是城市企业在计划外招录的农村劳动力。从 20 世纪 50 年代中期开始，以户籍制度为基础，建立起了一套城乡区别对待的社会制度，严格限制农民进入城市。1958 年的户籍制度管制形成计划经济条件下农村户口向城市户口迁移的条件审批准入制，农民迁移进城的主要途径是招工、招兵、上学、亲属投靠及其他临时性政策性通道。在集权计划体制和重工业优先的赶超型经济发展战略下，城市的大门基本向农民关闭，城市与乡村成为互相隔绝的两个板块，农民被排斥在工业化、城市化进程之外，农民与城镇居民之间的权利和发展机会不平等形成并逐渐拉大。1978 年到 1998 年是中国农民参与工业化、城市化的黄金时期，1978 年到 1991 年，农村劳动力转移总量由 3298 万人增长到 10 623 万人，农村非农就业人数从 3150 万人增长到 8906 万人。但是，城市管理体制改革没有启动，计划经济时期形成的城乡二元体制没有被真正触动，农民只是在城门外开展农民自发工业化和城市化，农村户口迁往城市的门槛仍然很高，城市居民享有的住房、医疗、养老、教育等公共服务仍然与农村居民无缘。

到 20 世纪 90 年代中期以后，工业化、城市化的快速推进，为农民入城创造了机会。中西部地区的农民通过跨区域流动撞城进入并不接纳他们的城市，参与沿海地区的工业化、城市化进程，农民的出村入城促进了中国城市化的快速推进。但是，中国农民经过撞城入城，城市的权利依然只赋予本地市民，为经济社会发展做出巨大贡献的农民工群体没有享受到与市民同等的基本权利和公共服务。在子女教育方面，20%以上的农民工子女无法入读全日制公办中小学校。不少在城市接受过完整义务教育的农民工子女，无法参加中考和高考。在医疗社会保险等方面，农民工参加职工基本医疗保险、城镇职工基本养老保险、失业保险的比率很低。在住房保障方面，城市保障性住房基本不对农民工开放，农民工公积金缴存率也很低。农民工的跨区域就业造成大量社会问题，农村“三留守”（留守儿童、留守妇女和留守老人）问题尤其突出，大多数农民工只是这场波澜壮阔的城市化的过客，在他们过了劳动年龄以后又返回乡村、回归农业（图 1-10）。户籍人口城市化率与常住人口城市化率差值从 20 世纪 90 年代末开始逐步拉大，到 2017 年，中国的常住人口城市化率已经达到 58.52%，农民工总量到 2016 年时已达 2.8 亿人，2016 年常住人口城市化率与户籍人口城市化率的差距仍然高达 16.2 个百分点。

回溯新中国 70 多年的城市发展与治理史，对进城农民的专项行动在 20 世纪 50 年代、60 年代、90 年代都曾发生过，至今未改。这种不断重复的城市政府“驱赶”进城农民的行动，凸显农民作为城市过客的尴尬，更凸显农民城市权利被忽视的严重后果。在城市化进程中，如果不能正确回答城市是谁的，农民对他们参与建设的城市能否享有基本的权利，城市治理将矛头对准农民的惯性还会继续，以此思维主导的城市治理将不可避免地酿成不可测的经济、社会和政治后果。

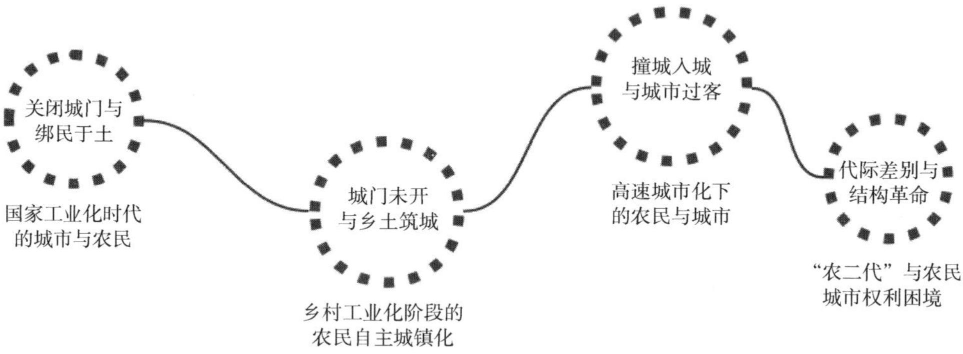

图 1-10　不同发展阶段的城市与农民

三、城乡二元土地制度与乡村发展权丧失

在影响农村发展的制度因素中，土地制度是最为重要的一项。改革开放之初到 1998 年《中华人民共和国土地管理法》（简称《土地管理法》）修订前，农地转为集体建设用地的通道一直是敞开的。20 世纪 80 年代初期，随着农村土地改革释放大量剩余劳动力，政府鼓励农民利用集体土地创办乡镇企业，农村建设用地量快速增长。直到 1987 年实施《土地管理法》时，农村土地进入非农建设还保留有三个通道：一是只要符合乡（镇）村建设规划，得到县级人民政府审批，就可以从事“农村居民住宅建设，乡（镇）村企业建设，乡（镇）村公共设施、公益事业建设等乡（镇）村建设”。二是全民所有制企业、城市集体所有制企业同农业集体经济组织共同投资举办的联营企业，需要使用集体所有的土地时，“可以按照国家建设征用土地的规定实行征用，也可以由农业集体经济组织按照协议将土地的使用权作为联营条件”。三是城镇非农业户口居民经县级人民政府批准后，可以使用集体所有的土地建住宅。1992 年开始，国家对集体建设用地的政策发生转变，集体土地必须先征为国有并出让才能作为建设用地；集体土地作价入股兴办联营企业的，其土地股份不得转让。1998 年出台修订后的《土地管理法》从法律上对农地进入非农集体建设使用的口子收紧，但在集体土地转为国有建设用地主通道之外，保留了农民使用集体土地从事非农建设这一通道，即“兴办乡镇企业和村民建设住宅经依法批准使用本集体经济组织农民集体所有的土地的，或者乡（镇）村公共设施和公益事业建设经依法批准使用农民集体所有的土地的除外”，明确规定“农民集体所有的土地的使用权不得出让、转让或者出租用于非农业建设”，但可以“农村集体经济组织使用乡（镇）土地利用总体规划确定的建设用地兴办企业或者与其他单位、个人以土地使用权入股、联营等形式共同举办企业”。1999 年出台的一项规定要求“乡镇企业用地要严格限制在土地利用总体规划确定的城市

和村庄、集镇建设用地范围内”。自那以后，加上乡镇企业改制和建设用地年度指标管制的加强，农村集体建设用地在大多数地区合法进入市场的通道基本关闭（图 1-11）。

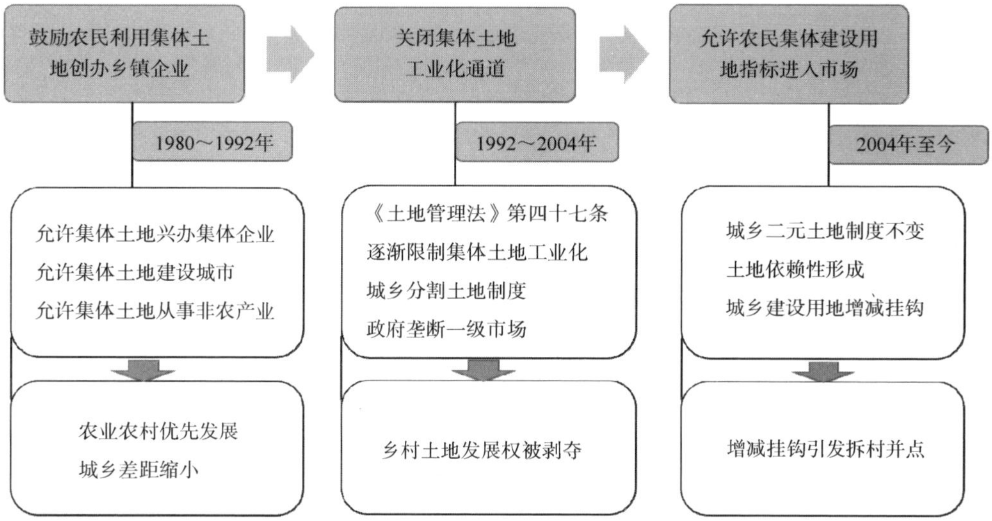

图 1-11　城乡二元土地制度与乡村发展制约

直到 2004 年，农村集体建设用地使用相关规定才发生一些变化，该年发布的《国务院关于深化改革严格土地管理的决定》（国发〔2004〕28 号）“鼓励农村建设用地整理，城镇建设用地增加要与农村建设用地减少相挂钩”“在符合规划的前提下，村庄、集镇、建制镇中的农民集体所有建设用地使用权可以依法流转”。2006 年的《国务院关于加强土地调控有关问题的通知》（国发〔2006〕31 号）也允许了农民集体所有建设用地使用权流转，但“必须符合规划并严格限定在依法取得的建设用地范围内”。

在集体建设用地转用通道关闭后，征地转用更是成为唯一的合法土地转用方式。1998 年版《土地管理法》沿袭了征地公共利益原则、城乡分治格局和原用途补偿，由此形成的土地配置制度（农地转用一律实行征收、建设用地只能使用国有土地；土地用途、规划、年度计划指标和所有制管制；城市政府独家供应土地）是一套高效保证和促进土地向城市转换的组合，它将乡村用地权力关闭，形成城市用地一个通道。但是，土地使用的城市偏向又加剧了劳动力和资本往城市的单向配置。在城乡格局从单向转向城乡互动后，人口和劳动力从乡村到城市的单向流动转向城乡之间的对流，城里人对乡村的需求上升带来乡村产业的复活与发展，乡村机会的增加又引致资本下乡。人口和资本配置变化带来的乡村经济活动的变革，凸显土地制度的不适应。当下乡村的衰败及农业产业的竞争力缺乏，与这套制度有很大关系，在现行土地制度安排下，农民利用集体土地从事非农建设权利被剥夺，导致大多数乡村地区非农经济活动萎缩，农村产业单一，农民在乡村地区的发展机会受阻，造成乡村的凋敝和城乡差距的拉大。城乡二元的土地制度是阻碍城乡中国阶段城乡融合与平等发展的障碍。如果乡村不能获得平等的建设用地权利，乡村空间就无法实现与城市空间平等的发展权，乡村产业发展受阻，人口和劳动力就不可能持久地向乡村流动，资本下乡因不能获利而昙花一现，乡村振兴战略就找不到有效的实施路径。

四、农业发展方式历史转型与农地制度不适应

在高速工业化、城市化浪潮的冲击下，中国的农业生产方式正在历经意义深远的重大变迁。到2015年，中国农业产值和就业份额已分别仅占9.2%和30.5%；农民的分化程度加深，根据国家统计局6万农村住户抽样数据，到2012年，纯农户仅为18.3%，纯非农户为15.9%，一兼户和二兼户分别为30.1%和35.7%；随着农民外出从事非农就业成为常态，农户非农收入份额上升，农家内部分工分业深化，农地的经济重要性下降，青壮年劳动力出外打工赚取非农收入，老人和妇女留守村庄，他们在看守家庭所承包土地的同时，也产出保证家庭生计所需的食物；以农业边际生产率衡量的刘易斯转折点于2010年前后真正到来，农业劳动力成本上升，农业与非农业争夺劳动力的竞争劣势凸显。在农业要素相对价格发生巨大变化的背景下，长期依靠高劳动投入提高土地单产的中国农民开始改变投入方式，大幅减少作物劳动投入，增加机械和资本投入；农业发展方式发生历史性转变，以2003年为转折点，中国农业以提高土地生产率的精耕细作传统农业模式向以提高劳动生产率为主的现代农业发展模式转变。

在农业生产方式正在发生的巨大变革面前，中国农业的生产关系呈现出日益不适应甚至滞后的尴尬。20世纪80年代初由农民首创的包产到户制度，经由自下而上的政策推动和法律确认，集体所有、家庭承包经营的家庭联产承包责任制最终被确定为中国农业的基本经济制度。这一制度经由集体所有权与农户承包经营权分离而成，在法律赋予村社农户的承包经营权中，承包权与经营权是合一的。但是，随着人口的大规模非农化，农户承包经营权事实上进一步分离为承包权与经营权，到2015年，外出进城打工6个月以上的农民人数超过了2.78亿，这些离土出村的农民在持有农地承包权的同时，将其附着的经营权直接或间接转给了其他农业经营者，问题也由此而生。

（1）在集体所有权上，尽管法律明确要坚持集体所有权，《中华人民共和国农村土地承包法》（简称《农村土地承包法》）和《中华人民共和国物权法》（简称《物权法》）对集体所有权的内涵、权利与责任都做过界定，但是对集体所有的理解并

未达成共识，关于集体所有权利的强度、集体组织与集体成员的关系、集体所有权与集体组织行使的职能、集体成员权的界定、集体所有权与村社制度的关系等，皆因立场、价值观和对农村制度历史认知的不同而差异极大，这些分歧不仅影响农村制度的走向，而且影响对农民权利的保护。

（2）在农户承包权上，尽管《农村土地承包法》强调土地承包经营权为承包农户的财产权，依法实行物权保护，但是，行政权侵犯农民承包地财产权的情形大量发生，承包权的权能仍然存在残缺；中共十七届三中全会和十八届三中全会明确“现有土地承包关系要保持稳定并长久不变”“稳定农村土地承包关系并保持长久不变”，但是就长久不变的内涵、期限等一直未进行明确的政策和法律界定，影响承包农户对土地权利的预期与长期稳定性；在农户分化和收入来源呈多元格局后，承包权的农地经济重要性下降，承包农户持有土地的观念（安全性）越来越强于其收入功能，小农对承包地的利用行为发生变化，也影响稀缺土地的有效使用。

（3）在经营权上，尽管各类农业经营主体从承包农户手中接包的土地规模越来越大，到 2016 年，土地流转率已达 35%，经营主体对经营土地的投资额也不断增加，但是，他们的经营权从何而来？经营权通过什么样的规则和方式获得？如何保护经营者的土地经营权、收益权和投资回报权？经营权的权能有哪些及如何设置？从案例调查发现，新经营主体流入的土地规模一般较大，所生产的作物附加值较高，耕作和经营市场风险较大，投资额一般较大，关于经营权权利的政策不明确和法律界定与保护的不明朗，不利于土地流转的规范，不利于适度规模经营，更不利于现代农业发展。

（4）在权利关系上，当承包权和经营权进一步分置以后，两权分离下的承包经营权与“三权分置”后的承包权、经营权之间到底是一种什么样的关系？经营权到底是从哪一种权利中分离出来的，它与母权利的权利关系如何？以成员权为基础的承包权与作为农业耕作者的经营权两种权利到底如何才能得到更有效的保护？各自的权能如何安排与设定？承包权与经营权的分离程序与规则如何议定？等等，都缺乏明晰的政策安排与法律规范。

在乡土中国阶段、计划经济时期、农村改革时期，农地制度的选择与变迁都是引起全社会关注的议题。随着集体所有、家庭承包的家庭联产承包责任制被确立为农村基本经济制度，中国在快速城市化时期的城市土地问题更加突出，农地制度的改革被搁置一边。在城乡中国阶段，由于农业发展方式转型与农民高度分化，变革农地制度和经营制度的现实需求与呼声会使农地问题重新成为热点。这一阶段的农地问题既有遗留下来的悬而未决难题，也有农业转型出现的新问题。

（1）集体所有制的政治与制度选择。中国共产党选择了公有制社会主义制度，集体所有制就是这一制度在乡村的基础制度安排。集体所有制的实现有不同的选择，集体化时期采取的是国家控制下集体组织代理行使土地权利的安排，农村改革时期采取的是集体所有下的成员权利安排，两种安排的制度绩效已有大量实证检验。在城乡中国阶段，改革时期做出的成员权集体所有制安排面临现实提出的挑战，比如，既然集体所有是成员所有，新出生人口作为集体成员如何享有成员土地权利？减少人口是否应该交出集体成员权？当集体成员不再从事土地经营以后，集体所有者是否有权主张将发包给集体成员的承包经营权收回？集体存在的大量未界定到农户的资源产权归属谁？这些资源在投入使用与再组合以后的利益属于谁？在城乡中国阶段，集体所有制如何安排是一个政治选择问题，并且会对农地制度的稳定性与权利结构产生根本影响，进而影响农户行为和资源配置。

（2）农民成员权利的保障与处置方式。对农民土地权利的安排与保障是农地制度的基础。集体化时期的教训是剥夺了农民的土地权利，造成国家和农民利益双损；改革开放以来的经验是在集体地权下赋权于集体成员并对其权利予以政策和法律保障，给农民吃的定心丸也换来国家在乡村的稳定。在城乡中国阶段会不断出现变革农地制度的呼声，在求变时最容易针对的就是赋予到农民头上的土地权利，列举的理由如：集体成员只是享有集体土地的承包经营权，一旦他不再依赖土地为生，土地权利应该回到集体所有者；小农持有土地不利于规模经营和农业现代化；土地不再是农民的命根子，过强保护农民土地权利会使中国农业失去变革的机会；等等。这些意识和倾向如果变成公共政策和制度，对政治经济和社会的稳定性的危害将无法估量。

农业转型与农地制度的关系如图 1-12 所示。

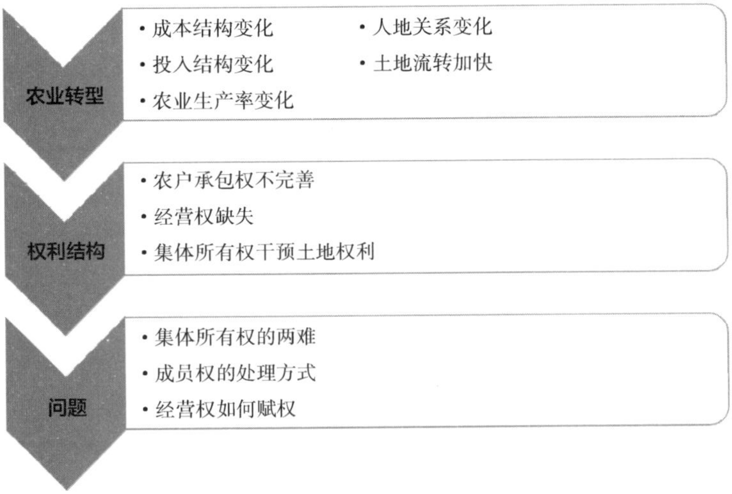

图 1-12　农业转型与农地制度

但是，随着农民出村与非农经济活动增加，尤其是“农二代”对土地和农民的观念发生重大变化以后，农地制度安排与农业经营制度之间的匹配已经出现了不一致。尽管法律明确承包权是农民的财产权，但是它同时也是一个用益物权，农民承包土地与集体之间是承包发包关系，在人地分离趋势下，承包权与经营权分离呈不可逆之势，承包权的权利内涵会发生哪些变化？制度选择的方向是朝向更强、更完整的承包权保障，还是在设置底线下朝向有利于强化经营权的方向？由于结构变迁及农民与土地关系变化，仅仅以不许动应对意识形态和偏激做法，又会延误实际变革需求的制度供给。

（3）经营权的权利地位与经营制度的演化。从农地制度与农业经营的关系来看，耕作权是影响最为直接的一项权利。随着人地的分离与农民的分化，城乡中国阶段的农业效率取决于经营者对土地利用的权利安排。从发展趋势来看，中国的农业经营制度必然朝向适度规模和经营主体多元化的方向演化，但是如何实现这一目标？经营权如何从千万小农的承包权中分离出来？如何使经营权成为一种有保障的权利，赋予经营权的权利有多大？赋权强度的火候如何把握？这些都是目前已经遇到、未来会更加显化的亟待解决的问题。

五、乡村分化与宅基地制度滞后

在中国的几项农村土地安排中，宅基地制度是最不适应结构转变和经济发展的一项制度安排，中国村庄的衰败、无序等都与宅基地制度的缺陷及改革滞后有关。新中国成立 70 多年来，当中国农村历经农民土地私有制—农民私有基础上的合作制—人民公社集体所有制—家庭联产承包责任制的频繁制度变迁时，宅基地制度变迁经历了与农地承包经营权制度变迁基本类似但制度安排相异的历程，呈现出一幅独特和复杂的图景。

在集体宅基地所有权上，宅基地集体所有权仍然体现对村属范围内集体宅基地的权利行使，集体组织掌握村庄宅基地的分配权，集体组织拥有对村庄内未分配到农户手上的集体所有空闲地、公共用地、经营性用地的控制权，集体组织享有对集体建设用地的收益权。农户拥有宅基地使用权，从正规法律规则来看，宅基地使用权只有占有权和使用权，没有收益权和转让权，更没有抵押权，即只有居住权没有财产权，不得转让、抵押及获取收益。农户宅基地使用权也是受管制的权利，即每个农户只允许有一处，这一处的建设也要符合规划，得到批准。农户住房所有权，一直坚持农村房屋由农民所有，而且农民对房屋的买卖、出租、抵押、典权、转让等权利被予以了充分保障，农民房屋财产权的保护得以加强。但是，宅基地使用权赋权不充分和产权残缺，加上住房与其下的宅基地不可分割，影响了住房所有权权能的实现。

村庄转型与宅基地制度的关系如图 1-13 所示。

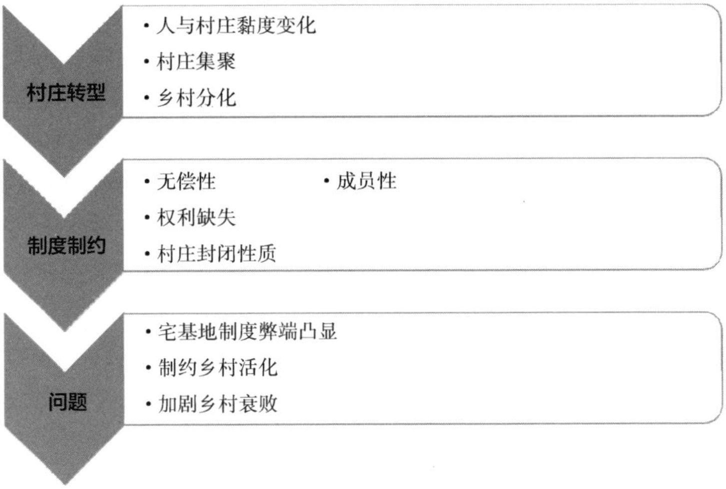

图 1-13　村庄转型与宅基地制度

与其他土地权利安排相比，宅基地制度非常特殊。第一，宅基地具有成员身份性。宅基地制度是集体化的产物，集体制度的本质特征是其成员身份特征。也就是说，只有集体经济组织成员，才有资格申请和得到宅基地，非集体经济组织成员无法获得宅基地。尽管如此，能够获得宅基地的农户却只有宅基地的占有权和使用权，无收益权和转让权，非集体成员更无法通过交易和转让获得农村宅基地使用权。第二，宅基地具有无偿性。从法律上来讲，只要是集体经济组织成员，就可以无偿取得宅基地。这是中国土地制度安排中最让人费解的制度安排，一方面十分忧虑土地资源禀赋不足，担心耕地安全引发粮食安全，另一方面又对最稀缺的资源实行无偿提供。由此带来农民多占多用宅基地，造成稀缺土地资源的不经济使用。

在政治、法律和政策为宅基地制度的特殊性左右为难时，这一制度在现实中遇到的困境越来越大，政策、法律与现实的冲突加剧，既造成政策实施困难，又伤害法律的权威。

（一）宅基地大量入市

尽管在法律上没有赋予宅基地出租、转让和交易权利，但事实上，农民宅基地进入市场已呈普遍化趋势。具体表现为，在广大沿海地区，农民将宅基地盖成多层住宅，用于出租，满足快速工业化下大量外地农民工的居住问题；在大、中、小城市（镇）的城乡接合部地区，政府在征用农民耕地后，将宅基地留下来，农民利用宅基地盖房出租，解决了快速城市化进程中进城流动人口的居住问题；在广大农区，一些举家进城的农户在城镇有稳定的工作和居所后，将宅基地私下出让或租赁给需要用宅基地盖房的农户。宅基地在不同类型地区大量入市的现状，不仅解决了工业化、城市化进程中原住民的财产收入增长问题，解决了进城人口的居住问题，也降低了城市化的成本，但是，这种自发入市与现行法律直接冲突。

（二）宅基地的成员权取得和无偿获得制度难以实施

一是无偿取得宅基地，被认为是政府给农民的福利，体现了制度自信。但是，在沿海地区和广大城乡接合部地区，随着城市化进程中土地级差收益的大幅提高，城镇建设用地也越来越紧张，无偿分配宅基地与土地资本化背道而驰，这些地区在 20 世纪 90 年代中后期以后，就不再无偿分配宅基地了。二是在财产价值逐渐显化后，以成员权划定宅基地使用资格的制度受到集体边界内外夹击。集体内部成员要实现财产价值，有出租或转让宅基地的需求，集体外的成员或迫于城市高房价压力或为了到农村寻求另一种生活方式，纷纷租赁或变相购买农民宅基地（房）。三是一户一宅在城市化地区也很难管理。随着宅基地在这些地区的价值显化，农民充分利用现有宅基地，纷纷加盖房屋，有的突破了原来分配的宅基地面积，有的突破了各省区市规定的宅基地上盖的住房面积。四是在传统农区，宅基地无偿分配不利于保护耕地。在传统农区仍然实行宅基地无偿分配，但是，近些年农民出外打工收入提高，他们纷纷回村盖更大的房，原有宅基地不够，就占用承包地，导致耕地在农区尤其是平原农区的大量流失。

（三）宅基地管理失控

尽管法律在宅基地管理上的规定非常严格，但是，事实上很难实施。一是镇以上土地管理很难落地，实施机制缺乏，管理成本高昂。乡镇国土资源管理所人员有限，很难对全镇几万农户进行监管。二是村干部既是土地所有权主体，也是宅基地管理一方，但出于农民盖房的实际需求，往往听之任之。三是用途管制只是控制用地规模，在用地计划和指标上难以顾及农民盖房需求，造成农民新盖房大量占用承包地，危及耕地保护。

（四）宅基地的无序扩张不利于城市健康发展

由于宅基地使用现状与法律严重冲突，政府对宅基地使用的管理基本处于缺位状态，规划和用途管制无法实施。在政府管制缺位下，农民宅基地的扩张和盖房更是处于无序，甚至有蔓延之势。造成城中村的私搭乱建、毫无规划、基础设施和公共服务不足、治理无组织、治安问题严重，与城市形成完全不同的两张皮，这加大了城市管理的成本和未来更新的难度。

第四节　强化乡村振兴制度建设与政策支撑的总体思路、目标模式与路径选择

一、总体思路

以实施乡村振兴战略为统领，以强化活化乡村的制度供给和城乡融合的体制机制创新为支撑，以“活业—活人—活村”为路径，实现“产业兴旺、生态宜居、乡风文明、治理有效、生活富裕”。通过城乡关系的重塑，改变不利于乡村经济活动的城市偏向公共政策，改革妨碍乡村发展的城乡二元体制，实现城乡平等发展。顺应发展阶段转换和消费需求变化，研究新阶段农业产业演变规律，完善农地“三权分置”制度，建立小农与现代农业相结合的产业体系、组织体系、服务体系，探索中国农业优先发展模式和现代化路径。正视农民代际革命和城市人口对乡村文明的需求，对进城农民的城市权利赋权，实现城乡居民权利平等，促进人口城市化，以体制机制创新促进社会资本和城市人力资本下乡，提升和改造乡村人力资本结构。通过村庄的开放、村庄规划的实施、宅基地制度改革、治理结构改革，促进村庄转型与复兴。顺应城乡互动和乡村经济活动的变化趋势，通过土地、资本、劳动力要素市场改革，促进生产要素城乡顺畅配置与流动，实现城市文明与乡村文明的共融共生和城乡共同发展与繁荣（图 1-14）。

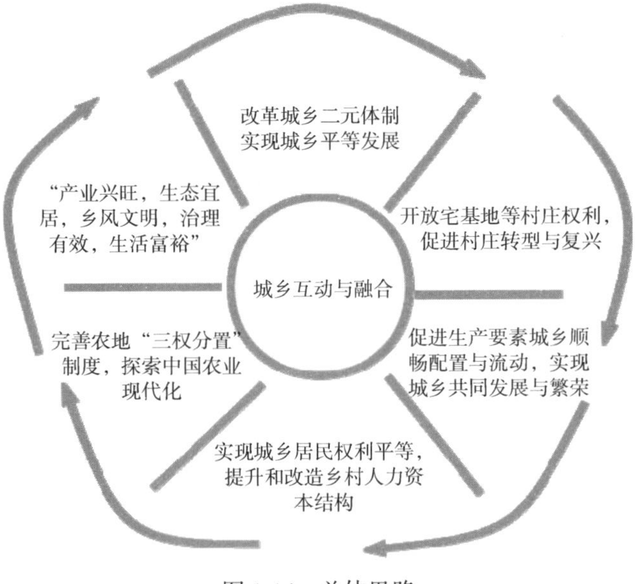

图 1-14　总体思路

二、目标模式

（一）城乡平等发展

认识城乡中国作为乡土中国抵达城市中国的过渡阶段的基本特征，改革阻碍城乡要素流动的二元规划、土地、融资、公共品供给、社会保障体制，改变单向城市化思维下的城市偏向制度、体制机制和公共政策，促进城乡基本公共服务均等化，改革空间规划管制，制订城乡两个空间共存、共融、可持续发展的乡村规划，实现城乡两个空间平等发展。

（二）农业产业革命与农业现代化

顺应消费需求变化、结构变革带来的人地关系和农业相对要素价格变化，重新定义新发展阶段农业的基础地位和内涵，通过农业主要生产要素新组合和农业补贴政策改革，提高主粮农业竞争力，确保主粮粮食安全；通过土地配置制度改革、资本下乡、城乡人力对流和乡村资源产权改革，促进农业多功能化和农业产业融合与裂变，探索农业工业化路径；以农地“三权分置”为方向，明确农地集体所有权，保障集体成员农地承包权，赋予耕作者更完整的农地经营权，建立现代农业发展的农地权利基础；以服务规模化、区域产业规模化、市场规模化为核心，探索农业规模报酬实现方式；完善农业经营制度，提升农户人力资本和农业经营能力，实现农民与现代农业产业体系结合，实现中国特色农业现代化。

（三）乡村人力资本的提升与改造

在人口城市化趋势下，顺应农民代际革命，保障农民乡村土地等基本权利的同时，赋予进城农民城市权利、促进农民进城落户和市民化。顺应乡村经济机会出现和经济活动变化，吸引部分年轻人回故乡从事新农业、新产业、新业态，培养一批引领乡村产业发展和农民致富的乡村企业家。顺应城乡互动格局的到来，通过集体制度改革破除乡村封闭性，构建乡村资源与资本的组合与合作制度，培养契约精神，完善乡村产业和资本下乡政策，引导城市居民、企业家及社会资本下乡，提高乡村生产要素配置效率。顺应农村产业发展、农业发展方式转变、农产品生产方式改变，以及农业价值链变化，通过示范、学习、引领、合作、参与、互惠，提升农民人力资本和经营能力。顺应农业经济活动的多样化和打破乡村封闭性，完善乡村治理结构，培育与乡村振兴相适应的新型带头人。

（四）村庄转型与复兴

正视乡村分化的现实和基本趋势，研究不同类型乡村的演化特征，制订乡村振兴规划，因村施策，分类推进，寻找不同类型村庄的复兴路径。进一步完善乡村基本公共服务的供给，提升农村社会保障水平，改善农村老人养老服务，改善村庄整体环境。顺应代际革命、人口城市化和城乡互动阶段的到来，通过规划、宅基地制度和基本服务供给方式改革，实现村庄适度集聚。研究村庄活化的条件与方式，创新活化村庄的制度供给、体制机制和政策安排，使有条件的村庄加快振兴。通过强化基本公共服务、环境整治、老人群体养老保障，改变大部分乡村衰而未亡的状态，实现乡村整体复兴。

（五）城乡互动与融合

顺应城乡互动阶段的到来，通过消除城乡二元体制性障碍，促进资本、劳动、土地在城乡的互动与配置。通过城乡公共服务均等化，实现城乡两个空间基本条件的融合，加大征地制度和集体建设用地入市的改革力度，实现集体土地与国有土地的同地同权，赋予乡村发展权，以促进产业落地和人力、资本进村。通过宅基地制度改革促进村庄转型、集聚与复兴，实现城市和乡村两个空间的平等发展与融合。通过建立城乡平等的体制机制，实现城乡全面融合与乡村振兴（图 1-15）。

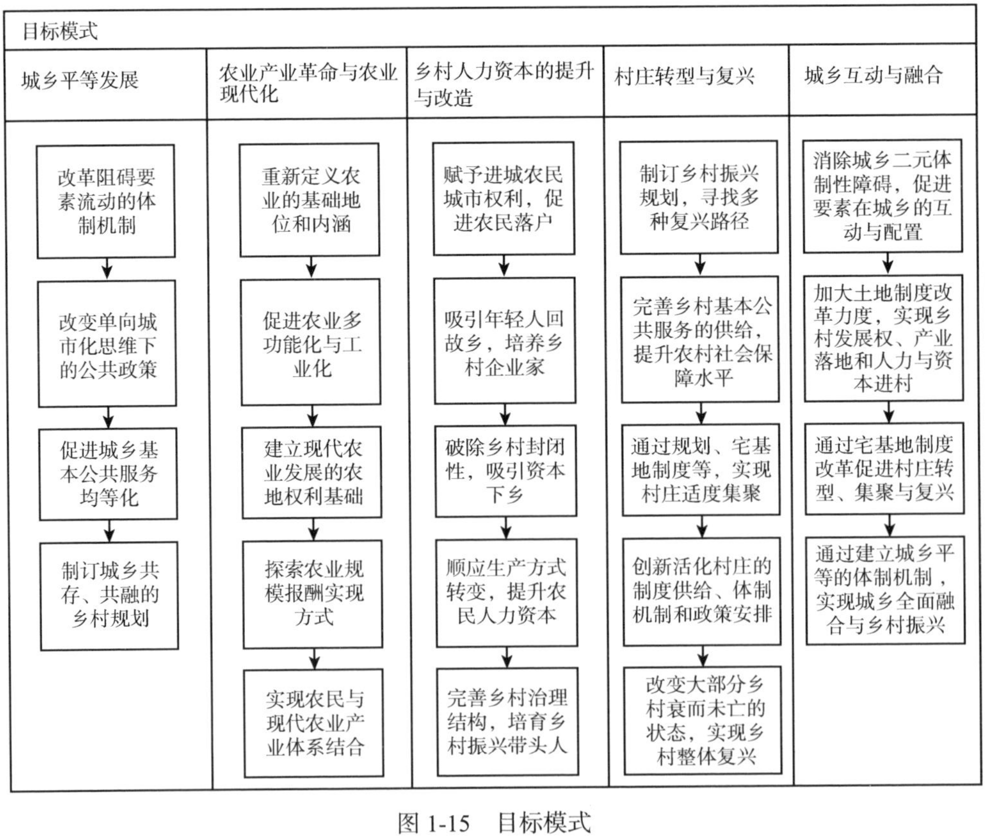

图 1-15　目标模式

三、路径选择

（一）以“活业”带动“活人”，实现“活村”，全面复兴乡村空间

乡村振兴的根本是全面复兴乡村空间，使乡村和城市相得益彰、差异互补、共融共生共荣。乡村振兴的标志是乡村空间的“活业”、“活人”与“活村”，没有乡村的活态化，就不能称其为乡村振兴。在振兴路径顺序上，首先是“活业”，它是乡村振兴的前提，没有乡村产业兴旺，乡村振兴就成了无本之木，不具有可持续性。“活业”既包括传统农业竞争力的提升和农业从数量向质量的结构转变，也包括农业功能和形态变化带来的农业附加值提高与农业工业化水平提高。接着是“活人”，有了活的业态，就能吸引人才进入乡村创业和从事有回报的农业经济活动。“活人”是乡村振兴的关键，“活人”包括本村部分年轻人的回归，有情怀、有作为的外村人的进来，以及对传统农业进行现代化改造的人员。只有人力资本的提升和改造，乡村产业发展、业态活化才能成为可能，乡村才能变得更有生机。“活业”“活人”的结果就是“活村”。“活村”是乡村振兴的归宿。有了活的业态，有了有生命力的新型乡村人力资本，乡村的活态就能出现并可持续。在乡村振兴的路径上，切不可以政府行动和规划强制，实行村庄变革，将改变村庄作为乡村振兴的标志，也不要不切实际地以大量政策优惠补贴等差别性政策培育乡村新型主体、龙头企业和鼓励农民回村创业，没有产业支撑的“引人”不仅难以持续，还会挫伤一批有情怀的人的入村创业热情，也会导致对大多数小农的歧视。

（二）在城乡互动格局下实现乡村活化

新阶段的乡村振兴不是乡土中国阶段的乡土重建，也不是快速城市化下的以城统乡，而是城乡互动下的乡村复兴。乡村振兴就是利用城乡互动带来的机会，复兴乡村产业，活化乡村空间；通过城乡要素的流动与再配置，形成乡村与城市互动的资本流和人流，实现乡村的振兴。要避免两个极端：一个是固守乡土中国理念，以不变应万变，导致乡村发展机会的丧失；另一个是继续沿袭快速城市化惯性，不改城市过度发展后补贴乡村的公共政策，加剧乡村的衰败。

（三）以土地制度改革为突破口，实现城乡两个空间的平等发展

城乡要素配置不畅和城乡发展不平等的最大障碍是城乡二元土地制度。农地转非农用地必须实行政府征收、非农经济活动必须使用国有土地，土地用途和年度指标管制及政府独家垄断土地市场，是乡村发展权丧失、乡村产业窄化、城乡财富差距拉大的根源。只有改革土地配置制度，实现集体建设用地和国有建设用地权利平等，才能实现乡村产业和发展空间的复兴，才有城乡资本和人力的持续

对流与配置，乡村发展才有可持续的制度支撑。在此基础上，配合城乡基本公共服务均等化和城乡居民权利平等，促进城乡一体发展（图 1-16）。

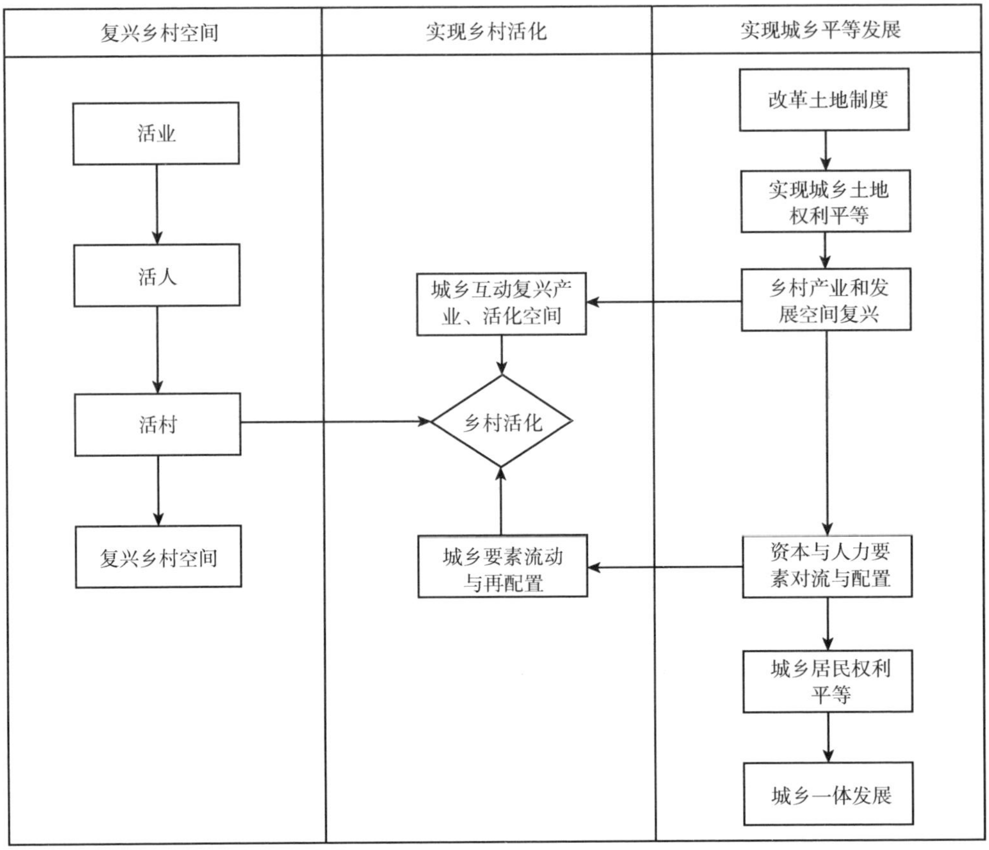

图 1-16　路径选择

第五节　乡村振兴制度框架与政策体系

一、制度框架

（一）促进乡村发展的城乡关系重塑

改变城市偏向和城市工业优先发展的战略和制度体系，为农业农村优先发展创造平等的制度环境。重新定义乡村功能，赋予乡村更大发展权。研究城乡互动下乡村产业发展趋势，营造有利于农业工业化及新业态、新产业成长的制度环境。改革空间规划体制，保障和实现乡村功能在空间上落地。改革融资和金融服务制度，为乡村产业发展提供金融支持。构建工农互促、城乡互补、全面融合、共同繁荣的新型工农城乡关系。

（二）城乡互动的土地配置制度改革

伴随城乡互动的到来，人流和资本流已经在城乡之间产生对流，促进土地从乡村向城市单向配置的土地制度必须改革。城乡中国阶段的土地配置改革一方面要促进城市用地的高效配置助力城市转型升级，另一方面要通过土地配置制度改革实现乡村平等发展权。

1. 征地制度改革

中国的土地城市化阶段已经过去，城市框架已经搭建，没有必要继续沿袭低价征地城市化模式，这既因为不需要继续通过大面积征地为城市扩张提供大量新增建设用地，也因为存量建设用地继续沿用征地方式成本高昂。因此，城乡中国阶段有条件也有必要按照国际通行规则——公共目的、市场价补偿、程序公开透明——改革现行征地制度，这不仅不会对经济增长造成损害，还有利于社会稳定与公平正义。

2. 城市土地结构改革

以地谋发展造成的土地结构扭曲是国民经济结构失衡的根源。在城乡中国阶段，通过优化土地结构解决结构失衡大有可为，重点是城市用地从增量为主转向存量为主，减少政府以地招商引资，降低工业用地比例，降低政府依靠增加基础设施用地保固定资产投资，严格控制新城、新区建设，控制地方政府新增办公用地比例，盘活政府存量公共用地，减少保障房等供地，增加和多渠道保障住房用地供应。

3. 城中村改造与城市更新中的土地制度创新

城乡中国阶段必须解决二元土地制度形成的双轨城市化，包括改变单一征地模式造成的城市化成本抬升，借鉴市地重划经验，利用土地价值增值捕获解决城市更新中的资本平衡、土地所有权利益及土地增值收益的合理分配。允许城中村农民集体利用集体土地提供租赁房，解决进城农民在城市的体面落脚和居住问题。

4. 城乡建设用地的权利平等

在符合规划和用途管制的前提下，农民集体建设用地与国有建设用地享有同等的权利，集体经济组织和农民可以利用集体建设用地从事非农建设，享有出租、转让、抵押建设用地的权利。

（三）适应农业转型的农地权利和经营体系重构

城乡中国阶段的农业发展迎来契机，农民对农地经济依赖性下降使农业告别生存农业，消费需求变化使农业告别吃饭农业，农业投入结构和发展方式变化使农业告别过密化农业。农业的内涵、功能、要素组合、经营和服务规模、可营利性等都呈现出与乡土中国和快速城市化阶段的巨大不同。为此，农村土地制度和经营制度的变迁是势不可挡的，在很大程度上，农地制度安排的选择与变迁方向决定农业转型的成败。

1. 集体所有制改革

农村最重大的改革是对集体化的集体所有制进行改革，并在法律上明确为“农民集体”，在新型集体所有制下，集体资源和资产是农民成员集体的集合，集体组织是这个集合委托的代理人。只有在产权清晰、归属明确、治理有效的前提下，集体经济才能壮大。因此，集体所有制改革首先在方向上必须明确不是重回集体化，不能搞“归大堆”，不能侵犯农民土地权利。界定集体所有资源产权，重点是上一轮未到户的集体资源产权的界定，以免以权侵公及以私侵公。产权界定清晰以后，允许集体资源资产集体经营、委托经营、合作经营，集体资源资产经营收益由成员按份共有。

2. 承包经营权的分割与合约保障

农村改革最重要的成果是赋予集体成员承包经营权，承认农民对土地的财产权利。农民拥有土地财产权并不妨碍农业转型、要素组合与其他经营主体使用土地，不能以任何理由动摇和损害已经赋予农民的土地财产权利。在城乡中国阶段，农民的离土出村和“农二代”“农三代”对土地观念的变化，以及农地承包权与经营权的分离势所必然，这些变化是农业生产要素组合的重要前提。农地承包权与经营权的分割是集体成员承包经营权的自然权利，承包农户是决定权利是否分割和如何分割的决策者，集体组织不得以集体所有者名义介入和干预其行使。从承包经营权分割出的经营权内涵依承包者与经营者合约议定，双方都必须遵守，合约受法律保护。农地“三权分置”之所以还要由顶层政策和法律宣示，因为集体所有制下承包权与经营权的权利分割合约容易受到权力侵犯，正式制度和法律保障更有利于界定“三权”的内涵与关系，更好地保障所有者、承包者与经营者各自的权利，对权利分割的正式安排不是为集体所有权削弱承包权、做大经营权提供方便。

3. 农业经营体系改革

农业经营体系是一个被严重窄化和误解的领域，长期在生产主体上打转转，理论讨论和公共政策的焦点就陷入是个体经营还是集体经营、是家庭经营还是合作或公司经营的两个极端。实际上，农业经营体系是围绕农业经营从田头到餐桌的产业、生产、组织、服务的完整体系。农业经营体系的改革既要提高农业经营者的效率，又要实现农业生产要素的有效组合和农业规模报酬。包括农业的多功能化和农产品价值链延伸，农产品增长从数量向质量转变；经营者在农业各个领域的进入，农民的改造与改变；农业经营制度变化，包括家庭经营的专业化，合作的演化，法人农业发展；以及以农业服务规模化、区域种植规模化、市场化实现农业规模经济。

（四）乡村振兴与宅基地制度改革

城乡中国阶段，乡村的分化还会加剧，部分乡村的复兴和大部分乡村的衰败总体来看是趋势使然。乡村振兴的公共政策是如何让有条件复兴的乡村能活得更好，让一些衰败的乡村相对体面，需要在振兴乡村战略背景下思考宅基地制度改革的内容和路径。一是改革宅基地的无偿分配制度。宅基地的无偿分配导致村庄成员大量超占村庄用地甚至耕地，村庄无序扩张，可以考虑时点划断办法，对原占用宅基地的农户沿用无偿使用办法，针对时点以后享有成员资格的集体成员，其可以有偿获得集体所有宅基地使用权。二是赋予农民宅基地财产权。目前的制度安排下，农民对宅基地只有占有权、使用权、居住权，没有出租权、收益权、转让权、抵押权和继承权。农民不能有偿退出，他占着宅基地让其废弃、闲置也不可能还回集体，大量农村房屋破败和村庄空心化与此有关；农民不能通过出租等方式获取收益，那么他进城就少了一块可变现的资本，农民不能抵押、转让，宅基地就无法资本化，乡村投资资金无从解决，因此，必须赋予宅基地财产权，使农民宅基地可以有偿退出、出让、转让、交易，参与乡村相关产业。三是对外村人和外来资本的有序开放。没有外来人和外部资本进入就无法“活村”。四是宅基地权利与集体建设用地权利的同权。目前的土地权利中，尽管宅基地也属于集体建设用地，但是在权利内涵上，宅基地只能建设用于农民居住的房屋，没有出租、转让和抵押权，集体建设改革到位以后，两者的权利差异会更大。因此，在实行集体建设用地与国有土地同地同权的同时，也要实行农村宅基地与集体建设用地的同地同权。五是赋予乡村规划、管制和集体组织的权力。我国现行的宅基地管理在法理上是政府严格管制，但是面对如此多的乡村主体和农户，管理成本极其高昂，实施效力很差。城乡中国阶段的宅基地管制应该将村庄纳入国土空间规划范围，在村庄规划中，控制和锁定村庄宅基地总量，有关部门的宅基地管理就是总量和规划管制，村内宅基地如何使用和农户之间的宅基地处置交由村集体组织。

（五）构建农民城市化的公共服务体系和权利体系

农民的市民化与乡村振兴并行不悖。完善已经出台的户籍改革，降低积分落户门槛，建立进城农民对城市贡献份额与公共服务分享挂钩的制度体系。建立全国统一的公民平等、可携带的公共服务保障包，解除城市招工和福利对进城农民的制度性歧视。有效保障"农二代"在城市的居住权，实现城市居住权是"农二代"顺利在城市落脚扎根的前提，城市政府要将符合条件的常住人口纳入公租房保障范围和住房公积金制度覆盖范围，允许城乡范围内农民使用存量集体建设用地建设集体租赁房屋进行出租，让城乡接合部农民可以长期分享土地增值的好处，为"农二代"提供体面的居住空间，同时减轻城市政府财政负担。落实"农三代"教育权，"农三代"的教育权关系到农民工家庭在城市的长远发展和经济社会地位的纵向向上流动。要加快推进教育公平，积极推动实现公办学校全部向随迁子女开放，放宽随迁子女在流入地参加高考限制，切实维护随迁子女平等受教育的权利，努力让每个农民工子女都能享受到公平而有质量的教育。制定实现农民城市权利的成本分担机制，加快研究建立中央政府、地方政府、企业、个人实现城市权利的成本分担机制。中央政府负责基本养老、教育、低保及跨区域流动人口的医疗资金保障。地方政府根据本地实际情况，因地制宜、量力而行，逐步提高本地区公共服务保障水平，吸引人口流入。

（六）促进城乡互动与融合的生产要素城乡配置制度

建立社会资本下乡机制，完善乡村资本投资环境和相关服务，使下乡资本进得来、有回报、利益有保障。完善农民与企业之间的利益联结机制和分享机制，培养契约精神。创新资本与资源股份合作安排，实现农民与企业家的双赢。培养一批懂农业、懂农民、懂村庄、有市场开拓能力和企业家精神的乡村企业家。

二、乡村振兴的政策体系

（一）完善促进城乡公共服务均等化的政策体系

完善以工补农、以城带乡政策体系，真正做到将公共基础设施建设的重点放在农村，进一步完善农村基础设施建设，增进乡村与城市的连接。提高农村社会保障水平，加大对乡村老人的养老保障和服务。持续改善农村人居环境，提高政策实施的质量和效果。逐步建立健全全民覆盖、普惠共享、城乡一体的基本公共服务体系，让符合条件的农业转移人口在城市落户定居。

（二）构建促进农村产业兴旺的政策体系

大力开发农业多种功能，延长产业链、提升价值链、完善利益链，制定和完善实现小农户与现代市场经济对接的政策支撑体系及配套措施。通过一二三产业叠加，创造新供给的“加法效应”，以及一二三产业融合，催生新业态的“乘法效应”，进行农业的深度交叉融合。通过第六产业化，实现集生产、生态、生活与生命为一体的“四生农业”。提高小农户和各类新型农业经营主体的组织化程度，推动土地、劳动力和资本等生产要素的合作，建立紧密的企农利益共享机制。

（三）探索提升生态韧性的乡村宜居空间规划和建设政策体系

以城乡中国阶段乡村发展的特征和趋势为背景，以营造高质量生态宜居的乡村人居环境为目标，提升乡村人居环境的生态韧性和宜居品质，构建一个全面的生态宜居乡村规划建设管理框架、实践的空间内容框架和更新方法指引。借鉴生态韧性社区构建的相关经验，结合自然生态和社区社会两个系统，构建乡村人居环境生态韧性评估工具。明确乡村实际居住者对宜居的真实需求，提出需求导向的规划目标框架。结合生态韧性培育模式，形成制度化的生态宜居型乡村人居环境更新规划总体框架。有效激活和充分发挥乡村人居环境闲置空间资源的潜在价值，在保障生态的基本要求下实现资源的多元渐进增值。构建结合生态韧性和高品质人居条件的空间结构体系。落实空间规划的结构和要求，分类逐步调整现状资源利用方式，引导生态韧性和宜居品质的建设。将宏中观的更新规划总体框架和微观的更新建设指引结合，进行制度化和政策性转化。

（四）完善促进农民增收的保障机制与政策支持体系

完善农民进城务工制度环境，消除对农民就业的各种歧视，增加农民非农收入。加大进城农民权利保障和纠纷调处机制，保障农民基本权益。增加乡村产业发展和收入机会，使在地农民获取更多农业收入。加大集体资源资产改革，增加农村资源收益和农民分成。建立一套包括财政补贴、金融保险、就业政策、社保政策（民政医疗）的政策体系，激发地方官员的积极性，健全各种配套和保障措施，保证农民收入稳定增长并实现生活富裕的目标。

（五）构建目标导向的新型农业支持保护政策体系

完善农业支持保护制度、构建新型农业支持保护政策体系，对补齐农业发展短板、促进农业高质量发展、推进农业现代化具有重要引领和支撑作用。以提高农业质量效益与竞争力为目标，强化绿色生态导向，创新完善政策工具和手段，加快建立新型农业支持保护政策体系。探索以乡村振兴要求的提高农业质量效益与竞争力、绿色生态为目标的新型农业支持保护制度框架与政策支撑体系。增强农业竞争力，深化农业市场化改革。适时设置强制性绿色支付制度，注重环境保护政策。通过补贴、保险工具提高农业竞争力。注重保持农业环境，积极应对气候变化，与保障食品安全问题挂钩等一系列政策机制创新。采取内外围相结合的双层治理模式，内围主要包括农业支持保护政策体系，作为实现目标效果的政策支撑，外围则应构建相应的协同配套体系，以服务和强化内围政策执行效果。支持保护体系具体包括产业政策、收入政策、市场调控政策、贸易促进政策及资源与生态保护政策的有机构建，协同配套体系则主要囊括公共基础设施建设、社会化服务体系、农地建设、人员培训等方面的整备与优化等。适时改革最低收购价格政策，可借鉴美国“保留稻谷、小麦的最低收购价格政策，但价格水平低于市场”的做法，既托底，也实现市场定价，可以形成各种合理的市场差价，理顺购销、储藏、加工的关系，增强国际竞争力。另外，实行土地补贴政策时，应按照承包土地面积实行统一补贴，并着重注意补贴不应分产品。按照承包地面积补贴简单透明，完全可控，同时政策效果更好：农民种什么都能拿补贴，更直接感受到国家关怀。补贴多少可根据财力情况，灵活决定。考虑按照播种面积，即把复种指数的因素考虑在内。对西部省份或边疆地区采取特殊补贴标准；东部沿海地区可在中央财政补贴外进行配套补贴，或国家只制定最低补贴标准，由东部沿海地区的地方财政出钱执行。应补贴给有承包权的农户。在市场机制下，补贴给农户，与补贴给种粮大户或企业效果一样，并且农户承包地面积高度透明，确定不变，易于执行。补贴后出现撂荒，也应照样补贴。大量撂荒不可能出现，即使出现也是因为市场价格太低，这时撂荒相当于休耕，休养地力。

（六）制定农民收入持续增长、实现乡村振兴的政策

以乡村振兴为目标促进农民收入持续增长。以小农户和现代农业发展有机衔接为重点，采取有针对性的措施，把小农生产引入现代农业发展轨道。改善小农户生产设施条件，提升小农户抗风险能力。尊重自然、顺应自然、保护自然，推动乡村自然资本加快增值，统筹山水林田湖草系统治理，以绿色发展引领乡村振兴。不断激发农村低收入人群内生动力，提升低收入人群发展生产和务工经商的基本技能，实现农民收入的可持续稳固增长。实现基础设施建设和公共社会事业优先发展。特别是健康医疗、社会保障和教育等方面，必须下更大力气才能补齐短板，确保不被落下。对于农村低收入人群，要不断加强农村社会保障体系建设。完善统一的城乡居民基本医疗保险制度和大病保险制度，做好农民重特大疾病救助工作。巩固城乡居民医保全国异地就医联网直接结算。完善城乡居民基本养老保险制度，建立城乡居民基本养老保险待遇确定和基础养老金标准正常调整机制。统筹城乡社会救助体系，完善最低生活保障制度，做好农村社会救助兜底工作。

将进城落户农业转移人口全部纳入城镇住房保障体系。构建多层次农村养老保障体系，创新多元化照料服务模式。健全农村留守儿童和妇女、老年人及困境儿童关爱服务体系。加强和改善农村残疾人服务。同时，要优先发展农村教育事业。促进农村劳动力转移就业和农民增收。推动农村基础设施提档升级。继续把基础设施建设重点放在农村，加快农村公路、供水、供气、环保、电网、物流、信息、广播电视等基础设施建设，推动城乡基础设施互联互通。

乡村振兴的制度框架、政策体系与配套措施如图 1-17 所示。

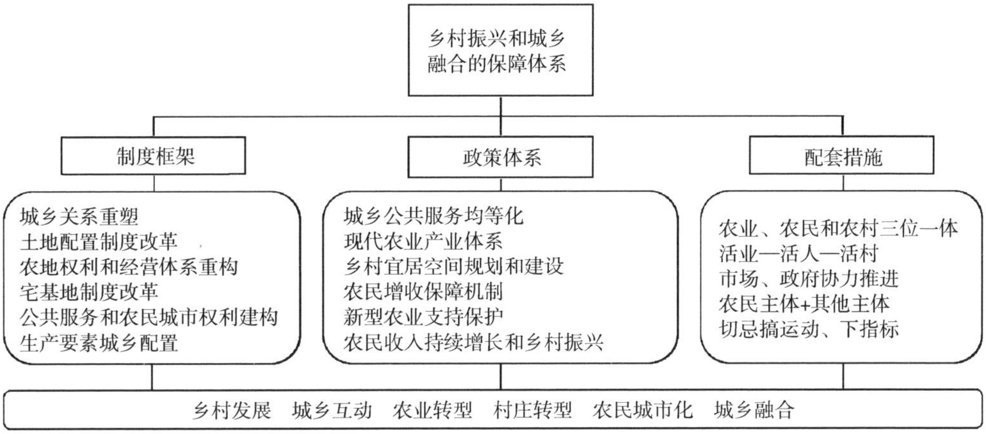

图 1-17　制度框架、政策体系与配套措施

参 考 文 献

蔡昉，杨涛. 2000. 城乡收入差距的政治经济学. 中国社会科学，（4）：11-22，204.

陈文胜. 2017. 寻找实施乡村振兴战略的突破口. 中国乡村发现，（6）：44-46.

陈锡文. 2018a. 从农村改革四十年看乡村振兴战略的提出. 行政管理改革，（4）：4-10.

陈锡文. 2018b. 实施乡村振兴战略，推进农业农村现代化. 中国农业大学学报（社会科学版），（1）：5-12.

党国英. 2018. 乡村振兴战略的现实依据与实现路径. 社会发展研究，（1）：9-21.

顾益康. 2017-12-02. 乡村振兴的着力点要放在村一级. 光明日报，12.

韩俊. 2009. 中国城乡关系演变60年：回顾与展望. 改革，（11）：5-14.

姜德波，彭程. 2018. 城市化进程中的乡村衰落现象：成因及治理——“乡村振兴战略”实施视角的分析. 南京审计大学学报，15（1）：16-24.

李恩平. 2006. 韩国城市化的路径选择与发展绩效：一个后发经济体成败案例的考察. 北京：中国商务出版社.

李明，邵挺，刘守英. 2014. 城乡一体化的国际经验及其对中国的启示. 中国农村经济，（6）：83-96.

林毅夫，蔡昉，李周. 2012. 中国的奇迹：发展战略与经济改革. 上海：上海三联书店，上海人民出版社.

刘守英. 2017. 乡村振兴战略是对乡村定位的再认定. 中国乡村发现，（6）：28-32.

刘彦随. 2018. 中国新时代城乡融合与乡村振兴. 地理学报，（4）：637-650.

刘彦随，龙花楼，陈玉福，等. 2011. 中国乡村发展研究报告：农村空心化及其整治策略. 北京：科学出版社.

伊特韦尔 J，米尔盖特 M，纽曼 P. 1996. 新帕尔格雷夫经济学大辞典. 陈岱孙，译. 北京：经济科学出版社.

曾国安，胡晶晶. 2008. 城乡居民收入差距的国际比较. 山东社会科学，（10）：47-53.

张季风. 2004. 日本国土综合开发论. 北京：世界知识出版社.

张军，李勤. 2010. 工业化城市化双加速阶段的城乡统筹发展——成因、表现及政策建议. 中国发展，10（5）：62-71.

张培刚. 1992. 新发展经济学. 郑州：河南人民出版社.

张培刚. 2014. 农业与工业化. 北京：中国人民大学出版社.

Chang P K. 1949. Agriculture and Industrialization. Cambridge：Harvard University Press.

Chenery H B，Robinson S，Syrquin M. 1986. Industrialization and Growth：A Comparative Study. New York：Oxford University Press.

Knight J，Song L. 1993. The spatial contribution to income inequality in rural China. Cambridge Journal of Economics，17（2）：195-213.

Krueger A O. 1997. Trade policy and economic development：how we learn. American Economic Review，87（1）：1-22.

Schultz T W. 1978. Distortions of Agricultural Incentives. Bloomington: Indiana University Press.

Yang D T. 1999. Urban-biased policies and rising income inequality in China. American Economic Review，89（2）：306-310.

第二章 农业高质量发展与乡村振兴：一个政策框架[①]

实施乡村振兴战略，是以习近平同志为核心的党中央着眼党和国家事业全局，深刻把握现代化建设规律和城乡关系变化特征，顺应亿万农民对美好生活的向往，对“三农”工作做出的重大决策部署；是决胜全面建成小康社会、全面建设社会主义现代化强国的重大历史任务。

实施乡村振兴战略，核心是坚持农业农村优先发展，按照产业兴旺、生态宜居、乡风文明、治理有效、生活富裕总要求，建立健全城乡融合发展体制机制和政策体系，加快推进农业农村现代化。因此，抓紧构建实施乡村振兴战略的政策支撑与机制保障体系，是切实落实中央“重中之重”要求、充分体现农业农村优先发展、有效破除城乡二元结构并促进城乡融合发展的关键。

第一节 乡村振兴的支撑政策需求

乡村兴则国家兴，乡村衰则国家衰。实施乡村振兴战略，必须坚持农业农村优先发展，科学有序推动乡村产业、人才、文化、生态和组织振兴，促进城乡融合发展、人和自然和谐共生，要让农业成为有奔头的产业，让农民成为有吸引力的职业，让农村成为安居乐业的美丽家园。

一、乡村振兴需要保障农业高质量发展的政策支撑体系

（一）改革开放以来我国农业支持政策的基本成效

农业是国民经济的基础，是农村经济体系与现代产业体系的重要组成部分。改革开放 40 多年来，我国实施了一系列强农、惠农、富农支持政策，农业发展取

① 本章为国家自然科学基金应急项目（71841001）总课题“乡村振兴的制度供给与政策保障：总体思路、目标模式与基本框架”（承担单位：同济大学。课题主持人：程国强。课题组成员：朱满德、陈良彪、仇焕广、夏海龙、齐皓天、李辛一、伍小红、余新礼、施嘉庚）研究成果的一部分。本章执笔人：程国强、朱满德、陈良彪。

得了巨大成就。

一是第一产业生产总值由 1978 年的 1019 亿元增长到 2018 年的 64 734 亿元，年均名义增长 11%，劳均创造产值从 1978 年的 360 元提高到 2018 年的 31 955 元；其中，农林牧渔总产值由 1397 亿元增长到 113 580 亿元。

二是粮食产量由 1978 年的 30 477 万吨增长到 2018 年的 65 789 万吨，已连续 7 年稳定在 6 亿吨的高位水平；人均粮食占有量由 1978 年的 319 千克提高到 2018 年的 472 千克，解决了 14 亿人的吃饭问题。粮食实现由过去长期供给不足，向供需紧平衡，以及当前阶段性和结构性过剩的重大转变，守住了粮食安全底线，中国人的饭碗牢牢端在自己手中。

三是农业综合生产能力显著提升，食物供给日益丰富营养化。人均猪牛羊肉、水产品和牛奶产量分别由 1978 年的 9.1 千克、4.9 千克、1.2 千克[①]增长到 2018 年的 46.8 千克、46.4 千克和 22.1 千克；蔬菜、水果、茶叶、油料、糖料、禽蛋等产量都有明显增加。

四是农业科技创新与应用推广步伐加快，农业经营制度改革和创新扎实推进。2017 年农业科技进步率达 57.5%，生物良种、农机装备、绿色防控、经营管理等先进实用技术的应用推广，加上农地"三权分置"、农产品价格形成机制改革、农业支持保护制度完善，推动了农业经营方式转型，规模经营农业劳动生产率和土地产出率大幅提升。

五是结构调整稳步推进，农业种养结构、粮经饲结构、产品和品质结构不断优化，农业布局区域化、生产专业化和经营产业化在逐步形成，如东北玉米大豆优势区、华北麦区、西南山地特色农业带、西北高原牧区；"三品一标"农产品（无公害农产品、绿色食品、有机农产品和农产品地理标志产品）截至 2018 年底达 12.2 万个；蔬菜、水果、中药材、花卉等都形成优势区域和地区品牌。

六是农民收入和生活水平明显提高，农民人均可支配收入由 1978 年的 134 元持续增长到 2018 年的 14 617 元，年均名义增长 12.4%；居住环境和条件不断改善，主要耐用消费品拥有量持续增加，农民消费支出转向追求高品质的美好生活需要消费。

（二）当前农业发展面临的挑战与政策需求

不可忽视的是，当前我国农业已从传统的物质产品供给，转型为多功能下的多形态优质产品、生态环境产品、精神文化产品供给，即以往注重提供充足、安全的食物和工业原料，现在还必须同时注重保护好绿水青山、田园村落，承载好农耕文明、乡土文化、乡愁寄托等。这也意味着新时代的农业供给将面临诸多新

① 人均牛奶产量为 1980 年数据。

问题、新挑战。

第一，深度开放背景下我国农业竞争力亟须提升。近年来，我国农业生产受资源禀赋条件限制、要素成本上涨、现行经营格局未有根本性改观、质量安全风险增加等因素叠加影响，现阶段国内农业产业及农产品整体上难以与国外农产品直面竞争。譬如，人均耕地少，地块破碎、分散，土地规模经营在部分省份潜力有限；小农经营、粗放式经营在山地丘陵区仍占有较大比例；土地流转价格和雇工成本持续上涨。这对农产品价格竞争力、质量竞争力等形成明显制约。

第二，绿色生态导向下我国农业可持续发展能力堪忧。过去几十年，为了增加粮食供给、保障我们这代人的粮食安全和农产品供给，所付出的资源、环境和生态代价巨大。例如，地下水超采，耕地高强度利用、地力下降，化学投入品施用过量、农业面源污染加重。若不能及时做出改变，资源生态的永续利用、粮食的可持续产能和农业的可持续发展将面临极其严峻的挑战，可能危及子孙后代的安全。

第三，支撑高质量发展的农业创新能力明显不足。从科技创新看，国家农业科技创新体系有待完善，面向世界农业前沿科技的自主研发创新能力有待加强，推动农业高质量发展的核心技术研发与关键技术集成有待突破，农业科技成果转化和应用推广体系有待改革，特别是生物制种、高端农机装备、农业物联网、智慧农业信息技术等。从制度创新看，与农业生产体系、经营体系和产业体系相关的制度亟待健全完善，支撑要素合理流动和资源优化配置的制度尚需进一步改革创新。

第四，多重转型条件下农业部门的适应力亟须提高。农业供需结构性矛盾较为突出，低端供给、常规供给过剩，中高端供给、优质有效供给不足，以及生产区域化布局和消费趋同化发展导致的时空矛盾凸显，农业供给结构、供给体系质量对市场需求变化的适应性和灵活性亟待提高。在推进多种形式适度规模经营的同时，小农经营仍是当前我国农业经营的主要格局，其禀赋条件和经营特征与现代农业发展、消费大市场还不能有机衔接和匹配。与农业多功能转型相匹配，农业的生态环境产品、精神文化产品供给还有待丰富化、多样化，满足日益增长的美好生活需要的非物质产品供给能力亟须提升。

与此同时，全球农业的能源化和资本化趋势严重。其一，国际能源价格与农产品价格的联动加强，能源价格的频繁波动、大幅波动，可能快速传导至国际国内农产品市场，进而影响农业农村的发展稳定。农产品也是一种投资品，资本的投资、投机等行为将会加剧农产品市场波动。其二，跨国粮商对国际农产品市场影响力持续增强，而我国利用国内国际两种资源、两个市场的能力仍有明显短板。跨国粮商的全球布局和全产业链优势，使其在全球农产品市场和贸易中占主导地位，也使我国建立全球农业采购网络和供应链难度增大。其三，全球贸易保护主义抬头，国际农业贸易与投资环境可能进一步恶化。这将会使我国农产品进出口贸易面临较大的不确定性风险，境外农业投资、国内农业支持保护则将面对严峻挑战。

产业兴旺是乡村振兴的重点。农业是乡村的基础产业，乡村振兴特别是产业振兴，关键在于推动农业优先发展和高质量发展、促进农村一二三产业融合发展。这也是今后实现乡村产业兴旺的主攻方向。

但是，当前的问题或难点在于，现有农业禀赋条件、资源配置方式、产业发展模式和体制机制框架在有效支撑农业实现高质量发展和迈向农业现代化等方面仍然存在缺陷和不足。全面实施乡村振兴战略，必须坚持农业农村优先发展，亟须改革、创新和完善有效支撑农业优先发展和高质量发展的体制机制。

二、乡村振兴需要推动城乡融合发展的体制机制与政策体系

（一）改革开放以来农村发展政策的基本成效

乡村是具有生产、生活、生态、文化等多重功能的地域综合体，与城镇共同构成人类活动的主要空间。改革开放 40 多年我国农村发展成效显著。

一是农村减贫工作取得举世瞩目的成就。农村贫困人口由 1978 年的 7.7 亿人下降到 2018 年的 1660 万人，贫困发生率由 97.5%降至 1.7%。2021 年 2 月 25 日，习近平在全国脱贫攻坚总结表彰大会上发表重要讲话，正式向世界宣布，“我国脱贫攻坚战取得了全面胜利，现行标准下 9899 万农村贫困人口全部脱贫，832 个贫困县全部摘帽，12.8 万个贫困村全部出列，区域性整体贫困得到解决，完成了消除绝对贫困的艰巨任务”①。

二是农村居民生活质量得到极大提升。农村居民家庭恩格尔系数由 1978 年的 67.7%降至 2018 年的 30.1%。

三是农村转移人口市民化取得重大进展。城镇化水平不断提升，城镇人口占比由 1978 年的 17.9%上升到 2018 年的 59.6%。特别是中共十八大以来，已有 9000 多万农村转移人口成为城镇居民。

四是农村产业结构持续优化。2018 年，规模以上农产品加工业营业收入为 14.9 万亿元，乡村休闲旅游营业收入超过 8000 亿元。农村功能不断拓展，农村新产业、新业态、新模式蓬勃发展，农村产业融合发展成为新的趋势。

五是农村改革取得新突破。农村土地制度、农村集体产权制度改革稳步推进，

① 《习近平：在全国脱贫攻坚总结表彰大会上的讲话》：https://www.12371.cn/2021/02/25/ARTI1614258333991721.shtml，2021 年 2 月 25 日。

重要农产品收储制度改革取得实质性成效，农村创新创业和投资兴业蔚然成风，农村发展新动能加快成长。

六是农村基础设施建设明显改善。截至 2018 年末，99.6%的乡镇、99.5%的建制村通了硬化路；99.1%的乡镇、96.5%的建制村通了客车；95%的建制村连接了 4G 网络。

七是农村环境整治取得新成效。开展自然环境生态保护，大力整治农村环境，农村脏乱差状况明显好转，生态宜居的美丽乡村建设扎实推进。

八是城乡一体的基本公共服务供给机制逐步建立。城乡义务教育经费保障机制初步建立，统一的居民基本养老保险、基本医疗保险、大病保险制度逐步建立。截至 2018 年底，城乡居民基本医保覆盖 13.5 亿人，大病保险覆盖 10.5 亿人，基本养老保险覆盖 9.4 亿人。

（二）目前我国农村发展面临的体制障碍与政策需求

不可忽视的是，当前我国农村基础差、底子薄、发展滞后的状况未有根本改变。城市像欧美国家，农村像落后国家，城乡二元结构特征凸显。中国经济社会发展中最明显的短板和现代化建设中最薄弱的环节主要在农业农村，且由来已久。农村和城市本是一个有机整体，城市的发展和繁荣决不能建立在乡村的衰败基础上，乡村的振兴也离不开城市的带动和支持。

然而，新中国成立后长期存在的城乡二元分割的体制机制违背城乡发展规律，导致城乡要素不合理流动。农村人口、资源和资金等要素不断向城市聚集。同时，城市人口被禁止向农村迁移，城市公共资源向农村延伸、城市人才和资本向农村流动处于较低水平。现阶段阻碍中国城乡要素自由流动的制度障碍主要有以下几点。

一是户籍制度。政策层面上早已取消了农村人口进城的限制，2018 年，我国有 2.88 亿农民工在城市就业，但现行制度仍在一定程度上阻碍着农民工“真正”落户。由于无法获得和城镇户籍身份匹配的教育、医疗、就业等服务，许多农村迁移人员无法永久居留城市。流动人口从农村到城市仅完成了迁移的第一步，而制度障碍则妨碍了迁移人口在城市的安居。

由城到乡的人口“反向”流动同样存在着制度和政策的限制。近年一部分乡村利用当地自然风光、特色民风民俗等吸引城市居民前去休闲娱乐，并凭借宜居环境吸引这一人群常住养老。但现行制度既不允许城市居民到农村买房，也不允许租地建房，这阻碍了城市居民下乡消费和离退休公职人员参与乡村建设。

二是土地制度。土地二元所有制（国家所有、农村集体所有）导致城乡土地的权利体系和配置方式均不相同。农村集体土地拥有的权能远远低于城市国有土地，城乡土地不能“同地同权同价”，形成地价和房价的巨大差异，影响农村居民的资产性收入。

农村集体土地须先经过征收，转变为国家所有才能入市交易和流转。国家通过土地征收垄断土地供给，对农地转为非农用途和使用权的流转实施管控。此外，与土地增值收益和土地供应价格相比，农村居民从征地中获得的补偿较低，土地增值收益主要集中在县、市级政府，并用于城市建设和城市土地开发，这使得本该属于农村集体和农村居民所有的土地增值收益大部分流向城市，侵害了农村居民的土地财产权益，扩大了城乡差距。

进城落户转变为城市户籍是否意味着无偿放弃农村承包地和宅基地等权益，成为很多“农转非”居民的重要顾虑。农村居民外出务工可对承包地实施流转，但大量宅基地被闲置。相关法律未赋予农民宅基地完整的用益物权和担保物权，农民对宅基地只拥有占有和使用权，没有收益权，亦不能抵押贷款。现行《土地管理法》也不允许宅基地在集体经济组织外特别是城乡之间流转，这阻塞了农民获得财产收入的渠道。

三是城乡公共资源配置。城乡公共资源非均衡配置阻碍了城乡融合发展。2018年，全国一般公共预算支出22万亿元，其中，农林水预算支出2万亿元，占全部预算支出的比例仅9.09%。农村基础设施和公共服务的历史欠账仍然较多、短板依旧突出。例如，2018年，城市污水、生活垃圾处理率分别为95%和97%，而农村仅有22%和60%；城市每千人卫生技术人员数为10.9人，而农村仅4.3人。

总体上，现阶段城乡要素和城乡资源平等、顺畅交换的通道还没完全打通，资源要素优化配置面临制度约束、体制障碍和政策梗阻。特别是“人、地、钱”三种基本要素乡村净外流的局面仍然没有改观，城市资金、管理、技术、人才等先进要素向乡村流动的渠道还未畅通。城乡基础设施和公共服务差距仍然较大，农村生产生活条件还比较落后。

因此，必须重塑城乡关系，树立城乡融合发展、一体化发展的理念，建立健全城乡融合发展的体制机制和政策体系，推动城乡要素、产业、居民、社会和生态深度融合，从而实现城乡共建、共享、共荣。

第二节　乡村振兴支持政策的国际经验镜鉴

无论是土地资源较为丰富的欧美，还是土地资源相对短缺的东亚，乡村衰落伴随着现代化、工业化和城市化发展而普遍存在。面对“城进村退”“乡村衰落”的困境，发达经济体通过制定应对战略推动乡村发展、采取有力政策措施，形成了既有共性又各具特色的乡村发展模式，如日本造村运动、韩国新村运动、德国村落更新、荷兰农地整理、法国农业一体化、美国新城镇开发。无论是政府自上而下主导推动的，还是政府农民上下协同驱动的战略，在特定历史时期和发展阶段，均对促进农村经济较快发展和提升乡村文明发挥着重要的作用。

一、发达经济体推动农业农村可持续发展的政策措施

伴随着经济发展阶段变化，美国、欧盟、日本、韩国等主要经济体的农业政策都从关注农业生产领域、农产品价格和农民收入问题，转向对农业竞争力、资源环境与农业农村可持续发展问题给予更多关注。中国农业政策正处于向提高农业生产效率和发展可持续农业转型的改革进程中，发达经济体在提高农业竞争力、改善农业环境、促进农业农村可持续发展方面所采取的政策措施，可为现阶段中国在农业农村优先发展原则下制定推进实施乡村振兴战略的支撑政策体系和制度框架提供经验借鉴。

（一）提高农业生产效率与竞争力的主要政策措施

在提高农业生产效率与竞争力方面，发达经济体普遍采取的主要政策措施大致分为以下几种类型。

一是加大农业科研、推广与教育支持力度，通过鼓励科技创新与技术转化应用，提高农业生产效率。

二是鼓励土地流转集中，支持扩大农业生产规模，培育具有竞争力的农业经营主体。

三是加强农业基础设施建设和维护，改善农业生产条件。

四是建立健全农产品质量标准体系，开发优质农产品，通过提升农产品质量增强农业竞争力。

五是支持开发多功能农业，促进农村三产融合，通过差异化路径增强农业竞争力。

六是改革扭曲市场的农产品价格支持政策，逐步以直接补贴、农业保险等以市场为导向的政策措施取而代之，通过更好发挥市场配置资源的作用来提高农业竞争力。

（二）促进农业绿色发展的主要政策措施

在促进农业绿色发展和可持续发展方面，美国和欧盟的政策经验最为成熟。根据发达经济体促进农业绿色可持续发展的政策实践，其主要政策措施大致可分为以下三种类型。

一是把农业补贴与环境保护行为挂钩，建立交叉遵守制度（称为条件性规定），

即农民为获得直接补贴必须遵守一系列规则，涉及食品安全、动物卫生、植物卫生、气候、环境、水资源保护、动物福利、耕地保护等方面。如果某个农民被发现未遵守交叉遵守的规定，其直接补贴金额将被削减。

二是强制性环境保护项目补贴，也称绿色直接支付（或绿色措施），是对有利于气候和环境的农业生产经营行为的直接支付，具有强制性、年度性、简单性、普遍性及非合约性的特征，目的在于提高环境绩效、突出共同农业政策的环境和气候政策目标。

三是自愿性环境保护项目补贴，即农民自愿决定是否采取有关环境保护措施，农民和政府需要签订合同，农民将会因为落实这些措施而领取相应的财政补贴。

（三）促进乡村繁荣可持续发展的主要政策措施

在促进乡村繁荣和可持续发展方面，欧盟、美国、日本等发达经济体都有多年政策实践。例如，2000 年以来共同农业政策中的农村发展政策的主要内容包括以下几点。

（1）发挥农业多功能性，重新认识和定位农民提供服务的范围。

（2）用跨部门、整合性的方法推动农村经济多样化，帮助农民创造新的收入来源和就业机会，保护农村环境和文化遗产。

（3）改善政策项目管理办法，基于权力分散和下放原则，与不同层面的地方政府和相关机构开展政策协商，增强地方政府的自主性，以灵活制定农村发展政策。简化立法程序，使立法过程更容易让利益相关者参与，以增强制定和管理农业农村政策项目的透明度。并于 2005 年 9 月设立了欧盟农村发展基金。

美国从 20 世纪 90 年代开始把农村发展政策与农业支持政策相融合。1990 年《农场法》单列了“农村发展”一章，对农业部农村发展政策及执行载体进行整合，成立农村发展局。该项立法还成立“农村商业孵化基金”，为小企业提供发展支持，为农村居民提供创业、商业和金融规划培训、技术与管理支援、领导力培训等服务。2007 年《农场法建议》提出把农村发展的财政支持措施从“相机投入”转变为“经常投入”，设立能源资助平台、商业贷款和商业担保平台、商业资助平台、社区计划平台等四大政策平台，合并、整合不同部门分散的发展计划、援助项目及其他政策工作。

近年美国支持农业农村发展的政策，则是依据《2014 年农业法》，其政策要点包括以下方面：一是建设宜居宜业的农村居住社区，包括提供可负担的安全住房，援助农村经济和商业发展，促进农村社区基础设施建设投资。二是培育增进互信的农村合作组织。三是发展兴旺发达的农村多元经济，包括努力促进多种形式农业的共同发展，努力推进农产品和食品的当地消费，努力挖掘农村多元经济的增长潜力。四是创新促进发展的农村资源环境保护工作。

日本振兴乡村的政策主要包括：以“一村一品”为主要内容的造村运动，强调农业与第二产业、第三产业的融合（即六次产业），以留住女人为关键点稳定农村人口等。其中，日本造村运动主要采取了以下措施：一是实行“市町村”大合并，减少村庄数量；二是强化政府引导，加快发展特色农业；三是引导企业下乡，推动离农农民在本地就业，使更多资源进入农村；四是加强农民培训，推动农村经济可持续发展；五是发挥农协综合协调作用，为农事活动提供销售、资金支持。

二、对我国实施乡村振兴战略的启示

尽管发达经济体农业农村发展道路各有不同，但其在农业农村支持政策改革调整的趋势性规律和提高农业竞争力、促进可持续发展的具体政策方面，对正处于农业转型发展过程的中国而言，仍具有重要启示。

第一，要根据发展阶段变化对农业农村支持政策进行渐进式改革调整，这也是发达经济体农业农村政策改革调整的普遍规律。因为农业农村发展是连续渐变的过程，不同时期主要矛盾和问题呈现的方式不同，政策关注的重点和执行方式也有所差异，所以政策改革调整的关键是认清所处阶段、把准形势机遇，抓准主要矛盾、扣住关键节点，适应发展节奏、满足发展需求。

目前，我国农业正处于由粗放式发展向高质量发展转型进程，原有的以增产导向为主的农业支持政策体系已经不能满足农业发展提质增效、竞争力和绿色生态导向的现实需求。以问题和需求为导向，推动农业农村支持政策目标逐步从主要关注农业生产与农民收入向提升农业竞争力、促进农业可持续发展和促进农村综合发展等多目标协同转变，引导政策措施逐步由价格支持为主的政策措施向脱钩直接补贴、农业风险管理支持和一般服务支持等市场扭曲作用较小的政策措施转变，构建以竞争力和可持续发展为导向的农业农村支持政策体系。

第二，要伴随城乡关系变化持续加大对农业农村发展的政策支持力度。发达经济体的发展历程表明，伴随工业化、城市化快速发展，农业比较效益下降、农村出现衰败是普遍现象。为有效扭转这种现象，各发达经济体纷纷加大了对农业农村的支持力度。

目前，我国仍处于工业化、城市化迅速推进阶段，工农差距、城乡差距较为突出。这种情况下，实施乡村振兴战略应与推进工业化和城市化进程相结合，继续推动农村人口进城和转移就业；继续把发展现代农业生产、改变农村落后面貌、促进农民增加收入、改善农村居住环境作为农业农村发展的重心。因此，应完善农业农村发展支持政策体系、持续加大支持力度。只有加大政府在乡村振兴进程中的投入力度，才能引导撬动民间资本进入，盘活农业农村资源，促进农业农村快速发展。具体要求就是，进一步统筹整合涉农资金，创新财政投入方式，打通财政支农“最后一公里”，完善财政支农法律法规体系。

第三，以提高农业竞争力和促进农业农村可持续发展为导向调整农业农村政策目标。在提升农业竞争力方面，东亚典型经济体与欧美发达经济体的政策选择存在一定差异。欧美发达经济体主要通过科技创新、现代化的规模经营等方式降低成本，从而实现农业竞争力的提高；而东亚典型经济体因受农业资源条件约束，主要通过支持开发农业多功能性、提高农产品品质等差异化政策提升农业竞争力。

中国作为一个农业大国，农业资源条件在空间上有显著的差异性和不平衡性，中国提升农业竞争力的政策选择，应针对不同区域和不同农产品分类施策，将节本增效的政策措施和农业多功能开发等差异化政策措施结合使用。

一方面，应转向对保障农民收入、降低农业风险的支持，注重对农业产业链，尤其是农产品流通、营销环节的支持，提高产业链运行质量。注意把小农户同新型农业经营主体同等列入重点扶持对象，尤其要探索小农户衔接现代农业的有效形式。

另一方面，应注重挖掘乡村多元经济潜力，通过设计新的政策工具，发展基于资源环境和生态保护的休闲、健康、文娱产业，为农民创造收入新来源。乡村多元经济的选择要与乡村的多重功能定位相适应。产业选择上要以农业或地域特色资源为基础构建产业链、价值链，着重发展现代农业产业链和绿色生态循环经济、乡村休闲旅游产业，形成与城市经济错位发展、互动交流的格局。发展乡村多元产业要注重为小微企业和年轻群体创造更多的发展机会和发展空间。在促进农业农村可持续发展方面，注重创新资源环境保护策略、发展环境保育型农业等方面的支持；构建完善系统的农业绿色支持政策体系；构建以生产者支持为主的绿色支持结构。

第四，要以更好发挥市场机制的作用和适应 WTO（World Trade Organization，世界贸易组织）规则为原则，改革调整农业农村支持政策结构。发达经济体的农业支持政策在 WTO 规则约束下，其支持结构逐步从市场扭曲程度较大的“黄箱”支持政策为主转向以扭曲程度较小的“绿箱”支持政策为主。在“黄箱”政策中，逐步减少严重扭曲的价格支持和挂钩补贴措施，取而代之的脱钩直接补贴、农业保险补贴等逐步成为主要政策手段，从而降低了农业支持政策对市场的干预和扭曲，增强了市场机制的作用。在“绿箱”政策中，农业科研、推广、教育等政府一般服务支持始终是发达经济体农业支持的重要领域。

我国农业国内支持面临 WTO 规则的约束日益突出，传统的价格支持政策对市场的扭曲日益严重，并产生了众多不利影响，如财政负担沉重、资源环境透支等。要以更好发挥市场机制的作用和适应 WTO 规则为原则，改革和调整农业农村支持政策结构，进一步提高农业“绿箱”支持水平，创新市场化程度较高的农业支持政策工具。

第五，强化政策系统性，通过综合的农业农村政策立法构建多元协同的农业支持体系。发达经济体的农业农村政策都经历由分散走向综合的调整过程，通过综合的农业农村政策立法，在政策目标向多元化拓展的同时，保证不同目标之间的协同性。我国实施乡村振兴战略，涉及农业农村发展的方方面面，不能简单以单纯的农业或农村发展政策推动乡村振兴，而应该从全局的高度，做到政策的统筹协调、有序搭配。尽快推进综合的农业农村法制定，整合各种分散政策资源，协同不同政策之间的目标，构建多元有机的农业支持体系。

第三节　农业支持保护政策的改革创新与体系完善

一、创新农业支持保护政策体系的总体思路

构建高质量发展导向的农业支持保护政策体系，是构建乡村振兴的支撑政策的核心内容。农业高质量发展是能够满足新时代人民日益增长的美好生活需要的发展，也是体现新发展理念的发展，即创新是第一动力，协调是内生特点，绿色是普遍形态，开放是必由之路，共享是根本目的。

构建高质量发展导向的农业支持保护政策体系，就是以推动农业创新发展、协调发展、绿色发展、开放发展、共享发展为基本导向，围绕提升农业发展质量效益和竞争力、强化绿色生态和实现农业高质量发展为主要目标，要充分发挥市场配置农业资源的决定性作用和更好发挥政府作用，通过体制机制创新和政策扶持等，完善农业生产体系、经营体系和产业体系，壮大新型农业经营主体、完善农业社会化服务体系，推动多种形式的适度规模经营、促进农村一二三产业融合发展，提高农业供给体系质量，推动我国从农业大国向农业强国转变。

农业高质量发展的内涵包括以下三个方面、六个维度。一是高质量供给与需求。农业高质量供给就是要从“有没有”转向“好不好”“优不优”；从价值链中低端转向创新引领、价值链中高端；要适应居民消费转型升级需要，提高农产品和服务供给质量，更好满足日益丰富、多元的消费需求。农业高质量需求，就是要激活中国这个世界最大的内需市场，通过完善社会保障体系等释放被抑制的需求，发挥消费驱动作用，带动供给端升级，促进供需实现更高水平的平衡。

二是高质量资源配置与投入产出。农业高质量资源配置就是要充分发挥市场配置农业资源的决定性作用，完善产权制度，理顺价格形成机制，减少要素配置扭曲，提高资源配置效率。农业高质量投入产出就是注重内涵式发展，提高劳动生产率；提高资源集约利用率，实现资源节约、环境友好，全面提升农业全要素生产率。

三是高质量区域联动和收入分配。农业高质量区域联动就是要确保粮食生产功能区和重要农产品生产保护区健康发展，实现产业优化布局、区域良性互动，培育和发挥区域比较优势，塑造农业区域协调发展新格局。高质量收入分配，就是要体现效率、促进公平。要促进初次分配，逐步解决农村土地、资金等要素定价不合理的问题，促进各种要素按照市场价值参与分配，促进农村居民收入持续增长。

具体而言，从农业生产体系上，应加强农业综合生产能力建设，采用资源节约、环境友好、绿色生态的农业生产模式，由传统的增加要素投入转到依靠现代物质装备、科学技术和提升全要素生产率上来。从农业经营体系上，要充分发挥市场配置资源的决定性作用和更好发挥政府作用，有效推动生产要素的合理流动和优化配置，激活主体、激活要素、激活市场，发展家庭经营、合作经营、企业经营等多种形式的适度规模经营。从农业产业体系上，要延长产业链、提升价值链、完善利益链，推动乡村一二三产业的深度融合和一体化发展，引导小农户与现代农业产业体系有效对接，提升农业发展质量效益和竞争力；与此同时，统筹优化国内外农业资源和市场，拓展和深化全球农业产业链和价值链，构建持续、稳定、安全的全球农产品供给和安全保障体系。

二、农业支持保护政策体系的主要内容

实现农业高质量发展必须要有相关体制机制保障。一方面，建立统一开放、竞争有序的农业要素市场和农产品市场体系，实现市场准入畅通、市场开放有序、市场竞争充分、市场秩序规范；加快形成新型经营主体自主经营、公平竞争，消费者自由选择、自主消费，商品和要素自由流动、平等交换的现代市场体系。另一方面，构建充分发挥市场作用和更好发挥政府作用的经济体制，实现市场机制有效、微观主体有活力、宏观调控有度。还要创建和完善农业高质量发展的制度环境，构建科学合理的高质量发展指标体系、政策体系、标准体系、统计体系、绩效评价、政绩考核体系等。

第一，推动农业高质量发展要靠“产”。必须加快构建高质量的投入品供给体系和生产体系，坚持绿色生态导向、落实主体功能区制度，实现绿色生产、安全生产、清洁生产。一是坚持品种多样化。加大种质资源保护力度，培育筛选品质优良、功能多元、形态多样的个性化品种，丰富农产品市场供给。二是推进农业标准化。建立健全农产品生产标准、加工标准、流通标准和质量安全标准，推进不同标准之间衔接配套，加强标准集成转化，完善农业标准体系。三是完善农业投入品支持体系。加大种业创新力度，实施种业自主创新重大工程。支持研发推广绿色高效药肥，鼓励发展数字化、智能化农业装备产业和服务业，提高安全绿

色投入品补贴力度。四是强化农业绿色技术集成推广。加大高效生态农业政策支持，分区域、分作物集成组装一批化肥、农药减量增效的技术模式，推进统防统治与绿色防控融合，推广节水、节肥、节药的农技、农艺结合。

第二，推动农业高质量发展要靠“调”。必须推动农业发展转型升级，加快构建与资源环境承载力相匹配的农业生产格局，调整优化农业生产结构和区域布局，让合适的地方种植合适的品种。一是调减市场剩余的低端供给。重点调减非优势区和非优势品种生产，减少品质低、效益差、资源消耗多、生态代价大的农产品。二是调增适销对路的优质农产品。尽快改变片面追求产量的“短线思维”，扩大绿色优质农产品供给，推动农业由增产导向向提质导向转变，提升农产品的质量档次。三是调优农业区域结构。依托各地资源禀赋，积极推进“五区”和“三园”建设，加快构建与资源环境承载力相匹配的农业生产力布局。四是调优乡村产业结构。树立大生态、大食物、大市场的新理念，充分挖掘农业的生态、文化、休闲、康养等多重价值，推动平面农业向立体农业转变，实现乡村经济多元化融合发展。

第三，推动农业高质量发展要靠“管”。必须加快提升农业综合执法能力，实施最严厉的农产品质量和食品安全监管制度，提升生产者自律意识和诚信意识，把农业高质量发展的要求转化为农民的自觉行动。一是大力推进“三品一标”认证和监管。加大对“三品一标”认证机构整治，提高认证门槛和标准，加强证后监管，改变认证机构和认证品种多、杂、乱的局面，真正建立起有公信力的认证体系，提升认证的权威性和影响力。二是加强农产品质量安全监管。完善农产品质量安全追溯体系，加快实现农产品质量安全追溯平台对接、信息共享，特别是责任主体的逆向追踪、产品流向的正向溯源。运用好互联网等传媒方式，提高全社会对农产品质量安全的认识水平。三是严格农业投入品监管。建立生产者信用档案、黑名单制度，对生产全过程进行质量控制，引导农业生产者和投入品供应商自觉遵守有关限用、禁用的法律法规和技术规范。

第四，推动农业高质量发展要靠“育”。必须高度重视培育主体和品牌，以主体促品牌，以品牌带主体，同步提升经营主体发展水平和品牌影响力。一是加大新型职业农民培育力度。实施新型职业农民培育工程，强化现场培训、职业教育和实践养成，重视挖掘乡土人才，就地培养造就一支新型职业农民队伍。二是引导各类新型农业经营主体立体式发展。大力发展家庭农场、合作社、龙头企业等新型农业经营主体，引导工商资本进入适宜领域，鼓励和支持农民工、退伍军人、大学生等返乡、下乡，增强创新活力、辐射力和带动力。三是实施农产品品牌提升行动。充分利用新技术、新媒体等手段，加强品牌宣传推介，保护、改造、提升一批“特”“优”字牌，培育一批“土”字牌，创建一批“名”牌。

提高农业质量效益和竞争力，推动农业高质量发展，是一个较长期的历史过程，需要构建激励约束相容、多方协同的政策支持体系，循序渐进、持续推进、久久为功。

第一，强化规划引领体系。国家要加快制定实施质量兴农战略，推动农业高质量发展规划和专项方案落实落地，各地区、各部门要制订相应的专项规划或产品规划，明确目标任务、框架布局与实现路径，构建以国家规划为统领，区域规划、地方规划、年度计划为支撑的农业高质量规划体系。同时，强化规划实施保障，完善规划实施机制，加强规划协调管理，提升规划的可操作性和约束力。

第二，强化投入保障体系。明确财政支出责任，强化各级财政对实施质量兴农战略、推动农业高质量发展的保障作用。完善“大专项+任务清单”实施机制，推进涉农资金统筹整合。同时，调整优化财政支农资金支出结构。

一是针对农业投入品存在的差距，加大对有机肥、低毒高效农药研发推广应用的支持力度。对研发、施用安全高效有机肥、农兽药，特别是高效缓释肥料，生物肥料，高效低毒、低残留农药，生物农药，低残留兽药，动物专用兽药等新型产品，以及生物智能防治技术研发和产业化推广应用等，建议财政给予适当补助。

二是针对社会化服务体系不足的缺陷，加大对生产性服务业发展的支持力度。以补助和政府购买服务等方式，支持农业生产性服务组织开展土地托管、联耕联种、代耕代种、统防统治等直接面向农户的农业生产托管，引导和支持各类非农业领域专业性服务组织进入农业。

三是针对金融保险短缺的制约，加大对社会资金投入农业的支持力度。充分发挥财政资金的引导作用，完善激励与约束并重的金融支农机制，健全以政策性保险为基础的农业保险政策体系，撬动更多信贷资金和社会资金投入发展高质量农业。

第三，强化评价考核体系。建立完善的农产品质量、农业环境质量评价考核体系。其中，提高农产品质量方面，应重点做好三件事情。

一是支持农产品质量和食品安全追溯信息平台建设和联网，保证农产品和食品生产、收购、储存、运输、销售、消费全过程可追溯。

二是加强农产品品牌建设和保护，推行农产品产地和品牌标识，加强特色品种和产地保护，促使展会推荐、远程监控、电子商务、定制消费成为主要选择。

三是加大对种业创新的支持力度，落实现代种业发展支持政策，鼓励和支持传统地方优势特色农产品品种保护、改良和推广应用。

在提高农业环境质量方面，应进一步加大力度推动少占、少施、少排、少灌，实现农业资源永续利用。

一是减少耕地的占用。坚决守住耕地“红线”，坚定实施藏粮于地战略，加大财政对耕地保护与质量提升补助政策的支持力度，扩大高标准农田建设规模，全面开展土壤改良行动。

二是减少化学品的投放。在实现化肥农药施用“零增长”之后，持续开展减量行动。扩大测土配方施肥在设施农业、蔬菜，以及果树、茶叶等园艺作物上的应用。建立反应快速、服务高效的病虫害专业化防治服务组织，大力推进专业化统防统治与绿色防控融合。进一步完善国家禁用限用农药兽药目录，建立动态调整机制，加大对高毒农药生产、销售和使用的查处力度。

三是减少农业排放。加大对现有畜禽粪污资源化利用、农作物秸秆综合利用的政策支持力度。通过税收减免、信贷优惠、奖励补贴的方式，推动秸秆综合利用新技术的研发、集成与推广，把农业对环境的负能量降到最低，把农业对环境的正能量发挥到极致。

第四，强化人才支撑体系。必须下大力气吸引各类人才回到农村、进入农业。

一是加大对培育新型职业农民的支持力度。推动全面建立职业农民制度，统筹整合农业教育资源，加大新型经营主体带头人、青年农场主培训力度。通过政府购买服务，支持和鼓励新型农业经营主体对农民开展生产技术、经营管理、市场营销等专题培训。

二是加大对农村实用人才培养的支持力度。鼓励农广校、农业院校以专门培养、委托培养、远程函授、线上教学等形式，开设农业生产技术、经营管理技能、农业电子商务、农产品加工、农产品市场营销相关领域知识技能的课程。

三是加大对各类人才返乡、回乡、下乡创新创业的支持力度。加大对大中专毕业生、返乡农民工发展农业产业的支持力度，可考虑在财政上给予适当补助，在金融支持、社会保障、创业指导等方面给予政策优惠。对农业科研院所与合作社和家庭农场对接、科研人员到合作社和龙头企业兼职取消限制条件。支持新型职业农民参加城镇职工养老、医疗等社会保障制度。

第五，强化农业执法监管体系。安全优质的农产品既是产出来的，也是管出来的。必须做好以下三个方面。

一是深化农业执法体制改革。落实中央部署要求，深化行政执法体制改革，整合组建农业综合执法队伍，统一农业系统内兽医兽药、生猪屠宰、种子、化肥、农药、农机、农产品质量等执法队伍。

二是提升农业执法能力和水平。实施农业执法监管能力建设工程，积极争取地方党委、政府和有关部门重视支持，落实农业执法机构和人员编制，保障和加大农业执法投入，改善执法设施装备，提升执法能力和水平。

三是进一步加大农业执法监管力度。全面落实行政执法责任制，制定执法权力清单，严格确定执法机构和岗位的执法人员的执法责任。健全农业执法信息共享和执法联动机制，强化省部两级监督指导基层执法、协调跨区域执法和查处重大违法案件职责。完善以随机抽查为重点的监督检查制度。

第四节 构建城乡融合发展体制机制与政策体系

我国人民日益增长的美好生活需要和不平衡不充分的发展之间的矛盾是新时代我国社会的主要矛盾，这种矛盾在乡村最为突出。全面建成小康社会和全面建设社会主义现代化强国，最艰巨、最繁重的任务在农村，最广泛、最深厚的基础在农村，最大的潜力和后劲也在农村。

一、构建城乡融合发展体制机制与政策体系的总体思路

构建城乡融合发展体制机制与政策体系，必须以习近平新时代中国特色社会主义思想为指导，以破除城乡发展不平衡、农业农村发展不充分和满足农民群众日益增长的美好生活需要为出发点，坚持农业农村优先发展的总方针，按照产业兴旺、生态宜居、乡风文明、治理有效、生活富裕的总要求，支撑引领乡村全面振兴和农业农村现代化。

构建城乡融合发展体制机制与政策体系，要充分发挥市场在资源配置中的决定性作用和更好发挥政府作用，推动形成城乡统一开放、竞争有序的市场体系。一方面，持续推进城乡商品市场一体化和要素市场一体化，减少政策对市场机制的干扰和扭曲，加快农产品价格、农用水价、农村土地制度等市场化改革。另一方面，持续强化政府的公共资源配置职能，推进城乡基础设施一体化、公共服务均等化，加强乡村治理体系和治理能力现代化。首要是加快建立政府撬动社会资源到农村投资兴业的机制，进一步激活资源要素。

构建城乡融合发展体制机制与政策体系，必须从城乡融合发展的战略高度出发，突破原有城乡相互分离脱节的两套制度设计和政策框架。一方面，构建促进城乡要素双向流动和资源优化配置的政策，主要解决农村转移人口市民化难题和鼓励城市资本、人才、技术等下乡，为农村发展提供外源动力；另一方面，构建增强乡村自我发展能力的政策，通过调整完善和改革创新促进要素的优化配置，为农村发展培育新动能和提供内生动力。只有重构农村发展的政策支撑和机制保障，才能确保在要素配置、资源条件、公共服务、社会事业、人才队伍等方面优先向农业农村倾斜，为彻底破除城乡二元结构、促进城乡融合发展，加快推进农业农村现代化奠定制度基础。

二、城乡融合发展体制机制与政策体系的主要内容

只有保障支撑经济社会发展的“人、地、钱”等关键要素供给之后，农业农

村才能优先发展。从农村内能培育和城市外力带动两个维度，针对“钱从哪里来”“人往哪里去”“地要怎么用”三个关键问题，破解制度和政策瓶颈，构建城乡融合发展体制机制与政策体系，保障要素配置、资源条件、公共服务、社会事业、人才队伍优先向农业农村倾斜，形成“支持保护精准有力、体制机制顺畅高效、微观主体充满活力”的制度环境。

重点应建立健全三大类九个方面的制度和政策（图 2-1）。

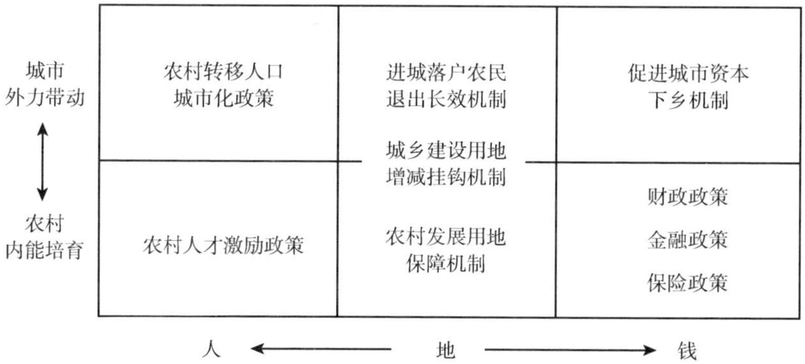

图 2-1　城乡融合发展体制机制与政策体系

一是土地保障类政策。针对“地要怎么用”，围绕满足农村发展用地内生需求、进城落户农民退出诉求及城乡建设用地需求，要加快农村土地制度改革，让土地等资产要素活起来、流起来、用起来。

二是资金保障类政策。针对“钱从哪里来”，加快形成财政优先保障、金融重点倾斜、保险及时补充和城市资本下乡的多元投融资机制，确保投入力度不断增强，总量不断增加。

三是人才保障类政策。针对“人往哪里去”，从促进城市人才下乡、培育农村人才和促进市民化等出发，调整和优化农村人才队伍，全面推动农村人才振兴。

（一）土地保障政策

三大类政策中，土地保障类政策是前提和基础，影响资金保障类政策和人才保障类政策的效能发挥。

建立健全农村发展用地保障机制，土地是农村最大、最具潜力的资源，总结农村土地征收、集体经营性建设用地入市、宅基地制度改革试点经验，逐步扩大试点，加快《土地管理法》修改。盘活资源存量、释放资源活力，核心是要加快农村土地制度改革，让土地等资产要素活起来、流起来、用起来，保障农村发展用地需求。

第一，盘活农村集体经营性建设用地。鼓励和支持原土地使用人、农村集体经济组织与社会资本采取出让、租赁、作价入股、联营等方式，开发农村集体经营性建设用地。在保证数量占补平衡、质量对等的前提下，探索支持农村分散零星的集体经营性建设用地调整后集中入市，重点用于发展乡村新产业、新业态。

与此同时，一方面，要激活农民住房使用权。在坚持宅基地集体所有权，稳定农民住房占有权的基础上，探索激活宅基地和农房使用权的路径方法，充分挖掘农房使用价值。

另一方面，建立健全农业农村发展用地保障机制。将年度新增建设用地计划指标划出一定比例用于支持乡村产业发展，通过村庄整治、宅基地整理等节约的建设用地，重点用于支持农村产业融合和新产业、新业态。根据乡村产业发展需要，扩大农业设施用地的范围、比例和规模。

第二，建立健全进城落户农民“三权”退出长效机制。从长远看，为推进城市化发展和农村资源优化配置，应探索建立进城落户农民在农村的土地承包经营权、宅基地使用权、集体资产股份收益权的稳定退出长效机制。应坚持自愿原则，通过市场交易打通“三权”退出通道，在依法保障农民利益的同时，推动农村各种资源整合利用。

第三，建立健全城乡建设用地增减挂钩指标调剂机制。通过建立健全城乡建设用地增减挂钩机制，将农村废弃宅基地、工矿用地等整理复垦腾出的指标安排到符合规划的区域落地作为集体建设用地，参照国有建设用地招标拍卖挂牌出让方式进入土地市场公开流转，调剂收益作为农村建设资金的重要来源。2018 年中央一号文件提出，改进耕地占补平衡管理办法，建立高标准农田建设等新增耕地指标和城乡建设用地增减挂钩节余指标跨省域调剂机制，将所得收益通过支出预算全部用于巩固脱贫攻坚成果和支持实施乡村振兴战略。这是我国农村土地管理制度的又一创新，最大程度实现土地增值收益从发达地区流向欠发达地区、从城市化地区流向非城市化地区。

（二）资金保障政策

第一，健全农业农村优先保障的财政政策。实施乡村振兴战略，显著缩小城乡差距，在财政安排上必须优先向农业农村倾斜。鼓励各级财政支持城乡融合发展及相关平台和载体建设，发挥财政资金四两拨千斤作用，撬动更多社会资金投入。

一是建立推进乡村振兴各级财政投入的优先保障制度。确立“两优先一高于”原则，即中央财政支出优先保障农业农村、中央预算内投资优先向农业农村倾斜、地方各级财政对农业投入增幅高于经常性收入增幅，并通过加快完善立法予以明确，做到农业农村投入稳定增长制度化、法定化。

二是按照“取之于地、用之于地”原则，完善土地增值收益调剂金制度，从土地征收产生的收益中拿出更大的比例，用于乡村振兴；建立高标准农田等新增耕地指标和城乡建设用地增减挂钩节余指标跨省域调剂机制，将所得收益全部用于乡村振兴。

三是支持地方政府在债务风险可控前提下发行政府债券，专项用于乡村振兴领域的公益性项目建设。资金使用要突出三个重点：一要用于农村水、电、路、田等基础性、公益性设施建设；二要采用财政资金贴息、奖补、保费补贴、风险补偿和设立专项基金等方式，撬动更多金融和社会资本投入农业农村，发挥财政资金的杠杆作用；三要推广政府和社会资本合作（public-private partnership，PPP）模式，支持社会资本以特许经营等方式参与农村公益性项目建设运营。

为解决资金碎片化问题，涉农资金管理要强化统筹整合，提高资金配置效率。加快推进各类涉农资金整合，推广“大专项+项目清单”管理方式，强化县级政府的主导作用，按照目标、任务、责任、资金“四到县”原则，允许县级政府在“大专项”内因地制宜统筹使用。

第二，健全激励和约束并重的金融支农政策。扭转农村资金外流趋势，吸引金融资本进入农业农村，关键是强化金融支农激励和约束机制，健全符合农业农村特点的金融服务体系。

从“建机制”和“建机构”两方面采取措施，提高金融机构的网点覆盖面，为乡村振兴提供多元化、多样性的金融服务。对商业性金融机构，采取涉农贷款增量奖励，实行差别化存款准备金率，放宽涉农不良贷款容忍度，推行涉农贷款尽职免责等措施，加快健全激励制度，实行差别化监管和考核办法。对开发性金融机构，明确一定信贷比例专项用于乡村建设。对农村政策性金融机构，明确信贷资金主要支持乡村建设。适当放宽村镇银行准入条件。积极稳妥发展农村合作金融，开展农民合作社内部信用合作。

把发展普惠金融的重点放在乡村，支持农村金融创新。应重塑政策性金融引导金融资源投向农业农村的战略使命，强化对支农服务的激励约束，促进正规与非正规金融有机衔接，发挥政府基金先导作用，激活农业资本市场，通过协同推进，建立起引导资金回流支持农业农村发展的政策机制。依法合规开展农村集体经营性建设用地使用权、农民房屋财产权、集体林权抵押融资，以及承包地经营权、集体资产股权等担保融资。实现已入市集体土地与国有土地在资本市场同地同权。建立健全覆盖农业农村的信贷担保体系，鼓励有条件、有需求的地区按照市场化方式设立担保机构。

第三，健全功能互补、保障有力的农业保险政策。农业保险是现代农业发展的稳定器和助推器。在农业保险的政策框架上，应加快建立以政策性保险为基础、互助性保险和商业性保险为补充，功能互补、保障有力的农业保险政策体系。政策性保险立足于保成本，应持续推进粮食等重要农产品保险增品、扩面、提标，积极推进完全成本保险和收入保险试点，加快建立再保险机制，中央财政通过奖补的办法鼓励地方建立特色优势农产品保险制度。互助性保险立足于防灾难，应以渔业船舶、农机具为重点，积极开展互助保险，财政予以适当保费补助。商业性保险立足于保收益，应以满足多元化需求为主线，以保较高收益为目标，探索推进农业保险商业化的举措。此外，发挥保险担保增信功能，通过提供保费补贴、利息补贴和风险补偿，支持推广“政银保”等保险增信模式。

第四，健全促进城市资本下乡的激励约束机制。应消除对城市资本下乡的认知误区和恐惧，及时更新理念，建立健全促进城市资本下乡的激励约束机制。要彻底破除城市资本下乡的一切障碍，积极引导城市各类资本尤其是民间资本参与乡村振兴，政府要给予政策和资金支持。同时，实行资本下乡负面清单制度，明确禁止和限制的领域，强化对土地用途管理，加强对农民权益保护，防止侵害农民利益。不得侵占永久性基本农田，不得违规、违法买卖宅基地，严格禁止下乡利用农村宅基地建设别墅大院和私人会馆。

（三）人才保障政策

第一，健全促进城市人才与技术下乡的激励约束机制。长期形成的城乡分割体制机制限制了城市人口向农村迁移，阻碍了城市公共资源向农村延伸，致使城市人才和技术向农村流动处于较低水平。

应建立城市人才入乡激励机制。制定财政、金融、社会保障等激励政策，吸引各类人才返乡、入乡创业。鼓励原籍普通高校和职业院校毕业生、外出农民工及经商人员回乡创业、兴业。推进大学生村官与选调生工作衔接，鼓励引导高校毕业生到村任职、扎根基层，建立选派第一书记工作长效机制。建立城乡人才合作交流机制，探索通过岗编适度分离等多种方式，推进城市教科文卫体等工作人员定期服务乡村。推动职称评定、工资待遇等向乡村教师、医生倾斜，优化乡村教师、医生中高级岗位结构比例。引导规划、建筑、园林等设计人员入乡。允许农村集体经济组织探索人才加入机制，吸引人才、留住人才。

城乡之间发展能力的最大差别，体现在掌握运用先进科学技术的能力上。发挥政府的引导推动作用，建立健全促进科技成果入乡转化机制。健全涉农技术创新市场导向机制和产学研用合作机制，鼓励创建技术转移机构和技术服务网络，建立科研人员到乡村兼职和离岗创业制度，探索其在涉农企业技术入股、兼职兼薪机制。建立健全农业科研成果产权制度，赋予科研人员科技成果所有权。建立有利于涉农科研成果转化推广的激励机制与利益分享机制；探索公益性和经营性农技推广融合发展机制，允许农技人员通过提供增值服务合理取酬。

第二，建立健全农村人才激励政策。吸引人才、挖掘人才、留住人才，必须加快健全农村人才激励政策。实行更加积极、更加开放、更加有效的人才政策，让各类人才在乡村大施所能、大展才华、大显身手。建立农业科技人员激励机制。深化农业科研成果权益改革，允许科研人员通过持股、兼职开展科技服务，充分调动农业科技人员积极性。

建立新型职业农民培育制度，构建教育培训、规范管理、政府扶持"三位一体"制度体系，逐步把新型职业农民打造成为懂经营、善管理、有素质的农业农村现代化主体力量。建立乡土专家认定评价制度。对于有一技之长的土专家、田秀才、能工巧匠等农村能人，建立认定评价制度，通过对其能力上认可、经济上鼓励、社会上宣传等方式，激发他们示范带动农民的主动意识和社会责任。要制定优惠政策吸引人才，打造创业创新平台承载人才，为农村创业创新提供良好环境和服务保障。通过财政扶持、用地保障、税费减免、风险补偿等优惠政策，吸引社会人才向农村流动。培养造就一支懂农业、爱农村、爱农民的"三农"工作队伍。

第三，建立健全渠道多元、制度保障的农民增收政策。实施乡村振兴战略，实现农民富裕是重要目标，把培育农民增收长效机制与短期稳定机制结合起来，为增收新旧动能转换提供政策支撑。工资性收入方面，要加快建立城乡平等的就业制度，落实同工同酬的劳动报酬制度，健全农民工劳动权益保护机制。健全城乡均等的公共就业创业服务制度，努力增加就业岗位和创业机会。提高新生代农民工职业技能培训的针对性和有效性，健全农民工输出输入地劳务对接机制。家庭经营性收入方面，在重要农产品价格市场化改革中同步建立生产者收入补贴制度。完善财税、信贷、保险、用地等政策，加强职业农民培训，培育发展新型农业经营主体。通过股份制、股份合作制、发展订单农业和社会化服务等方式，探索建立农户分享二三产业增值收益机制。财产性收入方面，要深化农村"三块地"改革（即农村土地征收、集体经营性建设用地入市、宅基地管理制度改革），让农民享受更多的农村土地增值收益。推进集体经营性资产股份合作制改革，将农村集体经营性资产以股份或者份额形式量化到集体成员。创新农村集体经济运行机制，探索混合经营等多种实现形式，确保集体资产保值增值和农民收益。完善农村集体产权权能，完善农民对集体资产股份的占有、收益、有偿退出及担保、继承权。转移性收入方面，要按照"稳存量、调增量"原则，稳定增加农民农业补贴收入。根据"完善制度、提高水平、逐步并轨"原则，加快完善农村社保制度。推广财政补助资金股权化改革，形成农民可持续收益。

第四，建立健全加快农业转移人口市民化政策。进一步深入推进户籍制度改革，全面实行居住证制度，促进有能力在城镇稳定就业和生活的农业转移人口有力、有序实现市民化。

一是健全落户制度。鼓励各地进一步放宽落户条件，除极少数超大城市外，允许农业转移人口在就业地落户，优先解决农村学生升学和参军进入城镇的人口、在城镇就业居住 5 年以上和举家迁徙的农业转移人口及新生代农民工落户问题。区分超大城市和特大城市主城区、郊区、新区等区域，分类制定落户政策，重点解决符合条件的普通劳动者落户问题。全面实行居住证制度，确保各地居住证申领门槛不高于国家标准、享受的各项基本公共服务和办事便利不低于国家标准，推进居住证制度覆盖全部未落户城镇常住人口。

二是保障基本权益。加快实现城镇基本公共服务常住人口全覆盖，保障符合条件的未落户农民工在流入地平等享受城镇基本公共服务。通过多种方式增加学位供给，保障农民工随迁子女以流入地公办学校为主接受义务教育，以普惠性幼儿园为主接受学前教育。完善就业失业登记管理制度，面向农业转移人口全面提供政府补贴职业技能培训服务。将农业转移人口纳入社区卫生和计划生育服务体系，提供基本医疗卫生服务。把进城落户农民完全纳入城镇社会保障体系，在农村参加的养老保险和医疗保险规范接入城镇社会保障体系，做好基本医疗保险关系转移接续和异地就医结算工作。把进城落户农民完全纳入城镇住房保障体系，对符合条件的采取多种方式满足其基本住房需求。

三是完善激励机制。维护进城落户农民土地承包权、宅基地使用权、集体收益分配权，支持引导进城落户农民依法自愿有偿转让上述权益。提升城市包容性，推动农民工特别是新生代农民工融入城市。加快户籍变动与农村“三权”脱钩，不得以退出“三权”作为农民进城落户的条件，促使有条件的农业转移人口放心落户城镇。建立健全由政府、企业、个人共同参与的农业转移人口市民化成本分担机制，全面落实支持农业转移人口市民化的财政政策、城镇建设用地增加规模与吸纳农业转移人口落户数量挂钩政策，以及中央预算内投资安排向吸纳农业转移人口落户数量较多的城镇倾斜政策。

第五节　乡村振兴支持政策的探索实践和改革创新

坚持农业农村优先发展，是推进实施乡村振兴战略的总方针，也是在当前经济下行压力加大、外部环境发生深刻变化的复杂形势下，切实稳住“三农”基本盘的政策导向。把农业农村优先发展落到实处，总的要求是必须做到四个“优先”，即在干部配备上优先考虑，在要素配置上优先满足，在公共财政投入上优先保障，在公共服务上优先安排。

按照中央的总体部署，2018 年以来，各地在推进实施乡村振兴战略中已经开展了形式多样的探索创新，积累了丰富的实践经验。2018 年笔者赴“农业共同经营”模式（简称农业共营制）的创始地四川崇州市进行了专题调研，深感崇州市一系列探索实践和改革创新，对如何真正把农业农村优先发展落到实处，具有重要启示。

一、坚持农业农村优先发展的崇州实践

崇州市通过一系列探索实践和改革创新，有效促进了资源要素合理流动，推动了产业、产城和城乡融合发展，真正做到了把农业农村优先发展落到实处。

（一）崇州的主要探索实践

第一，坚持“重中之重”，地方“一把手”必须真抓、实抓、持久抓。坚持农业农村优先发展，首先必须始终优先体现在地方党政“一把手”的工作思路、管理理念之中。例如，崇州市委、市政府主要负责人，始终坚持把“三农”摆在全部工作的重中之重位置并落到实处。多年来，坚持抓“三农”工作顶层设计、制度保障、机构支撑和干部配备等核心问题。早在 2013 年，在崇州市委主要负责人的直接推动下，崇州市探索实践以农户自愿自主组建土地股份合作社推进农业的规模化经营，以培育农业职业经理人队伍推进农业的专业化经营，以强化社会化服务推进农业的组织化经营，形成多主体、多层次的农业共营制，有效解决了农业农村发展中“谁来种地、种怎样的地、如何种地”的突出难题。在此基础上，近几年来，崇州市为推进实施乡村振兴战略、把农业农村优先发展落到实处，进一步强化“三农”工作的工作机制和制度安排。

一是建立“一把手”牵头抓农业农村工作制度。崇州市建立党政“一把手”牵头的推进实施乡村振兴战略领导小组，出台实施乡村振兴战略“十大重点工程”“五项重点改革”行动方案，明确目标、细化措施、落实责任，形成扎实推进乡村振兴战略的工作机制。

二是建立市委书记挂帅的统筹城乡综合配套改革、农业农村改革领导小组等联席会议制度，定期研究解决农业农村重大问题，增强工作执行力。

三是建立财政保障制度。2017 年，设立市财政农业农村专项资金 8000 万元，并保持逐年增长，重点支持农业科技成果转化运用，农村社会化服务体系建设，农村人居环境整治，农村新产业、新业态发展，使“三农”主管部门对乡村振兴能够通盘考虑、系统谋划、总体设计，实现稳扎稳打、逐步推进、久久为功。

四是建立保障农业农村优先发展的制度框架，以制度为统领，确保资源要素优先向乡村配置和农业农村工作部署稳步推进，破除乡村振兴关键障碍。崇州基层干部反映，如果没有市“一把手”的高度重视、系统思考和强力支持，乡村振兴中人财物调配、资源整合、政策落地、部门协同等难以到达目前的通畅、协调

程度，这也激发了基层干部抓“三农”工作的主动性和积极性，具有明显的示范和引领效应。

第二，创新制度供给，引导优质要素向乡村合理流动和有效汇聚。“人、地、钱”问题，是把农业农村优先发展落到实处的三个根本性难题。调研表明，崇州市通过一系列制度创新和政策创新，千方百计激活主体、激活要素、激活市场，使农业农村发展的“人、地、钱”问题逐步得到缓解。

首先，“人”怎么聚？崇州市近几年来探索健全乡村振兴人才引育留用机制，设立人才发展专项资金，给予人才创新创业项目、科研创新平台和创新载体建设、人才公寓等政策扶持。尤其是，崇州市多年来注重培育农业职业经理人和新型职业农民，截至 2018 年已达 7329 人，其成为农业共营制的中坚力量，经营管理全市耕地面积占比达 66%；通过院校地企共建科研基地，引进农业科技领军人才 185 人，推动了农业科技成果落地转化和科技人才就地孵化；引育乡村创意设计人才 100 余名，已有北京、成都等多地的都市人才下乡驻村创业就业。例如，崇州构建“天府文化+设计师联盟（文创人才）+集体经济组织”联动机制，引进清华大学、中央美术学院等院校规划设计专家团队，吸引爱马仕设计师、巴金文学院签约作家等 100 余名创意人才作为“新村民”入住村落，打造出竹艺村、凡朴生活、五星村等特色景点。崇州市尊才重才、优化人才服务，让人才有平台、有温暖、有希望，人才都乐意扎根崇州，由此引领了乡村新产业、新经济快速发展。

其次，如何盘活“地”？崇州市勇于探索，善于创新，出台一系列促进农村产权改革的规章制度。一是推动农业共营制提质升级，到 2018 年土地股份合作社已覆盖全市农业经营土地的 81%，基本实现了承包地的规模经营。二是推进农村土地综合整治，探索集体建设用地入股联营和流转交易，到 2018 年底盘活闲置集体建设用地 600 余亩，有效保障了农村集体经济发展和乡村振兴重大项目用地需求。三是试点农村宅基地“三权分置”改革，巩固宅基地集体所有权、保障宅基地农户资格权和农民房屋财产权、适度放活宅基地和农民房屋使用权，鼓励以租赁等方式利用乡村闲置宅基地和房屋，有力促进了民宿、文创等新产业、新业态发展。

最后，“钱”从哪里来？这是当前各地推进乡村振兴的最大瓶颈因素。崇州市为破解这一难题，注重用好财政资金、社会资金和金融资金“三种钱”，探索构建“财政资金优先保障、社会资金积极参与、金融资金重点倾斜”的多元投入格局。特别是，崇州市采取规划统筹、资金统筹、建设统筹的“三统筹”路径，率先从规划统筹着手，做到乡村振兴“一张蓝图绘到底、一以贯之抓落实”，避免多个规划之间相互冲突和来回折腾。对财政资金，采取“多个漏斗进、一个漏斗出”，统筹使用，集中投放一个乡镇、一个片区，整体推进农田水利、公共设施、产业配套、生态环境等建设，“不撒胡椒面、不单兵突进”。夯实产业基础、优化营商环境、加强政策支持，引进中国中化集团有限公司、成都华川公路建设集团有限公司、四川发展（控股）有限责任公司、成都中业文旅有限公司等企业集团，作为农业社会化服务、品牌运营、文创等新经济投资主体和建设主体，激发社会资本参与乡村振兴的活力。

第三，突出产业振兴，优先推动农业共营制升级和农商文旅体融合发展。实现农业农村优先发展，首要是振兴乡村产业。崇州市首先推动农业共营制提质升级，促进农业提质增效和高质量发展。

一是创新土地经营权入股方式，通过折股联营、入股经营、合作联营探索“土地股份合作社+农业产业化企业”的联合，让土地经营权分享到农业产业化经营的增值收益。

二是健全农业风险保障体系，提高粮食、蔬菜部分险种保险赔付水平，创新土地流转履约保证保险、农业经营主体用工意外伤害保险，有效降低了土地股份合作社规模经营和雇工经营等风险。

三是通过农业职业经理人的遴选机制、产业链复合型技能培训体系、市场竞争优胜劣汰机制等，有效提升了农业职业经理人队伍专业技能、综合能力和整体质量。

四是进一步深化校院地企合作，推进农业科技创新、试验示范、转化中试、应用推广，实现农业经营科技支撑体系升级；引进中国中化集团有限公司合建现代农业技术服务平台（modern agriculture platform，MAP），实现全产业链的农业社会化服务体系升级；引进成都华川公路建设集团有限公司等构建“农产品公共品牌+企业自主品牌+电商平台”的农业品牌运营体系，实现农业优质化、品牌化发展。

崇州市通过农、商、文、旅、体融合发展推动农村一二三产业融合，打造“全域旅游、全业旅游、全域景区”，绘就“推窗见田、开门见绿”的锦绣画卷。例如，实施国际竹稻艺术中心、稻作文化博览园、稻作文创集聚区等项目，实现全域景观化，打造以蜀稻文化为标签，集现代农业、休闲旅游、田园社区为一体的乡村田园综合体。以“蜀风雅韵、百村百态”为设计理念，引入新要素、新人才，构建“天府文化+设计师联盟（文创人才）+集体经济组织”联动机制，以绿道建设为串联，将文、体、商、旅项目就地融入川西林盘改造，发展新产业、新业态。

第四，创新金融服务，畅通农村金融下乡渠道。长期以来，农村金融服务融资难、融资贵、融资慢等问题突出，对农村发展的制约越来越凸显。2017年以来，崇州市以农业共营制推动土地适度规模经营为基础，以农村产权抵押融资为根本途径，以“农贷通”融资综合服务平台为抓手，积极推进新型农业经营主体培育和农村信用体系建设，推动金融资本、社会资本优先投向农业农村，初步突破了农村金融的瓶颈约束（具体参见下文）。

第五，改革管理体制，探索建立城乡行政管理、公共服务和社区治理新体系。把农业农村优先发展落到实处，必须推动改革涉农和城乡管理体制，促进转变职能、理顺关系、优化结构、提高效能。

崇州市正在推进的现代农业功能区建设管理体制试点及其改革效果值得关注和跟踪。为适应现代农业发展和乡村振兴的新要求，崇州市组建现代农业主体功能区管委会（简称管委会）。管委会属成都市政府的派出机构，委托崇州市委、市政府代管，负责落实成都市委、市政府和崇州市委、市政府重大决策部署和交办的重大事项。同时，崇州市将功能区内 11 个乡镇、92 个村（社区）整合为 4 个街道、46 个社区，构建了“管委会+街道+社区”的组织框架。

一是强化管委会的经济管理职能，管委会负责功能区建设、改革和发展，如负责功能区的规划编制、实施和监督，推动行政跨区多规合一；统筹人才、科技、土地、资金、服务等要素配置，以及产业发展和空间布局优化，破除区域壁垒和部门障碍；负责招商目录和招商政策制定，招商引资和项目投资促进，重大基础设施建设和农村综合配套改革等。

二是强化街道的公共服务和社会管理职能。按照新的管理构架设置，街道是崇州市政府的派出机构，主要任务是抓好公共服务和社会管理。自 2017 年崇州市试点成立四个农村社区工作站，已承接民政、人力资源和社会保障等部门下放的政务服务事项和卫生健康服务、农业农村工作、社会救助等基层行政事项 208 项，为社区居民、市场主体、产业从业人员和游客四类主体提供专业化政务服务、精细化产业服务和个性化生活服务。社区工作站办公场所设在社区，驻社区办公，初步形成了“功能完善、服务多元、便捷高效”的 15 分钟车程基本公共服务圈，有效推动了服务向农户下沉。

三是推动社区“去行政化”，回归村民自治职能，主抓集体经济发展，并根据《社区事务清单》承担部分行政事务。崇州市构建的“管委会+街道+社区”的管理和治理新模式，对推动管理型政府向服务型政府转变、社区回归自治做出了有益的探索。

与此同时，调研也发现，把农业农村优先发展落到实处，仍然面临诸多源自顶层的制度安排和体制机制约束，使地方在破解乡村振兴建设用地供应难题、建立新型农村金融服务机制、提升农村公共服务水平等方面，难以取得进一步的突破创新，亟须从中央层面加强顶层设计，深化系统改革，强化制度供给，出台更加具有针对性、可操作性的政策措施。要鼓励和支持基层在深化农村土地制度改革、完善农村产权制度和要素市场配置，增强农村微观主体活力，促进农村一二三产业融合等方面，大胆实践、勇于创新、允许试错，尽快探索形成促进乡村振兴的体制支撑、制度框架和政策体系。

例如，乡村振兴的建设用地供应难题亟待破解。乡村产业振兴，已不限于农业本身，更多是农村一二三产业融合、新产业、新业态。目前农村土地综合整治形成的新增建设用地指标单向流往城市，保障乡村产业振兴的建设用地供给面临总量不足、空间布局不匹配、调规审批流程冗长等突出矛盾。

宅基地的“三权分置”试点，有关部门对由谁颁发宅基地所有权证、资格权证、使用权证相互推诿，不愿承担风险。农村产权抵押后不易处置变现，农地经营权、宅基地使用权等产权抵押贷款政策难落地。特别是农村金融产品和服务创新，因制度供给不足并未有效调动金融机构的能动性，同乡村振兴的多元化金融需求还有较大差距。对非试点地区，乡村振兴的“人、地、钱”矛盾更加突出。

农村人居环境整治的资金投入机制和管护机制，针对农民群众最关心的农村教育、医疗、养老等社会保障热点、难点问题，从形式上的普惠向实质上的公平转变的体制机制亟须优化设计。在村庄基础设施建设、农村人居环境整治、城乡基本公共服务制度并轨等补短板、提品质方面需加强制度改革和政策支持。

（二）对农业农村优先发展落到实处的启示

崇州市实施乡村振兴战略，坚持把农业农村优先发展落到实处，其启示有以下几点。

一是强化五级书记抓“三农”、抓乡村振兴的制度保障和工作机制。五级书记必须坚持真抓、持久抓、抓实抓好，杜绝以会议贯彻会议、文件落实文件等形式主义。同时，必须把农业农村优先发展的要求，真正落实到党的领导、规划引领、投入保障、工作考核的制度化安排之中。

二是全面落实“四个优先”（优先考虑“三农”干部配备、优先满足“三农”发展要素配置、优先保障“三农”资金投入、优先安排农村公共服务）要求，加强农业农村优先发展的顶层设计和制度供给。既要建立优先考虑“三农”干部配备、公共财政更大力度向“三农”倾斜、优先安排农村公共服务的长效机制；更要突出顶层设计、创新制度供给，让更多优质要素加快向乡村流动和汇聚。特别是，完善制度设计、出台配套政策，采取有效措施盘活农村承包地、集体建设用地、宅基地等资源，畅通金融下乡渠道，破除体制机制壁垒。

三是乡村振兴首抓产业振兴。乡村产业兴旺不兴旺，既关系“人往哪里去”问题，也关系“人心和人气怎么聚”问题。振兴乡村产业，不仅在于农业本身，要更加聚焦于农村一二三产业融合发展。其中，粮食主产区可从高标准农田、关键核心技术、社会化服务、粮油加工、品牌运营等全产业链升级粮食产业；部分省区市因地制宜发展油料、经济作物和多样性特色农业等紧缺优质农产品，推动农牧结合、农林结合、绿色生态发展，也是一种合理选择。目前，农村新产业、新业态、新模式不断涌现，农业种养、生产性服务、加工流通、电子商务、休闲旅游、餐饮民宿、文化创意、健康养生、养老服务等是农村三次产业融合的基本组成部分。顺势而为，通过模式创新、链条延伸、主体参与、要素激发、业态打造等，引导由农业生产向农业全产业链、由农业内部向农业外部、由农业领域向二三产业和新产业领域拓展，使之成为乡村产业振兴新活力和新动能。

四是发挥好农民主体作用。乡村振兴必须发动农民、依靠农民、造福农民，充分尊重农民意愿，激发和调动农民群众积极性、主动性和创造性。政府不能代替农民决策，更不能违背农民意愿搞强迫命令。要真正让农民成为乡村振兴的参与者、建设者和受益者。

五是坚持问题导向，推动制度创新和政策创新，解决好乡村振兴“人、地、钱”关键问题。例如，加快推进农村土地制度改革，科学实施农村土地综合整治，新增建设用地指标优先保障乡村振兴重大项目用地需求，守好农村发展空间。根据农村新产业、新业态发展需要，优化建设用地布局。精简建设用地整理、流转、审批流程，提高用地效率。创新政策工具，广开投融资渠道，引导撬动金融和各类社会资本投向农村。加快农村金融创新，对开展相关业务并取得一定成效的给予政策支持，鼓励金融资本加强对乡村振兴的支持。

二、崇州破解农村金融难题的创新实践与启示

农村贷款难、贷款贵，农村金融服务制度性缺失，是长期以来制约农业农村发展的瓶颈。近年来在破解农村金融难题上虽然已进行多种探索，但尚未真正取得突破、难点痛点并未真正解决。崇州市近年来在破解农村金融难题方面的创新性探索，对当前突破我国农村金融瓶颈、补齐农村金融服务短板具有重要的启示。

（一）崇州破解农村金融难题的主要举措

自 2013 年崇州市开展旨在推动转变农业生产方式的农业共营制改革以来，突破农村金融瓶颈、创新农村金融服务成为不可回避的配套改革。为此，崇州市着眼于解决“农业经营主体信用缺失”“农村金融风险大”“融资成本高”等关键问题，勇于创新、大胆实践，初步实现农村金融的破题。

第一，创建“农贷通”融资综合服务平台，解决“信用缺失”问题。由于土地制度安排、信用体系建设滞后等多种原因，农村“信用缺失”问题比较突出，加之农村金融供需双方信息严重不对称，银行对农村各类主体不敢贷、不愿贷是长期以来的根本性难题。崇州市以此为突破口，三管齐下，系统治理这一“顽疾”。一是运用金融科技手段，建立线上“农贷通”融资综合服务平台，发挥金融服务、

产权交易、信息集聚、电商服务等多种功能；二是设立市、镇、村三级服务体系，以“金融服务站、产权交易服务站、农村电商服务站”三站合一的线下模式在各镇、村建立农村金融服务站点，促进金融服务信息双向交流、多维征信；三是在村一级农村金融服务站设立金融联络员，专门负责收集农业经营主体信用信息并汇集至“农贷通”融资综合服务平台，在此基础上通过大数据建立全市农业经营主体信用信息库。金融联络员还协助农业经营主体在线上办理金融服务申请、产权交易等业务。

截至 2018 年，崇州市所辖的 231 个行政村均已设立村级“农贷通”融资综合服务站，“农贷通”融资综合服务平台共汇集全市 12.63 万户农业经营主体的信用信息，其中包含新型农业经营主体 917 户，初步破解了农业经营主体信用缺失问题。

第二，创新农村金融风险防控机制，解决农村金融“落地难”的问题。针对农业生产经营风险大且复杂、涉农贷款“金额小、客户散、信息缺”、农村金融服务“落地难”等问题，崇州市创新风险分担与补偿方式，通过保险公司、担保公司、银行等金融主体分散分担农业经营风险，由政府对农村金融业务中的风险进行托底补偿，构建农村金融风险防控新机制。

一是深化农村产权制度改革，充实、盘活农业经营主体的产权抵押物，鼓励开展“两权”抵押贷款（农村承包土地的经营权抵押贷款、农民住房财产权抵押贷款），从源头降低涉农信贷风险。截至 2018 年底该市农村土地承包经营权抵押贷款已累计发放 444 宗，共 9.28 亿元。

二是引导保险公司与担保公司等机构参与风险分担。例如，截至 2019 年 7 月，该市的 5 家保险公司推出具有针对性的水稻收入保险、经营主体用工意外伤害险、水稻大灾保险等 23 个政策性农业保险品种，共有 22.1 万亩土地购买政策性农业保险，投保覆盖面达到 61.4%。与此同时，由市财政注资 1.02 亿元成立崇州市蜀兴融资担保有限公司，为农村产权抵押融资提供担保；设立专项资金为粮食适度规模经营者申请银行贷款提供担保。

三是建立风险补偿机制。崇州市政府出资设立了三类风险资金，即农村产权直接抵（质）押融资风险资金、保险公司信用保证保险风险资金和“农贷通–惠农贷”风险资金，对金融业务风险损失给予适度补偿。由此有效管理了金融机构对农村金融业务的风险预期，使其承担的风险与收益更加匹配，促进农村金融服务真正下沉落地。

第三，统筹支农政策措施，解决融资贵问题。针对农村金融服务“覆盖面小、效率低、成本高”等问题，崇州市整合各类支农政策，多措并举，着力降低农村金融服务成本。一是采取“降去补”措施。其中，“降”是指通过设立涉农信贷利率上限的方式约束贷款利率，“去”是指通过推广“去担保”“去评估”等方式减少中间费用支出，“补”是指出台各类贴息、保险费用与担保费用补贴等政策，有效降低融资成本。二是改善农村金融生态环境。包括：完善乡村道路、水电等基础设施为金融机构网点下沉提供基础；建立村级“农贷通”融资综合服务站解决农村金融服务“最后一公里”问题，通过站点下辖金融联络员的宣传、引导，向农村主体普及金融知识，提高其金融素养，使其足不出户即可得到便捷的金融服务。三是争取上级中国人民银行支持，运用支农再贷款增加农村金融资金供给。

（二）崇州农村金融服务创新探索的成效与启示

崇州市关于农村金融服务的创新探索，已初步取得成效。调研表明，2016 年至 2019 年 7 月底，“农贷通”融资综合服务平台共实现线上放款 879 笔、金额达 7.08 亿元，农村金融服务系统成效初显。截至 2019 年 7 月末，崇州市人民币各项贷款余额共计 194.95 亿元。其中，涉农贷款余额约 132.09 亿元，占全部贷款余额的 67.76%。截至 2019 年 7 月，崇州市共办理农村产权抵押融资 1178 宗，融资额度达 23.51 亿元，实现了涉农贷款破题、农村金融服务落地的突破。

崇州市的创新探索，对破解我国农村金融难题具有重要的启示意义，主要体现在以下四个方面。

第一，运用现代金融科技手段是关键。崇州市创新性运用现代信息技术、金融科技手段，建立“农贷通”融资综合服务平台，解决长期存在的农村信用缺失等难题，是推动农村金融服务落地的关键。

第二，创新风险防控机制是核心。崇州市构建的以风险分担机制与风险补偿机制为主体的农村金融风险防控机制，有效管控农村金融业务风险预期，对消除金融机构疑虑，引导和鼓励金融机构服务下乡、贷款落地发挥了核心支撑作用。

第三，统筹政策支持是重点。崇州市以缓解“融资难、融资贵”问题为导向，统筹各项支农政策，对涉农贷款中的风险分担、风险补偿及其他关键环节等给予政策性补贴和支持，由此来激发和撬动市场主体的积极性和创造性，这是崇州探索的重要经验所在。

第四，改善金融生态环境是基础。崇州市注重加强和改善金融服务与银行网点下沉所需的基础设施、配套条件、宣传引导等金融生态环境，这也是优化和提升农村金融服务的基础工程。

（三）补齐我国农村金融服务短板的建议

第一，把补齐农村金融服务短板作为推进全面振兴乡村的优先任务抓紧抓实。进一步强化政府管理部门和金融服务机构对解决农村金融服务问题在全面振兴乡村中极端重要性的认识，将其作为优先任务，抓紧、抓好、抓实。要进一步出台政策，鼓励各地勇于创新、先行先试，探索破解农村金融瓶颈、补齐农村金融服务短板的新思路、新途径。

第二，以更大力度的创新突破农村金融服务瓶颈问题。要通过改革创新，突破农村金融信用缺失、融资难、融资贵等问题，探索破解农村金融服务瓶颈的整体路径和系统方案，为构建新型农村金融服务体系奠定实践基础。一是制度创新，为农村金融服务提供能够突破瓶颈的制度供给。二是产品创新，要结合乡村振兴实际需求，提供更加丰富、更适合农村发展实际的农村金融产品。三是技术创新，要加大力度应用大数据等金融科技手段，提高农村金融服务效率。

第三，抓紧建立完善农村金融服务支持政策体系。坚持"市场主导、政府引导"原则，既要发挥市场配置资源的作用，也要更好地发挥政府对构建农村金融服务体系的重要作用。建立和完善农村金融支持政策体系，在体系建设、风险防控、政策扶持、环境改善方面，提供关键支撑和重要保障。

第四，构建农村金融服务长效机制。要杜绝农村金融工作的形式主义，进一步夯实农村金融的融资机制、信用机制、风险防控机制建设。加强农村金融人才队伍建设，构建农村金融服务长效机制。

参考文献

陈锡文. 2018. 实施乡村振兴战略，推进农业农村现代化. 中国农业大学学报（社会科学版），（1）：5-12.

程国强. 2011. 中国农业补贴：制度设计与政策选择. 北京：中国发展出版社.

程国强. 2018. 新时代乡村振兴政策展望. 中国棉麻产业经济研究，（2）：9.

程国强. 2019a. 如何把农业农村优先发展落到实处——四川崇州乡村振兴探索实践的几点启示. 中国发展观察，（Z1）：24-26.

程国强. 2019b. 推进粮食产业高质量发展的思考. 中国粮食经济，（9）：54-59.

党国英. 2019. 关于乡村振兴的若干重大导向性问题. 社会科学战线，（2）：172-180.

韩长赋. 2018-08-27. 实施乡村振兴战略 推动农业农村优先发展. 人民日报，7.

韩长赋. 2019. 关于实施乡村振兴战略的几个问题. 农村工作通讯，（18）：12-19.

韩俊. 2018. 以习近平总书记"三农"思想为根本遵循实施好乡村振兴战略. 管理世界，（8）：1-10.

黄季焜. 2018. 乡村振兴：政府职能和市场作用. 山东经济战略研究，（11）：49-50.

孔祥智. 2019. 实施乡村振兴战略的进展、问题与趋势. 中国特色社会主义研究，（1）：5-11.

赖德胜，陈建伟. 2018. 人力资本与乡村振兴. 中国高校社会科学，（6）：21-28，154.

廖彩荣，翁贞林，郭如良，等. 2018. 乡村振兴战略："五个振兴"、制度创新与国际经验——"乡村振兴专题论坛"综述. 农林经济管理学报，（5）：622-628.

刘合光. 2018a. 乡村振兴战略的关键点、发展路径与风险规避. 新疆师范大学学报（哲学社会科学版），（3）：25-33.

刘合光. 2018b. 激活参与主体积极性，大力实施乡村振兴战略. 农业经济问题，（1）：14-20.

芦千文，姜长云. 2018. 欧盟农业农村政策的演变及其对中国实施乡村振兴战略的启示. 中国农村经济，（10）：119-135.
宁满秀，袁祥州，王林萍，等. 2018. 乡村振兴：国际经验与中国实践——中国国外农业经济研究会2018年年会暨学术研讨会综述. 中国农村经济，（12）：130-139.
齐皓天，徐雪高，王兴华. 2016. 美国农产品目标价格补贴政策演化路径分析. 中国农村经济，（10）：82-93.
汪锦军，王凤杰. 2019. 激发乡村振兴的内生动力：基于城乡多元互动的分析. 浙江社会科学，（11）：51-57，157.
习近平. 2019. 把乡村振兴战略作为新时代“三农”工作总抓手. 农村工作通讯，（12）：5-8.
叶兴庆. 2017. 我国农业支持政策转型：从增产导向到竞争力导向. 改革，（3）：19-34.
叶兴庆. 2018. 新时代中国乡村振兴战略论纲. 改革，（1）：65-73.
张红宇. 2018a. 乡村振兴与制度创新. 农村经济，（3）：1-4.
张红宇. 2018b. 中国现代农业经营体系的制度特征与发展取向. 中国农村经济，（1）：23-33.
张晓山. 2019. 实施乡村振兴战略 确保经济持续健康发展. 经济纵横，（1）：1-9.
张云华. 2018. 农业农村改革40年主要经验及其对乡村振兴的启示. 改革，（12）：14-26.

第三章　乡村产业振兴机制研究①

没有乡村振兴，就没有中华民族的伟大复兴。实施乡村振兴战略，是解决人民日益增长的美好生活需要和不平衡不充分的发展之间矛盾的必然要求，是实现“两个一百年”奋斗目标的必然要求，是实现全体人民共同富裕的必然要求。

没有产业兴旺，乡村振兴将是一句空话。实施乡村振兴战略，首先要顺应亿万农民对美好生活的向往，以产业兴旺为重点，提升农业发展质量，培育乡村发展新动能。

产业兴，则百业兴。产业兴旺作为乡村振兴战略五大要求之首，是整个乡村振兴战略的重点。中国特色乡村振兴道路，需要超越产业分割视角，促进一二三产业融合发展，面向新需求、创造新供给、培育新业态、做出新探索。将疏解过剩产能为主的供给侧结构性改革和内需持续释放的有效需求创造，紧密结合起来，一石二鸟；完成振兴乡村这一实现中华民族伟大复兴的重大任务。

第一节　城乡中国时代的乡村产业新需求与新供给

探讨中国乡村产业发展，首先需要清楚中国乡村产业发展的两大背景，即中国已进入了相对过剩时代和城乡中国时代。

第一，中国已进入相对过剩时代。人口越来越被看作是推动持续发展的动力。除了劳动力充分供给带来的人口红利之外，庞大的人口规模，正带来巨量消费和服务需求的新人口红利，成为推动中国经济社会持续进步的内需基础。在乡务农和进城务工这两大就业空间也已开辟殆尽，需要开辟返乡下乡、创业就业的第三就业空间。

第二，中国已进入城乡中国时代。20 世纪费孝通先生提出的“乡土中国”命题，在如今城市化中期阶段，已经转变为“城乡中国”的新命题。城乡人口数量都超过 6 亿，是一个长时期的基本事实②。这使得乡村振兴道路，不能只从农业内

① 本章为课题“促进乡村产业兴旺的政策机制研究”（承担单位：中国人民大学。课题主持人：周立。课题组成员：魏丽莉、彭军、方平、李彦岩、王彩虹、岳晓文旭、王晓飞、马荟）研究成果的一部分。本章执笔人：周立、李彦岩、方平、王彩虹。

② 根据国家统计局（data.stats.gov.cn）数据，城镇人口自 2007 年起超过 6 亿，并逐年增长，乡村人口逐年下降，但 2020 年仍有 5 亿以上。

部着手，必须从城市和乡村两端发力，找准并面向新需求，创造新供给，满足人们日益增长的美好生活需要。

一、面向新需求

（一）核心特征："四洗三慢两养"

笔者认为，中国乡村产业新需求的核心特征是"四洗三慢两养"。

"四洗"是指乡村社会可以帮助城市人洗尽铅华。在乡村喝上天然的水，吃上生态的饭，可以"洗胃"；呼吸新鲜的空气，可以"洗肺"；看看青山绿水，可以"洗眼"；乡村生活比较闲适，能够舒缓城市高度紧张的人际关系，还能促进文化教育、亲子关系与家庭和睦，可以"洗心"。大规模的双休日和节假日出城旅游，就是这一需求的具体表达。

"三慢"是指乡村社会可以帮助城市人享受慢食、慢村、慢生活。与"快餐"文化相反的"慢食"运动，自1986年设在意大利的国际慢食协会推动之后，已经成为享受美食和美好生活的全球性运动。与慢食运动相关联的"慢村"或"慢城"，也在各地星罗棋布地出现。慢食运动让人们不断反思自己的生活，关注食品、美食乐趣及缓慢节奏的生活，并由此发展出一系列的"慢生活"方式：吃有慢餐，行有慢游，读有慢读，写作有慢写，教育有慢育，恋爱有慢爱，设计有慢设计，锻炼有慢运动，等等。

"两养"是指乡村提供养老、养生空间，帮助城市人安度退休和休闲时光，实现与自然共生、与社会和谐。生有所养、老有所依。中国有世界上规模最大的中等收入群体，2017年底就已超过3亿人①；也有世界上规模最大的老年人口，截至2017年底，中国60岁及以上人口已达2.41亿人，占总人口的17.3%②。中国是世界上唯一一个老年人口超过2亿人的国家。预计到2025年，60岁以上人口将达到3亿人，中国成为超老年型国家。随着老龄化社会到来，大量家庭及老人渴望有宽敞、恬静的绿色养生、养老场所，城市住房空间狭小、人群密集、交通堵塞、环境嘈杂，让许多人产生在乡村休闲养生、健康养老的向往。同时，伴随农村劳动力转移，大量农村房屋闲置，农村土地陷入自己"用不上、用不好"的困局，不能给农民带来收益。需要将城市养生、养老需求和农村闲置资源供给，形成有效衔接。

---

① 《中国中等收入群体超 3 亿人 2050 年有望达 9 亿人以上》：http://industry.people.com.cn/n1/2018/0417/c413883-29930573.html，2018年4月17日。

② 《我国60岁及以上老年人口数量达2.41亿占总人口17.3%》：http://www.gov.cn/xinwen/2018-02/26/content_5268992.htm，2018年2月26日。

（二）“四洗三慢两养”的新需求估算

估算“四洗三慢”的需求数额，有两大依据：一是根据 2017 年底私家车保有量（1.7 亿辆）[①]；二是根据新崛起的中等收入群体（3 亿～3.7 亿人）。以每年乡村消费和服务来估算，会带来 1.5 万亿～1.9 万亿元的需求。相当于中国 2017 年第一产业增加值（6.55 万亿元）的 23%～29%。

估算“两养”的新需求，其在很大程度上取决于政策变化。若能因应需求，利用中共十八届三中全会以来推动的农地入市的“三块地”改革，以及集体建设用地建设租赁住房试点、支持返乡下乡人员创业创新等政策，促进城乡资源的良性互动和一二三产业融合，这些需求就能转化为有效供给。农村集体建设用地面积远远大于城市（仅仅建制镇面积，就已经大于城市面积），若对比房地产投资在 2017 年带来 11 万亿元的增加值，农村集体建设用地开发所能带来的产业比房地产业范围更广、体量更大，更能体现人们对美好生活的需要，它和乡村振兴内含的养生养老产业，会带来远大于 11 万亿元的消费需求。以 2017 年底的 2.41 亿老年人口为例，即使只有 1/3 退休老年人愿意在乡养老，就有约 8000 万人，以每人 15 万元的养老住房投入核算，就有 12 万亿元的投资需求。若再考虑 3 亿人以上的中等收入群体养生需求，以及返乡、下乡人员每年在农村生活带来的至少 1 万亿元的消费与服务需求，这一数额将更加庞大。伴随收入提升和老龄化程度的提高，需求还将日益显化。

仅以“两养”保守估算的 11 万亿元和“四洗三慢”1.7 万亿元的需求核算，每年创造 12.7 万亿元的新需求（相当于 2017 年 GDP 的 15.3%），对于中国经济增长的拉动，乡村产业振兴的推动，农民就业增收空间的扩大，脱贫攻坚成果的巩固，以及促进人们美好生活需要和不平衡不充分矛盾问题的解决，都是显而易见的。

二、创造新供给

“四洗三慢两养”的新需求，呼唤乡村振兴中一二三产业融合的“一融”，只有通过一二三产业融合，才能创造新供给，培育新产业、新业态、新模式。

本节仿照工业 4.0 的论证，说明新时代的农业特征是农业 4.0。传统农业是农业的 1.0 版本（一产化农业），是自古以来就有的农业类型。由于农业生产受自然条件影响大，传统农业是典型的“靠天吃饭”农业。农业 2.0 是工业化、机械化的农业（二产化农业），将农业生产链条逐步延伸至加工、储藏、运输、销售等环节。这一阶段的主要特征是“靠地吃饭”，农民在这种工厂化农业模型下，扮演了产业

① 《内地私家车 1.7 亿辆 北京成都重庆居汽车保有量前三甲》：http://auto.people.com.cn/n1/2018/0530/c1005-30022590.html，2018 年 5 月 30 日。

技术工人的角色。农业 3.0 是以第三产业的方式经营农业（三产化农业），农民在其中扮演服务员的角色，主要特征是“靠人吃饭”，需要人气的积累，依托农业做服务。

农业 4.0 是形成一二三产业融合的综合型农业。通过一二三产业叠加，创造新供给的“加法效应”，以及一二三产业融合，催生新业态的“乘法效应”，进行农业的深度交叉融合，通过第六产业化，实现集生产、生态、生活与生命为一体的“四生农业”。生产性和生态性是基础，生活性是核心，生命性是灵魂。农业 4.0 时代，农民集生产者、技术员、服务员、销售员等综合身份于一体，让农业成为一种全新的业态。农业 4.0 体现了人与自然、人与人和谐相处的更高境界，代表着农业发展的新产业、新业态、新模式，与生态文明建设相适应，代表着农业发展的新方向。

若要实现农业 4.0，需要探索新机制。本章将从质量兴农、一二三产业融合等方面，植根中国本土实践，面向全球视野，对通过实现农业 4.0 以创造新供给的体制机制进行探索。

第二节　质量兴农体制机制研究

随着中国农业和整体经济情况的发展，中国农业的主要矛盾已由总量不足转变为结构性矛盾；中国的农业发展政策，也经历了从总量扩张到提质增效的转变。在此背景下，质量兴农体制机制研究的必要性日益突出。本章从食品安全治理的视角，探索共治共益体系在食品安全体制中的应用，并重点探讨农业生产者和消费者行为中的信任机制对农业提质增效的重要作用。

一、共治共益体系的探索：以食品安全社会共治为例

食品安全治理涉及多主体、多部门、多行业、多环节、多因素，属于复杂的公共事务治理，不仅需要政府力量和市场力量，更需要社会力量来参与，以实现食品安全社会共治。但如何有效推动多元主体的参与，一直是现实中的难题。

中共十九大报告指出，“实施食品安全战略，让人民吃得放心”[①]，尽管该战略已被纳入国家公共安全体系，连续多年实行“四个最严”（最严谨的标准、最严格的监管、最严厉的处罚、最严肃的问责）之后，食品安全事件依然频发，餐桌安全依然最受百姓关注。

---

① 引自 2017 年 10 月 28 日《人民日报》中的文章：《决胜全面建成小康社会 夺取新时代中国特色社会主义伟大胜利》。

近年来，构建企业自律、政府监管、社会协同、公众参与、法治保障的食品安全社会共治格局，为破解食品安全治理难题提供了新的思路。2018 年修订的《中华人民共和国食品安全法》，也明确了“社会共治”的制度安排。但如何才能有效调动各方力量，推动食品安全社会共治？在这一问题上，由北京梁漱溟乡村建设中心、北京市长城企业战略研究所、北京共仁公益基金会、社会生态农业 CSA 联盟、对外经济贸易大学公共政策研究所等 11 家机构联合发起的全球安全食品生态建设协同中心致力于推动多元主体的协同，其推出的共治共益体系（简称 SPGS①），通过重塑消费者责任和信任、包容多元化标准、推动参与式保障体系、引入区块链技术、理顺各方利益分配机制，来实现食品安全治理的共治共益。2018 年 1～4 月，本章课题组对此进行了持续调研。

（一）共治

调研表明，SPGS 责任体系主要从以下三个方面来推动食品安全治理的社会参与：一是从组织架构上，确定共治主体的责任边界和权力边界；二是从技术上，使用区块链技术实现分布式组织，以及多中心弱监管与中心化强监管协同，督促各类群体忠实执行 SPGS 责任体系；三是从文化上，重塑消费者责任意识，通过消费者的“用脚投票”来倒逼食品行业革新。

1. 厘清多元主体的责任与权力边界

食品安全治理的社会参与，是一种集体行动。集体行动常常面临“搭便车”困境，如何化解这一困境？SPGS 责任体系在组织架构设计上，首先确定了各类共治主体的角色和位置，明晰责任、发挥专长、约束权力。食品安全管理十分复杂，不仅在行动上参与主体众多，在专业需求上也包含了自然科学专业和社会科学专业，如何在发挥各类主体优势的同时，厘清责任边界和权力边界，是设计组织架构时必须考虑的问题。

SPGS 的发起方——全球安全食品生态建设协同中心，是在北京共仁公益基金会和全球安全食品共益基金会（筹）的管理下运行的，这保证了资金来源、管理的专业性，也确保了资金使用上的公益性和共益性。该体系下设有如下组织——专业委员会、消费者委员会、SPGS 指导委员会、安全食品消费者教育学院和 30 个地方分中心（已经在青海、云南、甘肃、北京、山东等地建立分中心），这些机构分别发挥各自专长，在自身机构边界内运行，彼此间定期开展交流。专业委员会下属生产、加工、服务、休闲旅游、文化教育、历史传承和其他分委员会，负

① SPGS 即借鉴 PGS（participatory guarantee systems，参与式保障体系）多方参与的理念，将“食品安全社会共治”“多方参与共同受益”“人与自然和谐共生”的中国特色、中国智慧融入其中，形成“共治共益”新方案。

责把传统的优秀标准和有效措施内化于 SPGS 之中，并设置合理的利益分配机制，最大限度地汲取各方智慧、调动各方力量。

这一组织架构，明晰了各类共治主体的责任边界，让专业的组织和个人做自己擅长的事情，使 SPGS 在财务、管理、食品标准多元性、专业机构参与性、消费者教育和本土化等方面得到可持续运行。同时，在确立各方权力边界的同时，有效促进了资源协同，有力促进了社会力量参与食品安全治理。

2. 以区块链技术为依托促进食品安全标准的忠实执行

食品市场中的信息不对称，是食品安全生产事件频发的重要原因。区块链技术分布式记账、不可篡改的技术特点，天然契合食品场景。SPGS 开创性地将区块链技术应用于食品行业，推出了安食链项目，该项目已经获得北京市经济和信息化委员会（现已更名为北京市经济和信息化局）的批准，成为北京市区块链应用的样板项目。

区块链在技术上实现了去中心化，在现实中呈现为分布式组织，以及多中心弱监管与中心化强监管协同。安食链项目基于区块链底层协议、安食数字资产、分布式社群、工作量证明、影响力证明等，开创出基于消费者参与的“社群–社群”的全新食物体系。安食链结合公链与联盟链的双重优势，为生态农业各参与方提供区块链应用化平台，推出数字资产，作为整个体系的通证（token），让各方参与者进行点对点支付，支持生产、流通、交易、技术升级；分布式 PGS 社群是安食链的关键节点，采用联盟方式准入，对接公链连接消费者。

分布式组织能够调动各方力量，在既有规则下督促各方忠实执行食品标准，实现了天罗地网式的多中心弱监管，这种弱监管与主权区块链的中心化强监管协同，使得制假贩假行为无可逃遁。截至 2019 年，国内已有 2000 多家生态农场、生态餐厅、有机超市、消费者社群等“上链”SPGS 的安食链，遍布 200 多个城市。预计 3 年（2020～2023 年）内，将有超过 10 万家企业、50 万个消费者社群、1500 万个家庭“上链”，依托生态食品生产，将带来 1 亿亩以上耕地的生态修复。这些“上链”的实体，都将成为参与食品安全治理的社会力量，在底层规则的框架下忠实执行食品安全标准，促进食品体系的健康发展。

3. 重塑消费者责任：倒逼食品行业革新

消费者群体是食品产业链的最后环节，SPGS 强调重塑消费者的责任意识。引导消费者从物美价廉的理念，转向优质优价的公平贸易理念。通过消费者“用脚投票”，推动优胜劣汰的市场机制发挥决定性作用，倒逼行业革新，保证食品安全。SPGS 鼓励消费者自发组织成立多种形式的消费者 PGS 小组，包括有机农夫市集、消费者合作社、PGS 小组等。经合规审核委员会审核，符合要求的消费者参与式保障组织可获得见证资格，并有权出具 SPGS 见证报告。消费者将基于 SPGS，通过实地见证来履行消费者责任，对参与其中的产业链各相关方进行综合评分，形成一个总 SPGS 保障评分和三个子评分的结果，淘汰劣质企业，让优质企业能够获得优质的资源配置，倒逼食品行业革新。

（二）共益

SPGS 创新性地推出数字资产激励，将各类共治主体纳入共益体系。数字资产的生成有三个阶段：在初期，分布式 PGS 组织通过 PGS 见证方式获得工作量证明，意见领袖通过专业化贡献获得影响力证明，工作量证明和影响力证明都能产生数字资产奖励；在中期，SPGS 作为生态农业的底层协议，将支持农场、民宿的虚拟交易，该交易也将产生数字资产；在远期，数字资产将挂钩“化学排放减量额”，成为全球通用的数字资产，并进而将全球耕地、牧场、渔场、民宿、城市提货点等物理资源权益化、数字化，在可持续发展相关的行为领域发挥通证作用。由此，SPGS 推出的安食链项目将能实现食物体系公共权益的全球化投资、交易、管理，为全球农业走出化学投放污染、帮助全球消费者获得生态有机食品，实现土地、水、空气资源的生态环境修复及资源优化管理，提供可行的共益平台。

1. 数字资产激励

数字资产是权益数字化的基本工具，也是衡量 SPGS 责任体系中经济行为的重要载体，更是整个食品体系中价值流通的基础媒介。首先，数字资产代表了安食链的使用权和所有权，数字化的权益使所有持有数字资产的个人或企业都成了安食链的股东，参与安食链的治理。其次，数字资产作为重要的价值流通媒介，可用于安食链上的所有交易，如订单、手续费、服务费等。最后，随着安食链对全球农业生产基地、全球城市安食提货点、全球安食应用、全球环境资产数字化的推进，通过 ICO（initial coin offering，首次币发行）可直接获得全球众多物理资产、环境资产、质量资产的所有权。

2. 共治行动带来共益回报

随着物理、环境、数字资产的孵化、发展、增值，数字资产持有人将持续获得收益，并结合链内金融、链外金融、跨链交易等，获得资产多维增值。通过 SPGS，各类社会力量和资源得以有效整合，实现食品安全社会共治。同时，各类共治主体也共同受益于安食链项目，分享健康食物体系的成果。

对于政府来说，社会力量的参与形成了一种分布在各个角落的天罗地网式的全包围弱监管，其与政府的中心化强监管形成优势互补，增强了食品安全治理的总能量。对于市场来说，社会力量的参与，特别是消费群体的参与，增强了市场的优胜劣汰机制，好的企业被识别出来，坏的企业也被曝光出来，区块链技术的不可篡改性，增强了这一优劣甄别机制的制度信任属性，促进了食品市场健康有序发展。对于社会力量本身来说，无论是消费者、公益机构还是行业专家，有了更广阔的施展空间，在食物体系中凸显了自身话语权。

3. 政策启示

通过对 SPGS 的调研，有如下四点特征需要引起政策关注。

（1）公益机构主导发起。食品问题是民生问题，十分复杂，需要巨大的投入。有效的社会参与，需要公益性机构来发起，如 SPGS 的发起方全球安全食品生态建设协同中心，以此奠定公益初心。若由政府发起，则担负成本过高；若由市场发起，则难葆公益初心。

（2）利益分配机制合理。促进社会力量的参与，不仅需要公益心，更需要巧妙合理的利益分配机制，既要促进参与性，发挥共识机制作用，又要确保参与效果能提升社会共治绩效。SPGS 创造出的安食链项目，开创性地提出了行为挖矿机制，只要行动起来，就能获得安食数字资产，充分调动了各类主体的行动积极性。共治共益，又共识共享。

（3）注重技术创新应用。区块链技术是未来的科技发展趋势，其不可篡改、点对点交易的技术属性，能够以技术驱动来解决信任问题，十分契合食品场景。今后的食品行业可以借鉴区块链技术，优化现有的食品可追溯体系，促进食品安全标准的忠实执行，提升食品产业透明度。

（4）促进三方协同治理。社会参与既需要监管，也需要有更宽松的行动空间，需要厘清政府、市场和社会这三方力量的行动边界，协同推进食品安全社会共治。

我们近些年参与了共治共益全球安全食品责任信用体系的建设，认为这会成为面向新需求、创造新供给和培育新业态的一大抓手，可以成为乡村产业振兴的一大举措。

二、信任的作用：关系视角下农户生产行为的逻辑[①]

（一）“一家两制”：农户的差别化生产

伴随农业的长足发展，中国已经从“谁来养活中国”步入“怎样养活中国”的阶段，食品安全成为全社会关注的民生问题。然而，中国的食品质量形势却不

① 本小节改编自已发表于 *Canadian Journal of Development Studies* 的期刊论文“A relational view of self-protection amongst China’s food safety crises”，原文作者为 Haiying Lin、Ping Fang、Li Zhou 和 Licheng Xu。

容乐观，打开“掷出窗外”[①]，多达 3489 条有关食品安全问题的新闻报道呈现在眼前，而卫生不达标、添加剂、检疫不合格、农药、瘦肉精、三聚氰胺、食物中毒等关键词云也不断映入眼帘，层出不穷的食品安全事件反映了堪忧的食品安全状况，也刻画出全社会面临的食品安全危机。在普遍的食品安全威胁下，作为恰亚诺夫所言的生产和消费合一体的农户，会通过“一家两制”差别化生产进行自我保护（周立等，2012；徐立成等，2013）。这种差别化主要体现为：一方面，贯彻资本逻辑的 A 模式食物体系“为市场而生产”，如通过投入大量的农药、化肥、兽药等现代要素，缩短生产周期、减少劳动投入、增加产量，从而实现经济利益最大化；另一方面，贯彻生命逻辑的 B 模式食物体系“为家庭生活而生产”，如通过在庭院或者自留地进行传统生态种养，或者通过少施用农药、化肥、激素及添加剂等现代要素的方式进行自我保护。根据 2012 年以来本书课题组在北京、河北、甘肃等地完成的问卷调查，超过 30%的农户认为自己已经进行了“一家两制”的差别化生产。无独有偶，倪国华等（2014）也研究了以农户差别化生产为主要行为特征的“一家两制”现象[②]，他们的调查也表明，“一家两制”已经成为一个基本事实。

“一家两制”作为一种经济行为，却与农村的社会关系和农户的思想观念直接相关，毕竟，农户的生产活动是嵌入在农村社会之中的。本节将从经济社会学视角，解释农户的“一家两制”行为。研究的基本思路是在杨宜音（1999a）、沈毅（2007）、李明和耿进昂（2010）等对人际关系的义务性、利益性和情感性这三种属性界定的基础上，提出农户对由义务性和情感性高低决定的自家人、义务性“自家人”、交往性“自家人”和外人这四类不同人际关系的差序责任意识与利益性之间的紧张性，成为农户履行生产安全农产品的社会责任与追求经济利益之间的矛盾和张力。进一步指出，差序责任意识是农户“一家两制”差别化生产行为的根基，并提出四个可以验证的命题：①为承担对自家人的责任，农户会为他们生产 B 模式的农产品，以实现自我保护（简称自家人吃“自家饭”）；②为履行对偏核心地带“自家人”的义务，农户会为他们生产 B 模式的农产品，以维持人际关系（简称有条件的“自家人”吃有条件的“自家饭”）；③为追求经济利益，农户可能会向偏外围地带的“自家人”出售 A 模式的农产品，而不承担对他们的责任（简称缺乏条件的“自家人”吃不到“自家饭”）；④为追求经济利益，农户会向外人出

---

① 由复旦大学一学生发起创建的有毒食品警告网站，可以查询到全国各地有毒有害食品的记录，类似于“有毒食品维基百科”，访问日期 2015 年 5 月 21 日，http://www.zccw.info/index（该网站现已无法正常运作）。

② 倪国华等对“一家两制”（one household two systems）的定义是：农户对自己食用的农产品少用或不用化肥、农药、激素及添加剂，而对面向市场销售的农产品却使用大量的化肥、农药、激素及添加剂。本节对“一家两制”（one family，two systems）的定义是广义的，既包括农业生产者差别化生产和差别化消费行为，也包括城市消费者的差别化消费行为。同时，又不仅限于农药、化肥、激素等现代要素使用方面的差别化，还关注生存、生计和经济多元理性对家庭经济社会决策的综合影响。两项研究的中文名称一样，但英文表述有一定差异。

售 A 模式的农产品，而不承担对他们的责任（简称外人吃“外人饭”）。而后，基于华北、中南和西部的典型案例，运用多案例研究方法对命题进行验证。

本节接下来的安排如下：第二部分是文献评述，第三部分是理论分析和命题的提出，第四部分是基于三个典型案例的命题检验，第五部分是结论与建议。

（二）文献述评

自周立（2010）提出 A、B 模式，并与潘素梅、徐立成等（周立等，2012；徐立成等，2013）提出并研究“一家两制”这一现象以来，“一家两制”作为农户和城市消费者面对食品安全威胁的社会自我保护形式，引起了关注。对农户“一家两制”行为原因的解读，是其中的一个研究重点。比如，倪国华等（2014）从农产品的属性出发，认为食品市场的信息不对称及消费者无法分辨农产品的信任品特征，是农户通过“一家两制”实现利润最大化的原因；周立和方平（2015）则引入社会理性这一概念，认为农户和消费者“一家两制”是家庭在实践上遵从生存理性、社会理性和经济理性的后果。上述两项研究分别从客观条件和主观选择层面分析了农户“一家两制”的原因，前者重点关注食品市场的信息不对称、农产品的属性等致使农户通过差别化生产实现利润最大化的条件，后者重点关注农户“一家两制”决策的多元理性。而正如经济社会学家格兰诺维特（2007）指出的，经济行为的根基在社会关系中，而社会关系则受制于人们的观念意识。Lewin 和 Cartwright（1951）的场论也强调，一个人的行为是个人人格发展状况及其周围具体环境的产物。食品安全作为一项责任事件，而责任意识反映个体对他人或群体的一种责任和使命，是个体对责任事件的主观认知和体验。这表明，农户的责任意识及其所拥有的社会关系，将成为从经济社会视角研究农户“一家两制”行为的新方向。笔者将就此做出努力。

目前国内外关于责任意识的大部分研究主要集中于从心理学视角对责任意识本身的研究，如公民责任意识的结构与动力分析（李明，2010）、社会两难情境中公民的责任意识（陈欣，2009）、责任意识的社会与文化心理学分析（李明和耿进昂，2010）等。不过，也有以沈艳和蔡剑（2009）为代表的学者，考察了企业社会责任意识与企业融资之间的关系，这证实了将责任意识用于解释社会经济行为研究的可行性。但是，还很少见到关于农户责任意识的分析，更没有关于农户责任意识与安全食品生产行为关系的研究。而责任意识作为附着于中国农户人际关系链条上的具体属性，使人际关系中的人和人们成了分析责任意识与“一家两制”关系的有效单元。根据杨宜音（1999a）、沈毅（2007）、李明和耿进昂（2010）等的研究，可以将人际关系的属性归纳为义务性、利益性和情感性这三大类，其中，义务性是指人际关系的责任和义务，利益性是指经济利益或者个人私利，情感性主要是指个体的情感性需求，如名誉、欲望、依恋、亲密和信任等。在传统文化中，义务性明确和突出了角色的责任和义务，利益性和情感性则只能暗含人际利益往来和情感交流中的应负之责。然而，随着改革开放后市场经济体制的建立，个人获得了前所未有的发展机会，同时国家撤出[①]留下的巨大的社会与道德真空被消费主义及实用价值观所填补（阎云翔，2006）。在现代中国的人际标准中，利益性成了逐渐凸显的重要因素，同时情感性因素也逐渐凸显了出来。商品经济社会中的“杀熟”“造假”“一锤子买卖”等社会现象，表明以“己”为中心的一些传统观念仍然在影响着中国人的行为（马戎，2007）。传统差序格局模式赖以存在的社会条件仍然存在，并被赋予了现代内涵（卜长莉，2003）。因此，本节将着重研究差序格局下，中国农户的责任意识与“一家两制”之间的关系。

（三）理论分析和命题

1. “自家人”与外人的判分

普遍范围的“一家两制”行为主要在于农户清醒地知道对于“自家人”他们是有义务约束的，而对于超越义务边界的“外人”则没有道德的制约了。这就需要对“自家人”的边界，也就是对个人愿意负责任的范围进行确定。而我们知道，虽然“差序格局”是以“己”为中心的，但是在中国社会“几乎没有割裂了血缘和家庭纽带而能真正独来独往的个人”，“己”实则是被“家族和血缘”包裹着的从属于家庭的“家我”（卜长莉，2003），这决定了“家”是个体应该或愿意承担责任的心理差序范围（李明和耿进昂，2010）。伴随着“家”的“伸缩能力”，在差序格局的人际关系网络中“自家人”的边界是不清晰的（马戎，2007），这就需要从人际关系的三种属性出发，对“自家人”与外人进行判分。

笔者认为，在利益性为第一位，义务性退居第二位的个人主义文化中，利益性与情感性和义务性构成的责任意识之间的紧张性，成为农户经济利益追求与社会责任履行之间的矛盾和张力。农户在情感性和义务性的共同作用下区分“自家人”和外人，并据此形成差序责任意识。根据杨宜音（1999b）对“自己人”的相关研究，本节根据情感性和义务性的强弱将农户的人际关系分为四种：高义务性与高情感性的以亲情关系为主的自家人，这是农户人际关系的核心；高义务性与低情感性的以恩情或人情关系为主的身份性“自家人”；高情感性与低义务性的以友情关系为主的交往性“自家人”；低义务性和低情感性的外人，通常表现为市场

① 国家撤出指的是单位制度对个人生活影响的逐步弱化，甚至在一些地区消失。这样一来，一方面，国家通过单位形成的社会保障能力，比如教育（厂办学校）、医疗（厂办医院）、住房（单位分房）等，变得很脆弱，甚至失去兜底功能。另一方面，原来依靠这些保障来生活的人们，他们依赖的铁饭碗被打破，价值观念，甚至基本的道德观念随之受到冲击。这两个方面所带来的压力，在改革的方案中，被设计为由单位以外的主体来承担。多年看下来，这个目标基本实现，但这些社会兜底功能从单位向外过渡的时期，的确引发了社会与道德真空。

交换关系。这四类人际关系在情感–义务矩阵中的位置详见图 3-1。

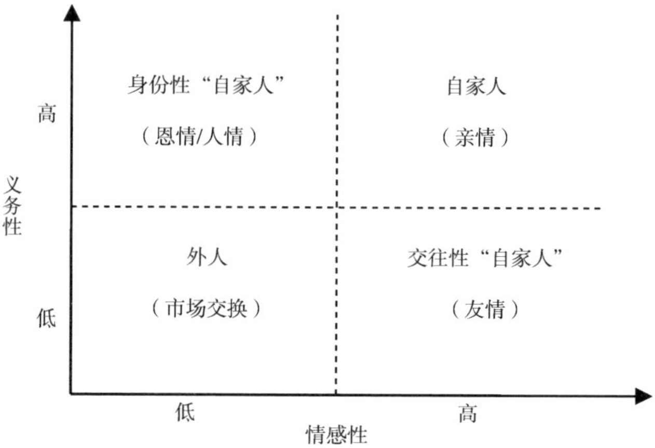

图 3-1　情感–义务矩阵：“自家人”与外人的判分过程

2. 差序责任意识与差别化生产

在对“自家人”与外人进行了判分以后，以利益性主张为第一位的农户，将依据对方所处的人际关系类型来决定是否承担为其提供“自家饭”的责任（图 3-2）。

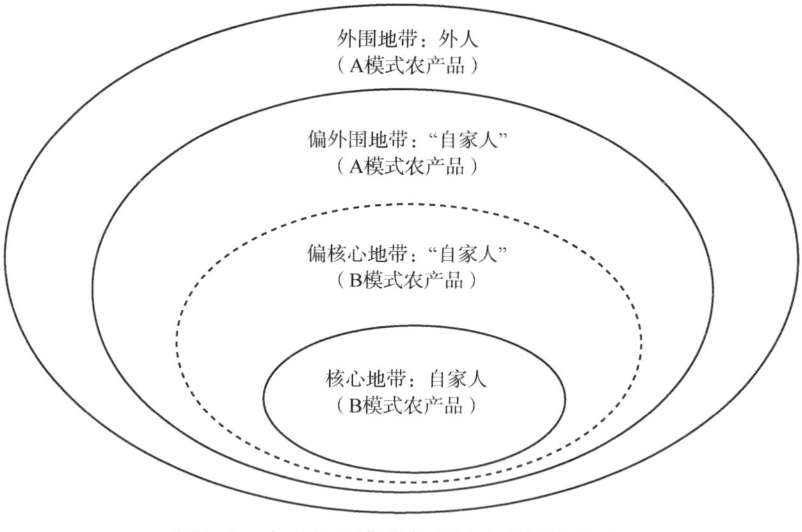

图 3-2　农户的差序责任意识与差别化生产

交往性“自家人”和身份性“自家人”因位于农户责任意识圈层的中部，而成为农户农产品供给模式决策的混合地带。为便于分析农户的差序责任意识与差别化生产行为之间的关系，本节将这一区域划分为偏核心地带和偏外围地带，但是两者之间并无清晰的界线，故用虚线表示

首先，对处于农户责任意识核心地带的自家人来说，他们是个体应该或者愿意

负责任的范围，农户会通过生态种养或者少施用化肥、农药、激素等现代要素的方式，为他们提供B模式的农产品（即“自家饭”），当然，对自家人也不会有掺假或欺骗行为。其次，对处于农户责任意识偏核心地带的主要由友情建立起来的交往性“自家人”，或者由恩情及人情关系维系的身份性“自家人”来说，当农户对这两类“自家人”的责任意识超越对利益的追求时，也会选择向其提供“自家饭”；而对处于农户责任意识偏外围地带的两类“自家人”来说，农户对利益的追求往往超越了由情感性和义务性决定的责任和义务，农户大多会选择向其提供A模式的农产品（即“外人饭”）。最后，对于不受亲情、友情、恩情或人情约束的责任意识最为薄弱的只有市场交换关系的外人来说，以利益性为主导的农户可能会向他们提供A模式的“外人饭”，也可能会通过掺假等行为逃避日益严格的各项指标检验和要求。

3. 命题的提出

在一定程度上可以说，上述行为是农户对现有市场规则的谨慎反抗，以及对人际关系义务的适度遵从。责任意识与利益性之间的张力构成了农户差别化生产的根基。据此，本节在食品市场存在信息不对称这一问题的前提下，提出以下命题。

命题3-1：为承担对自家人的责任，农户会为他们生产B模式的农产品，以实现自我保护（简称自家人吃“自家饭”）。

命题3-2：为履行对偏核心地带“自家人”的义务，农户会为他们生产B模式的农产品，以维持人际关系（简称有条件的“自家人”吃有条件的“自家饭”）。

命题3-3：为追求经济利益，农户可能会向偏外围地带的“自家人”出售A模式的农产品，而不承担对他们的责任（简称缺乏条件的“自家人”吃不到“自家饭”）。

命题3-4：为追求经济利益，农户会向外人出售A模式的农产品，而不承担对他们的责任（简称外人吃“外人饭”）。

（四）多案例分析

1. 研究方法

前文从经济社会学视角对农户“一家两制”差别化生产行为的动因进行了研究，发现内生于人际关系的差序责任意识是农户差别化生产的根基，并提出了四个命题。考虑到基于大量问卷调查的定量统计方法在研究农户行为方面存在的局限性，以及个案分析的有效性和可靠性难以保证等问题。本节尝试了多种数据收集方法，最终采用从多个实体取得信息进行调查研究的多案例研究方法（Benbasat et al.，1987）进行研究。本节的目标农户被定义为那些因为差序责任意识而对某一品种进行了差别化生产，并且愿意接受访问的农户。在国家自然科学基金的资助下，本节依据上述标准选取了三个分别位于中国华北、中南及西部地区，且农业收入水平相当的典型农户作为主要的案例研究对象（表3-1）。相关案例材料主要来源于参与式观察与访谈，访谈对象为户主及其主要家庭成员、所在地村干部及乡镇工作人员等。此外，为防止出现突发问题，在访谈过程中使用了录音笔。

表 3-1 案例背景

<table>
<tr><th colspan="2">背景项目</th><th>案例 A</th><th>案例 B</th><th>案例 C</th></tr>
<tr><td colspan="2">所在地区</td><td>华北</td><td>中南</td><td>西部</td></tr>
<tr><td colspan="2">差别化品种</td><td>小麦</td><td>水稻</td><td>天麻</td></tr>
<tr><td colspan="2">参与种养的家庭成员</td><td>57 岁的户主夫妇，以及户主可以从事打药、浇水等简单劳动的单身残疾人弟弟，计 3 人</td><td>52 岁的男性户主及家里的一位老人，计 2 人</td><td>45 岁的户主夫妇，以及 70 出头的但身体硬朗的户主父母，计 4 人</td></tr>
<tr><td colspan="2">面积/亩</td><td>380</td><td>90</td><td>—</td></tr>
<tr><td colspan="2">A 模式/亩</td><td>377</td><td>70</td><td>90%以上</td></tr>
<tr><td colspan="2">B 模式/亩</td><td>3</td><td>20</td><td>小于 10%</td></tr>
<tr><td colspan="2">差别化起因</td><td>2007 年户主在北京一家金融央企任高管的表弟回老家，让户主种植两三亩不施加农药和化肥的小麦，以供他自家食用和送礼</td><td>2010 年从本村走出去做房地产生意的一位大老板跟户主签订协议，让其在大田水稻旁边留出 20 亩进行生态种植（不施加化肥和农药），并以市场价的 3 倍回收产出</td><td>2009 年户主从市场买来喂猪的玉米因用硫黄熏过，“猪闻都不闻一下”。从此，他家开始自制少量没有硫黄的天麻</td></tr>
<tr><td colspan="2">差别化体现</td><td>生产环节：A 模式从播种到灌浆前都会不停地施肥，并持续不断地喷洒除虫杀菌剂；B 模式不施用任何化学肥料和农药，代以农家肥和人工除草</td><td>品种选择和生产环节：A 模式选取价格低且产量高的品种，在生产过程中施加化肥，并且喷洒 3～5 次的农药；B 模式品种的选取遵循口感第一，产量其次的原则，在生产过程中不施用化学肥料和农药</td><td>加工环节：采用 A 模式加工的天麻在炮制过程中会使用硫黄对整个天麻熏蒸；采用 B 模式加工的天麻则在蒸煮后，不添加硫黄直接切片烘干</td></tr>
<tr><td rowspan="2">去向</td><td>A 模式</td><td>匿名市场</td><td>匿名市场</td><td>匿名市场</td></tr>
<tr><td>B 模式</td><td>家人、表弟</td><td>家人、本村走出去的大老板及其员工、同村弱势人群</td><td>家人、堂兄、出口</td></tr>
<tr><td colspan="2">收入/万元</td><td>22.8</td><td>27.0</td><td>24</td></tr>
<tr><td colspan="2">A 模式/万元</td><td>22.8</td><td>21.0</td><td>22</td></tr>
<tr><td colspan="2">B 模式/万元</td><td>—[1)]</td><td>6.0</td><td>2[2)]</td></tr>
<tr><td colspan="2">备注</td><td>全县示范家庭农场</td><td>全村最大规模的种粮户</td><td>最早种天麻的一批人</td></tr>
</table>

资料来源：根据调研资料整理

1）当问及表弟每年为这 3 亩地的麦子支付多少钱时，户主笑着对我们说：“要啥钱啊，他每次给我都不要的，说自家亲戚客气啥，给你种这点地又没啥成本，我自己也可以吃上安全的面粉，顺便而已……不过，表弟每次回来也都会给我带一些北京的特产啊啥的，还会带我喜欢的但平常舍不得买的香烟。”户主认为，这 3 亩地对于维持他和表弟之间的关系非常重要，表弟还会介绍一些北京市农林科学院的专家给他，他也经常会向专家请教一些小麦种植中遇到的问题

2）2 万块钱 B 模式天麻的收入主要来源于 2010 年以后与其打过多年交道的经纪人购买的少量出口韩国的无硫天麻

2. 分析和讨论

在表 3-1 的基础上，我们分别分析了三个案例中农户四类人际关系的范围、对他们的责任意识及供应模式（表 3-2），并在此基础上进行分析和讨论。

表 3-2　农户的责任意识与供应模式

责任意识项目		案例 A	案例 B	案例 C
自家人	范围	包括出嫁到南通的女儿和在县城工作的儿子在内的家庭成员	包括在省城打工的 3 个子女在内的全家 5 口人	包括在外打工的儿子及岳父母
	责任意识	核心地带	核心地带	核心地带
	供应模式	B 模式	B 模式	B 模式
身份性“自家人”	范围	北京的表弟（人情）	—	省城的堂兄（恩情）
	责任意识	偏核心地带	—	偏核心地带
	供应模式	B 模式	—	B 模式
交往性“自家人”	范围	—	本村走出去的大老板	交往多年的经纪人
	责任意识	—	偏核心地带	偏核心地带
	供应模式	—	B 模式	B 模式
外人	范围	市场上的陌生人	市场上的陌生人	市场上的陌生人
	责任意识	圈层外围地带	圈层外围地带	圈层外围地带
	供应模式	A 模式	A 模式	A 模式

资料来源：根据调研资料整理

1）自家人吃“自家饭”（命题 3-1 的验证）

从表 3-2 可以看出，3 个案例中的农户都会向位于他们责任意识核心地带的自家人提供安全的 B 模式农产品，以进行自我保护。不过，每个家庭对于自家人的界定存在差异。

就案例 A 来说，户主张某告诉我们，自从 2007 年由在北京的远房表弟推动种“两垄地”起，在家生活的他们 3 人也开始吃这种颗粒不饱满、容易生虫、出粉率小的生态面粉（对应于 B 模式）了，当时也没觉得有什么。但是，随着电视、报纸及手机新闻中对食品事件的报道越来越多，他开始意识到了问题的重要性，便经常让在县城工作的儿子回家拿生态面粉去吃，并且当远嫁到南通的女儿回家时，也让她带些回去。这表明，对于张某来说，除了同灶吃饭的自家人来说，在外工作的儿子及出嫁的女儿也是自家人，他有为他们提供安全农产品的责任，有义务让他们吃上“自家饭”。命题 3-1 在此得到印证。

与案例 A 中的张某一样，案例 B 的户主齐某也认为“给家人提供安全的农产品是天经地义的事情”。虽然在省城打工的 3 个子女很难吃到生态种植（对应于 B

模式）的稻米，但是在村里已经很少有人养猪的大环境下，他还是坚持用纯粮食喂养年猪和本地鸡，只为过年时孩子们回来可以吃到“有味道的肉”[①]。这也再一次地证实了命题 3-1 的判断。

与案例 A 和案例 B 一样，农户 C 也没有仅仅将自家人限定在同灶吃饭的成员内，而是包括了在外打工的儿子及岳父母。两家人除了在日常炖汤时添加烘干的无硫天麻（对应于 B 模式）以外，随着他们对天麻的特点和功效的了解越来越多，便开发出了如清炒、腌制等新吃法。为了让岳父母补身体，他们每年都会送一些新鲜的天麻给岳父母尝鲜。同时，为了让在外地打工的儿子能够吃到家里的好东西，女主人会让儿子带些腌制好的天麻到工地上去吃。案例 C 的实践又一次验证了命题 3-1 的判断。

2）有条件的“自家人”吃有条件的“自家饭”（命题 3-2 的验证）

在案例 A 中，张某的表弟虽然生活在北京，只是逢年过节的时候回来，但是每次回来都会给张某带些特产和张某自己舍不得买的香烟，这使张某觉得表弟虽然已经是“大人物”了但还是没有忘了他，仍然把他当作“自家人”。所以当表弟提出让他进行生态种植后，他无条件地答应了。认为自己有责任为表弟生产“自家饭”。这印证了命题 3-2 的判断，这位表弟就是位于偏核心地带的以亲情、人情关系为主的身份性“自家人”。

在案例 B 中，除了这位本村同姓的大老板愿意以市场价格的 3 倍收购生态水稻以外，另一重要的因素在于这位大老板是村里的大善人，户主齐某愿意跟他打交道。同行的乡镇工作人员告诉我们，这位大老板是村里的名人，从 1998 年开始每年都向村里的弱势群体发放慰问金，并且资助村里修路和奖励“三好学生”等，为该村树立了高尚的道德标杆。齐某邀请笔者参观他的稻田时介绍说，大田水稻（对应于 A 模式）在生长过程中需要喷洒 3～5 次的农药，并且需要施用大量的化肥，而生态水稻（对应于 B 模式）则没有。为使这位大老板相信他没有在生态水稻田里施用化肥农药，他将生态水稻紧挨着大田水稻种植，生态水稻长势确实差一些，并且田中还有一些杂草。这表明，齐某愿意为大老板生产“自家饭”，并以此维系关系。这印证了命题 3-2 的判断，这位本村出去的大老板，是位于偏核心地带的以乡情、乡谊关系为主的交往性“自家人”。

在案例 C 中，B 模式的天麻除了自家人食用外，还会送给有恩于他们的堂兄，户主说“当初在自家亲兄弟都不肯帮我的情况下，多亏堂兄二话不说借给我们 5 万块作本钱，这才有了我们现在的生活……人要知恩图报，我们每年都会主动送一些没有熏过的天麻（对应于 B 模式）给他，以示感谢”。很明显，省城的堂兄位

① 齐某告诉我们，虽然他所在的县是全国生猪出栏大县，但是那些用饲料喂养的猪生长期太短，没有一点猪肉本身应有的味道，还是自家用粮食喂的年猪好吃。

于农户 C 责任意识圈层的偏核心地带，属于以恩情、亲情关系为主的身份性“自家人”，农户通过向他提供无硫天麻以表感激。这与命题 3-2 的判断相符。

3）缺乏条件的“自家人”吃不到“自家饭”（命题 3-3 的验证）

查找表 3-1 和表 3-2 可以发现，3 个农户都没有明显透露他们向位于偏外围地带的“自家人”出售 A 模式农产品的经历，这给命题 3-3 的检验带来了一定的困难。不过，我们可以考察他们为什么没有向这些“自家人”提供 B 模式的农产品，而对这一命题做出检验。

在案例 A 中，张某生产的 B 模式小麦主要是用来供给自家人及表弟，而没有提供给其他亲戚朋友或者熟人，这与张某对人情的理解直接相关。最突出的事例就是，当张某流转其他农户的土地时，若资金不足且无法通过正规渠道贷款，他选择向其他农户承诺在粮食售出后每亩地多支付 50 元租金，而不是向亲戚朋友借钱。张某将这归因为“现在人情账太难还”“你借人家点钱，人家有个大事小事你还不得随份子，随少了人家还不乐意，指不上什么时候就来要了，很容易因为借点钱反倒把以前的关系破坏了，还不如给点利息来得爽快，谁也不欠谁的”。显然，在张某的世界里，除了自己家人和这位表弟被当作“自家人”，有义务向他们提供生态面粉（对应“自家饭”），其他人在生态面粉面前，都被当作外人，当然也就没有责任了。虽然调查中并没有发现向偏外围地带“自家人”提供 A 模式产品的证据[①]，但是张某对“人情”的理解在一定程度上验证了命题 3-3。

在案例 B 中，与齐某同村的高龄老人或者鳏寡孤独人士也会吃到他生产的 B 模式的生态水稻。不过，这并非直接来自齐某，而是本村走出去的大老板逢年过节时给这些特殊人群的慰问品。显然，他没有向这些位于他责任意识圈层偏外围地带的交往性“自家人”提供 B 模式的稻米（对应“自家饭”）。同样，也没有直接向他们出售 A 模式的稻米（对应“外人饭”）。然而，齐某的 A 模式水稻大都流向了本地的大米加工厂，这些缺米户则主要购买这些本地加工的大米。虽然齐某没有直接把 A 模式的大米卖给他们，但是作为本地最大的水稻种植户，他生产的 A 模式稻米却直接流向了本地市场。这与命题 3-3 的逻辑相符。

案例 C 的情况与案例 B 相似，农户 C 没有直接将 B 模式的天麻送给或卖给除了堂哥以外的亲戚朋友、乡里乡亲等“自家人”。这些偏外围的“自家人”需要天麻时，只能在硫黄熏制泛滥的中药材市场购买。而市场上的硫黄天麻生产者正是由一个个的“农户 C”所组成的。当对利益的追求超越农户所愿承担的角色责任和义务时，命题 3-3 所表述的情况也就不足为奇了。

上述缺乏条件的“自家人”之所以吃不到“自家饭”，还是与没有建立高情

---

① 张某的 A 模式小麦都是统一出售，为了应对市场价格波动带来的不确定性，张某自建了大型仓库，这样就可以在价格最高的时候统一出售。

感性或高义务性的社会关系有关。当然，付出一定的经济报酬，也可能弥补这种情感或义务的缺失。案例 B 中的大老板，除了乡情、乡谊之外，为生态水稻支付了 3 倍于普通水稻的价格。这表明在社区支持农业（community supported agriculture，CSA）、巢状市场（nested market）、农夫市集（farmer market）等许多替代性食物体系中，我们能够看到不少陌生人，或缺乏条件的“自家人”，因经济报酬的付出，转化为有条件的“自家人”，能吃上“自家饭”。命题 3- 4 的描述，也能看到经济理性的作用。

4）外人吃“外人饭”（命题 3-4 的验证）

为追求经济利益，农户会向外人出售 A 模式的农产品，而不承担对他们的责任。

在案例 A 中，张某自 2006 年结束他 20 多年的打工生活开始，使土地产出收益最大化便是他的唯一目标。为了提高产量，张某积累了丰富的种植经验，他甚至发现“在麦苗抽穗前再追加一次肥料可以显著提高产量”。无疑，377 亩 A 模式小麦的产出，都被张某在认为市场价格最合适、干湿程度最适中的时候卖向了匿名市场。此时，命题 3-4 得到印证。

与案例 A 一样，在案例 B 中齐某也是将 A 模式的大田水稻卖给了出价最高的收购商或者稻米加工厂，而至于谁吃这些稻米，以及这些稻米是否存在食品安全风险，则不是他需要考虑的事情。此外，同村的其他农户也告诉项目调查者，当地农户有普遍将生长期较短、“不好吃”的早稻（此处对应于 A 模式）出售，而自家食用生长期较长、比较好吃的晚稻（此处对应于 B 模式）的传统。命题 3-4 再一次得到证实。

在案例 C 中，受经纪人以天麻个头大小和颜色鲜亮程度为出价标准影响，虽然 2005 年开始《中华人民共和国药典》就明确禁止药材加工中用硫黄熏制，但是为卖到高价，部分农户还是会在天麻炮制过程中添加大量的硫黄以保证色泽。虽然他们知道，像天麻这样的好东西会因为加入硫黄而毁掉，就如同用硫黄熏过的玉米“猪闻都不闻一下”一样，但是，只有卖相好，不生虫，才能卖出好的价钱，才能对得起一年的辛苦。在这样的市场环境下，出现命题 3-4 的情况也就不足为奇了。

3. 小结

基于华北、中南和西部典型案例的分析显示，利益性与责任意识之间的张力是农户“一家两制”差别化生产行为的根基，在责任与利益的权衡中，农户会向自家人和偏核心地带有条件的“自家人”提供 B 模式的“自家饭”，向外人和偏外围地带缺乏条件的“自家人”提供 A 模式的“外人饭”，详见图 3-3。

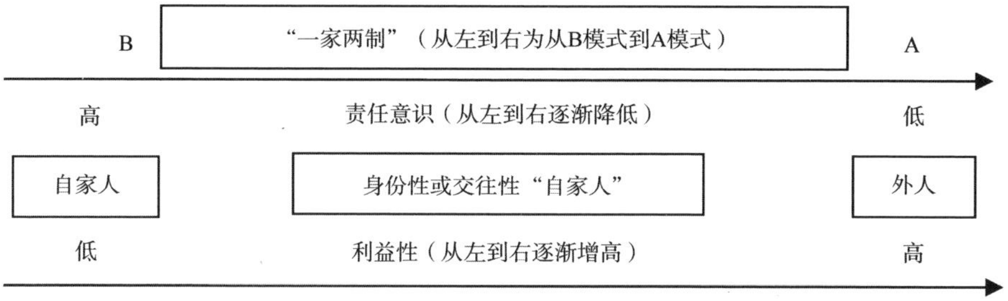

图 3-3　差序格局下中国农户的责任意识与“一家两制”

（五）结论与建议

本章的目的是从社会经济学视角对农户的“一家两制”差别化生产行为进行解释，并进一步指出差序责任意识与农户差别化生产之间的关系。为此，从中国农户所处的差序格局出发，根据情感性和义务性的高低将农户的人际关系分成自家人、身份性“自家人”、交往性“自家人”及外人这四类，并指出农户对处于不同人际关系中的人群的责任意识是不同的，且存在差序，农户据此决定向他们提供 A 模式或 B 模式的农产品。利益性与责任意识之间的张力是“一家两制”的根基。最后，用来自华北、中南和西部的案例对本章提出的四个命题进行检验发现：①为承担对自家人的责任，农户会为他们生产 B 模式的农产品，以实现自我保护；②为履行对偏核心地带“自家人”的义务，农户会为他们生产 B 模式的农产品，以维持人际关系；③追求经济利益，农户可能会向偏外围地带的“自家人”出售 A 模式的农产品，而不承担对他们的责任；④为追求经济利益，农户会向外人出售 A 模式的农产品，而不承担对他们的责任。普遍存在的食品安全风险，已经不能通过简单地苛责农民，埋怨他们为了追求经济利益而不承担为市场生产安全食品的社会责任，而使现状得到缓解。

基于农户的差序责任意识与差别化生产之间的关系，需要从宏观市场和微观农户这两个层面来着手改变食品安全现状。

从农户这一微观层面来说，在食品市场信息不对称的大环境下，“一家两制”差别化生产是农户权衡经济利益与人际关系的责任与义务之后的结果。从责任意识出发，农户愿意保护的也就是自家人，最大范围扩展到以朋友或恩人为代表的身份性或交往性“自家人”，且他们必须处于农户责任意识圈层的偏核心地带，并愿意直接或者间接支付安全产品的成本。从经济利益出发，像案例 B 中的大老板愿意支付生态种植的价格，案例 C 中打交道多年的经纪人高价收购以出口到韩国一样，如果可以为安全产品支付相应的价格，农户自然也愿意为处于偏外围地带的“自家人”及外人生产安全的产品，三位农户对此也表示肯定。或者通过满足农户的情感性需求，或者通过满足农户的利益性需求，进而与农户成为“自己人”

并让他们自愿承担起对“自家人”提供安全产品的责任，是扩大农户提供“自家饭”范围的重要条件。

从市场这一宏观层面来说，透明农户和消费者之间的信息，做到优质优价，安全的食品自然也会重新在市场出现。不过，目前食品市场信息不对称这一体系性的问题还很难改变，需要政府规范和引导食品市场的健康发展，促进生产者和消费者之间信息的有效传递；需要消费者承担起消费者社会责任，为优质产品支付合理的价格；更需要生产者承担起生产者社会责任，为社会生产安全的农产品。

三、信任的构建：以 CSA 的形成为例①

（一）CSA

CSA 是一种社区附近的农民和购买这个农民产品的消费者之间的联系（陈卫平，2012），简而言之，CSA 是围绕社区而展开的新型农业实践形式。亨德森和范恩（2012）将其概括为“食物生产者+食物消费者+每年的互相承诺 ＝CSA 和无数的可能性”。CSA 源于 20 世纪 70 年代的瑞士和日本，2008 年以后开始进入中国，经过 10 年的快速发展，据不完全统计，截至 2018 年，中国已经有 1000②多家 CSA 农场。在 CSA 的安排中，消费者通常预先支付一定的费用，生产者会按照生态有机方式的承诺进行健康生产，消费者可以在生产期间获得定期配送的应季产品。

CSA 的健康生产理念和特殊的产销关系，引起了学术界的关注。近年来，关于 CSA 的研究与论文发表呈快速上升趋势，研究焦点主要集中在 CSA 的性质、CSA 中生产者和消费者的信任建立、消费者加入 CSA 的动机和影响因素、CSA 中的多元主体参与、中等收入群体等话题（毛薇等，2017；伏红勇，2017；陈卫平，2013，2015；程存旺等，2011；董欢等，2017；林文声等，2016），有关社区的直接研究却十分有限。现有文献中，大多把 CSA 社区表述为一种价值意义上的象征群体，群体中的成员在共同的纽带中形成认同意识和相同价值。同时，社区也是实体意义上集体行动的载体，通过共同购买行动来支持一种安全健康的生产方式，需要注意的是，购买行动本身才真正支持了此种农业方式的发展，实现了让社区来支持农业，即 CSA。但是，CSA 社区究竟是什么，如何把握价值性和实体性在社区内的统一？如何越过模糊性的表达，打开黑箱进入社区内部，精准观察社区的内部网络结构？社区并不是静态不变的，但其是如何进行动态发展和演变的？

---

① 本小节改编自已发表于《中国农业大学学报（社会科学版）》的期刊论文《既要靠天吃饭，更要靠脸吃饭：关系圈如何促成 CSA 社区的形成——基于社会网络分析方法的案例研究》，原文作者为李彦岩、周立。

② 数据来自 2017 年中国社会生态农业 CSA 大会《资料汇编》。

这些问题值得进一步的探讨。

笔者跟随“好农场”团队[①]对 100 家 CSA 农场进行预调研后发现，国内 CSA 农场的消费者社区人数在 20～1500 人不等，其中 80%的 CSA 农场的消费者规模在 100 人以下[②]，这样的社区规模是难以支持 CSA 的可持续发展的。付会洋和叶敬忠（2015）、陆继霞（2016）都指出了在 CSA 运营过程中，往往存在着社区规模扩大难这一发展性问题。通过我们课题组的多次访谈和国内外的 CSA 会议得知，国内 CSA 创始人和团队面临的普遍性困难，就是如何扩大并留住目标消费者，形成稳定的消费社区，以支持 CSA 模式的持续运营。试想，如果农场经营者能够明确 CSA 模式中社区究竟是什么，也就是明确社区的内部结构和特征，明确社区发展和演化的核心机制，则能有的放矢地开拓和稳固消费市场，以此来支持 CSA 农业的发展。

因此，无论从学术意义上还是实践中的管理需求上，都有必要对 CSA 中的社区进行仔细研究。本小节致力于研究 CSA 社区的内部结构和特征，探索 CSA 社区的动态形成和演化机制。接下来的安排如下：第二部分是文献综述，第三部分是样本选择和数据来源，第四部分是对 CSA 社区的静态和动态研究结果，第五部分是结论和建议。

（二）文献综述

1. CSA 社区：价值性与实体性的二分法

关于社区的研究由来已久，美国社会学家 Hillery（1955）在对 94 个关于社区的不同定义进行分析后指出，社区是一群互动的有机体，共同分享同一个居住环境。CSA 中的“社区”，不同于我国城乡中的居民委员会、村民委员会等行政区域所表达的社区概念，也不同于国外研究中通常划分的地理社区、心灵社区的概念，已有文献或者把 CSA 社区表述为一种价值意义上的象征群体，群体中的成员有着共同的认知和价值理念，或者认为社区是实体意义上集体行动的载体，消费者通过共同购买行动来支持 CSA 的可持续发展。

部分学者倾向于认为 CSA 社区是价值意义上的象征群体。国外研究 CSA 社区的学者对社区的定义接近于心理社区，认为 CSA 社区是由价值观相似，由于互动和交流产生了情感依恋、嵌入了关系和信任的一群人组成的（Cone and Myhre，2000；Goodman et al.，2012；Henderson and van En，2007）。程存旺等（2011）借鉴 Hillery 的社区概念，把 CSA 中的“社区”定义为生活在同一地理区域内、具有

---

① “好农场”课题组是由本书后文提到的 S 农场的创始人发起的，旨在通过了解国内 CSA 农场面临的普遍困境来针对性地提供公共服务，促进 CSA 行业的健康发展，笔者跟随该课题组参与了对 100 家 CSA 农场的预调研。

② 同样的数据在 2016 年中国社会生态农业 CSA 大会《资料汇编》中也有体现。

共同意识和共同利益的社会群体。石嫣等（2011）认为 CSA 中的“社区”不是单纯地理意义上的居民社区，而是一种社会学概念上的社区，是由一群愿意支持 CSA 理念和价值观念的中产阶级群体构成的。陈卫平（2012）通过质性研究发现，CSA 模式中的消费群体能够在该模式中得到很高的情感价值和愉悦体验。这一类观点，强调了价值观念是 CSA 社区的核心构件，CSA 社区是围绕价值性而形成的象征群体。

同时，也有学者认为 CSA 社区是实体意义上的购买群体。杨嬛和王习孟（2017）指出消费者组织是 CSA 中“社区”的实体性体现。潘家恩和杜洁（2012）从社区建设的角度发现，CSA 中的“社区”是具有实际运作功能的消费者购买群体，是构建替代性食物体系的微观社会单位。叶敬忠和王雯（2011）分析了“巢状市场”（类似 CSA 模式）案例，认为消费者社区是有边界的，边界是由产品的特殊性、交付方式、地理位置、参照框架这些圈子内部共享的规则和价值来决定的。伏红勇（2017）认为 CSA 社区中的消费者和生产者，实质上是在一定的合约约束下的委托人和代理人，二者很可能陷入有限理性下的囚徒困境，需要完善制度设计来解决社区内的信任博弈。刘飞（2012）从制度嵌入性角度出发，指出 CSA 模式是将脱嵌的食品市场重新嵌入到社会网络之中，这种嵌入性降低了食品生产过程中的不确定性，使得消费者更加安心地购买食品。杨曦和徐志耀（2016）从交易成本的视角指出，CSA 模式本质上是通过由生产者向消费者社区的“泛纵向一体化”来节约交易成本的一项制度安排，社区是降低交易成本的载体。这一类观点着眼于消费端的购买行为，认为 CSA 社区是围绕消费实体性而形成的购买群体。

无论是价值性角度还是实体性角度，已有研究都拓展了学术界对 CSA 社区的认知。但值得深思的是，现有研究更多是从价值理念或消费行为来间接描述“社区”特征，缺乏对 CSA 社区本身的直接研究，对社区的内部结构和演化情况依然不清楚，需要寻找一种既超越二分法又能整合价值性和实体性的整体视角，对 CSA 社区进行直接而深入的分析。

2. CSA 社区的内部网络：关系、圈子、认知信任和情感信任

社会网络视角能够整合价值性和实体性二分观点，提供一个整体性分析角度。CSA 社区可以被看作是一个小社会，消费者以特定的关系状态嵌入这个小社会的网络之中，形成不同的圈子（Kjærnes et al.，2007），圈子内是价值理念和消费行动的结合。帅满（2013）指出 CSA 消费者组织的形成和发展是通过关系网动员具有相同生态理念的成员加入，成员间的互动增进了感情，从而建立起长期的信任关系，形成稳定社区。关系，包括消费者的既有关系和新生关系，CSA 消费者通过既有关系（如师生、闺蜜、同事等）的介绍而加入 CSA 社区，之后在多次的互动和交换中，会产生新的关系，相同的关系会形成一个圈子，圈子之间交叉而并

行，扩大并稳定了原有社区。

对关系的研究由来已久，做出突出性贡献的是格兰诺维特，他引入了“关系强度”的概念，从互动频率、情感密度、信任程度和互惠行动四个维度来区分强关系和弱关系（Granovetter，1985）。CSA社区中的消费者，在圈子内部呈现为强关系，圈子之间则是弱关系。罗家德（2012）认为圈子往往是由一个人动员其人脉中的熟人关系而组成的小团体，而且熟人可以从圈外人发展而来，即弱关系也可以转化为强关系，所以小圈子的边界并不是封闭的，这在CSA社区中也有体现，新进入的消费者可以因某种关系（如校友、相同的信仰、都是带娃的年轻妈妈等）从陌生人变为某个圈子中的熟人。刘飞（2012）也指出，CSA的关系网络降低了食品生产和消费的不确定性，能增进消费者对社区的信任。

在CSA社区形成过程中，伴随着信任的建立和维系。信任是在有风险的情况下做出的对另一方的积极预期，但是这种预期并没有充足的信息来做参考，所以信任方是承担了风险的。在研究组织内人际信任时，McAllister（1995）将其划分为认知信任和情感信任两类。认知信任就是对被信任方可靠性和专业能力的认知判断；情感信任以人际关系为基础，注重交往和互动经历。已有研究也关注到了CSA社区中的认知信任和情感信任。认知信任是建立在理性算计和相互交换基础上的。陈卫平（2012）根据方法目的链理论，借助对小毛驴市民农园的46位消费者的深度访谈，解构了消费者的价值认知结构，发现了潜藏在CSA消费者心中的“不施农药化肥”→“吃安全蔬菜”→“饮食放心”→“安全感”的认知信任路径。林文声等（2016）建立的CSA消费者社区忠诚度模型，也包含了认知、情感、意向和行动四个维度。Chen（2013）在对劳动份额的消费者调查中发现，消费者能够在CSA消费中获得较高的愉悦、放松感和情感价值。陈卫平（2013）、帅满（2013）和Chen（2013）的研究都表明，消费者一开始加入CSA社区，大多是因为信任已经加入其中的亲戚、朋友等熟人，对于熟人的情感信任让消费者选择加入CSA社区。

（三）研究设计

1. 样本选择

本小节的研究情景是在食品安全威胁下、国家倡导发展生态农业与促进城乡融合的政策推动下兴起的CSA模式，截至2018年，在全国已经发展出1000多家，确定了研究的总体样本以后，笔者对100家CSA农场进行了预调研，考虑到研究目的是分析社区的形成特征和内部结构，所以研究对象需要有丰富的档案资料，能够提供不同形式的访谈、观察机会，并能允许笔者长时间进行跟踪调研，根据研究需要与资料可得性，笔者进行理论抽样，最终选取了 S 农场[①]作为研究对象，该案例能为本小节的理论建构提供丰富的参考价值。案例的基本情况如表 3-3 所示。

表 3-3　样本描述

项目	样本描述
名称	S 农场
地点	北京顺义
发起人背景	女性，清华大学博士后、中国人民大学博士，有国外留学经历，有 CSA 运作经验，是 CSA 领域的意见领袖
团队人数	21 人
运营年限	6 年
会员规模	500 人左右 1)
初始资金来源	自筹+10 位股东众筹
运营状况	2012 年成立以后，稳步发展，从与农户合作改为雇工经营，2014 年扭亏为盈，实现年营业额 500 万元，消费者数量在 500 位左右

1）500 位会员是笔者 2016 年调研时的数据，2018 年该社区有 700 多位会员

2. 数据来源

笔者将数据收集的重点放在社区的内部结构和特征是什么，决定社区形成的因素有哪些，在形成以后如何发展和演变。数据来源主要是档案和访谈，内部数据来源主要包括研究对象在微博、微信公众号上发布的文章，股东、会员招募书，公开场合演讲的 PPT 和文档资料，内部培训和展示的文档等。外部数据主要是与研究对象有关的媒体报道文章、期刊文章、视频资料，还补充了其他研究性机构的报告、与研究对象有关的书籍等。按照研究对象的目标客户和资源起点分析社区的形成和发展。

此外还采用了与内部、外部被调查人进行半结构化访谈的形式，对于每一位研究对象，笔者对其进行了每人 1～10 次的访谈，其中对创始人与关键人员访谈的次数较多，从 2015 年 7 月开始，到 2016 年 10 月止，累计进行 163 次访谈。初谈对象主要是创始人和总经理，大致明确研究对象的发展状况和在 CSA 领域中的定位，之后通过对内部管理人员和参与者的详细访谈来识别社区发展脉络，每次访谈在 1 小时以上。除了访问 S 农场的内部人员，笔者还通过外部调查人员来补充内部人员提供的信息，包括前员工、业务合作伙伴、竞争对手、产业专家、大

① 根据学术伦理要求，对案例做了匿名化处理。

学生志愿者，这样能够对多个来源的信息形成三角印证。访谈形式为笔者个人的半结构化访谈和两人、三人共同进行的访谈，结合现场结构和回顾性匹配形成访谈资料，降低回溯性偏差。访谈大纲主要包括两个部分：第一部分是开放性问题，总体了解 S 农场的消费者社区情况；第二部分聚焦于关系圈形成和扩大并进行详细访谈。具体如表 3-4 所示。

表 3-4　数据来源

档案数据	访谈数据	
	访谈人构成	访谈问题
1. 视频音频 6 个（包括媒体采访、演讲视频） 2. 内部资料 526 页（包括微博、微信公众号上发布的文章，股东、会员招募书，公开场合演讲的 PPT 和文档资料，内部培训和展示的文档） 3. 外部资料 203 页（包括媒体报道的文章、期刊文章、研究性报告、书籍等）	内部人员（60 人）： 创始人（2 人） 管理团队（11 人） 社区消费者（47 人）	对于创始人和核心管理团队： 1. 农场是如何吸引潜在消费者、留住既有消费者的？ 2. 农场的消费者有什么特点？与农场之间是简单的买卖关系吗？如果不是，还有哪些关系？ 3. 拓展消费者群体最难的点在哪里？我们农场是如何应对的？ 4. 农场从一开始到现在，社区成员数量是怎样的变化情况，是一直平稳还是有突变，为什么有突变点，发生了什么事情？ 对于社区消费者： 1. 您为什么选择 S 农场？是什么时候、通过什么人或者途径加入的？ 2. 您为什么愿意信任 S 农场？在这里的体验如何？ 3. 您会推荐自己的亲友加入吗？
	外部人员（22 人）： 前员工（5 人） 业务合作伙伴（7 人） 竞争对手（6 人） 大学生志愿者（4 人）	1. 您觉得 S 农场如何？为什么选择离开 S 农场/来 S 农场当志愿者/成为 S 农场的合作伙伴？ 2. 作为竞争对手，您觉得 S 农场吸引和留住社区消费者的优势和劣势在哪里？ 3. 客观描述一下 S 农场在培养消费者社区方面的情况。

82 位受访者中，有 56 位女性和 26 位男性，年龄分布在 20～70 岁，其中 31～50 岁人数的最多，占 64.5%，受教育程度本科以上的占 70.3%，职业类型广泛，其中专业技术人员和企事业单位人员较多，占 66.4%，月收入在 5000 元以上的占 80.4%。可以看出，CSA 消费者大多是中产阶级精英群体，这也与石嫣等（2011）的研究结果较为一致。

为什么研究选取了 82 位受访者，而不是更多或者更少？关于样本数选择，Denzin 和 Lincoln（1998）认为，质性研究的样本数多少的重要性，通常不及资料本身的适切性与丰富程度。Eisenhardt 和 Graebner（2007）认为样本数取决于理论饱和程度，在达到理论饱和之前需要增加样本数，而饱和之后，再增加样本也无益于获得新的理论洞见。本小节旨在：一是解构 CSA 社区的内部结构，二是探索

CSA 社区的动态形成和演化过程。对于前者，解构 CSA 社区的内部结构，主要数据来源是档案数据，辅之以部分创始人访谈数据，不涉及样本量问题。对于后者，探索 CSA 社区的动态形成和演化过程需要使用社会网络分析方法，社会网络分析方法需要相对封闭和完整的关系数据（斯科特，2007），笔者选择了完整的初始关系圈（创始人+管理团队+部分消费者）和由此生发出的 3 个完整的次级关系圈（焦点消费者+一般消费者）作为样本，即表 3-5 中的内部人员 60 人，满足了社会网络分析方法的需求，而且通过访谈发现，之后再次迭代形成的次级关系圈，形成原理都是类似的，即 60 人关系数据已经达到理论饱和，此外，选择多样化的 22 位外部人员进行访谈，是为了与档案数据、内部访谈形成三角印证，增强案例研究的信度。

表 3-5　82 位受访者的基本信息

编号	基本信息	编号	基本信息	编号	基本信息
1	创始人，博士，海归	16	消费者，媒体从业者	31	消费者，老师，教过 1 和 2
2	联合创始人，是 1 的丈夫，博士	17	消费者，中产阶级，加入了 2 的公司	32	消费者，老师，教过 1 和 2
3	核心成员，宣传负责人	18	消费者，采访 1 后成为会员	33	消费者，北京有机农夫市集发起人，意见领袖
4	核心成员，消费者团购负责人	19	消费者，中产阶级，加入了 2 的公司	34	消费者，老师，教过 1 和 2
5	核心成员，运输负责人	20	消费者，著名学者，1 和 2 的导师	35	消费者，老师，教过 1 和 2
6	核心成员，客服负责人	21	消费者，CSA 领域学者	36	消费者，老师，教过 1 和 2
7	核心成员，销售总监	22	消费者，著名学者，CSA 意见领袖	37	消费者，老师，教过 1 和 2
8	核心成员，蔬菜种植负责人	23	消费者，学者	38	消费者，28 的朋友，全职妈妈
9	核心成员，养殖负责人	24	消费者，营养师	39	消费者，在公益机构工作，33 的朋友
10	核心成员，兼顾配菜与客服	25	消费者，24 的闺蜜，营养师	40	消费者，学者，生态农业领域意见领袖
11	核心成员，配菜负责人	26	消费者，3 的未婚妻	41	消费者，40 的朋友，反对工业化农业
12	核心成员，兼顾宣传与品控	27	消费者，22 的妻子	42	消费者，倡导生态农业，退休人士
13	核心成员，兼顾种植与宣传	28	消费者，33 的朋友	43	消费者，小学老师，参与 S 农场的食育课程
14	消费者，中产阶级，喜爱有机食品	29	消费者，老师，教过 1 和 2	44	消费者，小学老师，参与 S 农场的食育课程
15	消费者，倡导生态农业	30	消费者，老师，教过 1 和 2	45	消费者，小学老师，参与 S 农场的食育课程

续表

编号	基本信息	编号	基本信息	编号	基本信息
46	消费者，小学老师，参与S农场的食育课程	59	消费者，有机农业从业者，有宗教信仰	72	业务合作伙伴，会议与培训合作
47	消费者，当地农经站站长，十分支持S农场	60	消费者，北京有机农夫市集工作人员，有宗教信仰	73	业务合作伙伴，技术合作
48	消费者，投资人，投资了2的公司	61	前员工，中医爱好者，工作于互联网公司	74	业务合作伙伴，宣传合作
49	消费者，47 的朋友，全职妈妈	62	前员工，厨师，自主创业开餐厅	75	业务合作伙伴，销售合作
50	消费者，48 的朋友	63	前员工，62 的妻子，餐厅合伙人	76	业务合作伙伴，销售合作
51	消费者，40 的朋友，全职妈妈	64	前员工，在 33 的市集工作	77	竞争对手，CSA 农场创始人
52	消费者，53 发起的北京有机农夫市集的工作人员	65	前员工，在另一家 CSA 农场工作	78	竞争对手，CSA 农场联合创始人
53	消费者，北京有机农夫市集发起人，企业家，有宗教信仰	66	大学生志愿者，对 CSA 感兴趣	79	竞争对手，销售端同行
54	消费者，53 的朋友，有宗教信仰	67	大学生志愿者，农学专业	80	竞争对手，采购端同行
55	消费者，生态餐厅合伙人，有宗教信仰	68	大学生志愿者，对 1 很敬仰	81	竞争对手，肥料端同行
56	消费者，北京有机农夫市集工作者，有宗教信仰	69	大学生志愿者，对 1 慕名而来	82	竞争对手，食育项目同行
57	消费者，生态餐厅创始人，有宗教信仰	70	业务合作伙伴，产品采购合作		
58	消费者，53 的朋友，有宗教信仰	71	业务合作伙伴，会议与培训合作		

（四）关系圈的静态结构和动态变化

1. S 农场社区的静态结构

通过分析 S 农场社区的静态结构，发现该社区中共有 7 类行动者和 3 层网络结构。7 类行动者分别为创始人、管理团队、焦点成员、一般成员、政府、媒体和高校。创始人为该 S 农场的发起人，如 S 农场中的 S 女士及其先生；管理团队为该农场中的工作人员，包括销售、客服、宣传、财务、文秘、物流等角色；焦点成员是指在关系圈形成和拓展过程中比较重要的消费者，以及对其他消费者具有影响力的消费者，如案例中为 S 农场带来最早一批消费者、声望很高、交际很广的 20 号消费者，拥有多个身份和圈子并介绍朋友来购买 S 农场产品的 53 号消费者等，焦点成员往往与创始人有密切的人际关系，对于CSA理念的认知度高，有引领其他消费者加入的能力；一般成员是指后来被动员加入到社区中的成员，此类成员往往对CSA模式有兴趣，对于安全的食物有消费需求，在弱关系的引导下进入社区中的某个关系圈；政府是指与CSA相关的政府活动、政府人员，比如CSA项目申请生态试点或者生态补贴时，需要与政府产生联系；媒体在CSA新社区形成过程中具有较大的影响，媒体对于创始人“讲故事”策略的实施具有重要作用，新型的社交媒体也对CSA中关系圈的维持和扩张具有重要作用，陈卫平（2015）的研究也证明了这一点；高校是指与CSA相关的研究中心、学院、研究所等，高校往往会发起大型会议、论坛，促进CSA理念的普及，增进创始人和政府、媒体之间的交流。

如图3-4所示，创始人、管理团队与焦点成员共同组成了初始的关系圈，该关系圈的形成主要得益于人际信任和对CSA理念的认知信任，本案例中的S农场，就是由信任S女士和认可CSA理念的老师和学生形成了初始关系圈。形成之后，借助线上和线下的活动，围绕某些焦点成员和特定的关系（如校友圈、教友圈等），更多的一般成员被吸引进入某个次级圈子，生发出基于特定关系的次级关系圈。该次级关系圈中的某些一般成员具备成为焦点成员的能量，如本案例中的53号消费者，该消费者被激发成为焦点成员后，会迭代形成新的次级关系圈，也就是图3-4中第二层的扩展的关系圈。初级关系圈和后来形成的诸多次级关系圈共同构成了CSA农场的社区。社区会受到宏观的政治媒体环境影响，如农业政策、生态补偿、舆论氛围等，高校通过项目、课题、论坛的形式影响CSA社区。下文将会集中分析CSA社区的动态形成与演化过程，即初始关系圈和次级关系圈是如何形成和发展的。

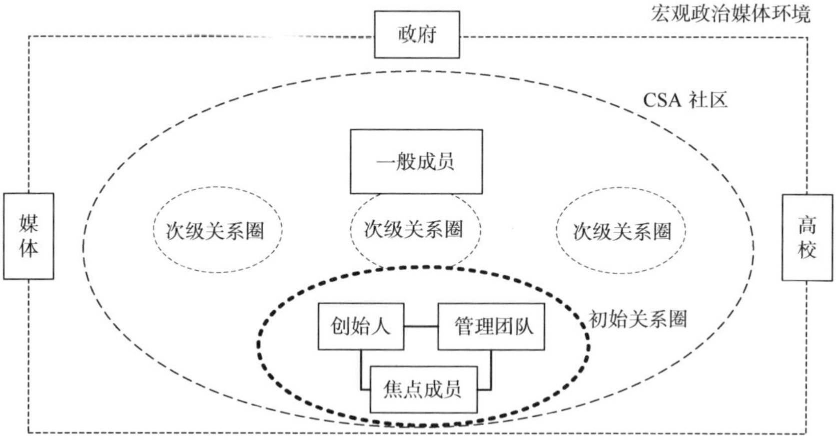

图3-4　CSA社区中的关系圈

2. S农场社区的动态变化

通过分析S农场的社区形成与演化，发现CSA社区的形成经历了两个阶段。

第一个阶段是关系圈从无到有，基于对物（安全食品）的认知信任和对人（创始人）的情感信任形成初始关系圈；第二个阶段是关系圈从有到多，初始关系圈中的焦点成员利用自身占据结构洞的优势，吸引一般成员加入，生成了一个个次级关系圈，次级关系圈通过自我演化，生发出更多次级关系圈出来。最终，由初始关系圈及后来衍生出的诸多次级关系圈，共同构成了 CSA 社区。

1）初始关系圈的形成

在这个新兴的市场中，CSA 农场或者企业要想拿到自己的市场份额，必须在现有消费者认知区域中抢占属于自己的认知空间，但是 CSA 是新兴事物，国内消费者对其并不熟悉，对于这种状况，创始人往往会采取嵌入自然逻辑（靠天）和社会逻辑（看脸）的表达方式来获得认知空间，通过关系嵌入和生活场景嵌入来激发情感信任。

认知信任主要通过自然性话语和社会性话语的表达来建立，在本小节中称作自然逻辑的嵌入和社会逻辑的嵌入。自然逻辑的嵌入包括对 CSA 模式中只种植应季果蔬、不用化肥农药、注重种养结合和多样性保护等内容，社会逻辑的嵌入则是强调风险共担、利益共享、公平贸易、良心生产等内容，这些价值和理念会在生产实践和产销互动中彰显出来。毛薇等（2017）通过 Logit 回归发现，CSA 宣传的健康的生活理念、安全的食品和公平贸易的社会性，提升了消费者对 CSA 的认知水平，是吸引消费者加入社区的重要因素。陈卫平（2012）通过解构消费者的价值认知结构，发现了“不施农药化肥”→“吃安全蔬菜”→“饮食放心”→“安全感”的认知信任路径。

情感信任则通过人际信任和引入熟悉的生活场景来建立，在本小节中称作是关系的嵌入和生活场景的嵌入。关系的嵌入包括对创始人的人际情感在 CSA 场景中的嵌入，以及生产者和消费者之间的直接面对面建立的新型互动关系在 CSA 模式中的嵌入，前者主要借助媒体通过讲故事的方式来激发，后者则来源于一次次的产销互动过程。生活场景的嵌入则表现为在宣传方式上，突出和日常生活的相关性，把 CSA 模式的产品和人物嵌入熟悉的日常生活中，比如用“瓜左豆右，耕耘在绿叶下”“有一种味道叫分享”“你的放心菜我们来种”“就是为了那口小时候的味道”等类似的话语表达来打造温馨印象，让 CSA 这个相对陌生的概念变得熟悉、亲切起来，因为中国城市化虽然进行了三代的时间，但大多数城里人都来自农村，多少都有乡愁情怀，这些语言有利于唤醒其儿时的美好记忆，增进消费者的好感。

从上述描述中可以看出，关系圈建立的起点，是基于对创始人的人际信任和对安全食品的认知，关系圈内的成员对 CSA 理念的认知经历了未知—了解—认同的过程，通过食在当季/应季种植、不使用化肥农药、种养结合的自然逻辑嵌入，以及预付费用共担风险、按照承诺良心生产、公平贸易的社会逻辑嵌入，创始人在初始人际小圈子内打造出认知标杆。借助对创始人的人际关系和生产者、消费者面对面建立的人际关系在 CSA 情景中的关系嵌入，以及“小时候的味道”“去赶集吧”“你的放心菜我来种”等温馨色彩表达的生活场景嵌入，加深了初始小圈子内成员的情感信任，因此，对 CSA 模式中安全食品的认知信任和创始人的情感信任构成了初始关系圈形成的基础。初始关系圈的建立如图 3-5 所示。

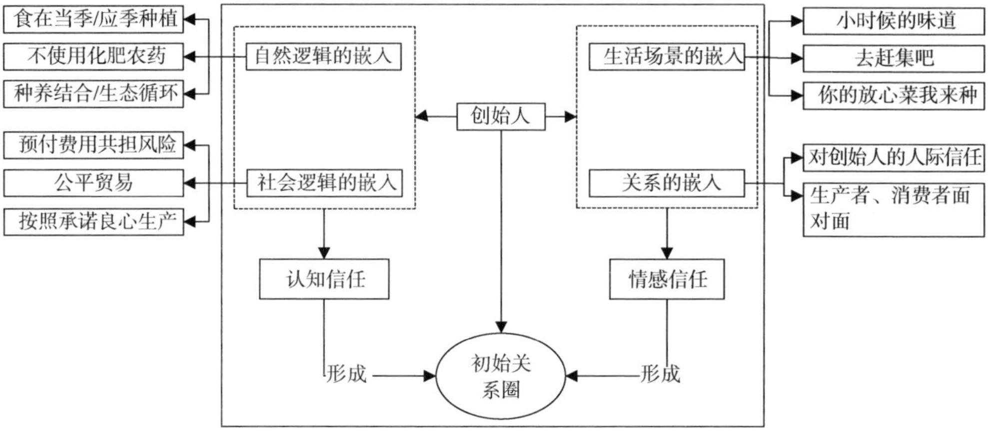

图 3-5　初始关系圈的建立

2）次级关系圈的生成与演变

借助于社会网络分析方法，本小节对 S 农场做进一步分析，进入社区内部，打开关系圈形成的黑箱，寻找关系网络形成和扩大的核心机制和关键点。社会网络分析方法非常适合分析社会网内部的个体和关系，网络拓扑结构分析是社会网络分析的基础，图（graph）是由一组元素和它们之间的关系形成的，元素也就是行动者（actor），可以是个体、团体或组织，其中元素是节点，元素间的关系称为边（刘军，2004）。如果两个行动者之间没有关系，记为 0，所对应的两个节点之间就没有边；反之，记为 1，有边。以此来构建 0-1 关系矩阵。

构建关系矩阵之后，可以对该关系网络进行结构分析，通过绘制网络结构图和计算各个成员网络中心度，可以从微观层面精细把握社区中成员间的关系脉络。网络中心度可以用点度中心性、亲近中心性和中间中心性来表示（罗家德，2005），点度中心性是指行动者与其他行动者的直接联系，点度中心性越大，该行动者的地位越高，占据的资源信息越多，对于关系圈的形成有重要影响。亲近中心性是指行动者到达其他行动者的路径而非直接联系，该行动者具有到达其他行动者的最短路径，该角色在关系圈中通常是重要的推手。中间中心性是指该行动者与两个群体均有连接，而其他行动者却与两个群体的连接较少，属于跨界者，该角色是弱关系发挥作用的载体，占据着结构洞。社会结构是在社会行动者之间实际存在或者潜在存在的关系模式（Wellman and Berkowitz，1988），关系模式有二人关系、三人关系、子群层次关系。对于 CSA 社区的研究，分析社区中存在多少派系，每个派系间的关系，派系成员内部的关系及特点很有意义。

S 农场中有 500 位左右的消费者，根据其地理空间和关系密切程度，共分为 11 个关系圈，这 11 个关系圈外在体现为 11 个共同购买微信群和 11 个菜团配送站。笔者根据访谈可得性与资料完整性，访谈了其中 2 个关系圈，加上创始人和管理团队，一共是 60 位成员，对这 60 位成员进行社会网络分析，表 3-6 为 60 位成员的 0-1 关系矩阵。

表 3-6　S 农场中的 60×60 关系矩阵

编号	1 号	2 号	3 号	4 号	5 号	6 号	7 号	8 号	9 号	10 号	11 号	12 号	…	59 号	60 号
1 号	0	1	1	1	1	1	1	1	1	1	1	1	…	1	0
2 号	1	0	1	1	1	1	1	1	1	1	1	1	…	1	0
3 号	1	1	0	1	1	1	1	1	1	1	1	1	…	1	0
4 号	1	1	1	0	1	1	1	1	1	1	1	1	…	0	0
5 号	1	1	1	1	0	1	1	1	1	1	1	1	…	0	0
6 号	1	1	1	1	1	0	1	1	1	1	1	1	…	0	0
7 号	1	1	1	1	1	1	0	1	1	1	1	1	…	0	0
8 号	1	1	1	1	1	1	1	0	1	1	1	1	…	0	0
9 号	1	1	1	1	1	1	1	1	0	1	1	1	…	0	0
10 号	1	1	1	1	1	1	1	1	1	0	1	1	…	0	0
11 号	1	1	1	1	1	1	1	1	1	1	0	1	…	0	0
12 号	1	1	1	1	1	1	1	1	1	1	1	0	…	0	0
⋮	⋮	⋮	⋮	⋮	⋮	⋮	⋮	⋮	⋮	⋮	⋮	⋮		⋮	⋮
59 号	1	1	1	0	0	0	0	0	0	0	0	0	…	0	0
60 号	0	0	0	0	0	0	0	0	0	0	0	0	…	1	0

注：因人数太多，表格显示不全，只显示部分关系矩阵

笔者根据构建出的其相互间的关系矩阵，利用 UCINET 软件对其进行分析。运用 Netdraw 对关系矩阵作图可以看出，1 占据着网络的中心，1、3、4、7、53、47 是主要人物，围绕这几位行动者形成的连接很密集，除了 1 是创始人之外，3 和 4 是负责宣传和消费者团购的，7 是销售总监，这三位行动者都是和社区消费者接触最密切的，消费者能够被吸引加入 S 农场的关系圈，与这三位行动者密切相关。47 是当地农经站站长，在 S 农场的选址、办手续、项目合作、政策补贴等事情上提供了很多帮助，而且该站长成立了一个当地的农业综合合作社，与 S 农场的宣传、活动等合作就更密切了。53 是一个 CSA 北京有机农夫市集的发起人，也是宗教信仰者，她连接起了一个基于教友关系的信仰圈。60 位社区成员的关系矩阵 Netdraw 图如图 3-6 所示。

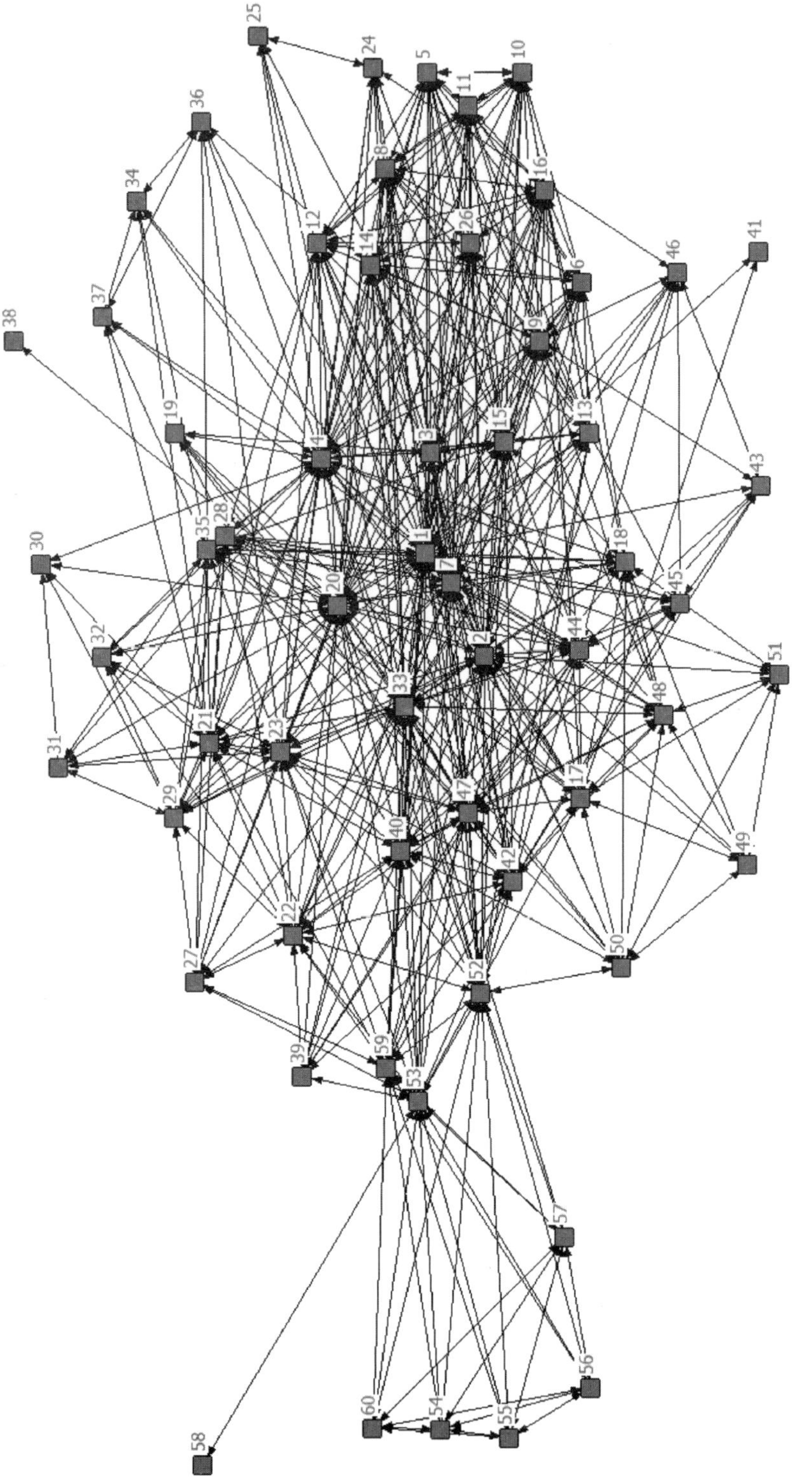

图3-6　60位社区成员的关系矩阵Netdraw图

综合点度中心性（表 3-7 和表 3-8）和中间中心性的统计分析（表 3-9 和表 3-10），并结合访谈结果可知，2、59、20、47、22、52 占据着结构洞位置，2 是 1 的丈夫，也是 20 的学生，同时自己创业做了 CSA 信息平台公司，创始公司的投资人是 S 农场的消费者，因此 2 相关的连接较为广泛，占据着不同的关系圈。20、22 都是学者，也是 S 农场的直接或者间接消费者，活动能力广泛。52 是 S 农场的消费者，同时也是 53 发起的北京有机农夫市集的工作人员，还自己建立了大米基地，是 S 农场的供应方，跨越了多个圈子。59 是 S 农场的消费者，也成立了自己的农场，和 53 共同发起了北京有机农夫市集，活跃于 1 和 2 举办的论坛和培训中。占据结构洞的成员，往往身兼多个身份，参与着不同的圈子，有“权力”促进次级关系圈的形成。20 是 1 和 2 的老师，曾在 S 农场成立初期为 1 介绍朋友和资源，形成初始人际圈，并为 1 直接或者间接介绍 47、59 等结构洞成员，对于后来关系圈的扩大有重要影响力。

表 3-7　点度中心性排序表

编号	点度中心性	标准化的点度中心性	占比
1	46.000	77.966	0.048
20	40.000	67.797	0.042
4	37.000	62.712	0.039
2	36.000	61.017	0.038
33	35.000	59.322	0.037
7	35.000	59.322	0.037
3	25.000	42.373	0.026
40	24.000	40.678	0.025
47	24.000	40.678	0.025
⋮	⋮	⋮	⋮

注：因人数多，按由高到低排序，其余未完全列出。网络中心性（network centralization）为 52.78%

表 3-8　点度中心性的统计性分析

统计指标	点度中心性	标准化的点度中心性	占比
平均值	15.900	26.949	0.017
标准差	9.843	16.684	0.010
求和	954.000	1 616.949	1.000
方差	96.890	278.340	0.000
平方和	20 982.000	60 275.781	0.023
欧几里得范数	144.852	245.511	0.152
最小值	1.000	1.695	0.001
最大值	46.000	77.966	0.048

表 3-9　中间中心性分析

编号	中间中心性	标准化的中间中心性
1	271.119	15.846
20	177.091	10.350
4	141.427	8.266
53	125.551	7.338
33	108.785	6.358
52	104.501	6.108
2	83.024	4.852
59	64.369	3.76
7	62.725	3.666
23	35.449	2.072
⋮	⋮	⋮

注：因人数多，只列出中间中心性最高的前十位。网络中心性为 14.62%

表 3-10　中间中心性的统计性分析

统计指标	中间中心性	标准化的中间中心性
平均值	25.067	1.456
标准差	49.750	2.908
求和	1 504.000	87.902
方差	2 475.096	8.455
平方和	186 206.063	636.054
欧几里得范数	431.516	25.220
最小值	0	0
最大值	271.119	15.846

通过图 3-6 分析发现，焦点成员的中心性特点皆高于一般成员。伯特（2008）认为结构洞推动了信息和资源的流动，网络中存在结构洞，使得占据结构洞的成员有更大的获取非重复资源的机会。这个机会有助于焦点成员在其个人社会网络中进行人情交换，如 20 号行动者会把提供安全食品的 CSA 农场介绍给其熟人，以达到在普遍的食品安全威胁下帮助好友的效果，好友得知 20 为 1 和 2 的老师，会对其更加信任和“高看”，47 号行动者作为当地政府人员，向朋友介绍 S 农场既是“展示”政绩，又能因为把安全食品介绍给对方而卖一个人情，因此焦点成员有动机把有相对稀缺性的 CSA 产品分享出去，这一行为促成了次级关系圈的形成，次级关系圈的建立和扩大与初始关系圈有相似的过程，同时，焦点成员往往占据着不同关系圈之间的结构洞，也就是有着更广泛的人脉，嵌入在更多的圈子里，有着较大的“权力”促进次级关系

圈的形成。表 3-7 和表 3-8 的中心性数据能进一步说明“权力”的大小，“权力”在实际的 CSA 社区形成过程中，就是表现为“看脸”，信任“脸”才来加入关系圈。

通过对 CSA 社区中的行动者进行派系分析，可以清楚地看到关系圈的存在，关系圈里不同成员的位置和角色，关系圈之间的互相联系。根据子群内外关系建立起凝聚子群分派分析，*n*-派系中 *n* 取值为 2，即在一个派系中，两个行动者直接相连，或者通过一个共同的点间接相连，当 *n* 大于 2 时，则派系结构过于松散，关系圈过于脆弱。根据上文内容进行分派分析，指定派系数目为 4，进行 faction 操作，得到表 3-11，去掉同质性元素后，得到 4 个 3-派系子群，也就是 4 个关系圈。第 1 个派系包含了 19 位行动者（1、2、3、4、5、6、7、8、9、10、11、12、13、14、15、16、18、20、26），1、2、3、4、5、6、7、8、9、10、11、12、13、14、15、16、18 都是或者曾经是创始团队成员，后来部分人离开成了消费者，20 是 1 和 2 的老师，也是初始消费者，对于初始关系圈的形成和后期关系圈的推动贡献很大，26 是 3 的未婚妻，在产品宣传、资源介绍方面发挥了重要作用，此关系圈都是对 S 农场的创立有很大贡献的，可以命名为初创团队圈。

表 3-11　凝聚子群分派分析

派系数目	4
拟合优度度量	汉明距离（Hamming）
输入数据集	CSA 关系网络矩阵-Sym
1	1、2、3、4、5、6、7、8、9、10、11、12、13、14、15、16、18、20、26
2	17、19、24、25、33、39、40、42、43、44、45、46、47、48、49、50、51
3	38、41、52、53、54、55、56、57、58、59、60
4	21、22、23、27、28、29、30、31、32、34、35、36、37

在第 2 个派系（17、19、24、25、33、39、40、42、43、44、45、46、47、48、49、50、51）中，17、19 是事业有成、追求健康生活的中产阶级，是 S 农场的消费者，后来加入 2 创立的 CSA 信息平台公司，24 是营养师，25 是 24 的闺蜜，两人都很在乎食物的健康和营养，33、39、40、42 是倡导生态农业、回归自然的公益机构人员和学者，47 是致力于生态农业的政府人员，43、44、45、46 则是与 S 农场有食育课程合作的当地小学负责人。据此，可以将第 2 个分派命名为健康生活圈。第 3 个派系包含 11 位行动者（38、41、52、53、54、55、56、57、58、59、60），38、41 是反对工业化食物体系的学者和政府人员，52、53、54、55、56、57、58、59、60 则是有宗教信仰的消费者，反对标准化农业，注重食物的自然属性，此类人群有着显著的信仰，故命名为信仰圈。第 4 个派系包含 13 位行动者（21、22、23、

27、28、29、30、31、32、34、35、36、37），21、22、23 是倡导和推动 CSA 发展的学者和践行者，家庭里大多有未成年孩子，27 是 22 的妻子，28、29、30、31、32、34、35、36、37 是 1 和 2 母校的女老师和女老师的闺蜜们，她们的特点是家中有小孩子，年轻有学识，易于接受新事物，对食品的安全性很敏感，经济收入较为充裕，此类人群大多是为了孩子而选择加入 CSA 社区，可以命名为奶爸奶妈圈。

从表 3-12 中可以看出，4 个派系的派系中心性分别是 0.90、0.44、0.53、0.49，高于平均密度，可信度高，其中第 1 个派系的中心性为 0.90，说明该派系连接紧密，具有较为稳定的结构，其他派系中心性在 0.50 附近，也比较高，内部连接较为紧密。因此，从以上分析可以得出，一个个关系圈构成了 CSA 社区，在此案例中，分别是信仰圈、健康生活圈、奶爸奶妈圈和初创团队圈，共同构成了 S 农场的新社区。焦点成员在其社会网络中对熟人关系进行人情交换，互惠性动机使得焦点成员愿意将 CSA 产品或者资源分享出去，而关系圈中的焦点成员占据着结构洞，这又赋予其实际能力去拓展 CSA 网络形成次级关系圈（图 3-7）。

表 3-12　派系中心性分析

派系	1	2	3	4
1	0.90	0.25	0.09	0.20
2	0.25	0.44	0.09	0.10
3	0.09	0.09	0.53	0.06
4	0.20	0.10	0.06	0.49

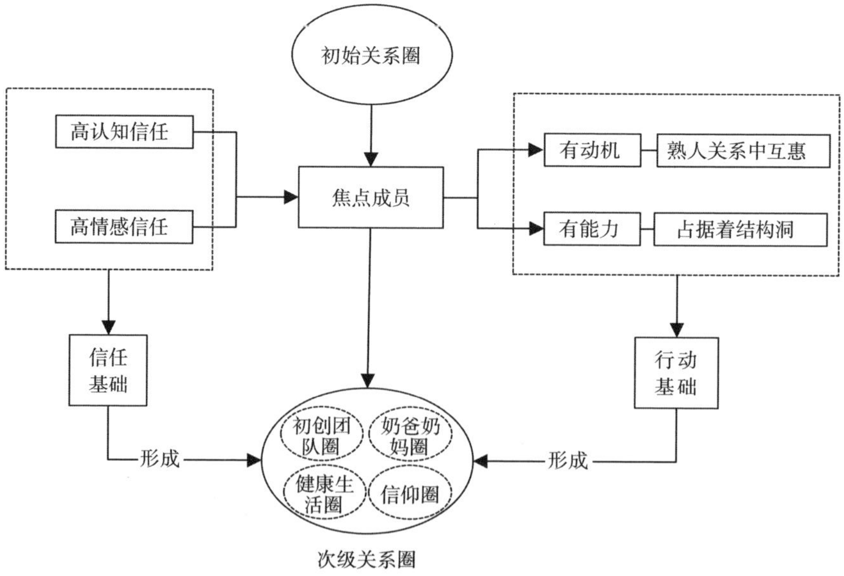

图 3-7　次级关系圈的形成

（五）结论和建议

本小节通过对 S 农场的结构分析，发现 CSA 社区在静态上是由一个个关系圈交错而成的，关系圈是基于不同的关系而形成的人际圈子，在本案例中表现为初始的校友圈、初创团队圈和后来演化出来的奶爸奶妈圈、信仰圈和健康生活圈。社区的动态形成过程有两个阶段，分别是初始关系圈和次级关系圈的形成，在初始关系圈形成过程中，创始人运用自然逻辑的嵌入和社会逻辑的嵌入来打造认知标杆，运用关系嵌入和生活场景嵌入来激发情感信任；在次级关系圈形成过程中，基于对初始关系圈的高情感纽带和对 CSA 理念的高认知水平，焦点成员借助其占据的结构洞，在其人际网络中进行社会互惠活动，吸引一般成员加入，促成次级关系圈形成。最终，初始关系圈和次级关系圈共同构成了 CSA 社区。

CSA 模式为发展可持续农业、提供安全食品、增进生产者与消费者的信任提供了一条新路径，其蓬勃发展的背后是 CSA 社区的有效形成，为了帮助 CSA 实践者破解发展困境，根据本小节的研究，提出以下两个管理建议：首先，在做好生产和管理之外，CSA 创始人和核心管理团队应该深耕自身的社会网络，利用已有的人际信任存量来低成本地获取第一批核心消费者，以认知信任和情感信任为抓手，维护和培育核心消费者，扩大人际信任的增量，应当认识到巧妙的话语表达能够有效促进社区发展，注重借力传统媒体和自媒体讲出自己的好故事。其次，CSA 实践者应当挖掘和引爆既有关系圈中的焦点成员，焦点成员占据着结构洞，在社会网络中具有很大能量，有发展次级关系圈的能力，是否有发展次级关系圈的动力，则在于能否被发掘和引爆。因此，把握住 CSA 社区的内涵，让农业不仅仅是传统的“靠天吃饭”，更是基于关系圈的“靠脸吃饭”。

局限于资料可得性和个人能力，本小节并没有对关系圈破裂如何影响社区发展、初始关系圈中的个体如何变成焦点成员、产品的稳定性和多样性如何影响社区发展等内容进行研究，后来的研究者可以进行后续研究。此外，本小节的单案例研究也有局限性，之后的研究者可以采用多案例方法或者大样本调查方法来进一步检验本小节的研究发现。

第三节　一二三产业融合的体制机制研究

在现代化过程中，产业之间出现的分离与隔阂，导致了农业多功能性被忽视。从事农业的收入降低与进城务工的收入提高，最终导致乡村无力挽留原本长居农村的人口，加剧了乡村衰败。因此，在破解乡村衰落难题时，有必要采用超越产业分割局限的政策视角，从战略层面推进乡村振兴。

一、从产业分立到产业融合

三次产业分类最早是由新西兰经济学家费歇尔于 1935 年提出的，他根据世界经济发展史上人类经济活动发展的三个阶段，将产业划分为第一、第二和第三产业。第一产业的产品直接取自自然界，包括农业和畜牧业；第二产业始于英国工业革命的制造业，对初级产品进行再加工；第三产业则是指非物质生产部门的经济活动，包含了第一产业和第二产业以外的经济活动。这种产业划分方法提出后，得到了广泛的运用，并成为传统产业经济理论的重要基础。

中国也采取了三次产业的划分方法，国家统计局于 2003 年印发了《国家统计局关于印发〈三次产业划分规定〉的通知》（国统字〔2003〕14 号），并于 2012 年和 2018 年做了两次修订，明确第三产业即为服务业。三次产业的划分在国民经济核算、各项统计调查及国家宏观管理中得到了广泛应用。

这种产业分割做法，有其历史背景和社会价值。但是，这种产业划分在一定程度上影响了产业分立局面的形成，随着社会与经济的迅速发展，产业分立的局限日益突出。若把乡村仅仅视为第一产业的发展部门，伴随第二、第三产业的迅猛发展，以及第一产业占比的快速下降，乡村必然出现产业不兴。实际上，乡村不仅仅是一个经济产业部门，农业也不仅仅只是提供农产品。农业的多功能性，决定了乡村的价值远大于第一产业价值。农业多功能性可表现为经济、政治、文化、社会、生态五个层面，具有食物生产、经济产业发展、国家安全、休闲旅游、文化教育、社会稳定、农村社会保障、生态环境和物种多样性保护在内的八个具体功能。然而在产业分割的视野下，农业的经济功能被不断放大，而政治、文化、社会和生态功能则被忽视，无法实现其自身价值。进而，产业之间展开了一场残酷的自由竞赛，农业的弱质性产业特征被放大，投资风险增加，大多数农业领域的从业者失去获利，甚至谋生的可能性。在这样的背景下，第一产业自然败下阵来。

在已经决胜建成小康社会，乘势而上开启全面建设社会主义现代化国家新征程的新时代，城市居民消费加速升级，产生了大量对农业多功能性的新需求。乡村优质的食物、优美的景观、健康自然的生活方式都对城市居民产生了新的吸引力。进而，人们对农业多功能性的认识也随之不断加深，但目前中国乡村普遍缺乏满足新需求的供给能力（曹慧等，2017；陈锡文，2013；陈磊和曲文俏，2006）。

因此，提升乡村新供给的能力，以满足城市居民的新需求，就成为促进农村产业融合，培育新业态，重拾农业多功能性的重要切入点（姜长云，2017）。这让乡村不仅有能力供给充足的食物，还形成了新能力，可以满足城市居民对农业多功能性的新需求。进而，农业不仅是经济业态，更是包含了社会、文化和生态内涵的新业态。换句话说，乡村产业振兴将会超越第一产业本身，培育一二三产业融合的新业态。

二、农村产业融合的经验与分析框架

（一）国内外经验梳理

本章总结了现有国内外研究中农村产业融合的经验（表3-13），从中可以看出，农村产业融合，一方面有利于促进当地农民和本地产业发展的有机结合，实现农民的本地甚至本村就业，直接增加农民收入；另一方面，产业的延伸与融合能使农民在农业领域的创新机会越来越多，新业态的发展空间将会越来越广阔。两个方面相互促进，共同推进乡村产业振兴。因此，在解决乡村衰落的难题的过程中，应当满足新时代所带来的新需求，通过促进乡村产业融合发展，重新发挥农业的多功能性，创造新供给，培育新业态，以实现乡村产业振兴。

表3-13　国内外农村产业融合政策与实践概况

国家或地区		产业融合发展政策与实践
中国	贵州遵义湄潭、六盘水、安顺；山西永济蒲韩乡村社区；河南信阳郝堂	通过深化改革，以政府牵头，整合市场和社会力量，盘活现有的土地、资金与劳动力生产要素，积极发展当地特色产业，以茶叶、水果等高附加值的农业产品为起点，延伸发展加工业和旅游业，并重视建立体制机制，推进产业融合，实现“一产接二连三”，增加农民收入，带动农民就业、创业
	台湾地区	“造产”（培育社区产业）；精致农业；一村一品；注重社区发展本地化、内生性和差异化；“产销班”依托合作社来开展技术研发、品牌营销、价格保护等活动
韩国		一二三产业融合的产业政策，一村一特色；培育村级特色农产品；发展多种经营；发挥农协组织产品销售和提供金融服务的作用
日本		一二三产业融合的六次产业计划，一村一品；通过技术创新和创意设计延伸产业链、提升价值链，将附加值更多地留在当地农村和留给当地农民
印度喀拉拉邦		依靠本地优势农产品发展工业生产，形成当地特色产业，增加农民收入
欧洲		注重引导农业向可持续发展方向转变，并且强调农业的多功能性，强调农产品质量安全及农业产业可持续发展，全面提升农产品价值
美国		重视居民住宅的规划和控制，包括村庄道路的宽度、道路等级、布局方式等，引导农民参加政府的多种生产计划，给予农民相应的生产补贴

（二）农村产业融合分析框架

结合国内外农村产业融合经验，本章提出了如图3-8所示的农村产业融合分析框架。

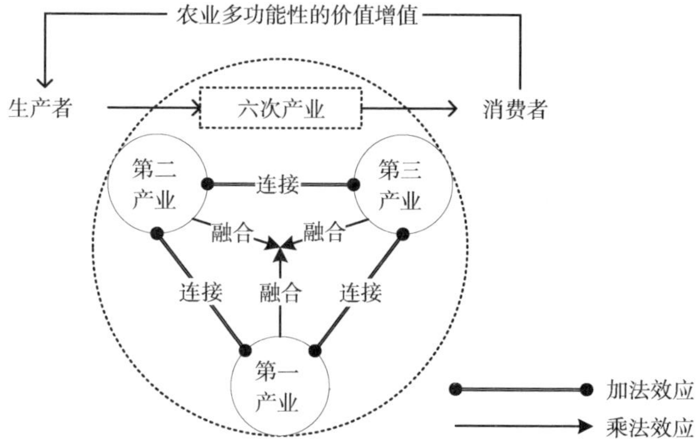

图 3-8　农村产业融合分析框架

从图 3-8 中可知，在乡村振兴过程中，需要一二三产业之间统筹和连接，从而更好地完成生产者和消费者之间的连接，尤其是通过加法效应和乘法效应，实现基于农业多功能性的价值增值，增加农户的实际收入，提高农民发展成就的获得感。

一二三产业融合所创新的业态又被称为六次产业。从表面意义看，六次产业的概念源自学者对代表一二三产业的数字进行运算，即“1+2+3”（加法效应）和“1×2×3”（乘法效应）的运算结果均等于“6”。而从内在逻辑看，一方面，加法效应和乘法效应同时存在，并发生互动，实现基于农业多功能性的价值增值（核心目标）。另一方面，两者本质上蕴藏着两套不同的机制，对产业融合产生两种不同的效应。加法效应产生新产品、新服务，乘法效应则创造新产业、新业态、新模式。新产业是指应用新科技成果、新兴技术而形成一定规模的新型经济活动；新业态是指顺应产品或服务需求，依托技术创新和应用，从现有产业和领域中衍生叠加出的新环节、新链条、新活动形态；新模式是指对各种内外要素进行整合和重组，形成高效并具有独特竞争力的商业运行模式。

本章引入和拓展科埃利等（2008）的产业分析框架，讨论在一二三产业融合所形成的六次产业中，“两种效应”如何实现“一个目标”。

将不存在加法效应和乘法效应的第一产业的生产状态设置为初始状态。这意味着在产业分割的情况下，第一产业仅仅从事农业生产。因此，初始状态下，第一产业的生产边界可利用如下生产函数来概括。

$$q = f(x)$$

其中，q 表示第一产业的产出；x 表示生产要素的投入。

如图 3-9 所示，横轴表示投入，纵轴表示产出，农业生产的经济可行区域为 I，当 $x \in I$ 时，生产函数 $f(\cdot)$ 符合非负性、弱基本性、单调性和凹性等基本特性。生产边界与横轴之间的区域代表了生产可能性的集合，区域中每一点与原点的连线体现了该点的生产率，即 $e(x) = f(x) / x$，表示一单位投入能带来的产出。生产边界上的点意味着对现有生产要素和技术的充分利用。其中，点 $A=(x_0,q_0)$ 满足 $f'(x_0)=f(x_0)/x_0$。

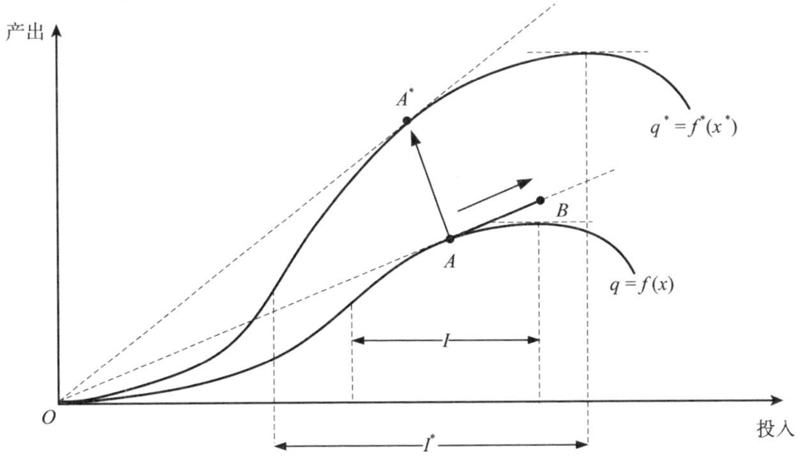

图 3-9　产业融合的加法效应与乘法效应

这时，A 点与原点的连线和生产函数曲线相切于 A 点，说明该点是最优规模的点，因为在经济可行区域内，该点所示的投入规模带来的单位产出最大，即

$$e(x_0)\geqslant e(x),\quad \forall x\in I$$

1. 加法效应

加法效应意味着通过产业之间的连接，促进了乡村产业供给能力的提高。以 A 点为例，可以说明加法效应实现的作用机制。当第一产业向第二、第三产业形成延伸和连接时，一方面丰富了产出和投入的种类，另一方面也有利于对原有产出和投入的进一步利用。例如，乡村开始出现产品深加工，实现产出种类和产量的增加，提升乡村对城市的供给能力。

这时，相对初始状态而言，由产业之间的连接而形成的加法效应，使得 A 点实现了从 $A=(x_0,q_0)$ 到 $B=(x_1,q_1)$ 的增长，其中 $x_1>x_0$，意味着第一产业可产出新产品，形成新的收入增长点，因此，可刺激新的投入，以实现更高的乡村供给能力。

另外，当 $q_1>f(x_1)$ 时，则意味着产业连接形成的新生产要素，使得乡村的供给能力突破了原有的第一产业生产边界，产品种类和数量得以增加，价格得到提高，这同样增加了农户在乡村的收入（宋洪远等，2012）。

2. 乘法效应

乘法效应的含义侧重于产业之间的融合，即同一产品产业链的不同环节向同一个市场主体集中的过程。因此，在产业融合的过程中，乘法效应体现为生产函数的变革。

如图 3-9 所示，A 点得以转移到点 $A^* = (x_0^*, q_0^*)$，进而将函数的形态从 $q = f(x)$ 升级为 $q^* = f^*(x^*)$。其中：

$$x \to x^*$$

表示在产业融合之后，可以实现生产要素的重组和创新，包括劳动力素质的提高、资金投入主体的多样化等。

与此同时

$$q \to q^*$$

表示乡村有能力供给更多满足新需求的生态产品，这是由新生产函数充分发挥了农业的多功能性所引起的。它不仅包括经济效益的进一步提升，也包含了对生态效益和社会效益的改善。由此，乡村产业的价值生产不仅仅是第一产业的价值生产，更是能体现农业多功能性的价值生产，由此可以实现价值增值。

由于出现了新的生产函数，则

$$f(x) \to f^*(x^*)$$

表示更先进的生产方式，尤其是与农业多功能性相关的技术和管理理念。在产业融合的过程中，原本相互独立的各个产业之间实现了融合。这既包含农产品及与乡村相关的文化、生态资源产品的供给与服务，也包含乡村社会经济管理水平与供给能力的提升。由此，乡村通过产业融合，构建以六次产业为标志的新业态，形成了新的供给能力，满足了消费升级带来的新需求。

三、双重嵌入对农村产业融合的影响研究①

（一）问题的提出

农村一二三产业融合发展作为促进农村产业兴旺的重要手段，日渐成为乡村振兴战略实施工作的重中之重。2018 年 6 月，农业农村部发布了《农业农村部关于实施农村一二三产业融合发展推进行动的通知》，明确指出把农村一二三产业融合发展（简称为农村产业融合发展）作为农业农村经济转型升级的重要抓手和有效途径。

近年来，农村产业融合发展也成了学界探讨农村经济的热点之一。综观已有研究，学界主要从农村产业融合发展的必要性、内涵定义、实现路径和产生效应等多个方面进行探讨。例如，陈学云和程长明（2018）从生产、分配、交换和消费的弱质性进行分析，说明了农村产业融合的必要性。在农村产业融合的内涵定义上，则呈现出百家争鸣的局面，多个学者都对农村产业融合进行过

① 本小节改编自已发表于《行政管理改革》的期刊论文《由双重脱嵌到双重回嵌：乡村振兴中的产业融合分析》，原文作者为周立、王彩虹。

概念界定（苏毅清等，2016；赵霞等，2017）。在实现路径上，姜长云（2016）将农村一二三产业融合发展的主要路径归结为按顺向融合方式延伸农业产业链、按逆向融合方式延伸农业产业链、农业产业化集群型融合、农业功能拓展型融合和服务业引领型融合等五条路径。对农村产业融合所产生的效应的实证研究，则着重于增收效应（曹祎遐等，2019）和创业效应（李晓龙和冉光和，2019）。

尽管已有研究提供了丰富的关于农村产业融合的见解，但多数研究着眼于对现实经验的归纳或进行说理性的分析，部分实证研究则着眼于对农村产业融合的效应分析。关于农村产业融合的核心本质仍未厘清，因此才会出现对内涵定义、实现路径等各方面理论众说纷纭。

本小节从农村产业发展问题出发，发现伴随农村产业发展过程中社会问题和生态问题的不断突出，学界对乡村产业发展的研究也在不断发展，呈现从经济产业到多功能农业的转变。已有研究表明，农村一二三产业融合与农业的多功能性密不可分（王兴国，2016），全球乡村衰落的趋势，归因于产业分割条件下农业多功能性的丧失，而通过产业融合重拾农业多功能性，是乡村产业振兴的关键（周立等，2018）。

这些研究虽然指出了农村产业融合与农业多功能性之间的紧密联系，但缺乏更进一步的阐释与论证，且在一定程度上将农村产业局限于农业。笔者认为，借用波兰尼的嵌入性视角，强调乡村产业整体嵌入社会和生态的背景，对中国农村产业发展的历史与现实进行回顾与分析，提供了理解产业融合与农业农村多功能性的独特路径，对厘清农村产业融合的核心本质大有裨益。因此，本小节将在波兰尼的嵌入性视角下，着重探讨中国农村产业发展的历史与当下正如火如荼推广的农村产业融合发展，这二者之间究竟是怎样的继承与发展关系。进一步地，本小节也试图以笔者在福建和四川的实地调查为基础，考察如何重拾农业农村多功能性，实现农村产业融合。

（二）双重脱嵌与中国农村产业发展

“嵌入”（embeddedness）概念最早由波兰尼（2007）于《大转型：我们时代的政治与经济起源》中提出，用以表达经济从属于社会这一理念。波兰尼认为，在19 世纪之前，人类经济一直都是嵌入社会之中的。但是，古典经济学家却想要创造一种完全自发调节的市场经济，在这个乌托邦建构中，社会从属于市场，经济脱嵌（disembedding）于社会。需要注意的是，脱嵌是波兰尼用以描述市场与社会关系的一种隐喻式的分析方法和策略，他反复强调脱嵌的市场经济是一项乌托邦建构，真正意义上的“脱嵌的市场”并不存在（符平，2009）。笔者也将沿用这种分析方法和策略。

传统中国经济中，乡村产业呈现出农业和工业并重的特点，并且乡村和城市之间也没有农业和工业的差别（费孝通，2016），但是在西方冲击下，乡土工业脱嵌于农工互补的经济结构，人口流动脱嵌于乡土社会的伦理格局（陈占江，2016）。自此，城乡之间出现了农工的差别，乡村以第一产业为主，城市以第二产业和第三产业为主，呈现出产业分立的局面。在此基础上，由于市场竞争在城乡之间的扩张、乡村产业的单一功能化等原因，乡村产业逐渐衰败，城乡差距逐渐扩大（周立等，2018）。

正如波兰尼指出的那样，要创造经济脱嵌的社会，就必须把人类与自然环境变成纯粹的商品，而这必然会造成社会和自然环境的毁灭。本小节将以此为分析脉络，更具体地分析中国农村产业发展中市场与人、市场与自然之间的关系，展示中国农村产业发展过程中的双重脱嵌倾向。其中，第一重脱嵌是指农村产业仅作为经济形态，脱嵌于社会，引发了社会问题；第二重脱嵌是指农业仅作为经济形态，脱嵌于自然，引发了生态问题。

1. 市场与人：经济脱嵌社会

在嵌入情形中，经济牢牢地附属于整体社会，社会还包含政治、文化和制度因素等，都会对经济行动产生影响。经济脱嵌社会，主要是通过劳动力的市场扩张进行的。波兰尼指出，作为价值第一来源的劳动行为本身，是嵌入于作为社会实体的“人”身上的，劳动过程与亲属关系、邻里关系、同业关系和信仰关系等生存的“有机形式”紧密联系在一起。但是，在脱嵌情形中，劳动与生活中的其他活动相分离，并受市场规律支配。与此同时，亲属关系、邻里关系、同业关系和信仰关系等非契约关系被破坏，与这些非契约关系相关的社会功能也随之丧失，其中尤为重要的则是互惠、再分配和家计等制度模式。

已有文献对中国农村产业发展中出现的经济脱嵌社会现象进行了阐释。比如，何海狮（2013）对粤北瑶山村杉木种植的研究发现，随着杉木生产从维持生计的生产转变为赚钱的投资性生产，传统劳动过程中由地缘关系紧密连接的换工模式，被资本主义生产方式下追求投资收益的雇佣劳动所取代。曾凡木（2013）的实地调研表明，农村经济活动的扩展使既有的熟人社会的关系面临困境，其难以为村民的经济活动提供强有力的支持。

2. 市场与自然：经济脱嵌自然

自然为人类提供了生存、发展和享受的物质与空间。波兰尼指出，生命与自然形成一个紧密联合的（articulate）整体，但如果允许市场机制成为自然环境的唯一主宰，那么自然界将被转化为它的基本要素，造成乡间风景被损毁、自然资源被污染、生产能力被破坏等不良后果。

作为生产的基本要素之一，土地在农村产业发展过程中备受关注。波兰尼指出，将土地孤立出来形成土地市场，即将人和自然区别开来，这是市场经济乌托邦理念中的一部分。但是，经济功能仅仅是土地的许多至关重要的功能中的一种，商品化的土地丧失了为人类提供栖息之所、生理安全、风景等功能。

在中国农村产业发展相关研究中，诸多研究表明了经济脱嵌自然的消极影响。从农村地区资源开发的角度来看，在向市场经济转型阶段，以信仰祛魅、行为失范和生态知识式微为表征的脱嵌式开发，把生产行为变为纯粹的成本-收益考量行为，导致了当下的农村生态环境危机（耿言虎，2017）。这个过程在土地这一基本生产要素上表现得尤为突出。全世文等（2018）指出，如果完全放任市场对土地资源的自由配置，那么必然会出现农村土地过度资本化，抑制土地资源作为农业生产资料所承载的最基本也是最重要的生产功能，从而会对农产品生产尤其是粮食生产造成消极的影响。例如，何海狮（2013）在考察粤北瑶山村的杉木种植时发现，当杉木种植从维持生计的生产转变为赚钱的投资性生产时，山地被视为一种生产工具，杉木的单一化的、大规模种植引发了当地的生态环境危机。

3. 双重脱嵌与农村产业发展

双重脱嵌，即经济既脱嵌社会，又脱嵌自然。因社会也是自然的一部分，故在中国农村产业发展实践中，经济脱嵌社会和脱嵌自然两种倾向一般同时存在，甚至二者相互促进，共同形成了农村产业发展的阻碍。

例如，马流辉（2016）发现，大规模的土地流转不再受制于乡村社会规则的约束，而是依照市场经济的交易法则运行，由此产生了严重的脱嵌效应，对乡村社会形成全方位的影响。具体而言，市场化土地流转通过抽离维持传统文化、保护农民食物主权等农业多功能性，促使农业经营迅速脱嵌于村落秩序之外，当下乡资本达成对村落秩序的总体性支配时，则会导致村落治理依附化、村落成员边缘化和外向化等负面效应（黄增付，2018）。

从已有研究中可以看出，在产业结构上，经济脱嵌倾向带来了城乡一二三产业分立。注重经济功能的产业发展，虽然在一定程度上带来了经济增长，但同时也带来了城乡差距，也由于社会和自然的多功能性的丧失，引发了一系列的社会问题和生态问题。

（三）双重回嵌与农村产业融合

伴随着农村产业发展双重脱嵌倾向下农村社会问题和生态问题的日益突出，中国在农村产业方面的政策开始发生转变。从近十余年来中国农村产业政策脉络来看，大体经历了从农业产业化发展到农村一二三产业融合的转变。农村一二三产业融合的登台发生在 2014 年底的中央农村工作会议上，该会议中指出，“要把产业链、价值链等现代产业组织方式引入农业，促进一二三产业融合互动”。随后的 2015 年中央一号文件再次提出推进农村一二三产业融合发展，拉开了政策推动落实农村一二三产业融合发展的序幕。从 2015 年开始，国务院、农业部（2018 年更名为农业农村部）与国家发展和改革委员会等多个部门印发了一系列关于农村一二三产业融合发展的指导意见、发展规划等政策文件，积极响应中央号召并进行政策引导。推进农村一二三产业融合发展成为中国主动适应城乡发展新需求的重要举措，也是巩固脱贫攻坚成果、促进农民增收的创新思维。

为了探讨农村产业发展如何从双重脱嵌走向双重回嵌，本小节基于已有研究和实地调查资料，构建了如图 3-10 所示的农村产业融合分析框架。图 3-10 中的左半部分，即经济的双重脱嵌与城乡一二三产业分立的形成，已在前文中有所论述。本小节将着重探讨如何通过回嵌社会和回嵌自然的回嵌机制，恢复农业农村的多功能性，促进农村一二三产业融合发展，使农村产业发展从双重脱嵌向双重回嵌转型，从而缓解农村产业发展过程中出现的社会问题和生态问题。

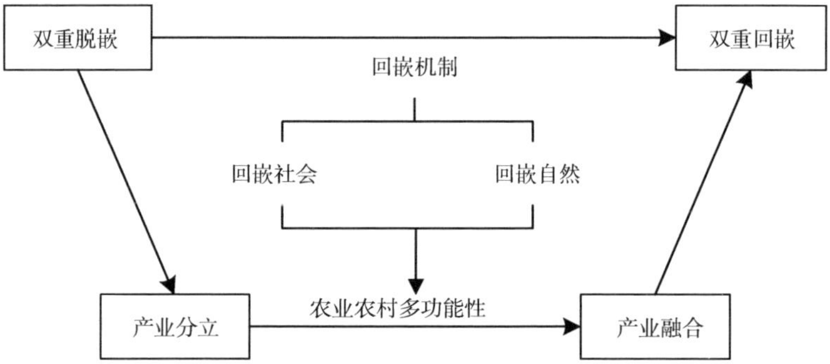

图 3-10　嵌入性理论视角下的农村产业融合分析框架

联合国粮食及农业组织曾将农业的多种功能划分为经济（economic）、社会（social）、环境（environmental）三个方面。结合中国农业农村的实际情况，可进一步提炼出农业农村的八大功能，包括生态环境功能、物种多样性功能、农民生活就业与社会保障功能、社会稳定与社会调节功能、国家安全功能、文化教育功能、医疗休闲功能和经济产业功能（周立等，2018）。本小节借鉴联合国粮食及农业组织和波兰尼的分析框架，将这八大功能划分为经济功能、社会功能和生态功能三个方面，其中经济产业功能对应经济功能，生态环境功能、物种多样性功能、医疗休闲功能对应生态功能，其余功能则对应社会功能[①]。

笔者认为，如图 3-11 所示，回嵌自然、回嵌社会相应地会促进农业农村的生态功能和社会功能的恢复，回嵌自然与回嵌社会也存在相互促进的作用。在农业农村重拾多功能性的过程中，农村的第一产业能与第二、第三产业发生互动，从而进一步地实现农村产业融合。由此，才可能跳出“是农民，就只能搞农业”

① 在本小节中被划分为社会功能的多种功能中，国家安全功能属于政治层面，文化教育功能属于文化层面，因政治、文化也是社会的一部分，故此划分存在合理性。

的束缚，才能真正把农业当成经济回嵌社会、人类回归自然的社会化生态农业。

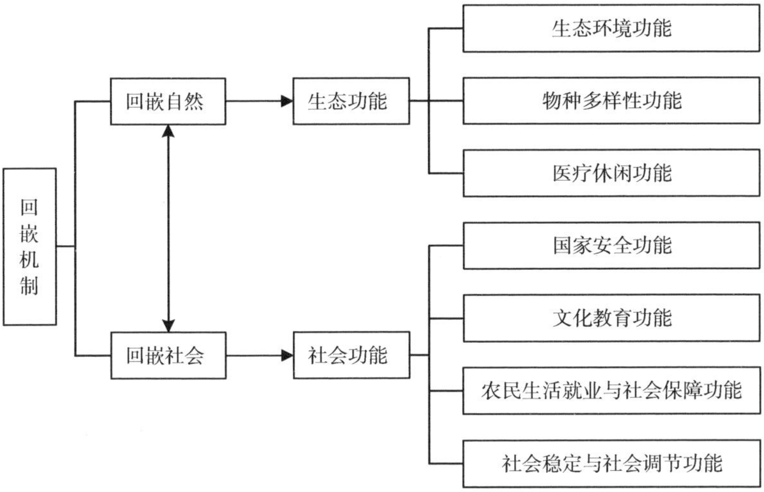

图 3-11　回嵌机制与农业农村多功能性

为了研究如何通过回嵌机制重拾农业农村多功能性，促进农村产业融合发展，本小节采用多案例分析法进行描述性和解释性分析，所选取的 10 个案例来源于笔者所在课题组于 2018 年 5 月至 7 月赴福建省 YC 县和四川省 HY 县所做的实地调查，案例的基本信息如表 3-14 所示。

表 3-14　案例基本信息

案例编号	行为主体	产业概况
SC01	村集体	1+2+3：天麻种植、竹笋加工及乡村旅游
SC02	村集体	3：乡村旅游
SC03	村集体、农户	1+3：青脆李种植及观光采摘
SC04	企业、农户	1+3：蜜梨种植及乡村旅游
SC05	企业	1+2+3：花卉种植、花果加工及乡村旅游
FJ01	农户	1+2：金橘种植及加工
FJ02	农户	2+3：熟地黄制作及餐饮住宿
FJ03	村集体、农户	1+2+3：荔枝种植、加工及文化旅游
FJ04	企业、农户	1+2+3：茶叶种植、加工及康养旅游
FJ05	企业、农户	1+2+3：农作、加工、民宿及文化项目

注：①案例编号中的“SC”代表四川省，“FJ”代表福建省。②行为主体中，当农户与村集体或企业为雇佣关系时，则不将农户列在其中；当农户作为独立的主体与村集体或企业存在非雇佣关系时，则将农户列入其中。③产业概况中，数字 1、2、3 分别代表第一、第二、第三产业，“+”代表产业之间的连接或融合，在此暂不做程度的区分

1. 经济与社会

在所选取的 10 个案例中，经济与社会之间的关系存在明显差异。

1）经济脱嵌社会

SC04 和 SC05 两个案例呈现出明显的经济脱嵌社会的倾向。在这两个案例中，均是由企业流转土地后进行经营管理，但由于企业仅注重农户具有的劳动力价值，在一定程度上忽视了农户的主体性和农村社会关系的维护，引发了农户增收受限、农户之间恶性竞争、农户和企业关系紧张等问题。

SC04 案例企业共流转了 10 000 亩土地进行蜜梨种植，在经过前期的种植及管护后，只留下 1500 亩由公司经营管理，其他则通过返租倒包机制交由农户经营管理，企业提供技术、肥料等支持，农户需向企业交纳承包费，所得产出由农户自行销售，收益归农户所有。这种利益联结机制纵然使得当地农户能从中分得一杯羹，但是，企业仅仅将农户视作经济主体，从农户那里获得土地及返租倒包时的承包费，而忽视了农户经营管理技能的提升和对农户间社会关系的引导，由此造成了两方面的问题：一是农户获取的经济利益受限。农户种植的梨的品质输于公司，并且由农户进行分散销售，故所售价格远低于企业梨的价格。企业梨一般能以每斤①30 元的价格出售，再差一点的则是每斤 10 元，精装梨最贵的能卖到每个 30 元；而农户种植的梨最高为每斤 6 元，平均为每斤 2～2.5 元。二是邻里关系被破坏。由于农户之间承包的梨园面积大小不同，故对价格的敏感性也各不相同，由此引起了恶性竞争问题，承包规模大的农户率先压低价格，迫使承包规模小的农户也不得不压低价格，由此造成了邻里关系被破坏。

SC05 案例企业共流转了 2000 亩土地，已初步建成一个集花卉苗木种植营销、观光农业、旅游接待于一体的综合性园区。该企业也在一定程度上通过土地流转和提供就业岗位等促进了周边农户收入的增长，但也存在经济脱嵌社会的倾向，造成农户和企业之间关系紧张，具体体现在两个方面：一是企业与农户创建合作社过程中，企业将合作社视为避税、拿项目等的工具，特意选取了“可能会比较听话”的农户以土地入股合作社，忽视了农户的主体性，并以企业承担的农业市场风险较高为由、以解散合作社为威胁，拒绝与农户分红，引发了企业与参与合作社的农户之间的矛盾。二是在日常经营管理中，对于“刺头农户”，采取拿钱收买或者威胁等不正当手段解决，激化了农户与企业甚至农户和政府之间的矛盾。

2）经济回嵌社会

尽管部分农村产业实践中存在着经济脱嵌社会的倾向，但也不乏经济回嵌社会的努力。在所选取的案例中，这种努力主要体现在以下两个方面。

---

① 1 斤=0.5 千克。

一是重视农户的主体性和农村社会关系的维护，组织农户因地制宜地进行生产经营，发挥农业农村的就业与社会保障、社会稳定与社会调节等功能，为农村产业融合发展提供社会基础。

在 SC01 和 SC02 这两个案例中，均是由村集体来完成这个组织过程的。SC01 案例中，村集体组织农户打卡劳动，将鲜竹笋加工为干笋，大大提高了产业利润[①]，所获取的经济收益，部分直接分配给农户，部分用于给所有村民购买保险等具有社会保障功能的产品，还有部分用于村集体经济进一步发展壮大的投资。SC02 案例中的村集体组织农户依托当地的两处景观发展了餐饮、住宿、摄影等服务业，一方面，注重农村社会关系的维护，对餐饮、玩具等小摊业主实行准入制，统一价格，禁止恶性竞争，并组织农户和小摊业主对环境污染进行了治理，改善了生态环境；另一方面，为当地农户提供就业岗位，并将部分销售所得用于帮扶贫困户。

二是挖掘农村社会中的文化，如传统手工艺、故事传说等，发挥农业农村的文化教育等功能，直接促进农村一二三产业融合。

FJ01、FJ02、FJ03 案例中，当地农户均是利用传统工艺延长了产业链。如 FJ03 案例，农户可制成荔枝蜜和荔枝干等加工产品，同时通过对文化旅游功能的挖掘，实现一二三产业的融合。该村每年在荔枝丰收时举办荔枝文化节，吸引各地游客观光采摘，并举办摄影活动，将展示当地风土人情的优秀摄影作品放置在当地的一条“荔枝长廊”旁，供游客欣赏。同时，将荔枝与传说结合，根据各荔枝树的特点，赋予古老的荔枝树以“四大美女”“八仙过海”“桃园三结义”等有趣的名称，并配上相关的文字说明，给游客观赏增添乐趣。除了通过节庆活动吸引游客以外，FJ03 中的村庄也举办一些小规模的实践活动，组织学生的暑期实践、家庭的亲子活动和公司的团建工作等。

FJ05 案例中，该企业基于最初建立的民宿，挖掘当地的拳术文化、手工艺文化等，举办了讲座、多样化文体活动等各种活动，并充分利用“妇女之家”为女大学生与广大妇女同胞搭建学习交流与创业创新平台，举办多期乡村旅游论坛、“爱故乡”沙龙和相关技术培训班，为当地农户学习教育和交流提供机会。

2. 经济回嵌自然

经济脱嵌自然也存在于笔者所做的实地调查中。以四川省 HY 县某受访者的介绍为例，当地政府偏好引进企业进行土地流转并发展乡村产业，但是企业在介入乡村产业发展过程中，容易因追逐经济利益而忽视土地对当地农民的重要意义，

---

① 14 斤新鲜竹笋能加工成 1 斤干笋，每生产 1 斤干笋的成本约为 40 元，而干笋的价格为每斤 80～90 元，即每斤干笋能获利 40～50 元。此外，若市场价格未达理想预期，还可储存至价格高涨时再行售出。

大规模进行土地调型，或者进行对当地生态环境不利的生产行为，而在这些企业退出之后，留给农民的已是难以再按照原来的方式利用的土地，许多土地便荒废了。在此过程中，也因土地流转费或者企业承诺的社会保障未到位等问题，引发了农民与企业、政府之间的矛盾。

由于本小节在选取案例时，重点关注回嵌机制与农村产业融合发展，故经济脱嵌自然的案例较少出现，大部分案例呈现出了经济回嵌自然的特点，具体体现在以下两个方面。

一是在生产经营过程中取材于自然，通过降低成本、体现当地特色等方式促进产业融合。

SC01 案例中，该村农户依托当地景区发展了农家乐等旅游服务。以某农户经营的农家乐为例，该农户用其自有住房和租用邻居的住房做农家乐的场地，取材于当地竹林，并用当地的竹子、木片等做装饰，形成了成本较为低廉又独具特色的装饰风格。农家乐的特色餐饮如野菜、竹笋等，也是就地取材，主要来自附近山中或农户自家种的菜地。

FJ05 案例中，该企业民宿的装饰风格古朴，也为就地取材而成，充分展示了当地的自然与人文特色。而且，该民宿所在的村庄物产丰富，盛产各类蔬菜瓜果，在企业的组织和引导下，村民及民宿员工对蔬果进行简单的初加工，制成蜜饯、枇杷膏、蜂蜜、果汁饮料等乡土特产，实现了从第三产业向第一、第二产业的延伸与融合。

二是挖掘自然的医疗、休闲和旅游等功能，促进农村一二三产业融合。

挖掘休闲和旅游功能在大部分案例中都有所体现，并以采摘观光为主。SC03 案例中，村集体立足当地独特的地质环境，整合植树造林、石漠化治理等项目资金，确立青脆李主导产业，采取了基地牵引与连片带动相结合的方式，建成了 600 多亩的青脆李产业基地，并在基地内规划配套观赏游、采摘游基础设施，同时向基地未涉及的农户每户免费发放 10 株树苗，确保产业规模效益。类似地，SC04 案例企业不仅从土地中获取梨树的经济价值，而且开发了梨园的生态功能，将产业链延伸至第三产业。游客们可登山进院观梨花、采梨果，还可在梨园中的度假村进行休闲娱乐。SC05 案例企业也开发了花卉博览园的生态功能，进行了花果加工、深度研发和乡村旅游等多方面的开发，在一定程度上实现了一二三产业的融合。但是，由于 SC04、SC05 案例的行为主体均以企业为主，且经济并未回嵌社会，所以当地农户从价值增值中分配到的收益十分有限，且存在前文所述的经济脱嵌社会所产生的多方面的问题。

医疗功能的挖掘则与产业特性相关，体现在少数案例中。例如，FJ02 案例中，该农户利用熟地黄药用价值高的特点，开发出营养价值极高的多种熟地黄特色菜，向客户提供餐饮和住宿服务。此外，园内还设置了几间房屋，摆有茶具、香具、字画和笔墨纸砚，既让人调养身心，又展示了当地的各种文化。由此，实现了第二产业向第三产业的延伸。FJ04 案例中，茶园向第三产业延伸的形式主要包括观光体验和康养度假。茶园所处的村庄，自然条件益于养生，再加上茶道养生，可满足康养度假的需求。

3. 案例小结

表 3-15 总结了本小节所分析的案例中呈现的经济回嵌社会、经济回嵌自然两种机制所对应的回嵌方式及其影响。从中可以看出，要促进农村产业融合并实现双重回嵌，需充分发挥农村社会与自然的多种功能，这种状态下的农村产业发展，不仅能够产生更大的经济效益，而且能够对农村社会和生态产生相应的积极影响。

表 3-15　案例小结：回嵌机制、方式及影响

回嵌机制	案例举例	回嵌方式	回嵌影响
经济回嵌社会	SC01、SC02	组织农户，重视农户主体性和农村社会关系的维护	经济影响：延长产业链，并有效避免恶性竞争、提高农户的议价能力，从而提高利润空间 社会影响：促进农民就业和社会保障 生态影响：促进生态环境的改善
	FJ01、FJ02、FJ03	挖掘传统文化	经济影响：延长产业链，提高利润空间 社会影响：传承并改善传统文化
	FJ05	挖掘传统文化，搭建社会网络平台	经济影响：延长产业链，提高利润空间 社会影响：促进文化传承，促进农户的社会交往和学习，激发社会力量
经济回嵌自然	SC01、FJ05	取材自然，融于自然	经济影响：降低成本，促进产业延伸与融合 生态影响：保护生态环境
	SC03、SC04、SC05、FJ02、FJ04	挖掘医疗、休闲和旅游等功能	经济影响：促进产业延伸与融合，提高利润空间 生态影响：促进生态环境的保护和改善

（四）结论与启示

本小节将中国农村产业发展放在波兰尼的嵌入性视角下进行考察，对相关文献和实地调查资料的分析表明，仅注重产业的经济功能的农村产业发展呈现出双重脱嵌的特点，即经济既脱嵌社会，又脱嵌自然，导致社会功能与生态功能丧失，引发了一系列的社会问题和生态问题。而当下正如火如荼推广的农村一二三产业融合发展，其实质是要通过回嵌社会和回嵌自然，重拾农业农村多功能性，从而推动农村产业发展从双重脱嵌向双重回嵌转型。

本小节对福建省 YC 县和四川省 HY 县共 10 个案例的分析，展示了农村一二三产业融合发展的实现路径及相应的影响。从中可以得到如下启示。

（1）村集体、企业与农户是农村产业发展的重要行为主体，通过企业或村集体组织农户是农村产业发展回嵌社会的重要手段。其中尤为重要的是，通过适当的利益联结、再分配等方式，更多地赋予农户主人翁地位，从而使农户更积极地参与到产业发展中；也需要通过制度设计避免恶性竞争，维护农村的社会关系，保障农户更多地分享到产业链价值提升的收益。

（2）在推进农村产业融合的过程中，应根据当地的自然条件和人文社会资源，跳出如第二产业需要大机器、大工厂，第三产业即是乡村旅游等思维局限，恰当选择产业类型，充分挖掘农业农村的多功能性，赋予农村产业发展以社会内涵和生态内涵。如此，才能既带来更大的市场空间和经济利润，又带来积极的社会效应和生态效应，实现经济、社会和生态三方共建的农村产业发展。

四、超越一二三产业融合：从食利经济到吃租经济

绿水青山就是金山银山。那么，如何推动绿水青山，使其真正成为农民的金山银山？本书课题组指出了一条超越一二三产业融合的发展路径，即发展吃租经济，其会提供解决办法。当乡村振兴成为长期国策后，各类投资纷纷涌向乡村，但“热投资”遇上了“冷农民”，资本排斥劳动，无法服务于劳动的问题，仍然无法解决。其根本原因是农民的主体性一直未能有效落实，各类资源主权、资本主权和信用主权不在农民手里。只有共建共治，才能共益共享。没有得到主权地位，资产投资收益也就自然无法有效和农民分享。

当资产的自然增值和社会增值逐渐成为收入主要来源时，经济形态正由食利经济向吃租经济转变。这就需要区分资源经济、产业经济和金融经济三类新型经济形态。长期以来，农民在这三类经济形态中，只能参与到产业经济形态中的一二三产业食利经济中，拿到微薄的产业利润和劳务工资。乡村振兴过程中，要考虑让农民参与到资源租和社会租的租值分配中。只有赋予农民以资源主权、资本主权和信用主权，才能让农民从被“微笑曲线”挤压到最低端的产业经济领域中释放出来，在资源经济、产业经济和金融经济扩展中寻到租值。以乡村社会和乡村经济的农民再组织化为切入点进行社会创新，进而相应地推动金融创新，只有这样才能释放出乡村产业振兴能量，产生乡村振兴的普惠效应。

（一）食利经济与吃租经济

当今社会正在由食利经济向吃租经济转变。食利经济，即以利润最大化为导向的经济体系，无论是以前的一二三产业分立，还是如今推动的一二三产业融合，都在食利经济的思维框架内。吃租经济的租值，来自资产的自然增值和社会增值。

也就是说，利润来自成本收益的计量，而租值来自资产的增值。资产增值有两个来源：一个是自然增值，“春种一粒粟，秋收万颗子”，绿水青山四季更新，树木生长生命繁衍，随着自然变化带来的增值就是明显表现；另一个是社会增值，即非个人努力、自然变化，纯粹由社会变化带来的收益，如股票市场上的低买高卖，城市综合体建设及房产价格的不断升高，就是明显的社会增值。在当今市场经济条件下，增产不增收不仅体现在农业领域，在各大产业部门中，都是如此。“利”越来越难以赚到，“租”却越来越容易实现。因此乡村振兴过程中，要考虑如何让农民参与到租，而不只是利的分享中。农民出一辈子力，流一辈子汗，所赚寥寥，仅仅在食利经济中打转，不可能实现农民富，也不可能带来农业强和农村美。农民不富、农业不强、农村不美，就不可能实现真正的乡村振兴。

中共中央、国务院印发的《乡村振兴战略规划（2018—2022 年）》提出，“到 2050 年，乡村全面振兴，农业强、农村美、农民富全面实现”。将乡村振兴规划到 2050 年，充分展现了中国的体制优势。在未来 30 来年里，路一步一步走，事情一件一件做，就可以解决一些基础性问题。在发展理念中，我们也期待能够解决从食利经济向吃租经济转型的基础理论和实践问题。这个思路转换的关键是：通过农民的再组织化，得到资源主权、资本主权和信用主权，从而在食利经济到吃租经济的转换过程中，得到应有的利和租；通过农民再组织化，推动社会创新，提升乡村自我发展能力；通过三类经济形态的一二三级市场设计，推动金融创新，实现绿水青山向金山银山的资源资本化转换，从而将资本和劳动（农民）结成利益共同体，实现发展成果人民共享。

由于各类产业相继进入过剩经济状态，零和博弈与负和博弈普遍出现，食利经济实际上已经走到尽头。对于农民来说，面对市场饱和状况，“你之所赚，即我之所赔”。早在 1997 年粮食的“增产不增收”现象出现后，过剩经济带来食利经济走到尽头的状况已初现端倪。如果考虑产业和地区竞争过程中的生态环境破坏、正常社区关系疏离等因素，食利经济甚至可以说是负和博弈。所以说食利经济带来的不仅是劳动力、环境的双重成本转嫁，还包括发展权利丧失，以及其所带来的包括发展成本等的三重成本转嫁。从经济竞争角度讲，它是一种微利经济。在中国经济高速增长时期，我国曾有 13%的年经济增长率，2015 年起已连续多年不足 7%，经济进入新常态。而欧美发达国家常年只有 1%～3%的增长率。一方面，要看到经济总量还在增长，蛋糕还在做大，总体上还可算为正和博弈；另一方面，也可以看出增幅较为有限，充其量只是算术级数的增长，相比房价的指数级数增长，实体经济至多是一种加法效应，而非乘法效应。

虽然吃租经济刚刚被认识，但现实中已经存在各种各样的吃租群体。如中等收入群体在 2017 年就已经超过 4 亿人，其财富增值主要来自所购房产的增值。目前的“拆二代”“啃老族”“二世祖”也是典型的吃租群体，还有各地的土地财政，表现得更为明显。

相对于城市，农村的租值并未显化。农地的不可交易、宅基地及其他农村集体建设用地不能流转变现，使得农村总体上未能从吃租经济中受益。外出务工收入和家庭经营性收入这两项收入占农民收入八成的基本状况，表明了农民总体上还被挤压在微薄的食利经济范围内。

从新农村建设到乡村振兴战略的实施，农村基础设施改善和自然资源综合治理已经开始推动农村走向吃租经济。从国际经验看，日本、韩国的农村，经历了山水田林路的综合整治，农村变得美观雅致。整治后的美丽乡村，其生态价值、文化价值、农耕文明传承等社会价值，能得到充分挖掘，促进生态宜居，吸引更多的城市群体在农村消费。我国也已经开始了“山水林田湖草”六大资源的综合整治，虽然还只是农业浅表层资源的综合治理，但一定会带来农业、农村景观的变化。未来还会进一步转向深层地理资源的生态治理，如地下水、地下矿藏的战略性利用等。相对于食利经济，吃租经济是一种正和博弈，能够指数级地做大蛋糕，它是一种如区块链技术那样的合作挖矿机制，在开发自然资源和社会资源中，能使参与者共建共治，也能实现利益共享，形成共治共益体系。

（二）依托三大主权，发展三大业态

吃租并不等同于寻租。说到“吃租”，人们难免将其与制度经济学的“寻租”联系起来。吃租和寻租有共通之处，所得到的都是资产的自然增值和社会增值，是非生产性获利。但吃租并非行政垄断带来的寻租。寻租只是少数特权者利用其制度权力，取得超额收入。寻租主要得到的是制度租，来自官员垄断、政策门槛等。根据主流经济学理念，社会组织或个人通过合法或不合法的垄断地位获取垄断利润，这种垄断利润是一种非生产性获利，即寻租。通常所言的寻租是政府运用行政权力对个人或企业的经济活动进行干预，使得少数特权者拥有获取额外收入的机会。美国经济学家 J.布坎南和 A.克鲁格提出的租金和寻租概念，就是为了反对这种腐败性活动。寻租的租金来源是该供给却不供给，即由于需求存在，供给出现制度性受阻从而产生差价，产生的超额收益最终为少数特权阶层所有。

吃租并非上述意义上的寻租。吃租依托的是权力地位而非权力垄断地位。虽然垄断地位也可以理解为一种广义的主权，但这只是权力垄断者的主权。我们可以从中性的意义上来理解权力地位。从农民的角度看，有三种主权地位未能充分赋权给农民，使得农民无法在三类经济形态中进入到租值上升的分配体系中（图 3-12）。

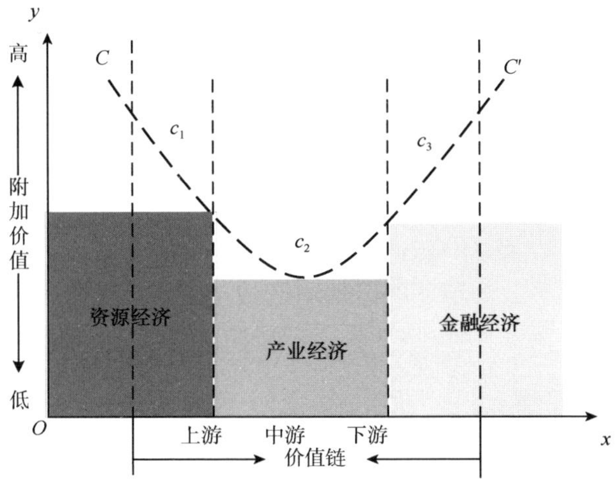

图 3-12 三类经济形态与价值链

第一种权力是资源主权。依托资源主权，发展的是资源经济。农村是自然资源富集的地方，抛开河流、矿藏等非普遍性的自然资源，所有的村庄都有土地资源，包括农地、林地、宅基地，以及经营性和公益性集体建设用地。多数情况下农村土地的所有权在村社，承包权在农户，使得农地资源主权的归属比较容易清楚界定。但在资源的定价和流转上，却存在诸多限制。从 2015 年起推动的农村土地征收、集体经营性建设用地入市、宅基地管理制度这“三块地”入市改革，已经进行了五年多。正在逐步通过确权和同等条件入市、同权同价导向的改革，到 2035 年建成城乡统一的建设用地市场，发挥市场在城乡土地资源配置中的决定性作用，达到赋予农民同等的土地权益、破解城乡二元格局的目的[①]。

第二种权力是资本主权。依托资本主权，发展的是产业经济。农村的一二三产业发展及融合，主要依托的是资本主权，遵循“谁投资、谁受益”原则。由于农民尚未有足够的资本积累和企业家才能，常常得不到资本主权，只有通过提供农产品、原材料和劳动力，才可以从已经较为微薄的产业利润中，分到更加微薄的农产品原材料价值和劳动工资。若可以通过资源主权的获得，将农地资源及其他自然资源进行一次定价，就能依托资源主权的价值化获得资本主权，并分享要素收益，从而获得二次定价的溢价机会（社会增值的租值扩大），甚至通过资产证券化，进行二级市场交易。

第三种权力是信用主权。依托信用主权，发展的是金融经济。信用主权来自金融经济形态。最典型的信用主权，是主权货币发行。依托国家信用，每个国家的行政当局都会垄断货币发行，从而得到“一本万利”的货币租（即铸币税），若

① 引自《中共中央 国务院关于建立健全城乡融合发展体制机制和政策体系的意见》：http://www.qstheory.cn/yaowen/2019-05/05/c_1124453855.htm，2019 年 4 月 15 日。

超发货币，则可进一步收取通胀租（通常表达为通胀税）。金融部门汇集全社会的财富，并通过经营食利。而缺乏信用组织的农民，所得的收入微薄，积累的收入也通过存入各类金融组织，让渡了信用主权。实际上，自 2003 年党的十六届三中全会起，中央就提出“逐步开放信用服务市场”[①]，开展农村信用合作；2006 年开始，国家鼓励农民发展资金互助组织；2007 年起，放宽了三种类型新型农村金融组织的市场准入。信用主权的获得，使得农民能够聚集和集中使用资金，和外部资本产生对等交易关系，甚至在前两种主权和一二级市场的发展基础上，进行场外市场（或称三级市场）交易和定价，进一步获得吃租经济的收益。

（三）展望：超越一二三产业融合的吃租经济

长期以来，党和国家始终把解决好“三农”问题作为工作的重中之重。从纵向的历史比较来看，中国农业和农村发展取得了长足的进步，实现了农业增产、农民增收和农村发展，创造了世界农业史上的奇迹（周立等，2018；黄季焜，2010）。但是，从横向的国家比较、城乡比较来看，中国农业与农村发展存在明显的发展不平衡问题。总收入的巨大差距、食利和吃租的分野、供需错配的存在等，无论从公平角度，还是效率角度，乡村振兴和产业发展，推动食利经济向吃租经济的转变都是必须的。

经济的持续发展需要一个“产业兴旺、生态宜居、乡风文明、治理有效、生活富裕”的乡村，拉动内需，挖掘新的增长潜力。按照周立等（2018）的估算，“四洗三慢”需求的开发有可能带来 1.5 万亿～1.9 万亿元的需求，这相当于中国 2017 年第一产业增加值的 23%～29%。此外，农村绿水青山的开发合作一方面是对自然资源和生态的有益开发，利用市场机制反映生态价格，农村资源变资产、资金变股金、农民变股东的改革将农民纳入全产业链增值收益的分享中，也将有效解决农民就业、增收、农业农村持续发展的问题，这也是中国经济持续健康发展，顺利实现现代化建设的关键。

世界和中国的经济形态，已经由以产业利润为核心的食利经济，转向以租值获取为核心的吃租经济，因此需要发展租利两得的经济，以乡村振兴为契机发掘经济发展新动力，促进中国长治久安。同时发展食利和吃租两种经济，促进租利两得，这有三大意义：一是促进“两山两化”[②]，带来绿水青山向金山银山的转换机制；二是以“三权促三变”[③]的改革，推动农村“共建共治、共益共享”发展平

---

① 引自 2003 年 10 月 22 日《人民日报》中的文章《中共中央关于完善社会主义市场经济体制若干问题的决定》。

② “两山”理论指习近平同志提出的“绿水青山就是金山银山”（http://opinion.people.com.cn/n/2014/0711/c1003-25271026.html，2014 年 7 月 11 日）；“两化”指基于两山理论提出的产业生态化和生态产业化。

③ “三权促三变”指通过对农村小型水利工程产权进行确权、赋权、易权，促进资源变资产、资金变股金、农民变股东。确权，就是对小型水利工程产权进行确权，明确四至边界，确定权属关系，颁发产权证，让农民吃下“定心丸”。

台的建立；三是以城乡资源要素流动模式的改变更新发展格局，打造经济与社会双金字塔稳态结构。

参考文献

波兰尼 K. 2007. 大转型：我们时代的政治与经济起源. 冯钢，刘阳，译. 杭州：浙江人民出版社：275.

伯特 R. 2008. 结构洞：竞争的社会结构. 任敏，李璐，林虹，译. 上海：格致出版社，上海人民出版社.

卜长莉. 2003. “差序格局”的理论诠释及现代内涵. 社会学研究，（1）：21-29.

曹慧，郭永田，刘景景，等. 2017. 现代农业产业体系建设路径研究. 华中农业大学学报（社会科学版），（2）：31-36，131.

曹祎遐，黄艺璇，耿昊裔. 2019. 农村一二三产融合对农民增收的门槛效应研究——基于2005—2014年31个省份面板数据的实证分析. 华东师范大学学报（哲学社会科学版），（2）：172-182，189.

陈磊，曲文俏. 2006. 解读日本的造村运动. 当代亚太，（6）：29-35.

陈卫平. 2012. 社区支持农业劳动份额的消费者价值认知结构：方法目的链的应用. 农业技术经济，（9）：84-95.

陈卫平. 2013. 社区支持农业情境下生产者建立消费者食品信任的策略——以四川安龙村高家农户为例. 中国农村经济，（2）：48-60.

陈卫平. 2015. 社区支持农业（CSA）消费者对生产者信任的建立：消费者社交媒体参与的作用. 中国农村经济，（6）：33-46.

陈锡文. 2013. 构建新型农业经营体系加快发展现代农业步伐. 经济研究，（2）：4-6.

陈欣. 2009. 责任意识新探：基于行为博弈论视角. 南京师大学报（社会科学版），（6）：105-109.

陈学云，程长明. 2018. 乡村振兴战略的三产融合路径：逻辑必然与实证判定. 农业经济问题（11）：91-100.

陈占江. 2016. 旧邦新命：乡土重建的现代性方案——以费孝通早期著述为中心. 中国农业大学学报（社会科学版），33（4）：66-75.

程存旺，周华东，石嫣，等. 2011. 多元主体参与、生态农产品与信任——“小毛驴市民农园”参与式试验研究分析报告. 兰州学刊，（12）：54-60.

董欢，郑晓冬，方向明. 2017. 社区支持农业的发展：理论基础与国际经验. 中国农村经济，（1）：82-92，96.

费孝通. 2016. 乡土中国 · 乡土重建. 北京：群言出版社：334.

伏红勇. 2017. 社区支持农业“产—销”互动中的信任问题——基于信任博弈的分析. 西南政法大学学报，19（5）：95-103.

符平. 2009. “嵌入性”：两种取向及其分歧. 社会学研究，24（5）：141-164，245.

付会洋，叶敬忠. 2015. 兴起与围困：社区支持农业的本土化发展. 中国农村经济，（6）：23-32.

格兰诺维特 M. 2007. 镶嵌：社会网与经济行动. 罗家德，译. 北京：社会科学文献出版社.

耿言虎. 2017. 脱嵌式开发：农村环境问题的一个解释框架. 南京农业大学学报（社会科学版），（3）：21-30，155-156.
何海狮. 2013. 卷入、脱嵌与反嵌——粤北瑶山村杉木种植的劳动过程分析. 开放时代，（4）：188-203.
亨德森 E，范恩 R. 2012. 分享收获：社区支持农业指导手册（修订版）. 石嫣，等译. 北京：中国人民大学出版社.
黄季焜. 2010. 六十年中国农业的发展和三十年改革奇迹——制度创新、技术进步和市场改革. 农业技术经济，（1）：4-18.
黄增付. 2018. 脱嵌与重嵌：村落秩序中的农业经营及治理. 中国农村观察，（3）：51-64.
姜长云. 2016. 推进农村一二三产业融合发展的路径和着力点. 中州学刊，（5）：43-49.
姜长云. 2017. 科学理解农业供给侧结构性改革的深刻内涵. 经济纵横，（9）：24-29.
科埃利 T J，拉奥 D S P，奥唐奈 C J，等. 2008. 效率与生产率分析引论. 王忠玉，译. 北京：中国人民大学出版社.
李明. 2010. 公民责任意识：结构与动力分析及其教育的行动策略. 心理学探新，30（1）：15-20.
李明，耿进昂. 2010. 责任意识的社会与文化心理学分析. 南京师大学报（社会科学版），（3）：111-115.
李晓龙，冉光和. 2019. 农村产业融合发展的创业效应研究——基于省际异质性的实证检验. 统计与信息论坛，（3）：86-93.
林文声，钟倩琳，王志刚. 2016. 社区支持农业的消费者忠诚研究——以珠海市绿手指份额农园为例. 消费经济，32（1）：57-62.
刘飞. 2012. 制度嵌入性与地方食品系统——基于Z市三个典型社区支持农业（CSA）的案例研究. 中国农业大学学报（社会科学版），29（1）：141-149.
刘军. 2004. 社会网络分析导论. 北京：社会科学文献出版社.
陆继霞. 2016. 替代性食物体系的特征与发展困境——以社区支持农业和巢状市场为例. 贵州社会科学，（4）：158-162.
罗家德. 2005. 社会网分析讲义. 北京：社会科学文献出版社.
罗家德. 2012. 关系与圈子——中国人工作场域中的圈子现象. 管理学报，（2）：165-171，178.
马流辉. 2016. “脱嵌”的土地流转——实现机制与社会效应. 内蒙古社会科学（汉文版），（5）：159-165.
马戎. 2007. “差序格局”——中国传统社会结构和中国人行为的解读. 北京大学学报（哲学社会科学版），44（2）：131-142.
毛薇，吴小丹，夏利君. 2017. 交互视角下：消费者参与社区支持农业的意愿、信任及服务策略研究. 农业经济，（11）：10-12.
倪国华，郑风田，喻志军. 2014. 通过“纵向整合”解决“一家两制”的理论与实证. 中国人口·资源与环境，24（3）：93-100.
潘家恩，杜洁. 2012. 社会经济作为视野——以当代乡村建设实践为例. 开放时代，（6）：55-68.
全世文，胡历芳，曾寅初，等. 2018. 论中国农村土地的过度资本化. 中国农村经济，（7）：2-18.

沈艳，蔡剑. 2009. 企业社会责任意识与企业融资关系研究. 金融研究，（12）：127-136.
沈毅. 2007. “差序格局”的不同阐释与再定位——“义”“利”混合之“人情”实践. 开放时代，（4）：105-115.
石嫣，程存旺，雷鹏，等. 2011. 生态型都市农业发展与城市中等收入群体兴起相关性分析——基于“小毛驴市民农园”社区支持农业（CSA）运作的参与式研究. 贵州社会科学，（2）：55-60.
帅满. 2013. 安全食品的信任建构机制——以H市“菜团”为例. 社会学研究，（3）：183-206，245.
斯科特 J. 2007. 社会网络分析法. 刘军，译. 重庆：重庆大学出版社.
宋洪远，翟雪玲，曹慧，等. 2012. 农产品价格波动、机理分析与市场调控. 农业技术经济，（10）：4-13.
苏毅清，游玉婷，王志刚. 2016. 农村一二三产业融合发展：理论探讨、现状分析与对策建议. 中国软科学，（8）：17-28.
王兴国. 2016. 推进农村一二三产业融合发展的思路与政策研究. 东岳论丛，（2）：30-37.
徐立成，周立，潘素梅. 2013. “一家两制”：食品安全威胁下的社会自我保护. 中国农村经济，（5）：32-44.
阎云翔. 2006. 私人生活的变革：一个中国村庄里的爱情、家庭与亲密关系（1949—1999）. 上海：上海书店出版社.
杨嬛，王习孟. 2017. 中国替代性食物体系发展与多元主体参与：一个文献综述. 中国农业大学学报（社会科学版），34（2）：24-34.
杨曦，徐志耀. 2016. 交易成本视角下社区支持农业发展困境及突破. 农业现代化研究，37（4）：621-626.
杨宜音. 1999a. 自我与他人：四种关于自我边界的社会心理学研究述要. 心理学动态，7（3）：58-62.
杨宜音. 1999b. “自己人”：信任建构过程的个案研究. 社会学研究，(2): 38-52.
叶敬忠，王雯. 2011. 巢状市场的兴起：对无限市场和现代农业的抵抗. 贵州社会科学，（2）：48-54.
曾凡木. 2013. 熟人社会关系的再造——新农业村庄内经济活动的新嵌入. 学习与实践，（2）：93-98.
赵霞，韩一军，姜楠. 2017. 农村三产融合：内涵界定、现实意义及驱动因素分析. 农业经济问题，（4）：49-57，111.
周立. 2010. 极化的发展. 海口：海南出版社.
周立，方平. 2015. 多元理性：“一家两制”与食品安全社会自我保护的行为动因. 中国农业大学学报（社会科学版），（3）：76-84.
周立，李彦岩，王彩虹，等. 2018. 乡村振兴战略中的产业融合和六次产业发展. 新疆师范大学学报（哲学社会科学版），（3）：16-24.
周立，潘素梅，董小瑜. 2012. 从“谁来养活中国”到“怎样养活中国”：粮食属性、AB模式与发展主义时代的食物主权. 中国农业大学学报（社会科学版），（2）：20-33.

Benbasat I, Goldstein D K, Mead M. 1987. The case research strategy in studies of information systems. MIS Quarterly, 11（3）: 369-386.

Chen W P. 2013. Perceived value of a community supported agriculture（CSA）working share. The construct and its dimensions. Appetite, 62: 37-49.

Cone C, Myhre A. 2000. Community-supported agriculture: a sustainable alternative to industrial agriculture?. Human Organization, 59（2）: 187-197.

Denzin N K, Lincoln Y S. 1998. The Landscape of Qualitative Research: Theories and Issue. London: Sage Publications.

Eisenhardt K M, Graebner M E. 2007. Theory building from cases: opportunities and challenges. Academy of Management Journal, 50（1）: 25-32.

Goodman D, DuPuis E M, Goodman M K. 2012. Alternative Food Networks: Knowledge, Practice and Politics. New York: Routledge.

Granovetter M. 1985. Economic action and social structure: the problem of embeddedness. American Journal of Sociology, 91（3）: 481-510.

Henderson E, van En R. 2007. Sharing the Harvest: A Citizen's Guide to Community Supported Agriculture. London: Chelsea Green Publishing.

Hillery Jr G A. 1955. Definitions of community: areas of agreement. Rural Sociology, 20: 111-123.

Kjærnes U, Harvey M, Warde A. 2007. Trust in Food: A Comparative and Institutional Analysis. London: Palgrave Macmillan.

Lewin K, Cartwright D. 1951. Field theory in social science: selected theoretical papers. American Sociological Association, 16（3）:404-405.

McAllister D J. 1995. Affect-and cognition-based trust as foundations for interpersonal cooperation in organizations. Academy of Management Journal, 38（1）: 24-59.

Wellman B, Berkowitz S D. 1988. Social Structures: A Network Approach. Cambridge: University of Cambridge.

第四章　完善农民增收的体制机制研究[①]

在党中央的坚强领导下，中国创造了举世瞩目的经济增长奇迹，中国已经成为世界第二大经济体。然而，在持续快速的经济增长过程中，城乡居民的收入和生活并没有保持同步增长，城乡居民收入之比在经历了 20 世纪 70 年代末的下降之后，从 1982 年的 1.82 持续上升到 2009 年的 3.33，虽然 2009 年后开始保持缓慢下降趋势，但是到 2016 年，城乡居民收入之比（国家统计局从 2013 年开始将农村居民纯收入口径修改为可支配收入）依然高达 2.72；2016 年，城乡居民的消费支出之比也依然高达 2.28。因此，要实现共同富裕的最终目标，就必须确保农民收入持续稳定增长，并且只有确保农民的收入增速快于城镇居民，才能进一步缩小城乡收入差距，实现共同富裕和全社会均衡协调发展。十九大报告非常准确且科学地把握住了中国社会的主要矛盾——人民日益增长的美好生活需要和不平衡不充分的发展之间的矛盾，农业和农村发展的相对落后就是发展的不平衡和不充分的表现之一。可以说，没有农村的振兴和农民收入的持续稳定增长，农民的中国梦就无法实现。因此，研究如何消除农民收入稳步提高所面临的障碍，如何建立完善的政策支持体系，确保农民收入持续稳定增长，并且进一步缩小与城镇居民的收入和福利差距，对中国这样的农业人口大国而言具有重要的政治意义。

为此，本章首先从制约和影响农户不同收入来源的角度展开研究，并结合对农村地区的调研和走访，分析中国农户的种植业收入、工资性收入等不同来源面临的问题和挑战，同时分析农村空心化以及信贷约束等对农户生产与增收行为的影响；其次，本章还分析了美国家庭农场的补贴政策体系及其对中国农户增收的启示；最后，结合中国保证粮食安全和农户增收的双重目标，提出相关政策建议。

第一节　农业补贴政策与农户家庭经营收入

一、劳动力转移、信贷约束对农业生产规模的影响

20 世纪 80 年代初家庭联产承包责任制在中国的确立，有力地促进了农业劳动

① 本章为课题“促进农民增收的保障机制与政策支持研究”（承担单位：复旦大学。课题主持人：章元。课题组成员：王驹飞、黄露露、刘茜楠、段文、左丛民、孙诗怡）研究成果的一部分。本章执笔人：章元。

生产率和农业产出的提高（Lin，1992）。被释放的农村剩余劳动力伴随着中国的工业化和城市化转移进入城市工业部门，有力地推动了中国社会经济的发展。国家统计局发布的《2015 年农民工监测调查报告》显示，2015 年中国农民工总量达 27 747 万人。尽管已有如此庞大规模的农村劳动力转移出来，但中国当前的农业生产依然面临着土地资源均分、细碎化经营、流转不畅以及规模效益低下等问题，并逐步成为规模化经营和农业现代化进程中的难题（林善浪等，2010；Sklenicka et al.，2014；Deininger et al.，2017）。过度分散且小规模的农业生产难以适应农业现代化发展的要求，扩大农业经营规模是我国农业发展不可回避的选择（Wan and Cheng，2001；陈锡文，2013；李文明等，2015；赵鲲和刘磊，2016）。而且，推进适度规模经营是稳定农业发展、保障粮食安全以及促进农民增收的理想路径（许庆等，2011；周应恒等，2015；杨春华和李国景，2016）。因此，如何推动农业生产的适度规模经营，确保农业持续发展，保障国家粮食安全并增加农民收入，已成为学术界和政策制定者关注的焦点。2014 年 11 月中共中央办公厅、国务院办公厅出台《关于引导农村土地经营权有序流转发展农业适度规模经营的意见》，意在引导和促进耕地流转和发展农业适度规模经营。2016 年 10 月，又进一步出台《关于完善农村土地所有权承包权经营权分置办法的意见》，着力落实集体所有权、稳定农户承包权、放活土地经营权，逐步形成“三权分置”格局，并以此来发展适度规模经营和推动现代农业发展。实践证明，土地流转和适度规模经营是发展现代农业的必由之路，有利于保障粮食安全和促进农业农村发展。因此，有必要深入研究当前农业生产的规模化和机械化的影响因素，并基于科学的研究结果提出有针对性的政策建议。

（一）劳动力和资本对农业生产规模的影响机制分析

农业生产的现代化可以体现为农户耕地经营规模的扩大，以及农业生产性资本投入的增加。现有文献考察了农村劳动力转移和信贷约束这两个因素对于它们的影响，有助于我们理解农业现代化的影响因素。首先，现有文献考察了劳动力转移对耕地流转和规模化经营的影响，但是却并没有达成一致结论。例如，李跃歌和沈佳丽（2014）、李强和黄斐（2015）的研究发现，农村劳动力转移导致了耕地抛荒的出现，而抛荒的出现说明耕地资源没有实现有效的流转。展进涛和陈超（2009）的研究发现，劳动力转移程度越高的农户对农业技术以及农业技术推广的需求越小。吕新业（2003）研究认为，随着农村劳动力的转移，粮食生产的从业人员主要是妇女和老人，这一趋势的发展会使农业从业者的科技素质降低，从而会成为影响粮食安全的不稳定因素。但是，也有相反的观点或结论认为农村劳动力转移会增加农业的资本投入并提高劳动生产率，从而有利于增强中国的粮食安全。朱农（2005）则认为，转移农村剩余劳动力可促使资本、技术等生产要素进入农业领域，从而能够提高农业劳动生产率。而且，机耕服务、灌溉服务以及防治病虫害服务等农业社会化服务的出现也会弥补劳动力转移而导致的劳动力短缺问题，从而保障农户耕地经营规模有增无减（姜松等，2016）。另外，也有调查发现，农村劳动力外出打工对于耕地流转的促进作用较明显，并且流转程度高且时间长，这恰恰为农地规模化经营创造了条件（陈美球等，2011；张宗毅和杜志雄，2015）。当然，部分研究面临的一个局限是调查范围或者使用的样本不具备全国代表性，我们使用的农户样本具有全国代表性，可以克服这一局限。其次，农业生产的规模化和现代化显然离不开大型机械等生产性资本的投入，而如果农户在购买农用机械时面临着信贷约束，就会限制经营规模的扩大和资本投入的增加。有研究发现，当前我国信贷市场（特别是农村信贷市场）发育不健全，尤其是针对农户或农业生产的信贷审核更是严格限制（余泉生和周亚虹，2014；杨春华和李国景，2016；罗振军等，2016），加上农户收入水平低以及缺乏信贷抵押品，很多农户在进行农业投资时面临信贷约束，也限制了农地经营规模的扩大（刘西川和程恩江，2009；阚立娜等，2016）。另外，也有研究发现，信贷需求与金融机构信贷供给之间的结构性错配使得实际耕地面积更大的农户更容易受到信贷约束（黄惠春等，2016）。但是，现有文献基于具有全国代表性样本的实证研究并不多。

下面，我们首先提出两个理论假说，论证劳动力转移和信贷约束对于农户的耕地经营规模和农业生产性资本投入的影响，然后利用具有全国代表性的中国家庭收入调查项目（China Household Income Projects，CHIP）第五轮全国范围调查数据（编号 CHIP2013）农户样本检验这两个理论假说。首先，一方面，中国的工业化与城市化吸引了大量农村剩余劳动力转移至非农产业，为耕地资源的集约化经营腾出了空间；另一方面，工业化提升了农业生产的物质装备和技术水平，为耕地经营规模的进一步扩大奠定了生产力基础。在一般均衡分析框架下，当大规模的农村剩余劳动力转移进入城市后，农村的实际人均耕地面积应处于上升趋势。许庆等（2011）和李文明等（2015）的研究发现，农地经营规模的扩大能够带来单位农产品生产成本的降低并促进农民增收。所以，劳动力流出的农户有动力将耕地流转出去，劳动力未流出的留守农户也应该有动力进一步扩大土地经营规模以增加收入。其次，根据农业生产函数的性质可以推断，小规模经营的农户在农业生产的平均成本下降阶段如果可以扩大土地经营规模，在农产品价格外生的条件下可以增加产出和利润。而耕地经营规模的扩大离不开农业生产性投资，尤其是购买大型农业机械，如果农户此时面临信贷约束，生产规模的扩大就会受到限制，从而无法达到利润最大或者成本最小的最优状态。特别地，农业生产所面临的自然灾害风险，以及农业机械的特殊性，使得银行为农业机械融资的积极性不高。因此，信贷约束必然会限制留守农户的农业生产性投资行为。

结合上述分析，我们提出如下理论假说。

假说 4-1：农村劳动力转移有助于促进耕地流转，有助于促进留守农户家庭土地经营规模的扩大和农业生产性资本投入的提升。

假说 4-2：信贷约束会抑制留守农户耕地经营规模的扩大，抑制农业生产性资本投入的提升。

另外，中国的粮食产量主要由主产区贡献，粮食主产区和非主产区的农业生产条件存在巨大差异，人均耕地面积、生产条件、机械化的初始程度都有显著差异，因此我们预期劳动力转移和信贷约束对粮食主产区与非主产区农户的土地经营面积及农业生产性资本投入的影响理应存在差异。而且，如果它们的影响力存在差异的话，那么政府的干预政策也应该有所不同。为此，我们将分别利用主产区和非主产区农户样本进行实证检验。

（二）信贷约束、土地流转与农户生产规模的实证分析

1. 数据来源与回归模型

我们所用数据为 CHIP2013 的农户样本，该样本涵盖了东部的北京、江苏、山东、广东和辽宁，中部的山西、安徽、河南、湖北和湖南，以及西部的重庆、四川、云南和甘肃。我们选择 CHIP 数据的理由如下：第一，CHIP 的样本覆盖面广，具有全国代表性，有 61.54%的样本位于粮食主产区①；第二，CHIP 数据的农户问卷包括家庭成员基本情况、劳动时间安排、外出经历、土地和农业经营情况以及家庭借贷情况等信息，能够满足我们研究的需要。

为检验我们提出的理论假说，我们分别构建以农户耕地经营规模和农业生产性资本投入为被解释变量的回归模型②：

$$\ln \text{land}_i = \alpha + \beta \text{migration}_i + \gamma \text{control}_i + \varepsilon_i \quad (4\text{-}1)$$

$$\ln \text{asset}_i = \alpha + \beta \text{migration}_i + \gamma \text{control}_i + \varepsilon_i \quad (4\text{-}2)$$

$$\ln \text{land}_i = \alpha + \beta \text{credit}_i + \gamma \text{control}_i + \varepsilon_i \quad (4\text{-}3)$$

$$\ln \text{asset}_i = \alpha + \beta \text{credit}_i + \gamma \text{control}_i + \varepsilon_i \quad (4\text{-}4)$$

其中，i 为农户；α 为常数项；β 和 γ 分别为核心解释变量及控制变量的待估计系数；land 为耕地经营规模，取对数形式；asset 为农业生产性资本投入，取对数形

---

① 财政部 2003 年 12 月下发《关于改革和完善农业综合开发若干政策措施的意见》，依据各地主要农产品的产量等主要指标，并参考有关部门的界定办法与范围，进一步界定了农业主产区及粮食主产区的范围，将黑龙江（含省农垦总局）、吉林、辽宁（不含大连）、内蒙古、河北、河南、山东（不含青岛）、江苏、安徽、四川、湖南、湖北以及江西等 13 个省（自治区）划分为粮食主产区。

② 对于模型设置，我们进行了 linktest 方程检验，结果绝大部分回归都能够通过检验。此外，考虑到农户的耕地经营规模和固定资产规模是同时决定的，我们也分别在对耕地经营规模进行回归时控制固定资产的规模，在对固定资产的规模进行回归时控制耕地经营规模，结果发现我们关心的关键自变量的回归系数和显著程度没有发生改变，这表明我们的结论也是稳健的。对于上述回归结果，有兴趣的读者可以向笔者索取。

式；migration 为劳动力转移变量；credit 为信贷约束变量；control 为农户的家庭特征，包括家庭成员平均年龄及其平方项（age、age^2）、家庭成员平均受教育年限（edu）、家庭成员平均健康水平（health）、家庭小孩数量（children）、东部和中部地区虚拟变量（east、middle）等。

对于被解释变量耕地经营规模（land），用当年农户经营的耕地总面积来度量①；对于农业生产性资本投入（asset），用农业经营性固定资产现价估计净值来度量。关于劳动力转移，本书首先借鉴刘亮等（2014）的做法，用家庭成员外出劳动时间占比（migration）来度量，理由在于：我国的农户兼业化现象突出（李庆等，2013；李宪宝和高强，2013），农民工"候鸟式"流动及"亦工亦农"的身份特征依然存在（曹利平，2009），仅以外出从业的劳动力数量来度量不足以充分准确反映劳动力转移或劳动时间分配的现实特征。然后，我们还设置了一个虚拟变量 no_out，用来度量一个农户中是否有劳动力外出，如果有，则赋值为 0，否则为 1；对于信贷约束（credit）变量，我们将"有 1 个或以上的借贷申请或借款要求被拒绝"视为有信贷约束并赋值为 1，将"所有借贷申请或借款要求都被接受"和"所有借贷申请或借款要求都被足额满足"视为无信贷约束并赋值为 0。将健康状况评价的选项"非常不好""不好""一般""好""非常好"分别赋值为 1 到 5。

基于上述变量的定义，表 4-1 报告了全样本、粮食主产区子样本、粮食非主产区子样本的变量描述性统计结果。从中可以看出粮食主产区的农户家庭土地经营规模更大、家庭成员外出劳动时间占比更低、未外出劳动概率更高、信贷约束更小、农业生产性资本投入更低、家庭成员平均受教育年限更低、家庭成员平均健康水平更低、家庭成员平均年龄更高。

表 4-1 变量的描述性统计

变量	全样本	粮食主产区	粮食非主产区
ln land	1.4036（0.9937）	1.4739（1.1133）	1.3687（0.9267）
migration	0.1321（0.1837）	0.1305（0.1813）	0.1329（0.1850）
no_out	0.5430（0.4982）	0.5482（0.4977）	0.5334（0.4990）
credit	0.1507（0.3578）	0.1442（0.3514）	0.1600（0.3668）
ln asset	8.1732（1.4800）	8.0000（1.4610）	8.5569（1.4499）
edu	6.7658（2.4836）	6.7124（2.4509）	6.8647（2.5404）
health	3.9021（0.7667）	3.8927（0.7824）	3.9196（0.7368）
age	41.559（13.5890）	42.487（14.0430）	39.842（12.5270）

① 农户问卷中并未直接报告农户经营的耕地总面积，而是给出了农户经营和闲置（如撂荒、休耕等）的耕地总面积，所以我们用农户经营和闲置的耕地总面积减去已报告的闲置耕地面积，得出农户实际经营的耕地总面积。

续表

变量	全样本	粮食主产区	粮食非主产区
children	0.5733（0.7621）	0.5479（0.7263）	0.6201（0.8223）
east	0.3507（0.4772）	0.3536（0.4781）	0.3453（0.4755）
middle	0.3865（0.4870）	0.5114（0.4999）	0.1555（0.3624）

注：表中的数据为样本均值，括号内数据为标准差

2. 劳动力转移对耕地经营规模和农业生产性资本投入的影响

下面我们分别利用全样本、主产区和非主产区样本检验劳动力转移对耕地经营规模和农业生产性资本投入的影响，回归结果报告在表 4-2 中。从表 4-2 中可以得出如下结论：第一，劳动力转移变量在对耕地经营规模的回归模型中都显著为负，这说明家庭成员外出劳动时间占比越高，则农户的土地经营规模越小，即劳动力转移显著减少了农户的耕地经营规模。第二，劳动力转移变量在对农业生产性资本投入的回归模型中也都显著为负，这说明家庭成员外出劳动时间占比越高，则农户的农业生产性资本投入越少；这表明，就中国农村总体而言，有劳动力转移出去的农户在缩小农业生产规模，减少农业生产的要素投入。第三，劳动力转移变量对耕地经营规模的回归系数在粮食主产区和非主产区中差别不大，但是对农业生产性资本投入的回归系数在两个回归中的差别较大，它在主产区回归方程中的系数绝对值大于在非主产区回归方程中的系数绝对值，这初步说明劳动力转移与农业生产性资本投入负相关主要存在于粮食主产区。

表 4-2　劳动力转移对耕地经营规模和农业生产性资本投入的影响

变量	耕地经营规模			农业生产性资本投入		
	全部样本	主产区	非主产区	全部样本	主产区	非主产区
migration	−0.5142*** （0.0625）	−0.3269*** （0.0692）	−0.3412*** （0.1185）	−1.6865*** （0.1185）	−1.5749*** （0.1391）	−1.2843*** （0.2172）
age	0.0712*** （0.0056）	0.0693*** （0.0061）	0.0794*** （0.0108）	0.0404*** （0.0110）	0.0268** （0.0129）	0.0790*** （0.0208）
age^2	−0.0009*** （0.0001）	−0.0008*** （0.0001）	−0.0010*** （0.0001）	−0.0007*** （0.0001）	−0.0005*** （0.0001）	−0.0010*** （0.0002）
edu	−0.0469*** （0.0056）	−0.0216*** （0.0063）	−0.0601*** （0.0101）	−0.0019 （0.0105）	0.0102 （0.0125）	0.0086 （0.0183）
health	0.0670*** （0.0162）	0.0859*** （0.0179）	0.0360 （0.0300）	0.1660*** （0.0307）	0.1633*** （0.0363）	0.1838*** （0.0545）
children	−0.0449** （0.0211）	0.0477* （0.0256）	−0.0728** （0.0344）	−0.0699* （0.0387）	−0.0584 （0.0495）	0.0073 （0.0599）

续表

变量	耕地经营规模			农业生产性资本投入		
	全部样本	主产区	非主产区	全部样本	主产区	非主产区
east	−0.0959*** (0.0289)	0.5805*** (0.0401)	−0.8853*** (0.0504)	−0.1915*** (0.0518)	0.4456*** (0.0711)	−1.2324*** (0.1007)
middle	−0.0759*** (0.0265)	0.3376*** (0.0380)	0.0055 (0.0557)	−0.6549*** (0.0470)	−0.2023*** (0.0663)	−0.5741*** (0.1401)
常数项	0.3023* (0.1600)	−0.5181*** (0.1819)	0.5288* (0.2967)	7.7039*** (0.3081)	7.4119*** (0.3725)	6.7346*** (0.5454)
F 值	55.6313***	69.3226***	71.3971***	83.5341***	59.4569***	32.4004***
R^2	0.0516	0.0921	0.1741	0.1190	0.1226	0.1447
N	8195	5476	2719	4955	3414	1541

注：括号内为标准误

***、**和*分别表示在 1%、5%和 10%水平上显著

另外，其他控制变量的回归系数都符合理论预期。例如，平均年龄一次项回归系数为正，二次项回归系数为负，表明它与耕地经营规模以及农业生产性资本投入之间都呈倒“U”形关系，表明家庭中年富力强的中年劳动力占比越高越有利于扩大耕地经营规模以及农业生产性资本投入的增加；平均受教育年限与耕地经营规模显著负相关，这说明平均受教育程度越高的农户耕地经营规模反而越小，这是因为相对于从事农业生产，农民外出打工或者从事非农产业的收益更高（李实，1999；孙文凯等，2007）；家庭平均健康水平显著地扩大耕地经营规模以及提高农业生产性资本投入；小孩数量对耕地经营规模的回归系数大多为负，这说明抚养小孩越多，越可能会挤占家庭成员从事农业的时间和精力，从而不利于农户耕地经营规模的扩大和农业生产性资本投入的增加。

为了进一步检验劳动力转移的影响，我们用“no_out”替代家庭成员外出劳动时间占比，考察未外出虚拟变量对耕地经营规模和农业生产性资本投入的影响，回归结果报告在表 4-3 中，从中可以得出如下结论：第一，未外出虚拟变量对耕地经营规模和农业生产性资本投入的回归系数在大部分回归方程中都显著为正，这表明未转移劳动力的农户在经营更多的耕地，并投入了更多的农业生产性资本；第二，比较未外出虚拟变量在主产区方程和非主产区方程中的差异可以看出，在对耕地经营规模的回归中，它在非主产区方程中的回归系数不显著，但是在主产区方程中的回归系数显著，而在对农业生产性资本投入的回归中，它在主产区方程中的回归系数大于在非主产区方程中的回归系数，这表明劳动力转移所推动的规模化经营主要产生于粮食主产区；第三，其他变量的回归系数和表 4-2 基本上无差异。

表 4-3 未外出虚拟变量对农户耕地经营规模和农业生产性资本投入的影响

变量	耕地经营规模			农业生产性资本投入		
	全部样本	主产区	非主产区	全部样本	主产区	非主产区
no_out	0.0381** (0.0176)	0.0288** (0.0114)	0.0213 (0.0488)	0.4336*** (0.0428)	0.4331*** (0.0516)	0.3366*** (0.0719)
age	0.0585*** (0.0074)	0.0609*** (0.0080)	0.0620*** (0.0167)	0.0389*** (0.0113)	0.0260** (0.0132)	0.0797*** (0.0214)
age^2	−0.0007*** (0.0001)	−0.0007*** (0.0001)	−0.000 8*** (0.000 2)	−0.0006*** (0.0001)	−0.0005*** (0.0001)	−0.0010*** (0.0002)
edu	−0.0394*** (0.0074)	−0.0115 (0.0086)	−0.0694*** (0.0128)	−0.0095 (0.0107)	0.0045 (0.0127)	0.0024 (0.0184)
health	0.0478** (0.0198)	0.0775*** (0.0219)	0.0258 (0.0369)	0.1601*** (0.0312)	0.1634*** (0.0368)	0.1699** (0.0551)
children	−0.0156 (0.0253)	0.0501* (0.0303)	−0.0620 (0.0395)	−0.0114 (0.0389)	0.0041 (0.0496)	0.0469 (0.0598)
east	0.1449*** (0.0343)	0.6708*** (0.0425)	−0.5647*** (0.0748)	−0.2078*** (0.0525)	0.4709*** (0.0718)	−1.2951*** (0.1011)
middle	0.0718** (0.0314)	0.4435*** (0.0394)	0.5699*** (0.0739)	−0.6741*** (0.0476)	−0.1868*** (0.0671)	−0.5166*** (0.1433)
常数项	−1.5382*** (0.2230)	−2.1779*** (0.2463)	−0.6545 (0.4316)	7.3083*** (0.3166)	6.9374*** (0.3810)	6.4549*** (0.5606)
F 值	94.0001***	92.2147***	52.3750***	68.1859	50.3699	29.6591
R^2	0.2083	0.2608	0.2550	0.1002	0.1065	0.1359
N	4524	3111	1413	4908	3390	1518

注：括号内为标准误

***、**和*分别表示在 1%、5%和 10%水平上显著

结合表 4-2 中的回归结果可以进一步表明：劳动力转移促进了耕地在劳动力流出户和未流出户之间的流转①，推动了未转移劳动力的农户逐步扩大经营规模；因此我们提出的假说 4-1 无法被推翻。

3. 信贷约束对耕地经营规模和农业生产资本投入的影响

从全国层面的宏观统计数据看，虽然我国大部分农业生产依然主要以农户为单位进行，但依靠人力、畜力耕种的传统模式正在逐步改变，农业生产开始逐步

① 劳动力转移变量以及未外出虚拟变量对于租入和租出耕地分别显著为负和正，这证明了劳动力转移在促进耕地流转。

向机械化转变。不过，由于农业生产的收益低、风险大，农业投资常常面临信贷约束。当农业生产的机械化和规模化水平逐步提高时，信贷约束有可能抑制耕地经营规模的进一步扩大。为了检验我们提出的假说 4-2，我们继续展开实证检验并在表 4-4 中报告了回归结果。从表 4-4 中可以得出如下结论：第一，总体而言，信贷约束变量在对耕地经营规模和农业生产性资本投入的回归的大部分模型中，回归系数都显著为负，这初步表明信贷约束不利于农业生产适度规模经营和机械化程度的提高；第二，其他变量的回归系数大都符合理论预期，并且与前面的回归模型基本上保持一致，这里不再赘述。

表 4-4　信贷约束对耕地经营规模和农业生产性资本投入的影响

变量	耕地经营规模			农业生产性资本投入		
	全部样本	主产区	非主产区	全部样本	主产区	非主产区
credit	−0.1299** （0.0518）	−0.1352* （0.0812）	−0.0924 （0.0612）	−0.1899** （0.0959）	0.0191 （0.1249）	−0.4036*** （0.1388）
age	0.0838*** （0.0104）	0.0989*** （0.0175）	0.0811*** （0.0119）	0.0716*** （0.0201）	0.0644** （0.0253）	0.0910** （0.0318）
age^2	−0.0010*** （0.0001）	−0.0012*** （0.0002）	−0.0009*** （0.0001）	−0.0009*** （0.0002）	−0.0008*** （0.0003）	−0.0010** （0.0004）
edu	−0.0527*** （0.0096）	−0.0648*** （0.0151）	−0.0173 （0.0114）	−0.0147 （0.0178）	0.0070 （0.0231）	0.0054 （0.0265）
health	0.0678** （0.0275）	0.0272 （0.0436）	0.1141*** （0.0323）	0.2203*** （0.0525）	0.2507*** （0.0672）	0.1820** （0.0778）
children	−0.0261 （0.0351）	−0.0052 （0.0525）	0.0430 （0.0437）	0.0891 （0.0642）	0.1420 （0.0872）	0.1283 （0.0890）
east	−0.1378*** （0.0492）	−1.1137*** （0.0873）	0.7272*** （0.0704）	−0.1704* （0.0910）	0.7948*** （0.1341）	−1.4418*** （0.1913）
middle	−0.1622*** （0.0426）	−0.0181 （0.0774）	0.3829*** （0.0658）	−0.7823*** （0.0774）	−0.0322 （0.1235）	−0.6315*** （0.1789）
常数项	0.1615 （0.2801）	0.2233 （0.4564）	−0.9307*** （0.3306）	6.5814*** （0.5331）	5.5493*** （0.6958）	6.3165*** （0.8006）
F 值	18.3453***	32.8672***	27.3386***	22.8923***	17.0622***	11.0205***
R^2	0.0454	0.1751	0.1062	0.0867	0.1046	0.1052
N	3097	1248	1849	1937	1178	759

注：括号内为标准误

***、**和*分别表示在 1%、5%和 10%水平上显著

表 4-4 中的回归只是检验了信贷约束对于所有农户的耕地经营规模和农业生

产性资本投入的平均影响，但是当讨论农业生产的适度规模经营时，我们所关注的对象是那些没有转移劳动力的留守农户，因为他们才是农业生产经营的主体，他们所面临的信贷约束才是政策制定者主要关注的问题。为此，我们在回归方程中增加了一个信贷约束和未外出变量的交互项“no_out×credit”，如果该交互项在回归中的系数显著为负，则表明信贷约束显著降低了未外出农户的耕地经营规模以及农业生产性资本投入的增加。回归结果报告在表 4-5 中，从中可以得出如下结论：第一，交互项的回归系数在大多数回归方程中显著为负，这一结果与假说 4-2 保持一致；第二，对比主产区和非主产区的回归方程可以发现，在对农户的农业生产性资本投入以及耕地经营规模的回归方程中，交互项的回归系数在主产区方程中显著为负，但是在非主产区方程中不显著，这进一步表明信贷约束对于农业生产性资本投入和耕地经营规模的扩大主要发生于粮食主产区；第三，其他变量的回归系数与前面的模型基本上保持一致，且符合理论预期。

表 4-5　信贷约束对未外出农户耕地经营规模和农业生产性资本投入的影响

变量	耕地经营规模			农业生产性资本投入		
	全部样本	主产区	非主产区	全部样本	主产区	非主产区
no_out×credit	−0.2199** （0.1031）	−0.2023* （0.1222）	−0.1821 （0.1618）	−0.1558* （0.0879）	−0.2324* （0.1422）	0.0712 （0.2787）
no_out	0.1312*** （0.0409）	0.0739* （0.0482）	0.0736 （0.0653）	0.5685*** （0.0738）	0.6668*** （0.0947）	0.3160** （0.1107）
credit	−0.0198 （0.0707）	−0.0128 （0.0853）	−0.0589 （0.1088）	−0.0880*** （0.0270）	−0.1336** （0.0665）	−0.3948** （0.1833）
health	0.0664** （0.0276）	0.1126*** （0.0325）	0.0199 （0.0438）	0.2238*** （0.0519）	0.2352*** （0.0660）	0.1962** （0.0782）
edu	−0.0547*** （0.0096）	−0.0184* （0.0115）	−0.0656*** （0.0152）	−0.0198 （0.0177）	−0.0030 （0.0228）	0.0052 （0.0265）
age	0.0870*** （0.0106）	0.0813*** （0.0123）	0.0999*** （0.0178）	0.0925*** （0.0201）	0.0889*** （0.0253）	0.1016*** （0.0320）
age^2	−0.0011*** （0.0001）	−0.0010*** （0.0001）	−0.0012*** （0.0002）	−0.0012*** （0.0002）	−0.0011*** （0.0003）	−0.0012** （0.0004）
children	−0.0307 （0.0352）	−0.0405 （0.0440）	−0.0064 （0.0527）	0.0773 （0.0635）	0.1161 （0.0857）	0.1236 （0.0892）
east	−0.1336** （0.0492）	0.7239*** （0.0708）	−1.0955*** （0.0880）	−0.1671* （0.0897）	0.7755*** （0.1316）	−1.3566*** （0.1932）
middle	−0.1478*** （0.0429）	0.3867*** （0.0666）	−0.0038 （0.0781）	−0.7138*** （0.0768）	0.0517 （0.1220）	−0.5969** （0.1812）
常数项	0.0639 （0.2856）	−0.9488** （0.3376）	0.1970 （0.4651）	5.9624*** （0.5339）	4.9388*** （0.6937）	5.9327*** （0.8101）
N	3071	1834	1237	1921	1169	752

续表

变量	耕地经营规模			农业生产性资本投入		
	全部样本	主产区	非主产区	全部样本	主产区	非主产区
R^2	0.0470	0.1044	0.1768	0.1151	0.1395	0.1143
F 值	15.0821	21.2456	26.3279	24.8413	18.7800	9.5625

注：括号内为标准误

***、**和*分别表示在 1%、5%和 10%水平上显著

4. 稳健性检验

最后我们还针对上述回归进行了下列稳健性检验：第一，由于农户的耕地经营规模与农业生产性资本投入是农业生产的两个最基本要素，是由农户的生产决策同时决定的，因此它们之间存在着相互影响的关系，方程估计从而容易面临内生性问题，为此，我们在对耕地经营规模回归的方程中增加农业生产性资本投入，在对农业生产性资本投入变量的回归方程中增加耕地经营规模，结果发现我们的结论依然成立；第二，在检验劳动力转移和信贷约束对于农户生产的规模经营的影响时，我们采用的被解释变量为农户经营的耕地总面积，而没有采用农户的当年租入和租出耕地的面积，理由在于我们采用的是截面数据，调查问卷中并没有询问上一年年底的耕地经营规模是否全部为农户的承包地，也就是说我们观察到的农户年底耕地经营规模是过去多年租入和租出行为决定的结果，比如，有农户可能在多年内连续租入或者租出耕地，因此我们无法分离出承包地之外的耕地面积；同时，由于我们想要研究的是农业生产规模经营的影响因素，使用经营面积更能够体现生产规模；而且，当前农村实施的土地承包政策是“三十年不变”，如果一个农户有家庭成员减少，该农户可以将部分耕地租出，但是如果他们没有租出，而是继续耕种，那么这也能体现出农户扩大生产规模的动机（相对于家庭成员减少而言），此时采用家庭经营耕地总面积则可能更合适。当然，我们也采用了农户当年租入和租出面积作为被解释变量进行了回归，结果依然发现劳动力流出和信贷约束显著降低了农户的耕地经营规模和农业生产性资本投入，并且这种效应主要存在于粮食主产区。

二、农村空心化与产业雷同对农户经营收入的影响

作为世界第一人口大国，保证粮食安全对中国社会经济发展始终具有关键意义。李克强总理在 2019 年《政府工作报告》中指出，“抓好农业特别是粮食生产。

近 14 亿中国人的饭碗，必须牢牢端在自己手上”[①]。保证粮食安全是中国进一步提升城市化水平的重要条件，也是中国应对日益复杂、严峻的国际经济形势的基本前提。农户收入的一个重要来源是种植业和养殖业，在城乡差距依旧很大的情况下，如何保证农户收入保持相对较快的速度增长，直接关系到中国乡村振兴的战略能否圆满完成，以及关系到中国 2035 年基本实现社会主义现代化的宏伟目标能否达成。然而，近年来中国的粮食安全却面临着挑战，一个是农村空心化和产业雷同现象突出，另一个是中国的主要粮食作物（主要指水稻、小麦和玉米）的种植利润呈下降趋势。

（一）农村空心化情况与不利影响

随着中国城市化水平的不断提升，大量农村剩余劳动力进入城镇就业，导致农村空心化现象严重，村民委员会的数量从 2007 年的 62 万个降低到 2017 年的 55.4 万个，种地农民数量和质量都显著下降，粮食生产的机械化提升速度缓慢，这些因素给中国的粮食安全带来了风险，需要引起中央部门的高度重视。

1. 粮食供求面临的挑战

在不大量进口粮食的前提下，城镇化水平的不断提高要求农民的余粮率必须稳步上升。在封闭经济条件下，一个国家的余粮率一般等于这个国家的城镇化率，农民出售余粮的多少直接决定了中国城镇化率的水平。如果农村部门提供的余粮无法满足城市人口需求的增长速度，就会直接限制城市化水平的提高。例如，1955～1956 年上海经历了新中国成立后的首次大规模的城市人口疏散，动员了大批外来农民回原籍生产，并组织城市失业人口前往江西等地参加垦荒建设，期间有 50 余万城市人口被疏散，陈熙（2011）研究发现，城市粮食供应困难而人口增长又过快是导致上海这次人口疏散的重要原因。章元和万广华（2013）对比研究了印度和中国 1971～2010 年的城市化进程的差异发现，中国的人口总量增长了 0.57 倍，但是谷物总产量却增长了将近 1.4 倍，因此中国的城市化水平从 1971 年的 17.26% 快速上升到 2010 年的近 50%。如果没有人均谷物产量的快速增加，中国的城市化水平不可能如此显著地提高。与中国的情形相反，1971～2010 年印度的人口总量增长了 1.15 倍，但是谷物总产量只增长了 1.11 倍，谷物总产量上升的速度低于人口总量上升的速度。尽管印度的 GDP 也保持着较高速度的增长，但是其城市化水平却只从 20.1%上升到 30.1%。1971～2010 年，印度人均谷物占有量从每天 417.6 克下降到 401.7 克，如此低的粮食占有量与印度出现严重的营养不良问题高度相关，例如，全世界发展中国家的营养不良儿童和发育不良儿童分别有 42%和 32%分布在印度。

---

① 2019 年政府工作报告，http://www.gov.cn/guowuyuan/2019zfgzbg.htm[2021-07-07]。

根据粮食安全方面的专家的研究，在保持粮食安全的前提条件下，中国人每年需要消耗 400～500 公斤[①]粮食。2010 年中国的每个农民出售余粮为 460 公斤，每个农民除了养活自己以外还可以额外养活一个城镇人，而 2010 年人口普查发现当年的城镇化率恰好比 50%略低了 0.05 个百分点。2016 年，农民人均粮食总产量为 1045 公斤，每个农民除了养活自己以外，还可以养活一个略多的城镇人口，而中国的城镇化率则上升到了 57.35%。因此，"将饭碗端在自己手中" 前提下的粮食供给对于城镇化率的进一步提高依然是中国面临的一个紧约束。2008～2018 年中国进口粮食的总量迅速增长，粮食对外依赖程度呈上升态势。表 4-6 报告了 2008～2010 年、2012～2014 年、2016～2018 年中国进口的粮食总量数据，从中可以看出，除了油料和谷物及谷物粉以外，其他粮食作物进口量在后两个时间段内基本上都保持在较高水平。2016～2018 年中国进口的谷物及谷物粉是 2008～2010 年的 6.54 倍；2016～2018 年进口的大豆是 2008～2010 年的 1.98 倍。快速增长的粮食进口，一方面提高了中国对外国粮食的依存度，另一方面使中国在面临国际经贸摩擦时容易被掣肘。

表 4-6 中国进口粮食总量（单位：万吨）

年份	谷物及谷物粉	小麦	稻谷和大米	大豆	油料	糖料
2008～2010	1 040	217	108	13 479	2 319	361
2012～2014	807	1 224	722	19 316	2 305	1 178
2016～2018	6 805	1 093	1 067	26 748	1 759	815

资料来源：国家统计局

居民的消费结构转变给粮食生产及粮食生产结构带来了持续挑战。随着社会经济发展水平的提高，居民的消费结构也在发生转变，主要体现为对谷物的消费量下降，但是对肉、禽、蛋、奶、水产品、干鲜瓜果的需求量上升。根据《中国统计年鉴 2019》公布的数据，2013～2018 年，居民的人均粮食消费量从 148.7 公斤下降到 127.2 公斤，但是，肉、禽、蛋、奶、水产品、干鲜瓜果的需求量大都保持上升，其中，禽、蛋、干鲜瓜果、水产品的需求量分别上升了 25%、18.29%、28.1%和 9.62%。饲养牲畜、家禽和鱼类，不仅可能需要粮食作为饲料，而且可能要占用耕地，因此这种对非谷物类粮食作物需求的快速上升倒逼农民改变种植和养殖结构，会对中国的粮食安全产生持续的压力。

在数量庞大的农民工中，青壮年劳动力居多，且高中教育劳动力占比呈上升趋势，从而大大降低了粮食生产的劳动力数量和人力资本水平。表 4-7 报告了

① 1 公斤=1 千克。

2012～2018 年农民工的总量及其特征，从中可以看出，农民工的总量一直持续增长，尽管增长速度在放慢，但是总量一直在 2.6 亿人以上。在数量如此庞大的农民工中，大约 80%为 20～50 岁的青壮年；另外，农民工中教育水平为高中及以上的比例也从 2013 年的 22.8%上升到 2018 年的 27.5%。这些数据表明，农村流失的劳动力中，受过良好教育的青壮年居多，这无疑会导致粮食生产的劳动力数量和质量显著降低，从而给中国的粮食安全带来严峻的挑战。

表 4-7 2012～2018 年中国农民工的总量和特征

项目	2012 年	2013 年	2014 年	2015 年	2016 年	2017 年	2018 年
总量/万人	26 261	26 498	27 395	27 747	28 171	28 652	28 836
20～50 岁青壮年占比	80.0%	80.1%	79.4%	78.4%	77.5%	76.1%	75.2%
高中及以上教育程度占比	—	22.8%	23.8%	25.2%	26.4%	27.4%	27.5%

资料来源：国家统计局历年《农民工监测调查报告》

2. 农村空心化对粮食安全的影响机制

农村空心化迫使留守农户增加化肥和农药的使用量以节省劳动力投入，对耕地的长期生产力和环境保护不利。表 4-8 报告了 2007～2017 年农户使用化肥和农药的数量，可以看出，二者整体上都保持明显的上升趋势。中国本身已是农药和化肥的使用大国，而化肥的长期大量使用，会破坏土壤酸碱结构，在长期内降低耕地的生产力；农药的长期大量使用，则可能会污染水土。这种生产投入行为的改变都会给未来的粮食安全带来不利影响。

表 4-8 2007～2017 年化肥农药使用量（单位：万吨）

项目	2007 年	2009 年	2011 年	2013 年	2015 年	2017 年
化肥施用量（折纯）	5107.83	5404.4	5704.24	5911.86	6022.6	5859.4
农药使用量	162.28	170.9	178.7	180.19	178.3	—

资料来源：国家统计局

农村空心化导致牲畜的饲养量下降，不利于肉类供应量的提升。由于牲畜的饲养在日常需要人为照料的时间较多，当农村青壮年劳动力外出后，留守农户就会显著降低牲畜的饲养量。从表 4-9 中的数据中可以看出，除了牛羊以外，马、驴、骡的饲养量下降的幅度达 40%～70%，甚至连猪的饲养量也下降了 7.8%，这一趋势不利于国内肉类的生产供应。另外，由于环境治理政策对农户散养猪的限制，加上非洲猪瘟的冲击，2019 年下半年的居民消费价格指数（consumer price index，CPI）明显上涨，其中猪肉价格的推动作用尤其明显。这在经济下行的前提下无疑将增加中央银行制定货币政策的难度和挑战。

表 4-9　农户饲养牲畜数量的变动趋势

项目	牛	马	驴	骡	猪	羊
2008 年底头数/万头	10 068	595	600	244	46 433	28 824
2018 年底头数/万头	8 915	347	253	76	42 817	29 714
增长幅度	−11.5%	−41.7%	−57.8%	−68.9%	−7.8%	3.1%

资料来源：国家统计局

在农村空心化的背景下，留守农户的机械投入有所增加，但增加幅度并不稳定，且增长速度远远小于劳动力的流出速度。在劳动力不断流失的情况下，用机械替代人力是必然趋势，也是农业现代化的必然要求，但是中国农户的机械动力投入的增长速度明显慢于劳动力流出的速度。2009～2018 年，农民工总量从 1.45 亿增加到 2.88 亿，9 年的时间内几乎翻了一倍，但是农业机械总动力仅仅从 2009 年的 8.75 亿千瓦增加到了 2018 年的 10.04 亿千瓦，9 年内只增长了 14.7%。由此可见，农村空心化背景下的机械动力替代人力的速度缓慢，这会成为影响粮食安全的一个重要因素。

另外，通过和国际上部分国家进行对比也可以看出，中国的农业机械化水平还相对较低，有非常大的提升空间。如果按 18 亿亩耕地核算，进入 21 世纪后中国农民人均耕地面积不足 3 亩。按一个农户平均有 3.6 口人计算，户均耕地面积只有 10 亩左右，这个数据距离农业现代化所需要达到的规模经营还有非常大的差距。表 4-10 报告了中国与其他几个国家的农业机械化程度的对比，对比指标为每 100 平方公里耕地上所使用的拖拉机数量，从中可以看出，中国农业使用机械动力的增长速度较慢，2000 年与同样人均耕地面积狭小的日本相比，差距在 50 倍以上。国际对比说明，如果要实现农业现代化，中国用效率较高的农业机械替代人力，进而提升农业机械化程度的空间非常大。

表 4-10　中国与部分国家农业机械化程度的对比

指标	国家	1975 年	1985 年	1995 年	2000 年（2005 年）
耕地用拖拉机数量/（台/100 公里 ^{2}）	美国	274.57	248.72	238.90	270.78
	德国	1310.18	1372.94	1027.21	256.81
	韩国	2.74	61.67	463.16	1115.43
	日本	1458.22	3837.68	4585.31	4532.13
	中国	35.46	71.28	56.13	81.77

资料来源：世界银行世界发展指标（World Development Indicators，WDI）数据库

注：德国、韩国、日本、中国等 2005 年的数据缺失，对应的是 2000 年数据

（二）农村产业雷同对农户增收的不利影响及原因分析

发展农村产业是精准扶贫的重要路径，也是促进农村经济发展和乡村振兴的重要手段。在中国的城市，特别是一、二线大城市短期内还无法快速实现大量农民工市民化的前提下，发展农村产业尤其重要。然而我们调研发现，很多贫困地区在选择发展产业时，普遍面临着产业雷同的困境，贫困地区发展雷同产业很容易导致“果贱伤农”[①]。

1. 低收入农户增收的情况

贫困地区或者低收入农户的增收，是乡村振兴战略中的重点之一。尽管最近十几年来，各级政府对农业和农村的投入和支持力度显著增加，使得低收入农户的收入增速普遍快于高收入农户，但是，贫困地区农户或者低收入农户的收入来源还高度依赖于家庭经营收入，而家庭经营收入主要来自种植、养殖等产业。例如，根据《中国农村贫困监测报告 2017》中的数据，贫困地区农户各项收入比重呈现“两低两高”的特点，与全国农村贫困水平对比，贫困地区农民的工资性收入低 6.5 个百分点，财产性收入低 0.9 个百分点，而家庭经营收入高 2.4 个百分点，转移性收入高 5.1 个百分点。这说明贫困地区或贫困农户过度依赖家庭经营收入。

在贫困地区或贫困农户的收入来源构成中，家庭经营收入占比最高，达 40.7%，其次为工资性收入，占 34.1%；但是，随着中国经济的刘易斯转折点的到来，贫困农户继续转移劳动力以增加工资性收入的潜力已经逐渐枯竭。根据我们利用具有全国代表性的农户数据的测算，将家庭劳动力总量扣除重病成员、在校生、已经外出打工的劳动力之后，假设每个农户留守一个劳动力来照顾老人和小孩，得出还能继续转移的劳动力潜力后发现，贫困农户继续转移劳动力的潜力已经不足 1 人。在此背景下，想要继续通过鼓励贫困农户劳动力外出打工脱贫的空间已经非常有限。因此，发展农村产业从而进一步为没有转移出去的劳动力创造就业机会和增加收入来源就是一个必然的选择。然而，我们在中西部农村地区的调研却发现，贫困地区发展经济时大多面临着产业雷同的困境和挑战。

2. 产业雷同的原因及其挑战

第一，贫困地区环境的相似性决定了其产业选择也具有相似性。我们调研发现，中西部贫困地区的自然条件大多具有相似性，如大多分布在山区、耕地资源稀缺、交通等基础设施条件相对较差、信息闭塞和服务网络欠缺等。因此，在确定本地的主导产业时，贫困地区的选择结果最终大同小异，因为这些地区的环境

① 这里需要说明的是，本章课题的研究内容撰写于 2018 年，当时中国的绝对贫困尚未完全消除。

和条件决定了其能够选择的产业大多是种植业或者养殖业，如瓜果、蔬菜的种植或者家禽、家畜的养殖等。

第二，贫困地区发展的产业出现雷同时，很容易出现“果贱伤农”的结局。根据国家统计局提供的数据，从 2007 年到 2015 年，中国的香蕉种植面积增长了 33.4%，柑橘种植面积增长了 29.4%，葡萄种植面积暴增了 82.3%，家禽出栏量增长了 25.1%。种植面积和养殖数量的快速增长带来了产量的快速增长，但同时也伴随着价格的下跌。2015 年和 2016 年干鲜瓜果的价格指数连续下降（两年的价格指数分别为 97.4 和 97.9）；肉禽及其制成品的价格指数在 2015 年和 2016 年也同样出现了持续下降（两年的价格指数分别为 92.7 和 96.7）。产业雷同导致的产量快速上升未必会增加农户的纯收入，反而可能会因为价格的下降而出现单位经营性纯收入的下降。

产业雷同导致的“果贱伤农”并不仅仅发生在中西部贫困地区。以柑橘为例，由于前几年柑橘种植面积的快速增长，以及脐橙和芦柑等替代品种植面积的快速上升，导致柑橘的种植利润快速下降。例如，我们 2018 年 12 月 15 日在上海市郊区的某柑橘种植园调研时发现，零售商上门收购柑橘的价格只有 0.7 元/斤，柑橘种植的亩均净利润只有 2000～3000 元。

第三，贫困地区或者贫困农户选择发展产业时，相对于发达地区或者高收入农户总是“慢半拍”，从而无法抢占市场先机。以猕猴桃和火龙果种植为例，我们 2017 年在西南某山区调研时，某贫困乡的产业扶贫项目是推广黄心和红心猕猴桃，地方干部对我们声称，挂果后平均亩产至少 1000 斤，销售价格为每斤 25 元，亩均成本为 2000 元左右，所以每亩净利润可达万元以上。但实际上，我们多年前在湖南、四川等地调研时就已经发现那里早已有黄心和红心猕猴桃的大面积种植。而我们 2018 年 12 月 23 日在京东商城等网站上检索发现，四川的黄心和红心猕猴桃的网络零售价大概在 5～6 元/斤，若扣除销售环节的成本和利润，则销售商向农户的收购价格可能只有 2～3 元/斤。而另外一个贫困乡干部看到隔壁乡镇几年前发展白心火龙果产业有较好的利润，则也鼓励当地贫困户种植白心火龙果，但是当贫困户的白心火龙果刚刚开始挂果时，其他地区的红心火龙果已经变成了消费者的“新宠”并逐渐占领了市场主导地位，导致很多贫困户种植的白心火龙果价格急降，收购商已经不像前几年那样主动到田间地头来收购，品相差、个头小的白心火龙果的价格还不到 1 元/斤，很多贫困户只能将其丢弃腐烂。我们调研发现，柚子等其他很多种植业的发展也同样面临类似问题。

第四，贫困地区的种植业和养殖业不仅面临着“小农户、大市场”的挑战，而且面临着技术和信息获取的落后，因此即使有好的产品，也未必能够获得丰厚的利润。一方面，贫困地区或者贫困农户在获得市场信息方面总是比发达地区或者高收入户滞后，这就导致他们无法及时获得市场信息。当贫困户向发达地区学习经验时，注定了最后学习的那一批贫困户难以成功，这是由农产品价格的特殊性质决定的。另一方面，由于技术和信息获取方面的滞后，贫困地区选择的产业大多具有附加值低、生产技术落后、服务落后的特点。例如，在云南地区的调研发现，某山区乡的农户饲养了大量品质优良的柴鸡，但是当地却没有屠宰和储存运输的冷链企业，导致大量柴鸡无法卖给城市消费者。这在一定程度上也制约了贫困地区通过发展种植业、养殖业推动脱贫和农户增收的进程。

三、粮食种植利润下降对农户种粮积极性与经营收入的影响

（一）近年来粮食种植利润下降的状况

国家发展和改革委员会价格司《全国农产品成本收益资料汇编 2018》公布的数据表明，水稻、玉米、小麦这三种粮食作物的亩均净利润已经从 2011 年的 250.76 元下降到 2016 年的–80.28 元，2017 年为–12.53 元，2017 年只有苹果、甜菜、甘蔗、大中城市蔬菜、花生等少数几种种植业维持正向的净利润。目前来看，农民的大部分粮食作物已经不能获取正常的利润，第一产业外的资本和劳动力缺乏进入粮食种植领域的积极性，农户来自粮食种植业的收入显著下降。

（二）粮食种植利润下降的原因及影响分析

1. 粮食种植净利润由正转负的原因分析

亩均总产值略有上升，但亩均总成本显著上升，是导致三种粮食作物[①]亩均净利润由正转负的原因。根据国家发展和改革委员会价格司《全国农产品成本收益资料汇编 2018》提供的数据，2011～2017 年，三种粮食作物的亩均总产值从 1041.92 元上升到 1069.06 元，仅上升 2.60%；但是亩均总成本却从 791.16 元显著上升到 1081.59 元，上升幅度高达 36.71%。总成本的快速上升侵占了利润，从而使得亩均净利润由 2015 年的 19.55 元转为 2016 年的–80.28 元，2017 年为–12.53 元。

亩均产量微弱上升，而平均销售价格在波动中呈下降趋势，是制约三种粮食作物总产值难以上升的原因。根据国家统计局的数据，从 2011 年到 2017 年，三种粮食作物的亩均产量从 441.95 公斤增长到 468.72 公斤，仅增长了 6.06%；而同期的平均销售价格则从每斤 1.15 元下降到 1.12 元；亩均总产值在波动中仅呈微弱上升态势。

粮食的平均销售价格下降也与中国为了顺应 WTO 的补贴规则而进行的补贴改革有关。近年来中国对农业支持政策的改革思路，一是农业补贴政策改革的思路为“黄箱”改“绿箱”，二是对玉米和大豆临时收储政策的改革思路为减“黄箱”

① 本章中的三种粮食作物均指水稻、玉米、小麦。

加“蓝箱”，三是调低了水稻的最低收购价。根据2015～2018年国家发展和改革委员会等部门公布的《关于印发小麦和稻谷最低收购价执行预案的通知》提供的数据，三种稻谷（早籼稻、中晚籼稻、粳稻）的最低收购价分别从2015年的1.35元/斤、1.38元/斤、1.55元/斤下降至2018年的1.2元/斤、1.26元/斤、1.3元/斤。

土地和用工成本的显著上升是总成本显著上升的关键，其中用工成本的上升尤其显著。从2011年到2017年，亩均用工成本从283.05元上升到428.83元，增长幅度高达51.50%；劳动日工价从2011年的40元增长到2017年的85.09元，6年的时间里增长了1.13倍；亩均土地成本从149.75元上升到215.58元，增长幅度高达43.96%；土地和用工成本占总成本的比重从54.70%上升到74.41%。

中国农村的剩余劳动力在2010年左右已经基本消耗完毕，这是用工成本显著上升的主要原因。刘守英和章元（2014）基于国家统计局2006～2013年的约7万户农户调查数据的研究结果显示，中国农村的剩余劳动力已经基本消耗完毕，这直接导致简单劳动力的工资水平显著上升，也因此导致农村和城市劳动力市场上的用工成本上升。例如，农民工的月平均工资从2011年的2049元上升到2017年的3485元，6年的增长幅度高达70.08%。

农业补贴与耕地的承包权挂钩，导致土地成本显著上升。当前的农业补贴中，粮食直补的覆盖面和补贴力度最高，但是这种补贴直接针对土地承包者。当土地发生流转后，土地的经营者和承包者就发生分离，而补贴的获得者为承包者而不是经营者。土地承包者可以不用任何投入就能够从土地获益，因此直接导致补贴成为一种“租”，补贴的提高必然提高土地的承包费。

2. 粮食种植净利润下降的不利影响

农户对于粮食种植业的劳动力投入积极性快速下降。在粮食种植业的利润由正转负的情况下，农户将劳动力投入到粮食种植业中的积极性必然下降。根据国家统计局提供的数据，粮食种植的亩均用工数量从2011年的6.79个下降到2017年的5.04个，下降幅度达25.77%。

粮食种植业的负利润导致资本不愿意进入粮食种植业，农民用资本替代劳动的积极性不足。根据我们的研究测算，2010年左右中国的农村剩余劳动力已经基本消耗完毕，这是粮食种植业劳动力投入下降的一个重要原因，而粮食种植业利润的下降则是劳动力投入下降的另一个重要原因。其实，只要种植业利润可观，理性的农户在减少劳动力投入的同时，会用资本替代劳动，即采用效率更高的机械化生产。但是可以看到，2011年到2018年，外出农民工总量从2.53亿人增加到2.88亿人，但是农业机械总动力却从2011年的9.77亿千瓦降低到了2016年的9.72亿千瓦。即使到了2018年，农业机械总动力也仅仅达10.04亿千瓦，比2011年的水平略高一点。这说明农户投入资本替代劳动的积极性严重不足，这也将制约粮食生产的适度规模经营。

农户的家庭经营收入增长乏力，制约了农民增收的步伐。2015 年以前，家庭经营收入在农户可支配收入中的占比排在第一位，高于工资性收入；但是从 2015 年开始，家庭经营收入的占比被工资性收入反超，排在第二位。粮食种植业是大多数农户家庭经营收入的主要来源，而粮食种植业利润的下降明显制约了农户增收的步伐。从 2013 年到 2017 年，农户的可支配收入增长了 42.44%，但是家庭经营收入仅增长了 27.78%。

粮食种植利润下降并由正转负，损害了农民的种粮积极性，给中国的粮食安全带来压力。根据国家统计局公布的数据，2011 年到 2017 年，三种粮食作物的播种面积由 9613 万公顷增加到 9765 万公顷，环比年均增速小于 1%，这表明农户的种粮积极性不高。随着以美国为首的贸易保护主义抬头以及国际关系的复杂化，中国进口粮食的局面愈趋复杂化，因而不能对农民种粮积极性的下降掉以轻心。

（三）中国农业补贴政策体系的改革进程及面临的问题

1. 中国近年来农业补贴政策的改革

2016 年 9 月，美国向 WTO 秘书处起诉中国对小麦、大米和玉米的市场价格支持突破了“黄箱”政策所设置的约束。2019 年 2 月，WTO 发布了专家组裁决报告，专家组虽然驳回了美国对于中国玉米补贴政策的诉请，但也未能支持中国对小麦、稻谷最低收购价政策补贴水平计算的主张。对此争端，2019 年 6 月中国与美国协商后达成一致，承诺在 2020 年 3 月 31 日前执行 WTO 的裁决，完成对水稻和小麦支持政策的改革。中国在 2015～2016 年已经应 WTO 规则对粮食支持政策进行了改革。这些改革使中国的粮食支持政策更加符合 WTO 的规则，但也同时导致了一些问题，如农户得到的农业支持力度下降、农户种植业收入增长乏力和种粮积极性不足等，对农户增收和粮食安全形成了巨大的挑战。

2. 美国向 WTO 起诉中国的原因及中国面临的挑战

第一，美国起诉中国的最低收购价政策以及临时收储政策突破了“黄箱”政策的限制，争端的关键点在于计算支持总额时，美国主张用实际产量，中国则主张用实际收储量。由于实际收储量只占总产量的 20%左右，美国计算的支持额是我们计算的支持额的 5 倍。例如，假设 2018 年水稻的最低收购价为每斤 1.2 元，水稻总产量 13 000 亿斤，假如政府收储 2600 亿斤，用于收储的支持金额为 3120 亿元（2600 亿斤×1.2 元/斤），而美国认定的支持金额高达 15 600 亿元（13 000 亿斤×1.2 元/斤），这一金额远超“黄箱”政策的 8.5%的上限。对此争端，WTO 专家组最终裁定的计算方法为实际产量减去未达到收购质量标准的产量。由于未达到收购质量标准的产量不超过实际产量的 5%，按专家组裁定方法计算的支持力度依然远超 8.5%的上限。这意味着，中国的粮食最低收购价政策的提升空间已经被锁定。

第二，2019 年中央一号文件提出的大豆振兴计划面临着“黄箱”政策的约束。WTO 的通报显示，2016 年改为大豆目标价格补贴后，补贴额占比仍高达 13.76%。而 2019 年中央一号文件提出大豆振兴计划，《大豆振兴计划实施方案》中提出“到 2020 年，全国大豆种植面积力争达到 1.4 亿亩”。在目标播种面积提高的前提下，大豆生产者补贴力度的提升空间也已经被锁定。

第三，虽然对玉米生产者的补贴是基于往年的固定面积或产量发放，具有“蓝箱”政策的特征，但可能被认定为受约束的“黄箱”政策。按 WTO 规则，“蓝箱”政策必须是在限制总产量的前提下，要么按固定面积或产量发放补贴，要么按基期产量或播种面积的 85%发放补贴。但中国的玉米生产者补贴没有和玉米总产量限制挂钩，也没有按基期产量或者面积的 85%进行补贴，而是按基期产量或面积的 100%进行补贴，因而又不完全符合“蓝箱”政策的要求，可能被认定为受约束的“黄箱”政策。

第四，中国针对非特定农产品的支持远未达到“黄箱”政策的 8.5%的上限，导致 7000 亿元的支持额度被闲置。相对于粮食补贴，中国对粮食适度规模经营补贴、农机具购置补贴等非特定农产品支持额度的利用十分不足。根据 WTO 通报，2014 年和 2015 年中国对非特定农产品的支持占农业 GDP 的比例只有 1.46%和 1.39%，2016 年更是降到 0.26%，远低于 8.5%的约束线。专家测算被闲置的可利用空间还有 7000 亿元左右。

第五，受 WTO 的限制，近年来我国粮食补贴政策改革导致农户得到的农业支持力度显著下降，给农户增收带来了重大压力。[根据 2015～2018 年国家发展和改革委员会等部门公布的《关于印发小麦和稻谷最低收购价执行预案的通知》提供的数据，三种稻谷（早籼稻、中晚籼稻、粳稻）的最低收购价分别从 2015 年的 1.35 元/斤、1.38 元/斤、1.55 元/斤下降至 2018 年的 1.2 元/斤、1.26 元/斤、1.3 元/斤。]专家根据原农业部固定观察点的 2014 年和 2017 年的农户调查数据计算发现，2014 年户均得到的农业“三项补贴”为 612.64 元，2017 年“三项补贴”合并后的农业支持保护补贴户均为 517.51 元。粮食种植业是大多数农户家庭经营收入的主要来源，而粮食补贴的下降明显制约了农户增收的步伐。根据国家发展和改革委员会价格司《全国农产品成本收益资料汇编 2018》提供的数据，从 2013 年到 2017 年，农户的可支配收入增长了 42.44%，但是家庭经营收入仅增长了 27.78%。

第六，更严重的问题是，政府补贴的减少侵蚀了主要粮食的种植利润，导致 2015 年起三种主要粮食作物（水稻、玉米、小麦）的净利润开始变为负，削弱农户的种粮积极性并危及中国的粮食安全。粮食净利润为负，意味着第一产业外的资本和劳动力都不会有积极性进入粮食种植业，这给中国的粮食安全带来严峻的挑战。

第二节　劳动力市场与农户工资性收入

一、刘易斯转折点与农民工工资

（一）现有研究关于刘易斯转折点是否到来的争论

自 2004 年以来，学术界关于我国经济的刘易斯转折点是否到来及其检验一直存在激烈争论，且迄今尚未达成一致意见。我们下面针对现有研究在论据和方法上的一些缺陷进行讨论。在现有文献中，黎煦（2007）、蔡昉（2007a，2007b，2008）、Zhang 等（2011）、Li 等（2012）等认为中国经济在 2004～2005 年到达刘易斯转折点或者开始出现劳动力短缺，主要依据有如下几点：第一，从 2004 年左右开始，沿海城市部分企业开始出现"招工难"现象，这一现象被媒体称为"民工荒"。另外，人力资源和社会保障部在 117 个城市进行的调查发现，岗位数量与求职者数量之比从 2001 年的 0.65 上升到 2012 年第一季度的 1.08，学者也以此判断我国农村剩余劳动力已经消耗完毕，经济发展开始进入"劳动力短缺时代"。第二，从 2004 年左右开始，城市劳动力市场上的农民工工资水平开始呈现明显上升趋势。例如，根据原农业部固定观察点的数据，2003 年农民工的月平均工资为 528 元，2004 年则上升到 802 元，2005 年达到 852 元，2007 年进一步上升至 1060 元。第三，城乡收入差距拉大的状况有所改变。城镇居民可支配收入与农村居民纯收入之比，在 2004 年出现下降，由前一年的 3.23 降为 3.21。2004 年以后，城乡居民收入差距进一步缩小。2004～2011 年，城乡居民收入比从 3.21 降至 3.13。

实际上，根据以上几点来判断我国经济的刘易斯转折点于 2004～2005 年已经到来或者中国已经没有剩余劳动力的说服力不足。理由如下：第一，所谓的"民工荒"现象，或者城市劳动力市场上的岗位数量与求职者数量之比的上升，有可能是劳动力的结构性短缺，并非总量性短缺。一种可能性是，企业招聘不到的是拥有一定技能的劳动力，而非低教育水平、低技能的简单劳动力，准确的表述应该是"技工荒"。另外，不少大中城市最近几年出现的月嫂、保姆短缺等，也体现了劳动力的结构性稀缺。第二，"民工荒"现象在一定程度上与城乡二元体制性障碍有关。近年来，尽管国家大力推进城乡一体化，城市对进城农民工在子女教育、居住等基本公共服务供给方面依然存在歧视性政策，部分农村劳动力为了子女在家乡接受教育或由于城市生活成本不断抬升等原因而不得不滞留在农村，从而导致农村劳动力富余与城市劳动力稀缺并存的局面。例如，Knight 等（2010）认为城市劳动力市场上的"民工荒"与农村地区剩余劳动力并存是制度性因素造成的，其背后隐藏的是劳动力市场的结构性短缺和季节性短缺。第三，农民工和农村劳动力工资上升以及城乡收入差距缩小，不一定是由农村剩余劳动力消耗完毕所推动，也可能归因于各种政策因素的作用。例如，21 世纪以来，我国取消了农业税，并逐步实施对农业生产的各类补贴，同时构建了覆盖农村居民的最低生活保障、养老和社会保障制度，这些措施都直接提高了农民收入，从而提高了农民工的保留工资，因此城市劳动力市场上的工资水平必须做出适应性调整；另外，我国从 2004 年开始明显加大最低工资执法力度，2008 年颁布修订后的《中华人民共和国劳动合同法》（简称《劳动合同法》），对劳动者实施更加严格和全面的保护，各地纷纷提高最低工资标准等，也会推动城市劳动力市场上的农民工工资上涨。

关于中国经济的刘易斯转折点已经到来的大多数研究都是基于对城市劳动力市场的观察，但刘易斯模型中的转折点的含义是农村剩余劳动力被消耗完毕，因此，更科学的方法是从农村或农业中寻找证据。在现有文献中，只有少数研究采用了后一方法，例如，Zhang 等（2011）利用甘肃贫困地区的调研信息，发现 2003 年后该地区的实际雇工工资在农忙和农闲时都已开始大幅度上涨，他们据此推测全国性的劳动力短缺已经出现。Minami 和 Ma（2010）通过估计中国 1990～1995 年、1996～2000 年和 2001～2005 年三个时间段的农业生产函数来计算劳动力的边际生产率，并将其与日本的历史数据进行比较，发现并没有证据表明中国已经出现了劳动力短缺，即使是 2001～2005 年，中国依然蕴藏着大量剩余劳动力。当然，他们认为中国经济正在接近刘易斯转折点，并且东、中、西部的农业劳动投入的边际生产率差别很大，因而不同地区蕴藏的农业剩余劳动力数量不同。类似地，许庆等（2013）基于省级、县市和农户面板数据进行了研究，发现 2005 年左右东部地区的粮食和第一产业 GDP 的生产函数已经到达了刘易斯转折点，而中西部地区尚未到达。

虽然上述研究提供了来自农村和农业生产的证据，但是存在两个问题，Zhang 等（2011）的研究只基于局部地区的小样本，后两个研究使用数据的时点只截止到 2005 年。利用局部地区的小样本数据来判断全国的总体情况，其代表性不足，而截止到 2005 年数据的研究无法反映最近几年的情况，因此，容易造成对全局判断的失误。我们将基于 2003～2012 年国家统计局的约 7 万户农户调查数据[①]重新研判中国经济刘易斯转折点的到来时间。

（二）农民工工资上涨与刘易斯转折点的再测算

1. 刘易斯转折点的测度方法

按照刘易斯的原意，转折点可以将一个经济的发展过程分为两个阶段。转折点到来前的第一阶段，农村蕴藏着无限多的剩余劳动力，农村劳动力的边际生产率为

① 2003～2009 年每年的样本量是 66 000 户。2010～2012 年每年的样本量是 72 000 户。

零，农村劳动力的转移不会导致农业总产出降低，劳动力的工资水平为一个长期稳定的低水平生存工资。转折点到来之后，经济发展进入第二阶段，农村剩余劳动力被消耗完毕，农业劳动投入的边际生产率开始大于零。在这一阶段，继续转移农村劳动力，将会降低农业总产出。城市部门要继续吸引农村劳动力，则需要提高工资水平。因此从理论上说，转折点是否到来的理论判断标准是：在保持其他农业生产要素投入不变的情况下，当农业劳动投入的边际生产率由零变为大于零时，以及农业劳动力的工资水平由长期不变转为上升时，则表明该经济的刘易斯转折点到来了。

但是，发展经济学家在运用这一理论对转折点进行测度时，碰到了技术上的困难。一方面，在转折点到来之前，农业劳动投入的边际生产率可能大于零。另一方面，由于农业技术进步、农民生活水平提高、农作物良种的使用、生产组织方式的变革等，农业劳动投入的边际生产率在转折点到来之前也会逐步提高。因此，现实中无法以“农业劳动投入的边际生产率是否为零”以及是否存在一个长期不变的农业生存工资来判断。如表 4-11 所示，日本经济学家测算了 1915～1963 年的农业劳动投入的边际生产率，结果在转折点到来之前，农业劳动投入的边际生产率不仅大于 0，而且基本保持着上升趋势。

表 4-11　日本农业劳动投入的边际生产率

1915 年	1920 年	1925 年	1930 年	1935 年	1940 年	1950 年	1955 年	1960 年	1963 年
40	43	43	46	43	47	58	93	127	162

资料来源：Minami（1968）

为此，日本经济学家 Minami（1968）认为，转折点到来时，农业劳动投入的边际生产率会出现一个急剧的上升而不是缓慢的上升；另外，转折点到来时，投入结构、工资水平与农业生产方式也都会发生相应变化。因此，为进一步提高判断转折点的准确性，除了观察农业劳动投入的边际生产率是否发生急剧的上升以外，还需要综合观察农业生产其他特征的变化（如农业工资水平是否出现急剧上升、农业劳动力总量是否出现急剧下降、农业投入方式是否出现明显转变等），作为转折点判断的补充依据。

基于上述方法，Minami（1968）测算了日本农业劳动投入的边际生产率，发现它从 1915 年到 1950 年基本保持上升的态势，但是到了 1960 年，出现了一个急剧的上升，因此，他判断日本经济的刘易斯转折点于 1960 年左右到达。同时，日本的实际农业工资水平在转折点到来之前，也呈现上升趋势，但是到 1960 年左右时，实际农业工资水平也同样出现了一个急剧的上升，与农业劳动投入的边际生产率的变动趋势一致。这进一步验证了日本在 20 世纪 60 年代才出现刘易斯转折点的判断。另外，Minami（1968）还发现，从 1960 年开始，日本的农业生产劳动力急剧减少，而机械设备和化肥的使用则明显上升。这些因素都指向了一个明确的结论：日本经济的刘易斯转折点于 1960 年左右到来。

2. 主要发现与结论

下面，我们利用国家统计局 2003～2012 年全国约 7 万户抽样农户的调查数据，寻找 2003 年以来农业劳动投入的边际生产率变动中的急剧上升点，作为判断我国刘易斯转折点是否到来的关键依据。表 4-12 报告了全国总体的测算结果。

表 4-12　农业劳动投入（月）的边际生产率（单位：元）

2003 年	2004 年	2005 年	2007 年	2009 年	2012 年
329.41	367.24	480.57	638.57	687.44	1188.00

资料来源：根据国家统计局农户调查样本计算

从表 4-12 的测算结果可以看出，学术界流行的 2004～2005 年我国经济进入刘易斯转折点的判断是不准确的。表 4-12 的数据表明：首先，2003～2005 年，全国农业劳动投入的边际生产率确实在提高，3 年内共上升了 46%。2005～2007 年，农业劳动投入的边际生产率继续上升，3 年内又提高了 33%。但是，2007～2009 年农业劳动投入的边际生产率增幅明显下降，3 年内仅提高了 8%。也就是说，2004 年左右，农户劳动投入的边际生产率开始提高，但并没有出现非常急剧的上升。其次，2003～2009 年，全国农户的农业劳动投入的边际生产率增幅为 109%，年均增幅为 13.04%；而 2009～2012 年，仅 3 年间的增幅就高达 72.8%，年均增幅为 20%。与 2009 年前相比，农业劳动投入的边际生产率在 2010 年前后出现了一个非常明显的上升，而且这个上升比 2004 年左右出现的上升幅度更为显著。因此，从全国总体来看，依据农业劳动投入的边际生产率这个关键指标的变动状态，我国经济的刘易斯转折点于 2010 年前后已经基本到来。

但是，我国不同区域的经济发展水平差异很大，到达转折点的时间很有可能是不同步的，表 4-13 中的数据能够支持这一判断。在东部地区，2003～2009 年农业劳动投入的边际生产率的增幅为 135%，年均增幅为 15.3%；2009～2012 年的增幅高达 78.22%，年均增幅为 21.24%。据此判断，东部地区于 2010 年左右已经到达刘易斯转折点。

表 4-13　不同地区农户劳动投入（月）的边际生产率（单位：元）

地区	2003 年	2004 年	2005 年	2007 年	2009 年	2012 年
东部	373.28	419.95	550.61	816.24	877.17	1563.31
中部	252.36	282.03	390.98	470.21	507.78	836.99
西部	191.52	203.72	246.77	324.44	378.31	617.30

资料来源：根据国家统计局农户调查样本计算

在中部地区，2003～2009 年农业劳动投入的边际生产率的增幅为 101%，年均增幅为 12.36%；2009～2012 年，仅 3 年间的增幅就高达 64.83%，年均增幅为 18.13%。在西部地区，2003～2009 年农业劳动投入的边际生产率增幅为 97.53%，年均增幅为 12.01%；2009～2012 年的增幅高达 63.17%，年均增幅为 17.73%。上述数据意味着，2009～2012 年，中、西部地区农业劳动投入的边际生产率没有出现东部地区那么明显的急剧上升，因此，中、西部地区可能还有一定的农业剩余劳动力存量，但其间其边际生产率的较快上升，表明中、西部地区正在向刘易斯转折点逼近。上述结论与许庆等（2013）及 Minami 和 Ma（2010）的研究结论类似，即东部地区首先到达转折点，并开始面临劳动力短缺。

另外，如前文所述，转折点的到来还意味着生产方式的转变，我们下面进一步考察 2010 年左右中国的农业生产方式的变化趋势。表 4-14 提供的数据表明，随着农村剩余劳动力的转移，一方面，样本农户年均购买的机械设备一直保持增加的趋势，但是，2003～2009 年的增速并不明显，而 2009～2012 年却出现了一个非常明显的上升。

表 4-14　样本农户的农业投入要素

项目	2003 年	2004 年	2005 年	2007 年	2009 年	2012 年
购买机械/（元/户）	122.94	136.36	193.06	195.66	245.92	389.19

资料来源：根据国家统计局农户调查样本计算

表 4-15 进一步报告了不同地区农户的生产性固定资产价值，从中可以看出，农村劳动力转移也带来了农户生产性固定资产的增加。从增速看，2006～2012 年东、中、西部农户拥有的生产性固定资产价值分别增长了 80%、114%和 159%。从绝对量看，2006～2012 年东部和西部地区农户的生产性固定资产价值始终高于中部地区的农户。这表明，东部和西部地区在剩余劳动力消耗完毕后，开始出现了明显的资本替代劳动倾向，而中部地区由于农村还有一定数量的剩余劳动力，资本替代劳动的趋势尽管也在进行，但其速度慢于东部和西部地区。

表 4-15　不同地区农户拥有的生产性固定资产价值（单位：元）

地区	2006 年	2007 年	2008 年	2009 年	2010 年	2011 年	2012 年
东部	8 800.4	9 432.1	9 887.1	10 977.9	11 522.4	14 930.4	15 809.8
中部	5 331.0	5 973.1	6 322.9	7 040.5	7 455.1	10 974.5	11 414.4
西部	7 707.0	8 527.7	9 300.5	10 164.6	11 179.8	18 845.0	19 969.4

资料来源：《中国住户调查年鉴 2013》

最后需要说明的一点是，我们很难找到对农业生存工资的度量，虽然国家发展和改革委员会价格司出版的《全国农产品成本收益资料汇编》中可以找到农村雇工的工资水平，但是，由于21世纪初开始，中国政府实施了一系列的惠农政策，这会同时推动农村劳动力价格的提高，但是这种提高并非来自剩余劳动力被消耗完毕，因此，我们不能根据该工资水平的上升速度来进一步判断刘易斯转折点的到来时间。

二、2008年版《劳动合同法》与农民工工资

（一）2008年版《劳动合同法》对劳动力市场影响的争论

中国自改革开放以来经历了持续快速的经济增长，2010年的GDP总量跃居世界第二，劳动力密集型制造业的增长在此过程中尤其重要，而低成本劳动力也被认为是中国经济的比较优势。根据国家统计局公布的《2016年农民工监测调查报告》，2016年外出农民工达16 934万人，教育年限为初中的比例高达60.2%，他们构成了中国城市劳动力市场上低技能和简单劳动力的主体。然而，随着经济发展水平的提高和社会的进步，中国开始出现简单劳动力短缺的迹象。例如，沿海城市从2004年左右开始出现“民工荒”，蔡昉（2007a，2007b，2008）、Zhang等（2011）、Li等（2012）等由此认为中国经济的刘易斯转折点已经到来。在此背景下，相对于城镇劳动力而言，民工的工资水平也呈明显上升趋势，例如，表4-16报告了根据有全国代表性的CHIP数据中的民工和城镇劳动力样本计算的小时工资水平：2002～2013年，民工小时工资从2.98元上升到13.63元，增长了3.57倍，而工人的小时工资从5.94元上涨到18.24元，只增长了2.07倍，二者的小时工资之比也由0.50上升到0.75，这表明民工与城镇劳动力的小时工资差距在缩小。如果进一步将民工和城镇工人区分为低技能和高技能两类，他们之间的工资差距依然呈缩小趋势，而且低技能民工和工人的小时工资之比上升的速度最快，由2002年的0.54上升到2013年的0.81。表4-16还报告了低技能工人和高技能工人的小时工资水平，从中可以看出，他们之间的小时工资差距不但没有缩小，反而呈扩大趋势。上述对比表明从21世纪初开始，以民工为主体的简单劳动力的工资水平确实在以更快的速度增长。

表4-16 民工和工人的小时工资水平

项目	2002年	2008年	2013年
民工小时工资（全样本）/元	2.98	7.11	13.63
工人小时工资（全样本）/元	5.94	12.31	18.24
小时工资比	0.50	0.58	0.75
低技能民工小时工资/元	2.74	6.68	13.18

续表

项目	2002 年	2008 年	2013 年
低技能工人小时工资/元	5.10	10.66	16.18
小时工资比	0.54	0.63	0.81
高技能民工小时工资/元	3.88	10.36	16.44
高技能工人小时工资/元	6.49	15.82	23.58
小时工资比	0.60	0.65	0.70
低技能工人小时工资/元	5.10	10.66	16.18
高技能工人小时工资/元	6.49	15.82	23.58
小时工资比	0.79	0.67	0.69

资料来源：CHIP2002、CHIP2007、CHIP2013 民工和城镇工人样本；由于 CHIP2007 的调查时间是 2008 年初，因此表中为“2008 年”，而不是“2007 年”

注：根据 CHIP 问卷对于职业的分类，我们将小企业主、自我雇佣者、技术工人、经理（或者负责人）这四类划分为高技能，其他职业为低技能

中国简单劳动力成本的快速上升引起了全世界范围内的高度关注，例如，英国的杂志《经济学人》（*The Economist*）于 2012 年 3 月 10 日发表了题为“The end of cheap China：what do soaring Chinese wages mean for global manufacturing?”的文章，表达了对中国劳动力成本急剧上升的关注和担忧。随着简单劳动力成本的显著上升，中国的部分劳动力密集型企业开始向印度、越南或者非洲迁移，这也引起了对于中国经济持续增长动力的担忧。然而在此背景下，中国于 2008 年 1 月 1 日正式施行修订后的《劳动合同法》，相对于 1995 年 1 月 1 日颁布实施的《劳动合同法》而言，2008 年版《劳动合同法》加强了对简单劳动力的保护，标志着中国对劳动者权益的保护进入一个新时代。

张五常和张曙光等指出 2008 年版《劳动合同法》将提高中国简单劳动力成本、增加交易费用和降低企业雇佣劳动力的灵活性与经营弹性，从而对中国长期经济增长产生负面效应。然而，学术界对于 2008 年版《劳动合同法》在多大程度上提升了简单劳动力成本却存在很大争论。实际上，即使简单劳动力工资在 21 世纪初出现显著上升，也并不能简单地将其归因于 2008 年版《劳动合同法》的实施，这是因为：第一，21 世纪初中国政府实施了一系列的惠农政策，如取消农业税并对粮食生产进行补贴，这些措施会提高民工在城市劳动力市场上的保留工资；第二，《最低工资规定》于 2004 年开始实施，它也可能会提高城市劳动力市场上简单劳动力的工资水平；第三，2007 年夏季爆发了美国次贷危机并波及全球，因此影响了中国的出口和劳动力市场的就业和工资水平。上述因素叠加在一起对城市劳动力市场产生复杂影响，我们无法简单地判断简单劳动力工资上涨到底是哪个因素主导的。然而，现有文献对此问题的研究并不多，因此，我们将利用有全国代表性的城市劳

动力样本以及中关村企业面板数据展开实证研究，考察2008年版《劳动合同法》在多大程度上提高了劳动力市场上简单劳动力的工资水平。

（二）2008年版《劳动合同法》对农民工工资水平影响的实证研究

1. 数据来源、指标定义与统计描述

我们使用的城市劳动力市场数据为来自CHIP2002、CHIP2007、CHIP2013的民工和非农户籍就业者样本[①]。该数据由中国收入分配研究院联合国家统计局进行抽样和调查，抽样方法保证了样本的全国代表性。经过数据清理之后，民工样本分别有3270个、5740个、1404个，城镇就业者样本分别有9860个、7383个、8743个[②]。

我们建立如下多元回归模型：

$$\ln \mathrm{CW}_i = \alpha + \beta X_i + \gamma \mathrm{control}_i + \varepsilon_i \qquad (4\text{-}5)$$

其中，被解释变量CW为劳动力的小时工资或者是否签订劳动合同及劳动合同的类型；X为我们关心的自变量，包括2008年版《劳动合同法》颁布的年份或者是否签订劳动合同；control为其他控制变量，包括个体的人口学特征、职业和工作单位性质等；i为家庭；α为常数项；β、γ为待估计的回归系数；ε为白噪声。

表4-17报告了实证检验将要用到的因变量和自变量的定义和描述性统计。第一个变量为小时工资水平，第二个到第四个变量为劳动者是否有劳动合同及劳动合同的类型，剩余的都为自变量。y0813为年份虚拟变量，是度量2008年版《劳动合同法》颁布的虚拟变量；由于CHIP2007的调研时间是2008年初，而此时2008年版《劳动合同法》才刚刚实施，因此可能有部分企业尚未立即按照法律的规定与劳动者签订合同[③]，因此我们还基于CHIP数据设置y2013的年份虚拟变量，以考察2008年版《劳动合同法》的持续影响。其余的变量主要分为两类，第一类是就业者的个人特征，包括户籍身份、性别、年龄、民族、婚姻状况、党员身份、教育年限、自评健康水平、工作经验年限，第二类是就业者的职业类型、所在单位的所有制和行业等。最后，城市所在地的最低工资标准以及民工来源地的人均纯收入也将作为后续回归方程中的控制变量。

---

① 请参见该数据网站的介绍：http://www.ciidbnu.org。

② 这里需要说明的是，在进行工资方程回归时，我们保留了个体户以及自我雇佣者样本，这是因为虽然2008年版《劳动合同法》、最低工资标准等都是针对被雇佣者而言的，但是如果个体户及自我雇佣者的小时工资低于最低工资标准，那么理论上他们可以自由选择被雇佣，从而获得最低工资标准。在进行能否获得劳动合同模型回归时，则删除了自我雇佣或个体户样本，因为他们不需要签订劳动合同。

③ 例如，李小瑛和Freeman（2014）基于珠江三角洲（简称珠三角）农民工的调查发现，劳动合同的签订比例在2018年1月显著上升，并在随后的月份中维持在较高水平。

表 4-17　变量定义与描述性统计

变量	定义	平均值	标准差	最小值	最大值
loghwage	小时工资水平（对数）	1.93	0.91	–4.45	6.84
contract	有劳动合同（长期\固定\短期=1）	0.70	0.46	0	1.00
contr_long	有劳动合同（长期\固定=1）	0.57	0.50	0	1.00
contr_short	有劳动合同（短期=1）	0.13	0.34	0	1.00
y0813	年份虚拟变量（2002=0）	0.64	0.48	0	1.00
y2013	年份虚拟变量（2002/2007=0）	0.27	0.45	0	1.00
migrant	户籍身份（民工=1）	0.29	0.45	0	1.00
male	性别（男性=1）	0.57	0.50	0	1.00
age	年龄	38.02	10.04	16.00	60.00
minority	少数民族	0.04	0.19	0	1.00
married	婚姻状况（已婚=1）	0.84	0.36	0	1.00
ccp	党员身份（中共党员=1）	0.14	0.34	0	1.00
edu	教育年限	10.89	3.33	0	35.00
health	自评健康水平（优秀或者良好=1）	0.84	0.39	0	1.00
exp	工作经验年限	10.76	9.69	0	80.00
self	自我雇佣或者个体户	0.09	0.28	0	1.00
skill	技能劳动力	0.21	0.41	0	1.00
unskill	低技能劳动力	0.64	0.48	0	1.00
manager	管理者或负责人	0.06	0.24	0	1.00
soe	国有或者国有控股单位	0.31	0.46	0	1.00
collect	集体所有制单位	0.05	0.23	0	1.00
fdi	外资单位	0.03	0.18	0	1.00
ind1	第一产业	0.01	0.11	0	1.00
ind2	第二产业	0.26	0.44	0	1.00
loghomeinc	民工来源地的人均纯收入（单位：元；对数）	8.06	1.09	0.69	9.69
logmini	最低工资标准（对数）	6.16	0.55	5.25	7.24

资料来源：微观指标来自 CHIP2002、CHIP2007、CHIP2013 城镇和民工样本；民工来源地的人均纯收入来自国家统计局，2007 年民工家乡信息缺失；最低工资标准来自各地政府网站

基于 CHIP2002、CHIP2007、CHIP2013 城镇劳动力样本①，表 4-18 报告了民工和工人有劳动合同以及有长期/固定劳动合同和短期劳动合同的比例，从中可以

① 由于 CHIP2007 的调查时间是 2008 年初，因此后文用 2008 表示该数据的年份。

看出，工人有劳动合同的比例在三个年份里的比例变化不大，工人有劳动合同的比例明显高于民工；民工在 2008 年初和 2013 年有劳动合同的比例明显高于 2002 年，但是 2008 年初和 2013 年之间没有明显变化[①]。

表 4-18　民工和工人有劳动合同的比例

项目	类型	2002 年	2008 年	2013 年
有劳动合同的比例	民工	31.07%	51.02%	50.26%
	工人	83.41%	77.05%	78.82%
有长期/固定劳动合同的比例	民工	6.08%	41.68%	22.57%
	工人	72.19%	70.71%	60.09%
有短期劳动合同的比例	民工	24.99%	9.34%	27.69%
	工人	11.22%	6.34%	18.73%

资料来源：CHIP2002、CHIP2007、CHIP2013 民工和城镇工人样本，不含自我雇佣者和个体户

2. 实证检验

下面，我们先利用工人和民工样本检验作为简单劳动力主体的民工身份对工资的影响是否随时间而变化，表 4-19 报告了被解释变量为小时工资对数的普通最小二乘法（ordinary least squares，OLS）模型回归结果。从表 4-19 中可以看出，第一，在控制了个人特征、职业、行业和所有制后，民工虚拟变量在 2002 年和 2008 年工资方程中回归系数都显著为负，但是在 2013 年工资方程中不再显著，而且回归系数为正；无论是否控制最低工资水平和是否有劳动合同，该结果依然成立，这表明在保持其他条件不变的情况下，作为简单劳动力的民工在 2013 年不再因为户籍身份的不同而获得显著更低的工资，这一结果与表 4-16 中民工和工人小时工资的差距缩小的趋势保持一致；但是低技能劳动力虚拟变量在所有的方程中回归系数都显著为负。基于上述结果可以判断，表 4-16 中简单劳动力与其他劳动力之间工资差距的缩小，主要体现为以民工为主体的简单劳动力与城市户籍劳动力之间工资差距的缩小。第二，最低工资和是否有劳动合同这两个变量在所有的模型中回归系数都显著为正，这表明它们能显著提高工资水平，这一结果符合理论预期。第三，其他变量的回归系数大都符合理论预期，这里不再赘述。

① 但是从表 4-18 中可以看出，如果将民工和工人拥有的劳动合同分为两类，则 2008 年初的两类合同比例波动有所异常，我们认为这一方面可能与抽样方法有关，另一方面与 2008 年版《劳动合同法》的实施情况随时间而变化有关。

表 4-19　城市劳动力市场的小时工资方程

变量	2002 年		2008 年		2013 年	
	模型1	模型2	模型1	模型2	模型1	模型2
migrant	−0.25*** （0.02）	−0.24*** （0.02）	−0.16*** （0.01）	−0.16*** （0.01）	0.00 （0.02）	0.03 （0.02）
unskill	−0.23*** （0.02）	−0.22*** （0.02）	−0.41*** （0.03）	−0.40*** （0.03）	−0.23*** （0.03）	−0.15*** （0.03）
logmini		1.03*** （0.04）		0.67*** （0.05）		1.13*** （0.08）
contract		0.21*** （0.02）		0.09*** （0.01）		0.08*** （0.02）
skill	−0.04* （0.02）	−0.04* （0.02）	−0.19*** （0.03）	−0.18*** （0.03）	−0.04 （0.04）	0.04 （0.04）
self	−0.29*** （0.03）	−0.15*** （0.03）	−0.26*** （0.03）	−0.21*** （0.03）		
常数项	0.84*** （0.05）	−5.62*** （0.26）	1.72*** （0.05）	−2.92*** （0.35）	1.88*** （0.07）	−6.39*** （0.57）
N	13 083	13 083	12 705	12 692	9 805	8 393
R^2	0.397 2	0.404 1	0.381 9	0.383 4	0.238 8	0.264 7

注：括号中的数字为标准误。2008 年数据中缺失就业者是否为党员的信息，2013 年数据中关于职业的分类中没有包含是否为自我雇佣的信息。劳动力的个人特征、单位所有制、单位行业以及省份虚拟变量等的回归系数没有报告，以下全同。

*、***分别表示在 10%、1%的水平上显著

2008 年版《劳动合同法》的主要目的是通过签订劳动就业合同来保护劳动力的合法权益，而在现实中，高技能劳动力的合法权益大多能够得到较好的保护，无法通过就业合同保护自己合法权益的大多是低技能劳动力，对于民工而言尤其如此，因此下面利用民工样本检验 2008 年版《劳动合同法》的颁布实施对于不同技能水平的民工是否签订劳动合同的影响效果是否不同，表 4-20 报告了以“是否签订劳动合同”为被解释变量的 Probit 模型回归结果，从中可以看出：使用全样本回归时，度量 2008 年版《劳动合同法》的两个年份虚拟变量“y0813”和“y2013”的回归系数都显著为正，这表明总体而言 2008 年版《劳动合同法》显著提高了农民工签订劳动合同的概率；在使用低技能民工子样本时，它们依然显著为正，但使用高技能民工子样本时，它们却不再显著，这表明 2008 年版《劳动合同法》仅仅能够提高低技能民工签订劳动合同的概率，这一结果也和 2008 年版《劳动合同法》颁布实施的目标保持一致。

表 4-20 民工签订劳动合同的决定因素（Probit 模型）

变量	全样本	低技能	高技能
y0813	0.63*** （0.16）	0.77*** （0.17）	−0.11 （0.42）
y2013	0.56*** （0.20）	0.71*** （0.22）	−0.31 （0.54）
logmini	−1.48*** （0.28）	−1.70** （0.31）	−0.21 （0.75）
常数项	8.92*** （1.73）	10.34*** （1.90）	0.72 （4.62）
N	7428	6691	695
伪 R^2	0.1280	0.1257	0.1705

资料来源：CHIP2002、CHIP2007、CHIP2013 民工样本，无自我雇佣者或者个体户样本

注：括号中的数字为标准误

、*分别表示在 5%、1%的水平上显著

下面我们进一步考察签订劳动合同对民工小时工资水平的影响，回归结果报告在表 4-21 中。从表 4-21 中可以看出，在利用 2002 年民工样本进行回归时，劳动合同虚拟变量（contract）的系数在模型 2 和模型 3 中都为负，但不显著，利用 2008 年和 2013 年民工样本进行回归时，劳动合同虚拟变量的系数都显著为正，这表明签订劳动合同确实有助于提高民工的小时工资水平，回归系数的大小表明签订劳动合同导致民工小时工资直接提高 7%～8%；另外，低技能劳动力虚拟变量的系数在所有模型中都显著为负，并且与表 4-19 中的结果保持一致，这表明在民工内部，保持其他条件不变的情况下，相对于非低技能劳动力，低技能劳动力的工资差距同样没有随着时间的推移而缩小。

表 4-21 民工工资方程的决定（OLS 模型）

变量	2002 年			2008 年		2013 年		
	模型 1	模型 2	模型 3	模型 1	模型 2	模型 1	模型 2	模型 3
logmini	0.61*** （0.10）	0.61*** （0.10）	0.95* （0.56）	0.54** （0.05）	0.54** （0.05）	0.45* （0.25）	0.69* （0.31）	1.13*** （0.33）
unskill	−0.09*** （0.03）	−0.89*** （0.03）	−0.09*** （0.03）	−0.16** （0.02）	−0.19** （0.02）	−0.14* （0.07）	−0.16* （0.07）	−0.17** （0.08）
contract		−0.01 （0.04）	−0.01 （0.04）		0.08*** （0.02）		0.07* （0.04）	0.08* （0.05）

续表

变量	2002 年			2008 年		2013 年		
	模型 1	模型 2	模型 3	模型 1	模型 2	模型 1	模型 2	模型 3
loghomeinc			−0.18 （0.28）					−0.05 （0.04）
skill	0.13** （0.05）	0.14** （0.06）	0.14** （0.06）	0.06* （0.04）	0.03 （0.04）	−0.04 （0.09）	−0.00 （0.09）	−0.04 （0.09）
常数项	−3.33*** （0.59）	−3.33*** （0.59）	−3.84*** （1.17）	−2.37** （0.36）	−2.35*** （0.36）	−0.84 （1.80）	−2.47 （2.19）	−5.10** （2.40）
N	3257	3257	3257	5497	5496	1334	919	881
R^2	0.2033	0.2033	0.2033	0.2412	0.2441	0.1080	0.1618	0.1716

注：括号中的数字为稳健标准误

*、**、***分别表示在 10%、5%、1%的水平上显著

尽管 2008 年版《劳动合同法》的颁布实施显著提高了民工签订劳动合同的概率，但是不同类型的劳动合同的影响效果可能会不同，同样的劳动合同对于低技能和高技能民工的影响也可能不同。我们使用的调查数据中，可以将签订的劳动合同分为两类——短期合同以及长期或固定合同，这为我们检验合同类型对不同民工的工资水平是否有显著影响提供了可能。为此，我们进一步将民工分为低技能和高技能两类（其中高技能包括技能劳动力和管理者或负责人），然后考察签订长期或固定合同与短期合同对他们的小时工资的影响，OLS 模型回归结果报告在表 4-22 中。

表 4-22　不同类型劳动合同对民工工资水平的影响（OLS 模型）

变量	2002 年		2008 年		2013 年	
	模型 1	模型 2	模型 3	模型 4	模型 5	模型 6
	低技能	高技能	低技能	高技能	低技能	高技能
contr_short	−0.08** （0.05）	0.21 （0.13）	0.04* （0.03）	−0.11 （0.13）	0.03 （0.05）	−0.12 （0.13）
contr_long	0.20*** （0.06）	0.30** （0.12）	0.07*** （0.02）	0.17** （0.08）	0.26*** （0.07）	0.05 （0.12）
logmini	−0.45 （0.39）	−2.44** （1.15）	0.55*** （0.06）	0.43 （0.29）	−0.02 （0.04）	−9.23 （10.38）
loghomeinc	1.57** （0.79）	5.30** （2.28）			1.09*** （0.34）	7.83 （7.63）

续表

变量	2002 年		2008 年		2013 年	
	模型 1	模型 2	模型 3	模型 4	模型 5	模型 6
	低技能	高技能	低技能	高技能	低技能	高技能
常数项	−5.52*** （1.62）	−11.74*** （4.43）	−2.60*** （0.37）	−2.04 （1.90）	−5.11** （2.47）	29.05 （39.56）
N	1398	171	4397	286	755	126
R^2	0.2443	0.4018	0.2421	0.5052	0.1715	0.3819

注：括号中的数字为稳健标准误

*、**、***分别表示在 10%、5%、1%的水平上显著

从表 4-22 的回归结果中可以看出，在 2008 年版《劳动合同法》颁布实施之后，保持其他条件不变的情况下，除了模型 3 以外，短期劳动合同对于高低技能民工的小时工资都没有显著提升作用，除了模型 6，长期或固定劳动合同对低技能民工和高技能民工的小时工资都有显著的提高作用。实际上，民工样本中的高技能劳动力的数量极少，所以劳动合同对于高技能民工的工资的影响几乎可以忽略不计；而在低技能民工样本中，尽管长期或固定合同能显著提高他们的工资水平，但是拥有长期或固定合同的比例并不高（后两年都低于 50%），因此，表 4-22 的回归结果表明，2008 年版《劳动合同法》直接推升民工工资水平的总体效应并不如理论预期的那么大。

三、农民工歧视对其工资水平的影响及其变化趋势分析

（一）农民工歧视及其对农民工工资水平的影响

新中国成立后实施的重工业优先发展战略加剧了城乡二元社会的分割。而随着中国工业化和城市化的加深，城市部门和工业部门的扩张吸引了大量的农村剩余劳动力流入城市。规模庞大的民工流动已经成为中国经济发展阶段中的一个重要现象，因而以他们为对象的研究具有重要意义。然而在中国的城市化和工业化过程中，在城市劳动力市场上，民工因为户籍身份的不同而受到了歧视。对民工的歧视一方面导致城市劳动力市场配置资源的效率低，另一方面也扩大了城市劳动力市场上的工资差距，同时不利于通过民工进入城市劳动力市场来缩小中国的城乡收入差距，进而也会对中国城乡二元社会的融合以及城市劳动力市场的发育产生阻碍作用。

（二）近年来农民工歧视的变化趋势及原因分析

在现有文献中，直接度量中国城市劳动力市场上的民工歧视系数的研究并不多，现有文献大多关注的是民工与工人的工资差距，以及工资差距的影响因素，这些研究基本上都是利用不同的方法分解民工与工人的平均工资差距，被分解出来的一部分可以用来粗略地代表歧视的影响。显然，基于这种分解方法的研究无论是对于制定政策还是对于深入理解歧视的原因都还远远不够，这是因为：第一，根据 Becker（1972）的定义，歧视是指两类劳动生产率完全相同（人力资本水平和其他与生产率有关的特征完全相同）的劳动力仅仅由于性别或种族等的不同而在就业和收入方面被给予了不同的待遇；根据这个定义，歧视可以表现为由性别或种族（以及宗教、身份、肤色等）导致的就业机会和工资水平两个方面的不平等待遇，比如，在分层劳动力市场对于少数弱势群体（如移民、女性等）的就业歧视（job discrimination）表现为一级劳动力市场上的工作岗位有限，从而这些工作岗位对被歧视的劳动力是实行配给的（Arrow，1973）；而在收入方面，歧视则表现为被歧视的弱势群体获得低于其边际劳动生产率的工资，而另一个对应的群体则获得了高于其边际劳动生产率的工资（Arrow，1973），我们可以把它称为工资歧视（wage discrimination）。所以，仅仅从两类劳动力的平均工资差距中分解出由歧视所导致的比例，并不能告诉我们就业歧视和工资歧视分别有多高，也无法告诉我们歧视主要是由就业歧视导致的还是主要是由工资歧视导致的；就业歧视和工资歧视很显然具有不同的性质，而且是由不同的因素或力量导致的，因而也就需要不同的政策来应对它们，而如果能够将总歧视系数分解为就业歧视和工资歧视，则可以根据二者的比例和变动情况得出丰富的和更有针对性的政策建议，或者进行政策评价。第二，工资歧视会导致弱势群体被支付低于其边际劳动生产率的工资，而另一个群体被支付了高于其边际劳动生产率的工资，我们称前者被支付不足（underpaid），后者被过度支付（overpaid）；所以，即使我们知道了总歧视系数中就业歧视和工资歧视的比例，还需要进一步知道两个群体分别被过度支付和被支付不足的比例，只有如此，我们才能够告诉政策制定者其目标是应该主要致力于改善对弱势群体的支付不足，还是应该主要致力于降低对另一个群体的过度支付。总之，如果能够将总歧视系数分解成就业歧视和工资歧视，以及分解成过度支付和支付不足，就可以加深我们对于分层劳动力市场上歧视的原因的理解，也能够帮助政策制定者制定更加细致且科学的降低歧视的政策，而这正是我们的主要研究目的。

基于上述理由，笔者基于 Oaxaca（1973）的歧视度量方法提出一个度量分层劳动力市场上的民工歧视的框架，该框架能够将总歧视系数分解成就业歧视和工资歧视，或者分解成过度支付和支付不足，同时也能分解成由就业歧视导致的过度支付与支付不足，以及由工资歧视导致的过度支付与支付不足；我们将这一方法应用于具有全国代表性的家庭调查数据度量和分解民工在中国城市劳动力市场上的歧视。

从表 4-23 的结果中可以看出：城市劳动力市场上对于农民工的总歧视系数在 2002～2008 年显著上升，而此时正是中国加入 WTO 之后的初期，此时总歧视系数从 47.32%上升到 51.46%；但是随后阶段，即 2008～2013 年，总歧视系数快速地下降到 16.82%。从分解结果可以看出，总歧视系数的波动主要是由对于民工的支付不足决定的，对于城镇工人的过度支付对总歧视系数的贡献度并不高。

表 4-23　总歧视系数的度量和分解结果

项目	2002 年	2008 年	2013 年
1. 就业歧视导致的过度支付	3.19%	3.15%	1.09%
2. 就业歧视导致的支付不足	10.42%	9.82%	6.85%
3. 工资歧视导致的过度支付	4.89%	12.73%	6.85%
4. 工资歧视导致的支付不足	25.89%	20.88%	1.38%
5. 交叉歧视系数	2.93%	4.88%	0.65%
过度支付系数（1+3）	8.08%	15.88%	7.94%
支付不足系数（2+4）	36.31%	30.70%	8.23%
工资歧视系数（3+4）	30.78%	33.61%	8.23%
就业歧视系数（1+2）	13.61%	12.97%	7.94%
总歧视系数（1+2+3+4+5）	47.32%	51.46%	16.82%

结合上述歧视系数的度量和分解结果，以及前面分析的 2008 年版《劳动合同法》对于农民工工资水平的影响，我们认为尽管民工歧视系数有明显降低，但是 2008 年版《劳动合同法》的实施还并没有起到提升民工工资水平以及降低民工歧视的显著作用。有不少针对 2008 年版《劳动合同法》的调查发现，部分地方的企业或者地方政府实际上对于执行 2008 年版《劳动合同法》并没有采取积极态度，甚至采取派遣工等方式来规避，从而使得该法的实际效果大打折扣，没有发挥出降低农民工歧视、提升农民工工资水平的有效作用。

第三节　美国家庭农场的政策体系及其对中国农户增收的启示

一、美国家庭农场的主要特征

2013 年中央一号文件发布后，家庭农场受到热议，各地热情高涨，家庭农场发展迅速。但是，家庭农场如何界定、相关政策如何制定等问题亟待解决。美国农业一直以家庭农场为主，并且形成了较完善的相关支持政策，以资借鉴。

按照官方定义，农场是指一年销售农产品至少 1000 美元的农业生产单位，分为家庭农场和非家庭农场两种形式。家庭农场是指其主要业务由家庭成员及与其有血缘、婚姻、亲戚关系的人拥有，它包括任何以独资、合伙或家庭公司组织的农场，但不包括合作社、非家庭公司、由雇佣的管理者或持有不动产或信托经营的农场。非家庭农场是其经营者和亲戚不拥有大多数业务的农场，包括由公共持有公司经营的农场、三个合伙人等额拥有的农场、由雇佣的经理人经营的农场。

按销售量统计，家庭农场分为小型家庭农场和大规模家庭农场两类，前者年销售额在 25 万美元以下，后者年销售额不低于 25 万美元。小型家庭农场有三种：一是退休者农场，经营者为退休后仍继续从事小规模农业的人；二是生活式农场，经营者的主要职业不是务农；三是职业务农农场，经营者的主要职业是务农。大规模家庭农场有两种：一是大型家庭农场，总销售额在 25 万～50 万美元；二是超大型家庭农场，总销售额在 50 万美元以上。

第一，家庭农场，尤其是小型家庭农场，是农场的主要组织形式。据 2010 年的数据，美国共有 220 万个农场，98%是家庭农场，非家庭农场只占 2%。在家庭农场中，小型家庭农场占农场总数的 88%，大型和超大型家庭农场只占 10%。在小型家庭农场中，退休者农场占农场总数的 18%，生活式农场占 45%，职业务农农场占 25%。

第二，家庭农场经营规模差异较大。美国农场的平均面积为 400 英亩[①]。退休者农场和生活式农场平均面积分别为 174 英亩和 148 英亩，职业务农农场平均面积为 434 英亩。大型和超大型家庭农场平均面积为 1795 英亩。非家庭农场平均面积为 1099 英亩。

① 1 英亩≈4046.86 平方米。

第三，大型和超大型家庭农场是农产品的主要提供者。大型和超大型家庭农场仅占农场总数的 10%，却贡献了农业产值的 60%以上。大型和超大型家庭农场与非家庭农场仅占农场总数的 12%，却贡献了农业总产出的 84%。年销售额过 100 万美元的农场数只占 2%，却贡献了农业总产出的 53%，主宰了主要高经济价值农产品——蔬菜、水果、坚果、种苗、温室产品、生猪、乳制品、家禽、肉牛的生产。

相比之下，小型家庭农场经营的农地面积占 63%，持有的农场资产占 64%，但是它们贡献的农业产出仅占 16%。当然，它们在某些作物中的产值份额占比较高，贡献了谷物和大豆的 23%、饲料草的 51%、烟草的 34%、肉牛的 22%。

第四，家庭农场的土地以自我经营为主。大多数小型家庭农场和非家庭农场经营的土地为自己私有，耕作也以自我经营为主。美国的家庭农场大多为夫妻共同经营，也有部分为多代经营。小型家庭农场的经营者数平均为 1.8 个，有 2 个及以上经营者的家庭农场所占比例为 55%，16%的家庭农场是多代家庭成员共同经营。在大型家庭农场、超大型家庭农场和非家庭农场中，多代共同经营最为普遍。

第五，农场利润和收入状况与经营规模高度正相关，小型家庭农场收入主要来自非农收入。大型和超大型家庭农场的平均利润大多为正，其中有 40%～45%的平均利润率超过 20%。小型家庭农场中有 45%～75%的经营利润率为负，小型家庭农场大多处于亏损状态。小型家庭农场之所以能继续存在，主要是因为其经营者有其他途径的收入来源，如非农工资、投资利息、分红、社会保障等公共项目收益、赡养费、养老金、房产或金融资产收入、退休金等。小型家庭农场的非农收入有 76%来自工资收入。退休者农场非农收入的 60%来自社会保障、抚恤、股息、利息、租金等。

由于大型和超大型家庭农场农业经营收益高，小型家庭农场非农收入来源多，农场经营者的家庭平均收入高于中等收入家庭平均水平。例如，2007 年，家庭农场平均家庭收入为 8.9 万美元，大型和超大型家庭农场平均家庭收入达 10 万～15 万美元，当年美国中等收入家庭年收入为 5.02 万美元。

第六，农场经营者老龄化是农业领域的共性问题。美国农场主要经营者平均年龄为 57 岁，65 岁以上的占 27.6%，35 岁以下只有 5.1%，55～64 岁年龄段占比最高，达 30.7%。退休者农场经营者平均年龄达 70 岁。

二、美国政府对家庭农场的支持政策

政府补贴是美国支持家庭农场的最主要政策工具。对于大多数经营亏损的小型家庭农场而言，政府补贴是其维持生存的基础。在政策实施上，政府对不同规模的农场实行差别化补贴支持，主要体现在农场补贴类型上，一类是农产品相关补贴，另一类是土地保育补贴。

农产品相关补贴是一种直接补贴。政府提供这些补贴的目的是保持农产品价格稳定和农民收入增长。这类补贴只针对特定农产品，主要包括食用谷物、玉米以及油料作物等。补贴量与被补贴农作物的耕地面积和产量相联系。特殊农作物以及牲畜不受该计划支持。

土地保育补贴分为土地休耕补贴和工作土地项目补贴，旨在将那些对环境敏感的农地从生产中转移出来，进行休耕，以实现农地的永续利用，解决环境污染问题，如农药污染、土地养分流失等。美国的土地休耕补贴占所有土地保育补贴的 78%，其中，土地休耕计划是最大的土地保育计划，占所有保育补贴的 74%。

从补贴构成来看，美国农产品相关补贴总额大于土地保育补贴总额，前者占所有政府对农民补贴的 75%。据 2010 年的数据，约有 39%的农场接受了政府的补贴计划。但是，政府补贴对不同类型的农场存在很大差异。中型、大型和超大型农场比小型农场更可能得到政府农产品相关补贴，约 75%的中型、大型和超大型农场接受了农产品相关补贴，其中超大型农场接受了农产品相关补贴的 45%。小型农场持有耕地面积占美国耕地面积的 63%，占土地保育计划实施的 76%，是土地保育补贴的主要受益者。

三、美国家庭农场支持政策对中国农户增收的启示

第一，坚持家庭经营，培育适度规模家庭农场。美国尽管耕地资源丰富，经营规模大，家庭经营仍然是农业经营的主要形式，证明了家庭经营的生命力。我国由于耕地资源稀缺，人均经营规模小，坚持家庭经营是不二选择。但是，随着农村劳动力的进一步转移和人口城镇化进程的加快，土地流转和适度规模经营进展将加快，一部分农户的经营规模将有所扩大。在未来一段时期，我国将形成小规模农户为主体、适度规模家庭农场并存的农业经营格局。

第二，制定与提供农产品主体直接挂钩的农业支持政策。随着农户的不断分化，适度规模经营农场提供主要农产品的能力将不断提升。为了保证我国主粮供给和安全，借鉴美国经验，未来应提高农业政策补贴瞄准率，建立针对适度规模经营农场和粮食主产区的农产品直接补贴政策体系。

第三，完善收入支持政策，保障小农的稳定性。和美国比较，我国小农的规模更大，对社会的稳定意义更为重要。稳定小农的核心是实现其收入的稳定与增长。因此，未来在继续增加小农非农收入机会的同时，对农业的收入补贴政策应向小农倾斜。

第四，制定针对土地保育的农业支持政策。我国由于耕地资源少，农产品供给压力大，不可能实行土地休耕计划。但是，为了提高单产，我国成为农业使用

化肥和农药量居世界前列的国家，对土壤肥力保持和环境保护不利。建议在现在实施的退耕还林、还草补贴的基础上，制定适合我国国情的土地保育政策体系，以保持有限耕地对于农业生产的长期可持续性，也使持有土地的小农从中受益。

第四节　完善农民增收体制机制的政策建议

就中国的粮食安全和农户增收这两大问题而言，粮食安全的挑战应当放在首位，这是因为粮食对于人多地少的中国而言永远是头等大事，而来自粮食种植的收入仅仅是农户收入的一个来源，除此以外，中国还有很大的空间来拓展农户的财产性收入、转移性收入和工资性收入。因此，我们认为重点要解决好中国的粮食安全问题。表 4-24 报告了中国、美国、德国、韩国和日本每公顷耕地的谷物产量，从中可以看出，2010 年，中国的谷物平均产量与美国、德国和韩国的差距并不特别大。这说明中国通过提高亩产量来增加粮食产量的空间有限。

表 4-24　中国与部分国家谷物公顷产量的对比（单位：公斤）

国家	1975 年	1985 年	1995 年	2005 年	2010 年
美国	3461.30	4763.30	4644.80	6451.00	6987.60
德国	3864.40	5072.70	6107.60	6723.20	6718.40
韩国	4407.10	5798.50	5849.90	6376.20	6539.20
日本	5933.30	5847.20	6003.20	6154.30	4757.60
中国	2492.80	3827.80	4663.70	5225.60	5525.70

资料来源：世界银行 WDI 数据库

虽然在提高粮食亩产量方面的上升空间已经不大，但是中国农业在进一步提升机械化程度和转移农村劳动力方面还有非常大的空间。首先，前文报告了中国与部分国家的农业机械化程度的对比，对比指标为每 100 平方公里耕地上所使用的拖拉机数量，从中可以看出，中国农业使用机械动力的增长速度较慢，机械动力与美国或德国，以及人均耕地面积狭小的韩国、日本的差距都较大，国际对比说明，如果要实现农业现代化，中国进一步提升农业机械化程度的空间还非常大。因此，解决中国的粮食安全问题的重点应该在推进农业现代化的进程中大幅提高农业劳动生产率。为此我们提出如下政策建议。

第一，从实施乡村振兴战略以及中国粮食安全的长远角度考量，需要修改地方官员的晋升或者绩效评价体系，激励地方政府官员从思想和行动上高度重视乡村振兴战略以及中国的粮食安全问题。长期以来，中国基层政府官员的提拔和晋升的考量之一是经济增长和税收，然而农业和农村对于 GDP 以及税收的直接贡献较少，导致不少地方领导干部在思想上忽视“三农”问题。有研究发现，关于农业和农村发展的指标在大部分县乡都难以进入考核指标体系的前五项之内，“一票否决”的指标则少有涉及农业和农村发展。同时，当前中国的基层官员体系中懂农业、爱农村、爱农民的官员数量少，贯彻落实乡村振兴战略的人才队伍非常薄弱。因此，我们建议提高粮食生产和涉农指标在基层官员绩效考核体系的权重，以保障农业农村优先发展、乡村振兴战略以及粮食安全和农民增收等目标得到更好的贯彻落实。

第二，加大农村基础设施投入，特别是粮食主产区的基础设施投入力度，加大耕地整理的投入力度，为未来的机械化和适度规模经营创造条件。农村剩余劳动力转移进入城镇，为中国的农业现代化和适度规模经营创造了必要条件，但是如果农村基础设施不发达，没有必要的灌溉设施和良好的道路设施，就很难实现农业生产的机械化、现代化和规模经营。因此，有必要加强粮食主产区的基础设施投入力度，为中国现在和未来的长期粮食安全奠定基础。

加大耕地整理的投入力度，从华北和东北平原开始推进适度规模经营。规模经营是现代化农业的关键，但规模经营的首要条件是耕地整理平坦，以达到机耕的条件。中国各地地理条件差异巨大，尤其东南和西北等山区几乎不适合推行农业的规模经营。因此，中国要率先从华北和东北平原进行突破，加大对这些地区的耕地整理投入力度，形成农业生产规模经营的示范效应。

第三，继续加大机械补贴力度，提升机械补贴在农业补贴中的比例。增加机械补贴的双重意义在于降低农户的粮食生产成本和提高农业劳动力的生产率，即通过总产量和人均产量的扩大来提高粮食安全保障能力和农户收入，这样既能实现农户增收和提高粮食安全保障能力的双赢，而且能为中国未来的城镇化进一步解放农村劳动力，进一步提高农机补贴的覆盖面和力度。在农村剩余劳动力基本消耗完毕的情况下，解决劳动力投入不足的唯一途径就是用机械替代劳动力，这也是农业现代化的必然选择。然而，根据本书课题组对中部某粮食主产区省份的调查发现，得到农机补贴的农户占比不足 2%，远远低于得到农业补贴的农户占比，且得到补贴的农户，平均补贴也只有几千元。这既无法适应农村劳动力大量流出的局面，也远达不到农业机械化发展方向的要求。因此建议要进一步提高补贴力度，扩大补贴覆盖面。

第四，将种粮补贴政策和农村低保政策结合起来进行改革，对于种植大户，种粮补贴目标定位于“增粮”，对于普通小农户，目标则定位于“增收”。由于小农户的种粮目的是养活自己，而不是销售粮食增加收入，因此建议将部分农业补贴预算转移进入农村低保预算，降低对小农户的种粮补贴，提高对小农户的社保转移支付，以实现对小农户“增收”的支持；同时，在符合 WTO 规则的前提下，尽可能利用“绿箱”和“蓝箱”政策的空间，提高对种粮大户的补贴，保证种粮大户获得合理的粮食种植利润，鼓励种粮大户的种粮积极性，保证中国的粮食安全。建议继续加大对粮食主产区省份的农业补贴和投入力度。13 个粮食主产省级单位是中国粮食安全的压舱石，也集中了中国大部分优质耕地。非主产区的农户销售粮食占比较低，因而农业补贴的目标应该主要瞄准粮食主产区的粮食销售大户，而非小农户。

第五，鼓励土豆饮食文化，继续加大力度推广土豆的播种，提高耕地的人口承载力。相对于水稻、小麦等其他粮食作物，每亩耕地上种植土豆能够提供更多的卡路里和维生素等，因此，每亩耕地能养活最多人口的粮食作物是土豆。16 世纪，欧洲航海家哥伦布将土豆从美洲带回欧洲，土豆在欧洲的大面积种植就显著提高了欧洲的余粮率，并显著提高了欧洲的城镇化率。土豆在中国大部分地区都适合种植，需要投入的人力适中，也适合规模种植，还可以和其他农作物配合进行复种。然而，2018 年中国的土豆播种面积占粮食播种面积的比例只有 4.07%，与土豆相近的红薯的播种面积占比为 6.13%。因此，有必要通过鼓励土豆的种植以及与土豆相关的饮食文化来提高单位耕地的人口承载力。

第六，建议国家统计局充分挖掘和利用第三次全国农业普查数据信息，建立全国农产品数据库，为各地制定产业发展政策提供参考信息。2016 年国务院组织了第三次全国农业普查，获得了全国各地农户的各种养殖业、种植业的丰富信息。但是，目前对农业普查数据的利用主要局限于全国加总层面的把握。如果能够以县为单位，建立全国范围的农产品信息数据库（粮食作物除外），则能够使所有地区在选择主导产业时做到“心中有数”，也能够帮助地方干部和经营者了解国内市场发展现状，避免所选择的产业滞后过度扩张导致“果贱伤农”。

第七，在当前的对口帮扶体制下，鼓励发达地区向欠发达地区提供产业发展所需的技术支持，帮助欠发达地区的主导产业真正发展起来并具有自生能力。当前的对口帮扶体制下，发达地区向欠发达地区的帮扶大多为资金或者设备的援助，但是技术对于欠发达地区而言往往比资金更为稀缺，且资金援助往往只具有短期效应，而技术援助才有可能帮助欠发达地区的产业真正发展和强大起来。同时，我们还建议对欠发达地区的农产品购销和深加工的服务业企业进行税收减免或者财政补贴，以更好地促进第一产业和第三产业的融合。“果贱伤农”的一个重要原因在于农产品的种植业或者养殖业的附加值太低，产品的价值链太短，从而无法形成市场竞争力。如果能够提升种植业和养殖业产品的附加值，则能够有效提高其收入和利润。对进行深加工和购销的农产品龙头企业提供补贴或者税收减免，政策执行成本低，并且能够激发产品价值链的延伸，有助于促进第一产业和第三产业的融合。进行农产品购销的企业大多属于第三产业，对它们提供支持也符合国家鼓励服务业发展的政策导向。

参 考 文 献

蔡昉. 2007a. 中国经济面临的转折及其对发展和改革的挑战. 中国社会科学，3：4-12.

蔡昉. 2007b. 中国劳动力市场发育与就业变化. 经济研究，（7）：4-14，22.

蔡昉. 2008. 刘易斯转折点后的农业发展政策选择. 中国农村经济，（8）：4-15.

曹利平. 2009. 农村劳动力流动、土地流转与农业规模化经营研究——以河南省固始县为例. 经济经纬，（4）：84-87.

陈美球，吕添贵，许莉，等. 2011. 外出打工对耕地流转影响的实证分析. 江西农业大学学报（社会科学版），10（1）：13-18.

陈锡文. 2013. 构建新型农业经营体系——加快发展现代农业步伐. 经济研究，48（2）：4-6.

陈熙. 2011. 1955—1956年上海首次城市人口紧缩与粮食供应. 当代中国史研究，18（3）：101-109.

黄惠春，徐章星，祁艳. 2016. 农地流转与规模化经营缓解了农户信贷约束吗？——来自江苏的经验证据. 南京农业大学学报（社会科学版），16（6）：109-120.

姜松，曹峥林，刘晗. 2016. 农业社会化服务对土地适度规模经营影响及比较研究——基于 CHIP 微观数据的实证. 农业技术经济，（11）：4-13.

阚立娜，李录堂，薛凯文. 2016. 农地流转背景下新型农业经营主体信贷需求及约束研究——基于陕西杨凌农业示范区的调查分析. 华中农业大学学报（社会科学版），（3）：104-111.

黎煦. 2007. 刘易斯转折点与劳动力保护——国际经验比较与借鉴. 中国劳动经济学，4：60-66.

李强，黄斐. 2015. 农村劳动力流失对农业现代化的负面效应及对策. 广西民族师范学院学报，（1）：100-102.

李庆，林光华，何军. 2013. 农民兼业化与农业生产要素投入的相关性研究——基于农村固定观察点农户数据的分析. 南京农业大学学报（社会科学版），（3）：27-32.

李实. 1999. 中国农村劳动力流动与收入增长和分配. 中国社会科学，2：16-33.

李文明，罗丹，陈洁，等. 2015. 农业适度规模经营：规模效益、产出水平与生产成本——基于1552个水稻种植户的调查数据. 中国农村经济，3：4-17.

李宪宝，高强. 2013. 行为逻辑、分化结果与发展前景——对1978年以来我国农户分化行为的考察. 农业经济问题，（2）：56-65.

李小瑛，Freeman R. 2014. 新《劳动合同法》如何影响农民工的劳动权益？. 劳动经济研究，（3）：17-41.

李跃歌，沈佳丽. 2014. 我国农村剩余劳动力转移对农村经济的影响. 湖南商学院学报，（5）：30-36.

林善浪，王健，张锋. 2010. 劳动力转移行为对土地流转意愿影响的实证研究. 中国土地科学，（2）：19-23.

刘亮，章元，高汉. 2014. 劳动力转移与粮食安全. 统计研究，31（9）：58-64.

刘守英，章元. 2014. “刘易斯转折点”的区域测度与战略选择：国家统计局7万抽样农户证据. 改革，（5）：75-81.

刘西川，程恩江. 2009. 贫困地区农户的正规信贷约束：基于配给机制的经验考察. 中国农村经济，（6）：37-50.
罗振军，兰庆高，于丽红. 2016. 粮食主产区种粮大户的借贷行为及影响因素——以黑龙江省为例. 农村经济，（9）：72-79.
吕新业. 2003. 我国粮食安全现状及未来发展战略. 农业经济问题，（11）：43-47.
孙文凯，路江涌，白重恩. 2007. 中国农村收入流动分析. 经济研究，（8）：53-66.
许庆，刘守英，高汉. 2013. 农村剩余劳动力尚未消耗完毕——基于省、县和农户数据的证据. 中国人口科学，2：33-41.
许庆. 尹荣梁，章辉. 2011. 规模经济、规模报酬与农业适度规模经营——基于我国粮食生产的实证研究. 经济研究，（3）：59-71.
杨春华，李国景. 2016. 国际视角下农业生产力与经营规模关系的实证分析. 农业技术经济，（2）：4-13.
余泉生，周亚虹. 2014. 信贷约束强度与农户福祉损失——基于中国农村金融调查截面数据的实证分析. 中国农村经济，（3）：36-47.
展进涛，陈超. 2009. 劳动力转移对农户农业技术选择的影响——基于全国农户微观数据的分析. 中国农村经济，3：75-84.
张宗毅，杜志雄. 2015. 土地流转一定会导致“非粮化”吗？——基于全国1740个种植业家庭农场监测数据的实证分析. 经济学动态，（9）：63-69.
章元，万广华. 2013. 国际贸易与发展中国家的城市化：来自亚洲的证据. 中国社会科学，（11）：68-87.
赵鲲，刘磊. 2016. 关于完善农村土地承包经营制度发展农业适度规模经营的认识与思考. 中国农村经济，（4）：12-16.
周应恒，胡凌啸，严斌剑. 2015. 农业经营主体和经营规模演化的国际经验分析. 中国农村经济，（9）：80-95.
朱农. 2005. 中国劳动力流动与“三农”问题. 武汉：武汉大学出版社.
Arrow K J. 1973. The theory of discrimination//Ashenfelter O，Rees A. Discrimination in Labor Markets. Princeton：Princeton University Press：3-33.
Becker G S. 1972. The Economics of Discrimination. 2nd ed. Chicago：University of Chicago Press.
Deininger K，Monchuk D，Nagarajan H，et al. 2017. Does land fragmentation increase the cost of cultivation? Evidence from India. The Journal of Development Studies，53（1）：82-98.
Knight J，Quheng D，Shi L. 2011. The puzzle of migrant labor shortage and rural labor surplus in China. China Economic Review，22（4）：585-600.
Li H B，Li L，Wu B Z，et al. 2012. The end of cheap Chinese labor. Journal of Economic Perspectives，26（4）：57-74.
Lin J Y. 1992. Rural reforms and agricultural growth in China. American Economic Review，82（1）：34-51.
Mancinelli S，Mazzanti M，Piva N，et al. 2010. Reputation or network? Evidence on migrant worker employability. Journal of Socio-Economics，39（1）：64-71.

Minami R. 1968. The turning point in the Japanese economy. The Quarterly Journal of Economics, 82：380-402.

Minami R，Ma X X. 2010. The lewis turning point of Chinese economy：comparison with Japanese experience. China Economic Journal，3（2）：163-179.

Oaxaca R. 1973. Male-Female wage differentials in urban labor markets. International Economic Review，14（3）：693-709.

Sklenicka P，Janovska V，Salek M，et al. 2014. The farmland rental paradox：extreme land ownership fragmentation as a new form of land degradation. Land Use Policy，38（5）：587-593.

Wan G H，Cheng E. 2001. Effects of land fragmentation and returns to scale in the Chinese farming sector. Applied Economics，33（2）：183-194.

Zhang X B，Yang J，Wang S L. 2011. China has reached the lewis turning point. China Economic Review，22（4）：542-554.

第五章　生态宜居目标导向下乡村空间规划和建设指引的政策建议①

第一节　乡村生态宜居环境内涵和组成

一、乡村生态宜居发展的新语境

（一）生态宜居战略方针解读

生态宜居是乡村振兴战略的关键所在，它提供了支撑乡村振兴的基础人居环境。乡村人居环境作为“农民、土地、村庄”聚合体的载体（李伯华，2014），其生态宜居建设不能孤立开展，必须与“产业兴旺、乡风文明、治理有效、生活富裕”其余四项乡村振兴建设进行全方位融合，一方面提供与乡村振兴需求相匹配的物质空间，另一方面将乡村振兴建设相关内容融入乡村空间规划和建设过程中。

2018年中央一号文件——《中共中央 国务院关于实施乡村振兴战略的意见》提出与生态宜居建设相关的目标，主要有“推进乡村绿色发展，打造人与自然和谐共生发展新格局”和“提高农村民生保障水平，塑造美丽乡村新风貌”两项。其中，具体要求包括：①统筹山水林田湖草系统治理；②加强农村突出环境问题综合治理；③建立市场化多元化生态补偿机制；④增加农业生态产品和服务供给；⑤推动农村基础设施提档升级；⑥持续改善农村人居环境。生态是乡村人居环境最显著的特征，生态建设要围绕协调乡村生态资源和环境的保护与利用展开，包括对乡村生态系统的整体主动保护、对乡村生态资源和权益的系统有效转化等内容。宜居是乡村人居环境最基本的价值，宜居建设不仅要满足农民对乡村日常生产生活环境的升级意愿，同时要回应新时代城市居民对乡村美好生活的体验诉求。乡村振兴战略中的生态宜居建设，不是单纯提升乡村人居环境空间的外在形

---

① 本章为课题“‘生态宜居’目标导向下乡村空间规划和建设指引的政策建议”（承担单位：同济大学、浙大城市学院。课题主持人：耿慧志、张佳。课题组成员：李开明、王琦、李倩雯、张书涵、胡淑芬、颜文涛、栾峰、张立、陈晨、干靓、程遥、李凌月、华晨、黄杉、刘声、贺俏毅、刘善崇、毛杨欢、吴吉）研究成果的一部分。本章执笔人：耿慧志、张佳、李开明。

态和风貌，而是对乡村生态环境、生产场所和生活家园开展三位一体的综合可持续营造。

生态宜居建设方针的确立与国内乡村发展的时代背景变迁紧密关联。“乡土中国”时代，农民与土地、村庄高度黏合，农民立足于乡村地域特征开展各种建设活动，形成了具有整体特色风貌和传统文化内涵的地域化乡村人居环境。城镇化前中期，农民由乡村向城市单向流动，促使传统乡村规制随之转型。城镇化中后期，农民的代际变化促使其与土地、村庄的关系发生了根本性转变：一方面，村庄分化加剧，大部分村庄呈现人走村衰的基本面貌；另一方面，城乡互动态势缓慢形成，资本和劳动力等要素回流现象增加，乡村文明存在的必要性不断为大众所认可，小部分村庄出现活化的机遇和迹象。城镇化发展进程促使“乡土中国”逐渐向“城乡中国”转型（刘守英和王一鸽，2018），意味着乡村的基本内涵、主体需求、内外关系和经营方式正在发生改变。生态宜居建设不仅要呈现出乡村人居环境的乡村审美特征，更重要的是让身处其中的人由表及里地体验到乡村发展活力。

因此，进入“城乡中国”时代，乡村振兴目标导向下的生态宜居建设不是“乡土中国”时代的乡土重建，也不是简单地将乡村进行城市化，而是利用城乡互动带来的机会，在乡村人居环境的物质空间基底上，主动保障乡村的生态安全，积极培育乡村的适地产业，全面提升乡村的生活品质，以此激发乡村人居环境的内生发展活力。

（二）乡村人居环境的生态宜居发展韧性

乡村人居环境大都呈现出自然生态系统的外在特征，支撑乡村典型外在特征存在的却是乡村中人与环境相互作用、复合而成的社会生态系统。

系统一般都具备韧性，乡村社会生态系统则具备演进韧性（Schouten et al，2009）。不同于工程韧性强调系统对唯一平衡状态的恢复力，也不同于生态韧性强调系统在多个平衡状态之间的转化力，演进韧性强调系统在应对外部干扰时所具备的主动抵御、适应及转化能力。

演进韧性认为社会生态系统总是处于动态非平衡状态。它因循适应性循环规律，按开发、保存、释放、重组四阶段循环往复发展：开发阶段，系统不断吸收元素，并通过建立元素间的联系而获得增长，由于选择的多样性和元素组织的相对灵活性，系统呈现较高的韧性，而元素组织的稳固化使系统韧性逐渐降低；保存阶段，元素间的连接性进一步强化使得系统逐渐成形，但其增长潜力转为下降，系统韧性较低；释放阶段，由于系统内的元素联系变得程式化，需要打破部分的固有联系取得新的发展，此时潜力逐渐增长直到混沌性崩溃的出现，系统韧性虽然低，却呈现出增长的趋势；重组阶段，有两种可能的发展方向，一种是韧性强的系统通过创新获得重构的机会来支撑进一步发展，再次进入利用阶段并往复实现适应性循环，另一种是系统缺少必要的能力储备，从而脱离循环导致系统的失败（邵亦文和徐江，2015）。在乡村人居环境空间演化过程中，同样存在上述四阶段状态（图 5-1），反映了乡村社会生态系统韧性的变化（岳俞余和彭震伟，2018）。

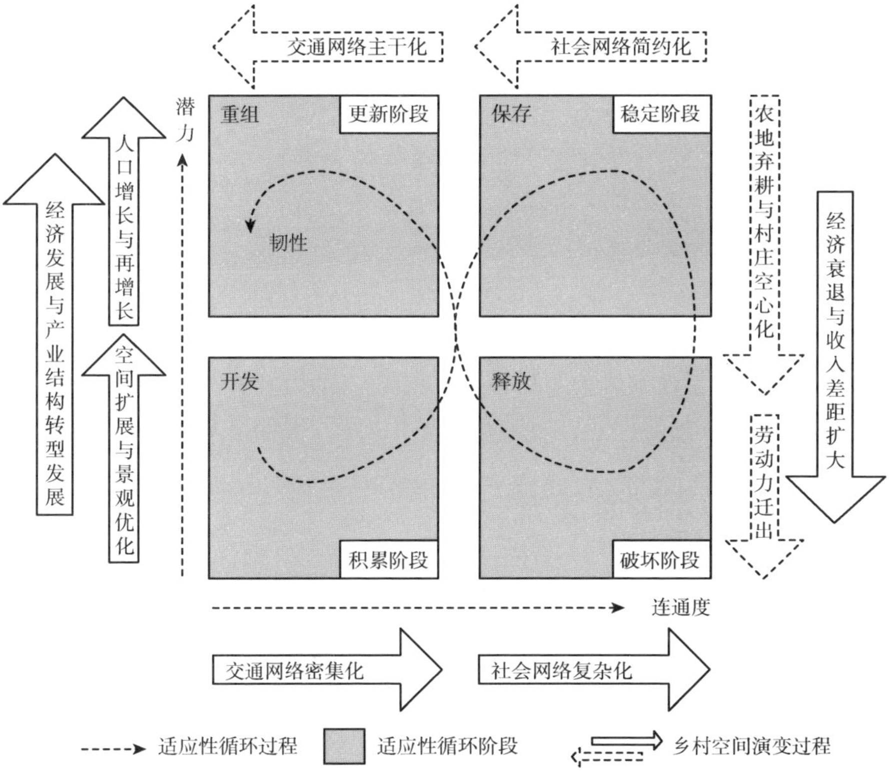

图 5-1　乡村人居环境适应性循环演变过程图

“城乡中国”时代，城乡流动和融合的加速是必然趋势。乡村社会生态系统也要面对持续不断的外部干扰和冲击，长期处于动态演变的非平衡状态。

由于内部要素、结构和活力的不同，即使位于相同的区域、受到相同种类与强度的外界干扰，乡村社会生态系统具体个体的韧性也可能大相径庭，引起乡村人居环境的迥异演变。一些乡村人居环境在演变过程中能够从释放阶段快速进入重组阶段，并走向新的快速发展，这类乡村社会生态系统的韧性较强；而另一些乡村人居环境在进入释放阶段后，由于缺乏足够的关键要素和资本积累，以及自身的结构性缺陷，可能长期停留在重组阶段甚至陷入贫困陷阱而不能进行重构，这类乡村社会生态系统的韧性羸弱甚至缺失。乡村社会生态系统的韧性强弱决定了乡村人居环境的演变方向和速度。衡量韧性强弱的指针是乡村社会生态系统适应外界干扰和冲击的主动性和持续性，实际表现为乡村人居环境在各个空间尺度上所具备的适应能力和转型能力。韧性强的乡村社会生态系统在重组阶段不但能够加快重组速度，实现系统的再平衡，而且能够不断推动乡村人居环境的螺旋式上升发展。

乡村生态是乡村人居环境的标志特征，乡村生态的宜居体验是乡村人居环境独有的吸引力和发展优势。由于生态宜居是当前乡村人居环境空间营造的核心目标和主体路径，以生态宜居发展韧性作为乡村社会生态系统韧性培育的实施抓手，具有充分的合理性和可行性。

生态宜居发展韧性具体是指：在影响乡村人居环境生态宜居质量的自然和社会要素干扰下，乡村社会生态系统凭借自身或借助外界的力量，主动抵御、适应或转化外界干扰，协调好自然生态空间基底与其承载的经济、社会、文化等乡村生产生活要素之间的关系，保持乡村生态宜居可持续的适应能力和转型能力。

以培育乡村社会生态系统的生态宜居发展韧性为切入点，展开乡村人居环境的空间规划和建设,能够破解当前乡村普遍存在的空间营造与内生发展相脱节的困境，全面、科学地确立规划建设的目标任务和技术方法，保证规划建设的实施成效。

二、生态宜居的要素组成

乡村人居环境需要应对内源和外源双重干扰。内源干扰主要是乡村的地理区位、生态资源、经济基础、社会资本、历史文化、人口结构等。外源干扰主要是政府政策、经济环境、市场需求、专业技术等。这些干扰作用于乡村人居环境中的产业发展、就业途径、生活方式、消费结构等方面，引起内在社会生态系统的反馈，联动改变外在物质空间，从而正向或是反向影响乡村人居环境的生态宜居。

干扰和反馈主要发生于乡村人居环境的生态环境、产业经济、人文风貌、住房和公共设施、安全防灾五个方面，因此乡村人居环境生态宜居主要由以上五个方面的要素构成。

（一）生态环境

生态环境是一定空间范围内所有生态系统的集合，包括原生自然环境和被人类活动改变形成的次生环境两种类型。

乡村生态环境是原生自然环境和次生环境的结合体，并且主要是人工空间。与高度人工化的城市环境相比，乡村人居环境依托原生自然环境而生成，是对原生自然环境进行改造利用和自然资源管理形成的空间，是人与自然高度互动的空间。乡村生态环境普遍由原生自然生态环境、农业生产生态环境和人类聚居生态环境三种基本类型的生态环境构成，具备自然、经济、社会多维属性，既受自然发展规律的控制，也为人类社会经济活动所约束，并表现为受人类活动的强烈影响。

农业生产生态环境表现出接近于原生自然生态环境的外在特征，但是它依靠强烈的人为扰动——农业生产保持自身的稳定性，实质是结构化的农业次生自然生态系统。由不同类型的农田、园地、经济作物林、次生林等景观要素混合构成的农业次生自然生态系统，一方面，表现出不同农业土地利用方式作用下形成的碎片化农业生产性景观，另一方面，树篱、草地、田间路网、水塘、沟渠等非农生境镶嵌其中，具备高等级的生物多样性。

衡量农业生产生态环境生态宜居发展韧性的指标主要包括两个方面：农业生产的多功能化，以提高农业生态系统的复杂度为导向，在保持农地持续耕作经营的基础上提升农业生产质量、拓展农业附加功能；生物的多样性，以保护生产空间中的非农生境为路径，将非农生境作为农业生产的必要基础设施，在各个空间尺度上合理配比、系统布局和整体融合，保持高等级的生物多样性。

乡村人类聚居生态环境的生态性和宜居性是辩证统一的关系。与城市相反，乡村吸引人聚居的关键因素是乡村独有的人居生态环境，宜居则从理想生存层面对乡村人居生态环境提出了更高要求。

衡量当代乡村人类聚居生态环境生态宜居发展韧性的指标主要包括两个方面：优美的自然生态景观，尤其是具有美学意义的农业生产性景观，能够满足人对农业日益增长的多功能需求，如休闲、旅游、教育等；生态和完善的生活设施，能够保障现代生活方式下的生活质量，如厕所卫生、污水处理、垃圾处理等，尤其要重视生活设施的生态化。

（二）产业经济

乡村产业经济是一个多层次的复合系统，由乡村产业及其内部层次关系构成。它主要由两部分构成：农业经济，包括种植业、畜牧业、林业、渔业和副业等；非农产业经济，包括手工业、乡村工业、旅游业和服务业等。

乡村产业经济活动是引起乡村人居环境空间形态多样性改变的主要动力。农耕时代，农业和畜牧业是乡村主导产业，人能动地改造乡村环境，表面呈现出人工景观元素和几何斑块空间结构，内部功能复杂度和多样性增大。工业化时代，三次产业分化，人进一步发挥能动性，加强了对乡村人居环境的改造力度，甚至局部破坏环境。

立足于乡村人居环境生态宜居发展韧性的视角来看乡村产业经济，其发展目的并不是单方面追求乡村产业经济的快速增长和对国民经济增长贡献的提升，而是通过发展乡村产业经济的方式，加强乡村人居环境和乡村文明的可持续能力。具体而言，产业经济方面需要不断地优化结构，在保护的基础上进行改造和利用，保持乡村人居环境结构和功能的完整性，保护景观的多样性。因此，乡村产业经济应该选择多元经济渗透融合的发展路径。

衡量乡村产业经济生态宜居发展韧性的指标主要包括三个方面：产业构成的多样性，生产的多样性有助于乡村资源的充分利用，也利于乡村低碳生活需求和有机循环的形成，减轻自然风险，分散市场风险；产业内容的综合性，资源和要素的综合利用，如发掘农业生产的景观价值、农产品的循环利用价值、农业遗产的文化价值等；产业要素的整体性，环境、生态、土地、水资源、物种、村落、民宅、劳动力、传统文化、生活方式、民间信仰与习俗等都是产业要素，强调各产业要素间高度的关联性、协同性和非线性关系。

（三）人文风貌

乡村人文风貌是由乡村人居形成的乡村风貌。“风”是对乡村文化系统的概括，包括传统习俗、风土人情、地方创作等文化表现。“貌”则是乡村物质环境要素总和，是“风”的载体和村庄风貌的外在呈现。乡村风貌主要由物质与非物质两大基础要素构成：物质风貌包含自然风貌和人造风貌，对应乡村景观；非物质风貌是乡村人居环境发展进程中形成的乡村传统文化和生活习俗等，对应乡村文化。

当前国内乡村景观主要包括四方面内容：环境特色，即乡村的山水格局和地理风貌，包括山峦湖泊、地形地貌、农田植被等；空间格局，即乡村的规划布局和空间构成，包括聚落、街巷、广场等；建筑宅院，即村庄建筑和宅院，包括公共建筑、民房农舍等；人文活动，即乡村的日常生产生活，包括乡村生活和农业劳作的呈现、集市节庆等人文活动，这是乡村景观的重要组成部分。

乡村文化是指存在于乡村生产生活中，由村民世代传承和发展的观念及意识形态。乡村文化是一种“活态”的传承与发展，包括乡风民俗、观念信仰、乡音方言、歌舞艺术、戏曲民谣、传统工艺、村规民约、宗法制度、节庆祭典、邻里关系、社会组织等方方面面。

乡村景观是乡村文化的展现，乡村文化是乡村景观的内涵。两者最终呈现为整体的乡村人文风貌。特色乡村人文风貌是传承中华传统乡村文化的重要内容，是村民对乡村产生归属感的主要因素，是城市居民记住乡愁、回归乡土的关键载体。

衡量乡村人文风貌生态宜居发展韧性的关键点在于特色乡村人文风貌的保护和发展，以及由此给乡村人居环境带来的发展机遇和发展要素。

（四）住房和公共设施

住房和公共设施要素基于乡村地区住房条件与配套设施的要素归并。其中，住房条件可细分为村宅和院落等附属公共空间，村宅是为居民创造福利和获得感的首要路径，院落等附属公共空间是等同于城市公共服务和公共环境的外在表现，也是居民获得感的重要组成。乡村配套设施可细分为公共服务设施和市政设施，公共服务设施是村民美好生活需求实现的主要抓手，市政设施是村庄生态环境保护、居民生活质量保障、乡村产业发展的重要基础。住房和公共设施是村民日常生活的主要空间，也是村庄活动的主要发生场所，是构成乡村生态宜居环境的要素。

基于全国典型乡村调研梳理的总结分析，近年来我国乡村公共设施建设不断增强、住房质量不断提升，但因历史欠账较多，存在教育、医疗等基础设施总量不足、布局不合理、与村民需求不匹配等问题，同时农房缺乏合理的功能分区，防漏防潮性能、抗震等级以及厨房和厕所等附属设施的建设标准等还有待进一步提升。全国乡村住房条件与配套设施状况具有明显的地域差异，易受区域发展核心影响，随着近、远郊乡村人口向城镇流失，住房和公共设施的空置现象较为严重。

通过对全国各地乡村建设规划许可实施办法的广泛调研，现行法规文件对于乡村建设规划许可的适用范围界定模糊、管理工作存在盲区，以及村庄规划的依据地位尚未建立等方面是乡村住房和公共设施建设在实施层面产生问题的根源所在（耿慧志和李开明，2020）。以上海市为例，现行用地指标无法满足村民建房的合理需求，滋生了近郊地区“批少建多”等违建行为，资金、土地平衡的政策导向导致公共设施项目和临时建设难以落地。由于乡村人地关系、土地权属等方面的特殊性，村庄规划、乡村建设规划许可制度不能照搬城镇规划管理制度，乡村建设规划许可制度需要更具指导意义的法规文件出台。《上海市郊野乡村风貌规划设计和建设导则（二）》中，从村庄风貌角度切入乡村生态宜居发展需求，以村宅院落、设施场地等为对象，提出以问题为导向、强调实施与通俗易懂的操作路径，依据建设时序和发展需求，制定切实可行的近期实施建议（上海同济城市规划设计研究院有限公司，2019）。其中以村宅为例，以《上海市郊野乡村风貌规划设计和建设导则（二）》中建筑形体和立面特征为依据，对选取测绘的226个村宅进行类型学分析，归纳出左右型、上下型、外廊型、凹凸型、多顶型和实体型总计六种基本村宅类型，根据安全性、服务性、景观性的改造原则，进行分类质量评估，提出改造实施建议。

（五）安全防灾

安全防灾要素是乡村生态宜居发展的底线要求，总体上可分为外部要素和内部要素两大类。外部要素包括地形地貌、生态气候、周边环境等，取决于乡村选址和生态保护措施；内部要素包括建筑质量、基础设施、防灾系统等，取决于物质空间的安全水平和防灾体系的完善水平。面对外部要素，随着防灾减灾和易地搬迁工作的推进，乡村安全水平稳步提升，但仍面临泥石流、洪水、地震等各种灾害的威胁。乡村村落选址时，应加强对灾害类型和灾害风险的评估与分析，并尽快建立综合防灾体系；面对内部要素，随着乡村物质空间建设完善工作推进，村宅质量和设施水平都有所提升，但仍面临整体有所改善，发展并不均衡的局面。应当完善农房质量标准，加强建筑安全管理，加强应急避灾场所和防灾设施的统筹布局。安全防灾方面问题的成因主要有自然和人为两类。自然因素包括易受泥石流、洪水、地震影响的地形地貌，作为乡村发展底线的水资源等系统的先天不足，海啸、台风、风暴潮、干旱、雪灾等具有地域性的气象特征等；人为因素包括乡村企业生产的安全隐患，生命线系统等基础设施的建设水平较低，农房建筑质量较低，乡村粗放发展导致的生态本底污染受损，乡村社会关系网络瓦解导致治安水平下降等。

乡村防灾与城市地区的主要差异如下。①灾害类型与防灾的重点：相较于城市需要投入大量人力、物力应对人为灾害不同，乡村地区主要面临自然灾害的威胁，因此乡村选址的科学论证和建立完善的综合防灾体系尤为重要。②灾害发生的机制：除了地形地貌等形成灾害的自然环境特征外，一些乡村建设活动也较易引发新的灾害类型，例如，在全国典型乡村调研中，安徽、山东、山西、河南等省份的一部分典型乡村处于依赖于重工业推动乡村发展的阶段，一些大规模的开山采石、填湖毁林等不合理建设行为存在引发地质灾害的潜在威胁，生态环境的脆弱性也易导致大规模次生灾害发生。③防灾、抗灾能力：乡村防灾能力较为薄弱，体现在综合防灾生命线系统相关的基础设施建设水平较低，由于相关的建筑工程建设标准水平较低、建设选址缺乏科学论证，部分农房的建筑抗灾能力较差，甚至建设在灾害风险区中。同时，乡村地区经济基础较差，留守村民多为弱势群体，一旦遭受灾害，灾损较为严重，避灾能力、灾后恢复能力较弱，综合体现为防灾能力韧性不足。

乡村安全防灾方面的主要工作应关注以下六点：①加强村落选址的科学论证；②建立综合防灾体系；③完善防灾基础设施建设；④完善农房建设标准；⑤加强针对不合理建设、生产行为的监管监控；⑥合理规划布局乡村要素空间，增强乡村防灾韧性。

第二节　乡村人居环境规划建设面临的挑战

一、生态环境污染退化

由于乡村区域经济增长方式的粗放，地方经济利益的驱动导致对生态环境价值的忽视，国内乡村的发展在很大程度上是以牺牲生态与资源环境为代价而取得的。2000 年之后的一段时间，国内乡村人居环境生态压力逐年增大，乡村生态环境总体呈现全面退化的趋势（王晓君等，2017），并随着产业转移和企业搬迁向中西部地区扩散（刘彦随，2015）。乡村生态环境为乡村人居环境中的生产生活提供自然资源，反过来，人在乡村生产生活过程中对资源的不合理利用对乡村生态环境产生破坏与污染。引起乡村人居环境生态质量变化的主要有三方面因素：资源利用、生产活动和生活方式。（王永生和刘彦随，2018）

在资源利用方面，乡村土地、水、矿产、秸秆等资源的利用存在诸多问题。在土地资源利用方面，城市化蔓延、传统农业生产效益低下和青壮年农民非农化转移导致优质耕地资源被挤占、村庄空心化、宅基地闲置和农田撂荒等问题产生。土地资源破坏和污损使得土地质量不断下降，农房的分散布局与废弃院落的破败荒芜破坏乡村景观。水资源人均占有量低，水资源浪费、利用效率低下和污染问题严重，导致水资源危机和生态环境质量下降。国内乡村农业灌溉利用系数仅有0.3～0.4（张利平等，2009），重复利用率低，不合理使用农药及工业和生活污水处理能力不足导致水质污染问题严重。矿产资源在乡村集中，开采力度不断加大导致对乡村土地和生态环境的严重破坏。地形地貌与景观破碎化，极易诱发泥石流、荒漠化等次生环境灾害。矿山废弃土地质量低下，重金属离子污染土壤，进入食物链后对人体造成严重危害。秸秆资源丰富，但资源化利用率低，大部分农作物秸秆直接焚烧，不仅造成氮、磷、钾等营养元素的资源浪费，而且焚烧产生大量气态污染物及颗粒物，容易引起大面积的空气污染。

在生产活动方面，乡村农业生产面源污染和工业生产点源污染严重。乡村作为城市与工业发展的主要资源和原产品的供给地，农业、畜牧业、水产养殖业等生产活动随着城市需求增加而加强，加重了乡村的生态环境压力。为提升土地产出率，化肥和农药被过量使用，2014 年中国化肥施用总强度为 333.7 千克/公顷（刘钦普，2014），显著高于国家环保部门制定的生态乡镇化肥施用强度 250 千克/公顷的常量标准。多余的化肥和农药随降水或灌溉，通过农田地表径流、农田排水和地下渗透进入附近水体，引起水体污染。畜禽养殖业规模和粪便污染物质产生量不断增加。当前由畜禽养殖引起的单位耕地面积的氮污染平均负荷已达 138.13 千克/公顷（杨飞等，2013），通过堆积处直接下渗或农田施肥后间接流失，造成水体严重富营养化。水产养殖密度超过了水体容量，大量的残剩饵料、肥料和生物代谢产物累积，降低了水体的自净能力，排出后导致周边水域氮磷负荷加重。第一次全国污染源普查资料显示，农业生产排放的氮、磷和化学需氧量等主要污染物量，已远超工业与生活源（杨林章等，2013）。此外，随着一些耗能高、污染重的企业转移到乡村地区，工业的废弃物或垃圾也排放到乡村地区，使得部分乡村人居环境生态质量低于一线城市中心。

在生活方式方面，随着农民生活水平的升级，乡村生活方式发生变化，生活垃圾、生活污水、旱厕粪水的持续增长及排放不当等问题日益严重。在乡村人口萎缩的趋势下，人均垃圾产生量大幅增加，总体上呈现北方高于南方、东部高于西部的特点（韩智勇等，2017）。乡村生活垃圾的主要来源包括餐饮垃圾、日常消费产生的包装物和残余物、淘汰的生活用品、清扫产生的垃圾以及农业生产垃圾。乡村生活污水主要来源于农民日常生活产生的污水，厨余污水含有动植物脂肪、乙酸、碘、钠、氯等有机元素，洗涤污水中含磷等化学元素，排放后加重土壤和水环境的负担。农村厕所缺少相应的处理设施，粪水中的细菌、寄生虫卵、氮磷等对乡村人居环境中的水、土壤和空气产生污染。

二、产业经济低效粗放

近年来，国内乡村非农产业发展迅速，尤其是休闲农业、旅游度假、电子商务等乡村新兴产业。2017 年，全国休闲农业和乡村旅游经营收入达到 6200 亿元，乡村网络零售额达到 12 449 亿元，农村网店 985.6 万家，淘宝村 2118 个（国家发展和改革委员会，2017）。但是，乡村产业经济总体处于粗放发展状态，产业间的分割明显，资源的有效利用率低，经济效益相对低下。具体来看，主要表现在四个方面（李双玉和邓彬，2018）。

其一，同质化竞争严重。随着农业产业化的不断推进，国内乡村产业遍地开花，但是速度不断加快的同时，也出现了千业一面、同质化竞争严重、产业特色不明显、经济效益不高、产业不兴旺等问题。以乡村旅游为例，各地区的旅游资源各具特色，但乡村旅游开发项目大多雷同，以古村古镇游为主题的也开发出许多赏花项目，以乡村赏花游为主题的也开发出许多古村古镇项目。“特产不特”现象也普遍存在，尤其是具有地方特色的农产品。乡村本身不具备大批量标准生产和品牌包装的加工企业，导致许多厂商发现市场上的畅销产品后，就找厂家代工，然后贴上自己的商标，号称当地特产。

其二，质量参差不齐。在国内乡村产业经营中，小规模农业生产者是市场的主体，小农经济仍然是生产经营的主要组织形式。生产者数量众多且生产规模小的生产经营模式，通常会导致生产者各自为政，无法形成规模经济，再加上生产加工技术相对落后，质量检测监控跟不上，产品质量难以有效控制，从而导致产品质量参差不齐，品牌效应不强。

其三，科技创新不足。乡村产业的发展也需要现代化科技创新。随着政府对农业科技创新、农业现代化越来越重视，乡村产业技术生产水平有了较大提升，但与发达国家相比，科技创新能力依然不足，农业现代化程度仍然偏低。目前国内很多乡村产业依旧停留在传统农业层面，生产设备落后，技术水平不高，现代化程度偏低，依靠传统农业种植的农民收入水平较低，且收入增速大幅低于城镇居民。

其四，产业链短且产业融合低。在国内乡村产业中，产业间分割明显，产业链短，产业融合目前还处于起步阶段，融合程度低。农产品生产类产业主要提供初级农产品，很少进行加工与销售，并形成“生产—加工—物流—销售”为一体的产业融合式发展。即使有些乡村产业存在着产品加工，但是其规模通常比较小，设备与技术也比较落后，缺乏深度与精度加工，产业链短，附加值低，利润不高，产品销售也主要停留在本地市场。休闲农业和乡村旅游类产业则以自然风景观赏、历史古镇古村游览等项目为主，其形式比较简单，产业链条也不长，产业融合低。自然风景观赏比较单调，易受季节因素、天气状况影响，与之相应的产业项目开发不足。历史古镇古村存在开发深度不够的问题，许多古镇古村旅游主要停留在“游览”层面，“门票经济”现象突出，新元素、新产品与新业态引入不足，生活、生态、文化体验型旅游模式还没形成，产业链条有待完善，产业融合程度不高。

三、人文风貌断裂消失

近年来，一般的乡村建设普遍追求城镇化速度，忽视地域特征和人文特色，忽视乡村个体之间的差异性，导致乡村人文风貌不断遭受冲击，逐渐与传统断裂，局部甚至全部消失。具体来看，主要面临三大困境（张立等，2019）。

其一，乡村地域特色逐渐消失，城市化特征明显。随着全国范围内的乡村人居环境更新广泛展开，大量乡村照搬城市的建设方式。虽然迅速高效地改善了乡村人居环境的基本生活条件，但是乡村地域的特色风貌逐渐丧失，建筑及其环境风貌同质化、城市化甚至“半城半乡”并存。由于农民对城市文明的向往及自身审美的局限，在农房更新建设的过程中，传统民居不断被拆建成独立式现代小楼房甚至小高层、高层楼房。无论在东部、中部还是西部地区，在平原、丘陵或者山区，村庄风貌正在趋同，不同地域的不同乡村出现了极为相似的白墙黑瓦坡顶徽派新民居，或者火柴盒式样的兵营状排列的居住区。部分村庄受短期商业利益驱使，为了迎合游客而完全忽视当地环境风貌和气候特征，引入了大量外来建造风格，强化了过度的人工化建设痕迹，创造了“迪士尼”式的游乐园场景。

其二，乡村生态环境“去乡土化”和“去生态化”。集镇、农村居民点、景区等在乡村地区主要呈点状分布，而农地和道路沟渠等乡村生产空间则是面状和线状的，其建设格局对乡村地区的总体风貌有重要影响。随着农业科技的发展，农业生产模式发生了较大的变化，反季节性蔬菜瓜果日渐普及，除了远距离的冷链物流以外，更多的是本地化的大棚种植，遗留大量白色塑料污染乡村生态环境。同时，塑料地膜技术的开发大大提高了农产品的生产效率，但是大多农民只顾使用不管回收，极大地破坏了土壤的生态环境，也进一步冲击着乡村典型的田园乡野风貌。此外，乡村地区的灌溉水渠和乡村道路等设施普遍使用混凝土或水泥，很少使用砂石路面，与乡村生态环境的自然性和田园乡野风貌形成反差。

其三，乡村社会结构逐步瓦解，物质和非物质遗产均难以传承。人文视角的乡村风貌主要包括乡村社区活力、人际关系，也包括乡土的建造工艺、戏曲、习俗等非物质文化遗产的传承和展现。当下的乡村人口结构空心化、老龄化明显，并有大量留守儿童，传统的乡村社会结构正在瓦解，乡村社区活力总体低下。乡村人口的老龄化和村庄的空心化导致了乡村非物质文化遗产传承困难，也造成乡村物质环境运行维护艰难。传统乡土建筑定期要进行维护翻修，老龄化加剧了家庭劳动的难度。历经千百年的乡土技艺和习俗正面临中断的危机。乡村风貌缺少了社会人文风貌的支撑，其“乡愁”的展现也逐渐失去了传统乡土特色。

四、住房和公共设施短缺不全

近年来，我国乡村住房和公共设施等社会事业建设有所进步，但是仍面临房地资源空置、设施项目难以落地、服务水平仍然偏低、缺乏具有指导意义的建设导引的问题。

随着远郊乡村人口外流到城镇中就业，乡村中的宅基地和住房大量空置。同时，调研中发现大量乡村公共设施因服务人口减少而闲置，如上海市崇明区新征村小学校舍因适龄儿童集中到镇区上学而被迫闲置（耿慧志等，2019a）。部分乡村工业用地由于经营不善和达不到环保要求而关闭，其厂房处于废置状态。乡村大量闲置的农房、公共设施和厂房资源缺乏有效利用。此外，乡村新产业的发展、服务功能的完善需要建设用地，但是受到特大城市“建设用地零增长”的要求，远郊乡村难以获得新增建设用地指标。一方面，乡村存在大量空置的房地资源；另一方面，由于建设用地审批限制，难以获得新的建设用地。因此，应当积极探索提升乡村地区房地资源使用效率的有效对策。

基于乡村规划建设许可实施层面的调研发现，由于资金短缺、建设用地指标难以获得、土地用途管理过于严格、对于乡村新兴活动关注不足等问题，乡村公共事业设施项目普遍难以落地或不能满足村民实际需求。同时，现存乡村建设规划许可制度原则性较强，可实施性偏弱，各地差异较大；村庄规划适用范围不明，编制内容照搬城镇规划内容，缺乏针对性。以上海市为例，2008 年至 2014 年，乡村建设规划许可核发比例不高，且多为村民个人建房，社会公益事业项目仅占 0.07%，公共设施普遍难以落地，村民为满足实际需求，存在占用农用地私自建设设施的行为。因此，推进有指导意义的乡村建设规划许可法规制度、覆盖切实可行的村庄规划具有重要意义。

不同于城市地区，乡村地区的经济基础、发展水平普遍偏低，根据村庄的实际条件，提出重点发展方向，更利于实现乡村地区社会事业的全面提升；同时乡村地区人口密度较低，优化镇村结构体系，实现村村、村镇、城乡设施共享有利于乡村房地资源高效利用，实现生态优先、低影响开发的理念。根据不同村庄的发展现状、区位条件、资源禀赋等，分类优化镇村结构体系。对于集聚提升类村庄，通过激活产业、优化环境、增添活力来保护乡村风貌，建设宜居宜业的美丽村庄。对于城郊融合类村庄，应加快推动城乡产业融合发展，实现基础设施互联互通、公共服务共建共享。对于特色保护类村庄，要尊重原住居民的生活形态和传统习惯，合理利用村庄特色资源发展乡村旅游和特色产业。对于搬迁撤并类村庄，应严格限制新建、扩建活动，统筹考虑拟迁入或新建村庄的设施建设。在县域层面，通过科学决策和论证分析，推动大型基础设施的联建共享；在镇域层面，加强以乡镇政府驻地为中心的农民生活圈建设，以镇带村，统筹布局基础教育设施、医疗卫生设施；在村域层面，应细化文化室、医疗室、活动室以及便民点、健身点的位置和空间边界，促进设施共享。

为全面提升乡村公共设施建设水平，改变低质量建设的现状，应当制定通俗易懂、切实可行的公共设施建设指南、村民建房手册。按照“兜住底线、统筹资源、共享发展”的基本原则，制定不同地区乡村公共服务设施的配套指南和建设标准。优化公共设施的空间布局，明确各类乡村公共设施的分类依据、空间布局原则和具体配置等要求。基于乡村地域特征，综合考虑住房功能多样化、居住舒适度等需求，编制村民住房建设指导手册。将建房流程、宅基地面积、配套设施等要求予以图示化，并细化平面布局、建筑风格、房屋结构、建筑材料、施工工艺等内容，给村民建房以科学、合理、有效的指导。《上海市郊野乡村风貌规划设计和建设导则（二）》从风貌角度出发，围绕上海量大面广的村庄建筑改建，运用正负面清单图文结合的方法，针对性地提出设计和施工指导，为村镇基层干部和普通村民提供了具有可读性的指导范本。

未来我们应当根据村民住房需求与住房空间规划、建设指引的差异性，提出优化住房空间布局、规模和具体建设指引管控措施的方法；强化公共设施配置和村民生产、生活需求的关联性研究，提出优化公共设施配置的原则、标准、相关的规划方法优化和政策建议；提出差异化的空间规划和建设指引策略。

五、安全防灾缺乏统筹

我国乡村地区经济基础和基础设施建设普遍比较薄弱，村庄空心化严重，留守村民以弱势群体为主，相较于城镇地区，乡村在抗灾减灾方面具有天然劣势，也更易受到自然灾害影响。因此，对于乡村生态宜居发展，安全防灾是事关底线把控的要素，完善村落选址科学论证，构建完善的综合防灾体系刻不容缓。

基于全国典型乡村调研的梳理，乡村生态宜居建设所面临的主要安全防灾问题包括四个方面：①地形地貌、气象特征引起的自然灾害；②工农业生产带来的点面源污染；③填湖毁林、开山采石等不合理建设和生产行为诱发的灾害；④以农房质量、基础设施水平为外在表征的乡村综合防灾生命线系统的韧性不足。针对自然发生的灾害类型，应在新村落选址前建立灾害预估的全面论证；针对不合理的开发建设、生产生活行为诱发的灾害，应通过增强土地利用监管、推进村庄卫生整治优化、乡村生产生活空间布局等多方面手段综合治理；针对村庄建筑质量普遍偏低、基础设施较为薄弱的现状，应当完善农房质量标准，加强建筑安全管理，推进乡村防灾设施建设。

新村聚落选址应综合考虑地形地貌和构造等因素，避让不宜建设的地区。加强对灾害类型、灾害等级、灾害风险的全面论证，有效识别灾害风险。建立集灾前预防、灾时抗御、灾后重建于一体的综合防灾体系。在县域层面，加强区域性乡村整体防灾空间布局，确定防抗灾种、防灾层次和防灾标准。在镇域层面，加强乡村道路避灾网络通道规划和承灾空间布局，其中，在山区加强对滑坡、泥石流的应对措施，在水网地区加强对洪涝灾害的应对措施。在村域层面，加强应急避灾场所和防灾设施的统筹布局。

建立切实可行的乡村建设规划许可实施制度，有助于在“兜住安全底线”的同时，促进乡村高质量发展；严格监控不合理的开发建设、生产生活行为，对于一些高污染的项目要严格监管，坚持生态优先的理念，同时有针对性地进行村庄整治，普及环保卫生理念，增加环卫设施覆盖率，避免不合理的生活性排污造成乡村水环境安全水平降低；农用地内部种植、养殖用地不合理的空间布局是导致乡村种植业、养殖业面源污染的主要因素，基于“种养结合”等理念，对农用地的空间布局进行优化，有助于保护生态环境基底，避免不合理的农业生产对乡村生态环境产生威胁，从而影响村民的饮食、饮水安全。需要看到，乡村不合理开发建设、生产生活行为涉及规划、农业、环保等多部门的协同管理，因此，需要推进多部门的协同工作和完善相关的配套制度。

调研中发现，乡村建筑质量普遍偏低，尤其是中西部、东北等地区，存在大量危房未及时更新拆除。一方面是因为受当地经济发展水平限制，当地村民和村集体难以负担房屋更新费用，另一方面是因为乡村地区建筑物建设标准过低或缺乏监管，导致建筑物防灾抗灾能力普遍较弱。因此，应当加强规划许可批后监管，保障乡村建设有序实施：①明确不同规模农房的设计标准、建设标准和施工准入标准；②加强施工质量安全监督检查，明确建筑放样、基槽验收、竣工验收等关键环节和重要节点的监管内容，形成涵盖开工前、建设中、竣工时和竣工后的全程监管系统；③建立健全乡村建筑质量安全管理常态化制度，政府牵头，村集体具体负责，组织针对乡村建筑的定期监测，对于各类危房制订限期改造加固或拆除计划。

总的来说，乡村安全防灾要素建设是乡村生态宜居发展乃至乡村振兴战略的底线要求，唯有先满足灾害治理的建设需求，才能更高质量地推进乡村生态宜居建设。在这一过程中，补齐基础设施和完善顶层设计同样重要。

第三节　乡村空间规划研究和政策建议

一、乡村空间规划的案例研究

（一）安徽省淮南市乡村振兴战略规划

1. 项目概况

淮南市靠近安徽省省会合肥，处于合肥都市圈核心地带，是淮河生态经济带核心城市之一。2017 年，淮南市农业总产值达到 210 亿元，农村常住居民人均可支配收入 11 841 元，贫困发生率下降至 2.42%。各级各部门把美丽乡村建设作为加快五大发展美好淮南建设的重要抓手，资金投入向农村倾斜，基础设施向农村延伸，公共服务向农村覆盖，提高了农民生活质量和幸福指数。但是，从生态宜居的角度来看，淮南市乡村普遍存在以下问题：农村基础设施和环境治理存在不足，乡村生态环境亟待修复；农村一二三产业融合速度较慢，内生发展动力不足；农业农村发展要素集聚能力不高，农村青壮年劳动力大量外涌造成“空心村”和农村“空心产业”现象并存等。《淮南市乡村振兴战略规划（2018—2022 年）》的“生态宜居”专篇以“建设山清水秀美丽乡村、塑造生态宜居新风貌”为目标展开。

2. 生态宜居规划体系

根据生态环境、产业经济、人文风貌、住房和公共设施、安全防灾五方面生态宜居构成要素，规划通过“加大乡村生态保护与修复力度”“推动农业绿色发展”“推进乡镇和中心村整治建设”“持续改善乡村人居环境”“综合治理采煤沉陷区乡村生态”五个专题来讨论如何培育淮南市乡村的生态宜居发展韧性。

“加大乡村生态保护与修复力度”专题包含四项内容：强化生态保护与修复；健全重要生态保护系统保护机制；健全生态保护补偿机制；发挥自然资源的多重效益。

“推动农业绿色发展”专题包含五项内容：推进农作物秸秆综合利用；推进畜禽养殖废弃物资源化利用；强化资源保护和节约利用；推进农业清洁生产；集中治理农业环境突出问题。

“推进乡镇和中心村整治建设”专题包含两项内容：加快建设美丽乡镇；精心打造美丽乡村中心村。

“持续改善乡村人居环境”专题包含三项内容：深入开展农村环境“三大革命”；着力提升村容村貌；健全乡村长效管理机制。

“综合治理采煤沉陷区乡村生态”专题包含三项内容：全力做好沉陷区乡村生态修复；大力改善沉陷区移民新居环境；科学推进沉陷区农业产业开发。

3. 生态宜居规划实施专项行动

由于规划实施周期短，乡村生态宜居建设重点通过三项专项行动予以落实。

农业绿色发展专项行动由七个子行动构成，具体包括：①农业节水行动，加快建立合理农业水价形成机制和节水激励机制，逐步将农业用水总量控制指标分解落实到县（区）、灌区、用水单位，加强灌溉试验站网建设，强化灌溉试验和科技成果的转化运用；②水生生物保护行动，落实淮河流域重点水域禁捕补偿机制，引导和支持渔民转产转业，清理整治“绝户网”和涉渔“三无”船舶，形成覆盖主要江河湖泊的水生生物养护体系；③加强农业面源污染防治行动，实施农田面源污染防治、畜禽养殖污染治理、水产养殖污染减排、地表径流污水净化利用等工程，推进种养结合，推广农业清洁生产技术，划定畜禽养殖适宜区，因地制宜建设畜禽粪污处理设施、乡村污水处理设施及农业废弃物田间暂存利用设施；④土壤污染治理与修复行动，建立政府主导、企业担责、公众参与、社会监督的土壤污染防治体系，促进土壤资源永续利用；⑤秸秆综合利用专项推进行动，大力推广龙头企业带动的产业化利用模式，加速建设秸秆现代环保产业示范园区，推动形成布局合理、产业链条完整的秸秆综合利用产业化格局，着力构建政府引导、企业为主体、农民参与的秸秆综合利用长效机制；⑥畜禽粪污资源化利用整县推进试点行动，以县域为基本单元，统筹县域畜禽粪污资源化利用规划布局，合理选择资源化利用技术模式，构建粪污资源化利用的社会化服务机制；⑦农业绿色生产行动，深入推广测土配方施肥技术，推广高效绿色肥料新产品，实施果菜茶有机肥替代化肥行动，鼓励和支持积造农家肥，施用商品有机肥，支持推广生物和高效低毒农药，扩大高效植保机械补贴范围。

乡村人居环境整治专项行动由五个子行动构成，具体包括：①乡村生活污水治理行动，充分利用现有设施，合理预测未来趋势，采取新建、扩建和改建等方式配套完善并优化污水收集、输送和处理设施系统建设，选用维护量少、维护频率低的污水处理设施，统筹推进管网覆盖范围内农户卫生厕所改造；②乡村垃圾治理行动，推进城乡环卫一体化管理，完善垃圾治理市场化作业监督机制，实行户收集、村集中、乡镇（管理公司）转运、市（县）统一处理的乡村生活垃圾处理模式，探索建立以县（区）乡（镇）公共财政投入为基础，村集体补贴、农户适当付费的经费保障机制；③厕所革命行动，坚持经济适用、方便使用原则，合理确定厕所选址，鼓励引导农户改厕进院入户，有序稳步推进农户改厕；④实施乡村绿化美化行动，开展村庄道路、水体沿岸、庭院和村庄周围绿化，制定村庄原生植被、古树名木、自然景观、小微湿地恢复和保护方案，基本实现“山地森林化、农田林网化、村屯园林化、道路绿荫化、庭院花果化”的乡村绿化格局；⑤水环境治理行动，完成乡村饮用水源地保护区（或保护范围）划定，整治乡村河湖水系，逐步消除乡村黑臭水体。

乡村生态保护与修复专项行动由七个子行动构成，具体包括：①建立市场化多元化生态补偿机制行动，实现森林、湿地、水流、耕地等重点领域和禁止开发区域、重点生态功能区等重要区域生态保护补偿全覆盖；建立完善资源有偿使用和生态补偿制度，探索环境治理和保护的市场化机制，实施森林村镇建设工程，推进八公山、上窑山、舜耕山等山体生态修复与森林景观建设，加强焦岗湖、瓦埠湖、高塘湖等湖泊湿地生态保育。②生态安全屏障构建行动，落实基本农田保护、生态红线的管控要求，构建淮南“山、水、林、城”相间的良好生态格局。③全面建立林长制，推进林业增绿增效行动，建立市、县区、乡镇（街道）、村（社区）四级林长体系，基本形成布局合理、结构优化、功能完善的森林生态体系。④湿地保护修复工程行动，实行湿地资源总量管理，严守全市湿地生态红线，根据需要和具体条件实施退耕还湿、退养还滩。⑤全面推进乡村生态清洁小流域建设行动，对现状水质达到Ⅲ类的湖库水体开展生态环境评估，加强重点湖库蓝藻水华防控。⑥水土流失治理行动，加强重要水源地、江河源头区水土流失综合治理，因地制宜开展小流域综合治理，初步建成分区水土流失综合防治体系。⑦乡村土地综合整治行动，统筹开展乡村地区建设用地整理和土地复垦，优化乡村土地利用格局，提高乡村土地利用效率，规范推进城乡建设用地增减挂钩试点工作，通过县域内城乡间节余指标调剂以及贫困地区跨县调剂节余指标取得的收益，及时全部返还项目区乡村用于支持实施乡村振兴战略。

4. 经验启示

作为乡村发展的总体战略规划，乡村振兴战略规划关注乡村地区的整体发展。尤其是针对区域乡村的典型问题进行整体回应和解决，有利于统筹和清晰各政府部门对乡村生态宜居发展的目标建构和任务承担。

对于乡村个体而言，关键在于后续空间规划建设能否与之建立紧密连接，一方面能够衔接专项行动，促进乡村生态宜居的公共建设，另一方面能够从中找到发展的机遇，找准自身定位。尤其要关注乡村之间的联动发展，以及乡村个体在区域群体中的发展作用。

（二）河南省鲁山县梁洼镇国土空间规划

1. 项目概况

梁洼镇位于平顶山市西南部、鲁山县北部，镇区距离县城 12 公里，镇域范围

59.28 平方公里，下辖 4 个居委会和 9 个行政村（2019 年）。梁洼镇地势平坦，土地资源充裕，基础建设条件较好，原为工业重镇，农业实力较弱，随着矿产企业贯通，面临产业更新与发展转型。梁洼镇村镇建设较为粗放，乡村人居环境品质不理想，交通设施、市政设施等基础设施建设不完善，受矿业影响，部分村庄已经不适合建设与生活。生态环境破坏严重，地质灾害隐患众多，9 个行政村都存在不同程度的地面塌陷和地裂缝，面积约 37.65 平方公里，大量剥离弃渣沿采场周边、沟谷无序堆放，极易引发滑坡、泥石流。

河南省鲁山县梁洼镇国土空间规划（2019 年）的主要目的之一是为生态宜居构建用地基础，一方面，通过生态修复和土地治理创造新的可用土地资源，另一方面，整合全域土地资源进行用途管控和产业发展引导。相应的规划任务包括：掌握底数底图，开展资源环境承载力和国土空间开发适宜性双评价；衔接上位规划，明确目标定位，建立国土空间规划指标体系；构建国土空间格局，对镇域全域用途进行管控；发展性规划，引导镇村建设与产业发展；保护性布局，开展生态保护修复与土地整治。

2.“规划—整治”协同双评价技术框架

根据梁洼镇地理特征和土地利用状况，规划制定了国土空间“规划—整治”协同双评价技术框架（图 5-2），并通过具体评价过程，得到未来适宜农业生产和适宜城镇建设的潜力用地。

首先，沿用国土空间规划的资源环境承载力评价，将“三区三线”[①]等评价结果转化为数项刚性指标，作为保护区域的判定基础。只要符合其中任意一条指标，即判定为禁止开发区并进行绝对保护，从而得出最大合理开发规模。

其次，基于“未来预估”视角，全域土地综合整治适宜性评价将整治投入和产出作为测算模块主题，对土地资源要素整治的预估效益进行测算。一方面，在整治实践中，资本往往是决定土地资源要素开发调整的关键因素，故将资金、人力、工具等资本具体表现形式作为投入测算因子。另一方面，整治产出不单单是经济效益，而是生态、生产、生活三者整合的综合效益，故将生态收益、经济收入、人口引力作为产出测算因子。相对于自然、经济或社会产出，过高的资本投入意味着空间的低整治适宜性，而相对低投入的高产出空间具备高整治适宜性。评价完成后，得到整治双评价成果。

最后，将整治双评价成果——全域生态修复和综合整治规划图与既有规划双评价成果——全域国土空间规划分区图进行比照。两图叠加后，图斑相异之处即为

① “三区”是指城镇空间、农业空间、生态空间三种类型的国土空间。“三线”分别对应在城镇空间、农业空间、生态空间划定的城镇开发边界、永久基本农田保护红线、生态保护红线三条控制线。

需要修正的土地资源要素具体场景空间，以此为依据，对全域国土空间规划分区图进行修正后，得到应用于国土空间规划和全域土地综合整治的同一张管控图——全域全要素管控图。全域全要素管控图一方面继承了国土空间规划对土地资源现状精准描述的优点，另一方面吸收了全域土地综合整治对土地资源要素开发意愿合理判断的优势，实现了规划与整治的上下联动，增强了国土空间规划管控的落地性。

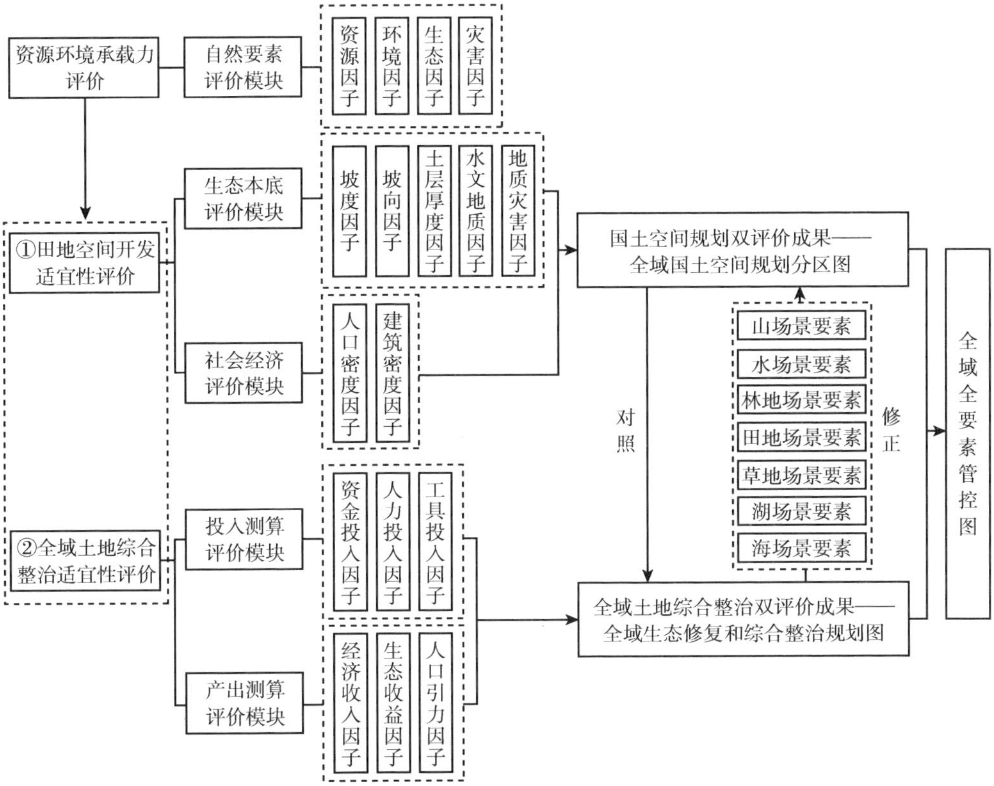

图 5-2　“规划—整治”协同双评价技术框架图

3.“三区三线”划定与全域土地用途管控

在划定生态空间、农业空间和城镇空间时遵循生态保护优先、总量控制和布局适宜的原则。一方面，夯实底线，生态和农业空间面积控制在镇域面积的 2/3 左右，生态和农业空间占镇域面积的 64.6%，其中生态空间占镇域面积的 35.7%，农业空间占镇域面积的 28.9%；另一方面，明确极限，城镇空间面积控制在镇域面积的 1/3 左右，城镇空间占镇域面积的 35.4%。

生态保护红线面积 875.91 公顷，按照禁止开发区域进行管理，严禁不符合生态功能定位的各类开发活动，除原住民必要的生产生活和提升生态功能的各类利用活动外，严禁任意改变用途。

永久基本农田面积 709.47 公顷，从四方面进行优化：数量保障，结合粮食生产功能区和重要农产品生产保护区划定工作，落实保护任务，促进基本农田集中连片分布；质量提升，开展退化耕地修复以及中低产田改造，提升土壤肥力，完善农业配套设施，全面提升耕地质量；生态增效，发展生态农业，结合生态廊道建设，增强耕地生态效益；田园景观，作为景观基质，结合观光农业建设，塑造田园风光。

城镇开发边界面积 866.53 公顷，基于适宜性综合分析、协调永久基本农田、城镇内动力和外拉力、多规要素协调和部门协同四方面因素考虑划定。最终对镇域全域进行了全要素用地管控。

4. 村镇体系构建

基于“三区三线”和全要素用地管控，根据梁洼镇中心镇区及各村的资源条件、区位条件、经济实力和发展潜力，在规划期内，按镇村规模将镇村体系等级确定为“镇区—中心村——般村”的三级结构。

一级为镇区，即梁洼镇中心镇区，定位为镇政治、经济、文化、科技、信息中心，同时是周边农业地区的中心服务地。二级为中心村，段店村承担旅游职能，半坡羊村承担农业职能。三级为一般村，包括郎坟、鹁鸽吴、连沟、张相公、保障等，这些村人口规模相对比较小，在未来的发展中，人口规模增长速度相对较慢，积极引导人口迁往镇区或城市，或集中居住。同时开展村庄布点规划，对村庄进行分类建设。

5. 生态修复与全域土地整治

以“山水林田湖草生命共同体”思维统筹林水田矿的保护与修复。

针对六类生态修复对象类型，分别提出具体要求：①森林资源，退化林地生态修复、林相改造、造林更新工程；②水环境治理，黑臭水体治理、受采矿破坏水体治理；③土壤修复治理，污染源头防控、工业和采矿污染地块修复治理、污染耕地修复治理、耕地提质改造；④矿山、矿坑生态修复，开发山体建设管控、受损山体生态修复、矿山复绿、矿坑复绿复垦；⑤水土流失治理，低山微丘土壤保持区治理；⑥拆旧复垦，对规划迁并的村庄居民点或者废弃工业用地进行拆除，适宜作为耕地的复垦为耕地，不适宜作为耕地的恢复为草地。通过生态修复，用地资源效率提升，尤其为新增耕地储备了后备资源。

6. 经验启示

镇级国土空间规划对乡村空间规划建设意义重大。作为底层的国土空间规划，从整体的角度理清了城镇和乡村的发展关系。同时，为乡村发展划定了生态保护红线、耕地保护红线，对乡村空间管控进行协调和落地。

同时，作为镇级国土空间规划的重要组成部分——土地综合整治，一方面控制了乡村的无序蔓延，另一方面为乡村的发展整合出必要的空间。

（三）设施农用地规划

设施农用地规划加强了对乡村农业空间的精细化管理。一方面，在农业生产经营规模化和现代化的背景下，设施农业逐渐成为农业发展的重要方向，农业生产对于专业农业设施和相应配套空间的需求增加，设施农用地在农业空间中的重要性不断增强。另一方面，在我国严格的耕地保护和用地管理制度要求下，农村土地应实现集约使用，防止农业空间的非农化用途（耿慧志和李开明，2020）。在这种背景下，设施农用地的合理布局，就成为乡村空间规划的重要组成部分。

上海市于2016年审批通过了《上海市设施农用地布局规划（2016—2020年）》（上海广境规划设计有限公司，2016）。作为乡村空间规划的重要专项，《上海市设施农用地布局规划（2016—2020年）》在分析现状设施农用地利用状况的基础上，结合不同农业类别、不同分区对设施农用地的需求，最终形成了上海全市的设施农用地规划方案，明确了各产业条线设施农用地数量和规模、各分区设施农用地的数量和规模，以及设施农用地近期和远期的建设时序。该规划对于乡村空间规划有着重要的参考意义。

1. 技术路线

《上海市设施农用地布局规划（2016—2020年）》通过四个方面综合确定上海市设施农用地的规模。一是对规模总量的预测，在明确粮食、蔬菜、经济果林、农机等种植业用地和畜禽、水产等养殖业用地规模的基础上，根据各类农用地配置设施农用地的标准，计算出全市设施农用地的总规模。二是对已备案存量的分析，通过对2011～2015年已备案农用地项目规模和项目类型的分析，对存量设施农用地项目进行梳理。三是通过对各区和集团各类设施农用地需求的汇总，掌握“十三五”期间设施农用地的总需求。四是明确设施农用地在产业发展、项目规模、空间布局的准入条件。

根据以上四个方面，形成了全市设施农用地的规划方案，在此基础上根据三种不同标准对设施农用地项目布局进行细分。一是明确各产业条线设施农用地项目的数量和规模。二是明确九个区和三个集团配置的设施农用地项目数量和规模。三是明确设施农用地项目近期（2016～2017年）和远期（2018～2020年）的建设时序。

2. 现状分析

《上海市设施农用地布局规划（2016—2020年）》对上海市5.3万亩设施农用

地进行了详细的状况分析，包括用地构成、产业结构、项目面积等方面，其技术路线图如图 5-3 所示。依据状况分析，从总量来看，设施农用地备案项目总数为 900 个，涉及崇明、奉贤、嘉定、金山、闵行、浦东、青浦、松江等八个区，其中崇明已备案项目最多，面积为 1216 亩。从设施用地的分类构成来看，生产设施用地占地 2223 亩，占已备案项目用地总量的 77%；附属设施用地占地 672 亩，占已备案项目用地总量的 23%；从设施农用地所服务的产业结构来看，粮食、蔬菜、畜禽三类设施农用地面积占比较高，水产、农机两类设施农用地面积占比较低。

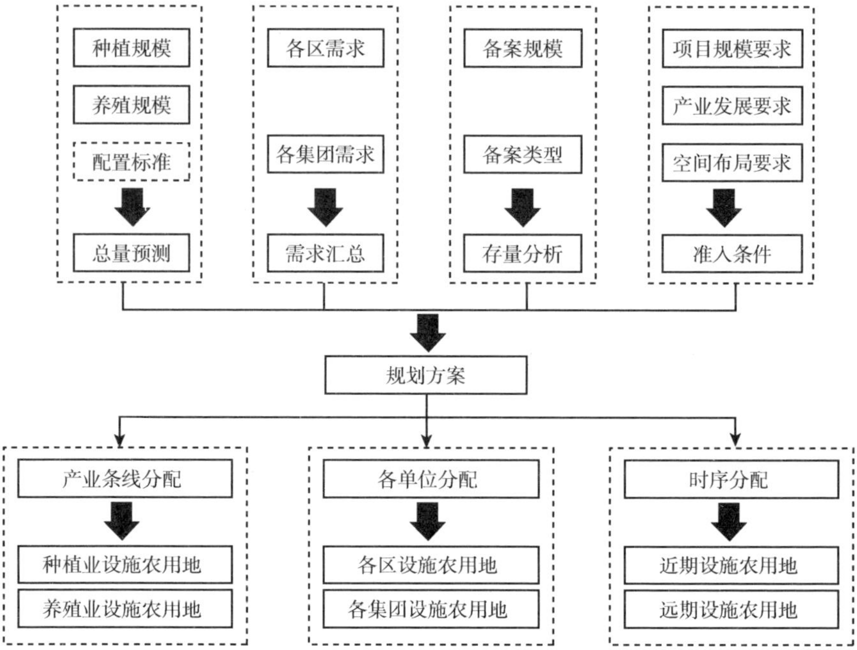

图 5-3　《上海市设施农用地布局规划（2016—2020 年）》技术路线图

3. 总量预测

规划期内设施农用地总量预测包括种植业总量预测和养殖业总量预测两大单项。种植业总量预测依据《上海市农村建设有关设施用地标准（试行）》结合实际测算需要加以修正而定（上海市规划和国土资源管理局，2010）。《上海市设施农用地布局规划（2016—2020 年）》将粮田的设施农用地配置标准定为 2.3 米^2/亩，菜田的设施农用地配置标准定为 9 米^2/亩，果林的设施农用地配置标准定为 6.7 米^2/亩。结合《上海市农业布局专项规划（2016—2040 年）》中 2020 年全市粮田、常年菜田、果林的种植面积，可以计算出全市种植业总需求为 1.5 万亩，其中粮田应配置 0.52 万亩设施农用地，常年菜田应配置 0.68 万亩设施农用地，果林应配置 0.30 万亩设施农用地。养殖业总量预测分畜牧养殖业和水产养殖业两项分别计算。具体数据依据《上海市养殖业布局规划（2015—2040年）》和《上海市现代农业“十三五”规划》确定。至2020年，上海市畜牧养殖面积为1.14万亩，其中猪场0.42万亩，牛场0.48万亩，蛋鸡场0.05万亩，肉鸡场0.02万亩，鸽场0.06万亩，羊场0.11万亩。水产养殖面积为28.7万亩。根据《上海市设施农用地用地标准（试行）》，按照7%的配套设施农用地标准计算，全市水产养殖业需要设施农用地2.01万亩。

综合对农业各产业条线设施农用地规模的分析，规划至2020年，全市共需设施农用地4.65万亩，其中粮田0.52万亩，菜田0.68万亩，经济果林0.30万亩，畜牧养殖业1.14万亩，水产养殖业2.01万亩。

4. 需求优化

《上海市设施农用地布局规划（2016—2020年）》将计算得到的总量依据具体需求进行优化和数据调整。具体包括三方面原则：第一，优先保障重点项目的用地，尤其是《上海市现代农业“十三五”规划》列出的重点项目，以及高水平、高科技、高附加值的现代农业项目；第二，空间布局合理性，设施农用地布局需要满足城乡规划的空间管控要求；第三，规模可行性，应当保障“十三五”期间农业生产需求。

基于以上三方面原则，《上海市设施农用地布局规划（2016—2020年）》对各区的设施农用地总量进行了优化调整，并最终形成市级方案，“十三五”期间，上海全市新增落图设施农用地共1229处，合计5115亩。同时“十三五”期间规划预留500亩的不落图机动指标，“十三五”期间新增设施农用地（落图+机动指标）合计5615亩。近期新增设施农用地共612处，合计2668亩（占新增落图设施农用地面积的52.2%）；远期新增设施农用地共617处，合计2447亩（占新增落图设施农用地面积的47.8%）。在最终的规划成果中，以行政村为基本单位，结合六大产业的配套需求，落实了各类设施农用地的空间布局，明确了近远期建设规划，满足了农业产业发展对农业配套空间用地的需求。

5. 配套政策建议

为促进《上海市设施农用地布局规划（2016—2020年）》的实施，从四个方面提出了政策建议。第一，框定总量，坚守设施农用地规模总量。设施农业发展的目标、指标、布局需要与国际化大都市的整体发展目标相契合。同时结合规划和土地管理部门牵头开展的全市设施农用地现状全面调查的成果，与《上海市土地利用总体规划（2006—2020年）》等一系列成果紧密对接，确保全市设施农用地规模总量的稳定性、固化设施农用地的规模上限和空间四至边界。第二，严格执法，强化设施农用地用途管制。上海市农业农村委员会、上海市规划和自然资源局等相关部门建立设施农用地信息报备制度，掌握全市设施农用地和设施农业的情况及发展趋势，适时开展设施农用地核实工作，规范设施农用地使用。同时要严格设施农用地执法，确保农地农用。第三，市区联动，编制区级设施农用地布局规划。各区需结合各类相关规划以及实际需求，进一步细化各区分产业设施农用地的总量、规模和空间布局。在此基础上，按照“控制总量、优化布局、增减平衡”的总体要求，优化存量设施农用地，合理布局新增设施农用地。第四，增减挂钩，积极盘活利用存量设施农用地。为坚持节约集约用地理念，遵循农地农用的方针，切实支持和保障本市都市现代农业发展的设施农用地需求，需要按照“总量控制、区域统筹、盘活存量、增减挂钩”的总体原则，积极盘活利用存量设施农用地。

综上，《上海市设施农用地布局规划（2016—2020 年）》在规划的技术路线、现状分析、总量预测、需求优化和配套政策建议等方面具有良好的示范意义。

二、乡村空间规划的政策建议

（一）践行生态优先理念，合理确定各类红线

1. 生态优先引领国土空间规划

在以国土空间资源保护和开发利用为目标的国土空间规划中，“三区三线”划定是规划的核心内容，实际操作过程中由于不同地区情况特征各异，呈现出明显的复杂性。在空间划定有矛盾或者模棱两可的时候，生态优先始终是“三区三线”划定的首要原则。生态保护等级高的区域，即使农业生产和城镇建设适宜性高，也要将生态保护居于首位（耿慧志等，2019b）。

2. 生态保护红线只增不减

根据双评价结果，将生态保护能力等级高，同时生态斑块集中度高的区域，划定为生态保护红线的管控范围。为了避免遗漏其他生态资源丰富以及一些亟须生态修复的区域，依据只增不减的原则，将划定的生态保护红线与现有管控边界进行相互检查。

3. 永久基本农田保护红线总量指标锚定

将双评价的农业适宜性评价结果与现已明确划定管控边界范围的基本农田保护区、一般农田进行比对，总量指标维持不变的前提下，永久基本农田保护红线的空间位置允许适当优化。在生态保护红线与永久基本农田红线边界出现矛盾的情况下，应以生态保护优先为原则，在区内优化永久基本农田的布局范围，区内不能平衡时，可将部分基本农田调出生态保护红线区域，在市县范围内或上级行

政单位的辖区范围内平衡基本农田指标，保障总量不变。

4. 城镇开发边界集约利用

以推进高质量发展、集约利用土地开发建设为根本原则，将双评价的城镇适宜性评价结果与现已明确制定控制性详细规划或开发意向的区域范围进行比对。城镇适宜性评价结果应该与历年城镇建设用地实际增长指标进行参考比对，尊重城市客观增长规律。评价为适宜程度较好而实际用地增长较慢地区，可能与地方发展动力、招商引资情况有直接关联，规划不能根据适宜程度高的结论一刀切，应确保理性增长。当城镇适宜性评价结果与拟开发建设用地出现矛盾时，评价为一般适宜或不适宜的地区，应尊重适宜性评价结果，适度缩减调整用地开发边界。

5. 建立“县域—镇域—村域”规划统筹协调体制

依据生产、生活、生态协调发展的总体要求，在县域、镇域、村域三个空间层次，建立规划内容衔接、规划引导一致的乡村空间规划体系。探索多部门管理相互协调、多类型规划相互融合的路径，通过简化规划层次、明晰规划权责，形成多部门多类型乡村规划的统筹协调体制。

在县域层面，结合镇村结构体系，合理划定生态保护红线、永久基本农田保护红线、城镇开发用地边界线三条红线，明确生态空间、农业空间和城镇空间，清晰界定各类空间管控边界。在镇域层面，结合各部门的管控职责，进一步对各类红线内部功能和边界进行管控细分。在村域层面，结合生态宜居各项工程的现实需求，协调各类建设项目的空间布局，统筹各类资金预算，合理确定实施时序，并制定年度分项建设计划。

（二）科学谋划农业空间、挖潜布局新兴产业

1. 农业产业空间复合高效化布局

产业发展与经济增长是农村居民的核心诉求，也是生态宜居不可缺少的必要条件。乡村产业经济发展应当与生态宜居协同考虑，既要绿水青山，也要金山银山，应当是乡村空间规划所秉承的理念。当前我国乡村产业发展处于调整和转型的阶段，农业生产效益较低，难以满足村民日益增长的物质需要，新兴产业又受到制度等各种主客观因素制约，亟待规划的破局。因而，乡村空间规划要科学谋划农业空间，将农业生产的空间布局与生态可持续的要求相结合，同时挖潜布局新兴产业，在有限的空间中尽可能拓展发掘土地的潜力，提升乡村产业发展水平。通过产业与生态的协同发展，最终促进生态宜居乡村的形成。

2. 逐层细化农业空间，强化农业种植引导

农业空间的科学谋划应当是乡村空间规划在产业层面考虑的首要问题。农业是乡村的基础和根本所在，在我国乡村产业发展尚未实现多元化的阶段，农业的发展与乡村居民的物质生活水平提升不可分割。而如何合理布局农业空间，在生态可持续的基础上最大限度地释放农业生产潜力，正是乡村空间规划的要务所在。具体而言，农业空间的谋划应就不同空间尺度去考虑。在县域层面，应当划定农业空间和生态空间的总体界限范围，以资源环境承载力为基础，以满足国家粮食安全战略为前提，划定永久基本农田红线；在镇域层面，应当具体谋划和布局农业生产所需要的各类用地空间，结合重要农产品有效供给需求，统筹谋划种植业用地、养殖业用地、设施农用地的空间，优化农业生产力区域布局，规范农业发展空间秩序；在村域层面，应当针对本村特色的农业发展需求进行细致的空间谋划，结合村庄农业资源特色和土壤环境条件，加强农作物种植类型的空间引导，优化田块布局，明确农田水利配套设施的规模和布局。通过多层面的谋划，提升农业空间布局的科学性。

3. 加强土地整治，预留新兴产业空间

新兴产业的合理推动应当是乡村空间规划面向未来发展所重点考虑的问题。仅靠农业无法实现乡村产业发展多元化，也难以达成乡村振兴和村民生活富裕的目标，因而，如何在满足农业发展基础要求之外，在有限的空间中寻求新兴产业发展的空间，就成为应当重点解决的矛盾。具体而言，乡村空间规划应当加强空间管理和整治，通过存量用地的利用效率提升来保障新兴产业发展的基础。规划应开展全域土地整治，推动乡村低效工业用地、宅基地的专项整治，鼓励建设用地复合使用，拓展土地使用功能。通过建设用地内部规模、位置和性质的调整，实现存量建设用地的布局优化和空间挖潜，为新兴产业发展预留弹性发展空间。在空间高效利用的基础之上，最终实现乡村新兴产业的落地。

（三）契合乡村人居特色，展现地域文化特质

1. 出台“乡镇景观法”，保护乡村风貌

乡村风貌具有公共财产属性，现实常常面临公地悲剧的困境，需要立法进行底线保障。现有《历史文化名城名镇名村保护条例》仅能作为少数历史文化名村风貌保护的法律依据，针对一般的乡村风貌，则需要出台一般性的“乡镇景观法”予以全面保护。“乡镇景观法”针对城乡景观、历史风貌保护，促进环境品质提升，目的是保护和改善地方的“历史风致”。立法难点在于对风貌属性的认识和定义，风貌的主体要素是建筑和设施，但是就建筑和设施而言，其大多时候是私权性质，

原则上法律是不能对私权予以约束的。因此，一方面，要尽快立法明确“乡村风貌是公共财产”，这是保护作为中国乡土文明传承载体——乡村风貌的必然路径；另一方面，要立足于国内地域差异巨大的国情，推进立法的同时，同步推进乡村生产力发展、产权制度改革等议题。

2. 普及乡村文化观念，制定乡村规划标准指引

当前乡村风貌的仿古化、仿洋化、城市化、同质化，表面是规划建设管理的责任，实质反映了对传统民族文化的不自信和对乡村的肤浅理解。

基于历史视角，每个时代都应该有其自身的风貌特色。乡村风貌规划建设管控也要与时俱进，寻找能够反映当下时代特色，又能够有地域要素的建筑风貌和景观建设方法，既要挖掘地方特质，又要与时代相融。因此，一方面，需要加强对专业规划设计人员和管理人员的正确乡村文化观念普及，避免“以改善农民生产生活环境为目标编制乡村规划”；另一方面，尽管《中华人民共和国城乡规划法》（简称《城乡规划法》）颁布已经超过十年，但至今乡村规划的范围和工作内容界定尚不清晰，需要尽快制定乡村规划标准指引，明确工作目标、路径和方法，尤其是乡村风貌保育技术。

3. 推进乡村社区营造，培育共同体意识

以乡村社区共同体的存在和意识作为前提和目标，借助社区村民积极参与乡村公共事务，凝聚社区共识，经由社区的自主能力，配合社区营造的推动，使乡村生活空间获得美化、乡村生活品质得到提升，乡村文化、产业、经济复兴，乡村景观活力再现，乡村风貌整体发展。

乡村社区营造参与者由村民（主体）、乡镇政府（引导和监督）、乡村社区团体（组织）三大主体构成，三者需要通过乡村规划师连接。一方面，要建立乡村规划师推荐机制，吸收高校组织及各领域的专业人士参与；另一方面，要制定乡村规划师工作机制，设定角色为乡村社区营造具体事项的策划和操作者，承担着与各方利益群体直接谈判和提供咨询服务的职责。

构建乡村社区规划操作标准，基本涵盖建立社区组织、调查社区资源、相互沟通达成社区共识、寻求专业支持、申报审批、执行营造、社区可持续经营七个步骤。

4. 统筹分散资源，保障规划实施成效

只有乡村人居环境改善成效显现，村民才能够更加重视乡村风貌，乡村风貌保护才能有更高的起点。乡村建设项目资金大多由多个政府部门进行配套，部门间往往缺少足够的横向协调关系，大部分的资金投入急于取得建设成效，而忽略项目的统筹建设，尤其是规划意图的整体实现。在实际的村庄建设过程中，各部门资金到账时间、项目大小和建设内容往往都不一致，重复建设情况时有发生。

乡镇一级要建立统筹机制，整体安排使用这些有限的资源，并继续加大人力与物力的投入力度，保障乡村人居环境规划的实施成效，进而促进乡村风貌的建设和保护。

（四）优化镇村结构体系，推动城乡区域共享

1. 突出活力导向，因地制宜开展村庄分类

综合考量乡村产业、空间、社会、文化、生态等因素，优化镇村结构体系，实现乡村的活力提升和健康发展。

镇村规划布局的核心是村庄分类。村庄可以分为重点发展类、特色发展类和一般三类。重点发展类村庄承载着为一定范围内的乡村地区提供公共服务的功能，其布局需要考虑乡村地区的公共服务覆盖情况。特色发展类村庄不承担综合服务功能，但需要在产业、文化、景观、建筑等方面有突出特色，或者具有可以培育特色的潜力，承载着彰显乡村魅力的重要功能。一般村庄是未列入近期发展计划或因纳入城镇规划建设用地范围以及生态环境保护、居住安全、区域基础设施建设等因素需要实施规划控制的村庄。一般村庄未来如果出现新的发展机遇，满足了发展条件，也可适时优化调整为重点发展类村庄或特色发展类村庄。

2. 遵循发展规律，不设数量、规模、实施期限要求

近期镇村布局优化的基本任务是对所有村庄进行分类，合理确定规划发展的村庄，并提出差别化的建设指引要求。在村庄分类的过程中，要充分尊重各地经济社会发展阶段和乡村发展客观规律，坚持因地制宜、因村制宜，按照“村酝酿、镇统筹”的工作方法选取发展类村庄，对重点发展类村庄或特色发展类村庄的数量、人口集聚规模以及规划实施期限等均不设特定的要求，根据地方实际情况和镇村建设需要，成熟一批、公布一批。

3. 公共服务均等化，设施分类差别化

在推进城乡融合过程中，城乡公共服务体系的建立应遵循基本公共服务均等化供给和设施分类差别化布局两个基本导向。规划应建立“服务全面覆盖、设施按需配置”的乡村公共服务体系，在城镇化进程中引导有限的公共财政投入发挥最大的效应，这有利于引导乡村人口流动，促进乡村建设提高集约化水平。

重点发展类村庄应作为城镇基础设施向乡村延伸、公共服务向乡村覆盖的中心节点，规划配置能够辐射一定范围乡村地区的、规模适度的具有管理、便民服务、教育、医疗、文体、农资服务、群众议事等功能的建筑和活动场地，引导建

设完善的道路、给排水、电力电信、环境卫生等配套设施。

特色发展类村庄应在既有村庄特色基础上，着力做好历史文化、自然景观、建筑风貌等方面的特色挖掘和展示，发展壮大特色产业、保护历史文化遗存和传统风貌、协调村庄和自然山水融合关系、塑造建筑和空间形态特色等，并有针对性地补充完善相关公共服务设施和基础设施，避免贪大求全，引导建设美丽乡村。

一般村应通过村庄环境整治行动，达到环境整洁标准，道路和饮用水等应满足村民的基本生活需求。

（五）完善选址科学论证，构建综合防灾体系

1. 优化新村选址，预留安全空间

安全性是生态宜居乡村规划的最基础的考虑因素，应当被着重强调和优先考虑。而面临各类灾害时的韧性，则是生态宜居乡村安全性的主要表征。规划应当增强我国乡村面临各类灾害的韧性，进而保障乡村的安全性。基于当前问题研判，我国乡村安全性和应对灾害韧性的不足源于两个方面：一是选址上的不科学与不合理，未能充分考虑自然地理条件；二是防灾体系建设的不完善，面临灾害时缺乏合理的应对措施和物质空间基础。因此，乡村空间规划应当着重强调两个方面的改善提升：一是乡村选址论证过程的科学与完善；二是综合防灾体系的构建。就完善选址科学论证而言，规划应当提升新村聚落选址的科学性，在新村选址时就着力避免各种自然地理条件上的危险因素，尤其是综合考虑地形地貌、地层岩性、地质构造等因素，避让地形陡峭、地层岩性不稳定、地质构造复杂等不宜建设的地点，预留必要的安全空间。通过早期的合理预判和分析，优化村庄选址，以最大限度地排除可能存在的自然灾害隐患。

2. 构建综合防灾体系，分级落实避难空间布局

就构建综合防灾体系而言，规划应当加强对灾害类型、灾害等级、灾害风险的全面论证，有效识别灾害风险。建立集灾前预防、灾时抗御、灾后重建于一体的综合防灾体系。防灾体系的构建可以基于县域、镇域、村域三个不同空间层面去考虑。在县域层面，应当对全县范围内的基本防灾条件和所面临的灾害风险有总体的预估和把控，不仅要加强区域性乡村整体防灾空间布局，确定防抗灾种、防灾层次和防灾标准，也要主动对可能发生的灾害做出充分的评估和应急预案。在镇域层面，应当细化和完善上一层级对于防灾体系的安排，将防灾空间布局落实到具体层面，尤其是加强乡村道路避灾网络通道规划和承灾空间布局，同时，不同镇应当因地制宜地制定防灾规划应对措施，例如，在山区加强对滑坡、泥石流的应对措施，在水网地区加强对洪涝灾害的应对措施等。在村域层面，应当把

前两层级的防灾体系安排落到实处，一方面，完善和布局各类防灾设施，确保面临灾害时物资储备的充足和设施的完备；另一方面，加强应急避灾场所的统筹布局，保证防灾避灾的场所空间不被各类非防灾用途所侵占。通过不同层面防灾应对措施的细化，构建完善的乡村空间防灾体系。

通过选址论证过程的科学完善，以及综合防灾体系的构建，我国乡村空间规划可以建立从建设到管理的全过程、全方位的安全体系，提高乡村聚落面临各类灾害时的韧性，保障乡村居民的生命财产安全，进而为生态宜居乡村的建设打下良好的基础。

第四节　乡村规划建设指引案例研究和政策建议

一、乡村规划建设指引案例研究

（一）上海市郊野地区乡村风貌建设导则

上海郊野地区集中了全市绝大部分的耕地、生态和空间资源，如何把这些宝贵的资源转化为上海建设“全球城市”的竞争力，从而缓解人口、经济、社会持续发展给城市安全、生态资源和基础设施等带来的巨大压力，是必须要解决的难题。必须要对广阔的郊野地区进行战略资源的统筹安排，坚持人性化、生态化、集约化、一体化导向，强调舒适的生态环境、宜人的空间尺度、复合的城市功能、有机的城市肌理和特有的文化内涵，构建高品质的城乡环境，提升生态文明水平。

《上海市郊野乡村风貌规划设计和建设导则（二）》围绕“问题导向、强调实施与通俗易懂”的编制原则，从村宅院落、道路门户、设施场地、环境地景四个方面提出了乡村风貌建设的政策建议，指导了上海首批乡村振兴示范村的建设（图 5-4）。

1. 村宅院落

首先，乡村的空间肌理是上海乡村风貌的重要体现。在缺少山川大河的自然背景，大量保留村庄中的河道、行道树的情况下，许多村宅院落都采用了线性行列式布局，过于理性而缺乏自然特征。其次，上海乡村的居住建筑在保温、防水、耐候、防潮等建筑基本质量方面与发达国家仍存在较大差距。上海村庄中破败陈旧和疏于修缮的村宅院落显然无法与上海“全球城市”的定位相匹配，也影响着村民的获得感。最后，起伏舒展且具有生态多样性的廓形是村庄风貌最直观的体现，但在大量的上海自然村落调研中发现村宅廓形上存在着建筑与自然环境疏离导致乡村自然特征丧失的问题；以及无序的现代坡屋顶导致同一聚落屋顶形式杂乱无章的问题。

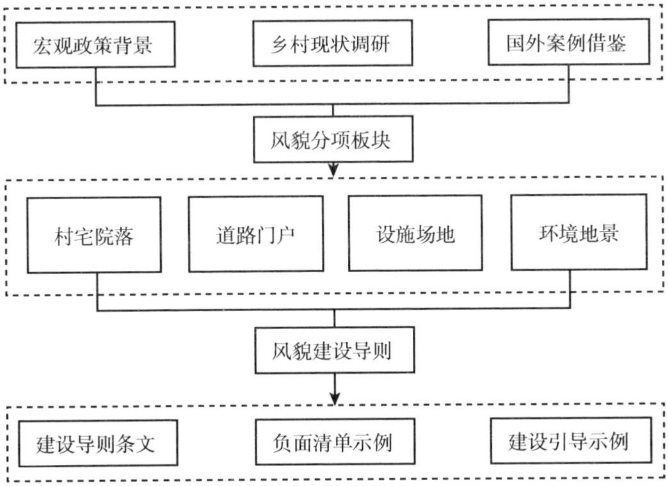

图 5-4　《上海市郊野乡村风貌规划设计和建设导则（二）》编制框架

村宅院落的风貌整治中，应基于上海乡村的肌理特征，保留和强化乡村中特色肌理特征，强化自然特色，避免呆板，把提升居住建筑质量作为风貌的重要环节。《上海市郊野乡村风貌规划设计和建设导则（二）》建议在村庄建设尤其是屋顶进行翻修时注重统一协调，并补种大型乔木和垂直绿化，优化村落的天际线。在打造和传承文脉的村落风貌建设过程中，以尊重村民意愿为前提，设计和引导选择具备江南水乡传统文化特征的构筑物。在乡村风貌建设中，应通过院墙的设置，建立村宅间的秩序，同时保障居民在不影响整体风貌的前提下开展生产生活。

2. 道路门户

从调研的乡村来看，上海风景优美的乡村区域联系道路两侧上缺少能远眺乡村整体风貌的观景点，道路两侧的总体景观效果较差。其一，部分村庄出入口未设置明确标志，标志性不足，造成出入口标志系统缺失。部分出入口标志设计过于简单，缺少地域特色。其二，现状乡村主要道路为质量较差的水泥路面，采用水泥铺装，存在路面破损现象。部分经过乡村聚落的主要道路未设路灯或路灯设置过密。道路绿化景观单调，种植无序杂乱；树种选择单一，乡土特色模糊。其三，道路景观风貌较差。部分道路两侧堆放垃圾，影响道路美观性和通行性。部分乡村仍存在非硬化路面现象，仍为裸土路面，不仅给村民出行带来不便，也影响道路美观性。而部分已建成水泥路由于缺乏养护，路面破损严重。

道路门户的风貌整治中，应对区域联系道路、乡村主要道路、乡村一般道路采用差异化整治措施。对于区域联系道路，应在景色优美的乡村的区域联系道路一侧，有选择性地在优美自然环境景观（如农田、树林、水体等）观赏处或优美乡村聚落景观处设置观景点。对于乡村主要道路，建议路面破损严重、面临改造的道路换用沥青铺装；在经过乡村聚落的路段合理布设路灯；在主要道路两侧加强绿化景观设计，绿化应遵循“乔灌结合，以乔为主”的原则，注重绿化景观的层次性。对于乡村一般道路，应采用硬化路面并加强道路两侧景观整治。

3. 设施场地

上海乡村的主要标志性建筑如村民委员会大楼等存在着设计品质低下、功能缺失，建筑形象单调、呆板，建筑外墙颜色不佳等问题。其一，乡村小型公共服务点大多外观陈旧、简陋，缺乏修缮维护，公共服务设施墙体广告张贴杂乱无序，影响建筑外观。闲置公共建筑功能缺失，外观破旧。其二，乡村公共空间缺少景观设计，场地硬化率偏高，场地空旷简陋缺少活力；公共广场为大面积水泥地，大面积硬质铺地过于单调，缺乏景观设计，且缺乏明确的停车位划定，缺乏停车引导。村民运动的体育运动场地建设简陋，场地被垃圾箱占用，运动功能无法实现。其三，乡村市政设施缺位。公共厕所、垃圾收集站、市政设施站房等设施后期管理维护缺位。设施站房缺少绿化防护措施，形象突兀，影响风貌。

设施场地的风貌整治中，应加强对破旧公共建筑进行立面整治，对建筑选型、建筑材料、颜色、空调机位等方面进行方案审查，以保证设计合理、风格样式协调。规范墙体广告张贴，在乡村公共服务设施的墙面统一安装公告板，广告信息需在指定位置张贴，并由专人负责定期清理已过时效的广告。在自然村落内，对于无利用价值的废弃建筑可将其拆除，作为村内开放空间，或提升品质，功能置换为公共服务点。对新建市政设施站房选点、层高、屋顶样式、墙体颜色等予以明确控制，避免站房建筑本体过于突兀；对既有设施站房，结合实际需求选用乔木、灌木或攀缘植物等进行绿化遮挡。

4. 环境地景

上海乡村聚落周围绿化与农田和建筑的衔接关系不佳，农田与村民住宅缺少绿化过渡。以农田为前景的乡村聚落风貌缺少景观层次，乡村聚落风貌突兀单调。

同时，村民住宅宅前屋后绿化杂乱无章。部分宅前屋后的绿化（包括蔬菜瓜果、乔木灌木等）种植随意，杂草丛生；缺乏规划，无序杂乱，导致宅前屋后风貌品质不佳。从乡村水体来看，一些河段水质较差，存在断头河和绿藻富营养化现象。而一些河段采用垂直硬化护岸，与水体及周围环境不协调，景观突兀单调。滨水公共空间河段缺乏设计，安全设施缺失，休憩空间不足，绿化景观单调，铺地缺少变化。从乡村地景塑造来看，大多采用城市景观手法建设乡村地景，脱离乡村特色。

环境地景的风貌整治中，农田与村民住宅的交接处宜以种植灌木为主，不过度遮挡村民住宅；以大片农田为前景的乡村聚落宜种植高大乔木映衬，在高度上形成“农田—灌木—建筑—乔木”层次递进的景观序列。明确宅前屋后的绿化空间，进行绿化种植规划，形成规整有序、层次分明的景观风貌，注重乔木—灌木—蔬果花卉—草坪的景观层次营造。注意防范水体污染，严禁随意丢弃生活垃圾及直排生活污水。护岸的竖向处理宜采用自然生态为主的植物护坡或复合型驳岸。对于已建成的硬化驳岸进行生态化改造，沿岸增加绿化小箱或者种植乔灌木，改善观景感受。宜在滨水公共空间设置亲水平台、景观亭、座椅等休闲游憩设施，以保证较高的可达性，且滨水公共空间内必须设置水深警示牌和必要的安全防护措施。在乡村地景打造中，要利用乡村本土的布景形式和植栽方式对乡村地景进行营造，体现和延续乡村地域特色。

（二）上海市乡村规划建设许可的实施情况

乡村建设规划许可实施的法规依据包括国家和地方两个层面。在国家层面，主要包括 1993 年国务院颁布的《村庄和集镇规划建设管理条例》、2008 年施行的《城乡规划法》和 2014 年住房和城乡建设部出台的《乡村建设规划许可实施意见》。在地方层面，大部分地区的乡村建设规划许可管理依据《城乡规划条例》、《村镇规划建设管理条例》和《农村住房建设管理办法》，一些地区还发布了《村庄和集镇规划建设管理办法（指导意见）》以及《乡村建设规划许可管理办法》等。

由于在具体实施中，地方层面的实施立法和自主立法均存在较大的创制空间，因此地方层面的法规文件深化和细化、创新和探索的内容较多。规划许可审批主体各地规定有差异，虽然《城乡规划法》规定了审批权限可以由城市、县人民政府城乡规划主管部门委托给乡镇人民政府，但由于基层机构缺失、人员专业水平不高、管理力量较薄弱等问题，目前大部分的乡村建设规划许可审批仍由城市、县人民政府城乡规划主管部门负责，庞大的数量（尤其是农村村民建房申请）造成了较大的工作压力，影响许可管理质量。

规划许可与用地审批前后顺序各地做法不同。在国家层面，依据《城乡规划法》和《土地管理法》，建设单位或个人在取得乡村建设规划许可之后，方可办理用地审批相关手续，明确了规划许可和用地审批的前后顺序，《乡村建设规划许可实施意见》没有对许可申请程序做出相关规定（图 5-5）。

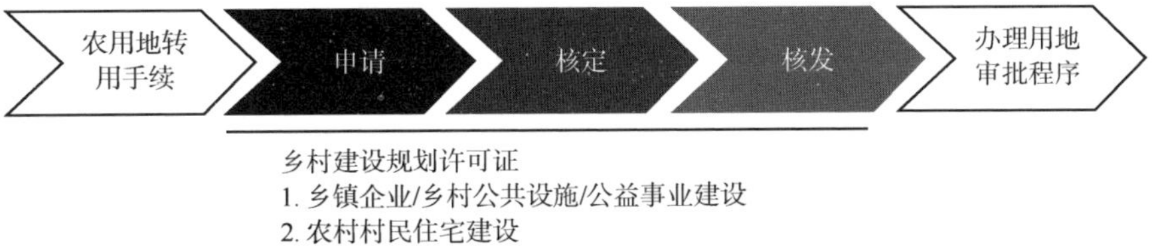

图 5-5　《城乡规划法》和《土地管理法》规定的许可核发与用地审批程序

规划许可管理实施的难点包括：规划许可的适用范围界定模糊，乡村建设规划许可的适用范围包括空间范围、行为范围和权属范围，空间范围是指适用的空间地域，行为范围是指适用的建设行为，权属范围是指适用的土地所有权限（王波，2012）。《城乡规划法》和《乡村建设规划许可实施意见》对空间范围和行为范围的规定是一致的，但未能明确权属范围。各省出台的《乡村建设规划许可管理办法》对空间范围有所突破，如山东省规定“本省行政区域内”，有的省明确规定了权属范围，如湖南省明确规定“集体土地上”。国家级法规文件给了地方较大的自主空间，但客观上造成了地方乡村建设规划许可管理的混乱。因而规划许可的适用范围界定模糊主要体现在空间范围有交叉、权属范围有重叠、行为范围有遗漏这三个方面。

村庄规划难以有效落地，指导实施的效果较弱。近些年，我国不断加大对建设用地的调控，对建设用地指标采取自上而下层层分配的方法，许多村庄规划确定的建设用地无法取得建设用地指标，导致规划难以实施。已编制村庄规划质量不高，同时规划实施的经费受限。一方面，村庄规划的编制较为粗放，村庄规划质量不高，难以发挥对规划实施应有的指导作用。中心村规划确定的村庄合并方案往往难以实施，中心村规划编制的主导思想是鼓励农村居民点集中布局，促进土地集约利用，因此会涉及大量的村庄合并。但在实施过程中，由于村民固有观念制约、意愿难以协调，以及土地所有权、动迁安置导致的财政压力等问题，村庄合并阻力较大，实施困难重重。另一方面，乡镇地方财政相较城市比较有限，村庄规划所确定的建设项目通常需要足够的资金支持，乡镇财政无力承担也造成规划实施困境。

上海市乡村建设规划许可实施面临的主要问题有：村庄住宅建设申请人资格认定模糊，《上海市农村村民住房建设管理办法》（2019 年）规定农村农民需要新建、改建、扩建或者翻建住房的在符合办法所规定的条件的情况下，可以向常住户口所在地的村民委员会提出申请。其中，农村村民是指具有本市农业户口的本市农村集体经济组织成员，因此农村集体经济组织成员身份是获得有效建房申请资格，分配宅基地用地面积和建筑面积的关键因素。然而目前对于农村集体经济组织成员的资格认定存在不确定的模糊情况，例如，征地农转非人员（因部分土地被征收而享受“镇保”变为非农户籍的，包括因征地而全部成员转为非农业户籍、因征地而部分成员转为非农业户籍）、2000 年以后出生的非农人口、学生户口回迁（学生在上学期间户口迁出，回迁后只能变为非农业户口）、办理小城镇户籍或自理口粮户家庭户口迁回等是否具有申请资格，以及夫妻双方一农一居的情况下双方是否全部计入建筑面积的人数中等一系列问题（徐烨婷和耿慧志，2016）。

村民建房管理标准与村民建房习惯存在冲突，上海市相关管理办法经历了多次的调整，对建筑高度、住宅间距等一些要素的规定也不断变化，例如，1992 年发布的《上海市农村个人住房建设管理办法》规定农村个人建房每层的高度不得超过 3.3 米，而 2019 年发布的《上海市农村村民住房建设管理办法》规定，“房屋檐口高度不得超过 10 米，屋脊高度不得超过 13 米”。按照村民建房习惯，同一层数的住房高度不能低于周边其他住房，在实际操作过程中与管理规定存在矛盾冲突。同样，关于住宅间距，《上海市农村村民住房建设管理办法》（2019年）与实际建房需求和民间的风水也产生了空间相邻矛盾。

临时建设和公共服务设施项目难以有效落地，乡村公共服务设施缺少规划许可的详细规定，公共服务设施许可申请的申请材料、申请程序以及批后监管等缺乏操作指导依据。同时，由于乡村建设用地指标的缺乏，部分必要的乡村公共服务设施建设难以落地，出现了利用农民菜地、自留地等边角料来满足一些小型设施的建设需求的变通做法，还有些公共服务设施为节约用地，建筑密度达到90%以上，户外环境质量难以得到有效保证。

同时，乡村建设过程中不可避免地需要一些临时建设，如村庄整治过程中需要的临时管理用房、临时道路等，但目前缺少针对集体土地上临时建设的管理办法，临时建设项目缺少用地指标，不得不违法建设占用农用地。用地指标无法满足村民建房合理需求，由于过去对于乡村建设管理不严格，村民依据自身意愿建房，实际户均宅基地面积远大于目前标准规定。例如，《上海市农村村民住房建设管理办法》（2019年）规定，5人户及5人以下户的宅基地面积不超过140平方米，6人户及6人以上户的宅基地面积不超过160平方米，而根据调研，上海市青浦区华新镇现状户均宅基地面积普遍为240平方米左右，产生建设用地粗放浪费的现象。部分乡村暂停发放《乡村建设规划许可证》，全面控制了建设用地的无序增长，但也导致乡村难以获得新增建设用地指标，部分合理乡村建设项目用地需求无法得到满足。

（三）浙江省义乌市何斯路村村庄整治规划建设

1. 项目概况

浙江省义乌市何斯路村的村庄整治规划建设工作始于2008年。不同于当前国内大部分示范村的建设轨迹，何斯路村的乡村人居环境建设是一个渐进的、协作的、适应性循环发展的过程。以村庄整治为抓手具体展开，印证了乡村生态宜居发展韧性培育的可行性和潜在问题，其整治经验对于自发主导乡村振兴的村庄具有借鉴意义和价值。

何斯路村位于义乌市西北山区，是典型的山地型村庄，村庄周边景观以次生山林、山谷农田、山涧溪流为主。根据2008年现场调研统计，村域面积约1.56平方公里，村庄面积约10.43公顷，人均建设用地面积较少，村庄人口约340户、1080人，常住人口约500人。

2. 释放—重组阶段（2008～2012年）

2008年，何斯路村与当下大量国内普通乡村相似，村庄空心化、人口老龄化严重，大量农房空置破败，村内仅有留守老人与儿童，农田抛荒情况普遍，乡村人居环境处于缓慢衰退状态。同时，村域生态环境优良，村内百年古树保留较好。上一轮村庄建设规划（2000～2005 年）采用了原址重建策略，仅保留了少量现状农房，规划了大量行列式布局的三层农居。由于村庄缺乏发展动力，建设规划难以实施落地。

新一届村民委员会结合上级主管街道政府的历年工作计划，在此后五年时间内，陆续主导开展了新一轮乡村规划和多次环境整治提升建设。

《何斯路村新农村发展规划（2008—2014）》根据《义乌市城乡一体化行动纲要》和上级主管政府对村庄整体风貌整治的具体要求，明确提出了生态理念下的休闲农业园发展愿景和“四区块、三基地”的空间发展格局。基于该规划，结合政府公共建设投入，在两年内陆续完成了村庄道路硬化、污水处理、垃圾转运、村民公园和小广场等村庄整治小微工程，尤其是公共空间的营造，促进了村庄风貌的整体更新，获得了村民的广泛认可，凝聚了人心。

2010 年，义乌市在下辖乡村地区整体推进空心村改造规划，《何斯路村空心村改造规划》得以编制（图 5-6）。由于在编制《何斯路村新农村发展规划（2008—2014）》时已经明晰了何斯路村空心村现象的成因，《何斯路村空心村改造规划》

图 5-6　《何斯路村空心村改造规划》总平面图

资料来源：《何斯路村空心村改造规划》

反思了《何斯路村新农村发展规划（2008—2014）》在实施过程中存在的一些问题，明确了物质空间提升需要与后期产业发展紧密关联的村庄整治理念。《何斯路村空心村改造规划》对《何斯路村新农村发展规划（2008—2014）》进行了修正，并对重点发展区块进行了深化思考，明确了下一阶段的重点项目及其展开所需要的基础条件。

此后两年时间，村庄陆续完成了农房墙绘美化、主道路铺装等工程。利用政府拨款维修山塘水库的机会，何斯路村完成了山塘整合及山塘周边环境整体提升工程，将原有消极空间转变为特色景观，为村庄中心形象构建奠定了基础。

3. 积累—开发阶段（2013 年至今）

2013年至2014年，何斯路村全村众筹的斯路何庄酒店和薰衣草公园相继落成，何斯路村产业发展正式起步，自此乡村人居环境进入了正向积累阶段。

斯路何庄酒店利用了原来山塘边挖土石方形成的废弃地，由村集体牵头成立、全体村民入股的何斯路草根休闲农业专业合作社投资建设。建设分为两期。一期建成后（图 5-7），由村集体带领本村和邻村村民开展具体运营，开启了义乌乡村酒店的先河。该酒店一方面成为村庄对外服务的重要公共设施，另一方面形成了村庄的对外形象中心。

图 5-7　斯路何庄酒店一期建成照片

资料来源：笔者拍摄

薰衣草公园利用原有山谷中被闲置的六十亩农田改造而成。由于农业用地性质和村民土地流转意愿的限制，规划建设以游线组织和基础服务设施配置为主要内容。空间规划设计前期的策划对于项目成功起到关键作用。策划明确了薰衣草主题和经营方式。选择薰衣草作为主题的依据是其对城市年轻人的强吸引力以及南方地区种植难度高而难以复制。该公园在建造之前就有明确且可行的目标对象，事实证明了策划的有效性，为何斯路村在短期内吸引了大量年轻人群。

斯路何庄酒店和薰衣草公园建成投入运营后，村庄大规模整治速度明显放缓。原因在于两个项目的具体运营占据了村集体的大量工作。对于乡村发展而言，这恰恰是一个必然要经历的过渡期。一方面，村集体并不是天生具备专业运行能力，需要在实践中学习，甚至能够对自我有一个中肯的认知就是一个巨大的进步。另一方面，村集体也需要在实践中总结经验，凝聚人心，为下一步的发展统一思路。

经过两年的实践，村集体做出两个重大决定：其一，酒店委托专业的酒店运营公司全权运营；其二，邀请国际高水平规划公司进行新一轮的规划，为村庄更高层次的发展确立方向。2017 年，何斯路村成为义乌市五个精品村之一后，委托美国 Sasaki Association 公司开展了一轮高起点的精品村建设规划。此次规划尤其注重乡村的“生态宜居”建设，从区域角度对何斯路村生态安全和文化内涵（图 5-8）进行了深入探讨。在 Sasaki Association 公司规划方案的基础上，地方设计院进行规划方案的深化设计和具体落地建设的详细设计，乡村人居环境进入了开发阶段。

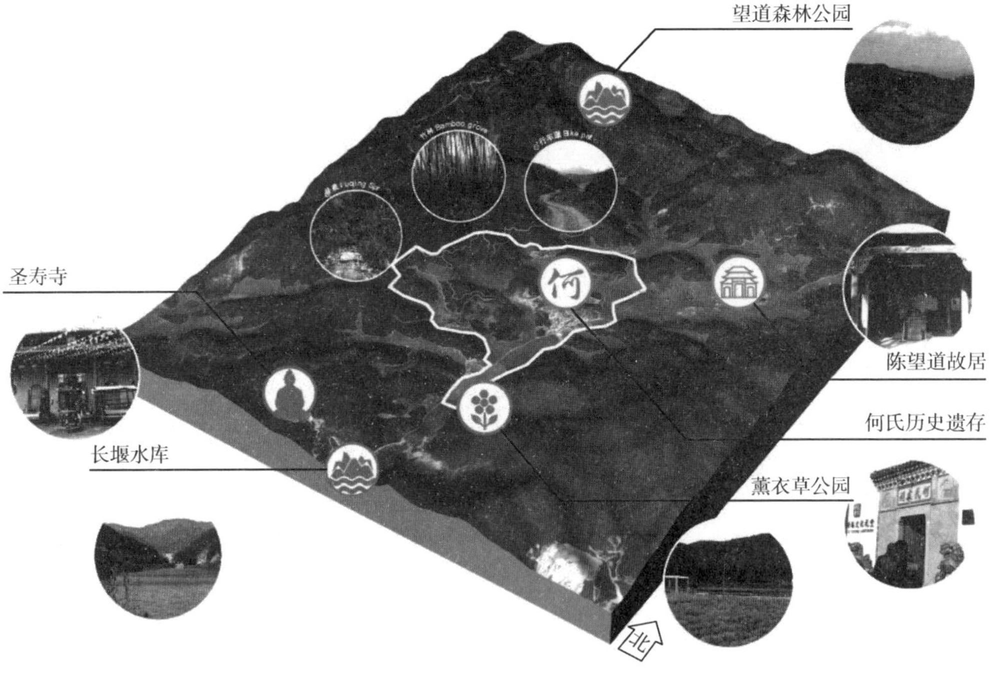

图 5-8　文化资源开发图

资料来源：《义乌市美丽乡村精品村何斯路村概念性总体规划》

4. 经验启示

何斯路村的规划建设过程证明了国内乡村的发展可以因循适应性循环规律。乡村人居环境单纯依靠物质空间整治提升并不能实现乡村振兴，物质整治需要与乡村的生态、生产、文化发展协同。

在乡村释放—重组阶段，生态宜居发展韧性意识的构建最为重要，乡村人居环境整治宜采用微整治和重点整治的方式，循序渐进。在乡村积累—开发阶段，乡村振兴处于量变到质变的临界点，要在保持乡村属性的前提下，从生态环境、产业经济、人文风貌、住房和公共设施、安全防灾五个方面全面推进乡村人居环境的生态宜居优化。

二、乡村规划建设指引的政策建议

（一）推进全域土地综合整治，加强生态安全格局建设

1. 构建全域土地综合整治体系

基于原有土地综合整治方法和经验，在市县层面构建全域土地综合整治体系，把孤立、分散的土地开发整理项目转变为连片集中的综合整治项目。

在整治过程中，重点对乡村农业、生态、生活空间等进行全域优化布局，对“田、水、路、林、村”等实施全要素整治，对高标准农田进行连片提质建设，对存量建设用地集中盘活。

通过全域土地综合整治，优化土地利用空间格局，提高土地利用整体效率，统一治理乡村人居环境，改善区域生态环境，逐步构建农田集中连片、建设用地集中集聚、空间形态高效集约的国土空间新格局，促进城乡融合发展。

2. 明确工作重点和阶段目标

注重乡村用地空间的规划，建立符合地方乡村发展趋势的农村用地规划标准作为执行依据，从根本上控制乡村建设用地量，通过优化产业布局及合理转换腾挪用地等手段，确保全域土地综合整治工作顺利开展。

深入落实土地综合整治的核心工作，在保障乡村生态环境及生态资源完整性的基础上，对乡村用地进行规划及治理，更好地践行高标准农田建设，通过提升耕地面积及质量等手段，为农业经济的快速发展奠定坚实基础。对乡村建设用地进行综合治理，针对乡村现有产业发展、公共服务及基础设施建设工作，制定出可更好地优化农村用地结构布局的土地整治模式。

制定阶段目标，第一阶段改善水土匹配，第二阶段恢复生态系统功能，第三

阶段实现良性循环，促进形成生产空间集约高效、生活空间宜居适度、生态空间山清水秀的国土空间格局。

3. 突出生态安全格局建设

土地整治应树立正确观念，破除紧盯用地指标的限定要求，消除土地整治重工程措施和田路渠树规范形态，轻土壤生物农业技术和生态过程诊断的缺点。按照营造健康土地环境的目标，强化整体山水格局连续性的维护，建立多样化的乡土生态系统，消除影响土地生态健康的不利因素。

土地整治应遵循环境伦理与生态自我修复过程。自然有很强的自我恢复能力，并不需要人们所谓的“高科技”手段强行改变，而只需要尊重土地自然过程，开启自然过程，自然便可以自我做功，提供生态服务。

土地整治应注重生态科学规划：首先，注重全域土地的自然、生物资源分析，维护整体土地山川水系的完整性；其次，注重全域土地生态过程分析，保持和建立多样化的乡土生境系统，重视农田生态服务功能，强化生态过程的系统性和连续性；再次，进行全域生态功能分区，构建生态基础设施；最后，注重全域土地空间结构的整治规划，最终建立全域景观生态安全格局，引导全域土地利用。

4. 加强整治资金整合利用

注重全域土地综合整治的资金整合工作。通过建立健全资金投入机制，改善原有土地整治具体工作中部门多头建设、投资过于分散等问题。

依据乡村规划目标及土地资源整理与复垦标准，加大农村基础设施，如道路、水利工程及地质环境治理等建设投资力度，实施农村建设用地增减挂钩资金管理体系。

针对全域土地综合整治工作，采取预算不动、用途不改的资金整合手段，通过捆绑式的经济投入，提升土地整治期间的资金利用率。

在对土地整治资源进行管理的过程中，还可通过引入个体、企业及信贷等手段，拓宽融资渠道，降低融资风险，确保全域土地综合整治工作具有更高的经济效益。

（二）制定高效农田规范，颁布闲置房地导引

1. 制定高标准农田建设规范

结合乡村地形地貌，因地制宜，制定高标准的农田建设规范，建设土地集中连片、生态、与现代农业生产和经营管理方式相适应的高标准农田。将生态理念贯穿始终，注重生物多样性保护工程与土地平整工程、农田水利工程、田间道路工程的融合，统筹考虑耕地地力的培育与提升、农田水环境的保护、污染土壤的修复、耕作生产条件的改善，实现耕地生产与生态功能的系统整体协调。建设完

成农村土地整治监测监管系统，实现高标准农田建设现代化、信息化管理。

2. 完善乡村空间一体化建设措施

支持有条件的乡村建立集传统手工业、特色产业、产业体验于一体的“乡村旅游综合体”，加强“生产—加工—销售”农业空间一体化配置，提升农业综合产出能力，让农民充分参与和受益。对乡村建设用地控制引导逐步完善，优化农用地空间布局，改善乡村环境，指导乡村实际发展。鼓励村民利用自有农房发展无污染的小规模传统手工业，通过自营的方式来形成农民自主创业的空间，打造特色乡村旅游目的地和乡村旅游品牌，延伸产业链、消费链、价值链。大力发展特色产业，培育“一村一品”的特色产业，大力发展乡村特色旅游业，改造提高传统优势产业。针对民间美术、传统手工技艺、适合开展生产性保护的项目，结合当地相关的企业或个体生产者生产，根据项目具体需求，建设生产制作展示、传习培训等公益性场所。

3. 制定闲置房地资源配置指引措施

制定乡村闲置房地资源再配置的建设指引，进一步挖掘乡村存量建设用地的潜力。通过合作经营或自筹发展等方式，充分利用乡村闲置住房发展乡村民宿、休闲农业和乡村电商，满足乡村公共设施品质提升的需求。充分利用居民自有住宅、集体用房或其他配套用房，结合当地人文、自然景观、生态、环境资源及农林牧渔生产活动，为旅游者休闲度假、体验当地风俗文化提供住宿、餐饮等服务，为生产活动提供生产性、仓储性场地。以此盘活利用空闲农房及宅基地，增加农民财产性收入。

4. 细化乡村电商平台建设指南

利用农业景观资源和农业生产条件，通过开发农业资源潜力，发掘农业多种功能和乡村多重价值，发展观光、休闲、旅游，调整农业结构，改善农业环境，增加农民收入，推动乡村休闲农业的蓬勃发展。以乌鲁木齐高新区（新市区）青格达湖乡青湖村为例（图 5-9），可充分利用鱼塘水面资源发展休闲农业，改变现有单一的养殖体系。通过引进外来资本，积极发展垂钓、观光休闲农业，带动鱼塘周边农田的蔬菜采摘，提高附加值。扩大电商在农业农村的应用，鼓励社会资本、供销社等各类主体建设涉农电商平台，推进农村邮政快递综合服务平台建设，拓宽农产品、民俗产品、乡村旅游等市场，使实体经济与互联网产生叠加效应，在促进工业品下乡的同时为农产品进城拓展更大空间。

图 5-9 青格达湖乡青湖村的鱼塘利用现状

资料来源：笔者拍摄

（三）制定乡村风貌导则，分区分类指导建设

1. 凝练乡村建设风貌要素，制定乡村各类风貌建设导则

随着乡村建设过程中风貌趋同及异化的现象愈加严重，盲目照抄城市建设模式或简单复制传统建筑形态的手法并不能适应当下的乡村建设环境。因此，现阶段对于乡村风貌的研究不应局限于单一的形象体系，而应深入挖掘乡村地域特色，结合乡村生产生活需要，根据乡村的资源特色和建设重点，对乡村特征的塑造实现规范化的引导，制定具有可辨识性的乡村风貌导则，形成适合乡村特质的发展模式。

对乡村风貌进行系统评价，系统提炼萃取建筑风貌元素。结合村庄责任设计师机制，组织引导建筑师、规划师等专家和技术骨干参与农房设计与建设的实施指导，形成“设计师+工匠+村民”的工作模式，形成建筑风貌素材库。加强对村宅院落、道路门户、设施场地、环境地景、建筑风貌等乡村自然风貌方面建设细则的指引，突出乡土特色和地域特点，使得村庄风貌与自然生态、历史文化、村庄空间、地方特色等各方面要素相互融合，保证既有风貌不被破坏的同时维护风貌的整体性。

2. 制定分区管控标准，分区分类差异化指导风貌建设

因地制宜、结合实际，科学确定不同地区、不同发展阶段村庄的具体发展目标、工作重点和实施对策。以问题为导向，按照“先规划、后许可、再建设”的要求，明确乡村风貌管控原则，加强乡村风貌和人居环境整治的分区分类指导，集中力量解决乡村风貌的突出问题。《上海市郊野乡村风貌规划设计和建设导则（二）》结合村庄风貌多要素影响、多元主体管理的现实情况，将涉及一般保留村庄的风貌问题按照分层分要素管理的方式进行分类，划分为四种类型、八类要素，分类制定了风貌导则。

（四）制定公共设施建设指南，编制村民建房手册

1. 依据地域差异，制定公共设施的配套指南和建设标准

综合考虑乡村所处地域特点和社会经济发展水平，结合不同乡村地区的实际发展需求，灵活制定各类公共设施的配置指南。各项农村公共服务设施（包括教育、医疗、文化体育、社会福利等设施）都需按照配置指南来进行建设和考核。依据"兜住底线、统筹资源、共享发展"的基本原则，优化不同地区乡村公共服务设施的建设标准，明确各类乡村公共设施的分类依据、空间布局原则和配置具体要求，指导公共设施的空间布局优化。

推动公共资源配置和政策安排优先向"三农"倾斜，公共服务重点向农村延伸、倾斜，大幅度提高农业农村的公共服务供给水平，最终在学有所教、劳有所得、病有所医、老有所养、住有所居等方面全面实现城乡公共服务均等化；公共服务设施的建设应符合当地村民的生产生活习惯，设施配置应更加关注使用者的主体特征和需求，突出地域乡土风貌特色，因地制宜、因时制宜地布局基本公共服务设施，最终达到乡村公共服务的"供需均衡"。

2. 编制村民建房手册，明确住房建造标准

基于乡村地域特征，综合考虑住房功能多样化、居住舒适度、安全、经济、实用等需求，提出村民建房基本原则（图 5-10），编制村民建房手册，规范农村居民自建房行为。

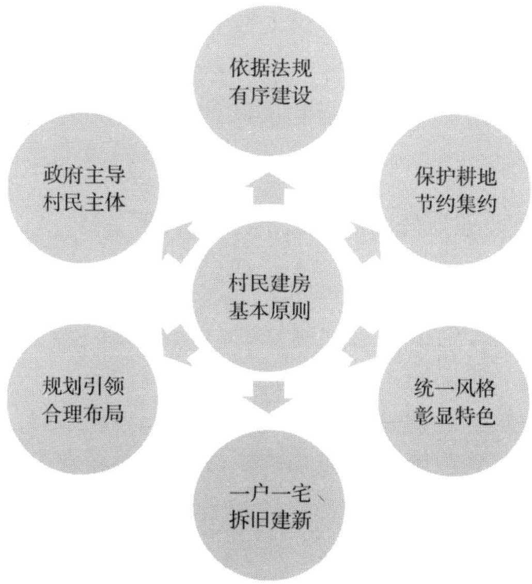

图 5-10　村民建房基本原则

在村民建房手册中，应增加对村民建房的各项工艺流程的细化指导内容。首先，对村民建房选址、宅基地面积、配套设施等要求予以图示化，并细化建筑平面布局、房屋结构和风貌要求。其次，加强对建筑材料选型的指导。对于新建的建筑要老料新做、土料洋做、新旧搭配；要用旧材料、新结构、新布局满足村民现代生活，同时体现乡村野趣。尽量选取节能环保材料，因红砖并不环保，应尽量减少其使用，转而选取灰砂砖、水泥砖、多孔砖等进行建造。最后，组织开展农村建筑工匠培训，传承和改进乡村建设传统工艺，加强村庄现有传统建筑工法的保护和应用。提高农村建筑工匠的技术水平和从业素质，加强村镇建筑工匠队伍建设，提高农村自建房的质量安全水平。

（五）完善农房质量标准，加强建筑安全管理

1. 完善相关法律法规，消除监管盲区

依据《城乡规划法》和《中华人民共和国建筑法》，出台村镇规划建设相关细则，将农房建设纳入管理范围，将乡镇一级农房建设管理机构法定化，突出对施工的指导和管理方面的内容。

地方政府在法律授权范围内，尽快制定在乡村使用原有宅基地进行住宅建设的规划管理办法，并明确农房建设中政府、业主、施工方的安全责任，将农房建设全面纳入安全生产管理。

2. 细化设计施工技术标准，为安全建房提供技术支持

地方建设行政主管部门结合本地区实际情况，组织编制、修订本行政区域内的农房通用设计图或者标准设计图集，并制定适合实际的农房建设施工技术规程，尤其要适当加入本地区地质情况介绍和推荐地基形式等内容，滑坡、泄洪等区域严禁作为宅基地。

3. 明确政府监督管理责任，加强政府服务职能

完善农村安全管理网络，在村级建立安全生产领导小组，按片或组设立专职或兼职安全员。对基层安全员进行分期分批培训，使其学习房建规划、工程地质、建筑材料、建筑结构、建筑施工等方面的专业知识。

鼓励有资格的建筑师、建造师、监理工程师等工程技术人员，大专院校师生以及建筑科研机构的人员积极投身到乡村建设中，指导农房建设。

4. 恢复建筑工匠认证，实行农房建设资格准入制度

工匠是农村建房市场的主力军，也是各级政府和行业主管部门对村镇农房建

设安全实施管理的重要抓手。恢复建筑工匠认证制度，对承担零星、分散建设项目及农房建设的建筑施工人员，实行村镇建筑工匠从业资格管理。

建立和完善农房建设市场准入清出制度，实行“持证承揽村镇建筑工程”规定，只有取得相应从业资格证书的个体工匠、施工队伍方可承担建设项目。工匠与建房户对所建造的房子签订保修期，在一定期限内承担保修责任。

5. 规范村镇建材市场，引导农民使用新技术、新材料

加强对进入农房施工现场的建筑材料、构配件的监督检查，特别是直接关系到住宅质量问题的钢材、混凝土等主要建材，同时防止假冒伪劣建材使用在农房建设工程中。

各级村镇建设管理服务机构鼓励引导农民采用新型建材和各种节能措施，提高农房质量，延长使用寿命。

参考文献

耿慧志，胡淑芬，徐烨婷，等. 2020. 乡村建设规划许可实施的难点、问题和完善策略. 城市发展研究，27（2）：46-53.

耿慧志，李开明. 2020. 国土空间规划体系下乡村地区全域空间管控策略——基于上海市的经验分析. 城市规划学刊，（4）：58-66.

耿慧志，李开明，韩高峰. 2019a. 内生发展理念下特大城市远郊乡村的规划策略——以上海市崇明区新征村村庄规划为例. 规划师，35（23）：53-59，75.

耿慧志，颜文涛，李开明. 2019b-08-12. 提升乡村生态宜居水平的空间规划和建设指引. 中国建设报，004.

国家发展和改革委员会. 2017. 农村一二三产业融合发展年度报告（2017年）.

韩智勇，费勇强，刘丹，等. 2017. 中国农村生活垃圾的产生量与物理特性分析及处理建议. 农业工程学报，33（15）：1-14.

李伯华. 2014. 农户空间行为变迁与乡村人居环境优化研究. 北京：科学出版社.

李双玉，邓彬. 2018. 我国乡村产业发展面临的困境与对策. 湖湘论坛，31（6）：159-165.

刘钦普. 2014. 中国化肥投入区域差异及环境风险分析. 中国农业科学，（18）：3596-3605.

刘守英，王一鸽. 2018. 从乡土中国到城乡中国——中国转型的乡村变迁视角. 管理世界，(10)：128-146.

刘彦随. 2015. 土地综合研究与土地资源工程. 资源科学，37（1）：1-8.

上海广境规划设计有限公司. 2016. 上海市设施农用地布局规划（2016—2020年）.

上海市规划和国土资源管理局. 2010. 上海市农村建设有关设施用地标准（试行）.

上海同济城市规划设计研究院有限公司. 2019. 上海市郊野乡村风貌规划设计和建设导则（二）.

邵亦文，徐江. 2015. 城市韧性：基于国际文献综述的概念解析. 国际城市规划，（2）：

48-54.
王波. 2012. 杭州乡村规划许可制度研究. 浙江大学硕士学位论文.
王晓君，吴敬学，蒋和平. 2017. 中国农村生态环境质量动态评价及未来发展趋势预测. 自然资源学报，32（5）：864-876.
王永生，刘彦随. 2018. 中国乡村生态环境污染现状及重构策略. 地理科学进展，37（5）：710-717.
徐烨婷，耿慧志. 2016. 政策指导和村民诉求影响下的乡村建设——以上海市嘉定区为例. 城乡建设，（10）：77-79.
杨飞，杨世琦，诸云强，等. 2013. 中国近30年畜禽养殖量及其耕地氮污染负荷分析. 农业工程学报，29（5）：1-11.
杨林章，冯彦房，施卫明，等. 2013. 我国农业面源污染治理技术研究进展. 中国生态农业学报，21（1）：96-101.
岳俞余，彭震伟. 2018. 乡村聚落社会生态系统的韧性发展研究. 南方建筑，（5）：4-9.
张立，王丽娟，李仁熙. 2019. 中国乡村风貌的困境、成因和保护策略探讨——基于若干田野调查的思考. 国际城市规划，34（5）：59-68.
张利平，夏军，胡志芳. 2009. 中国水资源状况与水资源安全问题分析. 长江流域资源与环境，18（2）：116-120.
Schouten M A H，van der Heide M M，Heijman W J M. 2009. Resilience of social-ecological systems in European rural areas：theory and prospect. European Association of Agricultural Economists.

第六章　新型农业支持保护政策体系设计：问题、成因与策略①

第一节　现 实 背 景

农业是人类的衣食之源、生存之本，更是国民经济的基础，其发展水平直接影响到国民经济其他部门的发展。但是需要指出的是，农业经营具有如下脆弱性特点：一是与工业相比，农业生产对自然环境的依赖性强，受自然灾害的影响巨大，长期以来仍未完全改变“靠天吃饭”的生产属性，具有天然的生产弱质性。二是农产品市场趋于完全竞争状态，农民处于被动的价格接受地位，经营收益受制于市场波动；长期实行的“抽农养工”策略扭曲了农业市场激励，挫伤了农户对农业生产的积极性，使得“轻农”“厌农”情结长期存在，农业生产发展相对缓慢。三是与世界平均水平相比，农业资源禀赋存在明显不足，人均耕地和淡水资源不足世界平均水平的1/4～1/3，草原面积不足世界平均水平的1/2，林业资源面积甚至只有世界平均水平的1/10，其稀缺性紧上加紧，令人扼腕叹息。四是人口增长与工业化、城市化的加速更是占用了大量农业资源，进一步加剧了农业生产的资源压力。五是虽然利用世界上8%的耕地满足了世界20%的人口的食物消费，但中国农业产业却雇用全国31.4%的劳动力，仅贡献10%的经济总量，农业生产力水平依旧较低。

在此背景下，尤其是步入21世纪以来，政府实施了诸如取消农业税、制定和发放各种生产补贴等农业支持保护政策，在保障国家粮食安全、促进农民生产增收方面发挥了积极作用。尽管如此，中国对于农业支持保护的力度仍显不足。伴随着中国经济社会快速发展，农业面临着食品安全问题频发、生产成本上升、效益下降以及资源环境压力增大等严峻挑战，但现有农业支持保护政策显现出投入不足、效果不佳和活力欠缺等问题，亟须做出相应调整。因此，为积极应对中国农业发展新形势，2017年党的十九大报告提出的乡村振兴战略，为农业支持保护政策体系改革指明了方向。乡村振兴战略依旧强调了粮食安全的重要地位，提出

---

① 本章为课题“基于目标导向的新型农业支持保护政策体系研究”（承担单位：中国人民大学。课题主持人：王志刚。课题组成员：郑适、朱勇、余嘉玲、高名姿、冯晓龙、高延雷、张正岩、于滨铜）研究成果的一部分。本章执笔人：张正岩、于滨铜、王志刚。

要深入实施藏粮于地、藏粮于技战略，提高农业综合生产能力，保障国家粮食安全和重要农产品有效供给，把中国人的饭碗牢牢端在自己手中。同时，2018 年 9 月印发的《乡村振兴战略规划（2018—2022 年）》强调指出，要以提升农业质量效益和竞争力为目标，强化绿色生态导向，创新完善政策工具和手段，加快建立新型农业支持保护政策体系。因此，在乡村振兴战略背景下，新型农业支持保护政策体系的构建应兼顾数量、质量、效益、竞争力与绿色生态五大政策目标，推进农业统一协调发展。

基于此，本章将重点探索乡村振兴战略下确保农业生产数量、质量、效益、竞争力和绿色生态五位一体协调发展的新型农业支持保护政策体系，探讨新型农业支持保护政策体系与制度框架的路径选择和机制创新，并比较分析与充分借鉴发达国家在农业支持保护政策方面的改革成效与先进经验。在此基础上，进一步剖析阻碍五大政策目标实现的农业发展困境及其成因，最终提供解决农业发展困境与实现政策目标的破解策略。

第二节　文献综述

国外针对农业支持政策的相关研究开展较早，起步于 20 世纪六七十年代，并取得丰富的研究成果。相较之下，国内对农业支持保护问题的研究起步较晚，直至 20 世纪 90 年代初才始有研究。1992 年，我国社会主义市场经济体系开始逐步确立，特别是在恢复关税及贸易总协定（简称关贸总协定）的合法席位被重新提出以后，农业保护问题成为理论界和决策部门关注的焦点。基于国内外已有关于农业支持保护政策的文献资料，可将其研究内容划分为以下四个方面。

一是关于农业支持保护理论基础的研究。该类研究主要有两个角度：第一，农业支持保护的原因和影响角度。黄季焜等（2012）分析了发达国家农业保护的原因，指出这种保护对农产品世界市场价格、贸易和福利的扭曲作用较大，其倾向于取消农业保护，恢复农产品贸易自由化。在此基础上，吴喜梅（2012）和钟甫宁等（2008）指出在粮食供求处于紧平衡的状态下，为维系农产品供给和市场价格在多种变数叠加的国际市场上的稳定，需要政府加大农业政策的支持保护力度。第二，农业多功能性角度。现有研究主要从农业多功能角度阐述农业支持保护政策的合理性（Coleman，1998；Bohman et al.，1999；Orden，2010；Potter and Burney，2012；王金霞和张丽娟，2010）。其中，Coleman（1998）认为，农业具有生产食物、维护农村景观、保护生物多样性、创造就业机会、促进农村地区生存与发展等多项功能。但是，随着农业市场自由化，农业耕地不断被侵占和分割，如果政策制定者仍然维持既定的农业政策，农业生产的边际效益将难以实现。与此同时，国内文献从经济学视角对农业多功能性特征进行了阐释，提出包括中国在内的发展中国家可以采取更为灵活的政策形式来满足农业多功能性的特征，争取更大的政策空间以弥补发展中国家财力有限、政策设计和执行成本过高等不利因素的影响（张林秀等，2005；王晓蜀，2008）。相反，Bohman 等（1999）则对多功能性理论提出异议，要求农业多功能性应当与 WTO“黄箱”政策承诺捆绑实施，以确保 WTO 成员获得最大的利益；Potter 和 Burney（2012）与周应恒等（2015）指出，工业化国家必须意识到过度的农业结构调整对生物多样性与自然景观的威胁，建议保留收入支持补贴以保护环境免遭农业结构极度变化的影响。

二是国际农业支持保护政策的比较研究。国内外学者侧重于归纳整理发达国家与发展中国家农业支持保护政策的特点、内容以及基本趋势（Anderson and Tyers，1986；张兴旺，2010；林科军等，2016）。如在基本趋势方面，国外农业政策主要呈现出以下特征：农业支持保护与国民经济发展水平密切相关，呈现出渐进化的趋势（柯炳生，2017）；农业支持保护与农业多功能性密切相关，呈现出支持保护目标多元化的趋势（Orden and Cheng，2007；黄祖辉，2012）；农业支持保护与市场机制完善程度密切相关，呈现出支持手段体系化的趋势（李登旺等，2015；徐志刚等，2017）；农业支持保护与贸易全球化发展密切相关，呈现出支持保护升级化的趋势（Anderson and Tyers，1986）；农业支持保护与法治建设进程密切相关，呈现出支持保护法治化的趋势（Miller，1987）。在发展中国家农业支持保护政策特点方面，我国目前正处于市场经济体制改革与完善的关键期，也处于加入 WTO 后的过渡期（叶兴庆，2017）。因此，与发达市场经济体相比，我国农业保护政策带有明显的转型过渡性质，特点有二：第一，农业保护政策将从原来以采用行政手段直接干预生产和流通为主的做法，向以合理利用市场化手段为主、符合 WTO 规则的做法过渡（张兴旺，2010）；第二，农业发展已经进入新阶段，农业保护的目标正在从单纯追求产量增长，逐步向稳定农产品供给、增加农民收入、提高农产品竞争力等多元化方向调整（林科军等，2016）。

三是不同发展阶段下的农业支持政策体系研究。以中国加入 WTO 为例，学者主要从采用农业支持保护政策的可能性空间（吴杨，2005）、遵守原则（杨明洪，1999）、基本思路（邓祥征和刘纪远，2012；王思舒等，2011）以及对策建议（朱晶，2017）四个方面对中国加入 WTO 前后的农业支持保护政策体系进行系统性研究。其中，王思舒等（2011）提出我国农业补贴政策的思路，该政策应对农业生产起到保护效应。政策不能对农产品进行盲目保护从而支持其价格持续上涨，而应对农产品价格给予适当调控，使我国农产品保护程度随市场情况的波动而波动。例如，当市场价格偏低时，启动最低收购价等政策使国内农产品价格上涨，对农产品实行有效保护；而当市场价格偏高时就会采取投放收储粮食、限制出口等政策降低国内价格。虽然在价格方面的保护具有波动性，但我国仍需要提高农产品的贸易保护程度，以降低农产品生产成本，提高其竞争优势。王志刚和江笛（2011）以产业融合发展角度即增加农产品附加值角度为切入点，提及国家对农业的支持保护要充分发挥政府的引导和扶持作用，借鉴“第六产业”的发展理念，促进农业转型。

近年来，学者尤其分析了完善农业支持保护政策的紧迫性、重要性及其存在问题和政策建议。其中，农业支持保护政策存在的问题主要有三：第一，农业生产的公共政策未及时跟上农业产业发展和农民角色的变化，对形势变化反应的滞后性进一步导致政策工具的选择缺乏精准性，政策执行产生疏漏和偏离初始目标。第二，政策工具选择不当，可能扭曲农业生产行为，增加边际成本，降低净收益。第三，政策评估存在片面认识，导致政策评估缺乏系统性、长期性和前瞻性。在政策完善与提出方面，学者主要围绕保险补贴（尤其是政策性农业保险）（王志刚等，2014a）、农产品贸易（李腾飞等，2014）、金融政策（正规与非正规金融）（苏毅清等，2015）、食品安全制度（张彩萍和白军飞，2010）、动物福利（王志刚等，2014b）等几个维度阐述农业支持保护的重要性，并提出一些具有可执行性的对策建议。

四是对农业支持保护水平及其政策绩效的评价。该类研究主要分为两个方面。一方面，自 20 世纪 60 年代以来，学者主要采用名义保护率、有效保护率、生产者补贴以及名义支持率等指标对农业保护支持水平进行测度（Balassa，1965；Corden，1966；Gardner，1986；Miller，1987）。另一方面，20 世纪 80 年代以后，研究文献不仅定量分析了农业保护与支持水平的影响因素，而且采用计量模型估算了农业支持保护政策对价格、贸易以及福利等方面的影响作用（Honma and Hayami，1986；Jongeneel and Brand，2011；Behhin and Orden，2012）。而在国内，研究者侧重于采用生产者补贴等值法测算我国农业支持水平（朱希刚，1992；张莉琴和林万龙，2003）。

特别地，具体政策支持水平及其效果评价方法有四种：其一，一般性服务支持估计值（general services support estimate，GSSE）。其针对整个农业部门而不是针对具体生产者或消费者的支持水平，衡量由对农业实施一般性服务政策而引起的价值转移，包括农业研究和开发、农业学校、检验服务、基础设施、营销与促销、公共储备等政策支持。其二，生产者支持估计值（producer support estimate，PSE）。其反映的是由于农业政策的实施，每年消费者和纳税人向农产品生产者的价值转移总量，包括市场价格支持和给予生产者的各种类型的预算付款。其三，消费者支持估计值（consumer support estimate，CSE）。其是在不考虑政策的性质、目标和对消费者影响的情况下，衡量由于农业保护措施的影响每年从农产品消费者进行价值转移的总量（以市场价格表示）。其四，支持总量估计值（total support estimate，TSE）。农业支持政策相关的支持总量估计值由生产者支持估计值、一般性服务支持估计值和消费者支持估计值中的纳税人对消费者的转移支付（transfers to consumers from taxpayers，TCT）构成。

综上可知，现有文献主要从国际农业支持保护政策的比较研究、不同发展阶段下的农业支持政策体系研究以及农业支持保护水平及其政策绩效评价三个维度开展研究，从而有助于深化对农业支持保护政策体系的理解。但是，已有国内相关研究仍然存在以下四个方面的不足：一是局限于从单一维度定量评价农业支持保护政策。已有研究未能立足于乡村振兴战略，从数量、质量、效率、竞争力和绿色生态五位一体且协调统一的思想高度设计出农业支持保护政策体系，并基于我国省际具体政策落实情况对上述政策系统进行实证分析。二是尚未能综合性地考虑农业支持保护政策及工具与其他政策之间的兼容性。已有农业支持保护政策尚未能系统性地兼顾到产业发展、环境保护、社区治理以及农民增收等多重维度，并且政策工具侧重于“绿箱”政策，而尚未能将其与保险政策、兼顾生产与生态保护双边政策、选择性农村金融等政策工具有机结合起来。三是尚未能对发达国家农业支持保护政策进行系统性梳理。已有关于发达国家农业支持政策经验的研究局限于特点、发展趋势以及与之相比我国政策的差距，未能彻底地对其时代背景、目标定位和政策调整路径的经验借鉴进行系统性梳理，对海外经验研究仍然有所欠缺。四是尚未构建新型农业支持保护制度及其实现路径。已有研究不仅未能构建产业振兴背景下的新型农业支持保护制度框架，而且没有进一步深入地剖析现有农业政策架构向新型农业政策体系转型的改革创新举措与协同配套措施。

第三节 我国农业支持保护的基本特征与现存问题

一、基本特征

首先，农业国内支持总量较低。我国对农业支持的总体水平不及 9%，相比之下，美国和欧盟已分别达到 50%和 60%，即使同为发展中国家的巴基斯坦、泰国、巴西及印度的支持水平也均在 15%以上。同时，尽管《中华人民共和国农业法》第六章第三十八条规定“中央和县级以上地方财政每年对农业总投入的增长幅度应当高于其财政经常性收入的增长幅度”，但受财力所限，各地并未严格执行。其次，我国农业补贴手段和方式相对单一。一方面，补贴手段上过多依靠政府财政投资，未有效利用金融、税收等手段。另一方面，补贴方式上，基础设施建设、粮食安全储备占比较高，而农业科研、技术推广和人员培训方面较为薄弱。尤其在出口信贷、技术壁垒等国际层面的支持保护政策方面发展更为缓慢。最后，我国农业支持保护机制尚不完善。农业支持保护的投入增长缓慢，政策实施效果不佳。今后，我国农业支持保护政策如何定位，如何更好地选择实施工具以进一步支持和保护农业，政策执行层面又需要注重哪些方面，在当今经济发展处于新常态的背景下关于这些问题的回答显得尤为重要和必要，已经成为一个社会各界广泛关注的、值得并且必须审视的重要命题。

二、现存问题

其一，支持保护的短期性。我国农业支持保护政策的制定多是与当时中央和地方制定的农村经济政策相挂钩且作为政策的配套措施出现，而不是财政预算中的固定组成部分。但是，随着农村经济发展政策的不断调整，农业支持保护措施也在不断发生着变化。农业补贴经常出现安排无计划、补贴利益分配不公等随意性现象，补贴效率低下，农民对国家的财政补贴与支持缺乏长期稳定的预期。其二，重购销而轻生产环节。我国农业支持保护政策一贯重视农产品的流通环节，对农产品流通给予了大量的支持与补贴，却轻视了农业生产环节，忽视了更多对农民收入的直接性补贴。实际上对农产品的流通补贴也大多是给予城镇居民的粮棉油价格补贴，严格来说并不能算真正意义上的农业补贴。其三，忽视对农业保险的扶持。农业保险业务覆盖范围仍显狭窄，农业缺乏灾害补损的支持。农业保险是农业支持保护体系的重要内容。我国农业保险经过 20 世纪 90 年代初一段短暂的迅猛发展之后逐步停滞不前，业务量日益萎缩。2002 年，全国农业保险保费收入为 6.4 亿元，仅占全国财产保险保费收入的 8.82%，仅为农业生产总值的 0.04%，出现了多年来的最大降幅。同时，农业保险的险种也增加缓慢且部分不能很好地贴合实际发展需要（宋静静，2007）。

第四节　新型农业支持保护政策体系设计

一、新型农业支持保护政策实现路径与机制创新

农业发展路径的选择是构建新型农业政策体系的首要课题，新型农业政策设计的激励目标应做出最为高效的路径选择。如图 6-1 所示，图中虚线板块为路径实现的始端，代表政策模式的最无效状态；点线板块为路径实现通常会经过的过渡环节，代表效益、环保、质量及竞争力获得提升但四者尚未能同时兼顾的中间状态；加粗实线板块为路径实现的终端，代表政策支持效果的最理想状态。在此基础上，直线箭头路线为实现的最佳路径，换言之，既能通过激励手段保证产品质量和环境保护，又能通过政策支持实现产品竞争力和生产效益，实现从“低环保、低效益、低质量、低竞争力”最终到“高环保、高效益、高质量、高竞争力”模式的跨越。实际上，实现路径有很多条，如左上方箭头路线是注重竞争力和效益，轻视质量和绿色生态的实现路径，中国及其他东亚各国都同属于该发展模式；而

右下方箭头路线主要是注重产品质量和环境保护，而轻视产品竞争力和生产效益的实现路径，欧盟和美国基本上属于这种实现模式。

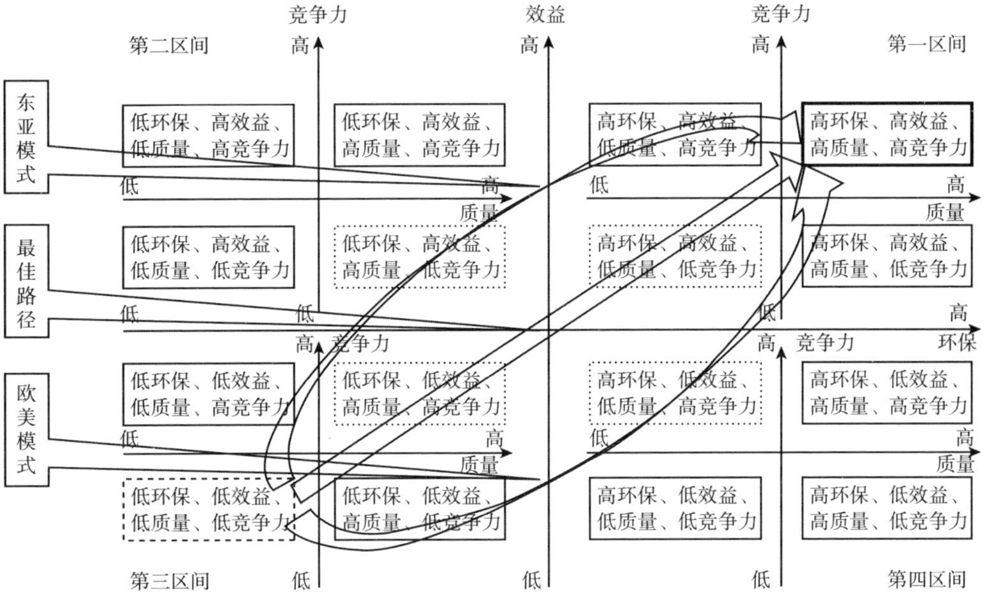

图 6-1 实现路径

目前，中国农业选择的是注重竞争力和效益、轻视质量和环境保护的发展模式，然而随着经济社会的不断发展，食品安全问题和农业生态污染等问题不断凸显，严重威胁着中国农业的健康发展和经济社会的平稳运行。与此同时，农业经营效益低下和农产品国际竞争力不足等问题也未得到有效缓解，现有农业支持保护政策已显活力不足。由此可知，中国农业仍未完全走出低环保、低效益、低质量以及低竞争力的状态。在如今农业支持保护政策体系调整的关键时期，路径选择问题至关重要。在此背景下，在兼顾五大政策目标的逻辑框架指导下，中国新型农业支持保护政策体系应选择直线箭头路线代表的最佳实现路径，在保障国家粮食安全的前提下，重在协调统一农产品质量、生产效益、产品国际竞争力和环境保护四者的兼顾实现，最终实现农业“高环保、高效益、高质量、高竞争力”最优发展状态，实现乡村振兴战略指导下的五大政策目标。

在此基础上，为满足乡村振兴战略产业兴旺、生态宜居、乡风文明、治理有效、生活富裕的总要求，确保粮食安全、质量安全、效益、环保和竞争力的实现，需建立内外围相结合的政策创新机制，实现从现有农业政策架构向新型农业政策体系的成功转型。如图 6-2 所示，整体上，机制创新应采取内外围相结合的双层治理模式：内围主要包括农业支持保护政策体系，作为实现目标效果的政策支撑；外围则应构建相应的协同配套体系，以服务和强化内围政策执行效果。

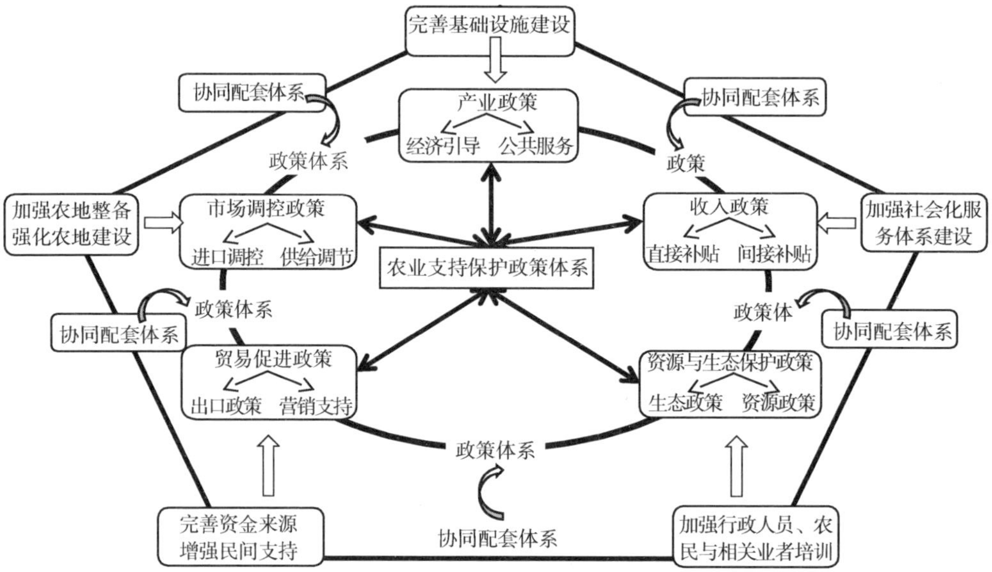

图 6-2　政策创新机制

第一，农业支持保护政策体系具体包括产业政策、收入政策、市场调控政策、贸易促进政策以及资源与生态保护政策的有机构建。其中，产业政策应着力于做出好的经济引导，并提供完善的产业聚集公共服务；收入政策要善于利用直接补贴与间接补贴的增收激励组合；市场调控政策要着重做好供给调节与进口调控；贸易促进政策则侧重于出口政策与营销支持；资源与生态保护政策则主要侧重于解决绿色生产激励、资源保护和合理开发利用问题。第二，协同配套体系则主要囊括完善基础设施建设，加强社会化服务体系建设，加强农地整备、强化农地建设，完善资金来源、增强民间支持，加强行政人员、农民与相关业者培训等。具体地，可采用以下创新举措：积极增强农业竞争力，深化农业市场化改革；积极宣传农产品品牌；适时设置强制性绿色支付制度，注重环境保护政策；注重动物福利和植物品种的保护工作；完善城市青年归农培训促进制度，积极鼓励农民根据市场需求做出生产决策；鼓励农民专业合作社联社和农业产业化联合体的组建；通过补贴、保险工具提高农业竞争力；注重保护农业环境，积极应对气候变化等。

二、新型农业支持保护政策框架构建与实施举措

（一）框架构建

本部分将基于农业保护与支持理论、发展经济学理论、结构调整理论与可持续发展理论，以保障粮食安全、增强可持续发展、助推农业提质增效以及提升农

产品市场与贸易竞争力为导向，进行新型农业支持保护政策体系的理论推演与框架构建。其中，进行制度构建的原则为定位原则（即不可过宽、量力而行等）、明确设计原则（市场化导向、遵守 WTO 规则、权利义务一致原则、可持续发展原则）、未来取向性原则（稳定试点、完善政策、提质增效、强化综合、提高保险效率等）。

我国现行农业支持保护政策体系如图 6-3 所示。现行政策体系尚有待进一步改良与完善：一方面，应适时改革最低收购价格政策，可借鉴美国“保留稻谷、小麦的最低收购价格政策，但价格水平低于市场”的做法，既能托底，也能实现市场定价，可以形成各种合理的市场差价，理顺购销储藏加工关系，增强国际竞争力。

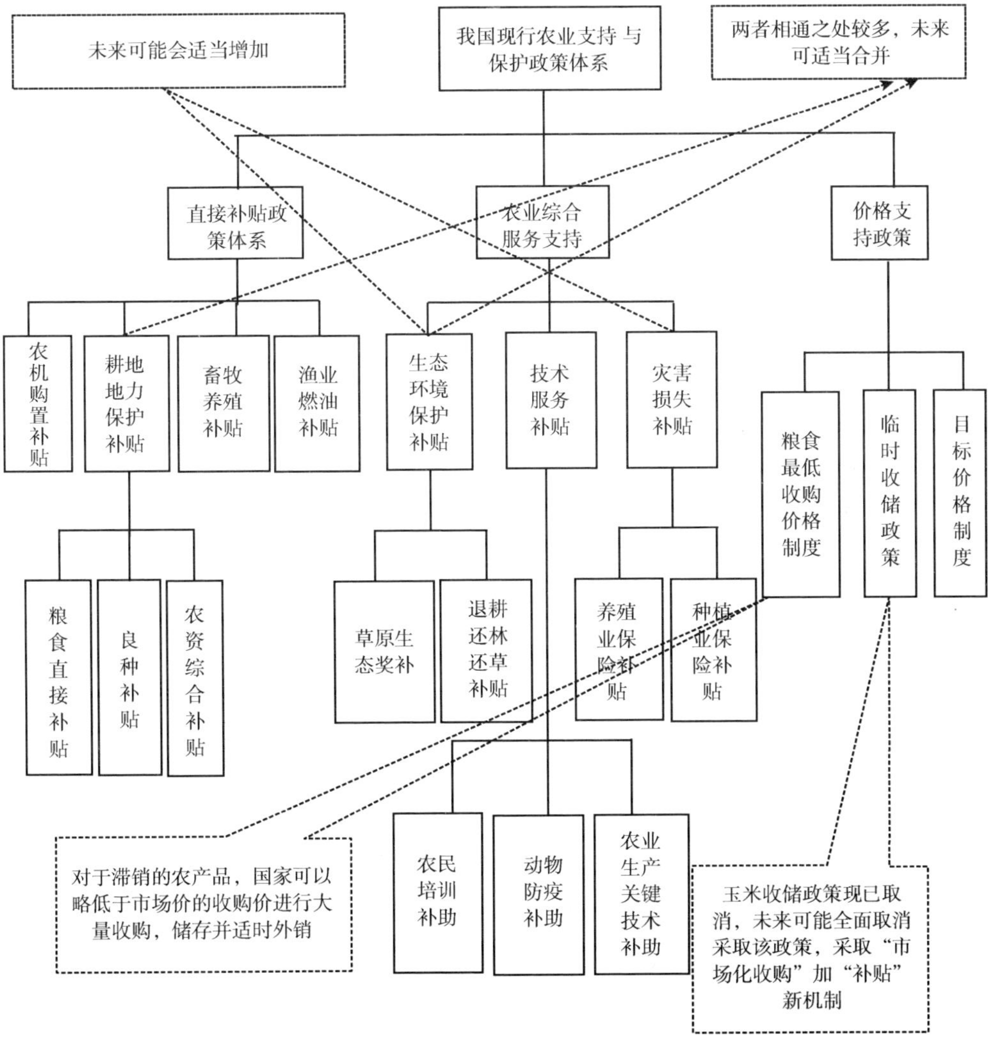

图 6-3　农业支持保护政策体系

“——”表示当前状态，“---------”表示演进方向

另一方面，实行土地补贴政策时，应按照承包土地面积实行统一补贴，并着重注意以下四点。一是补贴不应分产品。按照承包地面积补贴简单透明，完全可控，同时政策效果更好：农民种什么都能拿补贴，更直接感受到国家关怀。二是补贴多少可根据财力情况灵活决定。考虑按照播种面积进行补贴，即在作物耕地面积的基础上将复种指数的因素考虑在内，且对西部省份或边疆地区采取特殊补贴标准；东部沿海地区可在中央财政补贴外进行配套补贴，或国家只制定最低补贴标准，由东部沿海地区的地方财政出钱执行。三是应补贴给有承包权的农户。在市场机制下，补贴给农户与补贴给种粮大户或企业效果一样，并且农户承包地面积高度透明，确定不变，易于执行。四是补贴后出现撂荒也应照样补贴。大量撂荒不可能出现，即使出现也是因为市场价格太低，这时撂荒相当于休耕，修养地力，也是藏粮于地。

（二）实施举措

对于农业支持保护，要重新定位理念，施行综合举措。具体而言，即要在“产业兴旺、生态宜居、乡风文明、治理有效、生活富裕”的要求引导下，做好原则把控（实现粮食安全、食品安全与生态安全相融合，坚持数量与质量并重、当前与长远兼顾）；对战略实施（以我为主、立足国内、确保产能、适度进口、科技支撑）、目标定位（谷物基本自给、口粮绝对安全）进行具体反思；最后通过恰当的工具选择（“绿箱”政策、保险政策等）实现保证数量（藏粮于仓、藏粮于地、藏粮于技）、提高质量（培养提质增效理念，加强标准化生产、“三品一标”生产，提高科技创新水平）、增加效益（减少生产和交易成本、良种良法结合）、增强竞争力（加强品牌建设、减少生产成本和交易成本、促进“三品一标”宣传、确保对农业生产供应链上的检验监督、强化信用体制建设、大力推进国产农产品海外推广工作）与生态保护（实现可持续发展，实现粮食安全、质量安全与生态保护相结合）。具体举措内容见表 6-1。

表 6-1　改革创新举措

举措创新	具体内容	目标实现	具体内容
要求引导	产业兴旺、生态宜居、乡风文明、治理有效、生活富裕	保证数量	藏粮于仓、藏粮于地、藏粮于技
原则把控	粮食安全、食品安全与生态安全相融合，坚持数量与质量并重、当前与长远兼顾	提高质量	培养提质增效理念，加强标准化生产、“三品一标”生产，提高科技创新水平
战略实施	以我为主、立足国内、确保产能、适度进口、科技支撑	增加效益	减少生产和交易成本、良种良法结合
目标定位	谷物基本自给、口粮绝对安全	增强竞争力	加强品牌建设、减少生产成本和交易成本、促进“三品一标”宣传、确保对农业生产供应链上的检验监督、强化信用体制建设、大力推进国产农产品海外推广工作

续表

举措创新	具体内容	目标实现	具体内容
工具选择	“绿箱”政策、保险政策、兼顾生产与生态保护的双边政策、对生态环境关注的选择性农村金融	生态保护	实现可持续发展，实现粮食安全、质量安全与生态保护相结合

三、发达国家或国际组织农业支持保护政策改革的经验借鉴

中国与主要发达国家或国际组织农业政策在时代背景、目标定位、调整路径和经验借鉴的横纵向对比分析如表 6-2 所示。

表 6-2　中国与主要发达国家或国际组织政策比较分析

国家或国际组织	时代背景	目标定位	调整路径	经验借鉴
欧盟	人均年收入 2 万～4 万美元；生活多元化；农业产值占整个 GDP 的比重相对较小，约为 3%～8%；城乡收入差距 1∶1.1	强调生活标准平等化、价格稳定性、调节干扰的灵活性、经营主体鼓励性、食品有效供给性、价格公平性、农业高效性和高竞争性	由确保食物供给和提高农民收入到增强农业竞争力，实现可持续发展以及成员国区域的平衡发展	增强农业竞争力；深化农业市场化改革；积极宣传农产品品牌；设置强制性绿色支付；注重环境保护政策；强调大小规模农场主补贴的公平性；注重动物和植物福利；完善农场咨询机构，为青年归农做铺垫；积极鼓励农民根据世界生产需求，做出生产决策；通过补贴、保险工具提高农业竞争力；强化农民获取直接支付时的生态标准交叉遵守机制；注重保持农业环境，积极应对气候变化，与保障食品安全问题相挂钩
美国	人均年收入 5 万美元；生活多元化；农业产值占整个 GDP 的比重为 2%；城乡收入差距 1∶1.2	强调生活标准平等化、收入稳定化、价格稳定性、调节干扰的灵活性、农村环境健康化、食品有效供给性、价格公平性、农业高效性和高竞争性	由确保农产品价格水平、提高农场主收入和生产水平到削弱农业预算、合理配置资源、提高政策执行绩效及粮食质量，再到实现可持续发展	注重农业综合生产力提高和竞争力提升；整合环保项目，提高可持续发展能力；强化农业保险、完善农业收入安全网；推进农业补贴市场化；合理配置资源，强调政策工具的组合性

续表

国家或国际组织	时代背景	目标定位	调整路径	经验借鉴
日本	人均年收入4万美元；生活多样化与西化；农业产值占整个GDP的比重为2%～3%；城乡收入差距1∶0.8	强调生活标准平等化、农村环境健康化、食品供给有效性、农业高效性和高竞争性	由解决粮食不足问题到提高农民收入与效率，再到可持续发展和保障粮食安全	注重收入均等化，大力提高农民收入；注重生态保护
韩国	人均年收入3万美元；生活西化；农业产值占整个GDP的比重相对较小，约为5%；城乡收入差距1∶0.6	注重开放农业、环境友好主义	由解决粮食不足到积极开放农政、实现国家化，再到保护农业生产资源	注重环境友好；积极推进农产品品牌化；注重对农业遗产的保护；强调农业的开放与保护的兼顾
中国	人均年收入9000美元；生活多元化；农业产值占整个GDP的比重约为8.6%；城乡收入差距2.72∶1	解决粮食安全问题、提高农民收入、保护生态环境与可持续发展	由效率第一、解决温饱到实现温饱、提高农民收入，再到兼顾效率与公平、促进基本公共服务均等化	提高农业综合生产力和竞争力的同时注重环境保护；实行以直补为主、价格支持为辅、综合服务为支撑的补贴体系；补贴政策兼顾效率与公平；降低补贴执行成本；合理设置奖补区间；渐进式推进“黄箱”政策调整

为确保中国新型农业支持保护政策体系设计的科学性、前瞻性和有效性，对于发达国家或国际组织在农业支持保护政策改革方面的先进经验应当予以充分借鉴。世界农业发展先进的发达国家或国际组织，如欧盟和韩国等在农业农村发展过程中同样不可避免地出现过类似于中国的生态保护与生产效益等问题，因此，借鉴世界发达国家或国际组织先进农业政策改革思路与成功经验对于中国新型农业支持保护政策体系的设计具有较强的理论意义与现实启发（吴侨玲和乔乐本，2012）。

由表6-2可知，现阶段中国农业支持保护政策体系改革的重点为重新定位目标、明确补贴原则，尽可能地遵循权利义务一致原则和可持续发展原则，强化植物和动物保险等“绿箱”政策，实现对农业的提质增效。因此，应提高直接补贴政策绩效、减少价格支持补贴；补贴要向农田基础设施建设、固定资产建设活动及生态环境保护转移，充实“绿箱”补贴政策；探索建立适合国情的农业保险政策体系。

第五节　农业发展的五大困境及其成因分析

综上所述，在乡村振兴战略背景下，中国新型农业支持保护政策体系的设计应着重围绕数量、质量、效益、竞争力和绿色生态五个主要目标展开，这就需要进一步厘清当前中国农业发展在上述五个方面所面临的主要问题及其成因，以针对性地提供化解之策。农业发展面临的五大困境及其原因具体分析如下。

一、粮食安全困境：粮食连年增收，自给率不断下降

国家统计局数据显示，从 2008 年到 2017 年，我国粮食生产实现十年连续增长，生产总量从 59 804.23 万吨提高到 72 143.92 万吨，增幅达到 25.58%，但我国粮食生产依然呈现供不应求的局面，总需求量与总产量之间的缺口不断加大。统计数据显示，在 2018 年 1～8 月，我国农产品出口 510.0 亿美元，比上年同期增长 7.4%；进口 934.5 亿美元，增长 12.0%；贸易逆差达 424.5 亿美元，增长 18.0%。伴随着粮食进口量的迅速增长，我国的粮食自给率不断下滑，截至 2017 年末，我国的粮食自给率已下降到 87.5%。其主要原因在于我国粮食供需结构不匹配、国内粮食市场价格过高以及小农经营生产背景下成本过高且生产效率低下。粮食安全形势严峻且堪忧。

二、农产品质量安全困境：农药化肥超标，质量安全形势趋紧

近年来，我国农产品质量安全问题频发，“毒大米”“毒木耳”等食品安全事件触目惊心，严重威胁着消费者生命安全，影响我国农业经济向好发展。在生产环节，我国农产品的化肥、农药、抗生素等使用量大幅增加，统计显示，2008 年至 2017 年 10 年间，我国农产品的化肥、农药使用量从 6091.36 万吨上升到 7180.91 万吨。不完全数据统计显示，我国亩均化肥用量 21.9 千克，远高于 2.5 倍的世界平均水平。农产品在生产源头质量安全无法充分保证，初级农产品有毒有害物质残留超标，严重威胁着我国食品安全，农产品质量安全问题治理迫在眉睫。

三、经营效益困境：比较收益低下，农民增产但不增收

统计数据显示，2016 年我国农业全员劳动生产率人均仅为 2.96 万元，相对人均 12.13 万元的非农产业的全员劳动生产率，差距达 3.09 倍。与此同时，城市居民人均收入和消费分别是农村居民的 2.72 倍和 2.28 倍。农业生产比较收益低下，农民面临增收困境。其主要原因在于，首先，我国粮食生产单位成本高，农业投入产出率较低，加之农产品市场价格弹性过小，农民比较收入显著偏低。其次，农业本身具有弱质性，受自然环境与市场环境变化的影响较大。加之我国农业基础设施薄弱、自然灾害频发，农民抗御自然风险与市场风险的能力较弱，农民收入较不稳定。最后，由于我国农村产业与产品结构不合理、粮食品种更新缓慢、农业生产成本高、技术水平低等问题，虽然近年来粮食产量不断增加，但是农民面临着增产不增收的严峻局面。

四、农产品竞争力困境：成本居高不下，进口呈爆发式增长

根据中国海关统计，2017 年中国的农产品进口总额达到 1246.8 亿美元，同比增长 12.7%。从 2008 年到 2017 年的 10 年间，中国农产品的年均进口复合增长率达 8.8%。我国农产品国际竞争力弱是进口不断激增的关键市场因素。我国农业面临着生产成本和农产品价格均高于国际市场的困境，使我国农产品在国际市场上不具有比较优势，极大地降低了我国农产品贸易竞争力。其原因在于，农业传统的小规模经营模式严重阻碍了农业机械和现代农业技术的推广应用，抑制了农业劳动生产率的增长，导致我国农产品单产偏低、成本偏高。与此同时，化肥使用量增加但利用率不高、农业生产资料价格上涨等因素，更加剧了我国农产品生产成本较高的现状。

五、生态保护困境：生态环境恶化，农业污染日益突出

首先，在农产品生产过程中，化肥农药使用过量以及利用率偏低、地膜使用不合理、回收不到位等问题，造成农业生产面源污染严重。其次，许多养殖场建场环评不达标，动物粪便处理配套设施不完善，使得畜牧业成为农业生产污染的新来源。最后，由于缺乏秸秆处理技术，我国农村秸秆随地放置、露天焚烧的现象屡禁不止，造成了农村的地貌、水质和大气污染。据统计，2014 年全国秸秆露天焚烧量为 7431.8 万吨，焚烧比例高达 18.0%。对于农业生产环节的生态环境治理已然刻不容缓。

第六节 实施农业支持保护的策略探索

一、维稳粮食自给安全——从粮食主产区与城镇化切入

国以民为本，民以食为天。在中国，粮食安全是关系国计民生的大事，关系着经济的发展、国家的自立和社会的稳定。为保障粮食安全，党和国家一直以来都将其作为重点问题来抓，提出了新时期国家粮食安全的新战略，“饭碗论”“红线论”“底线论”等形成了具有重要价值的粮食安全理论与实践创新，表明了新形势下中国面对粮食安全问题的基本态度与战略取向。然而，时移世易，我国正处于工业化和城市化快速发展的时期，经济发展进入新常态，社会主要矛盾发生深刻变化，粮食生产的宏观和微观环境不断调整（张利国和鲍丙飞，2016）。新形势下中国的粮食面临需求量增大（杨建利和雷永阔，2014）、资源收紧（唐华俊，2014）、结构性短板（杨学利和张少杰，2010）、库存积压（姜长云，2018a）以及价格倒挂（姜长云和杜志雄，2017）等诸多困境，粮食总产量止步于“十二连增”。由此可见，我国的粮食安全形势依旧不乐观，中长期压力依然巨大。

粮食主产区的界定是破解粮食安全难题的重要战略之一。2003 年财政部发布了《关于改革和完善农业综合开发若干政策措施的意见》，根据各地主要农产品的产量等指标，将黑龙江（含省农垦总局）、吉林、辽宁（不含大连）、内蒙古、河北、河南、山东（不含青岛）、江苏、安徽、四川、湖南、湖北和江西 13 个省（自治区）界定为粮食主产区。由于主产区具有粮食生产的比较优势，粮食生产逐步向核心主产区集中，2006～2017 年主产区的粮食贡献量一直保持在 70% 以上，特别是 2017 年，主产区的粮食总产量增长至 4707.35 亿千克[①]，占全国的比重达到 78%[②]。主产区成为全国粮食生产的核心区和国家粮食安全的重要保障区（魏后凯和王业强，2012），承担着落实国家发展战略的职能。换言之，粮食主产区在一定程度上能够反映并决定整个国家的粮食安全。因此，从粮食主产区切入，构建指标体系对粮食安全进行综合评价，对于制定和完善粮食安全政策，保障全局粮食安全具有重要的意义。

近年来，诸多学者针对粮食主产区和粮食安全问题进行了研究。首先是粮食主产区问题的相关研究。蒋黎和朱福守（2015）对粮食主产区的粮食产量、种植面积、单产情况以及农民收入状况进行了统计分析。陈璐等（2017）利用统计数据分析了主产区的粮食产量、增长速度以及增产贡献率等内容。罗翔等（2016）

① 数据来源：根据《国家统计局关于 2017 年粮食产量的公告》公布的数据整理。

② 数据来源：http://www.ce.cn/xwzx/gnsz/gdxw/201801/22/t20180122_27847907.shtml。

研究了粮食主产区的耕地问题，对 2000～2010 年主产区的耕地压力指数进行了测算估计。其次是粮食安全评价的相关研究。马树庆和王琪（2010）利用德尔菲法和权重平均法建立了粮食安全定量评估方法，并对吉林省的粮食安全状况进行了评估。张利国（2011）利用人均粮食占有量指标衡量了 1949～2008 年中国不同区域的粮食安全状况。毛学峰等（2015）从粮食结构、粮食流通与贸易环节评估了中国的粮食安全状况。此外，马九杰等（2001）、姚成胜等（2015）、张元红等（2015）通过构建不同的指标体系，应用不同的方法对粮食安全进行了评价。

从现有文献来看，关于粮食安全现状、问题、贡献以及评价等方面的文献已有很多，有助于认识和理解粮食主产区发展情境和粮食安全的评价思路。但是，现有关于粮食安全评价方面的研究普遍存在样本选择局限、指标选取单一或交叉等不足，并且鲜有从粮食主产区切入，对中国的粮食安全进行时序和空间分析的文献。鉴于此，本小节基于国际化的粮食安全概念和中国国情、农情、粮情的特殊性，从短期视角的供给侧—获得性维度和长期视角的稳定性—持续性维度构建粮食安全[①]的评价体系，利用主产区粮食安全指标的一致性特点，采用熵权 TOPSIS（technique for order preference by similarity to an ideal solution，副近理想解排序）方法试图对 2012～2016 年中国的粮食安全进行评价，分析粮食安全的空间分布、区域差异和时序变动趋势。

（一）评价模型

1. 研究对象与数据来源

本小节选择 2003 年财政部确定的包括黑龙江、吉林、内蒙古、河南、安徽、辽宁、山东、河北、江西、江苏、湖北、湖南以及四川 13 个省（自治区）在内的粮食主产区作为研究样本。样本选取主要考虑了如下两方面的原因：一是主产区作为重要的产粮基地，对保障中国全局粮食安全发挥着十分重要的作用。2017 年 13 个主产区的粮食产量合计 4707.35 亿千克，占全国粮食总产量的 78%，粮食跨省流通量为 1700 亿千克，担负着中国粮食安全的重任。二是本小节的逻辑主要是从粮食主产区切入，利用主产区样本与熵权 TOPSIS 方法较好的匹配特性，可以更好地反映全国的粮食安全水平。

本小节所用数据多为统计性数据：其中，粮食产量、粮食消费量、粮食播种面积、道路里程和化肥施用量等变量的基础数据均来源于历年各个省（自治区）的统计年鉴、《中国统计年鉴》（2013～2017 年）以及历年《中国粮食发展报告》；农药使用量的数据来源于《中国农村统计年鉴》（2013～2017 年）；国有粮食企

① 根据国内常规口径，本节研究中的粮食主要包括稻谷、小麦、玉米、大豆和薯类。

业粮食库存量数据则根据国家粮食和物资储备局网站公布的收购和销售数据计算而得。

2. 指标选取与计算

粮食安全的内涵十分丰富，从最初的强调数量安全，保证任何人在任何时候都能得到为了生存和健康所需要的食物，到后来的关注粮食获取的结构性问题，即保证所有人在任何时候都能获得充足、安全和富有营养的粮食，粮食安全的内涵随着人们认识的深入而不断调整完善。在此基础上，国内学者在进行粮食安全问题的相关研究时，对粮食安全的理解加入了中国国情的考虑。例如，胡岳岷和刘元胜（2013）从数量安全、品质安全、生态安全和健康安全四个维度界定粮食安全；王明利（2015）则提出从整个食物系统的角度来定位粮食安全，并且重点强调了饲料粮的安全问题。因此，粮食安全的评价指标需要慎重选取。本小节从短期视角和长期视角选择粮食安全的评价指标。其中，短期视角包含粮食的供给侧与获得性两个维度，长期视角包含稳定性和持续性两个维度。具体而言，首先，抛除粮食国际贸易的考虑，粮食安全最根本的问题在于粮食生产的总量与结构性，即粮食的供给问题。其次，在粮食供给充足的前提下，还需要通过市场配置、政府调控以及基础设施的建设等措施让人们有能力和机会获取粮食，即粮食的可获得性。再次，粮食生产面临自然和市场双重风险，尤其是大型自然灾害的非可控性，会对粮食生产造成严重影响。因此，稳定性也是粮食安全的重要反映指标。最后，粮食生产面临土地资源和水资源的刚性约束，化肥、农药等过量使用，虽然在短期内有助于粮食产量的提高，但也造成了严重的土壤板结和水源污染，长期则不利于粮食安全。此外，根据指标选取的代表性、系统性、独立性和可操作性原则，在参考马九杰等（2001）、何秀荣等（2004）、李文明（2010）、姚成胜等（2015）、张元红等（2015）以及 FAO 等（2013）的研究成果的基础上，本小节设置了供给侧维度的粮食自给率和粮食播种面积、获得性维度的人均粮食占有量和道路网密度、稳定性维度的粮食储备水平和粮食生产波动系数、持续性维度的化肥施用量和农药使用量八项指标来评价粮食安全。具体的设置逻辑如下。

第一，供给侧维度。一是粮食自给率。粮食安全与否，关键在于粮食的供给（张元红等，2015）。粮食自给率可表示为粮食生产总量占消费总量的比重，是衡量粮食供给的关键指标，尤其是在贸易环境不稳定的时期，提高自给率就相当于把粮食安全掌握在自己手里，也就能够很好地坚守“谷物基本自给，口粮绝对安全”的目标定位。其测算方式为：省域粮食总产量/粮食消费总量×100%。二是粮食播种面积。保障粮食安全可视为保障粮食的产量安全（刘亮等，2014；程名望等，2015），而土地作为粮食生产的必要物质条件，具有非贸易性和自然禀赋的特殊性（罗翔等，2016），其对粮食安全存在刚性约束。因此，保障中国的粮食安全首先要保持粮食播种土地数量的稳定性。该指标用各省（自治区）统计年鉴所列示的实际粮食播种面积表示。

第二，获得性维度。一是人均粮食占有量。初始的粮食安全概念被界定为保证任何人在任何时候都能得到为了生存和健康所需要的足够食物，表明人均占有量是粮食安全的一项基本内容，只有在粮食满足人类基本的生存需求时才是真正的粮食安全。计算方法是：省（自治区）内粮食总产量/省（自治区）内常住人口。二是道路网密度。充足稳定的粮食生产并非实现粮食安全的充分条件（姚成胜等，2015），在粮食不能很好地调运的情况下，往往会导致区域性的粮食安全问题（Andersen，2009），道路网成为粮食能否实现均衡供给的基础条件。所以，选入道路网密度指标，其计算方式为：省域运输路线（铁路、公路、水运）长度/省域面积。

第三，稳定性维度。一是粮食储备水平。国家的粮食安全在很大程度上取决于粮食的储备量（万广华和张藕香，2007）。1974 年世界粮食大会将当年粮食消费量的 17%～18%作为粮食安全库存，并以此来满足至少两个月的粮食消费需求，该比重在 17%以上为安全，14%～17%为不安全，低于 14%则为紧急状态。所以，选入该指标来衡量粮食安全的稳定性，其计算公式为：国有粮食企业粮食库存量/省（自治区）内粮食产量。二是粮食生产波动系数。粮食生产波动系数能够直接影响粮食安全的稳定性。例如，在农业供给侧结构性改革提出后，2016 年黑龙江省的玉米种植面积调减 1900 万亩，导致玉米产量大幅波动，对饲料粮的稳定性造成很大冲击。借鉴高帆（2005）等的研究成果，该指标的测算公式为：$V=\left(Y-Y'\right)/Y'$，其中，V 表示粮食生产波动系数；Y 为粮食产量；Y' 为 2012～2016 年粮食产量的平均值。中国粮食总量波动率的标准值为 5%。

第四，持续性维度。一是化肥施用量。二是农药使用量。粮食生产是资源约束型生产（聂英，2015），受土地、水、能源以及气候的制约（Godfray et al.，2010；韩俊和徐小青，2009）。在资源约束下，为提高粮食产量，大量使用化肥和农药已成常态。2016 年化肥施用量为 5984.1 万吨，平均每公顷的农作物施用量为 359.1 千克①，远高于世界平均水平（120 千克/公顷）。2016 年全国农药使用量为 174.0 万吨，相较 2015 年（178.3 万吨）②有所减少，但仍处于较高水平。化肥和农药的过量使用，导致严重的农业面源污染，土地板结、酸化、盐碱、重金属污染严重，土壤有机质含量下降，直接影响耕地的质量和数量。所以，化肥和农药的过度使用会严重影响粮食生产的可持续性，从而影响粮食安全。其计算公式分别为：化肥施用量/粮食播种面积、农药使用量/粮食播种面积。具体见表 6-3。

① 数据来源：《中国统计年鉴 2017》。

② 数据来源：《中国农村统计年鉴 2017》。

表 6-3　粮食安全评价指标体系

一级	二级	指标层	计量单位	含义	指标性质
粮食安全	供给侧	粮食自给率		省域当年粮食产量占当年粮食消费量比重	正指标
		粮食播种面积	公顷	省域用于种植粮食的土地面积	正指标
	获得性	人均粮食占有量	千克/人	省域内粮食总产量与总人口的比值	正指标
		道路网密度	千米/千米 ^{2}	省域道路总里程与相应区域的面积比值	正指标
	稳定性	粮食储备水平		国有粮食企业粮食库存状况	正指标
		粮食生产波动系数		省域粮食总产量相对产量均值的波动	负指标
	持续性	化肥施用量	千克/公顷	单位土地面积的化肥施用量	负指标
		农药使用量	千克/公顷	单位土地面积的农药使用量	负指标

注：根据国内常规口径，粮食主要包括稻谷、小麦、玉米、大豆和薯类

3. 熵权 TOPSIS 方法

TOPSIS 方法是一种有限方案多属性决策方法（Yoon and Hwang，1981）。熵权 TOPSIS 方法实质是对传统 TOPSIS 方法的改进，其主要特点是基于熵权法确定各评价指标的权重，进而利用 TOPSIS 方法确定评价对象的优劣排序。该方法的基本思想是：首先，确定理想解（负理想解），即各属性值都已达到备选方案中最优（劣）的值；然后，通过测度各评价对象与最优解、最劣解的相对距离来进行优劣水平判断，若评价对象最靠近最优解同时又最远离最劣解，则为最优，否则为非最优。熵权 TOPSIS 方法能够充分运用原始数据的信息，反映各方案之间的差距，对样本量无特殊的要求，并且不受参考序列选择的干扰，具有几何意义直观、信息损失少以及运算灵活等优点（Tong et al.，2016）。

粮食主产区是我国主要的产粮基地，其粮食生产条件（地理、土壤、气候等）和生产能力（数量、质量等）都具有较强的一致性，进而与粮食安全相关的各项指标出现异常值的概率较小，而上述特点恰能够有效避免熵权 TOPSIS 方法在确定理想解和负理想解时过度偏失的问题。与此同时，相较于全国所有省区市而言，粮食主产区的划定有效地控制了省域间资源禀赋、技术水平和粮食政策等因素的差异，保证了熵权 TOPSIS 方法所构建的粮食安全理想解和负理想解拥有更好的可比性和可实现性，从而有效避免胡永宏（2002）提出的在该方法下无法正确区分评价对象优劣的问题，对粮食安全的评价也将更为科学准确。因此，本小节借助该方法对粮食安全进行评价，具体实施步骤如下。

（1）构建指标矩阵。根据选定的 8 项指标的原始数据构建指标矩阵 $X=(x_{ij})_{13\times8}$，其中 $i=1,2,3,\cdots,13$，$j=1,2,3,\cdots,8$，x_{ij} 表示第 i 个省（自治区）第 j 项指标的实际数值。

（2）对原始矩阵作同趋势化处理，得到标准化矩阵 $X'=(x'_{ij})_{13\times8}$。此处的方法为将粮食生产波动系数、化肥施用量和农药使用量三个低优指标作倒数处理。

（3）归一化处理，并建立相应矩阵。利用式（6-1）得到粮食安全的指标矩阵 $X^*=(x^*_{ij})_{13\times8}$。

$$x^*_{ij}=x'_{ij}\Big/\sqrt{\sum_{i=1}^{13}\left(x'_{ij}\right)^2} \tag{6-1}$$

（4）确定理想解。考察归一化处理后的矩阵 $X^*=(x^*_{ij})_{13\times8}$ 在 13 个省（自治区）对应 8 项指标的最大值，并将其设置为最大参照样本（正理想点）S^+；然后，找出 8 项指标中的最小值，并由此确定最小参照样本（负理想点）S^-。具体形式见式（6-2）和式（6-3）：

$$S^+=\left(\max_{1\leqslant i\leqslant13}x^*_{i1},\max_{1\leqslant i\leqslant13}x^*_{i2},\max_{1\leqslant i\leqslant13}x^*_{i3},\cdots,\max_{1\leqslant i\leqslant13}x^*_{8}\right) \tag{6-2}$$

$$S^-=\left(\min_{1\leqslant i\leqslant13}x^*_{i1},\min_{1\leqslant i\leqslant13}x^*_{i2},\min_{1\leqslant i\leqslant13}x^*_{i3},\cdots,\min_{1\leqslant i\leqslant13}x^*_{8}\right) \tag{6-3}$$

（5）确定指标权重。熵权是在给定评价对象集后，在各项评价指标值的基础上计算得到的，指标熵越小，熵权越大，指标则相对越重要；反之，指标越不重要。熵权法可有效消除主观误差（雷勋平等，2016），具体的操作方法如下：首先，设置 $E_j=-k\sum_{i=1}^{13}f_{ij}\ln f_{ij}$，其中，$f_{ij}=\dfrac{x^*_{ij}}{\sum_{i=1}^{13}x^*_{ij}}$，$k=\dfrac{1}{\ln 13}$；其次，计算差异度系数 $G_j=1-E_j$，G_j 越大表示差异度越大，权重也越大；最后，确定指标 j 的权重 $w_j=\dfrac{G_j}{\sum_{j=1}^{8}G_j}$，$w_j\in[0,1]$，且 $\sum_{j=1}^{8}w_j=1$。

（6）计算样本指标与正负理想解的欧氏距离。具体公式为式（6-4）和式（6-5）：

$$d_i^+=\sqrt{\sum_{j=1}^{8}w_j\left(x^*_{ij}-\max x_{ij}\right)^2} \tag{6-4}$$

$$d_i^-=\sqrt{\sum_{j=1}^{8}w_j\left(x^*_{ij}-\min x_{ij}\right)^2} \tag{6-5}$$

需要说明的是，如果样本中每项指标都达到了最大值，则该样本与正理想解的距离 d_i^+ 为 0，与负理想解的距离为 1，表明样本的粮食安全达到了最优的状态。

反之，则表明该省（自治区）的粮食安全状况较差。

（7）计算贴进度。利用式（6-6）来确定待评价对象与正理想解的相对接近程度T_i。

$$T_i = \frac{d_i^-}{d_i^+ + d_i^-} \tag{6-6}$$

4. 结果与分析

（1）时序维度分析。从表 6-4 可以看出，2012～2016 年的五年时间内，我国的粮食安全变动趋势可大致分为波动式上升、波动式平稳以及波动式下降三种类型。其中，处于波动式上升的省份为黑龙江和河南两省；处于波动式平稳的省（自治区）为吉林、辽宁、山东、安徽、四川（中低水平稳定）和内蒙古六个省（自治区）[①]；河北、江西、江苏、湖南、湖北五个省份均表现为波动式下降。事实上，2012～2016 年粮食安全值降低的五个省份的粮食总产量普遍处于平稳上升的状态，但在纳入其他指标体系后，粮食安全的变动趋势则发生了较为明显的变化。该结果进一步表明，粮食总产量稳定或提高并不必然意味着粮食安全，这与马树庆和王琪（2010）、张元红等（2015）等学者的观点和研究结论一致。值得注意的是，四川、江西、辽宁、湖南、内蒙古、湖北六省（自治区）的粮食安全值在 2015～2016 年出现了较小幅度的降低，而其他省份则出现了较小幅度的调高，这种非规律性变动在一定程度上表明 2015 年国家提出的农业供给侧结构性改革制度并没有对国家粮食安全产生显著的负面影响。农业供给侧结构性改革是推动农业适应中高端需求的动态过程（姜长云和杜志雄，2017），重点突出农业的结构性转型。事实上，农业供给侧结构性改革与新形势下粮食安全追求数量和结构并重的内涵是相契合的。

（2）空间维度分析。如图 6-4 所示，大部分省（自治区）（61.54%）的粮食安全值大于 0.50，表明中国的粮食安全处于中等偏上水平。但四川较低，2012～2016 年五年的粮食安全值维持在 0.40 左右，处在中等偏下水平，这可能与四川大面积增加油料（+2.30%）、中草药材（+14.20%）和蔬菜（+1.90%）等经济作物的种植有一定关系，造成对粮食作物播种空间的挤占。具体来看，粮食安全值超过 0.50 的包括黑龙江、吉林、内蒙古、河南、安徽、辽宁、山东、河北 8 个省（自治区），粮食安全值在 0.40～0.50 的包括江西、江苏、湖北、湖南 4 个省份。从均值排名来看，粮食安全五年均值排名处在前三位的是黑龙江、吉林和内蒙古，其中 2016 年黑龙江的粮食安全值为 0.7988，达到较优的水平。需要注意的是，该结果与单纯根据粮食总产量进行的省域排名存在明显的不同，其主要原因是熵权 TOPSIS 方法考虑了粮食安全的诸多方面，选入指标较多，也因此对粮食安全的评价更为准确全面。

---

① 将内蒙古和吉林划为波动式平稳的原因：2012～2016 年两省（自治区）粮食安全的欧氏距离较大，即使欧氏距离较小的年份也均围绕在 0.5 上下，表明粮食安全水平仍然较为稳定。本节在划分类别时，同时考虑了每个省（自治区）的时间变动，同时考虑了各省（自治区）粮食安全水平的高低。

表 6-4　2012～2016 年主产区粮食安全的欧氏距离与评价得分

省（自治区）	2012 年			2013 年			2014 年			2015 年			2016 年			五年均值	均值排名
	d^-	d^+	T_i	d^-	d^+	T_i	d^-	d^+	T_i	d^-	d^+	T_i	d^-	d^+	T_i		
黑龙江	0.6069	0.5937	0.5055	0.6412	0.6012	0.5161	0.8801	0.3020	0.7445	0.8618	0.3476	0.7126	0.8772	0.2209	0.7988	0.6554	1
吉林	0.8671	0.2257	0.7935	0.7365	0.3926	0.6523	0.5032	0.6137	0.4505	0.5933	0.6214	0.4884	0.6030	0.5922	0.5045	0.5778	2
内蒙古	0.8272	0.2359	0.7781	0.6482	0.5699	0.5321	0.6332	0.5019	0.5578	0.6033	0.4915	0.5511	0.5440	0.6315	0.4628	0.5763	3
河南	0.4503	0.5787	0.4376	0.3225	0.7993	0.2875	0.8344	0.3612	0.6979	0.8010	0.3526	0.6943	0.8213	0.3578	0.6965	0.5628	4
安徽	0.6340	0.4130	0.6055	0.5753	0.5274	0.5217	0.6010	0.4997	0.5460	0.6220	0.5621	0.5253	0.6442	0.5018	0.5621	0.5521	5
辽宁	0.5576	0.4447	0.5563	0.4153	0.7611	0.3530	0.8012	0.3761	0.6805	0.6931	0.5012	0.5803	0.5503	0.6321	0.4654	0.5271	6
山东	0.5047	0.5016	0.5015	0.5934	0.5326	0.5270	0.5630	0.5899	0.4883	0.6159	0.5038	0.5501	0.6327	0.5013	0.5579	0.5249	7
河北	0.9298	0.1815	0.8367	0.8831	0.3167	0.7360	0.2817	0.8390	0.2514	0.3512	0.7701	0.3132	0.4415	0.7029	0.3858	0.5046	8
江西	0.6940	0.4031	0.6326	0.7891	0.3762	0.6772	0.3247	0.7742	0.2955	0.4928	0.7283	0.4036	0.4314	0.6930	0.3837	0.4785	9
江苏	0.7559	0.3349	0.6930	0.9315	0.2715	0.7743	0.2432	0.8740	0.2177	0.3740	0.7999	0.3186	0.3512	0.7034	0.3330	0.4673	10
湖北	0.8965	0.2692	0.7691	0.8599	0.2771	0.7563	0.2903	0.8304	0.2590	0.2880	0.8317	0.2572	0.2709	0.8100	0.2506	0.4584	11
湖南	0.6412	0.4300	0.5986	0.7468	0.4031	0.6494	0.3842	0.8090	0.3220	0.3597	0.6990	0.3398	0.3016	0.7315	0.2919	0.4403	12
四川	0.4255	0.7271	0.3692	0.5224	0.5296	0.4966	0.4720	0.6813	0.4093	0.4029	0.7100	0.3620	0.3762	0.7018	0.3490	0.3972	13

资料来源：根据《中国统计年鉴》（2013～2017 年）、2013～2017 年各省（自治区）统计年鉴、《中国农村统计年鉴》（2013～2017 年）、国家统计局粮食产量公告以及历年《中国粮食发展报告》整理计算

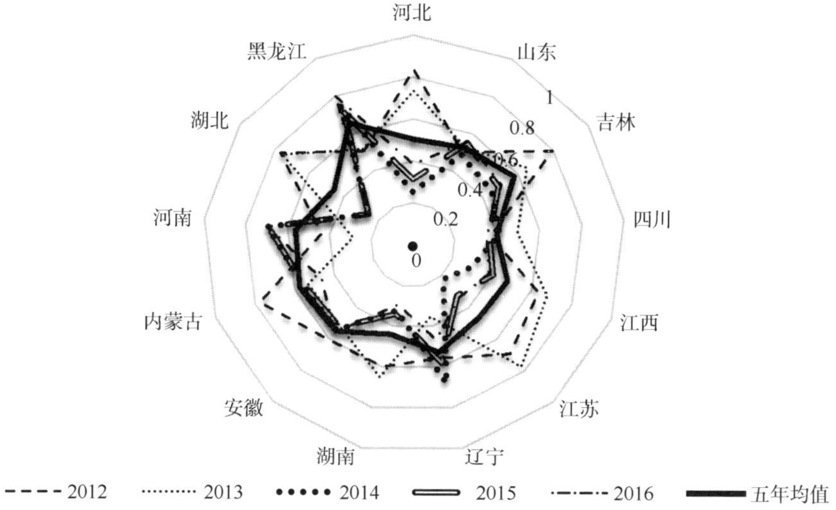

图 6-4　粮食安全雷达图

（二）主要结论

本节从粮食主产区切入，利用熵权 TOPSIS 方法，通过构建粮食安全评价模型，从供给侧、获得性、稳定性和持续性四个维度，选入粮食自给率、粮食播种面积、人均粮食占有量、道路网密度、粮食储备水平、粮食生产波动系数、化肥施用量以及农药使用量八项指标，评价了 2012～2016 年中国的粮食安全情况。主要有如下两个方面的认识：一是从时序维度看，黑龙江、河南两省的粮食安全呈现波动式上升；吉林、辽宁、山东、安徽、四川和内蒙古六省（自治区）的粮食安全较为稳定；其余五省均呈波动式下降。二是从空间维度看，除四川之外，其余省区的粮食安全普遍处于中等偏上水平，近五年黑龙江的粮食安全水平最高，五年均值排名第一，而四川排名最后。此外，中国的粮食安全并未出现东、中、西部省域显著的空间差异。

二、保障农村食品安全——从政府监管与消费认知切入

改革开放以来，我国经济得到飞速发展，居民生活质量获得极大提高。但在我国取得丰硕发展成果的同时，日益严重的食品安全问题也逐渐上升为威胁消费者健康的主要因素。随着食品安全事件危害后果的不断扩大，整个社会对当前的食品安全状况表示不满，消费者信心普遍偏低（王志刚等，2012）。我国食品安全治理水平存在显著城乡差距，食品安全社会福利效应鸿沟日益加剧。近年来，随着城市食品安全整治力度加强，一些被城市围剿的假冒伪劣商品纷纷“上山下乡”，开始大量向农村转移（廖天虎，2013）。与城市相比，农村食品安全监管配套基础

设施条件差，基层监管人员技能素质低，监管力度相对薄弱（许亚宝和周帮扬，2014），使得在城市中无法销售的过期、变质、假冒食品源源不断地流向农村，导致农村地区落入了食品安全监管的“低水平陷阱”，而一些老少边穷地区更是成为非安全食品的“垃圾桶”、“污水池”和“重灾区”。

在此背景下，城乡二元结构所造成的居民贫富分化、思想文化分野以及商品流通分割，导致城乡居民对食品安全的认知、态度及由此产生的行为和受益存在显著差异（张莹和张肇中，2016；洪巍和吴林海，2013），更加剧了城乡食品安全消费与福利水平差距。因此，加快建立城乡共治的食品安全治理体系，改善我国农村食品安全现状，缩小食品安全与社会福利的城乡差距刻不容缓。与此同时，农村消费者收入不高，农民普遍缺乏必要的食品安全知识，加之长期形成的不良饮食习惯，滋生了巨大的食品安全隐患。鉴于此，本小节在总结现有文献的基础上分析农村食品安全现状背后的市场机制，说明政府监管以及居民认知对食品安全水平的影响机制。

（一）文献研究成果

综合来说，已有文献主要集中在以下三个方面。首先，关于消费者行为层面的研究。张硕阳等（2004）认为，不安全食品对消费者造成的各种损失预期之和可称为风险认知。孙志斌等（2014）发现，在影响消费者判断的所有因素中，政府发布的信息具有举足轻重的地位，广告则对判断食品的安全性无影响。胡卫中（2010）研究发现，消费者是为了自身及其家人的健康而购买绿色食品，且购买绿色食品的消费者都较为理性。王兆锋和俞红（2008）认为，绿色食品口感好和营养安全是引起消费者购买绿色食品的主要原因。

其次，关于生产者行为层面的研究。李功奎和应瑞瑶（2004）认为，食品生产企业会进行一系列的违规操作，从而生产出不合格食品，而消费者由于信息不对称只能“逆向选择”，二者的共同影响致使食品安全问题产生。汪普庆和周德翼（2008）在分析了我国食品监管体制存在的弊端之后，发现“一体化”监管成本低、效果好，且产权界定清晰，有效规避了食品生产经营者的“搭便车”行为，从而防止食品安全问题的产生。van Campenhou（2007）研究发现，食品生产企业若生产不合格、不安全食品，会受到相应的法律制裁及罚款处罚，因此政府监管部门可采取罚款等措施控制食品安全问题。

最后，关于政府监管层面的研究。谢敏（2007）在公共经济学的基础上分析食品安全，发现政府在食品生产与监管中有着不可替代的作用，政府必须对食品安全与食品监管等公共物品负责任。陈彦丽（2014）提出监管方式要从以往的强制被动转化为多元主体共同治理，改善监管运行机制，推进食品安全社会共治。文晓巍和温思美（2012）认为在食品安全方面，由于假设政府是理性经济人，政府易监管失灵且监管低效；同时，食品生产者与消费者之间存在着显著的信息不对称，前者更具信息成本优势，导致市场失灵难以避免。王可山（2012）提出，要削弱甚至消除信息不对称，就要最大可能地披露、传递食品安全信息，抑制虚假信息的发布传播，强化食品安全管理，提升食品安全水平。

从以上综述可以看出，关于食品安全问题的研究，国内外已经出现大量相关文献，但仍然存在着一些不足之处。一是研究对象的局限，国内外研究者对食品安全的研究不论是监管层面、生产者层面还是消费者层面，大多数都是以城市作为研究范围；二是以往的研究大多以发达国家为参照或模板，关注的是大中型或规模以上的食品企业，忽视了小企业、小作坊广泛存在的事实；三是对于农村食品安全问题的研究缺乏微观层面的市场分析，更没有说明目前阻碍农村食品安全水平提升的主要因素。

（二）数据来源与统计学特征

本小节的数据来源于"消费者猪肉购买风险认知、行为态度及满意度调查问卷"。该调查通过多段抽样的方式抽取样本，包括城市居民和农村居民，对于城市居民的抽取步骤为先抽市区，再抽街道或者社区，最后抽取小区，最终抽取到的两个小区分别是 YXY 和 ZYXC；对于农村居民的抽取步骤为先抽县，再抽镇或者乡，最后抽村，最终抽取到的两个村分别是 XXC 和 HKC；其中 YXY 和 XXC 位于湖南省郴州市北湖区，ZYXC 和 HKC 位于湖南省郴州市宜章县。2018 年 1 月至 2 月之间，在北湖区和宜章县对所抽取的样本进行了调研，一共发放了 426 份调查问卷，筛选有效问卷 397 份，问卷有效率为 93.19%。

根据数据整理可知，被调查者的个体特征如下：从居住地来看，有 197 位（49.62%）被调查者居住在农村，居住在城市的被调查者有 200 位，占比 50.38%；从性别比例上看，男性受访者的数量略高于女性，但性别比例总体上较为均衡，男女性分别占比 53.15%和 46.85%；从年龄结构上来看，30 岁及以下的占比 10.33%，31～35 岁的占比最少，为 9.32%，36～40 岁的占比 11.08%，41～45 岁和 46 岁及以上的占比相对较多，分别为 31.74%和 37.53%；从婚姻状况上看，受访者大多已婚，占比 78.09%，未婚占比 21.91%；从受教育程度上看，小学及以下占比 60.21%，初中占比 29.47%，6.05%拥有中专或高中学历，大专或本科的占比 4.02%，仅有 0.25%的受访者有硕士研究生学历及以上；从家庭主要收入上看，来源于外出打工的占比最大，为 40.81%，其次是工资性收入，占比 33.50%，以农业收入为家庭主要收入来源的占比 16.12%，经商及其他的则均为 4.79%；从家庭年收入上看，10 000 元以下的仅占比 5.04%，10 000～30 000 元的占比 14.61%，而 30 000～50 000 元、50 000 元～100 000 元、100 000 元以上均占比较高，分别为 22.67%、27.96%、29.72%；从家庭人口来看，家中 5 口人的被调查者最多，占比 29.16%，其次为家中 4 口人的，占比 25.48%，家中 6 口人和 3 口人的分别占比 15.40%、10.33%，9.05%

的被调查者家中只有 1 口人，而家中 2 口人和 8 口人的占比极为相近，分别为 5.54% 和 5.04%。

（三）实证分析

将满意度指标作为 *Y* 变量，*X* 变量包括性别、年龄、婚姻状况、居住地、受教育程度、收入主要来源、家庭年收入、家庭人口、购买次数等背景因素，金钱和时间、心理损失、身体损失、性能损失和社会损失等风险认知，以及态度、行为。根据变量设置情况，现将 *Y* 对 *X* 进行回归分析。根据回归结果可知，风险认知中的身体损失对满意度有显著负向影响，其相关系数为−0.55，表明身体损失越高，满意度越低，即被调查者非常重视身体健康，食品安全问题所造成的身体损失对最终满意度有较强影响；年龄对满意度有显著正向影响，其相关系数为 0.45，表明年龄越大，满意度相对越高，即年龄越大的人对食品安全的要求越低，易忽视食品安全的重要性；居住地与满意度的相关系数为−0.39，表明居住地对满意度有显著负向影响。根据模型结果可知（$P \leqslant 0.01$），该模型具有统计学意义（表 6-5）。

表 6-5　回归结果

变量	系数	标准差	*t* 值	*P* 值
性别	0.01	0.18	0.06	0.95
年龄	0.45	0.07	6.22	0.00
婚姻状况	0.02	0.22	0.09	0.93
居住地	−0.39	0.18	−2.10	0.04
受教育程度	0.06	0.10	0.64	0.53
收入主要来源	−0.10	0.08	−1.37	0.17
家庭年收入	0.04	0.08	0.55	0.58
家庭人口	−0.07	0.06	1.24	0.22
购买次数	−0.14	0.09	−1.66	0.10
金钱和时间	−0.15	0.05	−2.93	0.00
心理损失	−0.32	0.05	−6.11	0.00
身体损失	−0.55	0.06	−9.96	0.00
性能损失	−0.23	0.06	−3.75	0.00
社会损失	−0.14	0.05	−2.94	0.01
态度	−0.01	0.05	−0.21	0.83
行为	−0.08	0.05	−1.62	0.11
$R^2=0.17$　$F=360.04$　$P=0.00$				

（四）结论

根据实证分析，得出如下结论：第一，风险认知中的身体损失对满意度有显著负向影响，身体损失越高，满意度越低；第二，年龄对满意度有显著正向影响，年龄越大，满意度越高，即年龄越大的人对生活标准要求越低，缺乏食品安全意识；第三，居住地对于满意度来说具有显著负向影响，且从回归结果来看，其影响系数较高，这是因为居住地的不同代表着不同的监管力度，相对于城市来说农村的监管力度处于一个较低的水平。

三、强化农民增收体制——从产业发展与脱贫策略切入

（一）产业组织发展、农业增效与农民增收

1. 产业组织运行与增效机制

要解决“小农户”与“大市场”之间的经营矛盾，必须依靠产业融合这个载体，原因在于小农经营具有天然的“弱质性”，小农户在市场中的议价能力、抵御市场风险的能力以及产品的盈利能力均处于弱势地位，很难在市场竞争中获得较高的产品附加值，无法分享农业产业链和价值链的产品增值收益。因此，为根本性地解决“小农户”与“大市场”之间的矛盾，从自力更生、农业经营的角度根本性地解决农户增收困境，必须提高农户生产经营的组织化程度，依托农业产业融合发展和产业经营组织联盟，以更好地参与生产、参与市场、参与分配。如图6-5所示，以一二三产业融合发展为依托的农业产业经营联盟，通过产业分工、要素优化配置和紧密收益联结，形成系统的农业生产增效机制，以使“小农户”更好地参与“大市场”，增强盈利、分享收益。具体机制如下。

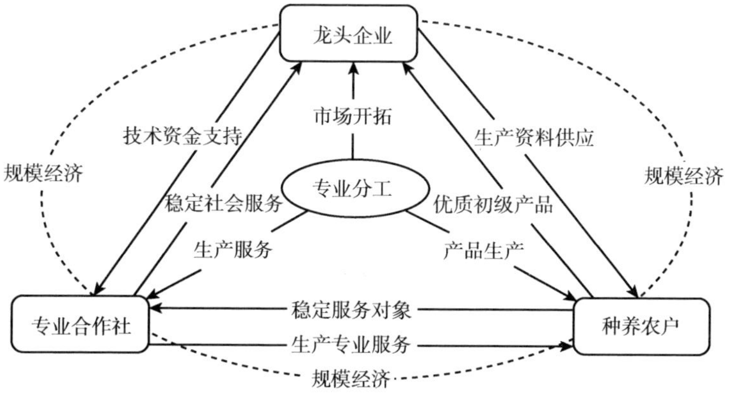

图6-5　产业组织运行与增效机制

首先，契约分工分析视角。农业劳动生产力增进跟不上制造业劳动生产力步伐，可能正是因为农业上所使用的不同种类的劳动力未能达到像制造业那样完全分工。中国自实施家庭联产承包责任制以来，农业专业化生产以及产业化组织形式主要历经了“公司+农户”、“公司+基地+农户”以及“合作社+农户”等模式的演变。“公司+农户”模式帮助农户分担了市场风险，拓宽了农产品销路；“公司+基地+农户”模式为农户农业生产输送了完备的生产要素，提高了农产品供给质量；“合作社+农户”模式减轻了农民耕种负担，增强了其抗击风险能力。三者均在一定程度上带动了农户增收，推进了中国农业现代化发展。但上述传统产业化组织联盟仍存在缔结主体分工不够充分、契约关系约束分工不稳定等问题。一旦合作主体无法应对市场风险或出现机会主义行为，各经营主体利益均无法得到有效保障。农业产业经营联盟的出现则解决了生产分工不充分以及分工契约不稳定的问题，满足了现代农业对专业化生产的需求。在农业产业经营联盟中，各经营主体既是相互独立的经济主体，又是产业链中分工明确不可或缺的生产承担者。在资源市场配置条件下，龙头企业、种养农户与专业合作社三大主体基于劳动与资源利用的高度专业化，分别负责供应链中农业生产、生产服务与市场拓销环节，破解了传统产业化生产或小农经营中由分工不充分导致的生产低效和资源重复配置困境，并通过签订农田承包合同、粮食购销合同以及社会化服务合同等形成具有法律约束力的稳定契约关系，增强了契约密度与契约强度。通过法制化规范契约化，通过契约化稳固分工体系，化解了道德风险和逆向选择带来的主体收益不稳定性风险。

其次，收益联结分析视角。农业产业经营联盟的根本收益来源于龙头企业在市场中的产品获益。在面向市场的一端，龙头企业依托产品质量与生产成本优势在市场中充分获利；在面向生产的另一端，种养农户进行标准化生产，专业合作社提供专业化服务，共同保证优质初级农产品生产与面向龙头企业供给，同时获得稳定收益来源。因此，农业产业经营联盟以市场为导向，在内部形成了稳定的收益链。只要龙头企业在市场中获利，利润就会沿收益链不断流向农业产业经营联盟其他成员，从而实现内部互利共赢。同时，农业产业经营联盟运营的过程，也是龙头企业、专业合作社、种养农户等合力打造产品品牌的过程：一方面，农业产业经营联盟依托龙头企业塑造优势品牌；另一方面，农业产业经营联盟实施产品源头控制，基于标准化生产与专业化作业保证品牌质量。在此过程中农业产业经营联盟成员共同打造品牌经济，形成紧密的利益联结与收益共享关系。因此，农业产业经营联盟通过稳定契约安排与紧密利益联结，促使各经营主体形成了风险共担、利益共享的紧密型利益共同体，形成集体激励机制，促使农业产业经营联盟在共同利益激励下努力提升整体效益并稳定有序运行。

最后，要素流动分析视角。规模经济是农业产业经营联盟获得整体效益提升的内生动力，规模经济的形成缘于要素的合理整合与资源的优化配置。农业产业经营联盟基于订单、合同等契约安排，将原本分散的经营主体缔结成利益共同体，增强了生产要素在农业产业经营联盟内的流动，为各生产要素优化配置提供了有利条件。如图 6-5 所示，在农业产业经营联盟运营中，基于产品生产、市场开拓与生产服务的专业分工，龙头企业为种养农户提供生产物资以及垫付资金，为专业合作社提供贷款担保与技术指导，专业合作社按照统一标准要求为种养农户提供作业、信息、技术等生产专业服务，种养农户为龙头企业供给优质初级产品，促进其品牌化经营，在内部实现充分的要素流动，在外围获得集体经营的规模经济。农业产业经营联盟成员间在很大程度上实现资产共享，提高了资源利用率，进而形成了“你中有我，我中有你”的要素联结机制，极大地促进了各生产要素的流动和优化配置，通过要素聚集与合理流向获得规模效益，实现规模经济。

2. 产业组织带农增收机制

首先，交易与分工分析视角。新制度经济学理论认为，劳动分工的演进速率取决于产品的交易效率。劳动分工与专业化生产使得不同商品生产者以及生产要素所有者产生相互交易的必要。当边际交易成本大于边际劳动分工和专业化生产所带来的好处时，人们就会放弃劳动分工与专业化生产，选择“自给自足”的生产方式；反之，则相反。基于此，劳动分工和专业化生产会不可避免地带来交易成本，且劳动分工演进速率与交易成本大小成反比，由此产生了交易与分工不可兼得的“两难困境”。然而，农业产业经营联盟的出现从产业链系统层面上解决了这一难题，其既细化了产业链分工，促进了生产效率提升，又能够避免农产品供应链中经营主体为寻找合适的交易对象所产生的交易成本。例如，农业产业化联合体等农业产业经营联盟由龙头企业、专业合作社和种植农户多元化主体组成，龙头企业通过与种植农户及专业合作社签订合作契约，要求其供给符合企业质量要求的产品或服务，并提供相应的生产资料、资金及技术支持以保证生产的高效进行与产品的优质供给。种植农户、专业合作社从事高度专业化的生产与服务活动，满足龙头企业对于上游产品供应的质量与数量需求，形成稳定的农产品供应链。在此过程中，企业获得稳定优质初级产品供应来源，极大地降低了交易成本。同时，细化了产业链专业分工，提升了生产效率。因此，本小节将从交易成本节省与提高分工效率的角度，对农业产业经营联盟带农增收机制进行着重分析。

其次，个体理性与集体理性研究视角。在传统产品供应链中，受信息不对称等因素影响，各供应环节出于自身理性考虑易引发双边际效应，供应主体基于其自身利益诉求的局部优化会导致系统次优解，最终带来供应链的整体效益低于供应链双方利益之和“1+1＜2”的局面。与传统产品供应链相对比，新型产业融合组织通常会基于订单、合同等契约安排，构建起稳定的利益联结，各经营主体只有符合契约要求完成自身分工才能获得经营收益，从而形成了对于个体理性的约束机制。内部成员基于合同签订，确定产品和服务买卖关系，界定了合作行为、分配机制与违约责任，促使组织成员形成共同利益目标，将个体理性转化为集体利益诉求。此外，基于共同的利益机制，产业融合组织内部通常具有高度的资源共享性，能够增强信息、技术、资金以及管理等生产要素在产业链内部的流动，优化整合生产要素投入，使内部经营主体获得成本削减收益。因此，本节将立足于供应链整体视角，从优化协同集体理性与个体理性的角度出发，进一步剖析农业产业经营联盟的带农增收机制。

最后，农民增收与农业增效协同激励路径视角。农民增收与农业增效分别是“三农”问题和农业供给侧结构性改革的核心。探讨如何基于农业产业经营联盟内部契约约束与利益联结，推动形成优质优价的正向激励机制，将农民增收与农业增效纳入统一的激励轨道，是带农增收机制研究的重要方向和内容。如图 6-6 所示，在农业产业融合发展的经营实践中，一方面，家庭农场按照合同要求进行标准化生产，向龙头企业提供符合合同标准的安全优质农产品，专业合作社按照企业要求统一向家庭农场提供作业、信息、技术等专业化服务，在此过程中实现农产品标准化生产与农业的集约化经营，进而降低了农业生产成本，并提升了农产品供给质量。另一方面，龙头企业以优惠价格或以赊账抵账的形式向种养农户（即种养大户和传统农户）提供种苗及农业生产资料，以高于市场价的稳定价格收购农产品，形成稳定供应体系，种养农户在供给标准化生产的优质初级农产品时所获收购价格也得以提高。龙头企业等新型农业经营主体将基于产业链分工与高密度、强度的契约机制形成产业融合发展组织形式，在规模经营中实施标准化生产并实现集约化经营，促进农业生产的提质增效；又基于产业融合发展组织内部形成的优质优价的正向激励与稳定的购销交易机制，进一步促进农民稳定增收。

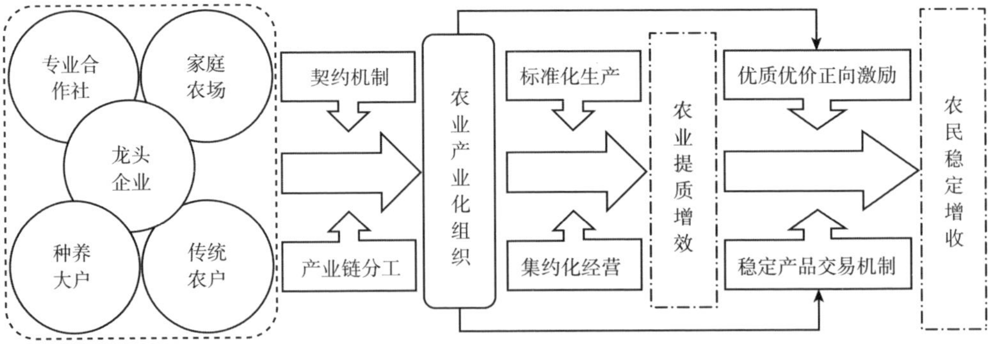

图 6-6　农业产业经营联盟带农增收机制

（二）脱贫策略与扶贫问题剖析

中国的扶贫问题是国家价值观的体现。它关乎人民福祉，关乎长治久安，关乎国际角色。从 1986 年起，国家开始在全国范围内有计划、有组织、大规模地开展扶贫开发工作，并通过制定相关政策文件对开发工作加以扶持和引导。2011 年，中共中央、国务院颁布实施了《中国农村扶贫开发纲要（2011—2020 年）》，确定了到 2020 年扶贫开发的总体目标，决心打好新一轮扶贫开发攻坚战，确保贫困地区如期实现全面建成小康社会的目标。相对于其他国家，我国贫困人口得到了举国上下以及国际扶贫机构、组织空前的关注和帮扶。在党中央的正确指导下，各类资源逐渐向贫困地区聚集。大量扶贫专项资金被配置到贫困地区，大批一线工作者和田野学者投身脱贫攻坚事业。各地不断摸索因地制宜的扶贫模式，发挥各界智力挖掘乡土文化、发展特色农业，农业产业化、三产融合、培育新型农民合作主体等脱贫路径涌现，呈现出的扶贫模式可谓“百花齐放”。

根据国家统计局 2019 年 2 月 15 日发布的数据，截至 2018 年末，全国农村贫困人口从 2012 年末的 9899 万人减少至 1660 万人，累计减少 8239 万人，贫困发生率从 2012 年的 10.2%下降至 1.7%，累计下降 8.5 个百分点。2021 年 2 月 25 日，习近平在全国脱贫攻坚总结表彰大会上指出，“我国脱贫攻坚战取得了全面胜利，现行标准下 9899 万农村贫困人口全部脱贫，832 个贫困县全部摘帽，12.8 万个贫困村全部出列，区域性整体贫困得到解决，完成了消除绝对贫困的艰巨任务”①。但巩固脱贫攻坚成果的路依然道阻且长。尤其对于原集中连片特困地区，其生态环境脆弱，生存条件恶劣，自然灾害频发，基础设施薄弱，生产生活条件差，社会事业严重滞后，产业发展缓慢，经济发展水平低，且上述问题往往交叠而生，成为促进区域协调发展的阻碍。

1. 扶贫理论和治理举措

中国特色扶贫开发之路是中国特色社会主义制度的一部分（张超和罗必良 2018），通过走几十年的减贫和扶贫道路，积累了大量理论经验，可大致分为以下几类：第一类是关于扶贫开发的制度分析；第二类是论述精准扶贫的理论体系，包括精准扶贫的本质认知、制度保障、内生力问题等；第三类是总结中国减贫、扶贫攻坚战、缓解贫困等阶段性经验、突破和预期。表 6-6 梳理了部分作者的主要观点。

---

①《习近平：在全国脱贫攻坚总结表彰大会上的讲话》，http://www.gov.cn/xinwen/2021-02/25/content_5588869.htm[2021-06-01]。

表 6-6　扶贫理论与举措

作者	研究内容	主要观点
姜长云（2018b）	乡村振兴与扶贫	实施乡村振兴战略，要着力提升实施乡村振兴战略的质量、效益和可持续性。努力规避战略问题战术化倾向、发展目标浪漫化和理想化倾向、振兴方式单一化和“一刀切”倾向、体制机制改革工程化和政策支持盆景化倾向；规避支持重点错乱化和推动“三农”配角化倾向
豆书龙和叶敬忠（2019）		在肯定乡村振兴和脱贫攻坚在有机衔接方面取得了积极进展的同时，提出体制机制衔接不畅、产业发展升级困难和内生动力难以激发等问题。主张在体制机制统筹落实、产业发展多元鼓励和主体意识积极培育等方面做出努力，以推动乡村振兴与脱贫攻坚的有机衔接
徐虹和王彩彩（2018）		围绕贫困评价标准的多元化和精准化进行研究，探索了精准扶贫的可行路径，阐述了乡村旅游扶贫作为一种特色路径的优越性和实施重点
朱启臻（2017）	精准扶贫	精准扶贫要首先认识乡村这一有机的价值体系，认清自身的价值和发展规律，通过制度创新、要素重新组合使乡村价值得以放大
邓维杰（2014）		要真正实现精准扶贫，应该尽早开展国家级和省级的贫困普查，对贫困村实施分类管理，采取自上而下和自下而上融合的贫困户识别和帮扶机制
钟甫宁（2017）		对乡村振兴战略在扶贫攻坚阶段特别需要注意的目标精准、对象精准、原因精准、措施精准这四个“精准”的重要性进行阐述
王娴和赵宇霞（2018）		提出了贫困人群中存在的内生力不足问题，主要成因在于贫困农民角色定位不准，权责意识不强，自我发展乏力。主张应提高贫困地区贫困农民的主体意识，从而强化脱贫攻坚的内生力量，抓住打胜脱贫攻坚战的关键，保障脱贫攻坚成果的可持续发展
陆益龙（2018）		精准扶贫要发挥持续反贫困的功能，就需要具备一套长效机制，这一机制不同于以往将精准扶贫“狭义化”或“短期行为化”而采取的策略，其实质是系统化的制度创新和制度建设，主要包括扶贫对象的精准识别机制、扶贫资源的多元筹集机制、扶贫资源的高效传送机制和扶贫行动的精准实施机制
余应鸿（2018）		认为当下农村的教育扶贫成效不显著，扶贫效果不理想，乡村脱贫攻坚进程受阻，教育精准扶贫作为精准扶贫的一种模式，属于“造血式”扶贫，通过转变教育扶贫理念，建立精准的教育扶贫对象识别机制，提升扶贫对象自我发展能力，精准实施扶贫项目，构建多元主体共同参与扶贫的治理体系等，有效提升贫困人口的人力资本和社会资本，是最有效、最直接的精准扶贫
张超和罗必良（2018）	中国特色扶贫经验	中国农村特色扶贫开发道路主要体现在农村资源（土地和人力）的产权制度改革上，由此形成的资源产权激励效应和正向扩散效应，正是中国农村人口发生大规模减贫的最重要原因及主要经验
王小林（2018）		对改革开放后中国在经济、社会发展和扶贫开发中形成的贫困治理的基本框架进行阐释，总结了中国贫困治理经验的国际价值
黄祖辉和姜霞（2017）		通过对丘陵山区的贫困原因、减贫潜力、国际相关减贫经验的研究，结合我国实际情况和习近平的“两山”重要思想精髓，提出了我国丘陵山区的减贫与发展思路，强化了扶贫过程中对“绿水青山”的多元化保护机制
马晓河和胡拥军（2018）		对农业转移人口市民化、缩减城乡人口福利差距等城镇化保障问题进行了阐述
曾小溪和汪三贵（2017）		对新中国成立以来的扶贫历程五个阶段的扶贫战略和政策变化过程进行了总结阐述

续表

作者	研究内容	主要观点
杨帅和温铁军（2014）	中国特色扶贫经验	认为无论是依靠市场还是政府来进行扶贫开发都面临着困境，通过推动农户组织建设，改善乡村治理，以重建农村社区的社会资本，从而有效降低政府扶贫的交易费用，并使贫困人群提高自我发展的能力
张晓山（2018）		将本土化和专业化人才作为产业脱贫可持续的基础；以技术创新与组织创新、制度创新的有机结合为保障，充分发挥人才在脱贫攻坚中的作用；通过农村土地制度改革，创新易地扶贫搬迁模式

2. 产业扶贫困境的问题与成因

（1）农户的脱贫意识薄弱。一是市场意识薄弱。受区位条件、资源禀赋等因素制约，再加上长期计划经济体制的影响，自然经济在一些贫困地区仍占主导地位。农民在低效率的耕地上进行着小规模的分散经营，生产出的产品并不能转化为商品，而是更多地将现有产品作为家庭财富进行储值，不交由合作社参与市场经济。即便有销售部分产品的需要，农户更倾向于自己寻找市场，且对市场前景缺乏预测，难以以销定产。与此同时，农民难以识别潜藏在市场中的有益信息，对市场风险反应也不灵敏，从而对生产要素的投入过于盲目，造成投入资源的极大浪费。笔者曾依托世界银行贷款贫困片区产业扶贫试点示范项目于 2018 年 7 月对贵州、四川、甘肃三个省进行过深入调查，发现四川凉山彝族自治州与甘肃临夏回族自治州农户市场意识缺乏现象最为严重。其中，凉山彝族自治州农户所种的粮食等作物 90%以上用作家庭内部消费，用于销售部分低于 10%；临夏回族自治州永靖县与东乡族自治县主动参与市场交易的农户也仅在 30%左右。

二是文化意识薄弱。集中连片特困地区农民的文化意识普遍薄弱，且在当地独特文化体系的驱使下，农民正走向社会边缘化。文化意识薄弱的产生缘由为以下三点：第一，缺乏必要的基础设施和条件，多数地区都存在严重的网破、路残等问题，农户无法与外界及时有效地沟通，无法进行文化交流；第二，农民文化素质较低，坚守着自己的语言等习惯，接受新鲜事物的能力低下；第三，该类地区文娱活动贫乏，当地对农村文化建设不够重视，文化服务薄弱，缺乏相应对农户现代文化意识的培养。

三是主体意识薄弱。该地区农民实质处于一种偏弱性的“半工半农”状态，且农民现有的价值观念和社会规范等赋予了其对该种生活方式的特殊性偏好。对其来讲，参与合作社扶贫将冲破相对稳定的生活状态而额外增加一些不确定的成本，因此农民并不会以一种“主体”身份积极参与到扶贫计划当中。具体在实际环境中，农民更多表现为“等、靠、要”，即依赖合作社分红和政府接济而不付出个人劳动，得到的救助也大多用于解决其当前消费，不用作其他投资。同时，农民对合作社产业扶贫的概念、机制等都缺乏主观上的认知，脱贫意愿不够强烈，只会坐在“帮扶陷阱”里消极观望。

（2）合作社运营显被动。一是内部运行不规范。首先，合作社制度多流于形式。大部分合作社制定的财务管理、投诉等基本制度多流于形式，执行力严重不足。尤其在盈余分配方面，合作社虽将部分财政资金量化为贫困农户的股金，但其对剩余资金的分配情况并未做出详细的使用说明。其次，合作社经营计划制订不充分。具体来看，多数合作社不注重营销业务的投入，销售队伍综合素质不高。市场调研开展较少，销售渠道单一，沿用更多的是传统的线下销售模式。最后，合作社民主管理待加强。合作社中成员占有股金的不均衡性，造成了权利的不同配置即呈现出两极分化，再加上普通社员实际参与积极性不高，合作社的一些重要经营决策在很大程度上是由理事长或者核心成员共同商议决定，其他成员只是处于从属地位。如贵州省桐梓县一花秋土鸡合作社对世界银行项目专项资金的使用与分配不明晰，其仍按照组建合作社时的股权比例来分配剩余资金产生的收益，拉大了普通成员与核心成员的收入差距。而且，经营计划的制订太过笼统，框架式内容难以契合当下发展实际。另外，合作社理事长身兼数职，监事长未对合作社生产经营活动做到有效监察，易滋生投机行为。

二是宣传活动尚缺位。2006 年国家制定了《中华人民共和国农民专业合作社法》（简称《农民专业合作社法》），从合作社定义、入社条件、发展宗旨等方面都给予了充分明确的阐释。该法从颁布实施至 2021 年已有十余年时间，2017 年国家进行了重新修订。但贫困地区大部分合作社对《农民专业合作社法》的相关内容并不熟稔，在发展初期也不重视宣传推广工作，多数没有在合作社内部开展合作意识建设等类似的讲座与宣传，农民合作意识尤显淡薄。其中，部分社员对合作社的性质认知存在较大偏差，误将合作社定义为人民公社或政府机构，对合作社具体的运行方式、财务制度等更不知晓，极大地影响农民参与合作社活动的积极性。另外，在一些地区如贵州省织金县发生过多起合作社创办人圈钱跑路的事件，进一步加重了宣传工作的难度，基层干部对当地发展合作社也逐渐失去了耐心，支持力度越发不足。

三是经营服务难拓展。首先，合作社初期业务开展困难。合作社普遍都具有经营规模较小、经济实力不强的特点。虽然国家给予了一定的资金支持，但是在资金使用方面都有较为严格的使用规范，而合作社自身又缺少担保和抵押，难以获得正规的信贷融资。因此合作社在发展前期都会面临流动资金周转困难的问题。如贵州省习水县良村镇金辉养殖农民专业合作社的穆理事长谈到，“合作社前期需要下乡搞宣传，同时又要到外面跑市场，但是社里没有多少钱周转，没有交通工具，出去的人都舍不得买意外险，工作开展起来很是困难”。其次，社会化服务提供不全面。合作社在生产经营过程中，并未形成对社员生产成本等活动的监测记录，这将最终导致无法为改进合作社的运营计划如培训等提供参考。此外，合作社也不能及时跟进对种养生产方面的技术服务，如田间管理和动物检疫等，造成了社员满意度的降低。最后，社与社之间联合不紧密。绝大部分合作社在产业上具有类似性，但单打独斗的较多，很少有相互联合和配合的，没有共同抵御市场风险的计划安排，难以结成利益共同体。

（3）基层政府内生支持不足。一是缺乏内生性的政策扶持环境。一方面，集中连片特困地区地方政府没有更多的财政收入来源，财政支出更多倾向于基础设施建设、民生惠顾等，对合作社的资金支持有限；另一方面，当地基本没有制定出集特色产业培育、税收、信贷、信息、品牌建设等于一体的明确的产业扶持政策或指导性文件。现有的政策大多是一些宏观的指导性意见，没有具体的实施细则，也没有完善的合作社发展的配套政策法规。二是基层乡镇政府参与度不高。首先，许多乡镇认为合作社属于"民办、民管"的组织，扶贫项目的实施理应由合作社自身全权负责，政府不能盲目介入。由此对国家扶持项目不管不问，不知晓也不指导。其次，责任压实不到位。部分乡镇要么无具体人员实施项目，要么由多方牵头，具体执行显混乱，难以落实责任。最后，乡镇与县级政府在项目用地、用水等方面协调缓慢，影响了合作社基础设施建设与运营计划的推进。如一些地区，项目申请早已到位，但鉴于农地不能搞非农建设而乡镇又迟迟提供不出更好的解决方案，合作社尚处于无地办公状态，经营管理跟进不足。

四、提升贸易竞争优势——从中美贸易摩擦的角度切入

2010年，中国超过日本成为世界第二大经济体，截至2016年，中国GDP已经超过美国的60%。美国认为中国的崛起对其经济霸权主义是威胁，从而感到寝食难安。与此同时，美国政府债务压力不断攀升，2016年已欠下近20万亿美元的债务，逼近国会允许的"债务上限"。在此背景下，2016年大选获胜后，特朗普把削减财政赤字、重振美国制造业作为施政重点。因此，作为美国最大的贸易逆差国的中国成为特朗普政府关注的焦点：2018年3月，特朗普政府宣布对价值500亿美元的中国商品征收25%关税，力图缩小贸易逆差，遏制"中国制造2025"。中国政府也随即宣布对自美进口部分产品加征同等关税，中美贸易战由此爆发。贸易摩擦是贸易的孪生姐妹，在此之前，虽然中美之间贸易摩擦不断，但是发展到如此规模，尚属首次。

（一）贸易摩擦的福利经济学分析

此次贸易战中，美国对中国加征关税的领域主要集中在高铁装备、航空产品、新能源汽车、信息技术、农机装备以及新材料等行业。作为"报复性"措施，中

国对美国拟提升关税领域主要集中在农业和原材料，包括大豆、猪肉、鲜水果、干水果、坚果、葡萄酒、花旗参、改性乙醇等。基于此，本节通过政治经济学和福利经济学理论，进一步分析贸易战对我国国民经济的影响。首先，以工业品为代表的比较优势产品的影响。如图 6-7 所示，对很多工业品来说，中国国内生产成本较低，其均衡价格 P_2 明显低于美国在无贸易情况下国内均衡价格 P_3，以及国际均衡价格 P_1，从而中国产品在国际市场上具有更强的产品竞争力。美国对工业品加征关税之后，中国国内生产者为了增强产品在国际市场上的竞争力，会努力降低生产成本，但由于美国提升关税幅度较大，仍然表现为中国生产产品价格的提升，即由 P_2 调整为 P_2'，使得中国整体福利由 $\triangle A_1B_1C_1$ 缩减为 $\triangle A_1B_1'C_1'$。中国的福利损失一部分转移给美国厂商所有，另一部分转变为美国政府收入，福利损失主要由国内厂商承担。

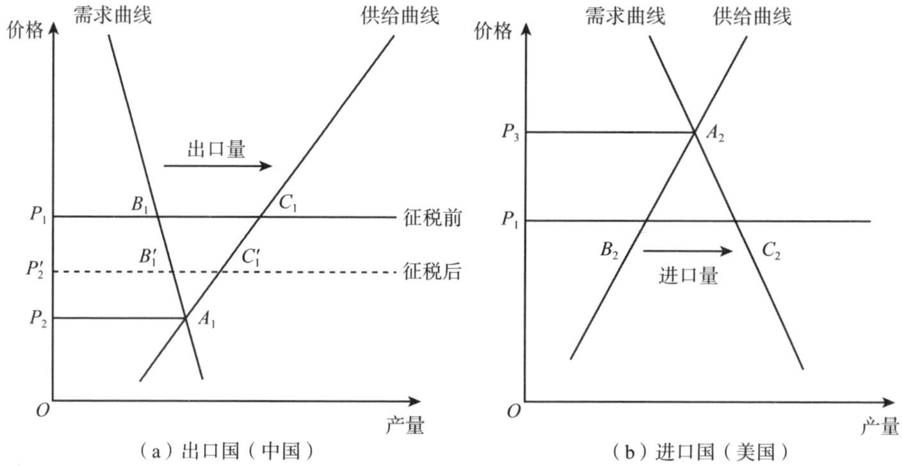

图 6-7 比较优势品的福利经济分析

其次，以农产品为代表的比较劣势产品的影响。对于很多贸易战涉及的农产品，美国生产成本相对较低，中国国内供需关系所形成的均衡价格 P_3，明显高于美国国内均衡价格 P_2 与国际均衡价格 P_1。中国对美国农产品加征关税之后，售价由 P_1 升高为 P_1'。加征关税的收益分为两个部分：一是中国国内生产成本较高的一部分生产者进入市场，迎来利好，同时也拓宽从其他国家进口的渠道，图 6-8 中 EF、$E'F'$代表征税后国内生产者农产品供给的增加量，或其他国家的替代量；二是中国政府能够获得更多关税收入，收入部分如图中矩形 D 所示。

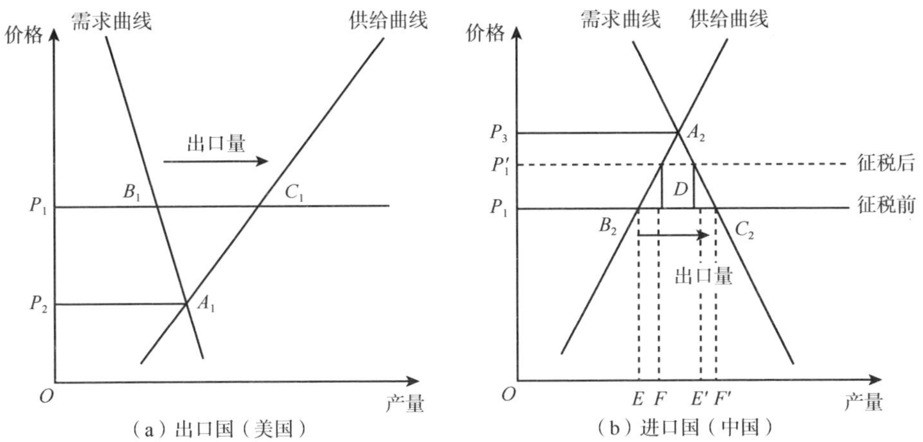

图 6-8　比较劣势品的福利经济分析

（二）贸易摩擦对中国国民经济的影响

为全面衡量中美贸易战对中国国民经济的影响，从农业、工业和服务业三大产业及其主要子行业入手，深入分析贸易战所带来的积极和消极影响。在农业方面，受贸易战影响较深的主要有以下五个子行业：以大豆、玉米为代表的粮食饲料行业，以猪肉、鸡肉为代表的肉类行业，以苹果、蓝莓为代表的水果行业，以拖拉机、联合收割机为代表的农机行业和以葡萄酒、烈酒为代表的酒类行业。

其一，对粮食饲料行业的影响长远来看利大于弊。中国是美国大豆的最大进口国，年进口量占其总产量的近 1/3，2017 年进口美国大豆价值约 122.5 亿美元，因此大豆是受贸易战影响最大的农产品，短期内可能导致国内大豆市场波动，造成价格上涨和下游行业成本提升，产生一定负面影响。但中长期更有利于国内调整种植政策，扩大种植面积，提高大豆自给率，也可以逐渐转向其他国家寻求替代产品，减少对美国产品的依赖。其二，贸易战对中国肉类行业总体影响不大。我国肉类行业以自产自销为主，2017 年我国进口美国猪肉 16.57 万吨，总量并不高。贸易战短期将导致国内养殖户惜售，加大生猪与肉鸡价格涨幅，也会进一步促进肉类企业收购美国或其他国家企业，拓宽肉类原材料来源。其三，对我国农机行业有一定影响。负面影响包括无人机等高端农机具对美国出口将受阻，农机技术交流和转让可能受限，国内农机市场竞争加剧，导致农机生产和销售企业经营困难。但中长期可促进国内扩大开放，2018 年最新农机补贴目录中已经包括进口农机，也有助于农机企业调整海外布局，借助“一带一路”等走出去。其四，对水果行业负面影响不大。美国是世界上最大的农产品出口国，对华水果出口比重很大，包括苹果、蓝莓、车厘子等，关税提升可能导致美国水果失去在华竞争力，为国产高端水果让出一定市场空间，并使我国积极寻求更多水果进口来源，加强自主研发，提升水果品质。但短期内也会增加国内消费者成本，提高下游企业进口成本和采购风险，不利于获取美国水果技术和新品种。其五，对以葡萄酒、烈酒为代表的酒类行业影响较小。2017 年，中国从美国进口瓶装葡萄酒总量为 963 万升，加税将导致其在华价格上涨，面对来自法国、澳大利亚等国的激烈竞争，可能被迫退出中国市场。中国正在崛起的中产阶级和饮酒文化是葡萄酒、烈酒消费的重要推动力，美国很难再找到一个类似规模的替代市场。同时有利于国内酒类行业加大技术投入，提升产品质量和品牌，增强竞争力。

（三）结论与启示

2018 年爆发的中美贸易战对中国国民经济产生重大影响。首先，中美贸易战表象上看是通过关税来平衡贸易逆差，其本质是美国追求的单边主义与中国追求的互利共赢的冲突。双方的分歧涉及政治、经济、文化、意识形态等各个领域，集中表现为贸易战，实质是美国全面遏制中国进一步快速发展的战略调整。其次，历史上由美国发起的贸易战，都是美国国内经济面临严重困难时，对紧随其后的第二大经济体所采取的遏制手段。美国为了维护其全球唯一超级大国的霸权地位，从未放松对紧随其后的竞争者进行遏制，凭借强大的政治经济实力，在历次贸易战中都基本实现了其战略意图。再次，美国对中国产品加税，将导致中国福利损失。中国的福利损失主要由国内厂商承担，再通过就业等机制传导到全社会，而美国政府和厂商将受益。最后，贸易战短期将对中国经济造成不利冲击，但长期将促进改革创新，总体利大于弊。例如，贸易战短期内必然影响中国低端工业产品出口，不过长期来看，将有利于倒逼中国工业升级，促进产业转型，提升中国产品核心竞争力，加快国产高端产品进口替代，成为中国高端装备发展契机。

五、建立交叉遵守机制——从欧盟农业政策切入

步入 21 世纪以来，经由数十年的探索与实践，我国逐渐形成了以直接补贴为主体、市场价格支持为补充的农业支持保护政策体系，在保障粮食安全和促进农民增收方面做出了重要贡献。然而，伴随市场经济的高速发展和农业市场化的快速推进，我国农业生产资料的投入疏于约束，农药、化肥等化学资料滥用现象普遍，进一步导致农业生产面临生态环境恶化、食品安全问题频发等严峻挑战。粗放的发展方式与可持续发展目标之间的矛盾正在成为农业发展的主要矛盾。在农业生产过程中，农民的逐利心理和政府监管的缺失，使得农业生产过程中化肥、农药滥用现象普遍，我国农药、化肥使用量远高于 2.5 倍的世界平均水平，更是美国农业投入的 4 倍以上，不断造成水土资源污染和初级农产品质量安全隐患。在此背景下，现有农业补贴政策体系已经无法适应中国农业发展新形势关于环境保

护和可持续发展的新要求，亟须做出新的调整。

然而，20 世纪 90 年代末，在同样面临生产资料投入无度、自然资源环境退化的农业经营局面下，欧盟以其特殊的交叉遵守政策改革与机制创新，有效化解了农民趋利性下农药、化肥滥用与生态环境保护之间的生产矛盾，成为欧盟农业政策创新与农业可持续发展的新起点。欧盟农业补贴政策历史悠久，且在应对环境挑战、促进农业可持续发展方面积累了宝贵经验。21 世纪初，欧盟农业遭遇生态环境污染、资源利用不合理、生物多样性受到严重威胁等问题，在此背景下，2003 年，欧盟共同农业政策改革引入以政府和农业生产者进行绿色生产合约交叉遵守为中心的补贴机制，作为保护环境的监管基础和改善生产的主要抓手。交叉遵守机制将农场主直接收入补贴的获得与土地使用和生产过程相挂钩，如果农场主没有遵守与环境、食品安全、动物福利等相关的生态标准，就根据实际情况按比例削减或取消其直接支付，相反则对农民的增益性生产行为进行额外奖励。交叉遵守机制在欧盟改善农民生产方式、调整农业生产结构方面发挥了重要作用。基于此，在农业粗放式生产不断带来生态问题的我国，研究欧盟的交叉遵守机制，分析其应对资源环境压力的有益经验，对我国完善补贴政策体系具有重要的借鉴意义。

（一）欧盟交叉遵守机制

1. 交叉遵守机制的政策背景

1962 年，欧盟开始全面实施共同农业政策（Common Agriculture Policy，CAP），政策目标在于通过目标价格、门槛价格与干预价格等政策手段构建多角度的价格支持体系。价格补贴在这一特定历史时期对于稳定农产品市场、保护生产者收益以及提高其生产积极性起到了重要促进作用，但同时也带来了农产品过剩、财政负担激增、国际贸易摩擦加剧等负面影响。在此背景下，1992 年的 Mac-Sharry 改革首次提出给予农业生产者直接收入补贴并部分取代市场价格支持，对抑制农民生产积极性、缓解贸易扭曲具有重要意义。2000 年，欧盟《2000 年议程》进一步降低 CAP 对价格支持的依赖程度，更多地运用直接补贴进行生产支持，并将直接补贴的应用范围从最开始的谷物等主要作物逐步扩展到乳业、水果、蔬菜等其他部门。

2000 年及之前的农业支持政策改革与直接补贴政策发展为交叉遵守机制奠定了良好的政策基础。与此同时，从产量增长向绿色可持续发展的农业发展目标的转变，是交叉遵守机制设立的现实需求。20 世纪末及 21 世纪初，欧盟各国农业生产的生态破坏与食品安全危机加剧，欧盟开始将农业环境保护和自然资源管理列为支持重点。2003 年，欧盟进一步推进 CAP 改革，将直接补贴资金的获得与产量脱钩，并引入交叉遵守机制，使得直接补贴资金与环境保护、土地使用、动物福利等生态标准联系到一起。交叉遵守是指，农民要想获得直接补贴，就必须遵守食品安全、卫生、环境、动物福利和土地管理相关的最低标准。如果农民不遵守这些标准，可能导致直接补贴的减少或取消。2013 年，欧盟开启新一轮 CAP 改革，将直接补贴政策结构调整为强制性补贴和自愿性补贴。强制性补贴包括新基础补贴、青年农民直接补贴和绿色直接补贴，其中新基础补贴的发放以交叉义务为支付标准，其预算上限可高达直接补贴政策预算总额的 70%。交叉遵守机制对新基础补贴的条件嵌入以及绿色直接补贴的设立，标志着欧盟农业可持续发展政策改革的进一步深化。交叉遵守机制的政策背景具体如表 6-7 所示。

表 6-7　交叉遵守机制的政策背景

改革政策	政策目标	价格支持政策历史沿革	直接收入支持政策历史沿革	交叉遵守机制条件嵌入
1962 年 CAP	促进农业生产，保障粮食安全	建立以价格支持为核心的补贴政策体系		
1992 年 Mac-Sharry 改革	解决农产品过剩	削减欧盟 CAP 的价格支持	引入直接收入补贴政策工具	
2000 年欧盟《2000 年议程》	减轻财政负担	进一步削减价格支持比例	增加直接收入支持比例，扩大直接收入支持政策应用范围	
2003 年 CAP 改革	促进贸易自由化，推动农业环境保护	进一步降低价格支持水平	进一步提高直接收入支持水平；直接收入支持的获得与产量脱钩，而与农户的土地使用和生产过程相挂钩	根据欧盟第 1782/2003 号理事会条例，所有获得直接支付的农民必须遵守与环境保护、生态保护、动物福利等相关的生态标准
2013 年《2014—2020 年计划》	增强农业竞争力、实现农业可持续发展、平衡成员国区域发展		直接补贴政策结构调整为强制性补贴和自愿性补贴；新基础补贴为强制性补贴的核心内容，其资金上限为直接补贴政策资金总额的 70%	新基础补贴资金的获得，需要满足交叉遵守规定的相关生态标准

2. 交叉遵守机制的主要内容

2003 年，CAP 改革引入交叉遵守机制，将农业直接补贴的获得与农民的生产过程和土地使用联系在一起，其政策目标在于通过激励农民遵守政府提出的交叉遵守规定，促进农民生产方式的改善，进而实现欧盟农业的可持续发展。根据欧盟第 1782/2003 号理事会条例，从 2005 年起，所有接受直接支付的农民都必须遵守交叉遵守的规定，否则将根据实际情况按比例削减或取消其直接补贴金额。该条例进一步规定，交叉遵守机制包含两大类内容，分别为法定管理要求（statutory management requirements，SMR）和良好农业与环境条件（good agricultural and environmental conditions，GAEC），法定管理要求主要针对动物生产部门，良好农业与环境条件主要影响耕地部门，具体如图 6-9 所示。

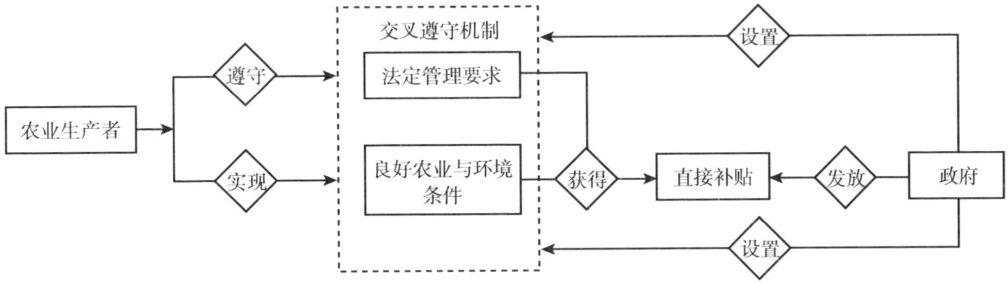

图 6-9 交叉遵守机制

1）法定管理要求

作为交叉遵守机制的第一部分，法定管理要求共包括 18 项欧盟法律规定，涉及环境，公众、动物与植物健康，疾病通知以及动物福利四个方面。这 18 项法定管理要求分别是：野鸟保育，保护地下水防止其遭受污染，当污水污泥被用于农业时对环境和土壤的保护，预防水被硝酸盐污染，自然栖息地以及野生动植物种群的保育，猪的鉴别与登记，牛类动物和有关牛肉及牛肉制品的标签识别与登记制度，绵羊与山羊的鉴定和登记，植物保护产品的授权投放市场、使用与控制，禁止在畜牧业中使用含有荷尔蒙、甲状腺激素和 β-兴奋剂的特定物质，关于制定食品法的一般原则与规定、设立欧洲食品安全局和确定食品安全程序的规则，防止、控制和根除某些传染性海绵状脑病的规则，控制口蹄疫的共同体措施，控制某些动物疾病的一般共同体措施以及有关猪水疱病的特别措施，控制和根除蓝舌病的特别规定，保护小牛的最低标准，保护猪的最低标准，对用于农耕目的的动物的保护规则。法定管理要求为 18 项规定要求设置了相应的遵守标准，共同体内所有农民的农业生产必须满足法律法规规定的统一的生态标准。事实上法定管理要求的 18 项规定都源于欧盟 15 国之前实施的欧盟指令和法规，如 1991 年的《硝酸盐指令》，因此可以认为欧盟第 1782/2003 号理事会条例规定的交叉遵守的第一个标准是对之前相关法律规定的重申和强调。

2）良好农业与环境条件

欧盟第 1782/2003 号理事会条例提出的良好农业与环境条件主要由两部分组成。一是为了确保所有的农业用地，特别是那些不再用于生产目的的土地维持良好的农业与环境条件，成员国应该根据欧盟第 73/2009 号理事会条例附件 3 的 15

项规定要求，确定相应的国家层面或地区层面的农民应达到的最低限度生态标准。这 15 项规定要求主要涉及五个方面的问题，包括土壤腐蚀（通过适当措施保护土壤并防止其被腐蚀）、土壤有机质（通过适当的耕作保持土壤有机质等级）、土壤结构（通过适当措施保持土壤结构）、最低程度的维持（确保对栖息地最低程度的维持并避免其退化）及水的保护与管理（保护水免受污染和流失，并对用水进行管理），具体内容如表 6-8 所示。成员国应该为所有的强制性要求确定农民应遵守的最低限度生态标准，而且在设立标准时要考虑到所涉及地区的具体特性，包括土壤和气候条件、现有的耕作系统、土地利用、轮作、耕作方式和农场结构。该最低限度标准的应用范围可以是国家层面的，也可以是地区层面的。而选择性要求不是强制执行的，除非成员国在 2009 年 1 月 1 日之前就为这些选择性要求设置了最低标准。除此之外，成员国不得在良好农业与环境条件框架之外再设立最低限度生态标准。二是成员国应该确保那些 2003 年作为永久牧场而接受耕地补贴的土地仍然保持在永久牧场的状态，以避免永久牧场转变为可耕地、土地抛荒和相关的环境退化问题。因此，良好农业与环境条件中永久牧场条款可被视为规避风险的预防政策。

表 6-8　良好农业与环境条件要求

项目	强制性要求	选择性要求
土壤腐蚀： 通过适当措施保护土壤并防止其被腐蚀	最低程度的土壤覆盖；反映特定条件位置的最低程度的土地管理	梯田保护
土壤有机质： 通过适当的耕作保持土壤有机质等级	耕地上作物收割后遗留在地里的残茎的管理	轮种标准
土壤结构： 通过适当措施保持土壤结构		适当使用机器
最低程度的维持： 确保对栖息地最低程度的维持并避免其退化	保持景观特征，包括在恰当的时候保护篱笆、池塘、沟渠、成排或成片或单独的树木以及田埂；避免种植农业中不受欢迎的植物；保护永久牧场	最低限度的牲口饲养率或/和合适的制度；建立和/或保护栖息地；禁止砍伐油橄榄树；维持油橄榄树和藤本植物的良好生长条件
水的保护与管理： 保护水免受污染和流失，并对用水进行管理	沿水源地建立缓冲带；当用水灌溉须经批准时，遵守批准程序	

欧盟为法定管理要求的 18 项规定要求以及良好农业与环境条件的 8 项强制性要求都设定了相应的遵守标准，比如，《硝酸盐指令》规定，如果农民的土地属于 1996 年指定的硝酸盐不利地区，那么每年耕作区内有机肥的平均施用量不能使得

每公顷非草类作物中氮的总量超过 170 千克。共同体内所有农民的农业生产都必须满足法律规定的统一的生态标准，否则会导致其直接补贴的削减甚至取消。这极大促进了欧盟农业生产过程的标准化，有效推动了欧盟农民由粗放生产方式向绿色环保生产方式的转变，缓解了当时欧盟农业面临的资源环境压力。但是一般来说，遵守交叉遵守机制设置的标准可能会增加农民的生产成本，进而降低欧盟农产品的比较优势和国际竞争力。这种情况发生的程度主要取决于农户对标准的普遍遵守程度以及遵守成本。通过对所有法定管理要求以及良好农业与环境条件规则的回顾来看，遵守食品安全以及动物福利相关要求所设置的标准，特别是《硝酸盐指令》的标准，会导致生产成本不可忽视地增加，其影响至少在个别农场水平，并且也可能在部门水平（后者主要取决于受影响农场的数量及其生产份额）。Jongeneel 等（2016）试图衡量遵守标准的提高对欧盟农产品竞争力的实证影响，结果显示，标准提高的确会对欧盟农产品出口产生负面影响，其中猪和家禽部门受到的冲击最大。因此，本小节认为，交叉遵守标准水平的设置应该综合考虑其对食品安全、环境保护的有利影响以及遵守标准带来的不可避免的农产品成本增加问题。

3）交叉遵守机制违规惩罚规定及实际实施情况

欧盟要求成员国通过对至少 1%的申请直接补贴的农民进行现场检查来执行交叉遵守规定。实际上，这些检查通常不是“现场的”。只要相关交叉遵守法定措施不禁止，而且检查的目的不具有危害性，农民就可以获得为期 14 天的检查通知期。但是，在对牲口补贴进行检查时，农民获得的检查通知期不得超过 48 小时。20%～25%的被检查农民是随机选取的，其余的则以风险评估为基础进行选择。成员国可以根据农场等级、农场类别或以地理位置为基础进行风险评估。它们也可以考虑其他的因素，如农民是否参与农场咨询计划或者农场证明计划——如那些大的食品超市要求其农场供应商参加的农场认证计划——前提是该计划与有争议的要求和标准有关。

当检查显示农民没有很好地遵守交叉遵守规定时，对其施加的处罚将取决于未遵守是过失行为还是故意所为。同样地，农民对之前的不遵守行为是否有过错也对处罚有影响。如果是第一次未遵守，而且是过失所致，那么通常的做法是将当年发放给该农民的直接补贴数额减少 3%。但是，如果第一次不遵守是故意所为，那么通常的做法是将补贴数减少 20%。如果故意不遵守还涉及其他的补贴计划，那么下一年该补贴计划也不会对该农民进行补贴。前述处罚只是作为“通常做法”适用。在个案中，政府农业部门有权决定具体处罚程度。农场检查部门出具的报告应该说明不遵守的法律后果的严重性，并指出适用较高处罚还是较低处罚所应该考虑的因素。如果未遵守是过失所致，那么处罚数额的浮动范围为直接补贴数额的 1%到 5%。如果检查表明农民是故意不遵守，那么仍以该报告为参考，政府农业部门有权决定将直接补贴数额降为当年发放的全部补贴的 15%或者将处罚数额增加为 100%。在重复违反交叉遵守规定的情况下，政府部门可对其施以更高的处罚。如果违反交叉遵守规定均为过失所致，那么处罚数额可能会达到全年发放的直接补贴数额的 15%。一旦达到该限制，那么以后的违反都会视为是故意的，并会被处以更为严厉的处罚。如果重复违反都是故意不遵守，那么给予的处罚可能会达到当年发放给农民的直接补贴数额的 100%。

2005 年，欧盟共进行了 240 898 次农场检查，11.9%的受检农户的直接收入补贴得到削减，削减总值为 984 万欧元，占直接收入支持总额的 0.03%。欧盟 15 国必须同时满足法定管理要求和良好农业与环境条件，其农场检查的不合规率为 16.4%，高于仅对良好农业与环境条件进行检查的新成员国（不合规率为 6.1%）。在所有不合规的案件中：大约 14%的案件削减了农户 3%的直接收入支持，12%削减了农户 5%的直接收入支持；71%涉及的是动物的识别和登记，10%涉及的是《硝酸盐指令》，13%涉及的是良好农业与环境条件规定。然而关于其他交叉遵守规定，农场检查的结果显示农户的遵守水平已经较高，这表明更加严格的检查很难带来遵守程度的进一步显著提高。

（二）交叉遵守机制局限性分析

第一，交叉遵守机制的目标不明确。虽然欧盟第 1782/2003 号条例对法定管理要求和良好农业与环境条件进行了概述，但目标还是过于笼统。而在之后的实施细则，即欧盟第 796/2004 号条例及其附件中也未对这些目标予以细化，使得农户的可操作性低，不利于交叉遵守机制的实施。第二，法定管理要求规定多且复杂。根据规定，法定管理要求包括 18 项条例，共计 51 条规定，成员国则必须将这些规定转化为国内立法，并对这些规定的实施情况进行检查。如果检查标准太少，则不能充分有效地实施法定管理要求；而如果标准过多，那么管理系统则很难运行。第三，交叉遵守的管理成本较高。据估计，英国每年用于向农民发放交叉遵守的信息材料的费用就在 50 000～70 000 英镑。关于控制成本，荷兰要求对每个农场（指 1%的获取单一农场补贴的农场）的交叉遵守访问时间为 60～80 小时，而瑞典则要求为 2～3 天。交叉遵守机制高昂的管理成本给欧盟带来了一定的财政负担，如何简化流程、降低成本是进一步推进交叉遵守机制的重要课题。

第七节　对 策 建 议

一、保障粮食供给稳定，确保国家粮食安全

一是明确责任，保障粮食供给。一方面，政府应加大对粮食主产区的财政补

贴力度，建立主产区与主销区之间的利益平衡机制，提高主产区农民的种粮积极性。与此同时，加强对粮食主产区的水利工程、村庄道路、高标准农田等基础设施建设投入，减少水、油、电等资源的耗损，增强粮食生产的自然灾害抵抗能力。此外，应重点关注西部粮食主产省区的粮食稳定性。另一方面，粮食主产区要树立大局意识，自觉承担维护国家粮食安全的重任，粮食主销区与其他省份也要确立粮食播种的面积底线，保证一定的粮食自给率。二是统筹调配，确保粮食可获得。一方面，完善粮食统筹调配制度，重点关注低收入人群的粮食获取问题，避免区域性粮食安全问题。另一方面，加强农村道路等基础设施建设，提高调粮效率。三是组织创新，确保粮食生产稳定性。鼓励成立合作社、家庭农场等新型农业经营主体，推广粮食生产的社会化服务，鼓励通过多种方式实现土地流转集中，扩大粮食生产规模，提高粮食生产的专业化、规模化和机械化水平，提高粮食生产效率。此外，要合理调配粮食储备量，发挥其防御灾害和稳定价格的作用。四是科学种粮，保障粮食生产的持续性。引导农业院校、科研单位针对粮食主产区粮食生产的具体情况，加强粮食科技研发和新品种培育，开发防御病虫害和气象灾害的农业技术，加强新型职业农民的培训，指导农民根据土质粮情科学使用化肥、农药和农膜，降低耕地质量损耗，回归产粮绿色化。

二、强化政府监管和行业自律，提高农产品质量安全水平

第一，源头上落实补贴与质量安全挂钩。一是农业补贴要与生产过程质量监测挂钩。对于农业生产补贴对象，建立相应生产过程监管机制，对于农作物及土壤等进行农药、化肥等检测，并设置相应的质量安全监测标准区间，补贴额度水平与监测标准区间挂钩，对于在种植过程中存在农药残留超标等食品安全隐患的生产者降低补贴水平，对于农药残留低、生产质量高的生产者给予更高额度的补贴。二是将农业补贴与生产主体投资相结合。通过对特定生产资料予以补贴，鼓励农民以绿色有机肥和农家肥为主，减少化肥、农药的使用，对积极使用绿色有机肥料并降低农药、化学肥料使用量的经营主体予以生产资料补贴，引导生产投入行为，减少有害生产资料的使用。第二，政府加强监管，改进监管模式。政府加强对农产品生产和流通过程的监管，严厉打击危害食品安全的行为，对于风险相对较高的食品安全风险应该及时与公众进行沟通，提升自身的公信力。第三，居民积极学习，加强防范。居民应提高食品安全风险的防范意识，积极参加宣传活动，学习食品安全知识与技巧。第四，农产品生产企业优化投入，加强自律。食品生产企业保障对食品安全方面的投入，应该自律，严控食品安全质量关，诚信生产，树立品牌意识。

三、促进产业融合和巩固产业扶贫成果，增加农民收入

产业融合层面，要积极发展如农业产业化联合体等由多家农业企业参与，联合带动生产的产业及供应链交叉融合组织模式，促进生产要素自由充分地流动，产品之间达到更为完善的供应，获得更大程度的分工经济与规模经济。同时，要注重进一步提升经营管理水平，提高组织效率，建立健全内部运行规范要求，完善正式契约与关系契约间的约束协调，形成稳定的交易分工治理结构以及制度化的正向激励机制。巩固产业扶贫成果层面，为夯实并进一步提升产业扶贫效益，需做好以下几方面工作：一是加强宣传引导，提高易返贫农户参与合作社发展的积极性。合作社与政府要共同参与到宣传工作中，将合作社文化与乡村文化相融合，合力提高农民的参与意识与合作意识。二是规范经营，全方位提升合作社经营绩效。其一，要完善盈余分配、民主协商、投诉诉讼等制度建设；其二，创新营销方式，通过微信、淘宝等电商平台的线上模式和与企业、大型超市等对接的线下模式，构建“线上+线下”互补的综合销售体系；其三，统一标准生产，建立产前、产中、产后涵盖生产资料供应、技术提供、产品加工与销售等统一的标准化管理模式；其四，倡导联合发展，鼓励发展规范、具有市场潜力的同类产品的合作社组成联合社，通过凝聚各自资金、技术、生产等方面的优势，尽可能地发挥出“1+1＞2”的经济效应。三是制定与出台适应性政策，扶持合作社快速健康发展。其一，设立专项扶持资金，准确评估合作社所经营产业的市场潜力，设立专项资金对制度健全、运营规范的合作社加以重点扶持；其二，加大税收优惠力度，尤其对处于发展初期的合作社，在生产资料投入、产品加工、流通等方面，给予不同程度的税收优惠，满足其基本的生产化需求；其三，开设信息服务沟通渠道，政府要开设合作社与专家的对话窗口，及时将前沿的科技信息和市场供求等信息传递给合作社，辅助其更好地把控市场形势、适应市场；其四，促动产品认证升级，鼓励、支持合作社多发展本土化的拳头产品，积极申请绿色、有机和地理标志产品，并有效对接农业行业协会。在规范认证的基础上，进一步完善产品认证制度，提高认证效率。

四、多策并举，努力提高贸易竞争优势

贸易战背景下，要提高农产品贸易竞争优势，除需摆正态度、积极应对外，还要努力降低农产品生产成本。第一，面对贸易战，要进一步深化政治经济体制改革，吸引美国对华投资。各领域要进一步深化改革扩大开放，促进市场竞争，引入外资与技术，对外资实行国民待遇，减少美资投资上限，吸引美资进入农业

外的更多领域。第二，开展中美交流，推动多边合作。中美关系是当今世界最重要的双边关系之一，中美关系因美方挑起贸易战面临严峻挑战。在此情况下，中美更应加大交流力度，增进对话了解，同时应努力通过多边场合和机制改善中美关系。第三，强化农业科技补贴，实现生产降本增效。一是在科研源头加大科研创新和成果转化补贴力度。要针对农业科研投入和农业科技创新进行高额补贴，加强对农业科研院所的财政补贴和农业科技企业税收补贴，重点支持基础性、前沿性和产业共性的农业科学研究，进一步引导企业成为技术创新的主体，鼓励其开展先进实用技术集成配套，创建具有国际竞争力的技术研发中心，对实践中取得显著效果的农业科技成果加强补贴奖励与科研奖励。二是在农业生产实践强化农技推广补贴。要建立农技推广补贴机制，对于积极采纳高产品种和先进生产技术的农业生产经营主体进行科技补贴，对采用高质、高产品种进行种植的生产者给予更高的种植补贴。可在山东、河南和黑龙江等农业生产与科技换代大省率先开展政策试点，逐步建立完善的农技推广补贴体系。三是通过新型农业经营主体补贴引导农业发展适度规模经营。新型农业经营主体具有更高的经营管理和生产技术水平，可通过规模种植降低成本，提高亩产水平。可适当采取累进补贴制度：其一，以生产面积确定其补贴范围，如面积在 50 亩以上的经营主体享受新型农业经营主体补贴。其二，设置以投入产出比率为衡量标准的逐级递增的补贴等级，办事部门通过其经营会计账簿核算投入产出比率，投入产出比率越高，则进入更高的补贴区间，其所享受补贴水平也就越高，充分调动农业经营主体降本增效的积极性。

五、建立负面清单与交叉遵守机制，加强生态环境保护

必须融入生态保护元素，建立交叉遵守机制，采取有条件的补贴支持政策。一是明确农业生产环保负面清单。农业生产补贴要设置自然环境保护条件，如环境和土壤保护、动物栖息地保护、水资源保护以及土地肥力保护等生态条件，限制农药化肥使用量，强制化肥减量使用与实施秸秆还田等措施。二是建立交叉遵守机制。补贴与生产行为挂钩，农业生产者的生产行为只有在满足生产环保条件、符合政府与生产者制定的交叉环保规定下方可领取生产补贴。三是建立专门监测机制。设置专门环境检测机构，定期进行土壤、水质等环境检测，对于通过环境检测的农业生产者足额发放年度补贴，并给予一定补贴奖励。对于未能通过检测的生产者适当削减补贴比例，予以相应的通报提醒，并与基层政府干部的行政绩效挂钩。

参考文献

陈璐，胡月，韩学平，等. 2017. 国家粮食安全中主产区粮食生产及其贡献的量化对比分析. 中

国土地科学，31（9）：34-42.
陈彦丽. 2014. 食品安全社会共治机制研究. 学术交流，（9）：122-126.
程名望，黄甜甜，刘雅娟. 2015. 农村劳动力转移对粮食安全的影响——基于粮食主销区面板数据的实证分析. 上海经济研究，（4）：87-92.
邓维杰. 2014. 精准扶贫的难点、对策与路径选择. 农村经济，（6）：78-81.
邓祥征，刘纪远. 2012. 中国西部生态脆弱区产业结构调整的污染风险分析——以青海省为例. 中国人口 · 资源与环境，22（5）：55-62.
豆书龙，叶敬忠. 2019. 乡村振兴与脱贫攻坚的有机衔接及其机制构建. 改革，（1）：19-29.
高帆. 2005. 中国粮食安全的测度：一个指标体系. 经济理论与经济管理，（12）：5-10.
韩俊，徐小青. 2009. 我国粮食生产能力与供求平衡的整体性战略框架. 改革，（6）：5-35.
何秀荣，肖海峰，朱启荣，等. 2004. 中国国家层面的食物安全评估. 中国农村观察，（6）：14-22.
洪巍，吴林海. 2013. 城乡居民对食品安全状况的评价及其对食品安全风险治理的启示. 食品工业科技，（13）：268-271.
胡卫中. 2010. 消费者食品安全风险认知的实证研究. 浙江大学博士学位论文.
胡永宏. 2002. 对TOPSIS法用于综合评价的改进. 数学的实践与认识，（4）：572-575.
胡岳岷，刘元胜. 2013. 中国粮食安全：价值维度与战略选择. 经济学家，（5）：50-56.
黄季焜，杨军，仇焕广. 2012. 新时期国家粮食安全战略和政策的思考. 农业经济问题，33（3）：4-8.
黄祖辉. 2012. 在农业转型中完善创新农业经营制度. 农村经营管理，（3）：24-25.
黄祖辉，姜霞. 2017. 以“两山”重要思想引领丘陵山区减贫与发展. 农业经济问题，38（8）：4-10，110.
姜长云. 2018a. 推进农业供给侧结构性改革的重点. 经济纵横，（2）：91-98.
姜长云. 2018b. 实施乡村振兴战略的难点和基点. 农业经济与管理，（3）：5-9.
姜长云，杜志雄. 2017. 关于推进农业供给侧结构性改革的思考. 南京农业大学学报（社会科学版），17（1）：1-10.
蒋黎，朱福守. 2015. 我国主产区粮食生产现状和政策建议. 农业经济问题，36（12）：17-24.
柯炳生. 2017. 如何完善农业支持保护政策. 农村工作通讯，（24）：16-17.
雷勋平，Qiu R，刘勇. 2016. 基于熵权TOPSIS模型的区域土地利用绩效评价及障碍因子诊断. 农业工程学报，32（13）：243-253.
李登旺，仇焕广，吕亚荣，等. 2015. 欧美农业补贴政策改革的新动态及其对我国的启示. 中国软科学，（8）：12-21.
李功奎，应瑞瑶. 2004. “柠檬市场”与制度安排——一个关于农产品质量安全保障的分析框架. 农业技术经济，（3）：15-20.
李腾飞，周永刚，王志刚. 2014. 中国农产品贸易的入市转型：政策反思与发展启示. 新疆农垦经济，（2）：15-24.
李文明，唐成，谢颜. 2010. 基于指标评价体系视角的我国粮食安全状况研究. 农业经济问题，（9）：25-31.

廖天虎. 2013. 论我国农村食品安全的控制体系. 农村经济，（3）：95-99.
林科军，王向东，陈碧雪. 2016. 国外生态农业支持和保护政策分析. 世界农业，（4）：78-80.
刘亮，章元，高汉. 2014. 劳动力转移与粮食安全. 统计研究，31（9）：58-64.
陆益龙. 2018. 乡村振兴中精准扶贫的长效机制. 甘肃社会科学，（4）：34-41.
罗翔，张路，朱媛媛. 2016. 基于耕地压力指数的中国粮食安全. 中国农村经济，（2）：83-96.
马九杰，张象枢，顾海兵. 2001. 粮食安全衡量及预警指标体系研究. 管理世界，（1）：154-162.
马树庆，王琪. 2010. 区域粮食安全的内涵、评估方法及保障措施. 资源科学，32（1）：35-41.
马晓河，胡拥军. 2018. 一亿农业转移人口市民化的难题研究. 农业经济问题，（4）：4-14.
毛学峰，刘靖，朱信凯. 2015. 中国粮食结构与粮食安全：基于粮食流通贸易的视角. 管理世界，（3）：75-85.
聂英. 2015. 中国粮食安全的耕地贡献分析. 经济学家，（1）：83-93.
宋静静. 2007. 我国农业支持与保护政策问题研究. 南京师范大学硕士学位论文.
苏毅清，黄圣男，王志刚. 2015. 非正规与正规金融相互关系的研究及启示——基于劳动分工与交易费用的框架. 软科学，29（3）：135-139.
孙志斌，林晓伟，叶蔚云. 2014. 广州市消费者食品安全风险认知及对风险来源关注度调查. 中国食品卫生杂志，26（1）：78-82.
唐华俊. 2014. 新形势下中国粮食自给战略. 农业经济问题，35（2）：4-10.
万广华，张藕香. 2007. 中国农户粮食储备行为的决定因素：价格很重要吗?. 中国农村经济，（5）：13-23.
汪普庆，周德翼. 2008. 我国食品安全监管体制改革：一种产权经济学视角的分析. 生态经济，（4）：98-101.
王金霞，张丽娟. 2010. 保护性耕作技术对农业生产的影响：黄河流域的实证研究. 管理评论，22（6）：77-84，60.
王可山. 2012. 食品安全管理研究：现状述评、关键问题与逻辑框架. 管理世界，（10）：175-177.
王明利. 2015. 有效破解粮食安全问题的新思路：着力发展牧草产业. 中国农村经济，（12）：63-74.
王思舒，王志刚，钟意. 2011. 我国农业补贴政策对农产品生产的保护效应研究. 经济纵横，（4）：59-63.
王娴，赵宇霞. 2018. 论农村贫困治理的“内生力”培育. 经济问题，（5）：59-63.
王小林. 2018. 改革开放40年：全球贫困治理视角下的中国实践. 社会科学战线，（5）：24-33.
王晓蜀. 2008. 农业多功能框架下新疆农业生态功能的思考. 河北农业科学，（9）：160-161.
王兆锋，俞红. 2008. 消费者绿色食品消费行为影响因素分析. 统计与决策，（12）：93-95.
王志刚，江笛. 2011. 日本“第六产业”发展战略及其对中国的启示. 世界农业，（3）：80-83.
王志刚，刘和，杨胤轩，等. 2014b. 欧盟动物健康的新政策及对我国的启示. 中国食物与营养，20（2）：5-8.
王志刚，王启魁，吴柳云. 2012. 影响我国食品安全的主要因素研究——基于21个省市城乡居民的问卷调查. 农产品质量与安全，（2）：11-14，21.

王志刚，周永刚，郑适. 2014a. 安徽省阜阳市能繁母猪保险的操作现状、制约因素及其对策建议. 安徽农业大学学报（社会科学版），23（2）：21-24，44.
魏后凯，王业强. 2012. 中央支持粮食主产区发展的理论基础与政策导向. 经济学动态，（11）：49-55.
文晓巍，温思美. 2012. 食品安全信用档案的构建与完善. 管理世界，（7）：174-175.
吴侨玲，乔乐本. 2012. 欧盟农业生产者补贴的效应分析及对我国的启示. 农业经济，（3）：3-7.
吴喜梅. 2012. 准确定位推动农业“绿箱”补贴绿色化. 环境保护，（14）：48-50.
吴杨. 2005. WTO后时代的新选择：农业支持替代农业保护. 农业经济问题，（7）：61-64，80.
谢敏. 2007. 从市场失灵角度对食品安全问题的分析. 消费经济，（6）：72-75.
徐虹，王彩彩. 2018. 乡村振兴战略下对精准扶贫的再思考. 农村经济，（3）：11-17.
徐志刚，谭鑫，郑旭媛，等. 2017. 农地流转市场发育对粮食生产的影响与约束条件. 中国农村经济，（9）：26-43.
许亚宝，周帮扬. 2014. 城乡食品安全监管的差异化研究. 安徽农业科学，42（11）：3391-3392，3394.
杨建利，雷永阔. 2014. 我国粮食安全评价指标体系的建构、测度及政策建议. 农村经济，（5）：23-27.
杨明洪. 1999. WTO框架下中国农业支持与保护政策的运作空间及其调整. 四川大学学报（哲学社会科学版），（5）：109-112.
杨帅，温铁军. 2014. 乡村治理劣化对新时期扶贫开发的影响及对策研究. 探索，（5）：144-148.
杨学利，张少杰. 2010. 当前我国粮食安全现状及对策研究. 经济纵横，（6）：45-49.
姚成胜，滕毅，黄琳. 2015. 中国粮食安全评价指标体系构建及实证分析. 农业工程学报，31（4）：1-10.
叶兴庆. 2017. 我国农业支持政策转型：从增产导向到竞争力导向. 改革，（3）：19-34.
余应鸿. 2018. 乡村振兴背景下教育精准扶贫面临的问题及其治理. 探索，（3）：170-177.
曾小溪，汪三贵. 2017. 中国大规模减贫的经验：基于扶贫战略和政策的历史考察. 西北师范大学学报（社会科学版），54（6）：11-19.
张彩萍，白军飞. 2010. 在外饮食消费决策中的收入效应与时间效应——对北京市居民饮食消费的实证研究. 中国软科学，（9）：55-65，85.
张超，罗必良. 2018. 中国农村特色扶贫开发道路的制度分析：基于产权的视角. 数量经济技术经济研究，35（3）：3-20.
张利国. 2011. 我国区域粮食安全演变：1949—2008. 经济地理，31（5）：833-838.
张利国，鲍丙飞. 2016. 我国粮食主产区粮食全要素生产率时空演变及驱动因素. 经济地理，36（3）：147-152.
张莉琴，林万龙. 2003. 我国农业国内支持政策中存在的问题及调整对策. 中国农村经济，（4）：27-28.
张林秀，罗仁福，刘承芳，等. 2005. 中国农村社区公共物品投资的决定因素分析. 经济研究，（11）：75-86.

张硕阳，陈毅文，王二平. 2004. 消费心理学中的风险认知. 心理科学进展，（2）：255-263.
张晓山. 2018. 巩固脱贫攻坚成果应关注的重点. 经济纵横，395（10）：1-10.
张兴旺. 2010. 纵观国外农业支持保护体系的发展健全中国农业支持保护体系. 世界农业，（1）：7-9，43.
张莹，张肇中. 2016. 省域居民食品安全满意度及其监管体系催生. 改革，（12）：65-74.
张元红，刘长全，国鲁来. 2015. 中国粮食安全状况评价与战略思考. 中国农村观察，（1）：2-14.
钟甫宁. 2017. 坚持"四个"精准 坚决打赢脱贫攻坚战. 农业经济与管理，（5）：5-7.
钟甫宁，顾和军，纪月清. 2008. 农民角色分化与农业补贴政策的收入分配效应——江苏省农业税减免、粮食直补收入分配效应的实证研究. 管理世界，（5）：65-70，76.
周应恒，胡凌啸，严斌剑. 2015. 农业经营主体和经营规模演化的国际经验分析. 中国农村经济，（9）：80-95.
朱晶. 2017. 完善农业支持保护政策推进新时期农业改革发展. 农业经济与管理，（6）：5-8.
朱启臻. 2017. "柔性扶贫"理念的精准扶贫. 中国农业大学学报（社会科学版），34（1）：125-129.
朱希刚. 1992. 借鉴国际经验促进农业补贴由消费者向生产者的转变. 农业经济问题，（10）：52-57.
Anderson K，Tyers R. 1986. Agricultural policies of industrial countries and their effects on traditional food exporters. Economic Record，62（4）：385-399.
Andersen P. 2009. Food security：definition and measurement. Food Security，（1）：5-7.
Balassa B. 1965. Trade liberalisation and "revealed" comparative advantage. The Manchester School，33（2）：99-123.
Beghin J，Orden D. 2012. NTMs，agricultural and food trade，and competitiveness. A Special Issue of The World Economy，35（8）：967-972.
Bohman M，Cooper J，Mullarkey D，et al. 1999. The use and abuse of multifunctionality. Economic Research Service/USDA.
Coleman W D. 1998. From protected development to market liberalism：paradigm change in agriculture. Journal of European Public Policy，5（4）：632-651.
Corden W M. 1966. The structure of a tariff system and the effective protective rate. Journal of Political Economy，74（3）：221-237.
FAO，IFAD，WFP. 2013. The state of food insecurity in the world 2013：the multiple dimensions of food security.
Gardner B. 1986. Farm commodity programs as income transfers. Cato Journal，6（1）：251-261.
Godfray H C J，Beddington J R，Crute I R，et al. 2010. Food security：the challenge of feeding 9 billion people. Science，327（5967）：812-818.
Honma M，Hayami Y. 1986. Structure of agricultural protection in industrial countries. Journal of International Economics，20（1/2）：115-129.
Jongeneel R，Berkum S V，Vrolijk H . 2016. Brexit: breaking away—would it pay?. Eurochoices，15（2）：26-33.

Jongeneel R A，Brand H. 2011. Direct income support and cross-compliance//Dries L，Heijman W，Jongeneel R，et al. EU Policy for Agriculture，Food and Rural Areas. 2nd ed.Wageningen: Wageningen Academic Publishers：197-212.

Miller G. 1987. The political economy of international agricultural policy reform. Journal of Agricultural Economics，72（2）：1477-9552.

Orden D. 2010. Recent macroeconomic dynamics and agriculture in historical perspective. Journal of Agricultural and Applied Economics，42（3）：467-476.

Orden D，Cheng F. 2007. Exchange rate alignment and producer support estimates（PSEs）for India. Agricultural Economics，36（2）：233-243.

Potter C，Burney J. 2002. Agricultural multifunctionality in the WTO—legitimate non-trade concern or disguised protectionism?. Journal of Rural Studies，18（1）：35-47.

Tong Z M, Chen Y J, Malkawi A, et al. 2016. Energy saving potential of natural ventilation in China：the impact of ambient air pollution. Applied Energy，179（1）：660-668.

van Campenhout B. 2007. Modelling trends in food market integration：method and an application to Tanzanian maize markets. Food Policy，32（1）：112-127.

Yoon K，Hwang C L. 1981. Multiple Attribute Decision Making. Berlin：Springer.

第七章　乡村治理有效实践研究①

"治理有效"是乡村振兴国家战略面向实现第二个一百年奋斗目标，实现中华民族伟大复兴提出的具体要求。实现治理有效面对的则是 40 多年改革开放形塑的城乡关系格局和地区发展差异格局。其中，对治理有效具有本质影响的是乡村人口向城镇流动、中西部乡村人口向东南部城镇流动、城市化扩张带来的城乡边界变动等，使得传统乡村人口与土地同在一个村落（以下简称人地同村）的格局发生了巨大的改变。

在人地同村场景下，从传统的秦汉时期的乡亭制度到大规模人口流动发生之前，再到乡村制度，属地治理是基本的治理模式，也是有效的治理模式。其中，以地管人是属地治理的内核。大规模人口流动对属地治理模式带来的最大冲击在于，虽然村民离开了其曾经附着的土地，但权利还留在土地上。人地分离需要乡村治理重新界定村民与村的关系，也需要重新界定乡村治理的内涵。在人地权利关系没有变动的前提下，如何让村民重返自己的乡村是乡村治理有效的现实需求。

值得庆幸的是，数字技术的发展为人地分离格局下的村民团圆提供了工具。在实施乡村振兴国家战略中，从中央到地方的脱贫攻坚工作又给乡村治理的主体带来了变数，让乡村治理的主体在村民之外增加了上级政府代表、国家企业代理人等。如果把数字技术应用也纳入其中，则乡村治理的主体还应该包括数字技术服务企业的代表。从相对封闭的乡亭、乡村，到相对开放的、与世界连接的乡村，从人地同村的乡村，到人地分离的乡村，从对象与主体同一的乡村到对象依旧、主体多元的乡村，如何实现乡村治理有效，正是我们探讨的理论与实践问题。

在研究中，我们采用多案例数据搜集与分析方法，依照影响人地分离的基本因素选择研究案例，从经济发达的东部地区到经济欠发达的中西部地区，寻找影响不同类型地区乡村治理有效的因素，探索不同地区克服不利因素实现乡村治理有效的实践逻辑，分三节对如何实现乡村治理有效的问题进行了回答。第一节探讨大规模人口流动如何导致传统属地治理模式失效，以及为实现乡村治理有效带来了哪些挑战。第二节刻画了面对新场景，运用数字技术实现乡村治理有效的 9 个最佳实践案例，试图从中归纳出有规律的模式。第三节分析了人地分离、传统属地治理失效以及新场景最佳实践背后的理论逻辑，认为，至少在目前，在数字乡村建设

---

① 本章系国家自然科学基金应急项目"多主体参与、场景关注与乡村智慧治理的研究"（71841002）（承担单位：北京大学。课题主持人：邱泽奇。课题组成员：张燕、于健宁、李佳、李澄一、黄诗曼、周彦、李由君、徐婉婷、陈圆圆）研究成果的一部分。本章执笔人：邱泽奇。

的大潮之中，融入数字乡村建设，运用数字工具是实现乡村治理有效的路径选择。

第一节　人口流动与乡村治理面对的新场景

乡村人口大规模向城镇流动是让乡村传统属地治理模式失效的根本因素。这一节，我们试图从人口流动的规律和由人口流动带来的城乡关系格局入手，分析人口流动如何让传统属地治理模式失效，与此同时又形成了怎样的乡村治理必须面对的新场景。我们认为，大规模的人口流动让乡村治理的对象和主体与治理场景分离是导致传统属地治理模式失效的根本原因。与此同时，也形成了当下乡村治理的多种复杂场景，我们称之为给乡村治理有效带来挑战的新场景。

一、乡村人口流动的格局

改革开放以来，以全球化为背景，差异化发展的工业化、城市化、市场化、信息化不断推动着人口从乡村向城市的流动。尽管各地人口的结构格局差异极大，但是在总体上，还是出现了一股规模巨大且持续不断的乡村人口流动大潮，形成了从“不离土不离乡”，到“离土不离乡”，再到“离土又离乡”的渐进式“远离”（徐勇，2000）。在乡村振兴国家战略和中国迈向第二个一百年的新阶段，这股大潮的意义尤为凸显。

在经历了 97 多年后再回过头来看，乡村人口的流动有其历史趋势（图 7-1）。流动人口的规模演变可以大致分为三个阶段：第一个阶段是 20 世纪 80 年代初期至 90 年代初期。随着国家放宽对乡村人口进入中小城镇生活、就业的限制，乡村人口开启了向城市流动的征程。流动人口规模从 1982 年的 657 万人增长至 1990 年的 2135 万人，年均增长率约 16%。第二个阶段是 1990 年至 2010 年，规模快速增长阶段，从 1990 年的 2135 万人增长至 2010 年的 2.21 亿人，年均增长率约 12%。第三个阶段是 2010 年至今，流动速度渐趋和缓，年均增长率约 2%。到 2017 年末，中国流动人口规模超过 2.44 亿人。其中，农民工总量达 2.9 亿人，外出农民工数量占 60%，约 1.7 亿人（国家卫生健康委员会，2018）。

人口流动的区域结构也有规律可循。在城乡维度，呈现为劳动力和人口从乡村向城市的流动；在地区维度，呈现为从中西部地区向东部地区的人口转移，或者说是从经济欠发达地区向经济发达地区的人口流动。根据第六次全国人口普查数据，2010 年东部地区吸收了流动人口总量的 56.86%，依据中国八大经济板块[①]的

① 中国八大经济板块包括：东北地区、北部沿海地区、大西北地区、黄河中游地区、大西南地区、长江中游地区、东部沿海地区、南部沿海地区。

划分，南部和东部沿海地区吸收的乡村流动人口约占总流动人口的40.8%（段成荣等，2013），人口流向的集中化趋势明显。随着西部大开发、中部崛起、东北振兴等战略的实施，近年来，人口跨地区流动的趋向尽管开始出现分散化的样态，但是东南沿海地区作为人口流入集中地的事实依然没有改变。

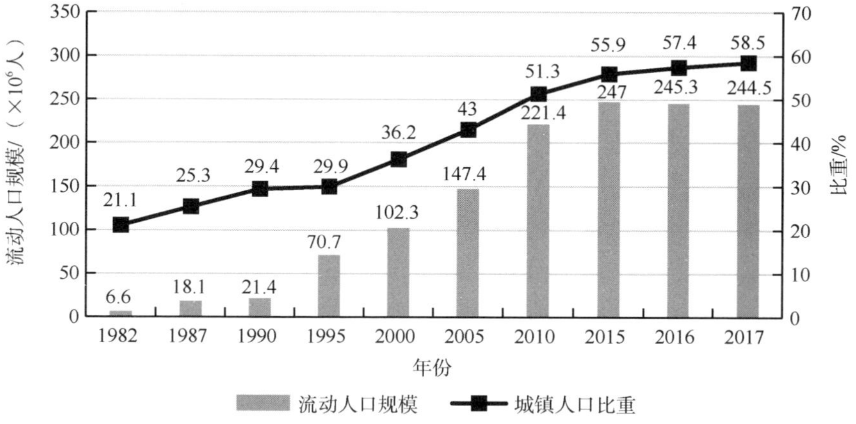

图7-1　1982～2017年全国流动人口规模

资料来源：《中国流动人口发展报告2018》

在我们调查的案例村中，湖南省湘西土家族苗族自治州保靖县迁陵镇茶市村是典型的少数民族山区人口流出村。2019年，有村籍的户数为450户1700人，分布在5个村民小组11个自然村寨。村民主要收入来自劳动力外出打工，40年如一日。直到我们调查时，依然有550个劳动力在外务工，户均1.2个劳动力流出在外。走在村寨路上、进入农户家中，遇见的大多是老人、儿童、年长的妇女，极少遇到青壮年劳动力。

案例村上海市嘉定区马陆镇北管村的人口流动则是另一种格局：一是村籍人口向城区流动，二是大量来自中西部地区乡村的流动人口流入该村。北管村村籍人口2400人，在村居住的村籍人口不足600人。大部分村籍人口都在城里工作，在城里居住。可村子并没有空着，村民的房屋有4800间在出租，常年租住的人口有12 000人左右，最多时达到17 000余人。

二、乡村治理面对的新场景

人口大量、快速和不均衡的流动让中国乡村分化为不同的类型。根据乡村人口流动的时空特征，可以将乡村大致区分为人口流出村和人口流入村两种类型，互为对照。即使如上海市嘉定区马陆镇北管村这样的既有流出也有流入的村，也可视其面对的主要治理难题，将其分类为流入或流出村。如果我们把乡村治理解读为以“村民”为对象的关联事务秩序建构过程，那么，不同村寨的人口格局不同，需要解决的问题自然也不同，不同类型的乡村，在实施乡村振兴国家战略中，不仅面临着不同难点和不同路径选择，同时也面临着乡村治理的不同痛点和不同解决方案。

乡村振兴战略是正在实施的国家战略，可以被理解为实现中华民族伟大复兴的重要战略。2017 年 10 月，党的十九大报告指出，“农业农村农民问题是关系国计民生的根本性问题，必须始终把解决好‘三农’问题作为全党工作重中之重”[①]。实施乡村振兴战略的重要性可以从将这一战略史无前例地写入党章来体现。2018 年 1 月，中共中央、国务院发布中央一号文件，即《中共中央 国务院关于实施乡村振兴战略的意见》，为实施这一战略提供了全面、详尽的行动指南。2018 年 5 月，中共中央政治局审议通过《国家乡村振兴战略规划（2018—2022 年）》，随后印发文件、通知，要求各地区、各部门结合实际情况，认真贯彻落实。2019 年 5 月，中共中央办公厅、国务院办公厅印发《数字乡村发展战略纲要》，形成了推动“三农”发展的战略方向和实施路径，强调数字乡村发展是实现乡村振兴的重要举措之一。

乡村振兴战略的完整表述为：产业兴旺、生态宜居、乡风文明、治理有效、生活富裕。其中，治理有效在诸因素中扮演着至关重要的角色，它是产业兴旺和生态宜居的前提，是乡风文明和生活富裕的保障。不仅如此，治理有效还是党的十九大报告提出的十四个“坚持”中坚持“全面深化改革”，“不断推进国家治理体系和治理能力现代化”的重要内容，是加快建设创新型国家中“智慧社会”的成果形态。更进一步，2019 年 6 月 23 日中共中央办公厅、国务院办公厅印发了《关于加强和改进乡村治理的指导意见》，在数字乡村发展和改进乡村治理之间构建了明确的政策交集。2020 年 7 月，中共中央网络安全和信息化委员会办公室、农业农村部、国家发改委、工业和信息化部、科学技术部（以下简称科技部）、国家市场监督管理总局、国务院扶贫开发领导小组办公室（以下简称国务院扶贫办）印发《关于开展国家数字乡村试点工作的通知》，部署开展国家数字乡村试点工作，直接把数字乡村建设作为乡村振兴的重要内容纳入实践。

在人口流动的现实中，“人地分离”是乡村实现治理有效需要面对的新场景。不同类型乡村的“人地分离”对乡村治理有着不同的影响。对于人口流出村，特别是中西部地区经济相对落后的乡村而言，由于青壮年劳动力的大量流出，农村成了“386199 部队”（“38”代指妇女；“61”代指儿童；“99”代指老人）的留守地，人口结构失衡状况日益加剧。乡村社会的人口结构不完整致使村庄内部

① 《习近平在中国共产党第十九次全国代表大会上的报告》，http://cpc.people.com.cn/n1/2017/1028/c64094-29613660.html，2017 年 10 月 28 日。

“人气”不足，治理乏力，“人不在村”使得常年在外务工的村民与家里、村里的联系纽带趋于松散，并进一步造成了村庄内部与外部的割裂。

对于人口流出村，给乡村治理带来的挑战是：第一，从基层政权建设的视角看，如果按照传统“村村通广播”的方式，党和政府的方针政策没有办法及时传达给外出务工的党员和村民。反过来，党和政府对于这部分党员与村民的思想动态及行为取向也无法及时把握，从而有可能造成基层组织涣散、失效的局面。事实上，在案例调研中，我们也遇到了乡村两级组织对此表达的焦虑和担忧。

第二，从政策落实视角看，作为“上面千条线，下面一根针”的承接方，村两委（村党支部委员会和村民委员会）需要将涉及村级组织运行、政务服务和生产生活服务等各方面的村务落实到位，工作负担极重。传统的村务沟通模式是，把各类村务信息张贴在村里的布告栏上，或村干部对着村民通讯录上的名单，逐一打电话确认。前者，传播力度有限，只能触达来村两委办事、有阅读能力和意愿的村民，难以触达没有来村两委办事、没有阅读能力和意愿的村民，更难触达外出党员和村民。后者，耗时费力，难以保证时效性，也难以保证触达没有电话的村民。

第三，从村情民意反馈视角看，一方面，外出务工的党员和村民如果对乡村发展有好的意见、建议，缺乏上传渠道，也无法引起其他村民的关注和讨论；另一方面，村民要想找村干部解决自身、家庭或公共问题，也缺少直接、有效的沟通途径。虽说可以通过打电话等惯常方式，可传统方式的局限在于，不仅沟通的过程无法沉淀，个人无法跟踪、监督问题处理的进展或评价问题处理的结果，而且起不到展示宣传、在村民中达成共识的作用，因为其他村民并不知道村干部做了什么，甚至还会认为村干部没有做事。

据此，由于自上而下的政策落实和自下而上的民情上传两条链路的不通畅，汇集到乡村治理层面，就表现为村干部和老百姓之间互相不理解，干群关系相对疏远甚至比较紧张。

对于人口流入村，特别是东部地区经济相对发达的乡村而言，情况更为复杂。①同样难以阻挡本地青壮年劳动力向城区流动，特别是大城市的虹吸效应更加剧了农村人口老龄化甚至空心化的程度；②由于接近就业机会且房租较低，位于城市郊区的农村日益成了在附近城镇打工的外来人口的聚居地，外来人口的大量涌入甚至抵消了人口流出的数量，转而使村庄呈现人口净流入的态势；③随着资本下乡和产业转移，越来越多的外来元素开始入侵原本保守、封闭的农村社会，以“熟人社会”为基础的传统乡村秩序开始瓦解，“陌生人社会”正在取而代之，“人口换代”已然呈现。由此，给乡村治理带来的挑战，除了与人口流出村类似，同样存在上情下达和下情上传的通路问题之外，还存在其特殊性。

第一，从基层政权建设视角看，由于面对的治理对象更加多元、治理场景更加复杂，除需要了解在村居住人口的需求以外，还需要站在顶层设计的高度，谋划这类乡村在乡村振兴中的定位，如未来有没有人住在农村、谁会住在农村、有什么新的需求以及如何为他们提供服务等一系列问题。只有顶层设计清晰了，底层执行起来才会有据可循。

第二，从政策落实视角看，作为乡村最具权威性的裁判官和调节者，村两委不仅需要妥善处理村籍村民之间的党务、村务、事务、商务，还需要解决在同一空间居住的外来人口与本地人口之间的摩擦与冲突，以及外来租户之间的事务甚至纠纷，促使外来人口更好地融入本地生活。

第三，从村情民意反馈视角看，不管是村籍人口，还是外来人口，都需要有提出意见、建议的平台和交换想法、情感的渠道，以实现彼此的互相理解，重塑乡村秩序。然而，要完成这些挑战，没有各类参与者的互通互联是不可能成功的。

综上，不管是人口流出村，还是人口流入村，在乡村治理中面对的“痛点”归根到底是由“人地分离”导致“失连”带来的问题，对于不同乡村来说，尽管“连接”缺失的程度和意义可能是不一样的，但问题的根源却是一致的。在这里，“连接”，指人与人的连接、人与事的连接、人与组织的连接，以及小乡村与大市场、大社会的连接四个方面。

在人口流出村，人与人的连接主要指外出村民与留守在村里的家人、亲戚、朋友之间的情感连接；人与事的连接主要指外出村民与地方政府的政策、法令和村里的事务、活动之间，以及反过来，地方政府和村两委与外出村民的困惑、麻烦之间的信息连接；人与组织的连接则主要指外出党员与所隶属的基层党组织之间、外出村民与所隶属的基层行政组织之间的思想连接；小乡村与大市场、大社会的连接则主要指小乡村封闭的本地市场与中国乃至全球市场及社会如何进行信息、资源、产品、服务等的交换和互通的财富连接。

在人口流入村，这四个方面的连接还纳入了外来人口与村籍人口、外来人口与乡村事务、外来人口与乡村基层党组织和基层行政组织、外来人口与更大市场和社会之间的连接。

从乡村生产与生活的本质来看，“连接”缺失在本质上是情感、信息、思想、财富等交互渠道的匮乏，由此增加了乡村治理有效和乡村振兴实现的难度。那么，究竟如何解决“人地分离”带来的乡村治理难题，让人与人、人与事、人与组织，以及小地方与大市场、大社会连接起来，实现治理有效呢?

第二节　数字技术应用与多主体参与的实践

面对新的挑战，最有效的是向中国各地的乡村治理实践要答案。为挖掘回应现实挑战的治理理论，在中国不同类型的地区，依据信息饱和性原则，我们选择调研了 12 个最佳实践案例，既有传统经验产出地浙江省诸暨市枫桥镇，也有老少边穷地区如湖南省湘西土家族苗族自治州，还有超大城市上海市宝山区的城乡接合部罗店镇南周村，以及发达省份的欠发达地区如广东省阳江市合山镇丰垌村和欠发达省份的欠发达地区如四川省邛崃市的镇村。从案例的初步分析中我们发现，运用数字技术是回应“人地分离”挑战、实现乡村治理有效的普遍模式。基于这个发现，依据案例使用的数字工具，我们选择了其中的 9 个案例，试图呈现运用数字技术如何满足了多主体参与需求，实现了乡村治理有效。

一、数字技术基础设施的影响

在乡村实现治理有效的实践中，数字技术的发展为解决“人地分离”带来的“失连”问题提供了机会。数字社交平台技术的发展为把不在场的村民联系在一起提供了可选方案，数字办公平台技术的发展为把组织与不在场的村民和组织联系在一起提供了新的机制，数字知识平台技术的发展为把知识与不在场的人和组织联系在一起提供了新的选择，数字电商平台技术的发展为把市场与不在场的人、市场和企业联系在一起提供了新的路径。简单地说，由人口流动带来的“人地分离”给乡村治理制造的难题，可以在数字技术应用中找到解决途径。

不过，运用数字技术需要必备条件，如网络接入条件、工具应用条件和应用人群的数字素养等。数字基础设施在农村的广覆盖既为数字技术应用奠定了牢固的基础，也为数字技术运用创造了施展的空间。就乡村电视覆盖率而言，农村电视节目综合人口覆盖率从 2010 年的 96.78%上升到了 2018 的 99.01%（国家统计局，2019），村民通过电视可以直接了解国家的方针、政策，尽管这种了解还局限于“单向”的信息接收。就乡村电话普及率而言，2018 年农村居民平均每百户拥有移动电话 257.0 部，超过了城镇居民平均每百户拥有 243.1 部移动电话的数量（国家统计局，2019）。移动电话有助于实现农村人口的信息触达，尽管这种触达只能落在点对村的层面。就乡村宽带覆盖率而言，截至 2018 年末，农村宽带接入用户达 1.17 亿户，占 4.07 亿总互联网宽带接入用户的 28.7%（国家统计局，2019）；截至 2020 年 6 月，中国农村网民规模为 2.85 亿人，占网民整体的 30.4%。网络有助于实现农村人口的信息多维度触达（中国互联网络信息中心，2020）。就乡村智能手机普及率而言，根据尼尔森（Nielsen）公司对中国 16～59 岁人口的调查[①]，2014 年第四季度，中国智能手机的普及率达到了 62%，中国农村地区的智能手机

①《eMarketer：2015 年近 40%中国人拥有智能手机一线城市普及率达 55%》，http://www.199it.com/archives/378476.html，2018 年 10 月。

普及率只有约 32%，与城市地区差异显著。不过，考虑到农村人口基数庞大，农村智能手机的用户数量依然比较可观，通过手机，更有助于实现农村人口的信息触达。综合来看，中国城镇的互联网普及率为 76.4%，乡村地区也达到了 52.3%（中国互联网络信息中心，2020）。也就是说，不管是电视、电话、宽带，还是智能手机，虽然都能在一定程度上将农村人口与外部世界连接起来，但是，仅凭这些物理设备，依然无法形成让一个村的村民进入一个共同空间的渠道。乡村治理有效，仅有基础设施和终端设备，是不够的。

对中国信息社会发展指数的探讨表明，数字技术应用与经济发展之间呈现正相关（国家信息中心，2016）。为获得中国各地乡村应用数字技术进行智慧治理实践的代表性，在将中国乡村划分为人口流出村和人口流入村的基础上，我们还叠加了乡村的经济发展程度及其与城市的关系两个影响维度。

据此，依据影响乡村治理的主要因素，即人口流动格局，以及乡村可应用数字技术的设施、设备、人才支持因素，我们选择了 12 个不同类型的乡村进行案例调查。其中，具有极值意义的案例为：代表经济发达地区的上海市宝山区罗店镇，代表老少边穷地区的湖南省湘西土家族苗族自治州保靖县茶市村，代表人口流出地的重庆市合川区香龙镇，代表人口流入地的上海市嘉定区马陆镇北管村，代表城市郊区的上海市奉贤区青村镇，代表经济发达区域中欠发达地区的广东省阳江市合山镇丰垌村，还有，作为传统乡村治理标杆的浙江省诸暨市枫桥镇枫源村。

对代表性案例的分析表明，中国各地乡村的数字设施设备接入水平没有本质差异，宽带接入和无线接入是两种应用最为普遍的接入方式，在案例乡村的覆盖率为 100%。进一步的分析还表明，智能手机应用与用户年龄相关，在使用移动接入的人群中，智能手机是最主要的接入终端。值得注意的是，这两个指标在经济发展程度不同的地区几乎没有差别。

对案例乡村的调查还表明，中国各地乡村的治理实践均运用了数字技术，不过，运用的方式、方法却各有不同。归纳起来看，大致有四种类型。四种类型的基础正是党的十八届三中全会提出的“以网格化管理、社会化服务为方向”的创新社会治理。

二、枫桥经验的新内核

第一种模式是：巩固传统优势，优化治理环节，运用数字技术创新传统经验的新内涵，把县级政府服务延伸到村公所，用提升服务来实现治理有效。在这类乡村，依照行政区划属地，划分治理责任范围的网格化是基础，每一个网格的人口既是治理对象，也是治理主体。在一个具体的乡村，应用数字技术实现的不只是把乡村本地的人、事、组织等连接起来结成局部数字网络，也是把村外的专业力量连接到乡村，实现村外资源的村内利用。

浙江省诸暨市枫桥镇枫源村是传统枫桥经验的发源地。枫源村面对的疑问是，在经过了 50 多年的检验和经验积累之后，传统的枫桥经验是否还适用于当前的场景。枫源村的人口流动特点是：出村不出市，离土不离乡。枫源村不是人口流入村，也不是人口净流出村，可人也没有完全留在乡村，大多都进入了附近的城镇，白天在城镇工作，晚上回家居住。2019 年，枫源村有 565 户家庭，共 1766 人。2017 年，枫源村人均可支配收入达到了 36 700 元，村民的收入不是来自农业生产经营，也不是来自村内企业，而是大多来源于村庄外部，有搞建筑行业的，有搞采矿运输的，还有搞工程承包的。调查中获悉，几乎每一户都有劳动力外出经商和务工，其中 180 多个人，每年赚回来的钱能超过 2000 万元。从总体上看，村里虽然没有集体经济，也少见在村经营的私营企业，但是老百姓收入却很高，生活富裕。

没有村级经济组织，也没有在村里办企业组织，便意味着村籍人口只能依靠农户家庭或劳动力个体的力量获得生计，村民极强的独立性是传统枫桥经验不曾面对的，也给乡村治理带来了新的挑战。按照村主任骆根土的话说，村民与村两委的关系发生了巨大的变化。

村两委不仅要促进生产，而且要满足村民日益增长的新需求。村民生产活动的差异性，完全脱离了传统枫桥经验产生的环境和土壤，带来的第一个难题便是很难在一个时间点完整地把村民聚拢起来。如何更新枫桥经验，保持走群众路线的内核？枫源村的治理有效同样面对着由“人地分离”和人口流动带来的困境。

枫源村的做法是：多主体参与+多渠道交互，实现对治理新场景的覆盖。

把握走群众路线的传统枫桥经验内核，枫源村在群众路线的组织机制上实现了“基层政府+社会组织+民众”的多主体参与（图 7-2），调动了各主体的积极性。在村务决策中，村两委践行“三上三下三公开”的民主决策、民主管理和民主监督机制。譬如说村里要制订《三年发展规划》，便通过“三上三下”的过程来征集村治议题、酝酿方案和审议决策，而不是由村干部开个会就草拟出来。“一上”指群众意见上传到村两委：不管是党员、村民代表还是群众，都可以就这一规划提出自己的意见、建议；为征集议题和议案，也方便与村民交流和沟通，枫源村创建了村民微信群，村民可以通过手机微信平台直接发送自己的想法，村两委收到后需要加以研究并给出具体回复，形成议题。“一下”指干部征求村民建议和意见：村干部带着议题再次征求党员和群众的意见、建议，如果没有收到村民反馈的信息，村干部还会到每家每户做工作。这样一来，村干部基本上心里有数了，对大多数老百姓未来三年里想做什么事情有了大致的了解。

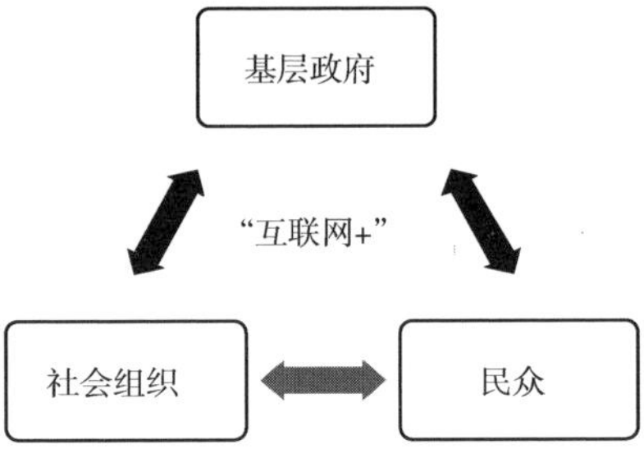

图 7-2　“新枫桥经验”的多主体参与、多渠道互动逻辑

“二上”指初步方案上传村两委：村两委经过“一上一下”的民智交流后提交《三年发展规划》的建议方案。“二下”指民主恳谈下沉：通过召开党员议事会、民主恳谈会，针对提出的建议方案展开讨论，同时邀请农村法律顾问把关，防止可能出现的法律漏洞。特别值得一提的是，各地乡村实施的乡村“网格化管理”概念便是在枫源村的一次民主恳谈会中经过反复酝酿后提出的。

“三上”指党员审议上传村两委，村党支部是乡村事业的领导力量，重大事项的决策在经过村两委讨论商议后，还要经过党员会议审议通过。“三下”指代表决策下达到村民。通过党员会议审议的决策还需提请村民代表大会表决议定。表决的结果当场公开，实施的方案细化公开。以一项工程为例，工程要花多少钱、什么时候开始、什么时候结束等，都得进行公示。对方案实施的效果还要开展民主测评，测评的结果也要公平、公开，“三公开”的主要内涵指的正是这些内容。

“三上三下”和“三公开”的目的在于充分尊重村民意见，充分保障村民利益，从群众中来，到群众中去。从调查中我们了解到，枫源村是一个合并村，自 2006 年合并以来，没有发生过一起上访事件。乡村治理有效，其实正是通过针对村民的一事一议来实现的。把传统枫桥经验的群众路线具体化为村民参与乡村事务的细节制度，正是人口流动倒逼乡村治理变革带来的成果。枫源村的实践，正在让乡村的治理有效走向规范化、民主化、法治化的轨道，不仅在改变传统的乡村治理模式，更在改变传统的乡村治理体制机制，提升治理能力。

如果说“三上三下”和“三公开”针对的是乡村重大议题，那么“最多跑一次”关切的则是村民的日常事务。2016 年底，浙江省提出“最多跑一次”的政务服务改革目标，力图通过“一窗受理、集成服务、一次办结”的服务模式创新，提高政府窗口部门服务企业和社会的工作效率。2018 年，在成功试点的基础上，“最多跑一次”的改革样本被写进总理的政府工作报告，成为中央政府的新倡导。枫源村也不例外，积极响应总理号召，在村委会设立了空间宽敞的为民服务中心，提供桌椅供村民使用，安排工作人员、值班村干部或法律顾问解答村民的疑惑，还安置了十多台自助服务机为村民提供一站式服务。在调查中，我们翻阅了在村两委办事大厅可以办理的事项，事涉村民的 198 项大小事务都可以在村代办，内容涵盖医疗卫生、福利救助、社会保障、工商监管、司法公证、财政税务、文化教育、科技创新等民生与福利事务的多个领域。比如在交通违法自主办理机上可办理 25 项“零跑腿”交管业务，村民“足不出村”即可处理交通违章、补换机动车号牌和行驶证等。在公共法律服务人工智能自助机上，村民可以接受普法、学法，可以计算赔偿、申请法律援助、预约鉴定和调解等，还可以连接到中国将近 4 万个律师来视频回答自己提出的问题。枫源村的办事大厅汇集了来自国家、省、市的治理理念，“互联网+政务服务”落实到了针对村民的每一项具体服务上，在走群众路线的基础上，乡村社会的治理创新使其不断卷入高度互联的数字社会场景，让村民在乡村治理的数字技术应用中享受着改革带来的红利，从而不断更新着对成长中的服务型政府的评价。

除了村级事务、农户和村民事务，如何在人口流动的环境中，继承传统枫桥经验的人民自我解放、自我创造、自我管理和自我提升的精神，开出新时代“药方”？自党的十九大以来，枫源村在诸暨市率先建立了“5+*X*”社会组织，回应新场景的诉求。“5”指五大基础性社会组织，如乡贤参事议事会、红枫义警协会、乡风文明理事会、580（我帮你）志愿服务队和邻里纠纷调解会。“*X*”标志着社会组织的不断发展，如红十字协会、枫桥经验宣讲队、文艺宣传队和篮球队等。

社会组织的蓬勃发展，既服务于基层政府的治理目标，也受惠于基层政府的政策支持，同时还拥有组织自我成长的独立性。在调查中我们还了解到，枫源村共有 600 多人加入了不同的社会组织，去除重复的部分，还有 400 多人。村两委鼓励社会组织发展的一大目标就是希望通过这 400 多人去引导整个村 1766 个人的精神文明建设。建设社会组织的理念也是从群众中来，到群众中去，先把一小部分群众引导好，树立起正能量，再通过这一小部分村民的力量去吸引更多村民的参与。比如乡风文明理事会通过提倡“红白喜事从简办”，有效地遏制了村民铺张浪费的攀比之风，得到了村民的普遍支持（甚至是求之不得），还帮助村民节省了不少不必要的开支；再比如 580 志愿服务队，在空巢老人家中安装一键呼叫按钮，志愿服务队的成员随时待命，一旦接到老人的求助信号，立即赶赴老人家中提供帮助。当然，社会组织的正常运行也需要资金支持。枫源村通过乡贤参事议事会和参事会来募集资金，把募集的资金品牌化为“民为民基金”，交由诸暨市一个慈善基金会管理。

除了实体化的社会组织，枫源村还应用数字技术实现“线上+线下”多渠道交互，以提高乡村治理的效率，赋予“新枫桥经验”以信息化、智能化的新内涵、新体验。在新枫桥模式中，“互联网+社会治理”的实践路径被概括为“一个平台”“两网融合”“三级联动”“四化手段”（中共诸暨市委政法委调研组，2017）。“一个平台”，即搭建一个综合信息平台，集数据采集、处理、储存、检索和分析等不同阶段的多种功能于一体；“两网融合”，即“网络”和“网格”的同步推进，网络化和网格化的有机融合；“三级联动”，即按照“党委领导、政府负责、统一指挥、部门联动”的要求，形成县（市、区）、乡（街道）、行政村三级事件处理网上网下联动体系；“四化手段”，即运用社会化、法治化、智能化、专业化的手段，打造枫桥经验的品牌效应。与传统枫桥经验比较，“新枫桥经验”在应对人口流动带来的难题的同时，还充分应用了数字技术，有了平台基础和数据保障，明确了县、乡、村三级的联合行动系统，强调了行动过程中需要发挥的四种手段，并落实了行动的效果需要以网络化+网格化的融合为目标或检验标准，使得新枫桥模式在各项具体做法的实施中始终有一套可依循的制度。

我们认为，多主体参与+多渠道交互的本质是传统枫桥经验内核与数字技术手段的融合，它共同服务于枫桥经验的永恒精髓，即走群众路线；也共同致力于枫桥经验的新时代落脚点，即“矛盾不上交、平安不出事、服务不缺位”。

与枫桥经验异曲同工的是浙江省宁波市象山县的“村民说事”制度。“村民说事”肇始于象山县西周镇①。西周镇是象山县陆域面积最大、行政村数量最多的乡镇，也是省市县三级工业重镇。“十一五”期间，西周镇进入大开发、大建设、大发展时期。村民不理解的事项增多，需要村两委把工作做细致、做仔细的工作量大大增加。

为缓和“（村）官–（村）民”矛盾，下沉矛盾至一线，2009 年 4 月，西周镇党委、镇政府研究决定，在莲花、下芭蕉、杰上、车岭等村进行“村民说事”试点，为村民搭建诉求表达的平台。当时比较轰动的一个案子发生在杰下村。由于村民对白溪水库引水工程补偿款的使用和分配产生了诸多猜疑，村内谣言四起，对村干部的质疑声高。为消除猜疑、平息矛盾，在镇党委的领导下，杰下村党支部书记（简称村支书）郑祖法召集村民开了一次现场说事会，他在会上把每一笔补偿款的去向、用途都交代清楚，并就补偿款的分配原则与村民达成了一致。从“批斗会”到“研讨会”，现场说事会取得了良好效果，村干部的开诚布公和细致解说不仅消弭了村民的质疑声，缓和了村民的愤怒情绪，也促使杰下村以此为契机，将说事会制度化，从而开启了“村民说事”的显性化历程。

在试点村成功经验的基础上，西周镇将“村民说事”的乡村治理模式进行推广，扩大到了 37 个村。结果是乡村的信访量同比下降 53%，成效显著。2010 年 3 月，象山县委县政府在系统总结西周经验的基础上，把“村民说事”推广到 490 个村，到 2014 年实现了“村民说事”的村级覆盖。“村民说事”在象山县域内落地生根。各乡镇根据自己的实际情况，在“说”的基础上，逐步形成“村务会商”“民事村办”“村事民评”等经验和做法，日益完善以“说、议、办、评”为主要

① 这里之所以说西周镇是“村民说事”的官方起源地，是因为同期甚至更早就有其他乡镇的村庄在自发地实践形式类似的说事会，只不过由于这些村庄本身相对和谐，说事会的效果不如矛盾复杂的西周镇显著。

内容的村级治理新机制，形成“村民说事”的1.0版本（图7-3）。随着“说、议、办、评”的系统化、规范化运行，2018年，在“自治、法治、德治”“三治融”合的背景下，象山县“村民说事”尝试从1.0版本迈向集成化创新的2.0版本。2.0版本的突出特征在于，县级资源的下沉和村级资源的再挖掘，即以县职能部门为中心，成立了“村民说事”办公室，负责协调、整合各部门资源，并落实到各村，以实现县、镇、村三级联动。

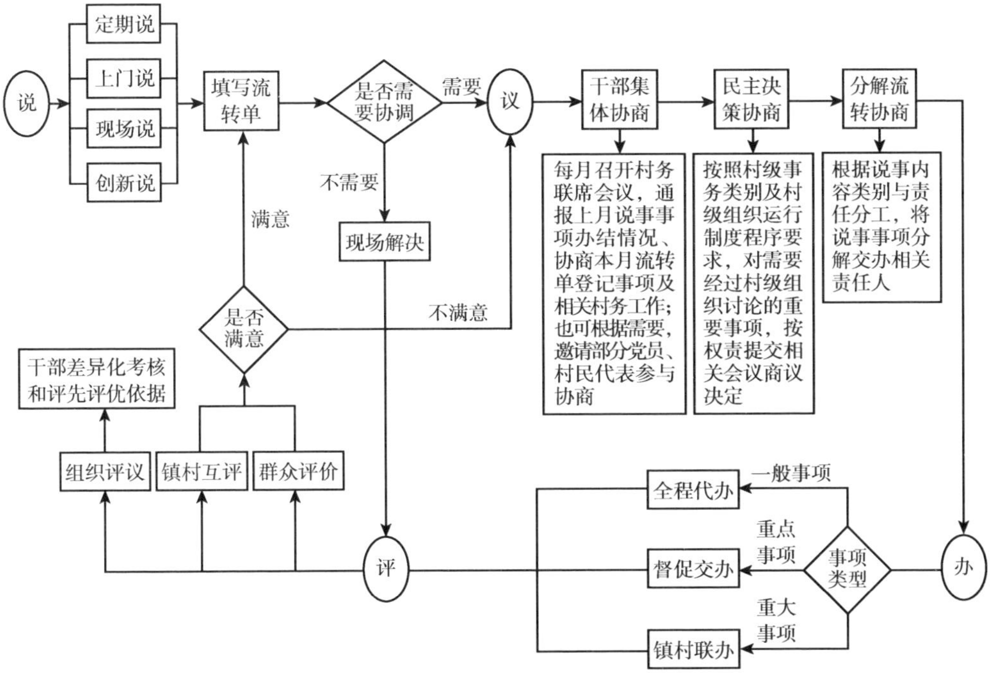

图7-3　“村民说事”流程图

在“村民说事”2.0版的演化中，数字技术，包括社交、电商、办公等数字技术应用成为其有机的组成部分，发挥了支持作用。比如在“说”的环节，通过建立民情微信群、网络信息平台等方式“创新说”，拓宽了说事渠道，创造了线上线下双线互动的局面。比如，以乡村旅游为主要发展方向的墙头镇方家岙村设有民宿户主微信群，一方面用于管理，哪家来客人了就在群里通知旅游咨询中心工作人员去他们家登记游客身份证，另一方面用于建议，因为村支书也在群里，民宿户主有任何问题都可以直接在群里反映。在“办”的环节，借用浙江省基层治理的“一中心四平台”①，村里的网格员将涉及“村民说事”的问题输入平台，以

① “一中心”指综合治理指挥中心，设在县里。“四平台”包括市场监管平台、便民服务平台、社会治理平台和综合执法平台，设在各乡镇。

便村民实时跟踪问题处理的进展。

无论在枫源村还是在象山县，数字技术维护了村籍人口参与乡村治理的主体地位，为在村和不在村的村民参与乡村党、村、邻里等组织和社会活动提供了渠道，形成了乡村治理有效的支持路径。

三、乡村网格化治理中的传统文化

第二种模式是：强化村两委力量，发挥乡贤的积极影响力，运用数字技术推动村民对乡村治理的参与。在这类乡村，同样，依照行政区划属地，划分治理责任范围的网格化是基础，每一个网格中的人口既是治理的对象，也是参与治理的主体，与第一类模式不同的是，数字技术只局限于把普通村民、乡贤、村镇组织串起来结成局部治理网络，尚没有把村外的资源引入村内治理之中。

重庆市合川区香龙镇位于合川区东北边缘，距合川城区和重庆主城区均有 1.5 小时左右的车程，与四川的广安、岳池、华蓥等市县接壤。2018 年调查时，香龙镇下辖 1 个居委会，12 个行政村，面积 64 平方公里，总人口 4 万余人，耕地总面积 35 625 亩，是一个典型的农业乡镇。与中国西南部其他丘陵地区的乡镇一样，香龙镇以种植、养殖业等传统农业产业为主，经济发展滞后，青壮年劳动力大多外出务工，流出人口占总人口的比例达 60%～70%，是典型的人口流出乡镇，留守在乡村的人口基本是妇女、儿童、老人。

在脱贫攻坚战决胜之前，香龙镇面对着与贫困乡镇同样的社会治理内容，一是村庄事务（党务、政务、事务），二是村庄安全。既要回应村民提出的各类诉求，也要落实党和政府的各项方针政策。与东部地区不同，香龙镇乡村治理的突出难题在于根本没有人来落实相关的治理行动。劳动力外流、驻守人口老幼化、村干部年龄老化等人口状况使得提出诉求的人不在村，无法进行沟通和交流；要落实的政策找不到能管事的村民，无法落地。除此以外，香龙镇还由于丘陵地区的地理环境，村庄坐落零散，管理和服务半径大，管理和服务区块零散。此外，干部力量有限，留在村里的村民参与能力匮乏、参与度不足，以及社会服务体系弱，信息和服务都难以触达。

如此情境之下，公共安全、治理有效如何实现？村务公开和村务实施等如何达成？突发事件如何处置？乡村自治能力不足的状况如何改善？为此，香龙镇结合自身实际，探索出了“智慧乡村、自治小院”的治理模式，探索推进“德治、法治、自治”“三治融合”，以实现乡村治理有效。

香龙镇的具体做法包括：第一，基于“管控+服务”，推进网格化。按照“组网合一”（一个网格对应一个村组）的方式，构建智能化网格体系（社区 E 通）。社区 E 通手机应用是与网格化治理配套的数字工具，从 2014 年起，由合川区政法委主导推广，2016 年完成各个层级培训并投入使用，2018 年初又升级设立了“区社会治理大数据中心平台”。社区 E 通的功能模块包括民族宗教、环境保护、工业等党务、政务活动。

网格与数字工具的结合，在细节上，一是织网，将香龙镇 12 个行政村 75 个村民小组划分为 75 个网格（“组网合一”）。为实现治理重心下沉，一个网格又划分为 2～5 个单元网格（对应农家院落）。同时，突出党建引领，各村党支部采取拆分、联建等方式，实现“党小组—网格—村民小组”的逐一对应，充分发挥基层党组织和党员的作用。二是定员，乡镇党委和政府的干部、村社书记和主任每人对应 3～5 个网格，村民小组组长为网格长。三是明责，以网格为基础治理单位，网格长利用社区 E 通收集、上报和处理村里各类信息和事务，村或驻村干部也利用社区 E 通巡点打卡，发布工作动态等。通过网格化管理，实现对村镇人员、房屋、场所、特殊人群（刑满释放人员、吸毒人员、艾滋病人、精神病人等）等关键信息的系统掌握和管理。同时，按照网格开展治安巡逻、矛盾调解、事件处置，实时呈现网格长和干部的工作动态以及村镇治理动态，第一时间发现和解决问题，回应诉求。

第二，基于“现代+传统”，推进平安建设和乡村安全共治。人口流出带来的后果之一是，除了村民的安全感弱以外，留村人员应对突发事件（比如老年人的突发性疾病）、处理涉农自然伤害（比如马蜂窝、水灾等）、处理村民矛盾纠纷的能力都很差。还有，因对政府惠民政策的理解能力弱，也会产生新矛盾，导致公共资源的破坏（如电力设施设备的偷盗）等。伴随青壮年劳动力外出务工现实的还有留村人员的智能手机普及率不到 30%，村民小组长（网格长）年龄最小的 55 岁、最大的 80 多岁，大部分小组长无法熟练运用网络，社区 E 通的智能很难完全实施。

面对上述现实，香龙镇采用“现代+传统”的多种手段。一是把“雪亮工程”部署到位，以“全域覆盖、全网共享、全时可用、全程可控”为目标，实行“探头站岗、鼠标巡逻”。镇范围内的 100 多个监控摄像头覆盖了镇公共场所、村镇交通要道及路口、公共区域、重点单位和场所等，有的实现了入村入院，且直接和区公安系统联网，村民安全感大增，农村的入户偷盗等问题近年来几乎没有发生。为减轻村级设备设施费用负担，镇政府和相关业务系统（比如学校的则由区教育委员会承担）共担着网格设施的各项支出。二是开通“6995”（“来救救我”）一键式应急电话。2018 年起即通过多头电话会议的集团通话形式加上分级响应，实现了处理乡村应急事件呼救和处理联动，村民可通过一键实现呼救，各级干部可通过平台获得信息、发布指令，实现了农户和村民层级的应急信息畅达，提高了应急事件处理的效率。三是充分利用微信平台，建立村民微信群以通民情，实现了户均一人入群，村镇干部在群内通过语音和文字发布各类通知和信息，村民也在群内发布各类诉求和疑问。

在运用数字技术的同时，传统智慧和工具在香龙镇的平安建设中也发挥着效用。比如，家家户户安装平安铃，用以防盗和呼救；乡村安装平安灯，以保护电力、通信线路等公共设施以及家庭财产免遭盗窃；村民利用平安锣进行院落层级的治安防护，防范和预警各类灾情；能人使用平安弓，防止马蜂和马蜂窝伤害村民和路人等。

第三，打造“三治融合”、智慧小院建设样本。无论是密切干群关系、增进乡亲乡情，还是理顺乡村事务、完善治理体系，都需要治理重心的真正下沉。为破解“上面千条线，下面一根针”的基层治理困境，香龙镇采取了进一步划小治理单元的做法，在网格之内，进一步下沉。根据不同网格的地理条件、房屋分布、自然院落等现实情境，将每个网格划分为 2～5 个小院，构建起“以网为根、以院为实”的共治体系，形成了“镇—村—组（网格、党小组）—院子（单元网格）”四级治理结构，开展以小院为基础单位的村民自治。一是开发小院领导力，将村民中的热心人士和人才组织起来，在小院“五步”选贤［镇干部访贤、网格荐贤、（党）小组议贤、村组长商贤、备案定贤］，产生“五贤”即公益绅士、是非辩士、消息说士、平安骑士、爱心善士，分别参与小院公益牵头、调解矛盾、传递信息、防控应急、勤于助人等内容的自治，紧密联系并服务院邻互助。二是注入法治观念，在普法宣讲的基础上，结合乡约民俗、家风族谱制定小院院规，对村民的日常行为、文明礼仪等加以倡导和规范。同时，通过社区 E 通，将自治小院融入智能化网格体系中，以实现“镇—村—院—村民”的联动和互动。

香龙镇的实践表明，通过融入智能化网格服务体系、打造智慧平安乡村、划小治理单元等措施来探索“三治融合”的智慧乡村治理，形成的是以智能化网格服务为主，以智慧信息采集设备、“6995”热线、微信群等信息化手段为工具，以小院自治为基础单元的网格化、“三治融合”的治理模式。虽然说这种治理模式对于实现治理重心下沉、治理覆盖、智慧治理发挥了至关重要的作用，但是在实践中还是更侧重乡村平安建设，未能解决由人口流出带来的村级组织涣散失效、政策落实障碍重重、村情民意载体缺失等难题。

四、城乡接合区域的数字治理平台

第三种模式是：面对城市化的潮流，运用数字技术开发新工具，让村民、村组织、镇区职能部门进入同一个数字乡村平台，以适应快速变化的乡村治理需求。在这类乡村，依照行政区划属地，划分治理责任范围的网格化还是基础，每一个网格中的人口既是治理的对象，也是参与治理的主体，数字技术实现的是把村、镇、区三级的人、事、组织连接起来结成有行政边界的局部网络，让已快速变化的各类事件涉及的人和组织在平台上直接见面，从而既回应乡村内部的诉求，落实国家的方针政策，也实现村内村外的连接，内外结合，实现乡村治理有效。

上海市宝山区罗店镇地处上海北部城乡接合部，面对着大多数大城市城乡接合部在乡村治理领域面对的问题。第一，人在城市工作，户口和土地还留在村组，人是乡村的，生活习惯和见识需求却是城市的，也因此对乡村的公共服务和设施提出了更高的要求，如更优的公共服务、更有序的公共管理、更深入的治理参与、更丰富的精神文化等。第二，快速城市化让每个村组随时都可能面对由政策和利益格局变动带来的利益纠葛，如拆迁利益分配带来的冲突和纠纷，类似于征地款的分配、回迁房的建设与分配等。第三，流入人口的管理。在大城市的城乡接合部通常也是流入人口的聚集地，租房规范的执行、社区安全的保障等都是乡村治理有效必须面对的议题。

罗店镇的应对措施不是自己去独创一套体系，而是把乡村治理融入宝山区的统一部署之中，运用宝山社区通探索乡村治理新模式。宝山社区通是 2017 年宝山区开发的以党建为引领、以移动互联网为载体、以村居党组织为核心、以城乡居民为主体，以有效凝聚民心、精准服务居民村民为特点的数字治理工具。

与一般的政务手机应用程序、微信公众号或网上社交工具不同，宝山社区通有三个突出特点：第一，以应用场景需求为原则进行设计，确保功能适用、好用。宝山社区通以微信平台为基础，以服务民生、推进“四治”（自治、法治、德治、智治）为导向，立足社区特点，围绕村民需求，内容覆盖村民生产生活的方方面面，力图做到“村居为单元、一区大系统”。每个村居相互独立，形成治理单元，便于各个村居党组织、村居委的运行和管理。在此基础上，每个镇街（园区）构成一个大的治理单元，区级形成一个完整的工作系统，并可通过“观察权限”对各村居运转情况进行监管。既让每个治理单元因地制宜、自主运行，又可以保障区、镇街、村居工作的整体推进。第二，实名认证加入，确保有序引导、安全可控。宝山社区通以制度、数字技术和党建引领相结合的方式，确保上线的每一位村居民是“真正的邻居”，发布的是“真切的邻里事”，让村居民摘下“网络面具”，更慎重和更认真地参与村居治理。第三，建立支撑体系，确保推进“又快又稳”。通过建立有机衔接、有序推进、有效运转的“区—镇街（园区）—村居”三级联动工作体系，成立区、镇街（园区）两级领导小组及推进办公室，落实专人负责，加强统筹协调、巡查监督、服务支撑；通过在村居层次明确党组织的书记为责任人，要求村居委成员和社工结合，分工负责相应板块，规范对村民的回复等处置工作，不回避物业管理、社区安全等难点问题，以确保系统有序运转。

截至 2018 年底，宝山区 453 个居委、104 个村委全部上线，54.5 万村居民实名加入，4.3 万名党员在网上亮身份、受监督、起作用，解决群众关心、关切的各类问题 3.5 万余个。在宝山社区通，村居党组织传递党的声音，彰显组织力量，即时回应群众需求，让群众随时随地“看得见、找得到、叫得应”；在宝山社区通，一大批在解决问题中探索出来的好经验、好做法被提炼推广，为进一步提升民生服务的整体水平提供新的支撑；在宝山社区通，群众对社区的抱怨少了、理解多了，冷漠少了、关心多了，“社区是我家，建设靠大家”的浓厚氛围进一步形成，村居民的获得感和满意度也有了显著提升。

以罗店镇南周村为例。南周村尝试运用宝山社区通设立的宝山大调研、社区公告、党建园地、议事厅、物业之窗、警民直通车、家庭医生、村务公开、乡愁乡音等多个板块，让村民包括外出村民在平台上不仅可以反映乡村治理问题、发表对于公共事务的意见建议，还可以让村民获取就业招聘信息、报名参加乡村活动、抒发乡情乡愁等。与此同时，村两委也通过平台收集外出村民对于村务管理、便民服务等各方面的需求，促进线上线下良性互动，努力为村民办实事、解难事，摸索乡村治理的线上线下融合创新之道。另外，党组织也及时获取外出党员的思想动态，广泛发动党员参与社区治理，积极展示党员的示范引领作用。南周村运用宝山社区通编织村民“情感网”、“信息网”、“思想网”和“财富网”，组织到位、落实到位，得到了村民的热情反馈。截至 2017 年 5 月底，南周村宝山社区通的注册人数达 611 人，家庭覆盖率超过 98%，党员亮身份 80 人。

运用数字平台连接乡村与城市，罗店镇力图在治理中把乡村和城市的村居打通，实现乡村治理水平和能力的城市化。回应了大城市城乡接合部村居混杂、事务复杂的治理需求，适应了以村为治理单元的行政体系，以及人地分离、职业多样化、利益仍在村的新生场景，通过回应村民的复杂利益诉求，满足村民参与治理的诉求，实现了乡村治理有效。

上海市嘉定区北管村是另一类城乡接合部。与罗店镇不同的是，北管村不在城市化波及的范围之内；与罗店镇相同的是，村里很多人也都到城里去工作了，且都住在城里。在一个村籍人口多达 2400 人的行政村，常住在村的只有 500 多人。工商业的发展还让大量流入人口聚集在北管村，如前所述，北管村的外来人口最多时达 17 000 余人，一般时节也有 12 000 人左右，出租房有 4800 间。人口流出流进“倒挂”是北管村人口结构最大的特点。外来人口的急剧增加又带来了一系列社会治理的新难题、新矛盾。

由于大量社会冲突和纠纷等混乱局面主要是由在村租住的外来人口激增引发的，北管村治乱的第一步便是从管理外来人口入手。在加强外来人口管理、改善村容村貌、提升民生服务能力的过程中，在村支书沈彪的带领下，构建出了一套适合城乡接合部、人口流出流进结构复杂、满足经济飞速发展过程中乡村治理新要求的常态化乡村治理措施。

第一，加强村两委队伍建设，提升自治能力。在现实中，管好偌大一个村子，光靠几名村干部是不行的。为解决村级管理人员短缺的矛盾，在治理中，北管村特别注意发动一切可以运用的村民力量，陆续组织了包括村民组长、村民代表、联勤队伍、志愿者队伍等多样化的治理队伍。

在北管村，11 个村民小组各自的“责任田”都实现了清楚划分，依托村民户代表推荐，采用公开竞选方式，配备年龄 30～50 岁不等的专职村民组长，每个组长落实第一责任人制度，每年签订聘任合同，详细列明考核内容。同时，建立考评激励机制，对扎实工作、考评优秀的村民组长，选配到事业窗口、村干部储备队伍中，不断激发其工作的积极性。

每个村民组长还配备了一个“小团队”，包括三名村民代表、两名志愿者、两名卫生保洁人员和一名治安队员，负责村民小组的日常管理，包括外来人口管理、治安防范、卫生环境整治等方方面面。村民组长介绍说，“每个村民组都成立党支部，同时设置党员议事点、睦邻服务点、网格联络点，打通村民小组管理‘最后 100 米’。村里和所有村民组员签订聘任合同，并实施严格的考勤考核制度，每天通过‘城管通’点名 4 次，倒逼组员履责”。这样，每个村组“一年 365 天，每天管好一摊事，问题不积累，反而省事了”。

在村一级，北管村还建立了联勤队伍，重点解决一些治理难题。联勤队伍设专职联勤队长一名，招聘若干以退伍军人为主力的队员，分组划区不定时开展流动巡逻，及时排除乱设摊、黑广告、乱倒垃圾渣土等“牛皮癣”问题。依托“城管通”设备、智能手机应用程序等，与监控中心形成“三三三”工作机制，即成立联勤“三级”梯队，创建“三级”响应运作模式，划定“三分钟”响应圈，确保村域问题“即发现、即处置”，为村民筑起一道安全、有效的屏障。

建立党员志愿队伍，把村民力量整合到乡村治理体系中。北管村把党员、志愿者编入村道路保洁、治安巡逻、矛盾调解等多支村民服务队伍，增强村内流动巡逻力量；鼓励具有家电维修、水电维护、个人护理等特长的村民积极参与村志愿服务、安全防护活动。通过树立典型，对勤于工作、热情奉献的联勤队员、村民组长和村民进行事迹宣传，以榜样的力量鼓励更多村民“勤走、勤看、勤问”，使村民自治常态化，村组和谐长效化。通过组织村民代表会议，上门走访村民骨干、老党员、困难户等群体，广泛听取村民民生需求，畅通利益诉求渠道，确保为村民的服务切合实际。同时，把群众亟须解决的问题、提出的意见建议摆上村两委议事日程，制定年度实事工程一览表在村民代表大会表决通过，实现群众工作、群众事项“事前沟通、事中监督、事后评价”，切实维护村民的表达权、参与权和监督权，真正把依靠群众体现在乡村治理有效的“最后一公里”中。

第二，完善制度建设，构建共治网络。在运用一些可以运用到的力量中，北管村立足当好“引导员”，鼓励企业和商户“履约”参与乡村治理，积极探索将“村规民约”延伸到企业和商家，与他们签订“村规企约”“村规店约”，实现诉求互补、治理互动、共赢互惠。在这些约定里，“禁止管网混接、污水偷排”“不得私拉乱接电线”“不得跨门经营”等都被清晰写明。

比如，村两委与村里的 80 多家企业都签了“村规企约”，配合村里开展防火、防盗、防企业违建、防乱倒垃圾、防工业污染“五防”联治，“村规店约”则将商户“门前三包”与店铺租金优惠等挂钩，实现激励和约束相结合。为增强商户业主的法律意识和双向服务意识，北管村定期组织业主开展业务培训、专题讲座、座谈交流，对辖区内商业街实行统一改造，推行“无证餐饮备案纳管”试点工作，有效推进了村级商业群管理升级，让 21 家餐饮单位成功获得镇食品安全办公室发放的备案登记证，进一步规范了商户经营行为。

除驻村企业和商户外，开展新村民（即外来在村租住人口）自我服务是近年来北管村乡村治理的一大尝试。每年年初，制定新村民队伍月度交流和实践活动计划表，并从各村组、公寓、企业选拔新村民组建群众文化队伍、安全防范队伍、家电维修队伍、消防培训队伍，定期组织开展新村民活动。比如，先后邀请 1000 余名新村民参观联勤中心、参与消防演练、了解村治体系，不断增强新村民在租住期间对北管村的归属感和认同感。如今在北管村，来了都是北管人、人人是主人、人人有责任的共治氛围已然形成。

第三，引入信息技术，升级治理手段。北管村党总支以数字技术为支撑，逐步构建“全村覆盖、全天巡逻、全程监管、全方联动、全民参与”的村级自治“一张网”。北管村结合乡村治理需求，建设了一个村级联勤指挥中心，具有集监控设施设备信息汇集、联勤信息汇聚、企业监控视频资源整合、移动设施设备信息汇总、多部门信息共享等多项功能于一体的综合管理信息系统。通过村里安装的 100 多个监控探头，联勤指挥中心的 9 个实时画面覆盖全村，让村里角角落落实景实时呈现，还有联勤队员带着“城管通”终端 24 小时轮流巡逻。

运用数字技术工具，责任人员一旦发现黑广告、乱摆摊、违法停车等行为，马上用“城管通”呼叫联勤队员，3～5 分钟就可处理。在调查时，我们发现，北管村还在尝试对村民生活空间进行管理方式创新，2018 年北管村“110”接报数下降 20%，扒窃拎包案件也同比下降 75%。

为方便村民及时了解乡村工作动态，积极参与乡村事务和乡村治理，及时整改服务盲区，北管村党总支还建立了“村民手机短信”平台、微信公众服务平台，定期将党务村务动态、办事指南、管理要求、群众活动等内容通过多个平台进行推送，让村民第一时间掌握各类服务信息，对寻求帮助的村民及时予以政策解答、实施工程改进，着力打造“指尖”上的互通服务。依托“小联勤”和“智慧公安”等体系，北管村又将这些平台与“城管通”相连接，让村民在第一时间参与村务治理，进一步提升了村庄治理的智能化水平。

在实践中，北管村还依托数字技术探索村域环境精细化管理。比如，对 10 个村民小组的民宅实施封闭化、半封闭化管理，在村民小组的唯一出入口安装电子闸门，人员、车辆出入都要刷卡。又如，对村里的 22 条河段，使用河长制手机应用程序，运用 GPS（global positioning system，全球定位系统）对巡河人员进行精准定位。再如，将乡村精细化管理和乡村传统特色保留点的精美规划建设结合起来，为北管人打造一个美丽、宜居新家园。在数字技术助力下，北管村的乡村治理在管好、管细、管实、管准百姓百事中，践行着让村民有更多获得感、安全感、幸福感的初心。

村居治理是一个国家治理体系的末梢，也是城乡一体化发展中的一块“短板”，进而也是一个国家治理能力的短板，特别是在城乡接合部。伴随着乡村城市化的进程和外来流动人口的大量涌入，治理矛盾更加集中，问题更为突出。北管村用十年时间完成了乡村治理的常态化机制建设，依靠日常工作事项和长效机制保证了一年 365 天的常态水平，并借助数字技术应用实现了从“整治”、“管治”到“四治”，再到快速、平稳发展的目标。

五、智慧治理与数字乡村平台

第四种模式是：运用公益性数字治理平台，开发既个性化又可以互联互通的乡村治理数字平台，与村民社区性社交行为交互，让乡村和涉及乡村治理的多主体参与，实现乡村振兴的多场景整合，让产业兴旺、乡风文明、治理有效在同一个平台上相互促进，赋能生态宜居和生活富裕。

与上述三类乡村比较，中国的大部分乡村，一方面，大量且频繁的人口流动让其不得不面对乡村治理的诸多痛点；另一方面，资源尤其是资金的匮乏又让其在需要大量投入的数字技术面前倍感无力，不可能像前三类乡村那样或建立自己的数字治理平台，或依靠几十年治理经验积累嫁接数字技术，或将传统的邻里互助带进网格治理框架，因而，产生了更加迫切的治理和治理工具需求。

腾讯“为村”（WeCounty）作为可定制化的通用型数字乡村平台，恰好适应了中国广大乡村智慧治理的不同需要。“为村”不是一个智能手机 App，而是一个承载于数字社交平台微信上的微信服务号，是一个以微信服务号为入口的技术数字平台。作为数字乡村平台，“为村”针对的正是“人地分离”给乡村治理带来的困扰，同时针对的还有中国大多数地区在建设数字乡村平台中面对的缺资金、缺技术和缺人才的困境。遵循“互联网+乡村”模式，“为村”既可以为每一个乡村定制自己的数字乡村治理平台，从而帮助实现乡村“党务、村务、事务、商务”四务的上下交互和平行，疏通原本堵塞的上下交互和平行通路，创造乡村治理中人、事务、组织等主体真实的和虚拟的“共同在场”；又在国家层面把每一个运用“为村”的乡村连接起来，为解决乡村治理的诸多痛点提供相比其他数字化解决方案更具可适应性和可覆盖性的方案。截至 2020 年 12 月，中国共有 16 283 个村庄、超过 250 万村民，包括 18 万党员认证加入了各自乡村的“为村”社区，共覆盖 29 个省级行政区，主要集中在山东、广东、内蒙古、四川等省区市。

在不同地区，“为村”应用的领域各有侧重。以经济发展水平为案例选择依据，我们纳入了湖南省湘西土家族苗族自治州保靖县茶市村、广东省阳江市、上海市奉贤区青村镇和四川省邛崃市等。各地不同的社会经济状况，在“为村”运用中制订了各具特色的实施方案，获得了各自的实施效果。

在脱贫攻坚战决胜之前，茶市村作为一个典型的西部农业贫困村，实施乡村振兴国家战略首先要啃的硬骨头是脱贫。在脱贫攻坚的道路上，面临的最核心困难是由人气低落、经济低迷、村治低效三者相互牵制落入的低位陷阱。茶市的“为村”应用便是在“人气”这一环节寻找突破口，并借此对整体低水平均衡结构发起挑战。

茶市村汇聚“人气”的实践方法是：在个体层次，鼓励村民拥抱新技术，通过地毯式宣传，争取更多村民参与“为村”、加入“为村”，确保家家户户有个“为村代表”“为村发言人”。在村庄层次，由村两委创意或带头，组织一系列创意活动，激发村民参与热情，重塑村庄文化自信，如用“为村”开展“文明家庭评选活动”，让文明新风进农家；开展中小学生暑期读书和写作比赛活动，让优良学风进山村；举办第一届茶市春节联欢晚会，在“为村”上征集春联、征集节目、征求对乡村文化建设的意见，让村民真正成为文化建设的主力。其中，2018 年 8 月 25 日举办的暑期阅读竞赛作品颁奖大会，还创新性地采用了直播的形式，吸引了 1.2 万人在线观看，是村里近年来规模最大、影响最广的盛会。正是“为村”，连接起了村中留守村民与在外打工的亲人，连接起了村民和村干部，连接了茶市村和茶市村外部的世界（图 7-4）。正是有了数字化技术的助力，满足村民需求的事项能够有效开展，村庄“人气”得以重新聚集。“为村”的相关功能与设置，以乡村治理工作和群众需求为逻辑起点，以可用性为基本标准，通过解决茶市村治理中的痛点、难点和堵点，真正解决了各类村庄事务。

丰垌村是发达地区的欠发达乡村，党员在外，组织在村。在阳江市党建引领基层治理的框架下，丰垌村的“为村”实践创新着村党组织的党建和党务活动形式。截至 2018 年 3 月，丰垌村共有 89 名党员，其中至少有 30 人长期在外打工。村党支部开展党建工作面临的最大的痛点是这些外出党员无法正常参加组织生活，开会时到会率不高，表决时难以达到法定人数，使得村党支部的组织活动难以正常展开。对于没办法回村参加组织生活的党员，村党支部也缺乏其他可以掌握其思想近况的途径，更加无法让党员在乡村发展中发挥先锋模范的带头作用。

图 7-4　茶市村举办的暑期阅读班及舞蹈队表演

为解决外出党员“失联”的难题，丰垌村运用“为村”，将党员在“为村”上参加组织活动作为党组织生活的一种创新形式，将他们在“为村”上发表的感想作为向支部和党组织汇报思想、汇报工作的材料，将外出党员与党支部重新连接起来，30 多名外出党员中已有超过 9 成的党员加入了“为村”，其中近 20 位参加了由腾讯“为村”总号发起的“基层党员的一天”主题活动，经过半个多月的坚持，帮助丰垌村以 232 次有效打卡总分赢得了此次活动的第一名。在谈及丰垌村为何能发动这么多党员参加这一活动时，村支书钟运亮解释道：“我就一直在咱们党员群里强调，咱们党员，特别是外出年轻党员，必须要重视这个东西，把这个东西提高为一种党员的党性去重视、去参与，结果效果很好。他们都意识到这点，就主动去参与。”

在党员为了各自家庭的生活而努力时，人与村党组织“失联”了，“为村”则把党员与党组织在数字平台上重新连接起来。第一，通过让党员在“为村”平台上亮身份，用以激励、监督党员，党员即使不在村，也可以在乡村治理中发挥先锋模范作用。第二，通过让党员特别是外出党员上“为村”，不仅让“失联”的党员与村党组织重新连接，重新加入组织生活，及时向党组织进行思想汇报，参与相关主题活动，参加“三会一课”学习讨论，也创新了党员流动环境下的组织生活形式，保障了村党组织的组织性。第三，通过让村党组织上“为村”，拓展了党组织与党员、党员之间的交流和沟通渠道，也丰富了党的方针和政策的传播渠道。丰垌村按照组织规程将可以发布的党的政策文件发布在“为村”上，方便党内外、村庄内外的人及时了解党的最新动态和政策导向，通过传递党员正能量的思想与行为、传递正确的价值观，在潜移默化中也影响并引导村民健康向上的社会风气，避免思想上的滑坡（图 7-5）。

图 7-5　党员参与“基层党员的一天”话题活动示例

青村镇是位于上海市的远郊县，同时面临着人口老龄化和外来人口涌入的双重压力。在同一个乡村物理空间，如何处理不同人群之间的矛盾纠纷是乡村治理面对的最大痛点。比如，在青村镇北唐村居住和生活的人群包括本村户籍人口、上海市其他乡镇居民、外地买房人员、外来租户等。不同人群的生活习惯和传统风俗存在很大差异。在日常生活中，时常因不同习惯之间的交集而发生摩擦，却又缺少及时、有效的沟通渠道。

为促进不同群体之间的互相理解，北唐村尝试使用“为村”平台的“议事厅”模块作为交换不同群体意见、建议的枢纽。例如，村干部经常会接到买房住户有关小区内婚丧嫁娶扰民的投诉，可在本地村民看来，这里是乡下，不是市区，各种仪式都符合当地风俗，既然来了，就要入乡随俗。针对此类事件，“为村”管理员在“议事厅”发起了相关话题，广泛邀请村居民参加讨论，促进不同群体对本地婚丧嫁娶风俗的理解，商议是为保护乡俗留出空间，还是按照商品房小区的标准统一取缔。通过公开议事，不同群体之间达成了一定的妥协：可以保留风俗，不过，尽量不要影响居民的日常生活，互相退一步，多给予对方以理解与包容。人不见面、意见和建议见面，“为村”为在村居住的不同社会群体提供着交换意见的平台，作为乡村公共事务的组织者，村两委的“村务公开”“议事厅”“村内活动”也成为凝聚乡村共识的主导力量（图 7-6）。

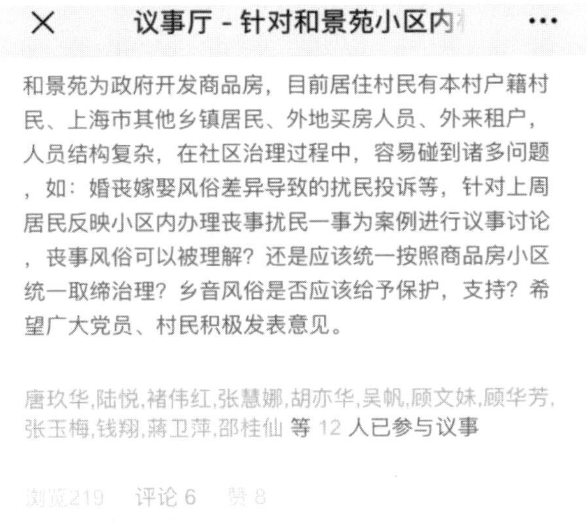

图 7-6　北唐村在议事厅发起议题：
“针对和景苑小区内居民风俗差异引起的社区治理问题”

邛崃市地处西南，物产资源富饶。然而，受限于地理区位、经济发展水平等因素，乡村资源未能推动村民发家致富，不仅各个乡镇出产的优质农产品仍局限于本地销售网络，乡村旅游也尚未打响名号。在实施乡村振兴国家战略的进程中，邛崃市的一大着力点在于，依靠网络平台，将本地产品连接到更加广阔的外部市场，促进乡村产业兴旺。

南宝山镇是近年来邛崃市乡村产业发展的典范。除了本身农林业和旅游资源丰富外，更关键的是通过“为村”搭建起对外传播的窗口。在南宝山镇的“为村”镇总号上，通过查看旅游景点、民宿和特色农产品地图，游客们可以直接与村民联系购买特产、预定住宿或餐饮，从而极大地拓展了买方市场，也便利了买方与卖方之间的连接。据统计，2018 年，南宝山镇全年接待游客 10 余万人，实现旅游收入 1000 余万元，其中，通过“为村”直接和间接带动的收入至少达到 100 万元。在南宝山镇下辖的诸村庄中，大葫村利用“为村”平台增收最明显。大葫村不仅开通了“为村商城”，由“为村”管理员负责收购村里的农副产品并通过“官方”渠道对外销售，村民自己也可以在“供求信息”板块出售冷竹笋、蜂蜜等特产，吸引顾客在线上或线下交易。在调查中我们了解到，通过采用新的冷竹笋销售方式，2018 年大葫村人均增收 2000 余元（图 7-7）。

邛崃市的“为村”商务尝试，为产业兴旺做出了规模，真正连接了财富。为了推广邛崃市的经验和做法，腾讯“为村”总号在“为村一起卖”板块还专门开辟了“四川邛崃市集”，为邛崃市的乡村产业发展导入更多流量。

图 7-7　大葫村农产品店铺界面

作为连接小乡村与大市场的数字平台，“为村”鼓励和引导“互联网下乡，土特产上行”的实践，有力地促进了乡村产业兴旺。不同于电商平台专业化经营的模式，基于社交的“为村”商务，上线门槛低：在村庄层次，只要开通“为村市集”，村里的特色农副产品就有机会以官方认证的方式面向广阔市场；在个体层次，只要学会制作商品详情页，任何村民都能将待出售的商品挂在“村有好货”栏目下供顾客挑选，哪怕只是简单地在“供求信息”中发布有关产品的照片、价格以及联系方式等信息，也能获得村友和买家的关注。对于批量产品，成功促成了线下交易。也就是说，“为村”在推动农产品上行的过程中同时扮演了在线交易平台和信息汇聚中心的双重角色，非常贴近村民技术能力有限、倾向于线下沟通的交易偏好，更好地适应了村民的需求。对于经济相对落后的村庄来说，“为村”开辟的为乡村连接财富的方式，不失为一条谋求乡村经济发展促进产业兴旺的可行之路。

如果把不同经济发展水平的乡村运用数字技术实现治理有效的实践归纳起来便可以发现，运用“为村”，事务聚人气，茶市村作为人口在外、利益在村的老少边穷农村是典型；党务连干群，丰垌村作为党员在外、组织在村的发达地区欠发达农村是典型；村务共参与，青村镇作为人口在城、家户在村的城郊农村是典型；商务新拓展，邛崃市作为人口在村、发展也在村的资源富集农村是典型。

值得关注的是，不论是哪种具体乡村治理场景，各类“为村”最佳案例的实践中也透着共性，归纳起来，有如下四点。

第一，关键组织保障。在“全域为村”情况下，关键组织主要是指区县政府。区县政府，特别是一把手重视至少能带来以下三大方面的正向作用。

首先，可以依靠行政的力量带动整个地区的“为村”推广，在地区范围内营造“为村”建设的活跃氛围，特别是与一个地区只有一个或寥寥数个村庄运用“为村”的情况相比，片区式覆盖不仅能以星星之火可以燎原之势放大“为村”的应用效果，加快形成局部网络效应，还能通过地区总号的运营，降低零散村庄单线生长的孤立性，增加可及内容的统合性。

其次，可以提供坚实的后勤保障，包括组织培训（考虑到“为村”的运营毕竟需要一定的技术门槛，对村干部和管理员的集中培训有助于促使乡村带头人的认识转变与能力提升）、资金支持（考虑到开通“为村”需要 1 万元左右的启动资金和配置必要的机器设备，由地方政府出资得以减少部分手头并不宽裕的村庄的资金压力，而且“全域为村”的打包价格相比单个“为村”的零售价格要便宜得多）、制度激励（由地方政府牵头制定“为村”的运营评价体系，对表现突出的村庄给予物质或精神奖励，对表现不佳的村庄给予相应的批评或惩罚，长期来看有益于形成体制机制的闭环，促进村庄之间的良性竞争）。

最后，可以接入县政府的职能部门，比如网格制、河长制、纪检委等各部门通过进驻“为村”，能同时实现政策的上传下达和民意的下情上达。另外，根据网格长、河长和基层干部在“为村”上的痕迹化表现，各部门也能获取对所有考察对象进行标准化、统一化考核的依据。当然，也方便群众监督，让基层权力的运行更加透明，有利于推动地方数字政府的发展。

在非“全域为村”的情况下，因为没有区县政府的介入，各个村庄基本处于单打独斗的状态，“为村”建设既缺乏区域范围内的良性竞争与协同合作，也无法形成制度激励的有效闭环，直接削弱了地方数字政府发展的能力。不过，若是有某些政府部门的支持，区域内乡村的数字化建设也能在一定程度上获得助力，外加村庄自己努力的话，也是可以在“无依无靠”的背景下闯出一片天地的，实现局部的、个别乡村的治理有效。

第二，关键人物推动。在村庄层次，关键人物主要指村支书、村主任和“为村”管理员。前者扮演着精神领袖、组织领袖的角色：只有村里的一把手在思想认识上重视了，“为村”才有在行动上落实的可能，只有村支书、村主任带头在平台上发帖、互动，“为村”才有成为紧密团结群众的互联网阵地的机会。后者则承担“首席执行官”的职责：通常“为村”管理员都是具有一定文化水平且懂互联网的年轻人，他们不仅需要发挥自己的组织能力，协助村里开展各项线上活动，还需要贴近用户需求，积极反馈用户对于“为村”工具迭代的建议，以促使数字工具向着更契合村民的使用习惯、向着更适应乡村治理的方向发展。二者分工协作，相互配合，共同致力于搭建乡村的网上精神家园，建构实现治理有效的数字工具。

第三，关键内容吸引。在网络上，关键人物只是占据了关键节点或者说“结构洞”位置，要真正将网络上的大量普通村民团结在关键人物周围，而不是浮于表面连接，就需要有关键内容的吸引来加固关键人物与村民之间联系的强度。

一个很有意思的现象是，在“为村”推广过程中，几乎所有村庄在吸引村民认证时都会面临较大阻力，即使村两委不停地游说，由于村民其实并不理解“为村”到底有什么用处，用“为村”又能获得什么，本质上都抱着非常怀疑的态度，村民参与认证的热情不高，认证数量也很容易达到瓶颈。即使有部分村民完成认证，也可能会盯着“为村”公众号的界面不知所措。

这些村庄最终能顺利地吸引大量村民注册上线甚至成功“固粉”，靠的正是“以事聚人”的方式。这个“事”可以隶属于党务、村务、事务、商务等任何领域，也可以是发生在“村友圈”的社交日常。不管是哪种类型的“事”，都必须保持与村民利益的密切联系，只有触及村民的痛点、痒点或爽点，这件“事”才能真正引发村民参与的兴趣、引起村民的积极反馈。而“事”的背后，其实是信息、情感的交汇点，也是财富的来源地。

第四，内生动力培育。“为村”不是，至少不仅是村干部的“为村”，而是村民的“为村”，大家的“为村”，甚至是中国的“为村”。一个村庄的“为村”做得好，离不开关键组织的保障、关键人物的推动、关键内容的吸引这三大要素的妥善搭配和持续生效。不过，这三大要素都只是做好“为村”的必要条件，而非充分条件。要让“为村”真正成为村民的“为村”，还需要从中培育村民的内生动力。而内生动力的培育，则需要一个过程。不少乡村在建设“为村”时，还是用项目制的思路在做，通过运动式活动，发动村民完成任务来实现短期的用户活跃。不过，任务完成了，一时间也活跃了，“为村”也就放在那里了。时间一长，或者等风头过去，这些乡村就会发现，之前的工作不仅缺乏实效，也很难得到村民的认可，其结果就是劳民伤财，白忙活一场。

事实上，越是“为村”做得好的村庄，越是不把一时的活跃当作一回事，换句话说，村庄的活跃应该是“为村”做得好的自然结果，而不是必须要达到的政绩目标。不管是茶市村、邛崃市，还是丰垌村、青村镇，他们做“为村”的真正关注点，都不在于村民参与的一时活跃，而在于，在三大关键要素紧密配合的基础之上，充分运用好“为村”切实解决村民最关心的问题，实现乡村党务、村务、事务、商务、村友圈等各类乡村工作的有序展开，恰当处理乡村治理中的痛点。只有做到这些，村民才会信任村两委，信任“为村”的工具性，并积极主动地参与互动、坚持发声。反过来，大家在“为村”上各尽其责、各得其所，干部工作起来，就会运用“为村”工具，村民有事就会打开“为村”平台，“为村”才会真正成为乡村的数字平台和治理有效的工具。

考察四个村庄的“为村”活跃度（表 7-1），可以发现，湘西土家族苗族自治州的茶市村和邛崃市的陶坝村在各项指标上都要远高于阳江市的丰垌村和奉贤区的吴房村。由此证明，在培育村民内生动力上，前两个村庄要走得更远。这不仅是由于前两个村运营“为村”的时间更长，三大关键要素配合的紧密程度更高，更是由于这两个村在乡村治理中面临的痛点更痛，需要解决的问题也更多，因而，一旦通过“为村”尝到了甜头，村民对于“为村”的依赖性就会提高。体现在村民参与活跃度上，即茶市村和陶坝村处于更加活跃的状态，丰垌村处于相对低一些状态，吴房村则处在更低的状态。

表 7-1　2019 年 1～8 月四个村庄“为村”的活跃度情况

村庄	日均活村民占比/%	月均活村民占比/%	日均互动村民占比/%	月均互动村民占比/%
茶市村	24.18	74.40	18.79	61.03
陶坝村	16.24	63.98	13.45	45.16
丰垌村	6.16	42.87	5.53	30.59
吴房村	4.88	29.25	4.33	24.75

注：日均活村民占比=（ $\sum_1^8$ 日活村民数/截至当月底的认证村民数）/8；月均活村民占比=（ $\sum_1^8$ 月活村民数/截至当月底的认证村民数）/8；日均互动村民占比=（ $\sum_1^8$ 日互动村民数/截至当月底的认证村民数）/8；月均互动村民占比=（ $\sum_1^8$ 月互动村民数/截至当月底的认证村民数）/8

然而，在四个乡村，不管村民参与的活跃程度如何，其中，一个很有意思的现象是，在经过相对较长时间的“为村”建设后，在“为村”上活跃度累计积分排名前 10 名的村民，有一大半都是普通村民，甚至还有几位村民的积分超越了村支书，占据着榜首的位置（表 7-2）。这个事实说明，“为村”参与活跃度的来源并不只是村干部的独角戏，而是广大村民参与的干群戏，在“为村”上，村民是真正的主角。从村干部带头，到村民做主，或许才是“为村”最佳实践案例的应有之意。

表 7-2　截至 2019 年 9 月 25 日四个村庄“为村”积分各前 10 名的村民身份

积分排名	茶市村	陶坝村	丰垌村	吴房村
1	农技专家、村民、驻村工作队队员	在村党员	村治安主任、村民	村民
2	村民	村民	村支书、党支部委员、村副主任、管理员、在村党员	村民
3	村支书、管理员、在村党员	村支书、人大代表、致富带头人、河长、在村党员	村民、贫困户	村支书、村主任、村民代表、人大代表、议事会成员、在村党员
4	村民	村党支部委员、村会计、在村党员	村民、贫困户	村党支部副书记、管理员、在村党员
5	在村党员、驻村第一书记、管理员	村民	管理员、村民	村计生专干、网格员、在村党员
6	村民	村民	村党支部委员、村妇联主席、管理员、在村党员	村妇联主席、村民委员会委员、村民代表、河长、在村党员、管理员
7	村民	村民	村党支部委员、村计生专干、在村党员	村民
8	村民	村民	村民	村民
9	村民	村民	在村党员	村民
10	村民	村民	村民	村民代表、在村党员

对“为村”实践典型乡村的调查表明，“为村”在各地的实践既有选择性，又有普适性，数字化乡村已然显现了苗头。不过，要真正实现数字化乡村的美好愿景，一个关键点在于，各类行动主体需要从乡村治理实践的需求出发，发现不同主体面临的痛点，在促进“为村”迭代优化的同时，为乡村振兴搭建更好的数字操作平台。

六、乡村智慧治理中的参与

从“新枫桥经验”到“为村”，无论是传统经验的当下创新，从本地需求出发的局部数字治理实践，还是从传统治理到运用数字技术进行治理的过渡性尝试，或是运用通用乡村数字平台进行的本地化适配，不管是人口流出地还是人口流入地，也不管是经济发达地区还是经济欠发达地区，实现乡村治理有效的数字乡村实践存在一些共同的特征。

第一，乡村治理虽然面对的现实难题大不一样，也形成了很不一样的治理场景，但乡村治理的内核在本质上是一致的，那就是，如何在行政村和村组层次贯彻党务，执行村务，响应村民事务，发展乡村商务，保障乡村振兴的产业兴旺、生态宜居、乡风文明，实现治理有效，奔向生活富裕。

第二，让村民在户籍地团圆、在居住地参与，是解决人口流动、人地分离带来治理问题的症结所在，也是实现多主体参与，让党务得以贯彻、村务得以执行、村民事务得以落地、乡村商务得以发展，进而实现自治、法治、德治、智治的关键，也是实现治理有效的关键。

第三，无论采用哪种工具，数字技术都是各地实践中实现村民在户籍地团圆、在居住地参与，把“人”与“地”相关联的“事”和“组织”恢复连接的有效技术。运用数字技术，不仅实现人地归位，还让小乡村与大世界、大市场连接起来，为村民进入更加广阔的世界创造条件，从而不仅适应人口流动、人地分离的多种新场景，还赋能乡村产业发展、生态宜居和乡风文明，把外面的世界带进乡村，形塑和谐的社会环境，展现乡村的智慧治理。

第四，虽然各地实践乡村智慧治理的形式不同，智慧的程度也差异很大，不过，治理实施的模式却大致相同，那就是“村两委+公司+村民”。在把数字技术带入乡村的进程中，村两委提出需求，公司提供技术，村民共同参与。值得注意的是，在相同的治理实施模式下，也确实存在组织层次上的差别，即一些地方以区县为单位统一组织，统筹规划和实施，另一些地方则任由村居自由组织。

各地的村情不同，面对的具体问题也有差异，运用数字技术进行乡村智慧治理的方式、方法也会不同。在进一步的发展中，还会呈现出多形式、多种实践并存的格局。在当下，虽然腾讯“为村”是易用且各地渗透最广的方式，但是在未来的发展中，却不一定是唯一的选择，乡村智慧治理的模式还在于治理有效。

第三节　融入数字乡村的智慧治理机制

从案例回到研究主题，我们认识到，不仅工业化、市场化、城市化、全球化是实现乡村治理有效的直接外生变量，是不得不纳入考量的因素，数字化也是实现乡村治理有效的变量，且难以将其直接归入外生变量。这是因为，数字技术还直接影响着治理对象和治理主体社会属性的变化。例如，数字技术应用推动的个体化，即个体因独立性增强对家庭、乡村社区、工作场所的依附性下降，以及由此带来的家庭传统的演变等对治理实践的影响。进一步，我们也认识到，数字化甚至在开启着一种新的社会形态。由此，运用数字技术实现治理有效，与其说是当下各地乡村应对人地分离挑战的权变选择，还不如说是顺应数字时代潮流，趁势而为实现乡村治理有效的主动融入。

一、家庭传统变迁与智慧治理的主体性挑战

乡村治理是一个经典的主题，过往研究面对的是农村、农民、农业等“三农”同村的情境。针对“三农”同村的治理研究，粗略地看，大致可以分为三个阶段。足不出村的传统“三农”，是“三农”的 1.0 格局。针对“三农”1.0 的治理理论，有杜赞奇（2010）的代理人理论。杜赞奇讲的是，20 世纪初，随着国家权力的扩张及其对农民社区的渗透，村落的财政负担日益加重，而充当国家和农民中介的士绅阶级则日益陷入左右为难的境地，要么帮着国家搜刮农民，使自己与社区相离异；要么退出村落政治舞台，求一个清白安静。还有费孝通（1985）的家族治理，一方面，在乡土中国，不论政治、经济、宗教等功能都可以依靠家庭来承担；另一方面，为了经营多种事业，家庭的结构不能限于亲子的小组合，而必须加以扩大。此外，还有礼治秩序，以“礼”这一社会公认合适的行为规范约束行为；还有长老统治，在乡土社会的权力结构中，除了不民主的横暴权力、民主的同意权力，还有异于这两者的教化权力。在我们看来，传统“三农”是一个相对封闭环境的低度平衡状态。

“三农”的 2.0 格局出现在改革开放后。伴随工业化、城市化、市场化、全球化的浪潮，农村成为人口流出地和“386199”部队的留守地。乡村的失衡，不只是由人口流出或流入带来的人口结构失衡，伴随人口失衡的还有经济失衡、社会失衡，甚至政治生态失衡。针对“三农”2.0 格局的治理，既有的研究主要讨论了乡村治理主体、治理权力配置、治理困境等多种议题。

针对乡村治理主体，大多数学者认为乡村治理的主体呈现出多元化和个体化趋势。可如何认识乡村治理主体的多元性呢？张艳娥（2010）从宏观制度性视角将治理主体分为制度性主体与非制度性主体两大类；从微观行为性视角将乡村治理的主体划分为村干部、乡村精英和普通村民。殷民娥（2017）则从宏观、中观和微观三个层次，将乡村治理的主体划分为以政府机构为代表的国家主体，以民间组织为代表的社会主体，以大多数农民及乡贤为代表的个人行动主体。

问题是，那些外出务工经商的人口，特别是从学校毕业直接外出务工、经商的青壮年劳动力，对乡村的依赖感较弱，极少有事务需要主动联系家乡，他们对乡村治理的知情权、监督权等村民权利的需求并不高，事实上也难以真正落实。由此，也导致一些村的财务、村务公开流于形式。在村民选举中，部分村民的真实意愿也无法准确表达，留在农村投票的老幼妇孺由于知识、能力等诸多限制可能使选举的民主性和权威性受到质疑。

“三农”的 3.0 格局是指叠加了信息化的乡村生态。不少学者将信息技术引入乡村治理实践视为解决“三农”2.0 格局难题的方法（张春华，2016）。遗憾的是，学者感知到了“三农”2.0 格局中的难题，也运用思辨的方法进行了逻辑演绎，因缺乏实证研究，尚未涉及对信息技术作用于乡村治理的机制分析。

我们的研究以乡村最佳实践案例为基础，既观察到了“三农”2.0 格局面对的乡村治理挑战，也从最佳实践中观察到了回应挑战的机制。可以说，每一个案例面对的都是多元主体参与、个体主体性增强即个体化给治理带来的挑战。正如刘祖云和张诚（2018）指出的，改革开放以来，农民在一定程度上获得了自由和自主，成了独立的行动者，而不再完全依附于家庭和政治组织。家庭曾经是乡村社会的利益主体，个体伴随着数字技术发展也日益成为乡村社会的利益主体，这便是乡村智慧治理和治理有效必须面对的格局。实际上，正是这两类主体的同时存在才给数字时代的乡村治理带来了新的挑战。

二、主体缺场常态化与解决方案的选择

传统乡村社会始终是主体在场的社会，治理也始终是主体在场的治理，构成的治理机制可以被称为针对治理对象的属地治理。人口流动和人地分离是传统乡村社会迈向现代的必然趋势。与人口流动和人地分离相伴随的则是治理参与主体缺场的常态化和治理对象缺场的常态化。如果说人口流动和人地分离是乡村社会人口格局演变的现象，那么，人口格局演变给乡村治理带来挑战的本质正是主体缺场。为弥合传统乡村治理要求主体在场与人口流动导致主体缺场之间的裂痕，才有了对如何让治理参与主体与治理对象回场的诉求，数字乡村理念和技术正是回应这一诉求的解决方案之一。当然，在当下也是治理有效的唯一方案。

数字乡村有两重含义：一是“连通”，二是“计算”。

“连通”即通过互联网络搭建的数字桥梁，将被人口流动和人地分离分割的人、事、组织重新连接起来。特别是，将外流的人口与在村的亲人和朋友、与村中“四务”和村内活动、与基层党组织和基层行政组织重新连接起来。互联网不只是把失散的村民找回到乡村，还把乡村的村民与世界连接在一起，把乡村产品与世界市场连接在一起，把乡村风貌与世界风物连接在一起，把原本闭塞的乡村推向了以自己为中心的多重网络，不仅拓展了村庄的范围，也促使村庄被世界看见。

在“连通”的基础上，“计算”会留下村民在互联网上的行动痕迹，在数字乡村实名制认证下，还意味着每一位村民必须对自己的言行负责，因为说过的话、做过的事，都会被完整地记录和保存下来，都会留下数字痕迹，并有可能随时供他人翻阅。通过汇聚村民的行动痕迹、事务的进程轨迹、组织的活动姿态，形成了丰富的数据资源，构建了乡村社会涉及一人一事一物的整体态度，或勾勒乡村

社会的整体态势，用以提供给相关决策方参考。

以“为村”数字平台为例。正是从“连通”和“计算”这两个方向切入，从党务、村务、事务、商务这四个领域着手，“为村”实现着对乡村“人—事—组织”连接的完整覆盖，也有可能助力基层社会治理。

就党务而言，“连通”体现在通过将组织生活搬到线上，实现线上线下同步，解决了流动党员不可及的问题，也为由不可及而带来的挑战提供了解决方案。“计算”则体现在根据流动党员在线上发表的感想和参与的活动，作为评判其党员合格性的重要凭证，在既不影响党员正常生产生活的同时，又能充分发挥党员在乡村治理中的模范带头作用。

就村务而言，“连通”体现在通过将各类公开信息、村内活动、村务重大事项的讨论在线化，解决了外出村民无法知晓乡村动态或无处表达个人意见的痛点；让在村和在外的村民同场关注和参与村务。“计算”则体现在汇聚每一位村民的意见、建议、智慧、意志，根据村民投票、报名结果来决定村务，帮助村两委了解村民集体意向，实现村民当家做主。

就事务而言，“连通”体现在将区县各职能部门、各专业机构、各类生活服务提供方连接进来，解决村民在依靠传统渠道满足日常需求时不够便利的难点，解决传统治理中村民“找人难”“办事难”等问题。“计算”则体现在把村民的日常需求与服务提供或关联方关联在一起，让村民根据记录，回顾历史咨询，随时查阅自己需要的专业信息和服务提供方，从而极大地提高了资源提供与资源需求之间的匹配度和利用效率。

就商务而言，“连通”体现在将本地工农业产品放到线上，既提供产品信息扩散渠道，也提供销售窗口，解决了乡村产品销路只局限于本地的堵点，不仅大大拓宽了市场，也有利于促使产品参与更大市场的竞争，实现优质优价。“计算”则体现在根据产品销量、消费者评价等反馈数据来帮助村民或厂家改进产品和服务，帮助买家做出选品决策，以数据驱动乡村产业发展，助力产业兴旺。

三、融入数字乡村是乡村治理有效的必然趋势

对治理有效乡村典型案例调查的结果显示，乡村治理面对着一些共性难题。除了人地分离带来的多种痛点以外，在村人员普遍数字素养缺乏也对数字技术应用带来负面影响。运用数字技术尽管可以让村组的村民实现在线团圆，可在村里，除了发表意见之类的意见参与，还需要有人实体地参与党务、村务、事务和商务活动，譬如在村的信息发布、政策解读和落实、邻里互助信息的发布与响应、农技和商务信息整理和传播，如此等等，都需要在村人员具有一定的数字素养和使用数字技术的能力，包括使用智能手机、拍摄图片、阅读信息、发布信息、回应

需求等。然而，我们的调查显示，即使是在运用数字技术进行乡村治理最佳实践的乡村，也面临着如下三个难题。

第一，村居党员的年龄普遍偏高是现实，缺乏懂数字技术的人才是瓶颈，在村人口智能手机使用能力不足是困难。通过对案例村的调查，我们发现，运用数字技术进行智慧治理做得相对出色的村，一定有年轻人参与，不论是村书记、第一书记、村主任，还是村两委成员，只要有年轻人参与，尤其是有返乡青年的参与，便可以有效运用数字平台，实现乡村治理的有效，治理效率也显著提高。不仅如此，年轻人丰富的想象力也有助于创新数字技术在乡村治理中的应用，最佳实践案例的数字技术应用创新均出自年轻人之手，便是证明。

第二，不同类型数据的互联互通是进一步发展的真正堵点。当下的格局是，除上海市宝山区以外，户籍数据、民政数据、综合治理数据、医保数据等，基本互不相通。为了获得必要的数据，一些部门不得不重复建设硬件设施，软件各自为政。后果是，不仅推高了乡村治理的成本，也无法从数据中更好地挖掘服务需求，更难实现数据驱动的服务效率和质量提升，也无法达成智慧治理的高效率。不同部门对视频设施设备的重复建设便是典型的例子。

第三，一个更加普遍的问题是数据安全。无论在区县还是在乡镇村居，职能部门、干部、村民普遍缺乏数据安全意识，运行系统的数据基本处于裸奔状态。在镇街居委会，数据获取终端已经渗透到了居民楼门，为适应不同人群的应用需求，一些居民楼门已经实现了刷脸入门。可对刷脸数据的存储与安全则不闻不问，任由商业公司处置。在乡村村寨，每一个运用数字技术进行乡村治理的村组都采用了实名认证，但是对村民隐私信息的存储与安全则意识不强，任由商业公司处置。这还不包括与政府政策相关的保密数据、用户医保健康和银行数据等。对乡村治理的发展而言，数据安全存储与应用是前提，也是保障。坦率地说，村镇街镇和村居两级都无力处理数据安全问题，即使有能力，也不经济。

为此，我们建议在既有最佳实践基础上，至少有如下三个方面需要公共政策给予高度重视。

第一，坚持人民主体地位，抓好运用数字技术实现乡村治理有效的顶层设计。首先，在推进乡村治理的进程中，坚持人民主体地位是根本。一是问计于民，充分调动村民的积极性，发挥村民的聪明才智。二是问需于民，充分尊重乡村历史文化传统和群众现实需要，科学把握各乡村的差异性，因地制宜、分类施策、循序渐进。三是问政于民，充分了解和调研村民对美好生活的向往和需求，把提升村民的获得感、幸福感和安全感作为乡村治理的出发点和落脚点，打造共建共享共治的乡村治理新格局。其次，抓好乡村治理的顶层设计，统筹各相关条线部门的工作内容、数据采集和应用渠道。在总结适用性经验的基础上，构筑多主体参与、以块为主、条线融入、数据驱动、多领域应用（党务、村务、事务、商务）

的乡村智慧治理新机制，发挥数字技术在智慧治理中的支撑作用，提升乡村治理的活力和效率，实现“组织有活力、党员起作用、服务有内容、项目有品牌、群众得实惠”。

第二，健全乡村治理有效的运行机制，推进“四治”（自治、法治、德治、智治）融合。运用数字技术，在乡村治理的推进中，体制机制的适用性至关重要。以实现国家治理体系、治理能力现代化为目标，预留城乡治理制度空间，一是加快打造城乡统筹，区（县）、镇街、村居三级联动的乡村治理数字平台。建议在区县层面构建数字治理技术与组织平台，整合条线部门延伸到乡村的信息系统和数据采集端口，通过平台化和接口安全技术，推动信息基础设施共建共享、互联互通、开放兼容，实现技术融合、业务整合、数据融通。二是要坚持以智慧治理为牵引，以乡村治理场景梳理为重点，以社会化、法治化、智慧化、专业化的手段推进乡村治理综合创新，建立智慧治理的技术项目清单、应用场景清单、流程再造清单等制度体系，推动参与、决策、执行、监督、评估、反馈等各环节改革的深化和闭环，以数字智慧服务乡村治理的自治、法治、德治。

第三，加强技术应用培训，构建乡村治理有效共同体。在推进乡村治理中，实现数字技术的包容普惠是目标。一是要特别关注数字技术应用的包容性，开展相关培训，让适宜人群加入到数字技术的使用行列，提升村居民使用数字技术的效能，预防数字鸿沟扩大。只有村居民在数字技术红利中得实惠，才能真正体现乡村治理有效，保障乡村振兴的实施。二是营造“人人是主人，人人有责任”的共治氛围。通过融通线上线下，针对群众的“急、难、盼、愁”，征求意见、征集方案、公布进展、接受监督，让村居民深度参与，提升社区温度；通过线上线下联动，以“乡情”为切入点，引发共鸣，实现邻里互助、爱心传递，让游子“离乡不离心、离村不离情”，提升社区归属感；通过加强队伍建设，将党员、志愿者、新村民、驻村企业和商户整合到乡村治理体系中来，增强他们爱村、为村、忧村的意识，引导他们为乡村振兴贡献智慧力量，让依靠群众、服务群众真正体现在“最后一公里”，提升社区凝聚力，筑牢治国安邦的基础、中国道路的路基。

最后，回归本书的核心主张：治理有效是乡村振兴的应有之意，而智慧治理则是实现治理有效的必然选择。

参考文献

杜赞奇. 2010. 文化、权力与国家. 王福明译. 南京：江苏人民出版社.

段成荣，吕利丹，邹湘江. 2013. 当前我国流动人口面临的主要问题和对策——基于2010年第六次全国人口普查数据的分析. 人口研究，37（2）：17-24.

费孝通. 1985. 乡土中国. 北京：生活 · 读书 · 新知三联书店.

国家统计局. 2019. 中国统计年鉴2019. 北京：中国统计出版社.

国家卫生健康委员会. 2018. 中国流动人口发展报告2018. 北京：中国人口出版社.
国家信息中心. 2016. 中国信息社会发展报告2016. 北京：国家信息中心.
刘祖云，张诚. 2018. 重构乡村共同体：乡村振兴的现实路径. 甘肃社会科学，（4）：42-48.
徐勇. 2000. 挣脱土地束缚之后的乡村困境及应对——农村人口流动与乡村治理的一项相关性分析. 华中师范大学学报（人文社会科学版），39（2）：5-11.
殷民娥. 2017. 多元与协同：构建新型乡村治理主体关系的路径选择. 江淮论坛，280（6）：46-50.
张春华. 2016. 农村民间组织参与乡村治理的解释路径与工具选择——社会资本理论分析视角. 理论与改革，（4）：100-104.
张艳娥. 2010. 关于乡村治理主体几个相关问题的分析. 农村经济，（1）：14-19.
中共诸暨市委政法委调研组. 2017. 打造“枫桥经验”升级版：构建“互联网+社会治理”新模式. 公安学刊（浙江警察学院学报），161（3）：17-24.
中国互联网络信息中心. 2020. 第46次中国互联网络发展状况统计报告. 北京：中国互联网络信息中心.

第八章　县域乡村治理数字化的路径：对浙江五个先行县（市、区）的比较研究①

第一节　引　　言

乡村治理数字化，指县乡政府、村级组织、农村其他组织和主体依托信息技术的运用进行的有关乡村公共事务的决策、管理与多方合作参与的过程。乡村治理数字化显示，在越来越复杂的乡村现代化过程当中，以现代信息技术为支撑、政府与社会力量共同作用、乡村多元主体参与的一种开放的、多元的乡村社会治理格局正在形成。

乡村治理数字化实践这一新现象考验着学者的敏锐感知。这种情况在以往的乡村治理领域研究中并不鲜见。乡村治理主题受到重视之后，理论研究相比实践进展总稍显落后。在学者就乡村治理的定义还未达成共识的时候，国家提出构建乡村治理体系；在学者还在为乡村治理体系包括哪些内容争论的时候，国家提出构建自治、法治和德治相结合的乡村治理体系；在学者还在就自治、法治、德治等三种治理机制能否结合争论的时候，国家又在三治结合格局之外提出推动乡村治理数字化。国家提出的这些政策动向不是无源之水，其背后都有地方实践创新的积累。更及时和深入了解这些实践创新成为深化乡村治理研究乃至摆脱落后研究节奏的迫切任务。

县域乡村治理数字化是乡村治理数字化中突出的现象，对此研究并不多见。从数字乡村发展逻辑入手，也有少数学者明确提出了县域是推进治理数字化的重要层级。有少数学者论述数字县域建设或县域数字化的发展逻辑。他们认为，数字县域建设促进乡村振兴的反向推演逻辑是：乡村振兴的核心是产业兴旺，基础是县域经济的高质量发展；县域乡村产业的基础是农业，核心在于发展智慧农业；县域智慧农业的发展需要数字县域的支撑。正向推演逻辑是：数字县域建设为各种资源的统筹高效利用提供基础，农业资源统筹管理和自然资源高效利用支撑智

---

①本章系国家自然科学基金应急项目“多主体参与、场景关注与乡村智慧治理的研究”（71841003）（承担单位：中国人民大学。课题主持人：仝志辉。课题组成员：董磊明、张英洪、刘传磊、李丁、韦潇竹、孙枭雄、石亚威）研究成果的一部分。本章执笔人：仝志辉、刘传磊。

慧农业；农业作为大多数县域的主要产业类别，智慧农业高质量发展形成县域内产业兴旺的基础，从而实现乡村振兴。他们认为：数字县域更多偏重于乡村农业的数字化、智慧化。

有研究一般性地讨论基层政府数字化治理。笔者根据数字化治理理论的发展趋势来评述数字治理的实践内容，据此提出基层政府数字化治理的运作逻辑、现实困境与优化策略，希望就此构建“基层政府数字治理的总框架，以期指导基层政府数字治理可持续发展”。有研究认为，目前我国基层政府数字化治理平台框架合理，构建逻辑适合，但存在一些问题，需要相应做出一些改变，获得更加理想的结果。但为什么平台内容和构建逻辑都合理，却总是存在一些问题？如果这些问题有独立的原因，又怎么保证不具体深究原因就能给出药方；如果这些问题是相应的框架内容和构建逻辑没有完全实现造成的，是否仅仅加大力度、认真执行即可，而理论研究并无更大用武之地？看来，学者所言的“治理平台构建路径”不能轻信。对于县域乡村治理数字化的一系列待解之谜，诸如，县域乡村治理数字化与县域产业数字化之间具有怎样的关系，县域治理平台使用如何迅速在乡镇和村庄落地，如何吸引农户使用，农户需求如何显现在平台完善过程中，有无产生乡村治理体系改进的实际效果，等等，我们需要打开“黑箱”。

为了获知县域乡村治理数字化的运行实态和其中蕴含的机制与逻辑，本书把聚焦点放在在县域乡村治理数字化上走在前列和呈现出先行格局的浙江省县级单位。这些县更早提出要实现县域乡村治理数字化。深入进行先行区县的研究，可以让我们知道其兴起的来龙去脉，帮助理解其正在显露出来的机制和规律。

县域乡村治理体系推进先行县，县级主要领导重视并亲自部署，并在县乡村三级加以推动，至少全县所有村都部署有关基础设施，使用有关平台并实现数据互联互通，乡村治理有关决策开始使用有关数据，而数字化在推动乡村治理流程改变、提升乡村治理效能或改变乡村治理主体行为上有显著的进展。

本书比较的是浙江省五个县域乡村治理数字化先行县（市、区），它们是德清、象山、建德、临安和龙游。由于浙江是数字政府转型、农业农村信息化的先行地区，乡村治理数字化的提法是和其他数字化提法一起使用的。这就意味着，一定时期有些地方虽然做了乡村治理数字化的工作，但是并没有使用这样的提法。如浙江普遍采用的数字乡村，就包含了乡村治理数字化。一些区县可能做了多年的乡村治理数字化，但是只是在近一两年才明确提出乡村治理的数字化，如建德。有的是将乡村治理数字化放在数字政府转型中，如象山。这就说明，县一级乡村治理数字化的工作是在众多话语背景和发展趋势中展开的，它们并没有遵循同一个模式、同一种路径。本书并不特别比较它们各自是如何从话语上定位它们的工作（虽然有所提及）的，而是注重首先确认它们推进县域乡村治理数字化的事实。

第二节 县域乡村治理数字化推进的背景

一、国家层面的部署

进入新时代以来，我国已经出台了一系列政策文件，做出了推进乡村振兴战略的重大决策部署，也提出了乡村治理数字化的要求。

2016 年 7 月，中共中央办公厅、国务院办公厅印发的《国家信息化发展战略纲要》，从创新电子政务运行管理体制等方面，对以电子政务推进国家治理现代化提出了总体要求。2016 年 9 月，国务院印发《关于加快推进“互联网+政务服务”工作的指导意见》，对加快推进“互联网+政务服务”，实现“互联网+政务服务”城乡基层全覆盖工作做出了总体部署。2018 年 7 月，国务院印发《关于加快推进全国一体化在线政务服务平台建设的指导意见》，就深入推进“互联网+政务服务”，加快建设全国一体化在线政务服务平台，全面推进政务服务“一网通办”，实现网上政务服务省、市、县、乡镇（街道）、村（社区）全覆盖做出了部署。

2018 年 2 月发布的《中共中央国务院关于实施乡村振兴战略的意见》，在部署实施乡村振兴战略时，提出了“实施数字乡村战略”，要求加快农村地区宽带网络和第四代移动通信网络覆盖步伐，开发适应“三农”特点的信息技术、产品、应用和服务，弥合城乡数字鸿沟。2019 年 6 月，中共中央办公厅、国务院办公厅印发《关于加强和改进乡村治理的指导意见》，对加强数字乡村建设和乡村数字治理提出了要求，指出要推广村级基础台账电子化，建立统一的“智慧村庄”综合管理服务平台；推广村级事务“阳光公开”监管平台，支持建立“村民微信群”和“乡村公众号”等，推进村级事务即时公开，加强群众对村级权力的有效监督；加快乡村文化资源数字化，让农民共享城乡优质文化资源；深入推进公共法律服务实体、热线、网络平台建设等。

2019 年 5 月，中共中央办公厅、国务院办公厅印发《数字乡村发展战略纲要》。从治理数字化的制度逻辑来看，这个纲要既是推进数字乡村建设发展的纲领性文件，也是加强乡村数字化智能治理的纲领性文件。它做出了以下五个方面的战略部署和重点要求。

（1）总体要求方面，就是要着力发挥信息化在推进乡村治理体系和治理能力现代化中的基础支撑作用，繁荣发展乡村网络文化，构建乡村数字治理新体系。要依靠乡村数字治理新体系，着力发挥信息技术创新的扩散效应、信息和知识的溢出效应、数字技术释放的普惠效应，加快推进农业农村现代化。

（2）战略目标方面，要求到 2020 年，加快实现“互联网+政务服务”向乡村延伸，推动数字乡村建设取得初步进展；到 2025 年，实现乡村数字治理体系的日趋完善，推动数字乡村建设取得重要进展；到 2035 年，基本实现乡村治理体系和治理能力现代化，推动数字乡村建设取得长足进展。到 21 世纪中叶，全面建成数字乡村，助力乡村全面振兴，全面实现农业强、农村美、农民富。

（3）加快乡村数字治理的基础设施建设方面。包括大幅提升乡村网络设施水平；完善信息终端和服务供给；加快乡村基础设施数字化转型。

（4）加强乡村数字治理体系与治理能力建设。一是要推动“互联网+党建”，包括建设和完善农村基层党建信息平台，优化升级全国党员干部现代远程教育，推广网络党课教育；推动党务、村务、财务网上公开，畅通社情民意。二是要提升乡村数字治理能力，包括提高农村社会综合治理精细化、现代化水平；推进村委会规范化建设，开展在线组织帮扶，培育村民公共精神；推动“互联网+社区”向农村延伸，提高村级综合服务信息化水平，大力推动乡村建设和规划管理信息化；加快推进“互联网+公共法律服务”；依托全国一体化在线政务服务平台，加快推广“最多跑一次”“不见面审批”等改革模式，推动政务服务网上办、马上办、少跑快办。三是要建立健全乡村数字治理的保障措施。特别是要加强组织领导，建立数字乡村建设发展统筹协调机制，做好整体规划设计，研究重大政策、重点工程和重要举措，督促落实各项任务，形成工作合力。另外，还要完善政策支持，开展试点示范，强化人才支撑，营造良好氛围，以便从组织、人力、物力、财力和舆论等各方面，为乡村数字治理体系能力建设和数字乡村建设提供有力的保障措施。

（5）坚持乡村数字治理的城乡融合。其基本要求是要创新城乡信息化融合发展体制机制，统筹发展数字乡村与智慧城市；分类推进数字乡村建设；加强信息资源整合共享与利用。在此基础上，坚持以人民为中心，推动城乡“数字鸿沟”大幅缩小，不断提升农民的数字化素养和数字化生活的获得感、幸福感、安全感。

《数字乡村发展战略纲要》这些方面的部署要求，可以归纳为乡村治理数字化三个层面的发展设计，即乡村数字治理的基础设施和制度规则建设、乡村数字治理的政务体系建设和乡村数字治理对经济社会民生的推动。这是全国各地全面推进数字乡村发展应当遵循的基本要求。

二、浙江省的乡村治理数字化进程

早在 2003 年 1 月，习近平在浙江省十届人大一次会议上，以极具前瞻性的战略眼光提出“数字浙江”建设。同年 7 月，“数字浙江”建设上升为“八八战略”的重要内容。同年，《数字浙江建设规划纲要（2003—2007 年）》出台。

经过多年发展，浙江数字政府和政务系统已经实现了省、市、县、乡、村五级机构的组织在线，完成了五级行政区划的移动联络系统建设，特别是聚焦“最多跑一次”改革的“互联网+政务服务”取得了突破性进展。

在上述工作基础上，浙江对乡村治理数字化提出了一系列部署，也涌现了一些实践创新典型。浙江省德清县、乐清市、桐乡市等 20 个县（市、区）获评“2018 年度全国县域数字农业农村发展水平评价先进县”，占全国 100 个先进县的 1/5。宁波市镇海区形成了社会基层智能化治理的“镇海模式”。浙江省龙游县通过全域推广的“村情通”，探索创新基层智慧治理新模式、新格局，力图成为新时代枫桥经验的龙游样板，即智能化治理的乡村样板。

浙江省各地建立各具特色的乡村智慧治理的平台。如金华 8890 便民服务平台，实现县乡村“三级网络”和电话、网络、短信、微信“四位一体”的便民服务与社会治理新模式；德清把互联网用于农村基层公共服务体系建设，努力打造“高效、快捷、便民”的新型乡村公共服务模式，实现各类服务“一卡通”；象山成立网络民情会办中心；海宁的司法微博；舟山的公共文化服务“网上淘”社会化运作平台；衢州的“农技 110”综合服务平台等。这些适应“互联网+”和大数据发展趋势的信息平台，具有较强的拓展性和整合性，为实现乡村智慧治理提供了技术保障。

2021 年 2 月 18 日，浙江省委召开全省数字化改革大会，全面部署数字化改革工作。数字化改革力求围绕建设数字浙江目标，对省域治理的体制机制、组织架构、方式流程、手段工具进行全方位、系统性重塑。打造全球数字变革高地的改革要求，必将极大推动浙江的乡村治理数字化进程。

在浙江，不少县意识到了乡村治理数字化的意义、必要性和战略影响，但不能夸大数字化政府推进的整体氛围。上级的有关政策提供了政策注意力，提供了注意的客体，但是并没有提供注意的主体，具有上述意识并积极行动的仍然是少数。本章考察的五个县是先进县（市、区），县（市、区）委书记都无一例外地高度重视乡村治理数字化，并且在组织机构、实施方案、政府工作报告方面都有高规格的显示。

第三节　县域乡村治理数字化平台的不同

建设智能化的乡村治理数字化平台，是实现乡村治理数字化的基础，是构建和完善乡村数字治理体系的基本方式。本节将对五县区的乡村治理数字化平台进行比较。

一、德清“乡村治理数字化平台”

德清作为有着十年数字产业发展经验的先行县，虽然从 2019 年才开始系统布局县域乡村治理数字化，但是一出手就是高端定位、着意出新。从 2019 年发布的

《德清县构建乡村治理数字化平台助推数字乡村建设实施方案》文件中，我们可以看出其要建立的“乡村治理数字化平台”的性质。

在德清发布的地方标准《乡村数字化治理指南》中，德清的乡村治理数字化平台被定义为以发现问题智能化、处理过程自动化、事件管理全流程为核心，面向政府部门、乡村基层组织、市场主体和村民等服务对象，提供数据资源整合汇聚、辅助决策的信息化平台，包括数字乡村一张图、乡村治理数据管理系统、数字生活服务平台、治理决策中枢四大板块。

第一板块：数字乡村一张图，是基于地理信息系统和大数据技术，引入数字孪生技术，打造多场景、多业务协同、动态交互的数字乡村全景图。第二板块：乡村治理数据管理系统，即可实现对各乡镇和村庄的后台数据进行实时统计、修改和查询的数据管理系统。第三板块：数字生活服务平台，该平台是基于城市大脑面向公众提供各类智慧生活服务的移动端应用程序。第四板块：治理决策中枢，是以数据为基础客观展现乡村各领域运行现状，为乡村治理提供辅助决策分析的系统。

这四大板块其实是统一的数据底座之上的应用支撑体系。“数字乡村一张图”用于实时动态呈现、分析乡村全域运行状况，为乡村治理提供统一的辅助决策看板；“一端”包括面向村民提供统一的办事服务的“浙里办”和本地数字生活服务的“我德清”小程序，以及面向基层干部办公的“浙政钉”，统一服务应用端口；“一中心”就是整体谋划建设一个“数据融通、跨域联动、平急结合”的乡村数字治理中心。

这一应用支撑体系建立的基础是统一的数据底座。平台要通过多种最新技术，实现最大范围的数据归集。归集 58 个部门涵盖水、空气、垃圾、出行等 282 类近 9 亿条基础数据，梳理乡村治理业务及流程，制定数据归集目录，统筹建设时空基础设施，实现全县遥感监测、卫星定位、基础测绘等时空数据的统一标准、统一采集和统一服务。在利用历史数据方面，要对农村集体资产、农业数字产业等方面历史数据进行可视呈现，对异动数据实行实时管理，对发展趋势进行分析研判。提高决策的综合性、精准度和前瞻性。

决策中心要实现以下步骤。数据互联互通：实时共享时空信息、基层治理四平台、智慧交通、污水处理等 15 个系统数据。流转处置：构建村情民意、遥感监测等问题事件工单流转处置机制，形成全流程数字化管理闭环。让无人机遥感等感知终端发现的问题能高效化解，形成“巡察—发现—化解—评价—巩固”的闭环链条。完善基层治理四平台功能，通过“随手拍”“随心问”，形成问题建议“收集—交办—办理—反馈”闭环处理机制，打造线上群众路线新载体。通过闭环链条的打通，推进多元协同共治。

这一平台不仅要实现数据归集，而且要通过应用支撑体系和具体场景应用，实现乡村治理流程的再造。创新应用场景，推动乡村治理流程再造，实现跨区域、跨系统、跨部门、跨层级、跨业务的管理和服务。

这一平台的框架简要概括是“一三五”，即打造一个乡村治理的数据底座，建立“一图一端一中心”的应用支撑体系，推动乡村经营、乡村服务、乡村监管、乡村治理、基层设施五大领域全方位数字化。实现乡村整体智治。

二、象山“县镇村三级联动治理模式”

象山县委、县政府高度重视乡村治理工作，将加强乡村治理作为全面深化农村改革和推动乡村振兴的重要内容，以推广“村民说事”制度为核心，逐步构建形成了党建引领、村民主体、四治融合的乡村治理体系，走出了一条具有象山特色的乡村善治之路。2018 年，以“村民说事”制度为主要载体的乡村治理“象山模式”写入中央一号文件；2019 年 6 月，全国加强乡村治理体系建设工作会议在象山召开，“村民说事”也成为 2019 年农业农村部发布的首批全国乡村治理典型案例。

象山所要构建的数字化乡村治理归属于其所说的“县镇村三级联动治理模式”。构建这一联动治理模式的指导思想是：坚持共建共治共享，完善党委领导、政府负责、民主协商、社会协同、公众参与、法治保障、科技支撑的社会治理体系，以“村民说事”制度为牵引，构建富有象山特色的县镇村三级联动治理模式。

这样，数字化乡村治理所纳入的是现代化的社会治理体系和县镇村三级联动的乡村治理体系。象山县要着力构建的县域现代化治理体系的目标也立足于长远时段和国家发展大局，象山县现代化治理体系的目标是：到我党成立一百年时，“最多跑一次”牵引各领域改革全面突破、全面见效，形成一套更加完善的县域治理制度体系，数字化支撑全面覆盖各领域，治理能力进一步提升，为高水平全面建成小康社会提供更高效能的治理保障。

到 2035 年，基本实现县域治理现代化，形成与基本建成宁波现代化滨海城区相适应的整体治理效能；到新中国成立一百年时，高水平实现县域治理现代化，形成高水平全面建设社会主义现代化国家的强有力制度保障。

象山县在工作布局上，坚持集成化改革，分头推进建设，逐步整合。把乡村治理放在“三农”发展和乡村振兴战略实施中，聚焦优势领域，推进新时代美丽乡村综合集成改革，深化以“村民说事”为牵引的社会治理集成改革，扩大改革综合示范效应。深化以村民说事制度为牵引的县域乡村治理体系构建和“一中心四平台”（县级社会矛盾纠纷调处化解中心，乡镇综合治理平台、市场监管平台、综合执法平台、公共服务平台）建设两部分，逐步加强整合。但各方面工作都开始逐步进行数字化。

深化完善“村民说事”乡村治理模式的具体做法是强化党建引领，全面推行书记账本制度，做深做实“村民说事”，争创国家标准化试点。以“村民说事”为牵引，强化“四治融合”制度集成创新，高标准推进全国乡村治理体系建设试点示范。深化落实村规民约、村级小微权力清单制度，完善新乡贤参事会制度。实施法治乡村“五个一”工程，健全“一村（社区）一法律顾问”制度。健全红白理事会、道德评议会制度，推行村级慈善“三个一”、诚信指数测评等模式。健全村干部、专职网格员、联村干部、网格指导员以及联村干警协同工作机制，推进信访“四无”村创建。坚持把“村民说事”的理念、导向、方式运用到基层治理各方面、各过程，向居民说事、职工说事、警民说事等领域拓展，推动基层协商与政协协商相衔接、同基层治理相结合，构建共商共建共治共享格局，实现人人有责、人人尽责、人人享有。

象山在乡村治理数字化方面的最新发展是将“村民说事”和“一中心四平台”结合起来。在这两方面的交汇之下，可以看出，是要在农村基层治理方面，形成专题数据库，在社会治理方面的数字化应用上要拓展，构筑即时感知、高效运行、科学决策、主动服务、智能监管的新型治理形态。

象山提出的是一个长短结合的目标。既可以看出他们谋求在战略长远性和措施综合性上在全省占据优势，同时也借以在当下工作中调动各方形成合力。象山的乡村治理数字化所寄身的社会治理平台，由于置身于平台架构中，从数据归集、研判和能力上也是可以得到保证的。

三、建德的“乡村钉”平台

“乡村钉”是阿里巴巴集团针对基层乡村治理开发的应用平台，拥有四务公开、民情反映、人员调查、信息通知等基础功能。在建德推广期间，它发展成“县、镇、村、组、户”五级管理的数字乡村架构网，基础功能进一步扩展。具备以下四种功能。

一是事事上线的乡村数字服务体系。将“最多反映一次”、信访超市、“走村不漏户，户户见干部”等工作从线下搬到线上，通过在“乡村钉”设置“民情反映”“全员群”等功能模块和跳出弹窗、“钉一下”等方式，将村民需要办理和反映的事项在“乡村钉”上提交给村干部，做到问题情况一键反映，打通服务“最后一公里”，实现干部与群众在线沟通“零距离”。2020 年探索使用“乡村钉”在网上进行村级组织换届选民登记及第七次全国人口普查信息核对和录入。接下来，该市还将探索在“乡村钉”上线“农民建房审批”功能，实现资料网上流转、部门并联评审、进度实时反馈、疑问在线解答，依托“乡村钉”和城市大脑中枢平台，探索实施“最多填报一次”模式，精简整合多条线电子台账，让工作在平台上实时留痕、自动生成台账。

二是户户晾晒的乡村数字管理体系。各镇、村因地制宜构建模块化的乡村数字管理机制和体系，如三都镇通过“乡村钉”为每户居民建立一套“数字账本”，聚焦垃圾分类、美丽庭院、爱心公益、邻里和睦、创业致富等乡村治理事项，将村民日常行为纳入“数字账本”积分体系，将各项积分实时晒在网上，进行全民大比拼。整合镇域内的农商银行、超市、医院等资源，将“美好账本”积分与信用数据相嵌套，形成美好治理贷、美好消费券、美好体检单的组合激励套餐。

三是人人参与的乡村数字自治体系。通过在“乡村钉”中开发村务、财务、党务、服务“四务公开”板块，让村民在手机上就能实时了解村情村务，村民在有疑问的公开信息下直接留言，村干部在留言下直接回复，提高了群众参与村务的积极性。在“乡村钉”中设置“村民圆桌会”、“村口大樟树”、村情讨论群等栏目，让村民在线上对产业发展、美丽创建、文体活动、重大建设等事项进行讨论，打造24小时不关门的网上村民议事会。

四是环环相扣的乡村数字监督体系。采集297个重点监督单位行权数据，形成超过1.5亿条信息的庞大“数据池”，开发5套分析方法、295项规则模型和313个专利算法，多维度清洗、比对出隐形问题线索。镇级数字监察平台聚焦政治生态研判、小微权力监管、重点工作比拼等内容，实现智能化监督、分析、预警功能。

四、杭州市临安区的乡村治理数字化平台

2019年12月临安区获批浙江省“数字乡村”试点示范县，2020年10月临安区入选国家数字乡村试点地区名单。“数字乡村一张图”是试点的重要内容，乡村治理专题是其中的重要板块。乡村治理主要涵盖基层党建、集体经济、社会治安综合治理、生态环境四个领域，以这四个领域的统计分析为主，结合重点要素的分布图层展示，反映乡村治理的开展情况和发展趋势；建设数字孪生乡村示范应用，利用物理模型、物联感知、卫星遥感影像等技术，结合一张图可视化能力，映射展示物理乡村全域情况，打造龙门秘境示范点，全面提升乡村治理能力。

数字乡村治理主要涉及两大方面内容：一是乡村治理数字化应用推广。以推进农村基层社会治理体系和治理能力现代化为重点，以信息化、数字化为主要途径，提升临安乡村治理水平。持续实施农村“雪亮工程”建设，提高公共安全视频监控在农村地区的覆盖率；推进城市大脑在乡村治理中的应用，夯实“统一地址库”地址信息基础；全面推动基层治理“四平台”向村级延伸，完善提升乡村治理“智治”的综合治理模式。在板桥镇上田村打造基层村社“智治”创新样板。二是乡村公共服务能力提升。以深化“最多跑一次”改革为引领，加快推进政府

数字化转型与数字乡村建设的融合，在医疗卫生、文化教育、基础水利、畜牧养殖、社区服务、集体“三资”管理等领域组织实施一批数字化应用示范项目，重点发展乡村智慧医疗、智慧健康、智慧旅游、智慧教育、智慧农村水务、智慧畜牧（畜禽污染排放监管）、小微权力智慧监管、智慧出行等民生服务，实现全区数字化公共服务能力和公共服务消费水平同步提升。依托数字乡村数据开放共享数据库，整合政府部门、涉农企业、农业社会化服务组织等信息服务资源，持续深化“最多跑一次”改革，推进“移动办事之城”建设向乡村延伸。

五、龙游的“村情通”平台

“村情通”2016年诞生于浙江省衢州市龙游县张王村，该村支书袁平华以互联网为平台，将传统网格化管理搭上信息化“快车”，在基层党建、村务公开、村务管理和便民服务等方面发挥出巨大功效，张王村也从“后进村”一跃成为“标杆村”。“村情通”从一个村的探索逐步覆盖到全县262个行政村，每户至少有1人关注，打通了公共服务的“最后一公里”，实现了“最多跑一次”改革向村的延伸。尤其在新冠肺炎疫情防控中，龙游县在“村情通”上开发扫码通行、每日上报、智能招聘等功能应用，助力疫情防控和经济社会发展工作。

农村的矛盾纠纷最复杂、利益诉求最直接、民生需求最迫切，因此基层社会治理的重点和难点在农村。“村情通”经过多次改版升级，实现了更接地气、更加主动的基层治理作用。

一是信息公示及时、公开、透明。在主页醒目位置设置公开栏，打通与政府门户网站数据的连接，建立各部门公众号专栏，实现一键同步资讯、自动调用查阅。对法律法规、政策文件、规章制度长期公开，对常规性、阶段性、动态性工作适时公开，对涉及群众切身利益的县、乡、村三级各类重要信息及时公开，让老百姓知道党委政府在想什么、干什么、干得怎么样。

二是诉求办事全面、高效、便捷。完善在线申报系统，将适合网上办理的所有事项应上尽上，做到“一窗式、集中批、联合审、不见面”。丰富“村民信箱”功能，建立代办制好中差评价体系，评价结果自动上传至综合信息指挥中心，纳入网格员考评系统。

三是村民自治有力、有为、有效。开设“大喇叭”专题板块，建立村级聊天群、信息广场，增加村庄大事件直播功能，凡涉及村民利益的重大村务、重要事项都可通过“村情通”平台进行集体讨论、民主协商，实现村民“指尖下”“云端上”的自我管理、自我教育、自我服务。

四是富农惠农聚焦、精准、直接。设置乡村振兴专题板块，整合精准帮扶、涉农补贴、农技110、乡村旅游等涉农功能，推动互联网与农业信息服务、特色产业发展、农产品加工销售、本土品牌打造等紧密结合。

“村情通”接地气、鼓士气、聚人气，是推进基层治理创新的有效突破口。一场以“村情通+全民网格”为依托的社会治理创新在龙游县“遍地开花”，最终形成了以自治为基础、法治为保障、德治为引领，赋予群团组织新动能，为社会组织和市场主体加注新动力，让群众“最多跑一次”甚至“跑也不出村”，带动社会共治共建共享的鲜活实践。

第四节　乡村治理数字化的推广路径

加强和改进乡村治理，县委书记是第一责任人，县级党委和政府是完善乡村治理体系的重要主体。而在强化乡村治理体系建设中，乡村数字化已经是一个非常突出的现象。越来越多的县开始推进县域乡村治理数字化。县域乡村治理的数字化为我们观察新的治理体系提供了机会。

2019 年德清提出构建乡村治理数字化平台实施方案的时候，已经在相关的多个方面耕耘数年，这一方案是多方面工作长期发展趋势的汇合，方案规划的路径也体现了德清乡村治理数字化发展的清晰逻辑。截至 2019 年底，德清在数字产业发展方面已耕耘 10 年，同时也在乡村治理方面探索了 10 年，并提出了实现乡村治理数字化的路线图。在德清，乡村治理紧随智慧城市和政府数字转型的发展趋势，已经势不可挡。

2020 年，德清总结经验时，开篇提出的就是：德清按照省委省政府打造“整体智治”现代政府的决策部署，全面开展全域数字治理试验区建设，坚持把以地理信息为基础而衍生开来的数字技术运用到政府数字化转型工作中，特别是在乡村治理中探索了一条以数字技术赋能撬动乡村振兴的发展新路子。我们分析的五个县（市、区）都处在这样的数字浙江的发展洪流之中。其中提到的以地理信息为基础而衍生出来的数字技术运用，则是德清县政府数字化和乡村治理数字化在实现内容方面的突出特点。这里也告诉我们，德清乡村治理数字化是被纳入政府数字化改革之中的，而由政府由上到下推行，则是德清乡村治理数字化路径的突出特点。

一、县级政府的统筹引领作用

乡村治理数字化越来越以县域方式来推进。在县以上，由中央和省力推的政府数字化转型又在加快改变着县级政府对数字化治理的观念，增强着推进数字化的能力。乡村治理体系建设县级主导、乡村数字化的县级主导和县级政府数字化这三种趋势的合流，使得县越来越成为推动乡村治理数字化的主导力量，县域乡村治理数字化越来越成为乡村治理体系建设中突出的趋势。

所谓县域乡村治理数字化，意味着县级政府推动数字化乡村治理在县域所有村庄推行。从推进路径上，五县（市、区）都呈现出这样的特点。全县（市、区）各级干部，尤其是县（市、区）委书记、县（市、区）长高度重视，出任有关领导小组组长，或者通过县（市、区）委常委会会议或党政联席会议布置。工作形成闭环，有部署，有检查，有考核，有监督。

领导重视是县域治理中表达注意力、贯彻领导意志、分配稀缺资源的重要机制。领导重视是领导代表体制表达治理意志和治理思路的方式，也是推动工作的一种机制。从政策执行角度来讲，乡村治理数字化是复杂性事务，也是一种创新性事务，要想顺利推进，必须实现领导重视。

（一）德清

德清建立了由县委书记总抓，分管县领导具体抓，县大数据发展管理局和农业农村局双牵头，相关职能部门、镇（街道）主要领导作为第一责任人具体落实的体制，同时，建立“专班+专员”和周例会机制，倒排时间节点、任务进度，迅速迭代、统筹推进。

围绕打造“德清县全域数字治理试验区”，立足“八个村”建设为主要内容的乡村治理体系建设，推动乡村治理体系和治理能力现代化水平持续提升，2020年创建省善治示范村 10 个，市级乡村治理示范村 10 个；加快数字化乡村治理体系提质扩面，全域推广“数字乡村一张图”，全面提升乡村治理数字化水平；积极创建全国、省、市乡村治理示范镇（街道）、村，确保全年目标考核任务完成率保持全市领先。

定位目标为县域数字治理现代化。通过治理数字化，创新县域治理方式。全面实施全域数字治理试验区建设，将地理信息、人工智能、云计算等数字技术广泛运用于经济治理、乡村治理、空间治理等各领域，抓实抓好县域空间治理数字化平台、县域经济智能运行体系、“数字乡村一张图”、城乡智慧出行全覆盖等重点突破“十件事”，着力解决县域治理的体制性障碍、机制性梗阻，切实以数字化变革撬动县域智治，全力打造全域数字治理现代化的县域典范。

（二）象山

象山确定了以象山县大数据发展中心为牵头单位，加快政府数字化转型的重点项目，分别是“城市大脑项目”“象山数字港项目”“大数据应用分析平台”“大数据交易开放平台”。

象山在政府数字化转型方面，给出具体战略，乡村治理数字化被纳入社会治理数字化中。高起点推进政府数字化转型。构建宁波政务云象山分中心，加大党政机关、公共服务组织、金融机构等信息系统整合力度，推动数据平台和应用系统上云，构建“一体化”大数据中心体系。打通政务服务、执法监管、基层治理等领域的信息孤岛，构建全县统一的县域治理专题数据库、自然资源和地理信息库。加强“互联网+政务服务”“互联网+监管”机制建设，全面推进“一网通办”“一网通管”，加快建成“掌上办事之县”“掌上办公之县”。拓展深化经济调节、市场监管、公共服务、社会治理、环境保护、政府运行等领域数字化应用，加快形成即时感知、高效运行、科学决策、主动服务、智能监管的新型治理形态。积极探索建立运用互联网、大数据、人工智能、区块链等技术手段在行政管理、产业发展中的应用，探索建立相应的制度规则。象山当前重点解决村民说事中“议事”环节的决策程序规范性不足、主体参与广泛性不足、决策意见权威性不足等问题，探索“线上+线下”结合模式，不断提高各类主体参与乡村治理的积极性、主动性和可能性，全力打造“村民说事”制度升级版。

（三）建德

2020 年 12 月 31 日，建德市委书记童定干参加杭州市委全面深化改革委员会第八次会议时，以“数字赋能推动强村善治、打造乡村治理建德样板”为主题做了交流发言。杭州市委全面深化改革委员会第八次会议认为，建德改革意识强，改革成效明显，“乡村钉”、村官办事、市镇可管、监管互联、乡村治理大平台、治村“五个一”等工作都很务实、很具体且很有成效。下一步，建德要聚焦区域协调和城乡融合发展，在杭州全市大统筹当中，进一步坚定信心，努力成为杭州市“一核九星”城市新型空间格局中的“耀眼一极”，努力打造杭州西部门户枢纽，全面打通“绿水青山就是金山银山”转化通道，着力推进乡村治理现代化。

（四）临安

2020 年 5 月，杭州市临安区成立临安国家数字乡村试点示范建设领导小组，区政府主要领导任组长，分管区委副书记任常务副组长，临安区委常委会委员、宣传部部长、分管副区长任副组长，各镇街、各相关责任部门为成员单位。领导小组下设办公室，办公室设在区农业农村局，办公室下设乡村振兴集成创新示范专班，负责本项目的建设管理。各重点镇街要成立相应的工作班子，组织实施计划任务，出台配套扶持政策。临安区还制定了《数字乡村试点示范区实施方案》，强化任务落实。示范区重点工作任务纳入相关部门、镇（街道）的乡村振兴考核内容中，要求各部门、镇（街道）结合各自职责和实际，明确时间表和任务书，牵头部门强化日常统计、动态监测和综合评价，推动工作任务落实到位。

2021 年 2 月，临安区委书记任职不久，在贯彻落实浙江省数字化改革部署时强调，要将数字化改革作为“牵一发而动全身”的中心工作来抓，用数字化改革倒逼政府、经济、治理变革，深入学习加强对接，各级各部门尤其是牵头部门要加强对接、学习、谋划，建立机制强化保障，统筹考虑实际情况和发展需求，落实人员、资金、政策等各方面保障，加强数字化实用操作，用好用实“浙政钉”“浙里办”等掌上办事平台，加快推进“最多跑一次”改革迭代升级，不断提高服务的高效性和精准度，让群众能够充分共享数字化改革红利。临安区也在努力通过申报浙江省财政厅乡村振兴集成创新示范建设项目，加强顶层设计、综合集成，进一步推进乡村治理数字化建设。

（五）龙游

借助“村情通”，张王村的村容村貌发生了深刻变化，在全县小有名气。2017年4月，由15个乡镇街道17个试点村的党员干部参加的全县美丽乡村现场会在该村召开。借此机会，张王村村支书袁平华介绍了“村情通”的来龙去脉、应用情况以及取得的成效。

参加现场会的县委领导听完介绍后，对“村情通”这一务实、管用的村务治理工具高度认可，认为这是推进基层治理创新的有效突破口，“‘村情通’这个工具接地气，搭建了基层干部与老百姓之间的桥梁和纽带，把这块工作做好，真正到边到底，我们就能打通基层治理‘最后一公里’的‘神经末梢’”。

龙游县在深化“最多跑一次”改革和基层治理“四平台”建设中，以新时代枫桥经验升级版为愿景，按照“党建统领、群众路线、智慧治理”的思路，在东华街道张王村先行先试的基础上，在村（居）推广应用“村情通”信息化平台，创新“村情通+全民网格”模式，探索新时代基层共建共治共享路径。该做法先后被人民日报、半月谈、浙江日报等主流媒体报道；龙游县也因此获得“全国平安建设先进县”荣誉称号，为其他村组织的实践提供了良好样本。

二、推行期如何使得更多乡镇和村庄参与

（一）建德

建德在推广的基础过程上，以基础应用“钉钉”为基础，通过乡镇和村级使用，逐步丰富模块，使其成为“乡村钉钉”，同时利用“钉钉”的数字化组织和协同优势，搭建“市、镇、村（社区）、组、户”多级管理架构。各级同时感受到了“乡村钉”带来的正面能量，巩固了组织推进的成果。

建德市作为全国首批乡村治理体系建设试点示范单位之一，探索建立“互联网+”数字乡村治理模式，提升乡村治理效率和效果，也是其中重要内容。建德市

在推进数字化治理之前，已经率先使用积分制推进乡村治理，积累了“道德银行”等积分治理成功经验，让“有德者有得”。在建德市大洋镇，村民通过在村里做好人好事累积积分，红黑榜每月公布，实时享受金融惠民政策。

2020 年上半年，农业农村部农村合作经济指导司与阿里巴巴达成战略合作，双方将共同推进乡村治理、农民合作社和农业社会化服务组织的数字化，这也成为乡村振兴战略的重要举措。钉钉同步发布春雷计划，宣布拿出 1 亿元补贴普惠 100 个区县，联动阿里巴巴集团多方力量，为 10 000 座乡村提供数字基建。阿里巴巴集团开发了“乡村钉”平台，“乡村钉”是阿里巴巴集团针对基层乡村治理开发的应用平台，拥有四务公开、民情反映、人员调查、信息通知等基础功能，他们想构建“县、镇、村、组、户”五级管理的数字乡村架构网，并正在寻求一个能全面落地试点的县（市）。

2020 年 7 月 9 日，建德市与阿里巴巴集团首次对接，双方一拍即合，就联合深入大洋镇里黄村实地调研，积极打造“乡村钉”全面落地全国第一县、数字乡村“全国样板”，在大洋镇进行模块整合，数据导入。通过调研，双方确定大洋镇试点先行和全市面上推进同步进行。7 月 14 日，召开全市数字乡村建设推进会暨“乡村钉”专题培训会。会后，市里成立 4 个服务团队，分赴 16 个乡镇（街道）专题对接。7 月 16 日，大洋镇“乡村钉”试点运行，将“最多反映一次”“道德银行”等特色做法纳入智慧平台管理，群众反映问题不用再跑到村委会，在家动动手指就能将问题反映到村委会。该模块上线的第一天就收到了 2 件反映件，村管理员通过客户端受理—办结—答复—满意度回访等环节及时将问题进行答复，并取得了五星好评。首战告捷，显示出乡村治理数字化的初步威力。大洋镇庆丰村村民汪国平说，让漂泊在外 30 多年的他，找到了家的归属感。

在大洋镇示范的基础上，各乡镇的专题培训和上线迅速推进。各乡镇（街道）高度重视，及时召开专题会议，主要领导亲自部署。镇村干部积极配合，全天候入户进行“乡村钉”安装和激活，农民群众纷纷点赞。

“乡村钉”平台上线短短 2 周时间，就实现了 262 个村（社）10.24 万户、28.33 万人入驻“乡村钉”，激活 7.84 万人、日活跃 2.04 万人，基本实现村户全覆盖。4 周时间实现更多用户激活。基本做到村民信息全上“钉”、每户都有手持智慧终端，农民网络化组织程度在全国位居前列，实现了乡村人口全天候精准管理。

建德市通过专题培训、竞争评比和总结推广，不断扩面提质，迅速提升平台应用质量。通过竞争评比，调动了各乡镇利用平台的积极性。

在大洋镇试点成功后，开始在各乡镇开展“乡村善治”大比拼活动，每月晾晒比拼结果，通过赛场赛马、比学赶超，一批善治村脱颖而出。这样成功地让平台在所有乡镇迅速落地。激发了各乡镇开发具有本镇特色的应用场景的积极性。如更楼街道率先开展农村家宴中心建设，找到破除隆丧厚葬、推动乡风文明的有效入口；又如大慈岩镇将治理重心下移至邻里，运用邻里“微法庭”等载体，着力打造“新时代 · 邻里睦”乡村治理品牌。

通过竞争评比，激活基层创新能量。如寿昌镇以“云走访”为载体，打造一个村民圈、一个公众号、一个直播间、一个 App、一个二维码“五个一”治理平台，推动“走村不漏户、户户见干部”的寿昌经验不断深化，被评为第二批全国乡村治理典型案例。

通过竞争评比，激活经济发展能量。以“数字+旅游”“数字+农业”为路径，加大产业融合力度，吸引 1500 余名青年人才返乡创业，建成示范型农创客平台 6 家，带动农产品产销 2.4 亿元，实现全市“3020”全覆盖。

2020 年 9 月以来，建德在阿里数字区县峰会上向全国 100 多个区县介绍“乡村钉”推广使用经验。在推进中阿里团队说道：一般一个县需要至少 1～3 年才能完成，“建德速度”的背后，是“乡村钉”强大的数字化组织在线能力和建德各级干部扎实的团队执行力。

在推广的体制组织过程中，建德运用了竞争评比的方式。一是迅速实现了直接进村入户的效果。建德的评比是直接评比“善治村”，而且，每次评比具有相当数量，每月统计一次结果，保证了推广的节奏。二是激发了镇、村开发自己特色应用和场景的动力。把各乡镇和村有特色的数字化治理手段以及线下的管理方式，整合进“乡村钉”平台，实现了倍增和学习效应。借助“乡村钉”的平台，三都镇“美好账本”、梅城镇“千鹤妇女半边天”、莲花镇“集体报账会”、大洋镇“最多反映一次”等优秀经验和做法，其历史传统、文化精髓、经验总结得到了更好的普及和传承，在“乡村钉”平台插上了“互联网+”的数字化翅膀，形成了强强联合、优势互补的协同效应。

从用户参与的动力上看，建德市“乡村钉”注重用户体验的优化和黏性加强。建德市将数字化之前就已经探索推广的积分制进一步优化，将乡村治理重要事务量化为积分指标，加入“乡村钉”。原来的积分制是村干部实地评分、登记加分、人工算分，再张榜公布。加入“乡村钉”后，在手机上完成评分、加分、查分，结果自动生成，全程公开透明。通过积分管理，激发村民参与乡村治理的内生动力，提高乡村治理效能。“乡村钉”上线运行后，“最多反映一次”工作从线下转移到线上，为群众提供了更多的方便。下一步，“道德银行”积分评价体系、村级“四务公开”、村容村貌展示等功能也将逐步开放。数字化、迅捷化的生产生活方式让美丽城镇的红利惠及每一位镇村居民，真正实现了共建共享。

（二）象山

从 2020 年下半年开始，象山开始试点以村民说事“线上线下”联动议事模式创新为重点，建设“线上线下”议事决策系统平台，健全“线上线下”议事决策制度体系，试点先行、边改边推，真正破解好村民说事制度在议事决策中的现实问题。

推进方式以村级试点为主、镇域试点为辅，以农村集体经济组织重大事项为首选领域，选择基础条件较好的 1 个镇乡和 3～5 个村庄开展“线上线下”民主决策系统运行试点。在试点过程中，不断优化平台系统和操作，使之更加符合农村工作实际。坚持边试点、边整改、边深化，鼓励村庄逐步向其他事项决策拓展。

在试点阶段结束后，将在试点的基础上，推进村民说事“线上线下”民主决策向其他领域探索，落实相关部门进一步建立健全线上议事制度体系建设，使村民说事“线上线下”决策系统在更多乡镇（街道）内全域推进，同时探索向村级组织换届选举等特别重要事项延伸。

（三）临安

2020 年杭州市临安区主要从三个方面推进了相关工作。

一是组织实施“149”行动计划。聚焦国家数字乡村试点县创建，启动实施“149”三年行动计划。“1”即打造乡村要素资源数据中心、“数字乡村一张图”和 *N* 个数字乡村特色应用于一体的数字乡村综合管理平台，“49”即建设 9 个省级数字农业示范园区、9 个数字乡村示范镇、9 个数字乡村示范村、9 个数字乡村部门示范应用。2020 年，已完成“数字乡村一张图”框架设计；搭建乡村要素资源数据中心基本框架；完成青山湖街道“青和翼”数字乡村治理平台、太湖源指南村“幸福码”数字乡村服务平台的地区特色应用平台建设。2020 年 9 月底，中央全面深化改革委员会办公室对杭州数字乡村工作进行督查，临安区“青和翼”和“幸福码”作为汇报内容得到高度评价。

二是落实完善公共服务体系。强化人才保障，结合数字乡村工作开展相关培训，设置相关课程，培训数字乡村人才达到 1000 人次/年，以此满足数字乡村人才需求。以乡村振兴战略实施意见为政策主导，加大涉农资金统筹整合，设立财政扶持数字乡村专项资金，确保区级财政重点扶持数字乡村领域，打造一批示范镇、示范村、示范基地、部门示范应用，加快推进完善区级统筹、各级分管的数字化公共服务体系。

三是创新应用数字场景。创新数字乡村“互联网+*X*”应用，一大批应用服务走在全省乃至全国前列。例如，通过“互联网+农民建房一件事”实现建房审批、监管、竣工验收、登记发证的全流程“网上办”、“掌上办”、审批发证“一条龙服务”。再如，“互联网+微法庭”以“智治”实现司法领域“最多跑一次”，建立完善线上线下解纷渠道，实现诉源治理，打通司法服务“最后一公里”，实现服务不间断、诉讼不出村、调解不用跑。加快推进“互联网+*X*”创新服务模式向镇街全覆盖，在服务内容上更贴近“三农”服务需求，在服务覆盖面上向农村衍生，提高乡村公共服务覆盖面及服务品质。

（四）龙游

在对“村情通”进行充分调研论证的基础上，从 2017 年 6 月开始，全县分 4 期开展了“村情通”推广工作培训会，标志着“村情通”从张王村一个村逐步辐射到全县所有的行政村。为营造比学赶超良好氛围，美丽乡村共建共享暨“村情通”推广竞赛活动在全县范围内轰轰烈烈开展。

推广竞赛活动以行政村为单位，以党员教育、垃圾分类、“三务”公开、社情民意收集反馈等为切入口，对“村情通”群众参与度、互动度、关注度、活跃度等指标进行排名，以助推其推广应用。通过举办多轮推广竞赛活动，每一轮排名居前的为“红榜村”，排名居末位的为“黑榜村”，奖优罚劣，且每轮评比规则都在前一轮基础上得到优化。通过竞赛活动的有力助推，截至 2017 年 9 月底，龙游县已有 16.3 万名村民通过“村情通”实现“指尖办事”、参与村级治理，全县 95%的村庄每天通过“村情通”处理群众反映事项 1 件次以上。

（五）德清

2019 年开始，德清开展全域数字治理试验区建设，制定了《德清县构建乡村治理数字化平台助推数字乡村建设实施方案》（德政办发〔2019〕76 号）依托大数据和地理信息数据服务，构建乡村治理数字化平台，探索“数字乡村一张图”乡村智治新模式。

2019 年 7 月，德清县首先以五四村为样本，进行试点建设。在五四村试点中，德清县聚焦乡村治理中的人、财、地要素，统一地理信息数据采集，以发现问题智能化、处理过程自动化、事件管理全流程为核心内容，构建乡村治理数字化平台，推动数据资源整合汇聚、辅助决策，动态掌握乡村生产、生活、生态发展态势，实现“数字乡村一张图”，目的就是建立灵敏、高效的现代乡村社会治理体系。重点突出了三个方面：一是全面推进“清廉乡村”建设，强化村级资产经营管理，推动村务、财务网上公开；二是推进平安乡村建设，坚持发展新时代“枫桥经验”，接入“基层治理四平台”，实现事件处理全流程跟踪反馈，实时掌握村情民意；三是利用大数据碰撞分析和电子围栏技术，对村域人群来源、驻留时长、人流趋势等进行分析，实现人流过密预警，提升突发事件应急处置能力。

2019 年 11 月，德清县开始全县推广。首先，各镇（街道）按照工作实际择优申报，按照集聚提升类村庄、城郊融合类村庄、特色保护类村庄等不同类型确定推广村庄。2019 年 12 月底，完成了 50 余个村（社区）上线乡村治理数字化平台。在 2020 年，通过进一步完善乡村治理数据归集，推动流程再造，丰富应用场景，实施数字化平台标准化建设，规范化运维和市场化推广，全县基本实现了“数字乡村一张图”。

三、线上平台如何融合线下创新

这五个县（市、区）的全面统筹布局与本县域乡村治理数字化的前期探索、乡村治理非数字化的创新或者县域内数字产业在其他领域显现出来的效果等这些本地因素也有联系。这些，不仅对五个县（市、区）选择全域推进数字化乡村治理有推动，也在如何推动数字化平台尽快落地中起到了作用。

（一）德清把乡贤议事厅和积分制等创新数字化

德清通过设立乡贤议事厅、微改革、社区共享、微公益、清廉乡村等线上参事议事平台，不断提高群众自我参与意识，实现线上线下互通，村民只要通过微信端，就可以参与村务管理，政府有关部门就可以及时发现和解决关系群众切身利益的热点、难点问题。例如，新市镇宋市村的“幸福云”，就是通过“阳光宋市”微信端，发布以“幸福指数”为核心的考核体系，将垃圾分类、环境整治、美丽庭院、村规民约的执行效果列为考核指标，量化分值，村民只要通过微信端，就可以参与村级各项事务的管理、决策和监督，打破线上线下的数字壁垒，为村民提供更方便、更快捷、更舒适的公共服务。自 2018 年 9 月“阳光宋市”运行以来，全村 343 户农户积极参与全域环境整治，自我整治率从 30%上升到 90%以上。

莫干山镇五四村推行农村垃圾精准分类过程中，通过垃圾分类实时监控系统，实施收集可视化上传，精准掌握村民垃圾投放的参与度、准确度。

（二）建德把积分制和“道德银行”延伸到线上

“道德银行”和有钱存银行不一样，而是道德“存”银行，借以繁荣文明。在浙江省杭州市建德市大洋镇，有一家特殊的银行——“道德银行”，在这里，村民存取的不是金钱，而是美德。2018 年以来，大洋镇积极探索“道德银行”机制，以行政村与银行共建为载体，将涉及村级治理的各项工作要求，整理归纳为“头雁指数、堡垒指数、廉洁指数、民主指数、经济指数、满意指数、信用指数、平安指数、文明指数、美丽指数”，共 100 分。

每个网格，由一名专职网格员和一名党员担任信息员，做好日常接收记录、存档记录，群众通过“点赞机”刷身份证对好人好事进行点赞，以“三治融合”为评价依据，让一批诚实守信、品德高尚的村民优先享受无担保、无抵押、低利率的信用贷款，让道德“增值”，让有德者有得。

2019 年，有了“道德银行”，大洋镇矛盾纠纷同比减少 323 件，原先信访矛盾较集中的麻车村，实行“最多反映一次”的创新做法后，市长公开电话比 2018

年减少 40 个，信访率下降 85%，乡村更加和谐，乡风更加淳朴。

与此同时，建德以“德文化”为魂，以“党建+”为根，深化“德文化”地域品牌建设，高标准打造德文化示范村、美德驿站等基层示范点。通过“一纵八横”党建示范带建设、选派乡村振兴“特派员”等一系列举措，坚持抓人促事，以党建促美丽经济、美丽产业发展，涌现出钦堂乡葛塘村、大洋镇高垣村、乾潭镇沛市村等一批先进典型。通过打造“一村一品”“一村一特”，呈现出了航头镇乌龙村的“党建+农业”模式，凸显了“粉色桃园、蓝色莼菜、绿色生态、黄色花海”的环境特色和产业特色。

由此，长期以来“沉睡”的村民自治活力仿佛在一夜之间被激活，村级组织作用充分发挥出来，农民主体作用不断凸显，农村发展活力显著增强，农村集体经济逐步发展壮大，农民收入明显提高。

（三）象山把村民说事延伸到线上

象山县围绕“数智”目标，推动全县志愿服务大数据、网上文明实践、婚丧礼俗网络监管、“善行象山云课堂”等数字化平台建设，不断推进新时代文明实践线上线下同频共振。一是搭建志愿服务大数据平台。依托大数据分析技术，建立集志愿服务人力流、资源流、信息流于一体的志愿服务双向对接平台，推动志愿者的基础数据互联、实时信息共享。在新冠肺炎疫情期间，利用这一平台有效掌握志愿服务需求，及时调度 8.6 万名志愿者。二是建设网上文明实践平台。将文明实践中心（所、站）、文明村镇、道德模范馆、文明示范线等实践阵地的信息放到电子地图上，让广大群众在网上了解实践信息，在网上参与文明互动，打造“指尖上的文明实践”。三是婚丧礼俗网络监管平台。建立党员干部婚丧事网上申报平台，搭建农村家宴中心网络监管平台，推动“最多跑一次”转为“一次也不跑”。四是建设“善行象山云课堂”。利用人工智能和云计算等技术，形成“一对一、一对多”实时互动模式，把科学知识传播、文化文艺会演等文明实践活动“搬”到网上，推动网上网下同频共振、线上线下互动互通，实现“一人授课、全员受教”“一村展演、全民共享”。

（四）杭州市临安区用数字化升级“微法庭”等基层探索

临安区的数字乡村治理，充分调动了各个镇（街道）的积极性。各个镇（街道）根据自身的特点，因地制宜地开发实用程序，加强治理数字化建设。其中，青山湖街道建立了“青和翼”智慧青山管理平台、太湖源镇指南村“幸福码”，在中央全面深化改革委员会办公室督察杭州数字乡村工作时，获得高度肯定。“微法庭”“农民建房一件事”“自然灾害应急预警”“安全码”“锦南 e 治理”“河长 VR 巡河”等应用走在全省乃至全国前列，得到了多位省部级以上领导的批示。

青山湖街道根据城乡接合部的特点，逐渐建成一些具备本地特色的数字乡村治理的场景应用。一是“青山湖卫士”移动场景。基于微信移动的连接能力、小程序的便捷性，开发集平安巡防、宣传、爆料、便民服务、城市管理等功能于一体的微信小程序，通过辖区 200 余个平安巡防扫码点以及全民巡防的模式，将辖区内包含治安、人口、出租房、民生服务等基础数据动态信息汇总到“青和翼”智慧青山管理平台。二是出租房流动人口扫码入住场景。青山湖街道共有出租房屋 4400 余户 19 000 余间，租客近 6 万人。2020 年春节以来，为积极防控新冠肺炎疫情，青山湖街道自主开发了外来人口出租房自助登记小程序，确保政府准确掌握流动人口的户籍来源地和行踪，为防疫溯源排查提供第一手数据。三是食品安全智慧监管场景。街道辖区餐饮店、网格员、市场监管所、社会公众通过“食品安全智慧监管平台”线上办事和监管。

截至 2020 年底，临安区共设有 140 个“微法庭”。“微法庭”是一个设置在村社一级的法庭工作室，将法院的司法服务触角、信息化建设成果延伸到基层，能够就地化解纠纷、提供智能司法服务、远程开展普法宣传等，是助力基层治理现代化的重要改革举措。“微法庭”实行“1+3+6”工作体系，即助力培育一批乡村“法治带头人”，突出多元解纷、智能便捷和资源下沉三大特征，实现六大功能，主要包括“总对点”24 小时联络、纠纷就地化解、智能司法服务、远程普法教育、党建结对共建、平台留言等。“微法庭”通过整合村社干部、网格员、乡贤等力量，依托移动“微法院”、浙江 ODR、庭审直播等三个智能化平台，实现建立日常联络机制，及时就地化解纠纷，提供智能司法服务，开展普法宣传教育，协助法院送达执行，提升干警能力水平。“微法庭”通过“互联网+综合法律服务”，打造线上线下立体化调解模式，将诉讼服务触角延伸至基层，从而形成了“纠纷从哪里来，调解回哪里去”的新时代枫桥经验临安实践。

（五）龙游使“村情通”和“全科网格”相衔接

“村情通”代表着线上技术，“网格治理”代表着线下制度安排。在推广“村情通”的应用实践中，始终坚持“技术+制度”，做好“村情通+”的文章，把“网格治理”从多个部门的多种网格整合成一张“全科网格”。“全科网格”依靠各专职网格员，走访网格内村民、收集民情、代跑代办、处理事务等。

在这样的机制整合下，村民逐渐成为共建共治共享的主要力量。通过“村情通”平台“村民信箱”“协商民主”“网上约办”“随手拍”等板块，村民可以随时随地参与村庄事务治理、评议，监督村干部，及时表达意见和建议，也可以实时曝光环境污染、矛盾隐患、平安建设等问题。这些板块功能的完善，使得每一个村民均自发成了“网格员”，实现了人人都是网格内的信息员、情报员、宣传员。“全科网格”迅速升级为“全民网格”。

比如，官潭村村民反映有人无故损坏公共卫生用具，并长期无人治理。网格员收到信息后，立马前往现场查看并通知保洁员进行清理，及时上传了清理后的图片。

浙江省政协领导在带队实地调研“村情通”运行情况后，予以充分肯定和高度评价，认为“村情通”通过“互联网+”的思维和手段开通了为民、便民、利民的“直通车”，形成了掌上化、信息化、扁平化的服务模式，是基层社会治理方式的一项创新。省政府领导在实地调研“村情通”后做出批示：“村情通”的做法实质是利用互联网技术实现了社会自治、共治，是基层社会治理模式的创新，具有推广价值。

第五节　结　　语

面对县域乡村治理数字化的趋势，我们不仅要能从宏观方面理解其发展的“生态系统”，也要从微观方面理解其发展的动力机制。

县域乡村治理数字化发挥其作用的方式，最重要的是进村入户。县域乡村治理数字化平台的搭建和运用，通过以下几个方面发挥优势：通过其便捷的接入，降低农户参与成本，增加有效参与和提高参与的自主性；通过多样化的场景营造，将村民参与扩大到更为深入的村务管理全过程，增强村民参与的深度；通过巨量数据的整合和介入，增强村庄发展同外部发展趋势的良性互动，打通资源下达村庄的通道；通过各类公共服务的线上下村，快速提高乡村公共服务水平。这些优势的发挥，涉及信息基础设施的搭建、数据的整合、数据挖掘和管理、信息安全等多项工作，涉及多个部门。乡村治理数字化进程，又具有极强的动态性。数字化进村，与其他要进村的工作一样，都涉及目标管理、责任划分、部门协同、检查考核，但也与其他要进村的工作有所不同。数字化工作牵涉到复杂的技术系统，更讲究工作动态调整，它是一项越做越多的工作。随着进入的村庄数量越来越多，农户数量越来越多，技术系统升级到新的管理容量，需要相应调整组织架构。与技术的迭代创新一样，推进县域乡村治理数字化的组织体系也需要迭代创新。

我们初步研究了县域乡村治理数字化是如何展开的，县级为什么有积极性去克服技术系统搭建的困难，怎样使得乡村两级干部推动这一工作，怎样解决农户缺乏信息化使用能力这一问题，又怎样将治理场景和传统治理过程实现衔接。这些问题仍值得继续深入研究。在理解这些之后，我们更能理解乡村治理体系“自治、法治、德治和智治”相结合的目标要求和机制。“四治”如何结合，“四治”结合为新的治理机制开发或增强原有治理机制开辟了怎样的空间，这些仍需要更加深入的回答。

参 考 文 献

陈辉. 2021. 县域治理中的领导注意力分配. 求索，（1）：180-187.

沈费伟，叶温馨. 2020. 基层政府数字治理的运作逻辑、现实困境与优化策略——基于“农事通”“社区通”“龙游通”数字治理平台的考察. 管理学刊，33（6）：26-35.

沈费伟，叶温馨. 2021. 政府赋能与数据约束：基层政府数字治理的实践逻辑与路径建构——基于“龙游通”数字治理的案例考察. 河南社会科学，29（4）：86-93.

王铮，唐小飞. 2020. 数字县域建设支撑乡村振兴：逻辑推演和逻辑框架. 预测，39（4）：90-96.

第九章　构建权利开放与要素通畅的城乡土地制度体系①

第一节　研究的背景和意义

改革开放 40 多年来，中国实现了快速的经济增长、结构变迁和城市化。保持了 9.5%的高经济增长率，第一产业对 GDP 增长的贡献率，从 2000 年的 15%下降到 2017 年的 7.9%，而第三产业则从 2002 年的 33.7%增长到 2017 年的 58.8%，最终消费支出对 GDP 增长的贡献率在 2017 年同样达到 58.8%。从产业结构看，我国从过去主要依靠工业拉动转为工业、服务业共同拉动；从需求结构看，我国已从主要依靠投资拉动转为投资和消费共同拉动。由于第一产业主要布局在农村，而第三产业和消费主要分布在城市，经济结构的变化带来了城镇化和就业结构的变化。2017 年，中国基于常住人口统计的城市化率已达 58.5%，基于户籍人口统计的城市化率为 42.3%。从农业劳动力的就业份额看，第一产业占比从 2000 年的 50%下降到 2016 年的 27.7%。

经济结构的变迁和城市化，促使城乡要素流动由单向地从农村流向城市变为城乡互动。在城乡二元体制下，中国城市化的特征是劳动力、资本与土地从乡村单向流入城市，但是城市的人才、资本和技术下乡则面临种种制度障碍。近年来，伴随沿海部分地区经济发展速度下降及乡村旅游产业的发展，生产要素在城乡之间的双向流动逐渐增强（Gao et al.，2018）。休闲农业和乡村旅游的游客数，从 2008 年的 3 亿人次增加到 2015 年的 22 亿人次，在国内旅游业中的比例也迅速从 2010 年的不到 20%增加到 2015 年的 55%。资本下乡的速度和规模也在增加，全国银行业金融机构涉农贷款投放，从 2007 年的 61.2 亿元，增长到 2016 年的 280.2 亿元。部分劳动力从沿海流回内陆。

伴随经济结构的转型，农民与土地的关系以及农村的社会结构发生了分化。这种分化在代际之间表现得尤其显著，集中体现为“农二代”离土出村不回村。20 世纪 50 年代至 70 年代出生的“农一代”大部分并没有变为城市居民融入城市，

---

① 本章为课题“构建权利开放与要素通畅的城乡土地制度体系”（承担单位：中央财经大学。课题主持人：路乾。课题组成员：谢鹏、王鑫慧、张曼、顾丽）研究成果的一部分。本章执笔人：路乾。

而是形成了数量庞大的“两栖人口”，季节性往返于东部地区和中西部农村之间。“农一代”即使来到城市，也是把赚到的钱带回村里建房娶妻。与父辈不同，20 世纪 80 年代、90 年代出生的“农二代”大多已经没有农业生产经验，89.4%的新生代农民工基本不会农活，对土地的感情不深。“农二代”流动范围更广，跨省外出比例达到 53.7%，比上一代农民工高出 6.9 个百分点。“农一代”多是个体进城打工，“农二代”更多是举家迁徙。“农二代”走出乡村后，不把钱寄回来，寄回村的收入仅占外出从业总收入的 37.2%，比“农一代”低 14 个百分点。大多数“农二代”不在乡村盖房子，结婚时在县城买房子，有不少人在县城办婚礼。大多数“农二代”不仅离土出村，而且不返农、不回村，就业在大城市与县城，与城市居民有相同的生活方式和价值取向。人口不断城市化的结果是村庄人口密度下降，人口稀疏和老龄化（Zhao et al.，2018）。

城乡间的要素流动与农村社会结构的变化表明，我国从乡土中国过渡到城乡中国（周其仁，2017）。城乡之间的分工日益深化和明确，既互联互通，又互为补充。“农二代”离土、出村、不回村，在居住、就业、生活和价值观上日益融入城市，而城市居民也更多地参与了乡村休闲和旅游，城乡互动日益深化（刘守英和王一鸽，2018）。

然而，既有的体制机制限制了城乡深入融合发展。尽管中国已进入了城乡中国阶段，但是城乡二元的体制机制割裂了土地、劳动、资本等要素在城乡间的自由流动和合理配置。这种割裂集中表现在土地制度与户籍制度的约束。土地制度分割了城乡土地市场，限制了资本下乡，降低了农民的财产性收入。1998 年修订的《土地管理法》建立了严格控制农地转为非农用地的指标制度体系，并限制了包括宅基地在内的农村建设用地转让权，却提高了农村土地的交易费用。城乡之间的土地交易市场被关闭了。农村最重要的土地资源，无法与城市资金相结合，城乡市场被分割了。2015 年，全国城镇居民人均财产净收入为 3042 元，农村居民人均财产净收入只有 252 元。也就是说，城镇居民经由出租、出让房屋等资产所获得的收入，是农村居民的 12 倍。城乡之间的收入差距，致使农民离土离乡，村庄日益呈现活力不足，发展滞缓的景象。城乡差距的根源是城乡土地市场的分割，农民的资产无法变为资本，财产性收入缺失（Lu and Yao，2018）。同时，“农二代”的教育、医疗、养老、居住和社保等城市权利因户籍制度而受到限制。

党的十九大报告提出“实施乡村振兴战略”。乡村振兴的核心是建立健全城乡融合发展体制机制和政策体系。城乡融合不仅是中国建设现代化强国的重要战场，而且在很大程度上决定“中国梦”的成色。截至 2018 年，中国的常住人口城市化率已达 58.52%，即便如此，仍有 5.76 亿人生活在 559 186 个村落，67.4%的耕地由 2.29 亿户农户家庭承包，农业为农民提供了 38.3%的收入和 27.7%的就业机会，但城乡居民收入倍差仍为 2.71 倍。要缩小城乡差距，实施乡村振兴战略，核心是通过建立健全城乡融合发展体制机制和政策体系，实现城乡要素融合。

不打破城乡之间的制度障碍、建立健全城乡融合发展的体制机制，就无法实现乡村振兴。查明并消除城乡之间的体制机制障碍，促使人口、技术、资本、资源、土地等生产要素在城乡间自由流动与合理配置，对于实施乡村振兴战略，解决城乡之间不平衡不充分发展的问题，为国家制定和实施有效的城乡融合发展战略具有重要的价值。

第二节　国内外研究现状

党的十九大报告提出“实施乡村振兴战略”，并提出“建立健全城乡融合发展体制机制”。城乡融合发展的核心是生产要素在城乡间自由流动与合理分配。中共中央、国务院《关于实施乡村振兴战略的意见》进一步指出“坚持城乡融合发展。坚决破除体制机制弊端，使市场在资源配置中起决定性作用，更好发挥政府作用，推动城乡要素自由流动、平等交换”。在城乡融合提出之前，分别从劳动力、土地、资本等方面，对于城乡间生产要素自由流动的研究较多，但是把城乡作为一个整体，从融合的视角出发开展研究的较少。我们分别从劳动力、土地、资本等方面总结相关研究，侧重于与城乡融合、要素流动及合理配置有关的研究动态。

一、构建城乡统一的建设用地市场

（一）集体建设用地入市是城乡融合的关键

学术界对于土地制度已有较为长期、深入和广泛的探讨。早在 2004 年，周其仁就通过比较详尽的案例研究，指出重新界定农地转让权所面临的限制条件和选择，并提出了修订的《中华人民共和国宪法》、《土地管理法》和《农村土地承包法》面临的主要选择，包括在符合规划和用途管制的条件下集体建设用地入市。蒋省三和刘守英（2004）在对广东省佛山市南海农村工业化的调查基础上提出，让农民以土地权利参与工业化，可以屏蔽国家征地制度对农民权益的侵害，有利于地方工业化，让农民分享工业化进程中的土地级差增值收益。为了更好地保护农民利益，增加农民收入，应加快推行新修订的《土地管理法》，允许农村集体建设用地直接进入市场，实行国有土地与集体土地的同地、同价、同权。高圣平和刘守英（2007）在对浙江等试点地区调查的基础上指出，应制定规范集体建设用地进入市场的条文；充分保障农民获得集体建设用地流转的土地级差收益的权利；改造农村集体所有制，确保农民成为土地流转收益的主要获得者。

（二）土地财政是阻碍改革的核心利益诉求

学界对土地制度改革的呼吁已有多年，但是实质的推动并不快。有学者认为其原因是，在如今的财税体制下，仅仅依靠税收、中央政府调剂收入等远不能满足地方财政支出，因此土地财政成为地方政府收入的主要来源，而要提高土地财政带来的地方政府收入以缓解地方财政压力，其不可避免地就要出现地方政府垄断土地一级市场的现象（周其仁，2004）。刘守英和蒋省三（2005）在分析东部浙江省绍兴县（2013 年撤销县级绍兴县，设立绍兴市柯桥区）的案例后指出，政府主导的城市化推动了城市规模的外延扩张，在预算内带来了产业税收效应，在预算外带来了土地出让收入，“城市扩张依托于与土地紧密相关的建筑业和房地产业的发展”。周飞舟（2007，2010，2012）认为，1994 年的分税制改革，导致地方政府从发展乡镇企业中获得的收益下降，使得地方财权事权不匹配。招商引资一直都是促进地方经济发展的良好方法，陶然等（2007）讨论了地方政府为竞争投资而协议低价出让土地对产业结构中产生税收较高的制造业、建筑业、房地产业等的刺激作用及其对财政占 GDP 比例增加的影响。由于在征地体制上没有实行把土地交易谈判权力交给农民的真正的市场化改革，地方政府在很大程度上仍有单方面制定补偿标准的权力，土地出让的市场化难以实现。低价征用农地为低价出让土地提供了条件。

二、宅基地制度改革：取得、转让、有偿退出以及“三权分置”

（一）宅基地取得制度

高圣平和刘守英（2007）认为，中国现行宅基地使用权制度过分强调行政审批在宅基地使用权初始取得中的作用。基于宅基地使用权的用益物权属性，应当按照他物权取得的基本原理重构宅基地使用权初始取得制度，明确农村土地所有权人的地位，并在公示方法上采用占有和登记两种方法。

（二）宅基地转让

从经济与社会综合发展的角度，韩康（2008）指出，农村宅基地问题的最终解决，要适应市场经济发展的大趋势，按照党的十七大报告提出“发展各类生产要素市场”的重要方针，逐步调整和改革现有的宅基地产权制度，探索建立具有中国特色的农村宅基地市场。在对北京郊区宅基地市场进行研究之后，章波等（2006）指出，经济发达地区的宅基地流转市场日趋发达，宅基地管理应采取疏导方式而非强堵手段。通过土地管理制度改革，依法准许宅基地入市，建立合理、健康的农村宅基地流转市场，统筹城乡协调发展，保护农民利益。

（三）宅基地退出

欧阳安蛟等（2009）指出，农村宅基地退出机制的缺失是导致目前中国农村宅基地利用存在问题的根本原因，建立以激励机制和约束机制为核心的宅基地退出机制是改革和完善农村宅基地使用管理制度的重要方面。农村宅基地退出机制的建立应以保障农户对宅基地的合法权益、不增加合法占用宅基地农户的经济负担为基本前提，重点是建立农村宅基地收回补偿制度，健全多元化的农村住房保障体系，实施农村宅基地有偿使用制度，以及健全农村宅基地整理、置换、复垦机制。

（四）宅基地“三权分置”制度改革

2018 年中央一号文件首次提出，探索宅基地所有权、资格权、使用权“三权分置”，适度放活宅基地和农民房屋使用权。对于这个新的制度尝试，学术界的讨论并不多。董祚继（2018a，2018b）认为，农村宅基地与承包地尽管功能各异，但在农村发展稳定中的作用和改革面临的制度障碍相似，可以互相借鉴，宅基地“三权分置”改革可以成为改革的突破口。岳永兵（2018）将“三权分置”解读为：①落实所有权，增强所有权主体自治权利；②稳定配给权，夯实农户住房保障基础；③放活使用权，显化宅基地财产权收益。

三、农村金融与资本下乡

（一）农村金融的交易费用高，正式金融制度不发达

由于交易费用高，乡村金融市场不发达，以亲缘关系为纽带构成的传统社会网络为村民提供了风险分散和金融机制。在同陌生人之间存在高交易费用的约束下，由于乡村基于个体分散决策的日常投资与生产方式、缺乏社会保障下的风险规避行为模式，以及以家庭为基本组织单位，乡村的金融高度基于社会网络（王曙光，2017）。叶敬忠等（2004）认为，农村正规金融主要供给对象是富裕的、拥有较高社会资本的农户；而贫困农户则主要从非正规金融渠道获得金融支持。农户强烈的用于生活性消费的金融需求主要由非正规金融途径提

供，农村非正规金融以关系型信用为基础，具有隐性利息。王芳（2005）认为只有当公共保障机制取代家族保险功能，农民收入水平提高到一定程度，现代商业性金融才可能引入广大农村。政府的首要职责就是提高农民收入，培育现代金融需求。

（二）土地产权缺失带来了抵押资产的匮乏

由于农村缺乏资金，融资成本高，大部分农村缺少发展或再造的启动资金。然而，社会资本下乡却面临着缺少土地与房屋产权，无法开展抵押融资的问题。要发展乡村，就需要赋予农民土地的转让权，从而利用城市资本获得一笔初始投资。利用集体土地入市与土地指标交易机制（如增减挂钩与小挂钩等），在更大范围内建立公开的土地指标交易平台，既可以为乡村发展融资，提高农民的财产性收入，也可以更加公开透明地保护农民的权益（Lu and Yao，2018）。

（三）资本下乡与村庄再造

焦长权和周飞舟（2016）指出，工商企业资本下乡在中西部农村地区成为一种普遍现象，政府和企业合作完成了对村庄的“经营”和“再造”，这是地方政府依托弹性土地政策和财政专项资金，积极鼓励和引导的结果，也是“经营城市”模式在广袤农村的延伸。资本下乡后大力推动“农民上楼”和土地流转，构造了新的村庄治理结构：村庄日益依附于公司，公司替代村庄成了基层治理的社会基础。在这一过程中，政府和企业联合“经营村庄”对村庄社会产生了深远影响。

第三节　权利开放——中国土地制度改革的经验与展望

土地是重要的生产要素，其产权安排对经济发展具有至关重要的影响。中国土地制度改革之路，是土地使用权、收益权、转让权不断重新界定的过程，也就是还权赋能的过程。

一、改革前的中国土地制度

改革前，我国实行的是城乡二元的土地制度。城市土地属于国家所有，农村土地属于集体所有。名义上，土地的所有权是界定的，但是土地的实际产权却是不清楚的。在传统的集体所有制下，生产队是农业生产和收入分配的基本单位，分配上实行平均主义。农户不具有清楚的土地使用权、收益权和转让权，劳动投入的激励较小，土地的使用效率低。城市层面，改革前实行的是土地行政划拨制度。国家将征用的土地无偿、无限期地供应给使用者，且不允许使用者转让、出租、抵押。使用者缺乏转让权，土地使用效率低。

二、农村土地确权入市解决了吃饭问题

包产到户开启了农地制度改革，其实质是重新界定农地产权。农户成为农业生产和收入分配的基本单位，“上缴国家的，留够集体的，剩余是自己的”。包产到户没有打破集体所有权，但是更清楚地界定了农户的土地使用权和收益权。农地改革带来了粮食产量和农民收入的大幅提高。

此后，为了稳定农村产权制度，多份中央一号文件以及《农村土地承包法》，逐渐将改革后的农村产权制度上升为法律。国家推进土地确权到户，延长土地承包期 30 年不变乃至长久不变，规范土地承包经营权。其实质是将实践中不断发展变化的农地使用权、收益权、转让权，在国家和法律层面予以确认。

20 世纪 80 年代中期至 90 年代末，乡镇企业异军突起，需要大量建设用地。1985～1997 年，集体建设用地每年使用量超过同期国有建设用地使用量，大量农村土地从农业用途转为非农用的建设用途。这一时期，国家采取“三允许”政策，允许农民在集体土地上办企业、建城镇、直接进入市场。土地的使用、收益、转让等权利，在实质上得以重新界定。乡镇企业的发展改变了以国有经济为主，国家主导工业化的格局。

可惜的是，农村工业化时期的土地制度改革，没有上升为国家层面的法律。相反，以耕地保护、用途管制为名，土地管理制度的发展实际上严格限制了非农用途的土地产权。宅基地仍然以划拨为主，法律不保护农民的转让权。分税制改革后，面对乡镇企业对国有经济的竞争，地方政府要求企业入驻园区，停办乡村工业。国家层面，1998 年修订的《土地管理法》，限制了集体建设用地入市，取消了农民的土地转让权。用途管理制度限制了农民的土地从事非农用途的使用权，也间接约束了农民宅基地的使用权。法律产权的变化带来了实质产权的残缺，堵住了农村工业化和自发城镇化的道路。

自 2007 年开始，在成都与重庆等地开展的城乡统筹土地制度改革，试图通过土地确权颁证、集体建设用地入市、村庄整治与增减挂钩、地票交易突破城乡二元土地制度及法律对农村土地产权的限制。改革在缩小城乡差距方面取得了显著的效果，成都和重庆的城乡居民人均可支配收入比，从 2003 年的 2.64 与 3.65，缩小到 2015 年的 1.89 与 2.59。以发展权交易为核心的地票交易在其中发挥了重要作用。但是由于种种因素，成都改革试验的成果尚未上升到法律层面予以确认。

三、城市土地确权入市促进了城市化

城市土地制度改革的核心是促使所有权与使用权分离，建立有偿使用制度，完善土地转让权。1987 年，深圳首次公开拍卖国有土地 50 年的使用权，推动了 1988 年《中华人民共和国宪法》的修改。此后，法律与政策逐步修改，最终形成了以招标、拍卖、挂牌为主的转让方式。法律对土地转让权的认可，促进了土地市场的快速发展。全国经由招标、拍卖、挂牌出让的国有土地的面积和价款，从 2001 年的 0.66 万公顷、492 亿元，提高到 2015 年的 20.44 万公顷、2.86 万亿元。2003 年至 2015 年，国有土地出让面积达到 318 万公顷，实现土地出让收入 25.11 万亿元。2015 年的国有土地出让收入是 2003 年的 10 倍。土地金融逐渐成为地方政府重要的融资工具。2008 年后，地方政府建立融资平台，土地抵押面积和金额从 2008 年的 16.6 万公顷和 1.81 万亿元提高到 2016 年的 49.08 万公顷和 11.33 万亿元。

农民非农用途的使用权和转让权的缺失，以及土地财政的发展，导致征地制度改革进展缓慢。1998 年修订后的《土地管理法》规定，农地转非农建设用地一律实行征地，以计划分配建设用地指标的方式实施用途管制。其结果是，地方政府垄断了土地供应的一级市场，农民集体土地上的乡村工业化发展缓慢。土地与城市规划成为地方政府垄断土地市场，发展土地财政的重要权力。尽管国家在多个文件中提出改革征地制度的方向，但是主要的进展是提高对失地农民的补偿。面对地方政府对土地财政的依赖及对规划的垄断，“缩小征地范围”的进展缓慢。

四、改革经验与展望

（一）改革的实质是还权赋能

我国土地改革的历程表明，改革的实质是还权赋能。还权赋能要求不断重新界定土地的使用、收益、转让等权利。其中，转让权的界定是核心，转让权的界定会促进使用权和收益权的重新界定。

产权的清楚界定，与产权界定的收益和成本相关。在土地市场潜力大，土地的使用价值较高的地区，界定产权的收益要高于其成本，会有更清楚的权利界定。但是，法律对产权的限制会带来土地利用效率的损失和违法现象的出现。在土地使用价值高的地区，不仅企业、农民有动力违法用地，政府也可能会造成土地的不当使用，耕地保护的成本也较高。法律对土地产权的限制，在一定程度上加剧了农村凋敝、城乡差距扩大、征地成本升高，以及支付高昂的耕地保护成本等现象。

还权赋能，尤其是归还农民非农用途的使用权和转让权，对振兴乡村有决定性的作用。集体建设用地入市、宅基地有偿转让、建设用地指标交易、城市更新，仍然是下一步土地制度改革的重点。

（二）还权赋能需要国家的认可

20 世纪 80 年代初的改革，其特征是在中央与地方政府的大力支持下，政策与法律充分尊重个人和基层的首创精神。国家层面的开放态度，离不开邓小平对地方试验的鼓励。1992 年邓小平在南方谈话中提到“改革开放胆子要大一些，敢于试验，不能像小脚女人一样。看准了的，就大胆地试，大胆地闯”①。这种敢闯敢试、大胆突破、敢于试错的思想，符合科学研究的“猜想–反驳”思想。这是推动科学进步与创新创业的主要思维，有助于快速迭代更新，从而有效、快速地积累知识。没有国家层面对基层改革试错的包容乃至鼓励，改革不会进展得如此快。能否在国家层面，较快地将新的产权与合约形式法律化、制度化，是体现国家治理能力的重要标准。

（三）城乡中国的问题需要协同解决

伴随快速的城市化，今天的中国已摆脱费孝通所说的乡土中国，但是并未进入城市中国，而是处于城乡中国的状态。城市的许多问题，其实就是城乡关系的问题。例如，城市中大量的城中村，为外来打工者提供了廉价的住房，但是其居住品质的提升和更新改造，却受到农村土地和规划制度的约束。某些城市楼房的产权纠纷及开发强度的限制，实际是由于其土地产权仍然是集体土地，受乡村产权与规划制度的约束。城市中大量的围绕小产权房问题的纠纷，也是源于未解决的土地问题。被征地农民的社保问题、安置小区物业与居住品质的问题，与城市化的征地模式有密切的关系。其中，问题的解决，需要更快的土地制度改革、法律体制的变化及立法权的下沉，以及中央层面部委权力的削减或整合。城乡中国的问题不是城的问题或乡的问题，而是协调城乡多种权力的问题。

（四）城市化、科技进步对空间确权提出更大的需求

伴随城市化与科技的发展，土地的作用日益下降，空间的作用越来越重要。城市化、通用航空、无人机、农业科技的发展，都对空间资源的确权提出了更多的需求。

城市的诸多空间，其产权没有清楚界定。规划往往限制了开发强度、容积率、高度，这导致大量空间闲置，难以得到有效利用。城市老旧小区的产权混乱、居民与物业公司的产权纠纷，往往导致产权不清、物业及楼宇等空间资源闲置。公

① http://cpc.people.com.cn/n1/2016/0203/c69113-28108195.html。

共道路因缺乏产权归属，无人管理，车辆乱停乱放且容易产生争议。中国城市的居住密度高，对空间利用的需求较高，但是大量产权没有清楚界定，致使商业、教育、医疗往往供不应求。对城市资源的清产核资、产权界定以及城市更新，有助于解决上述问题。

耕地对农业的作用日益下降。笔者于2018年拜访宏富农业项目，该项目采用荷兰科技，在培养基中栽培，向空中种植番茄，其单位面积的产量是普通温室的两倍以上，品质高且可控。农业科技的进步，使农业逐渐摆脱耕地，向工厂转变，朝空间发展。

未来城市、通用航空与无人机的发展更是对空间产权的界定提出了更多需求。未来城市不再依赖于平面区域划分的思想，而是对居住、工业、商业等多种用途在空间的混合使用有更大的需求，会有更多的空中交通的形态，对容积率也会有更高的要求。空间权利的界定，要求规划思想的变化，用更灵活的制度来界定城市空间的使用、收益与转让权。法律上对界定空间产权的缺失，致使潜在的资源利用效率难以提高。

（五）空间规划体制需要反思和改革

我国已离开了计划经济，但是却进入了规划经济。空间、城市、土地、生态、文物、教育、医疗等诸多规划渗入经济的方方面面。受观念与传统的影响，我国的规划带有浓厚的计划色彩。规划的支持者将规划置于市场之上，但是制订规划的部门之间权力边界不清、相互“打架”，规划部门与建设、土地等部门之间、不同区域的政府之间也难以协调，导致规划慢于变化，或制订后难以落地。在这种情况下，诸多产权在实际上是没有清楚界定的，许多城市治理的问题难以解决。

实际上，规划和市场都是界定产权、减少干扰及互相侵权的方式。当权力分散时，规划难以落地，无法起到止纷定争的效果，对资源配置的效果并不比市场好。对同一块空间，不同的人往往有不同的需求，有的希望建图书馆，有的希望建停车场，有的则希望建体育馆。基于调查或某种价值准则的规划，很难评判这些冲突的需求之间，哪个更重要。当产权清楚界定且交易费用较低时，市场可以协调互相冲突的不同需求，减少对资源的争议，并带来资源的有效配置。

伴随城市化、科技进步与市场化的发展，规划与行政权的分散，对资源使用的约束日益严重。反思规划的作用，修正规划与市场的关系，改变现有的政府权力体制和规划体制，对重新界定空间产权具有长期而重要的影响。

我国40多年土地制度改革的经验是，改革的实质是还权赋能，改革的成功依赖于国家及法律层面对产权的认可，未来的改革需要更加重视科技进步与空间确权的作用，反思和改进市场与规划的关系。

第四节　城乡要素流通面对的体制机制障碍

一、集体建设用地缺乏充分的转让权

1998 年《土地管理法》修订前，农村集体建设用地可以合法交易。国家采取“三允许”政策，允许农民在集体土地上办企业、建城镇、直接进入市场。1985～1997 年，集体建设用地每年使用量超过同期国有建设用地使用量。集体土地入市促进了乡镇企业的异军突起，改变了以国有经济为主，国家主导工业化的格局。

1998 年修订的《土地管理法》明确规定“农民集体所有的土地的使用权不得出让、转让或者出租用于非农业建设”①。尽管法律还允许农民自用土地或以土地入股从事乡镇企业，但是在 20 世纪 90 年代末乡镇企业改制后，集体土地合法入市的通道名存实亡。“合法”流转大幅缩减，“非法”流转却快速蔓延。面对法律的限制，农民及其集体大量出租土地，或在土地上建厂房、仓库、店铺出租。在广东、浙江、江苏等经济发达的地区，违法用地较为普遍。集体建设用地无法合法入市，导致农民财产性收入丧失，企业不敢增加投资，阻碍了乡村产业的发展。

尽管我国 2019 年新修订的《土地管理法》放宽了对集体建设用地入市的限制，但是由于对政府征地范围的界定过宽，尤其是对城区连片开发的限定较为模糊，集体建设用地入市的空间仍然极为有限。

二、宅基地制度限制了农民财产权

我国现行的宅基地制度是集体所有制的产物。集体经济组织掌握着村庄宅基地的所有权和分配权，农户以其身份无偿获得宅基地的占有权和使用权。在这种制度下，具有集体成员权的农户具有宅基地的居住权，但是没有收益、转让、抵押等财产权。宅基地的使用权也是受管制的。宅基地制度要求集体组织成员“一户一宅”，但是宅基地的获得需要符合规划并得到政府批准。事实上，不少村庄都有不少农户多占多用宅基地。表面上，宅基地是集体经济组织无偿分配给农民的福利，但是在用途管制的约束下，许多地区已经有十多年没有批准过宅基地了。目前的宅基地制度难以保证农户“一户一宅”的居住权，造成了宅基地的大量闲置和浪费，更导致了农户财产权的缺失。在快速的城市化以及通货膨胀下，城市居民的住房财产大幅升值，进一步扩大了城乡居民的财产性收入差距，宅基地财

① 《中华人民共和国土地管理法》（1998 年）（http://www.law-lib.com/law/law_view.asp?id=419）。

产权的缺失致使农民最主要的资产无法变为资本。

三、用途管制制约了农村建设发展权

为保护耕地，我国采用了严格的用途管制制度。1998 年修订的的《土地管理法》，通过编制土地利用总体规划、划定土地用途区、确定土地使用限制条件，严格限制农用地特别是耕地转为建设用地。被政府征用为国有土地成为农地转为非农用途的唯一途径。其结果是，一方面，政府征地成为城市化的主要途径；另一方面，农村产业发展缺少建设用地，迫使农村涌现大量违法占地。乡镇振兴依托于产业发展，产业发展则需要建设用地。无论是现代农业，还是工商业，都需要大规模的建设用地。用途管制制度导致农民及外来投资者难以使用土地开展建设，丧失了产业发展的权利。

四、产权残缺阻碍了城市资本、人才和产业下乡

在城乡二元体制下，城市的资金、人才和产业下乡面临种种制度障碍。农民的土地不能入市交易，无法拿到银行的抵押贷款，导致城市资金下乡难。金融机构在农村开展产权抵押融资的积极性不高。一方面，受《农村土地承包法》《土地管理法》等现行法律法规的限制，农村土地房屋资产还不是普遍认可的合法抵押物，处置变现较难。另一方面，农村产权主体多元、工作量大而贷款额度小，金融机构开展农村产权抵押融资成本相对偏高，贷款利率高，进一步导致农民群众利用农村产权进行抵押担保的积极性不高。企业下乡拿不到建设用地产权证，不敢进行长期的厂房、设备等固定资产投资，阻碍了企业下乡从事乡村建设与产业发展。城市居民不具有集体经济成员权，难以参与村庄治理，无法获得宅基地等村庄权利，缺乏长期在乡村定居的保障。体制机制障碍导致城市要素难以下乡，极大地阻碍了乡村产业发展和村庄活化。

五、户籍制度限制了城市权利向“农二代”开放

农村的社会结构发生变化。与父辈不同，“80 后”“90 后”的“农二代”离土、出村、不回村，在居住、就业、生活和价值观上日益融入城市。但是，户籍制度限制了“农二代”享受与城市居民平等的教育、医疗、养老、保障性住房、社保等多项权利。教育方面，20%以上的农民工子女无法入读全日制公办中小学校。不少在城市接受过完整义务教育的农民工子女，无法在城市参加中考和高考。医

疗社会保障方面，农民工参加职工基本医疗、城镇职工基本养老保险、失业保险的比率很低。住房保障方面，城市保障性住房基本不对农民工开放，农民工公积金缴存率很低。同时，农村“三留守”问题突出，据推算，2015 年农村留守人员总数超过 1.5 亿人，留守儿童超过 6000 万人，留守妇女约 4700 万人，留守老人约 5000 万人[①]。 2017 年，常住人口城镇化率与户籍人口城镇化率的差距达到 16 个百分点。这意味着，2 亿多农民工进入城市居住、生活，但未享受与城镇居民相同的权利。伴随更多的“80 后”“90 后”的“农二代”离土、出村，城市治理思维的固化将会产生一系列的经济、社会和政治问题。

六、要素市场分割扩大了城乡财产性收入差距

城乡财产性收入差距较大。我国城乡居民人均收入差距逐步缩小，但是城乡财产性收入差距较大。2017 年，我国城镇居民人均可支配收入是 36 396 元，农村居民人均可支配收入是 13 432 元，城镇是农村的 2.7 倍。同样是 2017 年，我国城镇居民人均财产净收入为 3607 元，农村居民人均财产净收入只有 303 元。也就是说，城镇居民经由出租、出让房屋等资产所获得的收入，是农村居民的 12 倍。城乡居民财产性收入差距大的根源是割裂的要素市场。土地等要素市场的分割，致使农民的土地和房屋财产无法为其创造合法的财产性收入。

第五节　市场与产权——土地制度改革主要问题辨析

一、资本下乡是否会造成土地兼并、农民流离失所？

土地兼并是老生常谈，但是传统历史书写的可信性不足。历史书写有“资治通鉴”功能，目的是警戒皇帝，但是资料的可靠性不足且缺少逻辑分析。历史书写是事后的解释，且只是多种解释当中的一种，并不是真实的再现。我们不能用对历史发展的一种可能性的解释来制定未来的政策，甚至限制人们的权利。

通过历史难以预测未来。伴随全球化和市场化，新产业、新技术、新制度、新知识的交流和进步越来越快，研究传统社会的经验对未来的借鉴和预测能力越来越小。在改革开放前，中国对外封闭，或许可以经由研究历史来获得启发。但是改革开放后，中国融入全球市场，与世界互动越来越频繁，已突破了封闭时代下自身的发展规律。对未来的预测，不能再简单地向内找规律，不能再把

① http://politics.people.com.cn/n/2015/0602/c70731-27093835.html。

国家作为封闭分析的单位，而应“从世界看中国”，寻求世界普遍联系下的多元发展路径。

二、金融危机爆发时，农村是否可能成为吸纳失业人口的缓冲？

20 世纪 30 年代大萧条、1997 年亚洲金融危机、2008 年全球金融危机，发达国家没有把人赶回农村，为什么我们就要把人赶回农村？金融危机是感冒，是对经济的调节，而不是癌症。在金融危机后，世界经济仍然在增长与快速发展，城市化并没有终止。

应对金融危机的办法是降低交易成本，提高资源配置效率，提高生产率，而不是把人赶回农村。农村的生产率低，把人赶回农村，只会恶化危机。何况，很多“农二代”已不会种地，生活方式已融入城市，即使失业也可能不会返回农村。

三、宅基地能作为农民失业的保障吗？

许多“农二代”已融入城市，区别只是融入了大中小城市，但他们的生活方式已改变，即使失业回农村的可能性也很小。

保障人们生活的是就业和收入，而不是土地。农村不缺地，缺的是机会。只有一块盖房子的地，但没有产出和收入，就不能为其保障。城市的市场更大，与农村相比，提供了更多的职业选择，也比农村有更高的收入，更容易生存。

不同时期，人们对保障有不同的标准。农村住宅的问题不是缺少土地，而是住房质量差，农民希望住更高品质的住房。把宅基地作为保障，脱离了农民随时代变化的需求。

四、不能利用宅基地开发商品房住宅吗？

对于房地产开发产业，我们应该要看到开发与投资有较大的风险和较高的资金成本。在资金成本较高的情况下，搭配商品房住宅是回收投资、降低成本较快的方法。既然城市商业开发允许搭配销售商品房住宅，为什么不允许农村开发商品房住宅？不允许开发商品房住宅，降低了社会资金投入乡村的盈利空间，不利于乡村振兴。

五、放开集体建设用地入市，会降低房价吗？

放开集体土地入市，对城市中心区，如金融街、中央商务区，影响不大。这些地区的产业集聚，可替代性较差。但是土地入市可以提供更多住房供给，对城市外围、郊区的房价或有影响，从而减轻大城市年轻人面对的房价压力，降低工业及商业的土地及住房租金。在经济下行期，土地入市可以大幅降低经济体系运行的成本。

六、放开土地入市，会影响耕地保护吗？

耕地保护的难易，受实施耕地保护成本的约束。在土地价格高的地区，企业、农民等有违法占地的激励，因此违法占地的现象更加普遍，实施耕地保护的成本更高，耕地保护更难。在土地价格低的地区，保护耕地的成本更低。因此，问题的关键在于土地的空间配置效率：把耕地配置在实施保护的成本较低的区域。

实施规划下的耕地保护，是为了减少人们占用耕地对社会产生的外部效应。但是，在存在外部效应的情况下，国家可以通过立法来减少外部效应的影响，也可以通过确立产权、建立市场来减少外部效应，如建立碳排放权交易体系。

某些情况下，消除外部效应导致的代价可能比外部效应造成的损失更大，应允许适度的外部效应存在。比如排放污染会造成身体健康损害，但是完全消除污染，可能带来失业、物价升高等一系列问题，对经济造成的损失更大，应允许适度的排放量。

外部效应有多大，采用哪种方法，是需要分析和评估的，不能仅仅因为存在外部效应，但不评定外部效应造成的损失，以及解决外部效应的各种方案及成本，就立法限制公民的产权。

七、评价不同制度的原则：用理想改造现实？

不能拿市场开放下可能出现的问题与理想世界做比较。既让农民参与市场交易致富，又让农民不冒风险，这样的理想世界并不存在。任何制度都是不完美的，我们要做的是分析各种制度下的问题和成本，在不完美的制度中选择相对不那么差的。

有人担心，放开土地市场可能会发生种种问题，但是封闭土地市场也存在许多问题。在当下，封闭市场存在的问题要大得多。城市土地供给不足，房价越来越高，工商业土地与房屋租金高企，经济体系的运行成本太高。城乡贫富差距扩大，城市居民财产增值，越来越富裕，相较之下，农村居民财产性收入缺失，尽管国家为促进农村较快发展出台了不少的政策措施，但是城乡差距依旧较大。由此看来，目前只有加快体制改革，才能促进经济又好又快发展。

八、根据理论建立的体制，是否尊重农民的产权？

立法者是否应该根据理论来建立体制，限制他人的权利？

任何理论都是对世界的一种假说，而非真理。理论在面对现实时，都有其应用的局限性，也因此，使用理论时，往往产生意料之外的后果。用理论作为立法基础限制公民的产权，会极大地降低公民使用资源的激励，提高经济整体的运行成本。

因此，问题的核心在于，按照怎样的原则来界定产权？是按照立法者的理论来限定产权，还是尊重个人产权，让公众按照常识和自己的意愿处理自己的财产？我们要相信，我们并不比实践中的农民有更多的市场知识，农民对市场的反应是合理的。同时，尊重个人产权，不代表不考虑国家利益。我们可以通过建立市场体系等来协调各方利益。但不能大而化之，以假想的问题或危机为由，限制个人利用其产权所进行的探索试验。

第六节　地方改革实践

一、浙江德清集体建设用地入市

（一）德清改革的背景

德清县位于长江三角洲杭嘉湖平原。西部是莫干山，中部是丘陵，东部是水乡平原。村庄的土地零星分布在这青山碧水之间。

德清县民营经济发达，在改革之前，大量农村土地早就以租赁等形式出让给了外来企业使用。然而，受现行制度的约束，这些已大量入市的土地却得不到法律的承认，徘徊在受法律保护的土地市场之外。在较为成熟的国有土地市场，有规划、税收、招标、拍卖和挂牌等一系列制度安排与土地转手相配合，形成了一整套较为完善的市场交易制度。然而，集体土地市场缺少这些制度支撑，难以形成有法律保障的产权关系，大量集体土地与规划不符，土地转让价格相对较低，抵押贷款等一系列权能缺失，土地的实际使用者缺乏稳定的预期，村民的土地权利也缺乏法律的保障。集体土地与国有土地在权利上的不对等，导致农村土地没有被纳入合法市场之内，农民的土地产权残缺，不但缺少了利用土地财产提高收入的机会，也导致零星分散的土地难以集聚，使本有希望发展工商业的农村地区迟迟发展不起来。

德清县开展的土地制度改革，是第一次由中央认可、全国人大授权旨在建立国有与集体土地同地同权的改革。改革的目标是突破现行法律制度障碍，为农村集体土地的自发交易提供合法的入市途径，实现与国有建设用地同等入市、同权同价。经过多年的发展，国有土地市场已建立了一整套制度体系，要实现同权同价就必须在规划、税收、融资、分配等方面开展大量的制度建设工作。

经过一年多的探索，德清县积累了不少制度建设的有益经验。德清县于 2015 年初被列为全国土地改革 33 个试点地区之一。截至 2016 年 7 月初，德清县共有 66 宗 512 亩集体土地入市，入市金额 1.3 亿元，共增加集体收益 1 亿元，惠及农户约 6 万人。

事实证明，将土地转让等权利向农村开放，建立与国有土地同地同权的制度安排，有助于提高农民收入，稳定企业预期，增加农村投资，促进农村形成产业聚集，并为发展农村找到新的经济增长点。

作为浙江省一个普通的县级市，德清县入市的集体土地宗数占到了全部改革试点地区集体土地入市的一半有余。为什么集体土地入市在德清能取得如此大的成就？

（二）德清集体土地入市的制度创新

1. 多规合一、上下联动，促进集体土地合规入市

多年以来，国有土地市场已形成了一整套规划制度，对土地入市有着较为准确的规划指引。土地入市要符合规划，而只有获得土地使用证的投资者才会继续申请规划许可。然而，由于农村土地产权和市场的残缺，集体土地即使符合规划也得不到合法的土地权证，农村土地价值也得不到体现，从而使村庄、使用者和政府部门都缺乏积极性编制和实施准确的规划，现状用途与规划用途之间往往存在较大的偏差。

村庄缺乏积极性制订符合土地利用规划的村庄规划，土地的实际使用者也没有激励要求调整规划，政府部门之间也缺乏统筹协调的动力。例如，德清县禹越镇天皇殿村现状建设用地与土地利用规划符合的仅 43.2%，与村庄规划符合的仅 16.7%。同时，国土、规划、发改、环保、农业、林业等多个部门都制订了相应的规划，集体土地入市需要满足多个部门产业布局、规划管控的要求。国土部门负责的土地利用规划和建设部门负责的村庄规划之间往往存在村庄建设用地规模不

统一，空间布局不统一。例如，村庄规划农居点用地中有土地利用规划中的非建设用地、基本农田和复垦图斑，而土地利用规划的部分新增农村建设用地又安排在村庄规划农居点范围外。党的十八届三中全会要求，在符合规划和用途管制的前提下开展集体经营性建设用地入市改革。要建立城乡统一的建设用地市场，就需要将集体土地的现状用途与规划用途一致，也需要促进土地利用规划、村庄规划等多项规划的协同一致。在规划与现状用地不符的情况下，某些试点地区重新编制或调整规划，减缓了集体土地入市的进程。

2014 年 8 月，德清县被列入国家 28 个“多规合一”试点市县，利用编制多规合一的机会，对集体经营性建设用地进行“一村一梳理”，协调规划和现状用地，为集体土地入市创造了合规基础。梳理分为两个阶段，从 2015 年 7 月中旬至 8 月中旬为第一阶段（乡镇意见梳理阶段），包括“明确梳理对象、制作梳理材料、召开全县动员大会、乡镇反馈意见、召开部门协调会、乡镇二次反馈意见、召开争议地块部门协调会”等 7 个步骤。第二阶段为乡镇意见查漏补缺，于 2015 年 9 月下旬开始，至 11 月下旬完成。

德清县的具体做法是，先由村里上报每宗地的现状用途，以及村庄和乡镇的意愿。县国土、规划等八个部门召开协调会，对上报的每宗地确认其规划管控条件与村庄意愿是否一致。各部门确认宗地红线，对城镇建设用地、村庄用地、公共服务设施用地、基础设施用地、独立产业用地进行梳理和裁边。将研究意见反馈到村里，征求村里意见再进行汇总上报。对于意见仍不一致的村庄再召开专门的对接会予以解释。通过“三上三下”①，“一村一梳理，一地一梳理”，排定了符合就地入市条件的地块 1036 宗 5819.01 亩。结合浙江省“三改一拆”②“五水共治”③，将调查中排除的 845 宗 4873 亩不符合产业、生态、环保等规划的土地纳入异地调整范围。

德清县集体经营性建设用地共梳理出 1932 宗地块，总面积 800.22 公顷，其中可以就地保留 271 宗，占 14.03%，总面积 72.96 公顷；就地入市 1061 宗，占 54.92%，总面积 439.39 公顷；置换入市 58 宗，占 3%，总面积 60.63 公顷；置换不入市 6 宗，占 0.31%，总面积 4.54 公顷；纳入城镇 461 宗，占 23.86%，总面积 178.60 公顷；复垦 75 宗，占 3.88%，总面积 44.1 公顷。

符合规划是集体土地入市的先决条件。德清的经验是，结合多规合一，通过上下互动、部门协商，兼顾县政府发展产业、各部门规划的红线管控，以及村民自身意愿等多方面的诉求，为集体土地在符合规划和用途管制的条件下批量入市

① “三上三下”是指参照党代表和人大代表选举流程对土地梳理办法进行征集、研究和反馈的过程。

② “三改一拆”，是指浙江省政府决定，2013 年至 2015 年在全省深入开展旧住宅区、旧厂区、城中村改造和拆除违法建筑（简称“三改一拆”）三年行动。

③ “五水共治”是指治污水、防洪水、排涝水、保供水、抓节水这五项。

奠定基础。

专栏1 德清县"多规合一"试点

2014年8月，德清县被列入国家28个"多规合一"试点市县，县委、县政府成立了以县委书记、县长为组长的"多规合一"领导工作小组，推进"多规合一"试点工作。2016年，上报国家住房和城乡建设部"多规合一"试点工作成果已按要求编制完成。

我国当前的空间规划体系中，城乡规划与国民经济和社会发展规划、土地利用总体规划、环境功能区划等之间缺乏有效衔接。近年来，德清县在城乡规划与土地利用总体规划的"两规合一"上进行了初步的探索和实践，取得了一定的成效，但在同一个地区空间上，仍存在多个政府部门都有规划引导和控制要求的现象，彼此之间缺乏协调甚至相互冲突，导致了开发管理上的混乱和建设成本的增加，在一定程度上影响了经济社会的健康发展。究其原因，主要是"多规"之间在工作目标、空间范畴、技术标准、运作机制等方面存在交叉和矛盾。在现阶段强调城乡统筹、土地集约利用等背景和要求下，探索从"多规分立"走向"多规合一"的有效途径已成为各地促进可持续发展的重要任务。这对于经济社会快速发展的德清县而言，意义尤为重大。

2015年，土地管理制度改革、"多规合一"等多项国家试点落户德清。本次"多规合一"工作在新常态下探索空间规划的新模式，整合发改、规划、国土、环保等部门的各类规划，形成全域"一本规划，一张蓝图"；构建了"1+*N*"的规划体系（"1"是指以"多规合一"研究为基础的县域总体规划，"*N*"是指土地利用总体规划、环境保护规划、交通专项规划等多个专项规划），即构建以县域总体规划为主体，以土地利用总体规划、环境保护规划、交通专项规划等多个专项规划为支撑的规划体系；通过建立"多规合一"的指标体系和控制线管控体系，统一多规目标指标和管控要求；"多规"通过一个统筹的指导，各项规划同步编制、同步报批，最终通过各项规划同步审批得到法定化，同时建立部门业务联动制度和动态更新维护制度，在"一张蓝图"的基础上实现"多规"协同、同步实施。

德清"多规合一"以"六梳理"为基础，不仅对城镇建设用地提出空间管控要求，还特别加强了对乡村地区的指引和调控以及非建设用地的规划管理与指引，力求"多规合一""全域化"，实现"多规"城乡空间全面统筹。

资料来源：《德清县"多规合一"综合研究技术报告》（2016年3月）

2. 搭建交易体系，建立城乡统一的建设用地市场

国有土地市场有有形的交易场所、明确的交易规则，市场价格可以较为充分地发现，也可以实现抵押等多种资产权能。集体土地因无法合法入市，一直没有建立起完善的交易体系，缺少公开、合法的集中入市通道，土地的价格难以充分显现，集体土地的权能也难以实现。为实现集体与国有土地的权利平等，德清县让集体土地与国有土地一样建立起完善的入市规则，在交易市场上通过招标、拍卖或挂牌等多种方式入市，通过抵押融资建立国有与集体统一的建设用地市场。

首先，明确集体经济组织入市的主体地位。国有土地有明确的权利主体，由自然资源部代为行使所有者权利。然而，集体土地属于不同的所有权主体，集体土地要通过合法渠道入市交易，就必须明确交易的集体经济组织及其主体地位。总的来说我国农村集体土地实行“三级所有、队为基础”，在实际运行中，也同样以三级所有的方式运营集体土地。以此为参考，德清县明确，属乡镇农民集体所有的，由乡镇人民政府委托经营公司作为入市实施主体；属村集体经济组织所有的，由村股份经济合作社作为入市实施主体；分别属于村内两个以上集体经济组织的，由村内各农村集体经济组织行使所有权，可在自愿基础上委托村股份经济合作社作为入市实施主体，收益归委托方所有。

此外，同属一个乡镇的两个村，所拥有的符合规划的集体建设用地数量可能存在很大的差异。如洛舍镇东衡村，有 160 亩存量集体建设用地，以 21.3 万元的价格出售可获得 3000 多万元的收入。而属于同一乡镇紧邻的雁塘村，虽有集体土地使用权的私下交易，但符合规划的地块却几乎没有。一旦放开入市，在短时间内两个村之间可能会产生极大的贫富差距，产生新的不平衡。为解决这一问题，德清县在探索组建土地股份合作社，按照“明确所有权、保留发展权、统一使用权”和“定权定量不定位、留权留地留发展、节约集约促转型”的运作理念，探索所有权按份共有、使用权共同入市、收益按份分配。如洛舍镇东衡村入市 B 区块规划可调整入市土地共 120 亩，在县领导小组办公室和镇人民政府的鼓励和指导下，拟引入本镇的洛舍村股份经济合作社、三家村股份经济合作社以及集体经济相对薄弱的雁塘村股份经济合作社，在完成土地所有权调换的基础上，与东衡村股份经济合作社共同运作。园区内的土地所有权实行按份共有、分别登记，在完成土地股份合作社组建后，共同委托土地股份合作社将使用权入市。

在入市方式上，德清县探索“就地直接入市、调整入市、城中村整治入市”三种途径，以及“出让、租赁、作价入股”三种有偿使用方式。调查发现，有相当比例的存量集体经营性建设用地已有使用者，净地较少，适合采取协议出让方式。同时，很大一部分存量农村集体经营性建设用地已经由村集体出租给业主，适合采取租赁的方式。租赁入市也符合老百姓和村委会的意愿，部分老百姓认为“老祖产”可以出租不能“出卖”，村委会也希望以租赁为主，未来发展集体经济保留主动权和持续的资金流。截至 2016 年 7 月，德清县集体土地共入市 66 宗，其中出让 53 宗，租赁 13 宗。工业用地 56 宗，商服用地 10 宗。镇集体 7 宗，村集体 56 宗，组集体 3 宗。

在入市规则上，德清县明确全县集体经营性建设用地统一纳入县公共资源交易中心交易；在具体交易流程和规则设计上，基本参照国有建设用地市场。集体土地入市最高使用年限应与国有建设用地使用权等同，在使用期限内，享有与国有建设用地使用权同等的转让、出租、抵押权能。农村集体经营性建设用地使用权入市交易应办理土地登记手续，纳入不动产统一登记管理。

建立村集体经济组织入市民主决策机制，明确入市土地属于农村集体经济组织所有的，须经该集体经济组织会议中 2/3 以上的成员同意，经乡镇人民政府审核，县自然资源和规划部门会同相关部门进行审查，报县政府核准后实施。建立城乡统一的地价评估机制，明确每个地块必须选择两家评估公司进行评估。启动城乡统一的基准地价体系修编，将集体建设用地纳入县域基准地价体系范围，建立城乡统一的基准地价体系。

一直以来，因集体建设用地无法变现，难以从金融机构获得抵押贷款。德清县在颁发建设用地使用证的基础上，引导和鼓励金融机构为集体建设用地提供抵押服务。截至 2016 年上半年，已有 18 宗土地获得了中国农业银行（以下简称农行）德清县支行、农商合作银行、湖商村镇银行、升华小额贷款股份有限公司等多家银行及小额贷款公司约 4570 万元的抵押贷款。

通过建立交易规则，采用招标、拍卖或挂牌及协议出让等多种入市方式，落实抵押权能，德清已初步建立了一套集体建设用地入市的交易体系，为有效地发现集体建设用地价格，实现同地同价打通了制度渠道。

专栏 2　德清试验集体土地多种入市途径

1. 首宗协议入市。德清县于 2015 年 8 月 19 日以协议方式完成了首宗集体经营性建设用地入市，地块位于该县莫干山镇仙潭村，原为镇集体所有的土地，面积 4040.9 平方米，企业倒闭后一直闲置，本次入市土地用途为商业服务业设施用地，使用权出让年限为 40 年，最后总成交价为 307.11 万元，受让单位为德清县莫干山镇醉清风度假酒店。受让方拟结合当地风风火火的“洋家乐”，投资 3800 万元用于建造休闲度假酒店，促进当地旅游业不断升级优化。

2. 拍卖出让入市。2015 年 9 月 8 日，德清县成功举行了集体经营性建设用地使用权出让首次拍卖，经过 24 轮竞拍，该县洛舍镇砂村村一宗面积 20 亩的集体建设用地使用权拍得了 1150 万元的高价。出让之前，该村农民每股股权价值为 5500

元，地块入市收益返还后，每股价值增加到 8000 元，增长幅度达到 45%。

3. 挂牌出让入市。因大量土地在本次集体土地入市改革前就已经由村里出让，通过挂牌出让入市，可以在不打破原有产权关系的基础上让产权的实际使用者获得产权证书、产权重新入市。在截至 2016 年 5 月底入市的 43 宗土地中，有 29 宗以挂牌出让的方式入市。

4. 租赁入市。部分村干部及老百姓倾向于租赁入市，认为出让入市会一次性卖掉几十年的使用权和收益权，不利于村庄的后续发展，但租赁方式是村民比较认可的，至少还留有一定的主动权在村集体经济组织中。截至 2016 年 7 月，德清县集体土地入市的共 66 宗土地中，有 13 宗土地是以租赁的形式入市的。

3. 同地同权同责，建立收益共享的增值收益分配机制

"沉睡"的集体土地一旦入市，其价值的增幅是惊人的。增值的收益不能完全归因于土地的占有者对土地的改良和维护，地方政府对集体土地产权的确认、对基础设施和其他公共服务的投资，村委会对土地产权的承认和维护都会影响集体土地的价格。政府、村庄、个人都会影响集体土地入市收益的高低和产权的稳定。如果不能使各方分享土地增值的收益，就难以保证各方能持续地维护集体土地入市的产权和收益。

首先，明确国家与集体之间的收益分配。国有土地入市所获得的土地出让金中，有一部分要缴纳契税以及土地增值税。其次，政府每年要从国有土地出让金中提取社会保障、教育、农田水利、生态补偿等各项基金。这些税收和基金支撑了政府的运转并为全县人民提供了公共服务。集体建设用地的增值收益也部分地享受了这些公共服务带来的好处。要促使政府在征地数量减少的情况下，有激励、持续地向农村提供公共服务，承认集体建设用地的产权，维护同地同权的建设用地市场，就需要让政府在集体土地入市中分享土地增值收益，为政府提供新的收入来源。

德清县参照国有土地出让时缴纳的税费制定了集体经营性建设用地入市土地增值收益调节金征收办法。国有土地出让要缴纳契税与土地增值税，但集体土地入市并没有相应的税法规定。德清县向受让方征收成交价 3%的调节金来抵偿契税，按入市土地成交价总额的 16%至 48%，共三档六级向出让方征收土地增值收益调节金来代替土地增值税。

增值收益调节金的计算要求考虑土地的购入成本，但是，因集体土地入市缺少先例，难以找到可以参考的土地购入成本。为此，德清县的实际做法是，参照政府每年要从国有土地出让金中计提的各项基金，除去没有普惠的基金，在集体土地增值收益中提取相同或略低的比例。这里的解释是，集体土地入市不仅要做

到同地同权，还应该履行与国有土地相同的责任。既然国有土地的出让收益中一部分要用于全县人民的社会保障、教育、农田水利、生态补偿，那么集体土地的增值收益中也应该承担相应的义务。

德清县参照征地区片综合价，以 5 万元/亩作为集体经济组织的投入成本；再按照德清县国有土地市场平均价（工业 25 万元/亩，商服业 80 万元/亩），估算集体经营性建设用地入市后的亩均增值收益；最后明确政府投入的基础设施配套费用（4 万～8 万元/亩），以及参照国有土地出让提取用于社会保障、教育等的七项基金（约占出让总价的 16%），作为收取调节金的主要依据。同时，考虑规划用途和区位的差异，差别化收取土地调节金。越靠近县城，土地的级差收益越高，享受到的公共服务越多，因此在 16%的基础上，在乡镇区域内再增收 4%，在县域规划区内再增收 8%。在用途管制限制土地供给的情况下，德清县商服用地的价格大约是工业用地的 4 倍，对商服用地征收更高的调节金。德清县因此确定了“按类别、有级差”的增值收益调节金收取模式，其中工业用地按土地不同区域位置分别收取 16%、20%、24%的调节金，商服用地按土地级差不同分别收取 32%、40%、48%的调节金。调节金明确用于农村基础设施建设、环境建设、土地前期开发支出等。

集体土地的入市收益分配还需要兼顾集体与农民的利益。在国家留存土地增值收益调节金后，余下的土地出让收益返还给村里，要在村集体和村民小组之间分配。村集体有维护村庄公共服务设施、发展壮大集体经济组织的诉求，村民小组也有分配土地出让收益的意愿，怎样在二者间寻找到合适的平衡点，是德清县土地改革的另一个难点。

在 20 世纪 50 年代末合作化运动后，我国绝大部分农村的土地一直保持“三级所有、队为基础”的所有权格局。德清县尽管合并过乡镇或行政村，但从没有将村民小组合并，也没有平调过村民小组的资产。以此为基础，德清县按照三级集体经济组织不同的入市主体，差别化分配土地出让收益，优先考虑农村长远发展。属乡镇集体经济组织所有的土地入市的，乡镇财政负责出让收益的日常管理，收益不直接分配，主要用于辖区内农村基础设施建设、民生项目等支出。属村级集体经济组织入市的，参照《浙江省农村集体资产管理条例》的规定，入市收益不在村民间分配，首先发展壮大村级集体经济，农户通过股权增厚（入市收益追加量化成员股权）的形式享受分红收益。属村内其他集体经济组织（村民小组）入市的，收益的 10%作为村集体提留，归村集体所有，并用于村内公益事业支出，其余可在该集体经济组织成员之间公平分配。

在集体与村民之间的收益分配中存在两个难点。第一个难点是，村集体获得的土地入市净收益是作为资本发展集体经济，还是应该以收入的形式分给村民。按照《中华人民共和国村民委员会组织法》的规定，村民会议讨论从村集体经济所得收益的使用。然而，目前入市的土地是存量建设土地，之前是村办企业用地，其收益一直没有分配；另外，村集体所有的土地，既要照顾现在，也要兼顾将来人口的收益。因此，浙江省于 2016 年 5 月 1 日实施了《浙江省农村集体资产管理条例》，其中第二十七条规定，"集体经营性建设用地依法入市的，其入市收益作为集体资产可以折股量化到本集体经济组织成员，但不得直接分配给集体经济组织成员"。德清县参照该条例的规定，将入市所得的净收益计作公积公益金，作为原始资本不分配，而是用于村经济合作社与外来企业合办公司、股权投资、购买物业，以及购买政府性债券。投资获得的收益以不少于 30%的比例进行分配。原始资本以股权量化的形式追加分给每户村民，增加农民持有的股权价值。

同时，德清县将土地入市的净收益作为公积公益金，而不作为收入记账。这样一方面可以避免重复交税。因为政府已经通过提取调节金的形式变相地收了税，如果将土地出让收益定性为收入，按照税法就有可能要缴纳营业税、教育附加费等税费。另一方面，将净收益算作公积公益金，就不需要以分红的形式分给村民。

第二个难点是，村民小组所有的土地，其入市收益如何在村集体与村民小组间进行分配。参照《中华人民共和国村民委员会组织法》，属于村民小组集体所有的土地，由村民小组会议依照有关法律的规定讨论决定。已入市的 3 宗小组所有的土地，其入市收益几乎全部被村民小组分掉。然而，村集体认为，如果将土地收益的 90%分掉，余下计提的 10%将不足以持续地支持村庄发展公益事业。部分村集体希望能提高从村民小组中计提的收入比例。目前因为开展的是存量建设用地入市，村民小组入市的土地并不多，但如果在未来开展增量土地入市，将需要进一步协调村集体与村民小组之间的利益。

专栏 3　德清县农村集体资产股份制改革

德清县能使集体建设用地入市收益顺利量化入股，源于其在 2013 年开启的农村集体资产股份制改革。2013 年初，德清县被浙江省政府列为户籍制度改革试点县。为使农民利益不因户籍制度改革而受损，德清县全面推进村经济合作社股份制改革，将集体资产固化到人（社员）。至 2013 年 5 月，德清县全面完成 160 个村经济合作社的股份制改革，股改面达到 100%，全县共核实集体总资产 18.32 亿元，净资产 7.2 亿元，其中经营性净资产 2.47 亿元，量化村级集体经营性资产 1.98 亿元，确定股东人数 30.01 万人，并严格按照要求量化到人、发证到户，共发放股权证书 9.07 万本。股改后的第一年（2013 年）底，全县共有 7 个村年终进行了分红，合计分红 181 万元。2015 年底，全县共有 33 个村年终进行了分红，合计分红 819 万元。德清县的村经济合作社股份制改革取得了预期目标。

德清县对股改原则性意见进行了统一。一是不设集体股。经营性资产量化比例不低于 80%，剩余资产作为股改风险金用于补偿遗漏的股改对象。二是明确村股份合作制改革的资产量化范围为非土地资产的股份化改革（量化对象原则上为村级经营性资产，不包括公益性资产。村级集体资源性资产暂不量化。耕地、林地等土地资源继续按照原承包关系经营保持不变）。将本村经营性资产量化到户、到人，建立村股份经济合作社，实现“资产变股权，社员当股东”。三是对股东资格进行规范。对自动享有股东资格人员的界定条件，严格按照《浙江省村经济合作社组织条例》规定的社员资格。对蓝印户口、杭下人员子女、农转非等原不享有股权人员，按因村制宜的原则，交与村社员代表大会表决决定。四是股权管理实行“生不增、死不减、可继承”的静态管理模式。

德清县农村集体资产股份制改革明晰了产权关系，增加了农民收入，推动了户籍改革。通过将村级集体资产量化到人，集体经济的管理、运行、发展与农民的利益直接挂钩，进一步明晰了产权关系。股权量化使按股分红成为可能，突破了传统村集体经济实现形式。村股份合作制改革的全面完成，固化了原村经济合作社社员的利益，解决了农民迁移的一项后顾之忧，也为户籍制度改革的顺利推进做好了一项基础性工作。

资料来源：德清县农业局《德清县农村集体资产股份制改革工作情况汇报》（2016 年 3 月 24 日）

（三）德清改革的成效

1. 打通城乡隔离的制度体系，促进城乡居民权利平等

一直以来，国有土地市场有规划、税收、入市机制、抵押融资等一系列制度安排。这些制度为保障国有土地合法、顺利交易，发现国有土地价格，有效配置国有土地资源奠定了基础。然而，集体土地缺少相应的制度安排，难以形成有法律保障的产权关系，集体土地的现状用途往往与规划不符，缺少抵押权能，这导致集体土地的价格难以被发现，资源配置效率较低，使用者缺乏稳定的预期，农民的财产性收入不高，农村产业也难以有效地聚集和发展。这背后的根源是，我国现有制度对国有土地和集体土地在权利上并非一视同仁。

德清县土地制度改革，是第一次由中央牵头认可的、全国人大授权的改革。在规划方面，德清县结合“多规合一”试点，尊重村庄和乡镇的意愿，通过上下联动、部门协商，将农村集体土地尽可能纳入合法合规的轨道上来，为集体土地入市奠定了规划基础。在入市方式方面，德清县参照国有建设用地出让制度，建立相关市场规则，将全县集体经营性建设用地统一纳入县公共资源交易中心交易，建立多方协同的入市监管服务机制，实现了与国有建设用地“统一的交易平台、统一的市场规则、统一的服务监管”，初步建立起城乡统一的建设用地市场。在

收益分配方面，德清县探索出了一套兼顾国家、集体、个人的土地增值收益分配机制，为各方持续地维护集体土地产权和市场的发育奠定了基础。在产业布局方面，德清县在探索异地调整入市基础上建立集体土地上的工业小镇，为发挥集体土地的规模效应开拓了空间。实践证明，德清的一系列改革措施，有利于打通城乡二元体制，建立城乡一体的土地制度，实现城乡居民的权利平等。

2. 解决历史遗留问题，提振企业投资信心

德清县已有的入市土地，多数在改革前既已通过村组集体签订合约的方式入市，但没有获得合法的集体土地使用权。产权的残缺导致集体土地的使用业主缺乏信心，预期不稳定，不愿意扩大投资。这次土地入市试点，为这些已发生的产权转让合法化提供了途径，明晰了产权，解决了历史遗留问题。企业主愿意为更加清楚的产权支付更高的价格，增加更多的投资，从而提高了集体土地的使用效率。据笔者的不完全统计，首批入市的 45 宗 396 亩土地中，至少有 10 宗土地的业主要在原有投资的基础上新增固定资产投资约 4 亿元。

专栏 4　莫干山醉清风度假酒店、宋市村嘉顺光电与上杨村五金建材厂

在改革前已入市的土地，权利“上不清、下不清”，获得土地使用权的企业，不能也不敢扩大投资，导致部分土地荒废闲置。莫干山镇仙潭村的一块面积 4040.9 平方米的土地，原为镇集体所有，原企业于 2000 年左右破产后土地、厂房一直闲置。2013 年，赵建龙预判德清民宿将大有发展，寻找到这块土地并与镇集体签订土地转让协议。在赵建龙办理消防许可证时，消防部门以不具有土地使用权证为由不予办理。此后，该土地闲置两年，赵建龙错失了莫干山民宿蓬勃发展的最佳时机。2015 年 8 月 19 日，赵建龙所有的德清县莫干山镇醉清风度假酒店通过协议出让的方式，以 307.11 万元取得该宗地 40 年的使用权，8 月 26 日取得集体土地使用证并获得县农行授信。醉清风度假酒店于 2015 年底正式破土动工，赵建龙预期前期固定资产投资将达到 2000 多万元。

类似的例子也出现在新市镇宋市村。宋市村一块 43 亩的土地原为宋市村砖瓦厂，砖瓦厂关闭后村集体把土地租给直立汽配使用，直立汽配为扩大再生产在该土地上新建厂房，后由于种种原因倒闭。2013 年，该房产（没有房产证）由法院拍卖处置，浙江嘉顺光电材料有限公司（以下简称嘉顺光电）拍得此房产，同时向村里租用了土地。但嘉顺光电的企业主认为产权不清晰，不敢扩大投入，也不能用住房抵押融资。直到 2015 年 9 月，嘉顺光电通过农村集体经营性建设用地入市，获得了该地块的使用权，并以此获得了农行的抵押融资。企业主表示将扩大投资额度到 1 亿元。集体土地入市为改革前已有的集体土地交易提供了合法化的途径，明晰了土地产权，为企业以土地房产抵押融资提供了方便，鼓励企业扩大有效投资。

经德清县政府测算，截至 2016 年 5 月，已入市的 43 宗土地，新建和追加投资将达 6 亿元以上。

伴随经济形势的变化，近年来德清县部分农村的制造业和采矿业衰退，面临转型升级的挑战。但是，转型升级在本质上是一种知识更新，原有乡村企业家缺乏新产业的知识，投资不容易成功。要引入新知识，就要把外面的企业引进来，带动当地的观念更新。下渚湖街道上杨村十几年来一直以开矿为主要的收入来源。在 2013 年矿关闭后，当地的企业主不得不转行做别的生意，但因缺乏相关行业的知识，投资于其他行业、其他地区屡屡失败。2015 年，在获得集体土地入市的相关信息后，当地镇工作委员会干部为从杭州来德清寻找土地的企业家与上杨村本土企业家牵线搭桥，使他们共同获得当地一块 10 520 平方米的集体土地使用权。本土企业家与杭州企业家以 6∶4 的比例出资，获得土地使用权，用于投资建设五金建材厂。本土企业家同时负责土地拆迁平整、厂房建设，以及处理当地农村关系，杭州企业家则专注于生产经营业务。通过这种合作方式，杭州的企业将新产业的生产经营知识带到了德清县，从而促进了当地的转型升级。在调研中发现，许多集体土地由紧邻德清县的杭州企业购得，这既促进了杭州企业向外转移，也促进了德清县利用杭州企业转型升级。

资料来源：笔者访谈

3. 显化集体土地价格，提高集体经济收入

集体土地缺乏产权与市场，其价格难以充分显现。其表现是，许多地区的小产权房比国有商品房的价格要低一半，集体土地的价格也比国有土地价格低很多。德清县的土地制度改革，为显化集体土地价格，提高农民收入奠定了制度基础。

以武康镇太平村入市的地块为例（该地块总面积 20.46 亩，其中村集体 0.46 亩，组集体 20 亩），该地块在入市后企业支付的租金从入市前的 2500 元提高到入市后的 10 760 元，小组收益从 2500 元提高到 6585 元，政府和村庄也分别获得了 3443 元和 732 元。洛舍镇砂村村农民每股股权价值从 5500 元增加到入市后的 8000 元，增长幅度达到 45%，农民得到了极大实惠。据德清县政府估算，若符合条件的 10 187 亩土地全部入市，农民可获得 20.8 亿元收益。

4. 促进集体增值收益在国家、集体与个人间的合理分配

据德清县国土部门统计，截至 2016 年 5 月，全部 43 宗地总面积 388.08 亩，成交总价为 1.0136 亿元，征收的土地增值收益调节金 2086.46 万元，加权平均为 20.58%。土地成本为 2185.43 万元。收益调节金与土地成本之和占成交总价的 42.1%。其中，31 宗地出让入市的成交总价为 6127.23 万元。向入市主体征收的土地增值收益调节金合计为 1273.11 万元，增值收益调节金占成交总价的比例实际最

低为 16%，最高为 32%，加权平均为 20.78%。土地的取得成本为 802.8 万元，开发费用为 840.73 万元，两项合计 1643.53 万元。向受让主体征收的、可抵契税的土地增值收益调节金共 183.82 万元。收益调节金与土地成本之和占成交总价的 47.6%。以租赁形式入市的 12 宗土地，其总租赁价款为 4008.37 万元，其中首期（5 年）价款为 519.13 万元。经调查，土地的取得成本为 161.94 万元，开发费用为 379.96 万元，两项合计 541.9 万元。向入市主体征收的土地增值收益调节金占比（16%～48%），实际最低为 16%，最高为 32%，合计 813.35 万元，加权平均为 20.29%，首期已收 134.90 万元。收益调节金与土地成本之和占成交总价的 33.8%。

德清县通过设计土地增值收益调节金、股权量化等方式，促进集体土地增值收益在政府、集体与个人间更合理地分配。从收益分配上，激励农民获得收益的同时，政府有向农村投入基础设施建设的意愿，村庄也有提供公益设施并持续发展经济的资金。

5. 推进异地调整入市，发挥规模效应，促进农村产业集聚

农村存量建设用地的特点是分布较为分散。分散的建设用地难以发挥土地集中的规模效应，不利于产业集聚，基础设施建设、落实规划的成本较高，也不利于招商引资与吸引银行贷款。如果在零散分布的基础上推进集体建设用地入市，难以起到产业集聚的规模效应，企业用地的成本也较高。

为探索在集体建设用地上形成产业聚集、建设工业园区、发挥土地集中规模效应，德清县制定了《德清县农村集体经营性建设用地异地调整规定（试行）》。该规定鼓励有条件的乡镇在产业平台设立农村集体经营性建设用地异地集中置换区块。允许集体经济组织根据土地利用总体规划和土地整治规划，对农村零星、分散的集体经营性建设用地先行复垦，按计划调整到本县范围内产业集中区入市。允许多个集体经济组织将零星的集体经营性建设用地复垦后，调整到产业平台集中入市；允许不同级差土地以货币补差等方式调换产权；允许采用纯货币补偿方式调换产权。调出土地的原土地使用者可参照被征地农民纳入社会养老保障体系。

德清县结合“三改一拆”“五水共治”，将调查中排除的 845 宗 4873 亩不符合产业、生态、环保等规划的土地纳入异地调整范围，并对所有地块进行了公示。在洛舍、乾元等区位、产业基础较好的乡镇设立 7 个异地调整集中入市区块。结合浙江民营经济和块状经济特点，入市区块主要打造“小微企业众创园”，明确产业类型和项目准入条件，加快了公共配套设施的建设，促进了农村集体建设用地入市的产业集聚。

为避免农村集体经营性建设用地入市由规划、区位等造成不同区位之间形成经济发展差距，德清县鼓励欠发达的集体经济组织，通过跨区域调整入市，与欠发达的集体经济组织探索建立土地股份合作社。

为发挥产业集聚的优势，德清县在洛舍镇东衡村入市区块打造占地 560 亩的“中国钢琴小镇”，以集体经营性建设用地集聚促进产业集聚。在“钢琴小镇”的开发建设过程中，考虑到农村集体复垦资金不足，在实施过程中引入“项目用地预申请”形式，实行“先预约、后复垦”，将异地调整入市土地信息在公共信息平台发布，先接受业主预约用地申请。根据预约情况和产业定位，对预申请项目进行筛选，从而以对土地的需求来决定是否复垦。洛舍镇东衡村异地调整入市 A 区块 80 亩土地，在推出预申请后，共有 17 家企业提出入园申请，从中选择了符合产业定位的 14 家钢琴企业预约入园。“钢琴小镇”通过统一规划，集中建设基础设施和配套设施，降低了入园企业前期的资金投入。企业在“钢琴小镇”的聚集降低了银行处置抵押品的变现风险，截至 2018 年已有 3 家商业银行和 1 家小贷公司开展对“钢琴小镇”的抵押贷款。东衡村预期，通过打造“钢琴小镇”，集体经济组织的股权价格从 2014 年的 600 元涨到 2018 年的 5000 元。

二、重庆地票助力精准扶贫

（一）地票制度建立的背景

缩小我国城乡差距要求土地管理制度的变革。一方面，我国快速的城市化要求城市空间的扩张和基础设施的扩建，需要使用城郊农村的大量土地资源；另一方面，我国采取用途管制和耕地保护制度，将农用地转为建设用地需要获得耕地占补平衡与农转用的申请。城市扩张和耕地保护的矛盾，促使在土地管理制度内，增加资源配置的弹性，使土地供给更灵活地适应经济发展的需求。

为解决城市化与耕地保护的矛盾，中央及地方政府逐渐探索出增减挂钩项目及地票交易制度。主要做法是，将偏远农村地区的建设用地（包括农民的宅基地）复垦为耕地，将农村地区多余的建设用地指标置换到城市郊区，从而将城郊的农地转化为建设用地用于城市建设。政府从城市建设开发中获得的增值收益中，拿出一部分补偿远郊农村复垦土地的农民。在本质上，这是建设用地使用权的交易与转移。以重庆为代表的地方政府，进一步把这种制度发展为指标的市场交易制度，即地票制度，利用市场机制来更有效地配置建设用地资源。重庆以此作为实施城乡统筹战略的抓手，加大了城市向农村的反哺力度。

（二）从增减挂钩到指标交易的制度演变

我国实行土地用途管制制度。使用土地的单位和个人被要求按照土地利用总体规划确定的用途使用土地。规划控制了一个地区的建设用地总量，同时限制了农用地转为建设用地。但是城市要发展，就需要先占用耕地。地方的实践者提出，能不能先占用耕地从事城市建设，同时拆除农村闲散的建设用地，只要建设用地的总面积不超过规划控制的总量，空间的位置移动并没有违法。

最早有所突破的是在小城镇试点中批准的新增建设用地占用耕地的周转指标。在小城镇建设中，为了重新安排空间布局，促进人口的集聚，要先建设新房，将人口转移集中后，才能拆除旧房。但是，在旧房尚未复垦为耕地时，建新房就要占用耕地从事建设，超过了建设用地控制的总量该怎么办？为解决这个问题，国土部门授予建设用地指标，即周转指标。项目到期时，要通过复垦耕地来归还这些指标。

2000 年 6 月，国务院出台《中共中央 国务院关于促进小城镇健康发展的若干意见》（中发〔2000〕11 号），提出，“对以迁村并点和土地整理等方式进行小城镇建设的，可在建设用地计划中予以适当支持”“要严格限制分散建房的宅基地审批，鼓励农民进镇购房或按规划集中建房，节约的宅基地可用于小城镇建设用地”。

其后，为贯彻这一政策，国土资源部出台《关于加强土地管理促进小城镇健康发展的通知》（国土资发〔2000〕337 号），第一次明确提出建设用地周转指标，主要通过“农村居民点向中心村和集镇集中”“乡镇企业向工业小区集中和村庄整理”等途径解决，对县、乡级土地利用总体规划和城镇建设规划已经依法批准的试点小城镇，可以给予一定数量的新增建设用地占用耕地的周转指标，用于实施建新拆旧，促进建设用地的集中。周转指标由省级国土资源部门单列，坚持“总量控制，封闭运行，台账管理，统计单列，年度检查，到期归还”。

同是在 2000 年，国土资源部出台《关于加强耕地保护促进经济发展若干政策实施的通知》（国土资发〔2000〕408 号），提出“有条件地实行建设用地指标周转，推进国家和省级试点小城镇建设”“为妥善解决小城镇建新拆旧过程中的建设用地指标问题，……对国家和省级试点小城镇，单列编报下达一定数量的建设占用耕地周转指标。小城镇建设建新拆旧完成后，经复核认定的复垦成耕地的面积必须大于建设占用耕地的面积”[①]。

2004 年，国土资源部出台《关于加强农村宅基地管理的意见》（国土资发〔2004〕234 号），提出“县市和乡（镇）要根据土地利用总体规划，结合实施小城镇发展战略与村村通工程，科学制定和实施村庄改造、归并村庄整治计划，积极推进农村建设用地整理，提高城镇化水平和村镇土地集约利用水平，努力节约使用集体建设用地”[②]，该文件明确通过村庄整治，控制集体建设用地总量。

也是在 2004 年，增减挂钩政策正式出台。国务院出台《关于深化改革严格土

---

①《关于加强耕地保护促进经济发展若干政策措施的通知》（http://www.gov.cn/gongbao/content/2001/content_61087.htm）。

②《关于加强农村宅基地管理的意见》（http://f.mnr.gov.cn/201702/t20170206_1436301.html）。

地管理的决定》（国发〔2004〕28 号），提出“鼓励农村建设用地整理，城镇建设用地增加要与农村建设用地减少相挂钩”[①]。2005 年，国土资源部出台 207 号文，正式形成挂钩项目区的概念。

增减挂钩是指，依据土地利用总体规划，将偏远农村若干拟整理复垦为耕地的农村建设用地地块（即拆旧地块）和城市近郊拟用于城镇建设的地块（即建新地块）等共同组成建新拆旧项目区（简称项目区），通过在城市郊区建新房，在偏远农村拆旧房，以及土地整理复垦等措施，在项目区内实现建设用地总量不增加，耕地面积不减少、质量不降低。

2006 年 4 月，山东、天津、江苏、湖北、四川五省市被国土资源部列为城乡建设用地增减挂钩第一批试点。国土资源部 2008 年 6 月颁布了《城乡建设用地增减挂钩管理办法》，2008 年、2009 年又分别批准了 19 省（自治区、直辖市）加入增减挂钩试点。试点项目区直接由国土资源部批准和管理。

自 2009 年起，国土资源部改变批准和管理方式，将挂钩周转指标纳入年度土地利用计划管理，国土资源部负责确定挂钩周转指标总规模及指标的分解下达，有关省区市负责试点项目区的批准和管理。

与此同时，重庆开展了指标交易的试点。指标交易来源于增减挂钩项目，但与增减挂钩项目拆旧区与建新区一一对应的方式不同，是将拆旧区复垦出来的建设用地指标，在公开平台上集中交易，从而提高了指标使用的效率。重庆市于 2008 年 12 月成立了农村土地交易所，同年 12 月 4 日，首张地票成功拍卖。

2009 年 1 月，国务院发布《关于推进重庆市统筹城乡改革和发展的若干意见》（国发〔2009〕3 号），明确“设立重庆农村土地交易所，开展土地实物交易和指标交易试验，逐步建立城乡统一的建设用地市场，通过统一有形的土地市场、以公开规范的方式转让土地使用权，率先探索完善配套政策法规”。这是在国家层面上首次予以认可。截至 2015 年 12 月底，重庆已累计交易地票 17.29 万亩、345.66 亿元；地票质押 8354 亩，金额 12.23 亿元；地票使用 11.7 万亩。

（三）完善与发展地票制度的政策建议

1. 结合国土空间规划制度，建立国家层面的发展权交易制度

在国家层面确立土地指标行政配置与市场交易的双轨制度，并逐步减少土地利用年度计划指标，增加土地交易指标，实现由计划向市场配置的过渡。行政配置的土地年度利用计划指标，主要保障全国重点项目用地和公益性、基础性用地，而全国新增经营性用地的指标需求，全部通过市场化有偿取得指标来满足。

---

① 《关于深化改革严格土地管理的决定》（http://www.gov.cn/zhengce/content/2008-03/28/content_2457.htm）。

2. 将指标交易扩大到全国范围

允许跨省市实现占补平衡。指标来源方面，扩大到四川全境、贵州、云南等有意愿的西部省区市。2017 年，这些地区依旧集中了大量的贫困区县，亟须通过指标交易来实现脱贫，促进土地有效利用。这些地区复垦的指标，可以拿到成都土地交易所公开交易，获得反哺收益。东部沿海发达地区可以作为指标的落脚点，在成都土地交易所交易并购买指标。通过允许跨省市耕地占补平衡和指标在不同省份的交叉落地，充分发挥指标交易在支持西部发展、城市反哺农村、提高农民收入、实现精准扶贫中的作用。

3. 要求新增工业用地必须在指标市场上购买指标

目前，新增工业用地办理农用地转用，是通过政府无偿计划配置的方式获得土地指标。这为地方政府招商引资的低效无序竞争创造了条件，导致工业用地价格低，利用效率低。要求新增工业用地办理农用地转用手续，必须从指标市场上购买指标，可以提高对土地指标的需求量和价格，增加农民收入，同时促进工业用地的有效节约利用。

4. 打通指标交易与集体建设用地入市的连接通道

允许宅基地复垦后获得的土地指标作为集体经营性建设用地入市的指标来源。一方面，集体建设用地入市可以增加指标交易的需求，提高指标交易的价格；另一方面，受困于土地指标不足，集体建设用地入市难以实现连片发展的规模效应。在指标市场上购买指标，可以为符合规划的集体建设用地连片入市提供土地指标，同时解决占用耕地而未办证的小产权房等历史遗留问题。

5. 建立土地指标储备制度

建设指标交易二级市场，为购买指标的企业退出市场疏通渠道。建立二级市场，有助于提高国有土地储备机构与民间资本购买指标的积极性，增加建设用地指标的需求。二级市场的建立，也有助于容纳日益新增的建设用地指标，为未来大型项目落地储备指标，同时缓解一级市场的价格波动。

三、四川成都利用产权改革撬动社会资金下乡

（一）成都改革的政策背景

2007 年，国家批准成都市为全国统筹城乡综合配套改革试验区。为落实这一重大战略，成都明确了从体制机制入手，促进城乡要素流动，探索以城带乡发展

的长效机制。随后，成都以土地制度改革为突破口，在农村产权制度、城乡规划、耕地保护、公共服务一体化、生产要素自由流动、基层治理等重点改革领域取得了突破。本部分从成都土地制度改革入手，在成都农村产权制度改革、指标交易制度改革、政府在产权改革中的作用、产权改革在城乡统筹中的作用等四个方面，总结改革试验面临的主要问题和对全面深化改革的启示。

（二）以确权登记颁证为基础的产权制度改革

1. 产权改革的主要内容

1）开展农村集体土地和房屋确权登记颁证

在全域范围内对农村土地和房屋财产进行了全面的确权、登记和颁证工作。明确农村集体土地所有权、农村集体建设用地使用权、农用地和林地使用权，进行登记并核发证书。明确农村房屋所有权，建立城乡统一的房屋登记管理制度，对合法取得的农村房屋进行登记并核发证书。明确集体资产股权，在集体资产清产核资的基础上，对不具备条件直接确权到农户的集体所有的土地、房屋和集体其他资产进行股份量化，向农户核发股权证。

2）依据实测做到“确实权、颁铁证”

针对确权过程中出现的“确虚权”等现象，成都市结合第二次土地调查，利用高分辨率卫星及航空遥感影像图，专业测绘和人工丈量相结合，全面开展了农村承包地到农户、到地块实测工作，制作地块分布示意图和台账，并将实测数据导入农村土地调查数据库进行管理。成都市总结了“五个一致、应确尽确、程序规范、群众满意”的确权工作标准和要求，做到“确实权、颁铁证”。“五个一致”即确权颁证要做到“土地、台账、证书、合同、耕保基金”一一对应、账（证）实相符；“应确尽确”即只要是农村集体土地及集体土地上的构建筑物，除违法违规占用的土地和建设的构建筑物外，都应进行确权、登记、颁证；“程序规范”即严格执行“组织动员、调查测绘、方案议决、结果公示、确权颁证、耕保基金发放”的农村产权制度改革工作程序，关键步骤不能省，基本环节不能少；“群众满意”即通过建立第三方调查评估机制，邀请国家统计局成都调查队等单位对农村产权制度改革作第三方调查评估，进行群众满意度测评，建立纠纷调处机制，化解矛盾问题。

3）探索农村土地承包权长久不变

成都在产权改革过程中，率先探索了农村土地承包权长久不变，迈出了建立稳定的农村产权关系的决定性一步。2009 年 4 月，成都选择一批先行完成确权颁证的村组启动了农村产权长久不变的改革试点，鼓励、支持农民群众通过召开集体经济组织成员会议，自主、自愿、规范签订农村产权长久不变决议，积极探索以土地承包经营权为主要内容的农村产权长久不变的具体实现形式。截至 2014 年底，成都市共有 32 001 个村民小组农村各类产权达成长久不变决议，占农村产权制度改革涉及村民小组 35 970 个的 89%。

2. 产权改革的政策效果

1）厘清了农村土地财产权利

截至 2014 年底，成都市已基本完成农村产权确权颁证，实现了“应确尽确、应颁尽颁”，累计颁发各类产权证和股权证共计 883.54 万本，其中颁发集体土地所有证 3.64 万本，集体土地使用证 247.28 万本，农村土地承包经营权证 179.95 万本，房屋所有权证 189.55 万本，林权证 67.09 万本，股权证 196.03 万本。截至 2012 年底，重庆市累计完成核发集体土地所有权证书 8.04 万本、宅基地及农房证书 660 万本、其他建设用地及房屋证书 4.06 万本，基本完成了农村集体土地所有权、宅基地及地上房屋所有权、其他集体建设用地及地上房屋所有权的确权登记发证工作任务，实现了“应发尽发”。

2）促进了农民工入城的户籍制度改革

重庆坚持转户居民转户不以退地为前提，但对自愿退出农村宅基地及附属设施用地的，待其复垦后按地票价格交易，转户居民退地积极性高涨。截至 2014 年，已累计对 6.7 万户转户居民的 2.7 万亩宅基地及附属设施复垦支付 25.27 亿元，既解决了转户居民在城乡“两头占地”的问题，又增加了进城落地的资本，降低了户籍改革的成本。

3）“长久不变”促进了农民增加投入与流转土地

一方面，实行土地承包经营权长久不变，消除了农民对承包期满之后要重新调整承包地的顾虑，促使农民加大对农业的长期投入，有利于提高农业生产水平。另一方面，实施土地承包经营权长久不变，促使农民根据市场供需采取转包、出租或转让的方式实现土地承包经营权的流转，既有利于土地资源的市场化配置，又可促进土地的适度规模经营，提高土地的利用率和生产率。

3. 存在问题

1）部分村组的“长久不变”出现反复

由于缺乏相应的法律和政策支撑，随着农村人口的变化，集体经济组织成员认定、人地矛盾、收益分配等问题导致部分村组难以坚持已达成的“长久不变”协议，甚至出现重新调田的现象。

2）金融机构在农村开展产权抵押融资的积极性不高

一方面，受《农村土地承包法》《土地管理法》等现行法律法规的限制，农村产权还不是普遍认可的合法抵押物，作为抵押物的农村产权资产处置变现较难。

另一方面，农村产权主体多元、工作量大而贷款额度小，金融机构开展农村产权抵押融资成本相对偏高，致使其贷款利率高，进一步导致农民群众利用农村产权进行抵押担保的积极性不高。

4. 成都农村产权交易的制度创新

实施城乡统筹，确权是基础，流转是关键。在基本完成确权的基础上，只有大力推进流转交易、抵押融资，才能促进城乡要素自由流动，实现城市反哺农村。成都在推进确权颁证登记的基础上，创新农村产权交易方式，保护和鼓励农村生产要素拥有者流转各项权益，搭建流转平台，深化户籍改革，开展农村产权抵押融资，为生产要素在城乡之间自由流动创造了条件。

1）主要做法

推动集体建设用地入市试点，探索农村宅基地自愿有偿退出。成都市郫县[①]获批集体经营性建设用地入市国家级改革试点，制订了试点实施方案。成都进一步扩大集体建设用地开发利用试点范围和试点内容，探索集体建设用地入市及开发利用的路径办法；制定了农户自愿有偿退出宅基地的具体指导意见，完成全市农村宅基地管理和利用现状摸底调查，推进有条件农户自愿有偿退出宅基地试点。

深化农村金融改革，创新农村金融产品。成都修订完善了农村土地经营权抵押融资管理办法和抵押登记办法，推进农村土地经营权直接抵押、农业生产设施抵押融资，拓宽农村有效抵（质）押范围。完善农村产权抵押融资风险防范机制，进一步明确农村产权抵押担保和贷款损失的认定，以及抵押资产的收购、评估和处置等具体工作流程。创新农业保险产品，深入开展小麦保险和生猪价格指数保险试点，进一步扩大政策性农业保险覆盖面。重庆健全了农村产权抵押融资机制和农村资产评估机制，统一评估条件、参考因素和评估办法。完善风险分担补偿机制，设立农村产权抵押融资风险补偿资金，由市、区（县）两级财政按照20%和15%的比例对贷款本息损失予以专项风险补偿。

搭建农村产权交易平台，促进农村多种权利流转。在夯实确权的基础上，成都在全国率先成立了农村产权综合交易平台——成都农村产权交易所，探索建立农村产权交易市场体系，健全农村产权交易制度体系和风险防控体系，推动农村产权交易公开、公平、规范流转。农村产权交易所健全农村承包土地经营权流转服务体系，促进承包土地经营权流转和林地使用权流转。建立集体建设用地使用权出让制度，以及城乡统一的房屋产权流转制度，逐步实现城乡房屋同证、同权。

① 2016年12月撤销郫县设立郫都区。

2）实施效果

一是探索了农村集体建设用地的入市流转。2015 年 9 月 8 日，成都郫县唐昌镇战旗村一宗面积为 13.447 亩的集体经营性建设用地以每亩 52.5 万元的价格成功出让。成都市在全市范围内，积极探索集体建设用地入市。截至 2021 年，成都市郫都区通过农村产权交易所共交易集体建设用地 100 余宗，总计 2300 多亩，交易金额超 21 亿元。

二是促进了农村各类资产的流转。成都积极探索土地承包经营权、林地使用权、未利用地使用权、农业机械、农村集体经济组织股权、集体建设用地使用权的流转。开展农村房屋产权流转试点，建立城乡统一的房屋产权流转制度，逐步实现城乡房屋同证、同权，积极培育发展农村房屋产权交易市场。截至 2014 年底，成都农村产权交易所各类农村产权交易成交金额累计达 417 亿元，全市耕地流转面积达 336.9 万亩，农业产业化经营带动农户面超过 80%。实现建设用地指标交易 846 宗，交易面积 75 213.25 亩，交易金额 134.18 亿元。

三是创新了农村金融信贷产品。成都市扩大农村抵押担保物范围，出台了有关农村产权抵押融资方面的配套文件，成立了农村产权流转担保公司，创新农村金融产品，开展农村土地、房屋产权抵押担保贷款和鼓励联建房屋。截至 2014 年底，全市各类农村产权抵押融资超过 100 亿元。2.4 万户地震灾区农民利用宅基地使用权以及未来灾后重建的预期房屋作为抵押，由担保公司担保，向金融机构融资贷款 10.9 亿元，为农民群众筹集了灾后重建资金。

四是带动了周边城市的农村产权流转。成都农村产权交易所已与德阳、巴中、内江等 15 个意向市州和县（区、市）进行了合作谈判，逐步建成覆盖四川省、功能齐全、规范有序的农村产权流转交易市场。

5. 成都土地指标交易的制度创新

1）成都指标交易的主要特征

一是确权颁证夯实指标交易的产权基础。确权颁证是成都城乡统筹改革的基础工作。产权清晰是资产进入市场交易的先决条件。截至 2012 年，成都已基本完成了农村土地房屋登记发证工作，做到集体土地所有权证、承包经营权证、集体林权证、宅基地使用权和农村住房所有权证应发尽发。

二是探索形成农村建设用地复垦机制。在指标交易的早期，成都成立了农村土地综合整治中心，各区县相应配置整治机构和人员，并引入测绘、设计、监理、招标等中介机构，建立农村土地复垦整治工作队伍，完善复垦标准体系和工作流程，保障了复垦工作的顺利开展，强化了耕地保护机制。

三是建立土地指标市场化交易运行机制。第一，划分交易指标与计划指标的使用范围。明确年度计划指标主要保障基础性、公益性及工业项目等用地，新增经营性建设用地则由地票指标保障。第二，公开组织交易。放开交易主体资格限制，农村集体经济组织、城乡法人、具有独立民事能力的自然人及其他组织，均可参与地票竞买。土地指标在公开的统一市场采取拍卖、挂牌等公开方式交易。第三，推行市场化的交易结算和价款拨付。指标交易的价款在去除成本后，直接拨付给复垦宅基地的农户，从而避免了资金被截留、挪用的风险。

四是完善农民权益保护机制。第一，确立收益归农原则。指标交易扣除成本后的净收益全部归农民及其集体经济组织所有。第二，明确农户与集体的收益分配办法。成都将指标价格定在每亩 30 万元，远高于指标交易的市场价格，为农民致富和农村发展提供了资金支持。第三，结合实际确定农民参与分配的复垦面积。

五是设定指标交易保护价。成都建设用地指标交易价格定在 30 万元/亩。最低保护价的设计，提高了社会资本、农民收益及参与复垦的积极性。

2）成都指标交易的成效

一是推动了农村土地综合整治，提高了土地利用效率。伴随我国的城市化进程，城市的发展需要大量建设用地，而偏远地区的农村则伴随人口外流出现了有大量废弃宅基地的“空心村”。这导致城市和农村两头占地，降低了土地利用效率。指标交易提高了土地利用效率，既为城市提供了建设用地资源，促进了城市建设更加注重用地成本，更加重视土地的集约、节约，也促进了农村耕地集中连片整治，为农村土地流转与规模经营奠定了基础。

二是完善了耕地保护制度，增强了耕地保护效果。指标交易有利于落实耕地的占补平衡。复垦产生了 90%以上的高质量的耕地，而落地使用时耕地仅占征地范围的 60%左右，为占补平衡省出 30%左右的耕地。指标交易将大城市周边的耕地保护重任转移到了偏远的农村地区，通过“多补少占”增加了耕地资源，增强了耕地保护的效果。

三是促进了社会资本进入农村，通过土地整治建设美丽新农村。成都通过指标交易，调动了民营企业、社会资金参与农村土地综合整治的积极性。指标交易获得的收益，吸引了近百家企业、100 多亿元社会资金投入到农村土地整治和新农村建设中，有效缓解了政府的资金投入压力。民营企业在参与农村土地综合整治的过程中，根据地理位置、地形地貌编制村庄规划，将复垦节余的指标优先用于新农村建设，另一部分指标通过交易回笼新农村建设的成本。成都市青白江区福洪乡①通过引入社会资金开展农村土地综合整治，结合土地指标交易回收基建投资，建设了新型农村，为农民盖起了洋房，并通过集体建设用地的开发利用促进了乡村旅游产业的发展。指标交易促进了社会资金进入并进行新农村建设，改善了农民生活居住条件，建设了美丽新乡村，提高了农民收入。

① 2014 年 8 月撤福洪乡，设立福洪镇。

6. 政府为产权改革提供的服务

在成都城乡统筹改革中，政府积极转变职能和角色，主动为农村土地房屋确权提供服务，搭建要素流通平台，探索农村体制机制的改革。实践表明，政府可以在产权改革中提供有益的服务。这些服务包括如下内容。

（1）政府为农村财产提供确权服务。在政府的财力支持和动员推进下，成都基本完成了农村土地和房屋的确权、登记和颁证工作。在政府的支持和推进下，成都率先在全市范围内探索农村土地承包权“长久不变”，迈出了建立稳定的农村产权关系的决定性一步。成都经验表明，确权登记颁证应是政府的一项常规职能。

（2）政府引导农民探索集体经营性建设用地入市。受法律政策约束，农村集体建设用地、农民住房等财产权利还难以入市流通，其价值难以显现。村民自发实现的土地与房屋入市，因不符合规划与用途管制，难以提高村庄整体价值，也得不到法律的保护。政府通过规划下乡，积极引导符合规划和用途管制的农村土地房屋入市，减少了入市障碍。

（3）政府搭建农村要素交易流转平台。在农村土地房屋等要素流转的初期，因农村较为分散的特征，农村要素的交易缺少资源在大范围内流转的信息和渠道。政府搭建交易平台，有助于聚集买卖信息，建立一个公开、透明的交易市场。成都分别建立农村产权交易所与土地交易所，制定与完善农村产权交易规范运行的有关机制，规范农村产权交易行为和交易秩序，拓宽交易品种，引导土地指标、承包经营权、林权、农村集体经济组织股权、集体经营性建设用地使用权等各类农村产权入场交易。成都农村产权交易所的建立，为盘活农村资产，增加农民财产性收入奠定了基础。

（4）政府通过土地整治等方式提高农民收益。长期以来，农村居住形态分散，既提高了公共服务的成本，也阻碍了农地规模经营，更无法通过人口聚集提高农民收入。成都开展的土地综合整治、增减挂钩、地票等试验，促进了农民的集中居住，降低了公共服务的供应成本，提高了农地规模经营程度，切实提高了农民收入。

（5）政府积极解决产权不清等历史遗留问题。长期以来，受建设用地指标、城乡规划的约束，许多农村建设用地难以得到法律的承认，变成小产权房。伴随农村人口向城镇的集中，小产权房在各地城镇存量住房中占到了相当大的比例。购买小产权房的农民难以获得房产证，为农民进城落户、子女入学带来了一系列问题。成都郫都区通过指标落地、调整规划等方式，解决了一系列问题。实践表明，政府可以转变职能，积极促进历史遗留问题的解决。

（6）政府开展户籍制度改革降低农民进城成本。长期以来，户籍制度及相关的社保、教育、医疗等制度，使农村居民难以获得与城市居民相同的公共服务。成都政府通过开展户籍制度改革，为农村居民提供与城市居民同样的公共服务水平，降低了农村居民进入城市的成本。户籍制度改革为成都提供了大量的农村劳动力，为政府招商引资提供了便利。

7. 产权改革在城乡统筹中的作用

在城乡统筹改革中，成都选择以确权颁证为基础、以土地流转为核心的产权制度改革作为改革的主要抓手。土地产权制度改革在推进城乡统筹、实现城市反哺农村中发挥了重要作用。

（1）确权是流转的基础。长期以来，农村土地、房屋、山林等要素的权利归属不清，积累了大量的历史遗留问题。

产权不清一方面增加了农村的权属争议，在农村承包地调整、征地补偿纠纷等方面带来了一系列问题；另一方面导致土地等要素资源难以流通，难以实现农业规模经营，农民的房屋财产权利难以实现。成都将土地流转与农民确权相结合，以政府提供的现代财产登记服务完成确权，以流转收益提高农民的确权意愿。成都经验表明，农村产权制度改革厘清了农村财产权利，为建立城乡统一的要素市场奠定了基础，也为经由流转大幅提升农民的财产性收入创造了条件。在农村财产权利厘清的基础上，家庭经营、合作经营、企业经营等多种农业经营方式得以涌现。

（2）产权改革有助于城市反哺农村。中国的城市化进程，建立在几亿农民进城务工的基础上。农民进城务工创造的收益，是城市土地物业增值的基础，提高了城市土地的租值。然而，多数进城务工农民只赚取了劳务性收入，并没有分享到城市土地租值增值的收益。一方面，城市土地租值的提升促进了基础设施、公共服务水平的不断提高；另一方面，受户籍制度、土地制度的限制，农民却无法享受到其辛勤劳动带来的土地增值收益，无法享受城市更高的公共服务的水平。成都一方面加大了财政对农村的投入，另一方面通过增减挂钩、地票等方式，将城市土地增值的部分收益用于反哺农村，解决了不少贫困农户的生活实际问题。实践证明，以产权制度改革为核心，以土地制度为突破，利用不同区域的土地租值差异，能够有效地将城市土地增值收益用于反哺农村。

（3）经济下行期仍要坚持以农村产权制度改革促进城乡统筹。在经济下行期，地方政府的财政收入下降，将城市土地增值收益反哺农村的积极性下降。继续创造性地推动产权制度改革，仍然可以在经济下行期促进城乡统筹。一方面，政府要为农村要素流通夯实产权基础、搭建流通平台、降低交易费用。打通城乡要素流通的渠道，促进民间资金投入农村，可以缓解政府财力不足的压力，更有效地促进城乡融合。另一方面，设计新的产权改革体制机制，仍可以促进城乡统筹。比如，在增减挂钩与地票交易中，将平面位置置换进一步延伸为立体空间置换，以宅基地复垦换城市开发的容积率提升，仍可以利用空间的增值收益反哺农村。

将解决历史遗留问题、规划调整等一系列做法与城乡统筹结合起来，可以通过确权、调整规划的收益反哺农村发展。成都城乡统筹改革的实践表明，产权制度改革是进一步深化要素流通改革的基础，以土地制度为突破可以有效地促进城市反哺农村。

8. 推广成都城乡统筹经验的政策建议

成都自 2007 年起推进的城乡统筹改革，有效地促进了城市反哺农村，为全国范围内全面深化城乡统筹提供了经验、奠定了基础。成都城乡统筹的经验，完全值得在全国范围内推广，在 2025 年全面终结城乡二元体制，在全国范围内实现深度的城乡融合。

（1）全面实现农村确权登记颁证，在全国范围内推广“长久不变”。在全国范围内全面完成农村土地房屋等各类财产的确权、登记、颁证工作，建立城乡统一的不动产登记和转让平台。进一步优化完善农村产权纠纷调处、法律援助、仲裁等农村产权保护制度体系。进一步规范农村产权交易行为和交易秩序，推动农村产权交易市场健康、快速发展。

（2）修改《农村土地承包法》，落实中央关于稳定农村土地承包关系并保持“长久不变”的重大决策。总结成都“长久不变”的经验和问题，在全国范围内推广“长久不变”的做法。修改《农村土地承包法》，允许农村集体根据自身情况选择承包期长久不变，就二轮承包期满后耕地延包办法、新的承包期限等内容提出具体方案。完善农村承包土地经营权抵押、担保试点指导意见。在有条件的地方开展农民土地承包经营权有偿退出试点。引导农村集体所有的荒山、荒沟、荒丘、荒滩使用权有序流转。根据农业规模化经营的要求，促进整镇整村的合并。

（3）建设城乡统一的建设用地市场。允许符合土地利用总体规划和城乡规划的农村集体经营性建设用地，与国有建设用地享有同等权利，在符合规划、用途管制的前提下，可以出让、租赁、入股，完善入市交易规则、服务监管制度和土地增值收益的合理分配机制。打通土地指标交易与集体建设用地入市的渠道，促进指标交易市场的发展。废除《物权法》、《担保法》与《土地管理法》中对农村集体所有土地使用权不得抵押的限制性规定，允许农村流转和抵押耕地、宅基地、自留地、自留山等集体所有的土地使用权。建立宅基地有偿使用制度和自愿有偿退出机制，打通农民住房财产权抵押、担保、转让的有效途径。

（4）推动农村集体股份合作制改革，促进集体股权流转。在确认农村集体经济组织成员身份、全面核实农村集体资产的基础上，对于经营性资产将资产折股量化到本集体经济组织成员，赋予农民对集体资产的更多权能，发展多种形式的股份合作。适时促进农村集体股权流转。健全农村集体“三资”[①]管理监督和收益

① “三资”指农村集体经济中的资金、资产、资源。

分配制度。建立符合实际需求的农村产权流转交易市场，保障农村产权依法自愿公开，公正、有序交易。

（5）建立全国范围的土地指标交易制度，以土地为杠杆促进东部发达地区反哺西部农村。中西部农村居民涌入东部城市，为发达城市发展贡献了劳动，却无法分享东部发达城市发展带来的土地增值收益。建议将城乡统筹的范围从市域或县域范围推广到全省乃至全国，实现城乡建设用地跨省挂钩，用东部大城市极高的土地增值收益反哺西部偏远落后的农村。将重庆土地交易所和成都农村土地交易所的交易范围先连接到上海、深圳等大城市，其后扩大到全国。在全国范围内利用东、中、西部不同区域的土地租值差异，通过土地杠杆实现东部城市反哺中西部农村。

四、广东顺德：放权让利推动村级工业园升级改造

（一）顺德区农村工业园改造的背景

佛山市顺德区位列全国百强区县第一名，培育了家电、机械装备两个产值超2000亿元的产业集群，拥有美的、碧桂园等千亿级企业及众多知名品牌，是我国制造业基地之一。

村级工业园的土地租赁，为顺德区企业提供了价格低廉的土地，为制造业的发展奠定了基础。然而，伴随经济的转型升级，村级工业园也面临着土地权属复杂、环保问题突出、土地利用率低、土地产值不高等问题。截至2018年，佛山市顺德区有382个村级工业园，占地13.5万亩，拥有1.9万家企业，占用全区已投产工业用地面积的70%，却只贡献了27%的产值和4.3%的税收，高消耗、低产出、生产工艺和管理模式落后，带来了低效的产业发展模式。土地散乱利用，阻碍了企业的转型升级、城市环境的改善，以及人才和创新要素的引入。

2018年9月，顺德区获批率先建设广东省高质量发展体制机制改革创新实验区，取得了一系列改革经验。

（二）创新土地利用政策

广东省委、省政府大力支持顺德区率先建设广东省高质量发展体制机制改革创新实验区，赋予顺德18项政策支持和权限突破，其中涉及村级工业园改造11项。顺德区进一步解放思想，创新了12项村级工业园改造新做法。

顺德区结合实际工作需要制定相关改革政策，包括用地报批、项目报建、产业发展、新型产业用地、集体资产租赁管控、一二级联动开发等。创新单一改造主体归宗协议出让改造模式，大幅降低改造成本；实行“1121”行政审批改革，将工业类项目审批时间压缩至11个工作日；试行统一审图制度，凭审图机构出具

的有效技术审查合格证明文件和方案图件，2 个工作日内核发建设工程规划许可证；推进土地市场一二级联动开发，村集体公开选定投资合作方，完成土地整理后直接进行开发建设，打消前期投资人的后顾之忧。

（三）探索村级工业园改造的多种模式

顺德区结合区域发展实际，创新出企业长租自管、政府统租统管、直接征收开发、政府挂账收储、企业自主改造、生态复垦复绿六种改造范例，有效解决了土地权属复杂、改造路径单一、改造成本过高、各方利益难以平衡等难题。

1. 企业长租自管模式

在乐从镇上华村，由政府引导，进行产业定位，经村集体表决通过后，公开引入社会资本（企业）长期租用，进行土地整理、开发建设、运营管理及招商，解决集体土地及物业难以融资的问题。

2. 政府统租统管模式

在乐从镇沙边村，由政府引导、国有资产介入，经村集体表决通过后，以流转形式由国有资产开发建设，提前支付一定土地租金，逐年支付剩余租金。这种模式用于社会资本介入土地改造意愿不强、村集体难以选定合作方的情况。

3. 直接征收开发模式

在容桂镇细滘村，经村集体同意后，将集体土地转为国有，给予村集体的村民相应补偿和安置，再以公开出让的方式进行开发建设。

4. 政府挂账收储模式

在龙江镇仙塘村，由政府统筹，经村集体或全体股东表决同意后，土地由集体转国有，政府、土地储备机构与权属人签订收储协议，暂不支付补偿款，土地公开交易后，出让金由政府与原权属人按政策规定分成。

5. 企业自主改造模式

在龙江镇陈涌村，由政府统一规划，进行政策扶持，确定产业准入条件，统筹公共配套设施和市政设施建设，提升园区建设及运营水平，引导自发改造。

6. 生态复垦复绿模式

在伦教镇北海村，探索减量规划，通过城乡建设用地增减挂钩相关政策，由政府主导直接征收，不再用于工业、商业用途，开展生态修复、复垦复绿。

（四）改革的实践效果

截至 2019 年 6 月，顺德区 382 个村级工业园已有 102 个园区 142 个项目启动改造，70 个园区启动拆迁，累计完成土地整理 8058 亩，复垦复绿 692 亩，新建厂房 351 万平方米，关停、淘汰落后风险企业 2425 家，已整理土地中，龙江仙塘项目地块 2019 年 4 月 9 日摘牌，23 日动工，9 天办好建设审批手续，开创村级工业园改造新纪录。顺德区通过一系列改革创新，解决了珠三角地区常年面对的村级工业园产业发展落后和土地利用效率不足的问题，为制造业的转型发展奠定了基础。

第七节 构建城乡权利开放、要素通畅的体制机制和政策体系

一、完善土地管理制度，建立城乡统一的建设用地市场

建立城乡统一的土地市场，不符合公共利益的用地不许动用征收权。实行区段征收等多种方式，保证农民土地开发权益和土地归公收益。明确入市主体，“明确所有权、保留发展权、统一使用权”。实施包括就地直接入市、调整入市、城中村整治入市等多种入市途径，以及出让、租赁、作价入股多种有偿使用方式。制定城乡统一的入市规则，将集体经营性建设用地统一纳入县公共资源交易中心交易，在具体交易流程和规则设计上，基本参照国有建设用地市场。按照土地级差收益形成原理在国家、集体和农民个人之间公平分配土地增值收益。建立不同土地用途转换价值分配规则，探索建立土地用途交易市场。通过土地增值价值获取城市基础设施建设资本。建议借鉴发达国家土地管理制度，探索取消土地年度计划和用地规模控制，实行基于国土空间规划的资源弹性管制。

二、完善集体建设用地入市配套制度，促进乡村产业发展

鼓励集体建设用地使用权人在符合土地利用总体规划、城乡规划和产业发展布局规划的前提下，通过自主开发、公开转让、参股合作等多种形式开发集体建设用地，建立集体土地上的城市与工业园区、发展农产品加工产业、旅游娱乐、商业服务、工业仓储等。建立集体建设用地用于工业、公益事业的补偿机制。促进集体建设用地享受国有土地开发同等的税收优惠、低价补贴等政策。完善吸引

社会资本、金融资本参与集体建设用地开发利用的政策措施，探索集体建设用地使用权抵押融资的有效途径。

三、建立全国性的建设用地指标交易市场，提高欠发达地区农民收入

借鉴重庆地票与成都指标交易的经验，以农民及其集体为供给主体，在全国性的指标交易平台上，将土地整治项目节余的指标跨省公开交易、按规划落地使用。在充分尊重农民意愿的前提下，支持农民开展零星集体建设用地整理，节余的建设用地指标作为规划计划指标安排在城镇规划建设用地区，用指标转让收益作为农户腾退宅基地的补偿。积极探索解决历史遗留问题，允许缺少农转用指标的居民或村组，在指标交易平台上购买建设用地指标，增加发展空间。指标交易将大幅提升欠发达地区的财产性收入。

四、构建宅基地有偿使用与退出制度，显化农民财产性收入

实现乡村振兴的关键是建立宅基地有偿使用和退出制度，赋予农民充分的宅基地转让权。通过宅基地的跨区域转让、有偿使用和有偿退出，吸引人才、促进乡村的重新整合和人口的适度集中居住。改革宅基地的取得方式，定人定面积，确定并固化成员资格。实行差别化的宅基地有偿使用制度。节约有奖、超占有偿，制定一户多宅的收费办法。复垦闲置废弃的宅基地，通过增减挂钩或指标交易，为乡村发展筹集资金。允许村民跨区域使用宅基地，允许村民的住宅在县域甚至更大的范围内流转。制定宅基地有偿退出的办法。明确宅基地退出类型和退出方式，核定退出宅基地的补偿标准，规范退出程序，为退出农户提供激励，并为退出宅基地的农户提供居住保障。制定宅基地增值收益分配机制。界定农村宅基地的收益范围、收益分配对象、分配比例和程序。探索宅基地向集体经营性建设用地转化的途径。

五、改革户籍制度，落实“农二代”城市居住权和“农三代”城市教育权

向“农二代”开放大城市的居住权。鼓励大城市利用集体土地建立房屋租赁市场，向外来务工人员及其家庭开放。多渠道供给土地和房屋，防止政府在租赁市场上形成新的市场垄断。让城乡接合部农民可以长期分享土地增值的好处，

为“农二代”提供体面的居住空间，同时减轻政府的财政负担。落实“农三代”在城市接受教育的权利。推进教育体制改革，开放和鼓励民办学校为农民工子女提供教育服务。推动实现公办学校全部向随迁子女开放，取消交纳社保证明方可入读公办学校的要求。放宽随迁子女在流入地参加高考的限制，切实维护随迁子女平等受教育的权利，努力让每个农民工子女都能享受到公平而有质量的教育。

六、深化集体经济产权制度改革，完善农村集体经济权能

按照尊重历史、兼顾现实、程序规范、群众认可的原则，统筹考虑户籍关系、农村土地承包关系、对集体积累的贡献等因素，确定成员身份的标准，协调平衡各方利益，做好农村集体经济组织成员身份确认工作，解决成员边界不清的问题。因地制宜设置基本股、农龄股、集体股、土地股，科学确定量化系数，以股份或份额形式将集体经营性资产、资源量化到人、固化到户，试行“生不增、死不减，进不增、出不减”的静态管理。以“四个规范”赋予权能：规范股权占有，建立股权台账；规范收益分配，建立收益分配机制；规范有偿退出，建立集体赎回和内部转让退出机制；规范股份继承，确保持股人权利。保障宅基地农户资格权和农民房屋财产权，放活宅基地和农民房屋使用权。创新突破使用权受让人范围。在首先保障好本村具有资格权的农户建房资格后，经村民代表大会同意，可以考虑有偿向本集体以外持有农村户口的自然人转让使用权，显化农村集体土地所有者的收益和处分权。

参考文献

董祚继. 2018a.“三权分置”——农村宅基地制度的重大创新（上）. 国土资源，（3）：22-24.
董祚继. 2018b.“三权分置”——农村宅基地制度的重大创新（下）. 国土资源，（4）：22-26.
高圣平，刘守英. 2007. 集体建设用地进入市场：现实与法律困境. 管理世界，（3）：62-72，88.
郭明瑞. 2007. 关于宅基地使用权的立法建议. 法学论坛，22（1）：19-21.
韩康. 2008. 启动中国农村宅基地的市场化改革. 国家行政学院学报，（4）：4-7.
蒋省三，刘守英. 2004-12-02. 在制度上确保建设用地两种所有制的长期并存. 中国经济时报.
焦长权，周飞舟. 2016.“资本下乡”与村庄的再造. 中国社会科学，（1）：100-116.
刘守英，曹亚鹏. 2018. 中国农民的城市权利. 比较，94（1）：14-28.
刘守英，蒋省三. 2005. 土地融资与财政和金融风险——来自东部一个发达地区的个案. 中国土地科学，19（5）：3-9.
刘守英，王一鸽. 2018. 从乡土中国到城乡中国——中国转型的乡村变迁视角. 管理世界，34（10）：

128-146，432.
孟勤国. 2005. 物权法开禁农村宅基地交易之辩. 法学评论，（4）：25-30.
欧阳安蛟，蔡锋铭，陈立定. 2009. 农村宅基地退出机制建立探讨. 中国土地科学，23（10）：26-30.
孙秀林，周飞舟. 2013. 土地财政与分税制：一个实证解释. 中国社会科学，（4）：40-59.
陶然，袁飞，曹广忠. 2007. 区域竞争、土地出让与地方财政效应：基于1999～2003年中国地级城市面板数据的分析. 世界经济，（10）：15-27.
王芳. 2005. 我国农村金融需求与农村金融制度：一个理论框架. 金融研究，（4）：89-98.
王曙光. 2017-03-29. 为农金机构创新植入互联网金融的文化精髓. 中国城乡金融报.
叶敬忠，朱炎洁，杨洪萍. 2004. 社会学视角的农户金融需求与农村金融供给. 中国农村经济，（8）：31-43.
岳永兵. 2018. 宅基地"三权分置"：一个引入配给权的分析框架. 中国国土资源经济，31（1）：34-38.
章波，唐健，黄贤金，等. 2006. 经济发达地区农村宅基地流转问题研究——以北京市郊区为例. 中国土地科学，20（1）：34-38.
周飞舟. 2007. 乡镇政府"空壳化"与政权"悬浮". 中国改革，（4）：64-65.
周飞舟. 2010. 大兴土木：土地财政与地方政府行为. 经济社会体制比较，（3）：77-89.
周飞舟. 2012. 财政资金的专项化及其问题 兼论"项目治国". 社会，32（1）：1-37.
周其仁. 2004. 农地产权与征地制度——中国城市化面临的重大选择. 经济学（季刊），（4）：193-210.
周其仁. 2017. 城乡中国（修订版）. 北京：中信出版社.
Gao L L，Yan J，Du Y. 2018. Identifying the turning point of the urban-rural relationship：evidence from macro data. China & World Economy，（1）：106-126.
Lu Q，Yao S R. 2018. From urban-rural division to urban-rural integration：a systematic cost explanation and Chengdu's experience. China & World Economy，（1）：86-105.
Zhao L Q，Liu S Y，Zhang W. 2018. New trends in internal migration in China：profiles of the new-generation migrants. China & World Economy，（1）：18-41.

第十章　深度贫困地区贫困的特征、机理与脱贫模式研究[①]

第一节　深度贫困地区的贫困特征与政策倾斜

党的十八大以来，以习近平同志为核心的党中央把贫困人口脱贫作为全面建成小康社会的底线任务和标志性指标，以前所未有的力度高位推进，脱贫攻坚取得决定性进展。截至本次调研结束的2019年底，现行标准下农村贫困人口从2012年的9899万人减少到2019年底的551万人，累计减少9348万人，贫困发生率由10.2%降至0.6%[②]。经过几年的艰苦奋斗，至2021年2月，习近平总书记庄严宣告，“我国脱贫攻坚战取得了全面胜利，现行标准下9899万农村贫困人口全部脱贫，832个贫困县全部摘帽，12.8万个贫困村全部出列，区域性整体贫困得到解决，完成了消除绝对贫困的艰巨任务”[③]。

（一）深度贫困问题的分布

2019年，脱贫攻坚面临的任务仍然十分艰巨，从总量上看，2018年底，全国农村贫困人口还有1660多万人[④]，越往后脱贫成本越高、难度越大。特别是深度贫困问题，是打赢脱贫攻坚战的“坚中之坚”，是难啃的硬骨头。

---

① 本章为课题“深度贫困地区贫困的特征、机理与脱贫模式研究”（承担单位：北京大学。课题主持人：周飞舟。课题组成员：谭明智、李松涛、何奇峰、刘爱玉、付伟、焦长权、秦鹏飞、左雯敏、吴柳财、涂真、余朋翰、王哲、李白、任春旭、黄康佳、罗聪聪、邓朋滔）研究成果的一部分。本章执笔人：周飞舟、谭明智、李松涛、何奇峰。截至2021年，我国脱贫攻坚战已经取得全面胜利，本章内容是在此之前展开的调查研究。通过实地调研，本章重点分析了深度贫困地区贫困的特征、机理与脱贫模式，虽然脱贫攻坚战已经取得全面胜利，但对该阶段一些重要问题的分析讨论仍将对后续的乡村振兴工作具有一定的借鉴意义。

② 2019年全国农村贫困人口减少1109万人，详见：http://www.gov.cn/shuju/2020-01/24/content_5471927.htm。

③《习近平：在全国脱贫攻坚总结表彰大会上的讲话》，详见：http://www.gov.cn/xinwen/2021-02/25/content_5588869.htm。

④《全国人民代表大会常务委员会专题调研组关于脱贫攻坚工作情况的调研报告》. 详见：http://www.npc.gov.cn/zgrdw/npc/xinwen/2019-02/26/content_2072766.htm。

1. 深度贫困地区分布

据有关部门统计，至2018年底，全国各地确定了334个深度贫困县、1875个深度贫困乡镇、30 038个深度贫困村①。深度贫困地区在地域分布上极为不平衡。至2018年底，全国有234个贫困发生率高于18%的贫困县，西藏占比最高，有36个深度贫困地区；其次是云南，有32个；超过10个深度贫困县的有西藏、云南、山西、新疆、甘肃、青海、贵州、广西、四川、湖北和河北共11个省区。中央层面确立了全国深度贫困地区为“三区三州”，所谓“三区三州”指的是西藏、四省藏区、南疆四地州和四川凉山州、云南怒江州、甘肃临夏州②，是全面打赢脱贫攻坚战的“坚中之坚”，是难啃的硬骨头地区。

深度贫困地区大致可分为三类：一是“三区三州”等深度贫困地区，主要是指西藏、四省藏区、南疆四地州和四川凉山州、云南怒江州、甘肃临夏州。这是国家确定的重点深度贫困地区。二是深度贫困县，至2018年底，据原国务院扶贫办对全国最困难的 20%的贫困县所做的分析，至 2018 年底县贫困发生率平均在23%，县均贫困人口近3万人，分布在14个省区的贫困县为深度贫困县。三是深度贫困村，据统计，至2018年底，全国12.8万个建档立卡贫困村居住着60%的贫困人口，其中有近 3 万个贫困村的贫困发生率超过 20%，这些贫困村基础设施和公共服务滞后，村两委班子能力普遍不强，3/4 的村无合作经济组织，2/3 的村无集体经济，“无人管事、无人干事、无钱办事”现象突出。深度贫困地区的贫困状态，虽然有一定的地区差异，但总体上看具有一些共同的特点，即贫困发生率明显高于全国和区域内的其他地区，贫困人口的平均可支配收入较低，收入贫困与教育、健康、住房等非收入贫困并存，农户贫困与区域贫困共生。

基于以上认识，于2019年选取了三类不同的深度贫困地区进行了分析，通过选取典型地区进行深入调研，获取一手资料，进行问题梳理，分析深度贫困地区贫困现状及致贫机制。在调研对象的选择上：第一，关于“三区三州”等深度贫困地区，挑选甘肃临夏州和云南怒江州的深度贫困县，特别是针对部分“直过民族地区”进行了实地调研；第二，关于其他深度贫困县，挑选除了“三区三州”以外的中部地区和北部地区的部分贫困县进行实地调研，重点关注相关问题的同时，也有意与“三区三州”地区的问题有所区分；第三，关于深度贫困村，结合同步开展的贫困村定点观测工作，选取部分深度和非深度贫困村定点观测，获取一手调研资料，进行对比分析。通过对一定数量的贫困村的典型调查，能够极大地帮助我们了解贫困地区和贫困群众的基本状况，把握其脱贫进程，并及时发现解决突出问题。在全面把握贫困地区和贫困群众的前提下，

---

① 数据来源于国家乡村振兴局网站，详见：http://www.cpad.gov.cn/index.html。

② 在2017年出台的《关于支持深度贫困地区脱贫攻坚的实施意见》中明确提出了“三区三州”的讲法。

对观测点的典型调查能够继续深化我们对扶贫工作的认识，并为丰富和完善脱贫攻坚建档立卡数据库、贫困村提升工程等重点工作提供信息支持。

在调研内容的侧重上：第一，在县级层面，重点关注改革开放以来当地贫困问题的变化情况、当地产业发展情况、贫困人口就业情况、住房安全问题、教育保障问题、医疗卫生保障问题、其他社会保障情况；第二，在村级层面，重点关注近年来贫困村政治经济发展变化情况，包括基层组织建设、集体经济发展、贫困村产业发展变化等；第三，在贫困户层面，重点关注扶贫政策前后贫困农户的发展变化情况，包括收入结构、就业情况和“两不愁、三保障”[①]情况等，及其迫切需要解决的问题。在调研方式的选择上：第一，全面收集贫困县、乡、村长时间段的社会经济发展数据，尤其是扶贫政策实施前后的对比情况；第二，采用问卷调查的方式，调查一批贫困户，收集定量数据，以便从整体上把握贫困户的收入结构、脱贫稳定性等经济发展状况；第三，采用入户访谈的方式，深度访问一批贫困户，以便详尽、细致地掌握和观测村庄贫困户的变化状况，并对其脱贫稳定性做出评估，掌握大量翔实的一手数据材料。

2. 深度贫困群体分布

深度贫困群体主要是指贫困大病、慢性病患者、贫困残疾人、老年人等无业可扶、无力脱贫的贫困人口。长期以来，贫困群体中因病致贫和返贫的比例一直居高不下，保持在 40%以上，贫困残疾人、老年人的日常照料问题缺乏有效应对机制。总的来看，这些深度贫困群体家庭的特点是一人患病、全家致贫。贫困病人、残疾人、老年人因需照料，使得本就劳动力匮乏的贫困家庭不得不拿出一部分人力负责，看病吃药等费用也就成为沉重负担，这些都是制约贫困家庭脱贫致富的巨大障碍。这些贫困家庭承受疾病、灾害等突发情况的能力很弱，脱贫难度大、返贫风险高，这部分群体的深度贫困问题如果得不到有效解决，则容易形成致贫返贫的恶性循环。

有关部门数据显示，三类深度贫困群体的具体情况为：一是贫困病人。建档立卡数据显示，2015 年底、2016 年底、2017 年底，因病致贫返贫户数分别为 806.09 万户、583.73 万户、388.24 万户，占全国建档立卡贫困户比例分别为 43.66%、42.49%、41.65%。2017 年底，全国建档立卡贫困人口中患大病贫困人口有 112.96 万人，占所有因病致贫返贫人口的 10.49%；长期慢性病贫困患者有 457.38 万人，占所有因病致贫返贫人口的 42.47%。2016 年国家卫生和计划生育委员会、国务院扶贫办联合开展的因病致贫返贫人口核实核准数据显示，因病致贫返贫家庭有 1 个病人的比例为 68.59%，有 2 个病人的比例为 27.11%，有 3 个及以上病人的比例

① “两个愁”即不愁吃、不愁穿，“三保障”即义务教育、基本医疗、住房安全有保障。

为 4.3%。有多个病人的贫困家庭，脱贫难度更大。二是贫困残疾人。2017 年底，全国建档立卡贫困残疾人 280.35 万人，占全国建档立卡贫困人口总数的 9.87%，涉及 245.78 万户贫困家庭。其中，一、二级重度残疾人有 151.52 万人，占全部贫困残疾人的 54.05%，三、四级轻度残疾人有 128.84 万人，占全部贫困残疾人的 45.95%。三是贫困老年人。2017 年底，65 岁以上建档立卡贫困老年人有 497.03 万人，涉及 385.69 万户贫困家庭，其中全部家庭成员均为 65 岁以上老年人的贫困家庭有 155.4 万户，占 385.69 万户的 40.29%。

结合相关学者的研究，深度贫困群体的特征可以归纳为如下五点：一是温饱问题已经基本解决，但是缺少财产性收入。二是自身发展能力较差，缺乏寻找机会的能力。有关部门的数据显示，建档立卡贫困人口中，初中及以下文化水平占比 92.9%，小学以下文化程度的占 56.1%，文盲半文盲占比接近 15%。这些贫困人口中有的是长期患病者，有的是残疾人，还有的是老无所依的孤寡老人等。三是状态极不稳定，容易返贫。很多贫困人群正常年景还能够维持生活，但一旦年景不好或家里有人遭遇疾病，便又返回到贫困状态。据统计，全国因病致贫返贫占全部贫困户的 42.2%。四是基本以土地农业为生，很少参与非农经济活动。五是随遇而安，在贫困中逐渐丧失了改变的愿望和动力。以上这些特征大大增加了针对贫困群体进行帮扶的复杂性和难度（刘守英，2017）。

总的来看，深度贫困地区、深度贫困群体的深度贫困问题，受其自然、社会、经济和文化等多方面因素的影响，致贫因素复杂，脱贫成本高、难度大、稳定性差，深度贫困具有极强的顽固性。从中央既定的脱贫目标上看，实现不愁吃、不愁穿“两不愁”相对容易，实现保障义务教育、基本医疗、住房安全“三保障”难度较大。截至 2019 年调研结束为止，我们认为，深度贫困问题如果未能有效解决，会影响贫困人口摆脱绝对贫困，已经脱贫的人口仍有可能返贫，这将影响全面建成小康的总体进程。党的十九大决定实施乡村振兴战略，对于深度贫困地区更需重视和关注，需要有针对性地分析深度贫困地区和深度贫困群体的深度贫困问题，辨识其基本机理和内在规律，根据深度贫困地区的实际情况，制定更具有针对性和指向性的帮扶政策，为打赢脱贫攻坚战和布局乡村振兴提供深度贫困问题解决的总体方案。

（二）深度贫困特征分析

简单来讲，深度贫困主要是指深深陷入贫困状态而难以摆脱的情况。贫困深度指贫困人口收入相对于贫困线的缺口，缺口越大表明贫困群体的生活水准越低，贫困程度越深（李培林等，2008）。在国际上，最为直观的用来描述贫困深度的指数是 Sen 指数（Sen，1976）和 FGT 指数（Foster et al.，1984）。中央政府对我国深度贫困地区的特征进行了概括，简单来说是“两高、一低、一差、三重”。

1.“两高、一低、一差、三重”

习近平在《在深度贫困地区脱贫攻坚座谈会上的讲话》[①]中指出：“‘两高’即贫困人口占比高、贫困发生率高”“‘一低’即人均可支配收入低”“‘一差’即基础设施和住房差”“‘三重’即低保五保贫困人口脱贫任务重、因病致贫返贫人口脱贫任务重、贫困老人脱贫任务重”。

2. 深度贫困的多维性、整体性特征

从中央既定的脱贫目标上看，实现不愁吃、不愁穿“两不愁”相对容易，实现保障义务教育、基本医疗、住房安全“三保障”难度较大。随着扶贫工作的不断推进及理论研究的不断深入，贫困所涵盖的范围已经从最初单一的物质贫困演变为包括精神贫困、能力贫困、病残贫困、文化贫困、权利贫困等诸多方面的综合性贫困，并从单一的经济现象延伸到涉及经济、政治、社会、文化、生态等诸多领域的复杂的社会问题。深度贫困问题具有多维性和整体性特征，其中任何一个方面没有妥善解决都会影响到其他方面，已经脱贫的仍有可能返贫，将影响全面建成小康社会的整体进程（牛胜强，2017；黄承伟和王猛，2017）。

3. 深度贫困的顽固性特征

一些学者认为，深度贫困之所以被称为“深度”贫困，不仅表现为一定时间点上的收入水平低下与物质匮乏，也表现为纵向时间维度上贫困的“顽固性”，即贫困具有长期性和代际性的特点。由于穷困人口自身的原因和资源短缺、环境恶劣、社会制度等结构性因素的长期累积，贫困地区陷入贫困恶性循环，无法跳出贫困陷阱，陷入持久性贫困之中，并在代际传承（牛胜强，2017；左停等，2018）。

4. 深度贫困的精神心态特征

深度贫困地区由于长期资源短缺、交通封闭，难以与市场经济接轨，形成了特有的贫困亚文化现象，长此以往养成了封闭保守、消极懈怠的消费观和劳动观。这对提升贫困群众教育、文化、健康水平和综合素质，增强贫困地区内在活力，振奋贫困地区和贫困群众的精神风貌提出了要求（张楚和张守夫，2017）。

（三）脱贫倾斜政策体系

自《中共中央 国务院关于打赢脱贫攻坚战的决定》颁布以来，相关配套文件陆续出台，构成了一个庞大的文件体系。按照通常的文件制定流程和规则，这一

① 详见：http://www.xinhuanet.com/politics/2017-08/31/c_1121580205.htm。

文件的起草过程也是各部门利益调整和分工的过程，纲领性文件印发后，中央层面各部门根据各自职能，出台相关配套文件。

据统计，从 2015 年 11 月至 2018 年底，中央和国家机关各部门出台政策文件或实施方案达 200 余个，内容涉及产业扶贫、易地扶贫搬迁、劳务输出扶贫、交通扶贫、教育扶贫、水利扶贫、生态扶贫、金融扶贫、健康扶贫、土地政策扶贫、水电矿产资源收益扶贫等，几乎每个职能部门都能够从自身的业务领域出发，找到与扶贫工作相结合的点。由此，一个覆盖农村社会经济全领域和个人生活方方面面的全面政策体系网络被迅速地构建起来（周飞舟和谭明智，2020）。相关部门出台的部分扶贫政策见表 10-1。

表 10-1　部门出台的部分扶贫政策

文件类别	出台政策名称	政策发布部门
总领性文件	《关于进一步加强东西部扶贫协作工作的指导意见》	中共中央办公厅、国务院办公厅
	《脱贫攻坚督察巡查工作办法》	中共中央办公厅、国务院办公厅
	《关于支持贫困县开展统筹整合使用财政涉农资金试点的意见》	国务院办公厅
	《中国农村扶贫开发纲要（2011-2020 年）》	中共中央、国务院
	《关于打赢脱贫攻坚战的决定》	中共中央、国务院
	《关于创新机制扎实推进农村扶贫开发工作的意见》	中共中央办公厅、国务院办公厅
	《关于建立贫困退出机制的意见》	中共中央办公厅、国务院办公厅
办法与措施类文件	《关于支持贫困地区农林水利基础设施建设推进脱贫攻坚的指导意见》	国家发改委
	《关于金融助推脱贫攻坚的实施意见》	中国人民银行、国家发改委、财政部、中国银行业监督管理委员会、中国证券监督管理委员会、中国保险监督管理委员会、国务院扶贫办
	《关于实施健康扶贫工程的指导意见》	国家卫生和计划生育委员会等部门
	《关于做好保险业助推脱贫攻坚工作的意见》	中国保险监督管理委员会、国务院扶贫办
	《关于做好农村最低生活保障制度与扶贫开发政策有效衔接的指导意见》	民政部、国务院扶贫办、中央农村工作领导小组、财政部、国家统计局、中国残疾人联合会
	《贫困地区水电矿产资源开发资产收益扶贫改革试点方案》	国务院办公厅等
	《网络扶贫行动计划》	中央网络安全和信息化委员会办公室、国家发改委、国务院扶贫办
	《贫困地区发展特色产业促进精准脱贫指导意见》	农业部、国家发改委、财政部、中国人民银行、国家林业局、国家旅游局、中国银行业监督管理委员会、中国保险监督管理委员会、国务院扶贫办

续表

文件类别	出台政策名称	政策发布部门
办法与措施类文件	《关于印发乡村旅游扶贫工程行动方案的通知》	国家旅游局、国家发改委、国土资源部、环境保护部、住房和城乡建设部、交通运输部、水利部、农业部、国家林业局、国务院扶贫办、国家开发银行、中国农业发展银行
	《关于在打赢脱贫攻坚战中做好人力资源社会保障扶贫工作的意见》	人力资源和社会保障部
	《关于实施教育扶贫工程的意见》	教育部、国家发改委、财政部、国务院扶贫办、人力资源和社会保障部、公安部、农业部
	《关于加快贫困地区能源开发建设推进脱贫攻坚的实施意见》	国家能源局
	《关于用好用活增减挂钩政策积极支持扶贫开发及易地扶贫搬迁工作的通知》	国土资源部
	《科技扶贫行动方案》	科技部、教育部、中国科学院、中国工程院、国家自然科学基金委员会、国家国防科技工业局和国务院扶贫办
	《关于改进贫困县党政领导班子和领导干部经济社会发展实绩考核工作的意见》	中共中央组织部、国务院扶贫办
	《关于做好选派机关优秀干部到村任第一书记工作的通知》	中共中央组织部、中央农村工作领导小组办公室、国务院扶贫办

针对深度贫困问题，2017 年 9 月 25 日，中共中央办公厅、国务院办公厅印发了《关于支持深度贫困地区脱贫攻坚的实施意见》，明确中央统筹，重点支持“三区三州”，主要有七个方面的政策举措：一是加大中央财政投入力度。二是加大金融扶贫支持力度。三是加大项目布局倾斜力度。四是加大易地扶贫搬迁实施力度。五是加大生态扶贫支持力度。六是加大干部人才支持力度。七是加大社会帮扶力度。同时在支持深度贫困地区和解决深度贫困问题等方面提出了很多超常规举措。

在具体实施过程中，中央政府与各地政府按照自然生态环境与经济资源禀赋不同实施不同的扶贫产业帮扶，加大对深度贫困地区的支持力度。以光伏产业扶贫为例，2016 年 5 月 5 日，国家能源局、国务院扶贫办联合印发《光伏扶贫实施方案编制大纲的通知》。此次联合发文的目的是进一步指导地方编制光伏扶贫实施方案，推进光伏扶贫工程建设，保障光伏扶贫项目有效实施。2016 年 12 月 31 日，中共中央、国务院公开发布《关于深入推进农业供给侧结构性改革加快培育农业农村发展新动能的若干意见》（以下简称《意见》），对农村发展进行了指导。《意见》指出，要实施农村新能源行动，推进光伏发电，逐步扩大农村电力、燃气和清洁型煤供给。这是光伏发电首次被列入中央一号文件。2016 年 12 月 31 日，国土资源部、国务院扶贫办、国家能源局联合印发《关于支持光伏扶贫和规范光伏发电产业用地的意见》（国土资规〔2017〕8 号），落实光伏扶贫的用地保障，进一步细化、规范光伏发电产业用地管理，切实加强光伏发电项目用地的监管。

此外，在《中共中央国务院关于打赢脱贫攻坚战的决定》文件中，中央进一步明确“居住在生存条件恶劣、生态环境脆弱、自然灾害频发等地区的农村贫困人口，加快实施易地扶贫搬迁工程”。有研究显示，影响居民易地搬迁意愿的前五位原因是“搬迁后有更好的基础设施”，以及目前居住地“缺乏经济来源”、“农业及人畜用水存在问题”、“教育或医疗条件差”和“生态环境恶劣”，因此实现易地扶贫搬迁必须要重视安置模式选择，选择适宜的产业发展模式，加强基础设施建设，还需要当地政府加大易地扶贫搬迁的动员力度，发挥政府的社会保障功能（朱玉林和李思贤，2018）。在具体的实施过程中，易地搬迁通常与宅基地有偿退出机制之间存在着利益联结，因此若要实现精准扶贫、精准脱贫的目标，一方面要充分发挥易地扶贫搬迁政策的带动作用，通过“人的城镇化”和产业扶贫等方式，引导和鼓励贫困群众有偿退出宅基地；另一方面也要探索宅基地有偿退出机制对易地扶贫搬迁的推动作用，“利用城乡建设用地增减挂钩政策，优先解决易地扶贫搬迁工作中的土地指标紧缺和资金不足这两大难题，提高宅基地退出补偿标准，增加搬迁群众的生计资本”（耿敬杰和汪军民，2018）。而在易地搬迁政策安置社区的治理实践之中，研究者经常见到形式各异的矛盾，主要表现为“移民的日常生活与制度之间产生的对立与冲突”。因此要以开放和包容的态度正视移民搬迁群体的正常诉求，及时引导其进行自我变革，并接受制度制约，尽快向新的生活方式转变（吴新叶和牛晨光，2018）。

（四）深度贫困与乡村振兴

本部分重点按照乡村振兴战略“产业兴旺、生态宜居、乡风文明、治理有效、生活富裕”的基本要求，对比深度贫困地区和深度贫困群体的状况与致贫机制，有针对性地提出深度贫困地区脱贫和实现乡村振兴的基本路径。

具体来说：一是产业兴旺。深度贫困地区往往产业结构单一，承受风险的能力较弱，在脱贫攻坚进程中，产业兴旺是贫困地区发展内生动力的基础和前提，唯有做好产业布局，才能真正留住人。因而，在深度贫困地区发展产业时，应注意促进小农户和现代农业发展的有机衔接。统筹兼顾培育新型农业经营主体和扶持小农户，采取有针对性的措施，把小农生产引入现代农业发展轨道。改善小农户生产设施条件，提升小农户抗风险能力。结合深度贫困地区的实际情况，研究制定扶持小农生产的政策。二是生态宜居。乡村振兴，生态宜居是关键。良好生态环境是农村的最大优势和宝贵财富。深度贫困地区往往交通闭塞、现代化程度较低，却保留着优质的自然生态资源。在推动深度贫困地区发展，实现乡村振兴的过程中，一方面要开发、利用本地优质资源，推动乡村自然资本增值，另一方面要尊重自然、顺应自然、保护自然，实现经济发展与生态保护相统一。三是乡风文明。乡村振兴，乡风文明是保障。乡村发展，离不开农民精神状态的提升。培育良好的家风、文明的乡风，形成淳朴的民风对于乡村全面、长远发展来说极其重要。尤其对于深度贫困地区来说，内生动力不足、乡风文明落后常常制约着本地经济的发展。深度贫困地区的发展，需要不断激发贫困人口的内生动力，志智双扶，经济帮扶与内生脱贫相结合。在落实帮扶措施时，既要注意采用生产奖补、劳务奖补、以工代赈等激励机制，又要提升贫困群众发展生产和务工经商的技能，更要加强对贫困家庭的教育帮扶，彻底阻断代际贫困传递，狠抓教育，改善风气。四是治理有效。乡村振兴，治理有效是基础。必须把夯实基层基础作为固本之策，建立健全党委领导、政府负责、社会协同、公众参与、法治保障的现代乡村社会治理体制，坚持自治、法治、德治相结合，确保乡村社会充满活力、和谐有序。脱贫攻坚的过程，也是不断提升贫困人口和贫困村基层治理能力的过程，治理能力的提升有利于脱贫攻坚各项政策的实施和取得有效效果。五是生活富裕。乡村振兴，生活富裕是根本。脱贫攻坚的基本目的便是解决有关贫困人口的问题，这是迈向乡村振兴，农民富裕的前提。

深度贫困地区实现乡村振兴离不开基础设施建设和公共社会事业的发展。特别是健康医疗、社会保障和教育保障等方面，必须下更大力气才能补齐短板，确保不被落下。对于深度贫困地区的贫困人口和深度贫困人口，要不断加强农村社会保障体系建设。完善统一的城乡居民基本医疗保险制度和大病保险制度，做好农民重特大疾病救助工作。完善城乡居民基本养老保险制度，建立城乡居民基本养老保险机制和基础养老金标准正常调整机制。统筹城乡社会救助体系，完善最低生活保障制度，做好农村社会救助兜底工作。构建多层次农村养老保障体系。健全农村留守儿童、妇女、老年人以及困境儿童关爱服务体系。加强和改善农村残疾人服务[①]。此外，在优先发展农村教育事业的同时，也要促进农村劳动力转移就业和农民增收。

学术界、政策研究界对扶贫开发工作的相关研究由来已久，但关于深度贫困地区和深度贫困问题的研究仍停留在起步阶段，目前的研究多属于综述性质的论述，就深度贫困地区所面临的问题笼统论述，而没有就深度贫困地区所面临问题的独特性做进一步的细致分析。影响扶贫措施成败的因素十分复杂，各项扶贫举措目的与规划相对独立，对其他关联项目开展的协调性欠缺考虑（孙璐和陈宝峰，2015）。同样的产业、相似的思路，在不同地区的收效可能差别很大，这更凸显

① 参见《中共中央 国务院关于实施乡村振兴战略的意见》（2018 年 1 月 2 日）。

实地调查研究的必要性，在不同资源禀赋的深度贫困地区运用统一的观察框架，将各地区具有较大差别的变量纳入解释模型，非预先性地代入各类贫困理论假设，是本章不同于一般扶贫研究之处。

我们认为，如果不从社会经济的全局出发进行全面分析，就难以理解深度贫困问题产生的社会经济生态结构，难以理解贫困地区长期陷入贫困的深层次原因。只有掌握了全局的视角并经过充分的实地调研，才能够为上述问题做出切实的机制分析和提出相应的政策建议。

第二节　深度贫困地区的贫困发生机制

本章涉及 8 个深度贫困地区典型贫困村，分别是河北省保定市阜平县龙泉关镇的顾家台村、湖南省永州市江华瑶族自治县桥市乡的野猪桥村、云南省怒江傈僳族自治州福贡县匹河怒族乡的托坪村、甘肃省临夏回族自治州东乡族自治县高山乡的布楞沟村、甘肃省定西市渭源县田家河乡的元古堆村、安徽省六安市金寨县麻埠镇的桂花村、河南省信阳市新县周河乡的西河村、湖北省宜昌市五峰土家族自治县仁和坪镇的业产坪村，现将其列在表 10-2 中。这 8 个村庄分布在河北、湖南、安徽、甘肃、云南以及湖北等地，体现出我国中部、西部不同地区贫困村贫困发生的机制特征，每个村庄根据自然禀赋、社会条件的不同采取了相应的脱贫措施。

表 10-2　贫困村列表

村名	所属省、市/州、县、乡镇
顾家台村	河北省，保定市，阜平县，龙泉关镇
野猪桥村	湖南省，永州市，江华瑶族自治县，桥市乡
托坪村	云南省，怒江傈僳族自治州，福贡县，匹河怒族乡
布楞沟村	甘肃省，临夏回族自治州，东乡族自治县，高山乡
元古堆村	甘肃省，定西市，渭源县，田家河乡
桂花村	安徽省，六安市，金寨县，麻埠镇
西河村	河南省，信阳市，新县，周河乡
业产坪村	湖北省，宜昌市，五峰土家族自治县，仁和坪镇

综合考察这些深度贫困村庄的贫困成因，可以从自然条件和社会因素两大方面入手。由于我们调研的时候建档立卡已有 4 年，大部分村庄已经脱贫或基本脱贫，所以对于有些村庄的贫困成因了解得并不彻底。在我们的调研中，当地村民

和干部谈到贫困成因时大多强调自然条件导致的各种困难。可以说，自然条件作为不可抗力，与农民的生产生活有着最根本的联系，是贫困村首位的致贫因素，同时社会因素也起了作用。

（一）自然条件

地理位置偏僻、居住分散、资源稀少是我们调研的贫困村的普遍状况。一是“远”，贫困村一般都位于偏远山区，离中心城镇和县城距离很远。在华北、华中和西南的丘陵区，贫困村一般都位于半山区或深山区。二是“散”，在华中和西南地区，由于地形地貌以及由此决定的农业生产形态，农民一般都是分散居住。一个行政村包括很多自然村，有许多自然村也并非集中居住，而是散居。三是“少”，是指生产和生活资源少。比较普遍的情况是耕地资源少。在华中和西南地区，水田分布在河谷，旱地分布在缓坡，人均耕地面积都较少。在华北地区，河北和河南的耕地面积相对较多，但是这些地区人口密集、村庄规模大，人均耕地也并不太多，贫困村一般更少一些。相比之下，华中和西南地区的山地资源更为丰富。华中地区有大量的竹林、次生林或油茶等经济林，但由于地处深山，交通不便，这些资源很难被利用。

自然条件带来的症结性问题除了“远”“散”“少”外，还有一些特殊的恶劣条件和自然灾害，具体情况如下。

1. 半山区与深山区的困难

半山区与深山区贫困村所处的区位位置，是制约其经济发展的最根本因素。地理位置偏远，不仅阻断了经济、信息资源的流通，也阻断了政治资源的进入。如甘肃省元古堆村位于海拔 2400 米的山顶上，山路曲折险狭。村内道路均为沙土路，不仅如此，村民居住在东西两条山沟里，去哪里都要翻山越岭，使得村民的出行更加困难。甘肃省布楞沟村处于山大沟深的深山地带，交通闭塞，道路不通。2013 年以前，村庄与县内主要公路间没有硬化路面，村民外出面临“晴天一身土，雨天两脚泥”的窘境。山高路远，路途险峻，使得这些村庄的经济发展在县域经济发展中长期处于无人问津的状态，更与广大的外部市场相隔绝，经济潜力无法得到开发，经济发展长期处于落后停滞状态。

2. 分散居住带来的困难

分散居住造成的困难有两种：①分散居住造成农民与基础设施和公共服务的隔离，导致农民居住和医疗条件十分落后。比如，云南省的托坪村，其所辖的托坪组和色德组位于高山之上，从村委会到托坪组要步行两个多小时，到色德组要步行四五个小时。村民出行难，就医难，与外界交流十分困难。②分散居住造成村庄组织管理的松散化，给农户家庭经营带来不便。湖北省业产坪村，所辖的四个自然村彼此之间距离很远，走路需要几个小时，山路曲折，遇到雨雪天难以通行，春夏季节采茶运输极为不便。

3. 生产、生活资源偏少

在分散经营、人口众多的条件下，生产、生活资源稀少给农户的经济发展造成了根本性的资源制约，使得难以依托当地的自然资源提高经济收入。与农民生产相关的自然资源主要包括田地资源、林地资源和水资源。自然资源少可分为三种类型：①“耕地资源少+山地资源少”，云南省托坪村，山高、谷深、坡陡，全村 999 亩耕地，其中坡度在 25 度以上不适合种植粮食作物的耕地占耕地面积的 90%，属于典型的“一方水土养不起一方人”的情况。②“耕地资源少+山地资源多”，湖南省野猪桥村，人均耕地面积 1 亩。林地面积 6500 余亩，主要是杉木林和松木林，森林覆盖率高达 85%。③“土地资源适宜+水资源匮乏”，水资源缺乏给贫困村生产生活带来了极大阻碍。如甘肃省布楞沟村地处半干旱区域，极度缺水，村民在自家院内挖水窖收集降雨，每逢雨天便用网布和塑料管等工具将雨水汇入水窖以备使用。另外，水资源极度缺乏难以满足牛羊养殖饮水需要。

4. 特殊恶劣条件

有些村庄地处特殊的地质区域，面临特别恶劣的自然条件。湖北省业产坪村为山地类型，且属于喀斯特地貌地区，地表难以蓄水造成干旱缺水，土地贫瘠，当地人俗称“鸡窝地”。湖南省野猪桥村，也属于喀斯特地貌，地表水流速快、易下渗且土壤是砂性土，蓄水能力差，这导致了村庄缺水和灌溉困难，成了全乡最为干旱的地方。

5. 自然灾害造成的困难

自然灾害对村庄整体造成的重创是村庄经济倒退的重大原因。如云南省托坪村紧靠高黎贡山，周围地区山高、谷深、坡陡，降雨季节极易发生滑坡泥石流，给公路设施建设造成重创。

综合上述村庄的症结问题，可以发现，在自然条件方面的困难程度可以按照上述要素的叠加来进行分类，最贫困的村庄同时具有“远+散+少+灾”四种自然条件上的致贫因素，如云南省的托坪村。而只具有其中一两种自然条件致贫因素的，相对容易解决贫困问题。

（二）基础设施建设和公共服务

与恶劣的自然条件相伴随的是贫困地区基础设施建设不同程度的缺乏，以及教育、医疗等公共服务的落后。贫困地区最迫切需要的基础设施建设就是路，没有路就没有一切。路是政治、经济、教育发展的最基础的载体，必须修好路，才能为公共服务的输入奠定基础。各村表现出来的基础设施和公共服务问题如下。

1. 道路不畅

道路问题是制约贫困村发展的重要障碍。云南省托坪村交通极其落后，该村的托坪组和色德组位于高山之上，没有通公路，物资上下山全靠人背马驮，交通运输成本极高。甘肃省元古堆村，村内道路均为沙土路，晴天尘土飞扬，雨天泥泞难行，“底盘低的车没法开进来，农产品运不出去。碰到下雨天，村里的路都是烂泥路，外人都到不了村子。那时候，人走不了的路，只能靠着三轮车压出来的轨迹才能走”。湖北省业产坪村，所辖四个自然村距离较远，山路曲折不平，在修建道路之前无法满足种植构树所需要的运输条件。湖南省野猪桥村，县城通往村的山路全是土路，一下雨就泥泞难走。村民说道，“过去的野猪桥村光棍率高，就是因为这里地处偏远，路又不好走，过去年轻人领着女朋友回家，要坐好几个小时的拖拉机，甚至还闹出过儿媳妇坐拖拉机磕破头的笑话，外地人都不愿意嫁到我们野猪桥来”。道路对贫困村发展极其重要，它们承载着经济资源、信息资源、政治资源的流通，道路不畅不仅使得外部资源无法进入村庄、村庄资源无法流出，还导致了村庄自身的组织松散。

2. 生产生活用水困难

生产用水困难使得农业灌溉困难，农业发展长期处于靠天吃饭的状态，无法实现增收。生活用水困难造成农民生活质量低，患病率高，身体健康受到影响，也是十分重要的致贫原因。同时，生活质量低使得农村生活缺少吸引力，造成了人口的流失。甘肃省布楞沟村地处半干旱区域，年降水量不足 300 毫米，根本无法满足村民生活用水与牛羊养殖的饮水。布楞沟村人靠在自家院内挖水窖，到 10 公里外的洮河运水来解决用水困难，交通不便，运输费用昂贵。

3. 住房安全问题

由于独特的地质条件以及当地的生活习惯、民族文化等因素，一些地区存在住房安全问题。云南省托坪村村民以少数民族怒族为主，他们的住房非常原始，以草木结构的千脚木屋为主，底层养鸡养猪，中间层住人生活，上层的阁楼囤放粮食饲料，存在一定的安全隐患。

4. 缺乏教育资源

教育资源的缺乏主要与当地的区位因素有关，受到山高路远等自然条件的制约，分为缺少学校和自然环境恶劣、教师资源流失两种类型。①缺少学校。云南省托坪村学前教育缺失，村里绝大多数小孩直接上小学一年级，导致村民的普通话能力不高，严重阻碍了村民外出务工。②自然环境恶劣，教师资源流失。甘肃省布楞沟村在 2013 年以前只有一个教学点，拥有两间教室和两名教师。本村自然环境差、位置偏僻、交通不便，难以吸引到优质的教育人才，而且极其容易流失。此外，部分家庭对待子女教育重视不足，思想落后、保守，所以教学点的学生数量只能维持在 20 人左右。由于种种障碍，适龄学生推迟上学或辍学的比例非常高。

5. 缺乏医疗资源

医疗资源的缺乏主要与山高路远的自然条件相并生。甘肃省布楞沟村没有卫生室，一旦群众生病需要就医，必须前往 9 公里外的高山乡卫生院。这已经是距离布楞沟村最近的就医点，因为交通条件差，村民们每次看病都至少要耗费一整天时间。

（三）人力资源与文化观念

除了自然条件、基础设施等因素，“人”也是造成村庄贫困的重要因素。人的因素具体表现为人力资源和文化观念两个方面。人力资源的问题又可以细分为空心化与老龄化两个方面。文化观念的问题则可以细分为“三缺”（缺计划、缺技术、缺资金）困境、文化观念以及语言障碍。具体情况如下。

存在村庄空心化与老龄化现象。许多村庄人口大量外流导致了村庄空心化严重，导致了村庄产业发展缺乏劳动力、带头人，村庄治理缺乏主心骨，成为阻碍村庄发展的重要因素。例如，湖南省野猪桥村，到 2018 年 7 月底调查时，全村共 222 户，1016 人，常年在外务工的达三四百人，大多数青壮年劳动力都不在村里，村里都是老人和小孩，村庄空心化、老龄化现象严重，在村庄发展产业找不到劳动力，村庄活力不足。

而在文化观念方面，则有如下几个突出问题。

1.“三缺”困境

除了自然条件的限制外，贫困户还经常面临三个困境，即缺计划、缺技术、缺资金。“缺计划”是指一些贫困户虽然有较好的资源和充足的劳动力但是依然贫困，主要是因为贫困户对家庭生产生活没有合理安排，不懂得做好科学规划。“缺技术”是指贫困户没有种植高附加值经济作物的经验，只会种粮食，导致收入有限。“缺资金”则是指缺乏发展资金，贫困户无法尝试投入成本高、市场风险大的特色种养殖业。

2. 随遇而安，缺乏内生动力

对有些村庄来说，村民既称不上懒，也没有恶习，但长期较低的生活水平、封闭的自然环境，尤其是自足的传统文化观念，使得村民对物质生活并没有很强的欲望，缺乏发展产业的内生动力，有些村民抱有“等靠要”的惰性心态，“坐在门口晒太阳，等着政府送小康”的群众依然存在，部分群众缺乏开拓创新能力和精神，仅能解决温饱问题。

3. 文化教育落后与语言障碍

除此之外，在一些深度贫困地区，导致贫困的文化因素还有文化教育落后及语言障碍。例如，在云南省托坪村，中年农民大多不识字，不会讲普通话，无法外出打工。接受过普通话教育的年轻人，虽然会外出务工，但有的有喝酒的不良风气，常常浪费掉大部分收入。另外，村民大多习性闲散自由，适应工厂管理体制难度较大。加上语言障碍，他们很难前往东部地区打工，也缺乏接收外界信息的机会，导致了这个村的长期贫困。

（四）组织化水平

脱贫攻坚需要基层组织有较强的治理能力和组织能力。村庄组织水平低下，往往是导致村庄长期贫弱的重要原因。村庄组织能力不足，影响了村庄治理能力，导致村庄风气差、各项产业发展受阻，甚至直接影响到了贫困户的精准识别工作。

村级组织的相关问题，又可以分为地方政府主体性责任落实不够、组织能力不足和党组织工作困难三类。

1. 地方政府主体性责任落实不够

地方政府主体性责任落实不够是指基础设施投入过于依靠社会和企业力量，地方政府在产业规划、引导方面的力度不够。例如，甘肃省布楞沟村从乡镇干部到驻村工作队、村支两委的组织能力与主体性责任不足，设施建设主要依靠中国石油化工集团有限公司的投入，而其作为帮扶单位，并不能负担起协调整个经济社会发展的全面责任，并最终导致基础设施、公共服务与产业就业发展之间的断裂和失调。

2. 组织能力不足

组织能力不足是指在村支两委成员人数充足的情况下缺乏组织能力，有些村集体干部缺乏奋进意识，无法起到带头作用。这一问题在不少村庄都有所体现，由于贫困村整体呈现老龄化、空心化的趋势，村内剩余劳动力以老人、妇女、儿童为主，能够担任村庄两委工作的也是以老人为主，缺乏内生动力与主观能动性。在外务工的能人大户很少有人愿意回到村内作为带头人发展农业产业。

3. 党组织工作困难

受到外出务工的影响，大多村庄内的党员都常年不在村内，党组织生活与党组织活动组织困难。许多村庄发动在村外的党员干部发挥“传帮带”的优良传统，带领更多的劳动力外出务工，而在村内的党员带头发展龙头产业，这在一定程度上可以发挥党员带头作用。但如何更加紧密地把党员结合起来，如何在当前背景下处理好农村党群关系，仍然是值得探讨的问题。

第三节　深度贫困地区的产业扶贫模式研究

自 2015 年中央政府发动“脱贫攻坚战”以来，贫困地区的基础设施、公共服务条件大为改善，贫困人口从 2014 年底的 7017 万下降到 2017 年的 3046 万人，成效显著。尤其是针对上述自然条件恶劣、基础设施和公共服务水平低下、组织化水平不高、人力资源和文化资源贫乏的地区投入了大量的财力、人力和物力，通过多种手段，使得大部分贫困地区迅速脱贫，贫困发生率显著降低。

2018 年到 2020 年是脱贫攻坚的最后阶段，也是真正的攻坚战阶段。因为经过 2015 年到 2017 年的扶贫减贫后，那些相对贫困程度较轻、相对容易脱贫的地区，村庄和家庭已经脱贫，而剩下尚未脱贫的贫困地区存在用常规的脱贫手段难以解决的问题。在这些人口中，除了那些缺乏劳动能力、只能靠“社会保障兜底一批”的家庭和人口外，剩下的脱贫攻坚的主要地区和人口的突出特征有二。

第一，家庭内有少量的劳动力，但由于各种原因难以外出务工，其中主要原因是家中有老人、小孩或病人需要照顾，或其他社会原因难以外出。

第二，这些地区普遍缺乏乡村产业，农民只能在少量耕地上种植粮食作物，缺乏工副业，因此难以脱贫致富。

因此，深度贫困地区脱贫攻坚的难点就是如何让这些家中有少量劳动力，又难以外出的人口可以参与乡村产业的发展，获得收入，从而稳定脱贫。但是，乡村脱贫产业的发展很不均衡，在村庄空心化、资源稀缺的地区发展产业面对更多、更复杂的困难。因此，我们研究的重点就放在贫困地区的扶贫产业模式上，这是针对深度贫困地区的发生机理和脱贫模式而确定的研究重点。

（一）产业扶贫模式概况

产业发展是村庄脱贫的关键，而产业发展的关键问题是解决好资金、技术、组织、生产和市场的问题。不同的自然资源、人力条件以及不同的产品和产业对上述因素的要求是不同的。在我们调查的村庄，大部分都经过了发展产业的各种探索，成功的经验有一些，失败的教训也很多。

在本章的后面几节，我们将从2018年、2019年两年来实地调研的村庄中挑选出8个典型村庄案例进行分析，每个村庄的扶贫产业都具有不同的特点。通过对这些村庄情况的介绍，我们希望能够对产业扶贫发展的条件与机制进行深入分析。

（二）政府、企业带动与资本下乡

1.“政府+企业+农户”的香菇产业——河北省阜平县顾家台村

顾家台村处于阜平县西部，在龙泉关镇东南1.5公里处，下辖顾家台、招提寺两个自然村。村庄位于太行山深山区，海拔为780～1250米。全村总面积5000多亩，其中荒山面积4000亩，林地面积1171.8亩，耕地面积689.7亩（水浇地284亩、旱地405.7亩）。至2018年，全村共147户，360人。2013年底确认建档立卡贫困户110户，270人，贫困发生率达到75%。截至2017年底，全村剩余贫困人口4户，4人。

由于气候和地理原因，昼夜温差大，顾家台村的传统农业种植以玉米、马铃薯为主，且一年只能耕种一季。加之土地贫瘠，人均耕地面积少，顾家台村的传统农业基本处于糊口状态。村内没有任何手工业、副业，除农业收入以外，顾家台村村民的主要收入来源是外出务工收入。大多数家庭的青壮年劳动力外出打工，全村外出务工人口户均不到1人，收入难以支撑整个家庭的养老、教育、医疗和其他日常生活开支。闭塞的地理和交通条件、恶劣的气候和自然环境、单一的就业和收入来源，使得顾家台村长期处于贫困和落后的状态。

顾家台村产业发展模式可以简单概括为“政企带动、乡土扎根”。产业的发展带动了村庄的劳动力就业，并且吸引了外出务工人员返乡，使得村庄“人气聚集”。顾家台村的产业主要有香菇种植产业和箱包加工产业。香菇种植产业的发展，首先得益于政企的带动。阜平县通过整体规划和财政支持，将全县的香菇产业打造成统一品牌，形成一种“高投入、大规模、组织化”的乡村产业发展模式。政府通过融资平台投资建设高附加值的农业大棚及配套设施。县国有企业阜裕公司主要负责香菇大棚的投资建设。大棚建好后，租给民营的香菇龙头公司，再由这些龙头公司以3000元/（年·个）租赁给农户分户经营。在经营模式上采取“六统一分”的模式，政府和企业在投入和管理上实现了“高投入”和“大规模”，但是在日常经营上，则实行“组织化”了的分户经营。“六统”是指“棚室、品种、菌棒、技术、品牌、销售”六个方面由企业统一负责，“一分”是指农户分户承包经营。在这个统分结合的模式中，农户分户经营至关重要。因为香菇种植的特殊性对劳动力的监管有较高要求，只有分户经营才能较好解决劳动力监管问题。香菇种植产业最为重要的是保证香菇的品质和品级。香菇最适合采摘的时候是“将开未开”的短短几小时的时间，错过最佳采摘期，其价格会随着成熟度迅速下降，因此需要昼夜不停地赶工劳动，不适合采用公司大规模雇工经营的模式，而适合夫妻二人日夜赶工的模式。而且，若采取公司大规模集中雇工经营，无法实现对劳动的有效监管，容易出现不好好干活，“磨洋工”的情况，农户分散经营则可以依靠各自熟人关系短期雇工，有助于保证劳动质量。基于上述原因，每户一般会承包一个半大棚（1 个大棚、1 个小棚），种 3 万个菌棒，每个菌棒产值 5 元左右，纯利 1.5 元，总的纯收入在 4.5 万元左右。此外，为了进一步带动劳动力就业，顾家台村引进了一家箱包加工厂，雇佣工人多为农村妇女，她们有着自己的特殊性，劳动管理也需要采取特殊的方式，这种劳动密集型加工产业便要适应乡村社会的劳动力特征和劳动管理过程才能做好。顾家台村经过产业的发展，对劳动力有了更多的需求，使得村庄出现了人口回流的良好趋势，集聚了人气。

顾家台村产业能够发展成功，其突出的特点，首先是政府和企业的大力带动。顾家台村的产业基础过于薄弱，从零开始培育、发展产业极其困难，有着资金、技术、劳动力以及自然资源等各方面的限制。阜平县政府总结以往经验教训，开始加大政府的协调与支持力度，引入企业提供技术与管理，在投入和管理上实现了“高投入”和“大规模”，在全县统一指挥和布局下发展起了香菇种植产业。其次，扎根于村庄社会基础之上。利用乡村伦理解决劳动监督问题。农户分户承包香菇大棚需要结合家庭夫妻劳动和依靠熟人关系雇用劳动力，在熟人社会里极为注重面子，干不好活下次就不会被雇用，利用这样的乡村伦理关系缓解了劳动过程中的监管问题。结合箱包加工产业的管理模式我们能够看到，乡村劳动力有着极强的特殊性，需要采用特殊的管理方式。乡村劳动力多是家庭妇女，与家庭生活有着紧密的联系，有着特殊的思想观念和复杂的人际关系网络，极其注重面子，对劳动力的监管必须正视这些问题，比如，需要照顾到其家庭生活，不可以轻易批评等。乡村社会和乡村劳动力的特殊性也不能一概看成是农民的素质低下、观念保守的表现。这种特殊性在一定条件下也可以成为乡村产业发展的重要资源，其关键是在扶持乡村产业的时候能够充分认识到乡村产业有着特殊的社会基础，从而充分适应、扎根于这个社会基础。

2.“资本下乡企业+农户”的水蜜桃产业——湖南省江华瑶族自治县野猪桥村

野猪桥村位于永州市桥市乡南部，萌渚岭脚下，距县城 23 公里，距乡政府驻地 5 公里。全村辖黄泥塘、野猪桥、骆驼山、大岳山 4 个自然村，7 个村民小组。全村总面积 5.5 平方公里，耕地面积 1020 亩，其中水田 617 亩，旱地 403 亩，人均耕地面积 1 亩。林地面积 6500 余亩，主要是杉木林和松木林，森林覆盖率高达 85%。

由于独特的地理位置，野猪桥村周边地势东高西低，水流快且是沙性土壤，蓄水能力弱，野猪桥村成了全乡最为干旱的地方，多年来村边的和平水库一直处于干涸的状态。村庄基础设施相当落后，地处僻远的大山下，村里的路都是未硬化的土路，山路崎岖，泥泞难走。再加之村庄土地贫瘠，大部分水田属中低产田，甚至是望天田，二、三产业并不发达。村庄农业产业结构单一，以种植水稻、玉米、红薯、花生为主，经济作物极少，少部分农户养猪、鸡、鸭、牛等，但形成不了规模，产出效益低，收入不高。这种情况下小型农业经济和外出务工就成了野猪桥村村民的主要经济来源。恶劣的自然条件和滞后的基础设施建设，使得野猪桥村增收渠道狭窄，产值低下，长期处于贫困的泥潭之中。

党的十八大以来，野猪桥村在脱贫摘帽上采取了许多行动，在大力推进基础设施建设的前提下进行产业探索。头些年里，村里村民种过白菜、辣椒，养过猪、养过羊，可都是小打小闹，没成气候。近年来，在村支书程智红的带领下，野猪桥村与本县的黑土地农业公司签订协议，通过流转土地，在村内发展水蜜桃种植产业。

黑土地农业公司的经营模式是典型的资本下乡企业的做法，从水蜜桃基地的前期投入，到水蜜桃的种植、打理、采摘，再到水蜜桃的销售都由公司统一经营、统一管理。这样一来，水蜜桃基地就产生了大量的就业岗位，公司负责人李华庭跟我们讲，他每年要在村里用 12 000～14 000 个工，平均每个工 70 块钱，一年发的雇工费就将近 100 万元。“飞来”的黑土地农业公司一下子带活了村庄经济。村里六旬有余的建档立卡户程礼雄高兴地说：“像我这把年纪，到外面务工没人要了，在水蜜桃基地做事，每月有工资拿，每年还有土地租金收入，家门口上班真是好。”他在水蜜桃基地的主要工作就是除草、剪枝、施肥。据我们了解，在黑土地农业公司做事的人中，有 60%是村里的贫困户。水蜜桃基地不单单为村民增加了土地流转的收入，更重要的是让那些在村里出不去、无事干的村民获得了稳定工作的机会。

（三）合作社与能人大户

1.“合作社+农户”的种植业——安徽省金寨县桂花村

桂花村距离金寨县城 26 公里，距离高铁站 7 公里，距离镇政府 10 公里，至 2019 年，有 704 户 2484 人。桂花村是中国“桂花王”的所在地，也是全国茶叶“一村一品”专业示范村。我们可以用“小农经营+市场体系”来总结桂花村茶叶产业的组织形态。茶叶种植分为大田管理、茶叶采摘、茶叶加工、茶叶销售等环节。这些环节是依靠不同市场主体参与完成的。茶叶产业链条的参与主体主要包括农户、茶厂、茶贩、茶庄。

小农经营是指由农户来种植茶叶、管理茶园、采摘茶叶。从经营规模上看，大部分农户以自己家承包地种植茶园，规模经营较少。桂花村流转土地开展茶叶规模经营者只有 2 家，一家是“老山头”茶叶有限公司，是金寨县委组织部通过“能人回归”项目动员返乡创业的“能人”，流转了 200 多亩土地种植茶园；还有一家“青山茶厂”，规模较小，流转了 20 亩茶园。

至 2019 年，全村种植茶叶 3600 亩，除了上述两家企业外，其他 3000 多亩茶园都由农民分户经营，人均茶园 1.3 亩，户均 4 亩左右。2018 年人均茶叶收入达到 5500 元，管理好的茶园每亩能收入 8000～10 000 元。

桂花村茶叶种植所处的市场体系包括村中的茶厂，村里负责收购茶叶的茶贩，六安、合肥等地的茶庄和来此收购茶叶的外地流动茶贩。

桂花村大大小小的茶厂总计近 30 家，茶厂主要收购农户采摘的鲜叶，然后加工成成品茶叶，再通过市场网络销售出去。销售茶叶的市场渠道主要依靠开设在六安、合肥等地的茶叶市场中的茶庄。随着六安茶叶产业的发展，仅合肥市内就有 30 多家茶庄稳定地承接了桂花村的产品销售。此外，外地来收购茶叶的流动商贩也与本村的茶贩、茶厂建立了合作关系。近年来，农村电商逐步兴起，也成为茶厂销售茶叶的重要渠道。

2.“合作社+农户”的构树猪养殖业——湖北省五峰土家族自治县业产坪村

业产坪村位于五峰土家族自治县仁和坪镇东北部，由原多竹溪、杨桥山、杨树坳、业产坪 4 个自然村 22 个村民小组合并而成。全村总面积 22.3 平方公里，耕地面积 5184 亩，林地面积 19 065 亩。全村辖 4 个村民小组，至 2019 年，全村共有 550 户 2023 人。2014 年确认建档立卡贫困户 162 户，到 2018 年整村脱贫。业产坪村属于山地而且是喀斯特地貌地区，地表难以蓄水造成干旱，土地贫瘠，当地人俗称“鸡窝地”。

业产坪村的传统经济以玉米种植为主，一年只能耕种一季，玉米种植主要用来喂猪，家家户户有着养猪的传统，但是受市场影响，传统养猪收入不稳定且收入极低，甚至赔钱。五峰土家族自治县属于山地类型，适合种植茶叶，但是传统的茶叶没有深加工无法带来很高的收入，只能作为零碎的收入补贴家用。青壮年劳动力大多外出打工，在面对老、病、养老、子女教育等问题时不得不返乡务农，家庭陷入困顿。业产坪村自然条件差，交通闭塞，传统经济落后，人员大量外流，农民收入低，长期处于贫穷落后的状态。

在业产坪村的各项扶贫举措中，最为成功的是构树种植、构树猪养殖产业。通过政府、企业、农民三方的协调努力，探索出了一条产业发展道路。首先是基础设施建设。业产坪村构树种植、构树猪养殖产业离不开政府提供的基础设施，政府部门从2016年起，兴建、硬化数条道路，解决了构树叶收割后的运输问题。其次是联系市场，组织农民。业产坪村的村庄能人彭业涛利用自己的社会关系联系到了构树猪销售公司，打通了农民与市场的联系，也利用与本村农民的良好关系把农民组织起来种植构树，养殖构树猪，成立合作社。逐渐形成“合作社+农户”的组织模式。业产坪村虽然有着养猪的传统，但是传统的饲料猪带来的收益极低，在遭遇市场风险时甚至有所亏损。彭业涛动员并组织起村民种植构树，养殖构树猪，于2017年6月成立了五峰构树种植专业合作社，至2018年总投资680多万元，共有103户农户加入合作社，其中包含83户建档立卡贫困户。该模式具体的种养过程与农户、合作社的收益情况如下：①合作社统一向农户提供构树苗（前期是免费发放，后期需要支付构树苗费）；②农民分散种植构树，然后由合作社统一收购构树叶，经过发酵加工成构树叶饲料，卖给农民，在这个环节农民可以获得一笔高于传统玉米种植的收益，而合作社在这个环节是不赚钱的；③农民分散养殖构树猪，在这个环节至关重要的是监督管理问题，需要保证农民以构树饲料来喂构树猪；④构树猪长成后，合作社以保底价7元/斤收购，如果普通猪的售价在7元以上，合作社则以高出1元的价格收购，然后出售给订单公司。由于构树猪肉质好，售价高，农户可以获得每头300元以上的收益，合作社能够获得600～700元/头的收益。

业产坪村构树猪养殖产业极为成功，其成功的经验与突出的特点是：①村庄能人的自发组织。首先是村庄能人彭业涛利用社会关系找到了构树和构树猪种养殖的合作与销售公司。其次是彭业涛利用与村民的良好关系把农民逐步组织起来形成了“合作社+农户”的种养殖一体化模式。②扎根于传统经济生态模式之中。该地区一直就有“种地养猪”的传统经济生态模式，因而转型升级极为顺畅，以构树种植代替玉米种植，以构树猪代替饲料猪养殖，劳动量、资金等各生产要素投入没有太大变化，而收益却大幅度提高。③劳动监管的社会伦理基础。构树猪养殖分散在农户家中，不同于工厂中的集中统一管理模式，如何才能确保农民以构树饲料来喂猪，确保农民把构树猪卖给合作社而不是其他人，是产业成功的关键，这便涉及劳动过程的监管问题。在具体的监管过程中，合作社利用熟人关系选择靠得住的农户养猪，利用村民在意的脸面来监督，妥善处理构树猪出售中的价格、承诺与公平问题。这些因素是劳动监管能够顺利实行的社会伦理基础。

3. 能人带动——河南省新县西河村

西河村隶属于河南省信阳市新县周河乡，距周河乡政府5公里，距新县县城18公里。全村总面积7.12平方公里，其中山场面积7600亩，耕地面积953亩，下辖12个村民组，至2019年，全村总人口数1138人，总户数316户。2014年至2018年，西河村建档立卡贫困户共计111户375人，其中2014年建档立卡贫困户

109 户 367 人，2017 年新增 2 户 8 人，到 2018 年全村已经出列，成功带动 108 户 363 人脱贫。

西河村耕地资源紧张，人均耕地面积少，农业收入有限。山场中虽长满油茶、猕猴桃、板栗等经济作物，但由于市场价格低、竞争力不足等原因，村民辛苦采摘出售后也仅获得人均四五千元的年收入，这使得许多村民不愿意以这种劳动投入大但收入少的方式维持生计，而是任凭这些经济作物成熟后烂在地里。由于农业收入低且收入来源单一，为摆脱家庭贫困，西河村大量中青年劳动力流动到郑州、北京、长三角和珠三角等地务工。2014 年以前西河村外出务工人数约占村庄总人口的 90%，仅剩一二百人留守在村内。西河村原本就拥有优越的自然资源和丰富的古色资源。西河村背靠青山，面朝西河水，是块背山面水的风水宝地，坐落于二、三、四组的西河湾的古村落，始建于元末明初，鼎盛于清康熙年间，占地面积 200 多亩，现存有古民居 150 余间，但由于无人管理，任由其破败，很少有外人进来。

西河村的主要扶贫产业是通过挖掘自身特色资源发展起来的服务业和旅游业。自 2014 年以来，西河村被选为新县古色旅游开发线路的试点村落，经过近六年的发展，西河村先后入选省级和国家级“传统村落名录”，成功创建了国家 AAA 级旅游景区，全国各地的游客慕名而来。西河村旅游产业能够发展起来主要是依靠“能人丛”的带动。

（1）“能人丛”的构成与相互配合。西河村的“能人丛”是指一批由多种类型能人构成的、内部关系密切且能发挥更大功能的集合体。西河村能人之所以能回乡，首先是因为村干部利用宗亲血缘关系、地缘关系经过一个不断劝说动员的过程把这些能人拉了回来，其次是优惠政策的支持和激励也使得这些能人具有返乡热情。西河村“能人丛”主要包括以下两类。①经济类能人：外出务工后创业成功、资产雄厚的企业家张思恩；在外有创业经验、被西河村旅游产业发展所吸引的返乡村民张因权夫妇等；在县城从事规模经营的种养殖大户，如张思举、张因明、张胜利等。②政治类能人：担任村支书 19 年的张孝翱；包村干部和驻村干部、乡武装部部长彭以坤。这些能人有着密切的宗族亲缘关系、地缘关系，互相以伯叔兄弟称呼。“能人丛”中的能人在产业建设与发展中相互配合，在不同的方面发挥着不可或缺的作用。像彭部长和村支书把握着大的政治方向，充当县乡村上下沟通的中介，对外对接资源资金，等等；张思恩、张思举等最初的带动者牺牲自己利益做出示范，为产业建设献计献策，鼓励村民参与产业建设。以张思恩为理事长，张思举、张孝翱、张思文、张因贤为理事，张思贵为执行监事的合作社领导班子，以合作社为载体整合村民资源，凝聚人心，投资建设产业项目，推动旅游产业规范发展。

（2）“组织化整合+非组织化凝聚”的运作模式。在产业发展中，“能人丛”

灵活使用和转化组织化和非组织化这两种方式，高效地统筹推动产业发展。首先是组织化的整合。在能人的带领下，西河湾在2014年初成立了以二、三、四组村民为主的农耕园合作社。“能人丛”依托合作社的组织来集中流转村民的山场、林地、古民居等资源，吸纳二、三、四组村民以人头和资源折股入社，成规模地发展有机农业，以集体名义投资建设旅游设施，将零散村民凝聚成有组织的整体来参与旅游产业建设。同时，“能人丛”把普通村民当作产业经营最重要的主体，通过确保平等的入社资格、民主的运营管理，尊重村民的创造性以及建立公平合理的利益联结和分配机制，从而将所有村民紧紧凝聚在村庄产业体系之下。其次是非组织化的凝聚。“能人丛”充分发挥每个能人的个人优势与特长，针对具有特殊性的村民个体，利用多样化的方式来进行动员和凝聚。能人们充分利用宗族文化中的人际信任与辈分约束、村组身份的情感归属与利益代表、政治威望的引领与组织动员、经济层面的广泛联系与示范带动来影响村民，统筹推进产业的建设与发展。

（3）“能人丛”的影响。西河村的“能人丛”调动了各方面的资金资源，带动了更多的村民不断完善旅游产业发展所需的各项条件，提升了旅游服务的质量和水平。在完善旅游产业项目建设的同时，作为国家3A级景区的西河湾成立了景区管理委员会，通过专业管理完成了景区旅游标准化建设，不断提升景区的管理水平。随着西河村旅游产业的不断发展，一大批外出务工村民逐渐选择返乡就业、创业。以西河湾二、三、四村民组为例，2014年有9户村民回村，到2015年增长至16户村民，2016年西河村旅游产业又带动了13户村民，至2017年又有2户村民回到村中就业。

西河村脱贫经验的突出特点是通过“能人丛”的带动发展旅游产业。“能人丛”能够发挥带动作用在于以下两点。第一，“能人丛”内部凝聚的实现。村庄共同体内部的宗族血缘关系与礼俗文化以及外部环境的各种激励，帮助西河村汇集了处于社会结构中不同位置的能人，并在建设、发展旅游产业的过程中，促使其形成了一个内部关系密切、配合默契、目标与价值认同一致的“能人丛”。第二，能够扎根于乡土之中。具有现代性特点的产业在与村庄对接时需要“入乡随俗”、深厉浅揭。“能人丛”采取的“内生型”产业发展模式为扶贫产业扎根乡土与长效发展提供了借鉴。“能人丛”在产业发展模式上尊重了村民传统的家庭经营方式和社会交往方式。首先，尊重乡土社会的生产经营习惯。西河村的能人们一方面通过合作社统筹村民资源投资建设集体项目，与运营公司开展市场合作。另一方面倡导村民以家庭为单位开展自主的产业经营。这种带动方式是在引入现代化产业管理方式的同时，尊重村民传统的生产经营习惯。“能人丛”通过鼓励村民们自主经营，降低了村庄全盘流转资源后的管理成本和监督负担，同时有助于吸纳多种多样的劳动力就业，吸引各方面的人口回流，发展出一个以核心产业为主导，通过核心产业带动多元产业发展的乡村产业体系。其次，遵循乡土社会的行事逻辑与处事方式。在乡土社会里，模糊化处理问题是村民们常见的行事逻辑和处事方式。模糊化处理意味着互动双方均没有刻意计较、精打细算彼此的得失，也没有在严苛的制度规约下进行博弈与算计，而是在互动中充分地给予彼此空间，给对方留有空间正是在当下与将来的交往中为彼此留有余地。同时，留有空间不仅意味着相互的信任，更意味着在行事中因为被信任保留的分寸感，让人们在“可为”与“不可为”间形成自我的约束。在这弹性而自主的空间中，“能人丛”得以在村庄产业发展中发挥出最大的作用。

4. 扶贫政策造就的大户经营——甘肃省东乡族自治县布楞沟村

布楞沟村位于东乡族自治县中东部、临夏回族自治州东北部，总耕地面积为944 亩，人均 3.4 亩。全村整理梯田 4100 亩，其中 3156 亩在 2015 年完成退耕还林，其余面积留作村民自留地。

过去的布楞沟村，养几只羊是每家的“标配”，村民多在山坡林地、草地和荒山上放牧。但由于严重缺水，养殖规模难以扩大，交通条件的限制也使得养羊业难以商品化。2013 年以来，水和路的问题都解决了，但是村民中的养羊户反而变少了。用村民的话来说，“村里羊数量多了，但养的人少了”。

村 3 组的建档立卡贫困户马阿都拉并没有搬进山下的新农村，而是继续在山上老宅子里居住，主要原因是为了养羊。马阿都拉家三兄弟共养了 60 只羊，每只羊平均可以卖 800 元，每年靠羊的育肥和繁育就可以获得一笔不菲的收入。他每天都要把羊赶到自家后面的荒山上两次：早上 5 点赶羊上山吃草，中午赶下来喝水，下午四五点再赶羊上山吃草，晚上天黑前赶回来。由于马阿都拉家后的荒山还没有退耕还林，所以他的羊吃草是没有成本的，最大的成本就来自中午这一次饮水。村庄夏天降水多，山上的自来水也相对畅通，羊自然不缺水喝，但冬天水管上冻，山上就要停水，老宅子的地窖里更是存不住水，所以住在山上的马阿都拉每年冬天都要坐 20 公里的大巴到河边去买水。“我一冬天要拉 15～20 方（立方米）水，一方水 120 块钱还没人拉”，这一来，马阿都拉每年养羊买水要花掉2000 元左右。

山下的新农村自来水管经过整修，冬天也能保证自来水畅通，那么马阿都拉是否愿意搬到山下的新住宅中养羊呢？马阿都拉否定了这种可能性，理由有两个：山下没有地方可以养。新住宅设计的羊圈一来太小，二来住房紧邻在一起，卫生和异味都是很大的问题。更重要的是，在山下养羊，羊就没有地方吃草，因为整个大山山坡的地都经过改造退耕还林了。下山养羊，就要买草喂养。因为整个临夏州都属干旱区，所以牧草只能从武威市采购。草料运过来一斤 6 毛，一只羊平均一天要吃 5 斤草料约合 3 元，羊育肥时间至少为 90 天，这样算下来一只羊吃草料的成本大约为 300 块，马阿都拉家 60 只羊，每年就会产生近 2 万元的成本，相较于山上每年 2000 块的买水开支，山下买草料的成本是山上买水的 10 倍。

山下的养羊主要表现为集中养殖，有两个大的养殖场，当地人称为养殖合作社。目前，布楞沟村有两家规模较大的养殖合作社，祥泰养殖农民专业合作社占地 5 亩，共养育 300 只羊，布楞沟养殖农民专业合作社则流转了 25 亩土地，每年可出栏肉羊 8000 头。

养殖业变成集中养殖的原因主要有三点：一是养殖本身用工需求不大，养羊的劳动强度也并不大，因为是圈养，所以只需要早晚喂食和打扫羊圈。二是缺乏专门的羊圈。布楞沟村新农居是典型的集中居住，很不利于农户的散养。农户想要养羊，需要专门租地盖羊圈。三是养殖资金投入高，一般散户难以承担。布楞沟村养羊最大的瓶颈就是草料成本，购买草料要打电话给武威市的草料场，先付款后送货，然后大卡车运着成吨的草料，这就需要有充足的现钱，一般农户难以承担。

布楞沟村的基础设施与公共服务建设改善了老百姓的生产、生活条件与生态环境，同时也对村庄的养羊业布局产生了一定的影响，使得村庄的养羊业朝着集中化、规模化方向发展。背后的原因是：坡地改造和退耕还林之后，农民不可以在原来的山坡地进行放牧；新居搬迁之后，农民没有地方养羊，也无法上荒山放牧；道路修通使得羊可以卖出去，草可以买进来，对发展规模养殖的养殖场有利，但对于散户来说存在着一些困难，因为上不了规模，散户靠买草养羊不划算。基础设施及公共服务建设与产业发展往往有着密切的联系，在充分发挥基础设施与公共服务带来的便民、惠民作用时，需要进一步考虑基础设施与公共服务对产业发展的深远影响，妥善处理二者的关系。

（四）散户经营——以甘肃省渭源县元古堆村为例

元古堆村隶属于甘肃省定西市渭源县田家河乡，海拔 2440 米，年平均降水量 508 毫米，无霜期 130 天，属高寒阴湿气候。至 2019 年，全村共有 13 个村民小组、447 户、1917 人，耕地面积 5500 亩，林地 4800 亩，草地 3850 亩。2013 年之前，元古堆村由于自然条件的限制，基本上维持着传统农业的耕作模式，农产品的附加值较低，从农业产业中获得的人均年收入仅为 660 元。农户以传统种植业为主，主要种植小麦、马铃薯、蚕豆和油菜。

2013 年以来，元古堆村结合当地土壤、气候等自然条件，大力发展百合、中药材种植、劳务经济等传统优势产业，探索发展加工业、光伏产业、电子商务、乡村旅游等新型产业。在此基础上，元古堆村的产业结构出现了可喜变化，村民从产业中获得的收入持续增加。截至 2018 年底，元古堆村全村农民人均可支配收入达到 10 085 元。其中百合产业收入约占 22%，中药材产业收入约占 17.9%，马铃薯产业收入约占 13%，新兴产业收入约占 1.2%，劳务收入约占 41.2%，其他收入占比不到 5%。

从 2013 年开始，在扶贫开发工作的背景下，元古堆村将百合种植产业作为村内第一主导产业进行推动，并采取了多种措施，解决了百合产业发展过程中的困难。

我们以百合种植大户李海英为例来讨论百合种植的具体流程。李海英家一共种植了 15 垧地，每垧地是 2.5 亩，所以总种植面积达到 37.5 亩。百合的成熟需要三年，一般种植百合的农民选择将地分为三茬，以保证每年都有百合成熟。如果是第一次种百合，那么所有的种子都需要采购，大概每垧地 20 000 元。在百合结果收获以后，产出的百合有一部分可以作为种子，在以后的种植活动中，种子的花费会降低一些。

第一年种植时，要在清明前的一个月内播种。种植和收获的环节都需要大量用工，所以李海英和村内的其他 27 人形成了一个互助组。由于可用于种植的时间能够持续一个月，所以这 28 人能够安排好日程，每天到一个人家里去种植，第二天再去另一个人家里。而在收获的时候，因为百合保存时间短，需要在短时间内将百合快速挖出并装箱，所以他们在田间与收购商谈好价格和拉货时间后，这 28 人全部到某一家的百合地中进行挖掘。这样做一方面可以降低监督成本，如果其中某一个人多次不参加劳动或者劳动不够认真，挖出的百合是散的，那其他人很快就能够发现并将他踢出组织；另一方面则是组织内部相互帮忙的劳动是不用收取费用的，相当于“以工换工、以工换酬”，这在一定程度上降低了百合种植的劳务成本。

随后的田间管理主要是打药和除草。种下后每年要喷洒农药三四次，每次每一垧地几十元左右。而占用劳动时间最多的是除草，李海英每天的劳动内容主要是除草，她每天早上六七点去地里，带着干粮，一直忙活到晚上七八点回家。等到 15 垧地除过一遍草后，在最开始除草的土地上又会生长出新的杂草，于是就要开始忙碌新一轮的除草工作。

如果下雨，田间杂草就会疯长，还需要雇用劳动力迅速除草，由于雨停后全村种植百合的村民都需要除草，这时候李海英的互助组织就无法相互帮忙了，这样的情况下，就需要雇用劳动力帮助自己除草。

总体来看，在过去三年中，李海英家每垧地 3 年总的毛收入为 55 000 元左右，但是她购买百合种子 3 年共需花费 20 000 元，农药共需花费 600 元，化肥共需花费 1000 元，除草的劳务费用共需花费 1440 元。由于 5 垧地是通过土地流转来的，每垧地流转费用 3 年总共是 3000 元，所以每垧地 3 年总的净收入为 28 960 元，即每亩地 3 年总的净收入约为 11 600 元。从这个角度来看，百合种植的收入虽然较高，但是需要投入的成本也较大，在刚刚种植的前两年无法获得任何收益，因此对于村民而言，百合种植的门槛较高。

脱贫攻坚以来，元古堆村针对百合种植的特点，重点帮村民解决了百合种植的启动资金问题、物流问题以及种植技术问题，而在种植环节以农户散户种植为主。元古堆村百合种植业取得了较大发展，成了元古堆村的重要支柱产业。至2019年，全村共有370户左右的农户种植百合，占全村户数的82%以上，种植面积在30亩以上的大户有10户左右。全村共种植百合1310亩（其中合作社种植面积816亩），其中涉及建档立卡贫困户70户，土地294.1亩。百合种植在农户经济中占的比重越来越大。

（五）民族特性与脱贫攻坚——以云南省怒江傈僳族自治州托坪村为例

托坪村东连怒江，西临缅甸，至2018年，全村有4个村民小组167户665人，其中怒族人口占总人口的99%。务工人员有65人。全村有建档立卡贫困户110户450人，贫困发生率为67.67%，属于深度贫困村。托坪村村域山高、谷深、坡陡，自然条件恶劣。全村有耕地999亩，其中坡度在25度以上的耕地占总耕地面积的90%，陡坡耕地并不适合种植粮食作物。其中有水田99亩，易地扶贫搬迁集中安置小区占用水田30亩后，托坪村的水田就更少了。托坪村交通条件落后。整个匹河怒族乡有47个自然村，其中有14个自然村不通公路，其中两个为托坪村的托坪组和色德组。托坪组和色德组位于高山之上，从村委会到托坪组要步行两个多小时，到色德组要步行四五个小时。

由于自然条件和交通条件的制约，托坪村维持着种养结合、自给自足的自然经济形态。玉米是主要的粮食作物，草果和中药材是主要的经济作物。几乎家家户户都喂鸡、养猪。村民搞养殖主要是自给自足的小规模散养，并不是面向市场的规模化经营。该地区大多数农民不愿外出务工，进一步加剧了本地的贫困落后。

针对托坪村面临的以上自然、经济社会情况，本地政府主要采取了以下三种脱贫攻坚举措。一是易地扶贫搬迁。托坪村因为自然条件极其恶劣，修建公路极其困难，而且经常遭遇山体滑坡和泥石流，因此必须要配套安全防护设施，兴修公路造价高达100万元/公里。针对这种情况采取易地扶贫搬迁的措施，将托坪组和色德组两个高山小组整村搬迁，共涉及87户建档立卡户。二是农业种植结构调整。调整的方向是把传统的粮食作物调整为以茶叶、核桃、橘子等经济林果，草果、黄连、重楼等林下产业为主的经济作物种植结构。三是就业培训工作。首先是建立了劳务经纪人制度。作为边疆民族地区的托坪村，最大的特点是农民不愿意外出务工。针对这种情况，福贡县重视劳务输出，把劳务输出作为乡镇及县直部门考核的重要内容。整个福贡县建立了一个232人的劳务经纪人队伍，并且建立健全劳务帮带奖励机制。每个行政村配备劳务经纪人，组织动员群众外出务工。托坪村也很重视劳务经济，鼓励村民外出务工，至2018年，全村有65人外出务工。其次是“两后生”送生工作。所谓“两后生”送生工作，指的是通过把初、高中毕业后未能继续升学的贫困家庭学生全部送到中高职学校继续接受教育，让贫困家庭子女学到一技之长，实现“上学一人、就业一个，脱贫一家”的目的。2016年至2017年福贡县共输送1086名贫困家庭子女到中高职学校继续就学。2018年8月送生766人。福贡县的“两后生”送生工作是大力发展职业教育，斩断贫困代际传递的重要举措。

托坪村属于边疆、民族、山区、宗教等特殊属性合于一体的村庄，这些特殊性是贫困的深层原因，也决定了该地区所采取的脱贫举措。该地区扶贫的突出特点是农民不愿意外出务工，脱贫攻坚的系列举措都是围绕这一特点展开的。分析其原因，第一，边疆特性。①托坪村地处西南边疆，交通条件封闭落后，外出务工困难。调研了解到，很多上了年纪的村民从来没有去过福贡县和州府六库。山上的农民如果要去珠三角打工，需要背着行李跋山涉水三四天的时间才能到达打工地。②边境宗教传播，教义影响信教村民外出务工。托坪村大部分村民信仰基督教，他们认为，伴随着外出务工形成的生活方式，养成的不好的生活习惯会违反教义。③边疆村寨的社会问题影响村民外出务工。一个是外嫁女回流的问题。许多年轻女孩子外出打工外嫁之后，因为丈夫不同意离婚，黑户回流，没有户口给生活带来极大不便。另外是打工影响婚姻稳定。外出务工面对外界的诱惑让夫妻双方都缺乏安全感，夫妻双方往往选择不再外出打工。第二，直过民族特性。托坪村是怒族村寨，99%的村民是怒族人。新中国成立初期的民族识别工作认定怒族为直过民族，指从原始社会末期直接过渡到社会主义社会。村民保留了本地社会的一些特性，难以适应现代社会生活。①教育落后，普通话能力不足，村民外出务工难度较大。东部城市对托坪村村民来说过于陌生。村民有一种语言文化上的恐慌，一个人不敢外出务工，一般是由政府组织结伴外出。②生活习性闲散自由，往往难以适应现代化的工厂管理体制。怒族人保留着传统的生活方式，这种相对自由闲散的小农生活方式，与怒族人依然保留的种养结合、自给自足的自然经济形态相适应。他们不能适应工厂管理体制，较少进入制造业工厂，这大大限制了怒族人的务工选择。

第四节　深度贫困地区的脱贫机理研究

（一）基础设施与公共服务建设

基础设施和公共服务方面的精准干预为贫困村发展提供了基础和保障网。基础设施建设主要包括修建道路、解决生活生产用水问题、建设互联网网络、易地搬迁和危房改造等。公共服务方面的精准干预主要从医疗和教育两个方面入手。此外，基础设施建设本身就能为乡村提供许多就业机会，脱贫效果显著。

1. 修通致富路

道路建设是脱贫攻坚的前提条件之一，修路对于村庄脱贫发挥了关键作用，具体如下。

（1）激活村庄资源。许多贫困村虽然有特色的山林资源、特色产品，但是受制于交通条件，无法与市场对接，使贫困村守着宝贵资源却无法致富。交通条件的改善，让资源能够连接市场，也为贫困户和贫困村提供了自主脱贫的条件。

（2）激发返乡意愿。随着交通条件的改善，贫困村不再与外界隔绝，外出打工劳动力返乡不再是一个麻烦事。例如，甘肃省布楞沟村外出打工的村民返乡意愿很低，有的村民甚至十几年没有回过家，精准扶贫修通通村公路以后，许多人与家乡重建了联系，陆续返乡，还有几个青年正开始尝试返乡创业。交通条件的改善，不仅为边远地区贫困村的脱贫攻坚提供了条件，也为乡村振兴奠定了基础。

2. 解决生活生产用水问题

水利是农业的命脉，也是农民最基本的生活保障，通过精准扶贫解决村庄生产生活用水之后，农民就有了自主脱贫的条件和可能。

3. 互联网下乡、农产品上网

在脱贫攻坚过程中，除了大力推进乡村互联网基础设施建设，许多地区也十分重视推进电商发展。提供电商搭建的平台实现了贫困村的特色农产品和特色资源“上网”，从而更好地与市场对接。安徽省桂花村的多家合作社都成了电商服务站，一方面扩大了自身茶叶销路，另一方面也便利了村民特色农产品的外销。

4. 易地搬迁和危房改造

住房安全是精准脱贫最基本的要求之一，易地扶贫搬迁则是解决住房安全和让贫困户脱贫的重要举措。解决易地搬迁之后的农民增收和就业问题，则是实现搬得出、稳得住、能脱贫的关键。许多地区在这方面进行了有益的探索，上文提及的 8 个乡村或多或少地都涉及这一政策，都住进了安全、整齐的新农村安置房。

5. 搭建公共服务保障网

教育和医疗是贫困村公共服务的最大短板，许多村庄和农民是由教育和医疗问题致贫，在精准扶贫过程中，各地都非常重视对教育和医疗公共服务的改善，让贫困户能看得起病，让贫困户小孩能上得起学，这对贫困户的短期脱贫和长远发展都具有重要意义。

（二）外出务工与扶贫产业发展关系

自脱贫攻坚战以来，中央提出发展生产脱贫一批、易地搬迁脱贫一批、生态补偿脱贫一批、发展教育脱贫一批、社会保障兜底一批的“五个一批”发展战略，各农村公路、用水用电以及村舍的公共设施建设成为脱贫的首要任务，这在一定程度上加强了贫困村与城市之间的交流，促进了农村人口外流。外出务工的工资性收入成为许多贫困村农民的主要收入来源之一，从扶贫工作的角度来看，能人返乡的确能够激活农村经济的活力，但是对于农民而言，在外务工是快速增加收入的有效途径。在上述调查的村庄中，只有极少数农民具有主动返乡的意愿，更多的返乡因素来自农民自身劳动能力与其家庭生命周期的作用。这一现象最终导致的结果是，农村留守农民中除了少数“能人大户”外，多为老人、留守妇女与留守儿童。

1.“务工为主，产业为辅”的家庭收入模式——以安徽省金寨县桂花村为例

至 2019 年，金寨县桂花村全村共有 2000 多人，在外务工及就业的有 1000 人以上，其中常年在外的大约有 300 人，而其余在外务工的村民则会在农忙时回村。留守在村的主要是儿童、妇女、老人。据统计，外出务工的村民主要从事制造业和建筑业。

2019 年，我们在桂花村西冲组中，随机抽查了 14 户家庭中劳动力的务工和就业情况。这 14 户共有 33 人正从事劳务活动，其中从事建筑行业的有 10 人，是外出务工的主要方向。从事其他工作的则有 13 人，他们主要是在工厂打工以及公司上班。他们的工作地点主要分布在六安、合肥、深圳、东莞、嘉兴等城市。另外，剩余的 10 人，分布在这 14 户中的 8 户，都是一些老人，主要的工作是管理自家的茶园。

根据年龄来看，年轻人普遍在城市工作，比如在工厂或是服务行业中打工。这 14 户家庭中，40 岁以下青年有 11 人，其中 5 个人在各地打工，3 个人在合肥上班，2 个人办厂，只有一个人在建筑行业。他们的月收入大多在 3000 元左右。相比于青年人，40 岁到 60 岁的中年人大多从事建筑行业，常年在全国各地流动。建筑行业十分辛苦，但是收入比较高，年收入可以达到 10 万元以上。所以，中年人现在仍是家庭的重要劳动力。抽样中的家庭有 15 个中年劳动力，其中从事建筑行业的有 8 人，都是男性，女性则大多在村附近打零工并管理茶园。60 岁以上的老人大多已经干不动重体力活儿，所以陆陆续续回村，身体好的还可以种种茶，打打零工。

务工收入是家庭的主要经济来源，壮劳力外出打工，一年大多可以收入几万块钱。相比于茶叶或者粮食作物人均不到一万元的年收入，劳务收入占了大部分家庭收入的八成以上。尽管茶叶收入占的比重不是很高，但是大部分村民没有放弃村内的传统茶叶生产，仍会将茶叶种植纳入家庭生产的分工之中。

正如上文所提及的，茶叶种植与粮食作物非常不同。茶叶每年劳动的强度非常不均，只有每年采茶的那一个多月非常忙碌，剩余月份的田间管理则相对比较清闲，只需要很少的人工投入。这种忙一个月，闲一整年的生产方式，以及每家两三亩茶叶带来的上万元经济收入，非常适合当地村民常年外出务工，清明时回来收茶的生活方式。所以，桂花村有劳动能力的人基本都在外务工就业，打工人数 1000 多人，约占全村人口的一半，其中约 700 人会在农忙时返村。而在村中生活的健康老人和妇女则承担起了给茶树剪枝、施肥、除草等田间管理工作。

2. 家庭生计与家庭生命周期

家庭生计是指一个家庭的劳动力安排，包括产业部门的选择和季节性的安排。它既受到农村家庭的人口结构、性别和年龄分布的影响，也受到一个地区农村劳动力在不同产业部门的就业概率和收入水平的约束。上文总结的“务工为主，产业为辅”的收入模式便是一种相对稳定的生计模式，这种模式既是不同产业部门的空间分布、报酬能力和劳动力筛选的结果，同时又根源于农村家庭自身的生命周期规律。

家庭生命周期是指婚嫁、生育、分家、养老等多个重要事件和阶段所构成的家庭延续和发展的过程。家庭生计模式中外出务工和留守务农的代际分工以家庭财富积累为目标，而家庭财富积累的成果是住房的改善，包括时下蔚然成风的城镇商品房购买，形成了住房城镇化的新趋势。但是这种城镇购房的风潮没有将农村家庭吸纳到城镇地区，这是由产业分布决定的，农村家庭财富积累的方式依赖发达地区的务工机会和依托村庄的种植业，作为新居民点的新型县市区有待发展出吸纳更多人就业的产业。

调查地区农村家庭的劳动力更替模式是以直系家庭为基础的代际分工。在本章所述的 8 个村庄中我们都发现了“婚前月月光，婚后挑大梁，奔波三十载，年迈始返乡”的情况。

“婚前月月光，婚后挑大梁。”子女结婚成家就是这个家庭从一个阶段跨入另一个阶段的里程碑。在此之前，儿女是家中的年轻劳动力，外出打工使他们可以不太费力地负担各自的生活，甚至在打工地生活得有声有色。一旦结婚，女儿就要彻底离开父母，儿子则要负担起养家糊口的重任，因为新婚妻子可能很快会进入孕期，在一段时间内退出劳动。在孙辈子女成长为新的青壮年劳动力以前，自己的父母可能已经进入衰老的阶段，需要儿子或儿媳中的一人留守照顾（留守赡养的责任大部分时候由媳妇承担）。

“年迈始返乡。”随着年龄增长，中老年劳动力在家待业、务农的时间会逐渐增加，最终因产业部门对劳动力身体素质的筛选而被挡在进城务工的门槛前。

可以看出，子女结婚以后的很长一段时间里，全家的劳动力和消费者的比值都处于一个低谷。只有当孙辈走出学校，进入打工的周期，年老的夫妻可能已经离开人世，中间一辈的父母正值中年，在这个家庭的所有成员都是劳动力而没有纯粹的消费者的时候，家庭的财富积累能力才又达到最强。

以金寨县桂花村为例，该村村民想要通过外出打工完成养家糊口的任务，只有向同村人学技术，到东部地区做扎壳子的活计这一条路。即使不做劳动强度最大的扎壳子，也会选择刮腻子和油漆工等收入相对不菲的工种。其余的小工仅足以支持一家人的吃穿用度，不能形成有效的财富积累，是已经完成了财富积累任务但是年龄仍然不太大的中老年男性的选择。

调研组询问了桂花村双河组的 13 名向外流动的男性，其中扎壳子的有 4 人，刮腻子的有 4 人，在外从事服务业的有 2 人，其余 3 人年龄在 50 岁以上，仍然从事各种小工，他们的下一代已经成家立业，有了自己的小家庭。可以说，桂花村男性在外务工的行业部门相对集中，且确实呈现出年龄和产业部门的相关性。

不管是扎壳子、刮腻子还是油漆工，包括许多种类的小工，作为建筑业的体力劳动者，其外出流动的重要特点是地点变动频繁、抱团外出和频率不确定。与全国其他地方的建筑业民工相似，桂花村从事建筑业的外出劳动力也是若干人一组，跟随本地的包工队伍前往需要招工的工地。外出的机会、持续时间的长短和距离远近由用工单位的工期和工程规模决定，而不取决于劳动力自身。

因此，“务工为主，产业为辅”的家庭劳动力配置格局使得乡村产业必须适应在缺少完整劳动力的条件下发展。在桂花村，留守的家庭辅助劳动力如果无法坚持从清明到夏秋季节完成完整的采茶任务，则会选择抓大放小，在季节性回家的主要劳动力帮助下采摘明前茶，而放弃此后收益较低的鲜叶。

（三）劳动力组织模式与扶贫产业发展关系

在城镇化的背景之下，农业的经营形式受劳动力、土地投入需求和家庭劳动力配置等一系列因素影响，农业经营的技术特征也与人的因素相配合，农业劳动过程和产业链条深刻嵌入城乡融合进程、嵌入乡土社会。

农业经营组织形态要“因地制宜”，并不意味着政府对农业经营组织放手不管。以金寨县桂花村为例，茶叶以分户经营为主导，但是这并不意味着农民可以直接对接市场。如何在农户“分”的基础上实现统筹经营是政府面临的重要课题。为此，一方面要扶持市场主体，建立地方性品牌，提高产业附加值；另一方面要思考如何实现市场主体、合作社与农户之间的有效对接，从而建立茶叶质量安全管理制度与茶叶品质控制的标准和体系。

1. 扶贫产业组织模式

在本章第三节提及的其他 7 个村庄也面临这一问题，我们曾经将劳动力的组织模式与产业经营模式分为“政府主导+企业带动型”、“公司+农户型”、“合作社+农户型”、“大户与能人带动型”以及“外部支持下的散户经营型”这几种类型。总的来说，行政干预与市场导向的关系问题还是产业扶贫发展的关键。如果没有市场导向，则产业发展很难保持长久的健康、繁荣的态势；如果没有行政干预，则产业发展不一定能使贫困户受益，起到精准干预的作用；而这两者在实际的产业发展中也是存在矛盾的，其关系见表 10-3。

表 10-3　扶贫产业经营模式

<table>
<tr><th colspan="2">经营模式</th><th>特点</th><th>产业内容</th><th rowspan="9">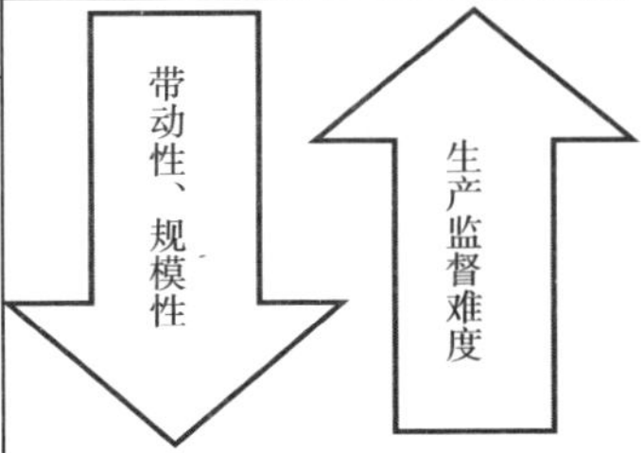

1. 政府主导模式覆盖面广、带动性强，脱贫效果明显；企业主导模式投资大、上规模、见效快、带动性强；而散户经营带动性差、覆盖面窄、见效慢
2. 政府主导模式难以解决农民劳动参与与生产监督的问题，企业主导产业容易水土不服
3. 如果将政府主导与散户经营看作两种基本模式，那么其他模式可以看作是在这两种模式中加入了合作社、能人大户等因素，从而综合了其不同的优劣势</th></tr>
<tr><td colspan="2">政府主导+企业带动型</td><td>适合区域自然条件和经济条件同质性强、内部差异不大的地区</td><td rowspan="8">1. 种植业
2. 养殖业
3. 加工业
4. 旅游业
5. 光伏产业
6. 其他特殊扶贫产业</td></tr>
<tr><td rowspan="2">公司+农户型</td><td>公司直接经营型</td><td>1. 公司流转土地集中种养殖
2. 大部分的加工业（来料加工除外）</td></tr>
<tr><td>农户直接经营型</td><td>1. 订单农业
2. 来料加工</td></tr>
<tr><td colspan="2">合作社+农户型</td><td>1. 大户个人经营，以合作社的名义获得资金和政策支持
2. 大户带动贫困户</td></tr>
<tr><td colspan="2">大户与能人带动型</td><td>1. 村内传统种养殖大户
2. 返乡能人大户</td></tr>
<tr><td colspan="2" rowspan="3">外部支持下的散户经营型</td><td>以奖代补、以奖代投</td></tr>
<tr><td>政府收购、销售</td></tr>
<tr><td>政府规划、政策支持</td></tr>
</table>

（1）政府主导+企业带动型。这种产业发展的做法一般是由县乡政府统一规划，有大规模的政府和企业资金投入，能够有效解决农村产业发展中资本投入不足、产品规模不够、市场份额偏小的问题，属于扶贫产业发展中的“航空母舰”。这种产业适合区域自然条件和经济条件同质性强、内部差异不大的地区。发展这种产业的优点是覆盖面广、带动性强，脱贫效果明显。其难点是要解决好农民劳动参与以及生产过程监督的问题。在这方面，无论是种植业、养殖业还是加工业、旅游业都有比较典型的代表。

（2）公司+农户型。这是非常常见的产业发展类型，一般由公司（下乡企业）提供资金、技术和解决市场销售问题，由农户进行生产和劳动，也可以叫作“资本下乡”的产业扶贫类型。这种类型又可分为“公司直接经营”和“农户直接经营”两种亚类型。

公司直接经营的类型：公司一般集中流转土地搞种植或养殖业，雇用农户进行劳动。大部分加工业（来料加工除外）一般都是这种直接经营的类型。这种类型的优点是投资大、上规模、见效快、带动性强，缺点是由于水土不服容易引起生产管理及其相关问题。

农户直接经营的类型：公司一般不流转土地，只是负责资金、种子（或仔畜、原材料）、技术和市场，有些地区的订单农业属于这种类别，在加工业中，一般形式是来料加工。这种类型的公司和农户的合作比较常见，成功的例子也比较多。

（3）合作社+农户型。合作社有些是偏名义性的，也有一些是有实质合作内容的。在有些地区，合作社实际上是大户个人经营，但以合作社的名义，获得了政府方面的资金和政策支持；有些地方是大户带动贫困户的合作社，使用的是与扶贫相关的资金，这类合作社扶贫效果显著。

（4）大户与能人带动型。乡村产业的发展要有收益，要长期繁荣，离不开大户和能人带动。这些能人和大户是村庄的宝贵财富。我们在调研中发现了各种大户和能人带动产业发展的案例。这些能人中有些是村委三顾茅庐请回来的。

（5）外部支持下的散户经营型。这是指农户的生产过程完全自主，但是资金投入、技术指导和市场销售得到外界的帮助。

2. 规模经营模式与资本下乡的困境

在脱贫攻坚与乡村振兴的大背景之下，大量的资本涌入乡村，绝大多数村民都通过流转土地大搞规模经营的农业产业。产业带来的工资性收入、利润和股份分红也能够作为精确的数字加入到贫困户总收入之中。从扶贫工作“五个一批”中的“发展生产脱贫一批”来看，这些规模产业便于宣传，更容易实现工作队撤出后的可持续发展，而从“社会保障兜底一批”来看，产业利润带来的村集体收入可以为无劳动能力的贫困户设立额外的社会保障金。

但是这些产业在经营中总会面临一些意想不到的问题。以湖南省野猪桥村为例，黑土地农业公司的资本下乡模式为农民增加了收入，促进了就业，但公司收益却远不如预期，其主要原因是公司在发展过程中遭遇了如下困难。

一是劳动雇佣和管理的困难影响了水蜜桃的产量和质量。首先是雇工难。我们在去黑土地水蜜桃基地参观的时候就发现，桃园疏于打理。负责人李华庭也向我们坦言，“今年的水蜜桃都没有套袋，袋子买了，但是没来得及去套”。在家的村民大多是妇女和上了年纪的老人，他们与在外务工的农民工不同，他们有各种家务，又比较闲散，有时候愿不愿意出工取决于个人意愿，甚至农忙时还会出现负责人上门求村民务工或负责人亲自下地的情况。其次是技术差、监督困难。每年10月，水蜜桃树就要进行剪枝，剪枝对于水蜜桃的产量和口感都很重要。要剪得好，既需要有技术，又需要认真和耐心。剪枝剪得好与不好，无法靠检查和监督来确定，只有等结了桃子之后才会知道。村民缺乏学好技术的动力与责任心，剪枝技术没有达到要求，而且，1700亩的桃园，在短时期内需要雇用大量的剪枝劳动力，这在这种小山村很难做到。黑土地农业公司雇用当地农民用电剪刀修剪，难以达到精细化要求。这些都会直接影响到水蜜桃的质量。

二是企业管理方式与村庄乡土基础融合困难，导致水蜜桃基地频频失窃。水蜜桃基地于2018年第一次挂果，将近2000亩的桃园产了120万斤的桃子，但可惜的是李华庭只卖掉了1/3，“今年我的桃，说实话，卖得不多，因为今年桃掉就掉了1/3，被人偷了将近1/3，卖的也就1/3，也就是40来万斤”。在村民的眼里，黑土地农业公司不是本村的企业，只是一个集体务工的地方，是外乡人李华庭搞起来的，所以可以常常去桃园“采摘”。外来扶持脱贫的企业被村民当成了慈善会，成了每家都可以去采摘的公共场所。谈到以后如何防止偷桃，李华庭告诉我们：“今年开始我的果园必须要封闭式管理，我用挖掘机围着我的果园挖了两米深的壕沟，然后在壕沟上面再搞1米2到1米5的铁丝网，做第二道防线，像打仗一样的，第三道防线全院装监控，第四个呢就是派人24小时看守。”显然，桃园失窃是黑土地农业公司来野猪桥村以前始料未及的，但却反映了资本下乡企业都要面临的农村社会基础方面的困境。

三是基地经营管理困难引发水蜜桃滞销。原计划卖到五六块的水蜜桃在2018年只卖了两块多，且1/3的桃子因滞销烂在了果园里。由于农产品生产不像工业流水车间，哪怕同一棵树上的桃子也有优劣之分，所以一旦经营管理不善，直接的后果就是好桃子、大桃子数量少。正如前文所述，水蜜桃基地劳动雇佣和管理的困难导致了水蜜桃的品质不佳，而农村内外有别的社会基础又导致了水蜜桃频频失窃。这些问题反映到市场上就是黑土地农业公司的桃子品质欠佳，卖不上价，继而导致了水蜜桃滞销的现象。

四是确权纠纷影响了下乡企业贷款。黑土地农业公司流转了村子1700亩的土地，但却只申请到了40万元的银行贷款，仅占总投资的4%。现行的企业农贷条件是：贷款企业必须同时拿到所流转土地的土地经营权、林木使用权和林木所有权才能申请贷款，三证缺一便不能申请。由于野猪桥村全村的林木使用权在一张证上，但黑土地农业公司只流转了村里的部分土地，没有流转土地的村民不同意出让整村的林木使用权证，于是黑土地农业公司便拿不到整村的林木使用权证，也就无法贷款。其实这反映了不少资本下乡企业遇到的贷款难题：很多企业愿意来村里发展农业是因为国家对于农业的扶持力度大，支持多，但各种确权问题、确权纠纷却实实在在地阻碍了产业扶持资金的落地。

黑土地农业公司的困境不是特例，在调查中发现，几乎所有的政府或企业+农户的资本下乡产业都或多或少地面临着类似的问题。资本下乡之初，大多数企业未想过要面对的是有一套自己伦理道德观念的农民，而非注重法律意识和契约精神的社会公民。农民有自己的生活习惯，他们有各种家务且时间闲散，通常没有很大的挣钱压力。很多时候他们对事物归谁的判断不是看法律意义上的所有权归属，而是依据血缘、地缘关系以及彼此交往中形成的关系的亲疏来区分：什么是“自己人的”、什么是“外人的”，然后根据内外有别的原则，采取不同的对待方式。这就导致了黑土地农业公司经营管理上的内忧外患：内有村庄雇工与监管难的问题，外有水蜜桃基地频频失窃的困境。再加之确权纠纷导致的贷款难现象，资本下乡出现了严重的“水土不服”。以此来看，农村要发展产业、脱贫致富，单纯依靠资本下乡公司经营模式往往会遭遇困难，关键在于如何针对农村的现实情况和资本下乡的症结所在，想方设法地调动农民的积极性，实现村庄的自我造血，而这正是能人带动模式的优势。

3. 分户经营与农民互助组织

相较于规模经营的资本下乡企业，在生产环节采用分户经营的扶贫产业往往能够取得较好的效果，这主要是因为分户经营在劳动力监督方面具有较大的优势。以上文甘肃省元古堆村李海英一家的百合产业为例。

李海英在农业生产过程中的劳动力需求并非依靠市场解决，而是通过农户互助的方式解决，形成了一个以李海英为主的 28 人的互助组。一方面，这个 28 人的互助组能够与百合收购商进行价格谈判，沟通市场信息；另一方面，互助组的作用是在劳动过程中互相帮工，元古堆村村民将其称为“骗工”。

百合能够播种的时间较长，在清明节前的一个月内都可以播种，长出的百合也没有太大的区别。因此在这一段时期内，这 28 个人会自发地排好一个时间表，全部的人都是今天去你家、明天来我家，集中力量在一天之内能够帮助一家完成种植。到收获时对时间要求也比较紧张，一有收购商来到地里看中了某一片的百合，这些人就会在微信群里通知，在某天到某家的百合地里集中力量完成挖掘工作。

这种“骗工”的好处是可以用互助劳动节约劳动力成本。但更重要的是，这一方式解决了农业产业劳动监督困难的问题。百合收获时不仅工作量大，而且需要工作者非常小心地挖，否则百合一旦散了，就卖不了好的价钱。这 28 个人固定的互助合作组织内部成员相互非常熟悉，如果有人在工作时偷懒或是损坏了农作物，会受到其他成员的排斥，那么在他需要别人帮助时会获得同样的对待，久而久之这个人甚至会被踢出这个组织。

村庄中的人际关系和人情往来对于村民有着极强的约束力，是合作社运作的社会基础。李海英的老公长期在外务工，但是每到农忙时都会回到家里参与种植劳动。2019 年春天，李海英家并没有种植新的百合，也没有百合需要挖掘，但是她的丈夫还是专程从外地赶回村子里去还别人曾经帮助自己而欠下的人情账。

与李海英一家相类似的分户经营的成功案例在调研中还有很多。在野猪桥村，村民自家种植的水蜜桃的产量与单个质量都远远高于黑土地农业公司。在桂花村、顾家台村、业产坪村，其产业类型虽然不同，但采用统分结合的方式进行经营，在生产环节采用分户经营的方式都有效地解决了农业产业劳动力监督难的问题。

4. 小结：统分结合

从上文的分析来看，统分结合、因地制宜是许多地区扶贫产业成功的重要经验之一。农业产业的经验形态首先是由特定农作物的经营细节决定的，是农业经营过程中的劳动力使用方式、产业链条、亩产效益等一系列因素综合作用的结果。在生产环节的“分”有助于降低劳动监督成本，同时与上文所讨论的“务工为主、产业为辅”的家庭生计模式相切合。

然而，贫困地区的小农直接面对外界的资本市场仍然存在着很大的问题，一方面农产品的品质控制、生产标准等方面参差不齐，更无法谈论市场、品牌等商品化与资本化的问题；另一方面，小农的资本投入、风险承担能力较弱，很难依靠自身获得更大的发展。

政府的投入可以部分地解决小农户生产时的资金与风险问题，但市场化的难题仍然需要在一定区域内的规模效应来与之抗衡。从调研的经验来看，即便是以家庭为单位的生产模式，在一定区域内也能够形成一定的规模，农民生产的主体性与规模效应并非对立的。简单来说，如果一定区域内的农民每一家都养几十只山鸡、几头牛羊，或者种植几亩茶叶，那在这个地区内仍然能够形成山鸡、牛、羊或者茶叶的规模效应，只要有一个中介来负责，将这些散养的农产品集中起来，就会在销售时形成规模效应，并且能够获得政府的支持与补贴。这个“中间商”不仅仅可以是合作社、驻村工作队或者是能人大户，有时候一些农产品企业也能够扮演这一角色。由谁来发挥中介作用、如何发挥好中介作用，是扶贫开发工作中需要面对的重要问题之一。

（四）传统经济生态与扶贫产业发展关系

在本节，我们需要讨论扶贫产业发展中面对的另一个经验问题，即农民不是一个现代经济学意义上的劳动力，这对农业产业经营产生了至关重要的影响。

在这 8 个典型村庄的产业经营过程中，经常会有这样的事情发生，村集体规模经营的产业在雇用村民时会遇到村民以孩子生病、家里需要有人做饭甚至是有事需要外出的理由拒绝工作，这对产业经营的人员管理产生了很大的影响。

在以家庭为单位的经营模式中，这种问题同样存在，只是在家庭内部的协调不会产生监督成本，当一个家庭实在无法调和生活与生产的矛盾时，农民会选择缩小产业规模。

一个农民只有离开了自己的家乡，远到其他地区的工厂打工，住在宿舍中，没有了家庭事务的羁绊才能够成为一个真正的现代经济学意义上的劳动力。但是，离开家外出打工的农民，其务工半径往往也与家庭的农业产业、家庭事务有着重要的关联。

他们是否外出打工、何时打工又何时返乡的家庭决策在很大程度上取决于农作物的生长周期，换句话说，他们短期打工的生活节奏是与农作物一致的。结合前文讨论的案例，元古堆村百合种植的农忙是在种植和收割的时节，村民会从外面回到村内务农。桂花村种植茶叶的农忙是采茶的时候，农民会从外面回到村内务农。这些村民与华北平原种植粮食作物的农民不同，种植粮食作物需要劳动力常年在村内，但又不需要太多的劳动力，所以大多村民会留下老人在村内务农，年轻人常年在外务工，每年或几年回家一次，他们可以到较远的发达地区赚取更高的收入。而元古堆村、桂花村的村民，可能一年当中需要返乡多次以务农，他们的务工范围多在就近的省城、县城。

我们可以将上文所得到的结论做一个延伸，即以家庭为单位的生产经营模式之所以运行良好，是因为在家庭内部决策时能够充分考虑各种因素，从而能够在家庭生活、农业生产、外出务工以及农作物生长的周期性四者之间找到一个平衡点。

（五）讨论：政府、企业、村集体与农民的关系

从上文的结论来看，一方面农民能够安排好以自身家庭为单位的农业生产活动，但另一方面农民不可能承担道路、水电等公共设施建设的工作，在承受风险能力与初始资金有限的情况下，也很难主动扩展家庭农业产业的种类与规模。根据 2018 年、2019 年两年的实地调研可以看到，一个贫困村的村民如果真的能够通过自己的能力发展出“务工为主、产业为辅”的家庭生计模式并在村内经营农业产业，那么这个农户也就不会被评为贫困户。换句话说，我们希望农民在生产经营环节发挥其家庭主体性，但这并不意味着我们希望任其“自生自灭”、缓慢发展。

这就需要从政府、企业、村集体与农民这四者关系的角度来看。在扶贫开发与乡村振兴的过程中，这四者能够发挥的作用是不同的，政府亟须解决各个乡村基础设施建设的问题，这是扶贫工作的前提。而在产业生产环节，政府、企业与合作社如何发挥引导作用，建立分户经营的统一标准，是各个地区探索的主要方向。

甘肃省定西市提出了“五统一分一标三提高”的产业发展思路，希望从“政府引导”逐步到“政府主导”。所谓“五统一分一标三提高”，指的是统一规划

地块、统一开展培训、统一提供良种农资、统一技术管理、统一产销对接以及分户生产经营，这么做的目的主要是实现“一标”，即建立标准化的农业产业基地。通过这一方式实现提高产业组织化程度、提高农民组织化程度、提高市场主体组织化程度的“三提高”。

在这一模式中，合作社起到了最为重要的作用。一方面，合作社作为农民的代理人，将农民联合起来与资本市场进行谈判，增强农民实力，避免农民的权益在资本市场中受到侵害；另一方面，合作社作为生产的组织者向农民提供技术支持并制定产业生产标准，方便企业收购。在实际的运行中，合作社受到政府的监管，不向农民收取任何费用。相反，企业需要通过合作社向农户收购农产品，每次完成交易后，由政府与企业向合作社支付一定的服务费用于合作社的发展与获利，这一费用不影响农产品收购的价格。

还有一些地区将这一工作完全交给能人大户来完成。尤其在“七山二水一分田”的中部地区，农村自然资源丰富，农民自主性本就较强，一旦修好了通村公路，农民会自主决定家庭劳动力务工与务农的比例，只要农民有足够的资源调动农村剩余劳动力发展农业产业，农民自然而然地就会走上致富之路。在这个过程中，在外务工的能人由于种种原因回到家乡，也就能在很大程度上分担政府、企业与合作社的功能。在这些地区，似乎我们能够利用扶贫资金把路修好，把在外面漂泊打工的有本事的村民请回来，这些村里的能人带动效应将会自然而然地使农民发挥主体性的才能，使传统农业经济不断壮大。从这个角度来看，扶贫产业的发展最根本的是“人”的问题，也就是下一节所讨论的社会基础的问题。

第五节 扶贫产业发展的社会基础

（一）乡村伦理与劳动力监督问题

扶贫产业的发展往往需要外界市场、资金、政策等方面的支持，在以上产业发展诸种模式中往往是通过政府带动、资本下乡的方式把政策、资源、市场带入乡村，但是这些都是产业发展的外部条件，产业能够真正发展起来的关键在于扎根在乡土社会之中，能够解决劳动力的监督问题。劳动力的监督问题根本上是在处理与农民的关系。农民有一套自己的伦理道德观念，产业能够真正发展起来需要处理好乡村伦理的问题。乡村扶贫产业的特殊性往往决定了与现代城市的工厂管理制度有着极大差别，无法通过集中监督的方式进行管理。比如顾家台村的香菇种植业，在注水、疏蕾、摘菇几个环节，雇工是否用心干活，雇主很难发现和监督。野猪桥村的水蜜桃种植，剪枝剪得好与不好，只有等结了桃子之后才会知道。再比如业产坪村的构树猪养殖业，分散在各家各户中进行养殖，很难进行统一监督管理。

正因为如此，能否顺应乡村伦理、顺应乡土社会就成为能否有效地减少劳动力的监督管理成本的关键。我们看到顾家台村香菇种植产业、业产坪村构树猪养殖产业恰恰是顺应、利用了乡村伦理而取得成功的案例。顾家台村香菇种植采取“六统一分”的经营模式便是因为公司统一雇人经营，无法解决劳动力的监督问题，而农户自己雇人，一是人员少，干活的好坏相对更容易发现，“干得不好，下次就不找他了”。二是有熟人关系，大家看人情，也相对自觉。而业产坪村构树猪养殖业也是充分考虑了乡村伦理因素。在乡土熟人社会中，合作社能够了解周围人的信誉情况，在选择构树猪养殖户的时候能够选择靠得住的农户。而农户之间彼此认识且顾及面子，基于这样的关系，养猪农户能够比较自觉地做到不掺杂其他饲料喂猪。而野猪桥村的黑土地水蜜桃种植产业则在乡土社会、村民关系、农民伦理道德观念方面遭遇困难，从而导致了企业在监督管理中出现的一系列问题。部分农民的这种“内外有别”的伦理观念是制约资本下乡企业扎根乡土的重要因素。

另外，农村劳动力有其特殊性，在进行劳动力监管的时候需要采取特殊的方式。在村的劳动力并不把自己定义为一个工人，其劳动时间和劳动过程受到家庭生活的影响。这些劳动力（尤其以妇女居多）一般都优先照顾好家里的老人、孩子，做好家务，然后在闲散的时间才去打零工。这些妇女生活在乡村熟人圈子里，极其注重自己的脸面，因而乡村工业必须采取特殊的管理方式。以顾家台村的箱包加工厂的女工为例，如何处理好与乡村妇女之间的关系是工厂经营管理过程中十分重要的任务。箱包加工厂的管理建立在管理者与工人十分熟悉的基础之上，只有跟工人很熟悉，才可以批评工人——“与她们熟了，有什么可以直说”。在管理过程中要十分重视工人的感受，“要哄着工人”“没有当领导的感觉”，不能随便批评工人，否则引起工人的反感反而会降低她们的工作效率。

（二）乡风文明建设

深度贫困地区能够顺利脱贫，关键在于发展产业，而产业能否成功最终还是要落在人的因素上。改变“等靠要”的惰性心态，激发农民的内生动力是扶贫工作的内在要义。重视人的因素，激发农民的内生动力体现为扶贫工作中的乡风文明建设。首先，发挥党员的先锋模范作用，提高群众自主发展的内生动力。比如，元古堆村的党组织实施“双富”先锋行动，即致富能人入党和党员致富能力培养的行动。村党支部先后吸收优秀青年农民入党积极分子 8 名，发展致富能人党员 13 名，推选 5 名致富能人党员进入村两委班子。村党支部组织 78 名村干部、致富能人和贫困党员赴福建蓉中村和先进县区、乡镇学习培养，增强了党员致富、带富的本领。其次，充分调动农民的主体能动性，让其成为决策、经营的主体。比如，元古堆村在2014年召开村民大会，让村民自己投票选择主导产业，通过投票，政府和村民统一了元古堆村的发展方向，密切了党群关系，也培育了群众自我发展的意识。再如西河村在发展旅游产业的时候，既通过合作社统筹村民资源投资建设集体项目，与运营公司开展市场合作，又倡导村民以家庭为单位开展自主的产业经营，让本地村民大量参与，激发出村庄本身的内生动力。再次，劳动力管理问题的本质是需要把握劳动力的思想观念，而思想观念的改变要靠教育。家庭对教育的重视可以提高后代接受更高层次教育的机会，增强适应现代社会的能力，还可以培育农民的自我发展意识。比如，布楞沟村地处相对偏远的少数民族地区，部分家庭的思想观念和经济状况使得该地区父母不重视子女教育问题，存在义务教育阶段儿童辍学的现象，尤其女童因为父母安排婚事，辍学率更高。在近几年的脱贫攻坚战中学校及社会各界力量大力扭转这种现象。再如同样处于偏远民族地区的托坪村，由于教育落后，普通话能力不足，村民外出务工难度较大，不适应现代社会的生产生活方式。针对这种情况当地政府大力发展教育，增强学生的语言文化能力、现代社会的适应能力、生存技能，发展职业教育，斩断贫困代际传递的穷根。最后，继承发扬优良的传统文化，培育淳厚的民情风俗。传统文化的继承能够培育老百姓忠厚的性情，增进宗族邻里之间的良好关系，为产业、经济发展奠定良好的社会基础。比如西河村宗族文化发达，村内保留着祠堂和祭祖活动，村民彼此有着亲密的宗亲邻里关系，流动人员彼此照应且保留着与家乡浓厚的感情，有助于“能人丛”的凝聚，有助于协调处理旅游产业发展中遇到的诸多问题。

（三）能人带动与返乡创业

能人带动指的是村庄大户、村干部、返乡青年通过自己发展产业继而带动其他农户的发展，实现脱贫致富。

1. 能人对扶贫产业发展的带动与组织作用

能人带动模式的关键是由村庄能人率先种植某种新作物或发展新产业，农民看到成果后再跟随，这本身也符合农民的行为逻辑。因为农民世世代代生长在这片土地上，对过去的一切都有着严重的路径依赖，他们的耕作方式、耕作习惯乃至生活时间都是固定的，外来的新鲜事物想直接打破农民的生活传统是不现实的，而能人带动模式恰好解决了这个问题，农户看到村庄能人的成功经验之后就愿意去接受、尝试新的作物。比如，野猪桥村的村支书自己种植了30亩水蜜桃，取得不小的收益后，对其他农户产生了极大的吸引力，表示要跟着他学习种植水蜜桃。此外，村庄能人还往往具有极强的组织农民的能力。比如，业产坪村的构树猪养殖产业的发展得益于返乡的能人彭业涛的带动与组织。彭业涛利用广泛的社会关系，勾连起农民与外界市场的联系，通过自己的反复动员，组织起农民形成了一个种植构树、养殖构树猪的一体化产业链模式。再如西河村的旅游业发展，更是形成了一个多种类型的能人构成的、内部关系密切且能发挥更大功能的集体——“能人丛”，通过这个能量巨大的能人团体来带动和组织农民发展旅游产业。

2. 能人带动的局限性

能人带动的局限性主要表现为资金和市场的局限性。对于农民，尤其是贫困户而言，发展产业的前期资金投入和后续的市场销售是需要面对的两大难题，但能人带动模式在这两方面却有其局限性。资金方面，能人带动模式带给贫困户的只能是成熟的技术和较低的风险，但却无法解决农户没钱生产的问题。因为国家扶贫资金的下放必须依托集体工作队，而不是直接发给农民。贫困户没钱发展产业，面对再好的产业也只能望洋兴叹。市场方面，能人带动模式对协助解决市场问题能力有限，凭个人力量难以协助所有农户解决销售问题。比如，野猪桥村农户的市场销售渠道主要有两个，一是农户依托自己的社会关系进行销售的熟人经济模式，二是产品流向市场的一般销售模式——摆摊销售。但是由于农民的社会资本较弱，且不同的农民社会资本差距明显，很多贫困户难以利用第一种方式进行销售，他们的产品常常只能利用第二种渠道进行销售，这就很容易出现农产品滞销的现象。

3. 能人大户的产业带动与覆盖作用

能人大户对贫困户的实际带动作用有多大是扶贫工作中的一大问题。有的能人大户可能就是挂贫困户的名义升级成“合作社”，而实际上并没有起到多大的带动作用。比如，布楞沟村生产生活条件的改善使得养殖业得到了发展，实现了高度的商品化，但是却不能将其视为使得大部分农民受益的主导产业。其主要原因是养殖业越来越集中于养殖场中，一般农户越来越养不起羊。从表面上看，这些养殖场以贫困户“挂名”的形式变成了“合作社”，但是却没有起到产业带动和覆盖作用。

第六节　政 策 建 议

实地调研之后，经过讨论和总结，我们提出一些政策建议以供参考，其中有些建议只适用于部分地区。

第一，深入总结既有扶贫经验，探索建立长效机制。在脱贫攻坚过程中，各地探索出了诸如单位帮扶、结对帮扶、重点帮扶等工作机制，这些工作机制进一步改善了干群关系，加强了党和群众的密切联系，对脱贫攻坚的顺利开展起到了关键作用，同时也在基层治理、乡村振兴方面发挥了积极作用。因此需要深入总结脱贫攻坚的工作机制，探索建立脱贫工作机制的常态化、制度化模式。

第二，农业产业的经营模式要因地制宜，扎根乡土。农业产业的具体形态首先是由特定农作物的经营细节决定的，是农业经营过程中的劳动力使用方式、产业链条、亩产效益等一系列因素综合作用的结果。进一步，农业经营的技术细节也要通过人的因素起作用，农业的劳动过程、产业链条深刻地"嵌入"了我国城乡融合的大背景中，与城乡之间的人口流动、家庭结构与分工、村庄社会形态有着密切的联系。更进一步，农业经营的组织形态还与乡土社会的人际关系、文化伦理有着密切的联系。在农业经营过程中，我们往往发现许多看似"非正规"的、与既有理论相冲突的经营过程或者组织形态，这些中国特色的组织现象往往是为了应对乡土社会的挑战而做出的妥协，抑或是为了充分利用乡村社会基础而做出的调整。

第三，探索建立乡村产业的多方协作机制，尤其是建立"政府、市场、社会"三方互动的投入和经营机制。这是由现代农业的特点决定的，一方面现代农业需要高投入、组织化和市场化，传统农户的投入和经营模式已经不能适应。另一方面，农业的具体种养殖过程又依然存在着与传统农业相似的监督管理问题。所以，如何既能够改善农业的外部经营环境，又能够坚持农户经营的主体地位，调动农户经营的积极性，需要进行更深入的实践和探索。

第四，进一步探索完善村集体经济的带贫机制和农户的参与机制，有效完善合作社等经济组织。部分地区尝试通过将村集体经济和村庄脱贫攻坚结合起来，这是一个有益的探索和创新。到 2019 年完成调研为止，我们认为不仅要扩大村集体经济中贫困户的参与程度，而且要在更大程度和范围内带动广大普通农户的有效参与，形成一个有效、稳定的参与机制。在村庄建设的过程中，要注意将村庄集体经济的发展、合作经济组织的发展与农户的个体经营结合起来。一方面，村庄集体经济和合作经济能为农户的个体经营提供技术、资金、市场等方面的支持，另一方面，农户个体经营的主动性和灵活性，又能够为村庄集体经济提供灵活的供货渠道。唯有如此，才能让村集体经济真正扎根于村庄社会之中，而不是村庄中的"飞地经济"。

第五，探索乡村产业体系化的路径，培育多元化、灵活的产业体系。乡村产业在带动乡村剩余劳动力就业方面发挥了积极作用。但是由于乡村劳动力的特殊性，乡村产业的体系化尤为重要。如何使乡村产业实现"一、二、三产融合""城乡融合"，对于乡村就业和乡村振兴十分重要。

第六，完善农村公共设施建设，为乡村产业发展提供良好条件，增强乡村生活的舒适度，增强农村社区的吸引力。比如，湖北业产坪村，政府部门兴建、硬化村内数条道路，解决了构树叶收割后的运输问题，为构树猪养殖产业铺平了道路。另外，大多数村民对本村基础设施建设和环境美化的成果感到由衷的满意，通过物质生活条件的改善提升了农民的幸福感和对自己家乡的认同感，也增强了外出务工人员返乡的意愿。在未来的工作中，应该继续支持美丽乡村的建设工作，让更多的农村社区具有凝聚人气、振奋人心的物质基础，让在外漂泊的务工人员有一个可以回得来的故乡。

第七，为乡村振兴储备基层干部。乡村振兴的根本是人的振兴，即农民的振兴和乡村基层干部的振兴。这意味着我们需要储备一支高素质、真抓实干的基层干部力量。现有的村两委干部年龄大多超过了 50 岁甚至 60 岁，扶贫攻坚工作的实现主要依赖的干部力量是驻村工作队，在驻村工作队撤出后依然有年轻有为、精力旺盛的基层干部从事农村发展的工作，是农村未来繁荣发展的关键。

第八，探索乡村旅游发展机制，充分发挥乡村旅游在脱贫攻坚中的作用。依靠村庄旅游来发展乡村，脱贫致富，是近些年来扶贫工作中的普遍做法。在发展乡村旅游的过程中，一方面，需要抓住自身的特色，并与周边的其他旅游资源相结合。另一方面，更要特别注意将个体农户经营与协会管理、公司经营等相结合。既要发挥个体农户在农家乐等经营项目上的主动性及其便利性，又要通过协会对个体经营进行规范管理，提高服务质量，同时还应该通过成立和引入旅游公司等方式，深入地开发旅游资源，实现农户、协会、公司的相互促进，共同发展。

第九，大力推进边疆少数民族地区的学前教育、职业教育。在云南等少数民族边疆村庄，由于村民以民族语言为日常语言，加之教育落后，农民外出务工的过程中存在较大的语言困难和适应困难，导致村中大量剩余劳动力无法外出务工，致使村民脱贫困难。为大力推动劳务输出，实现“输出一人、脱贫一户”的目标，必须大力推进边疆地区的基础教育，尤其要着力推进学前教育和职业教育，学前教育可以为儿童学习普通话和适应小学低年级课程提供很好的帮助，职业教育则直接有针对性地提供劳务培训，为村民外出务工助益。

第十，适当增加小学数量，实现小学生走读上学。孩子是家庭的希望、祖国的未来，孩子也是家庭迁移、人口流动的重要动因。孩子能够实现走读上学，每日和家人一起居住，是妇女劳动力能够回流的关键因素。在男性劳动力常年外出打工的整体形势下，妇女、儿童和老年人组成的留守家庭是农村社区振兴的关键力量。因此，适当在行政村中增加小学的数量，让小学生实现走读上学，减少远距离陪读的现象，是乡村凝聚人气的关键。留守妇女劳动力是乡村产业车间的核心劳动力，只有让她们安心地劳动，才能够有效地增加家庭收入，获得重振乡村伦理生活的基础。相反，如果农村社区不能吸引女性劳动力在村居住，大量的扶贫产业也无法获得需要的劳动力。

第十一，在易地扶贫搬迁过程中，要充分尊重和保护少数民族地区的文化多样性。少数民族地区有其特有的民族文化，包括独具特色的少数民族建筑、服饰、语言、节庆、风俗、习惯，甚至是观念、信仰等。在推进少数民族地区易地扶贫搬迁工作过程中，应当充分尊重和保护民族文化的多样性，避免简单化、标准化的“一张图到底”。

第十二，充分注意乡村伦理的作用，推进乡风文明的建设，重视“乡贤”和地方习俗。乡村由脱贫走向振兴，由凋敝走向繁荣，都离不开人的作用。如何塑造积极向上、奋发有为的人，要依靠乡村伦理和乡风文明的重建。乡土重建和乡村治理之路，必将是一条由贫穷走向富裕、由富裕走向文明的“富之、教之”之路。

第十三，建议相关政策促进能人返乡。我们的案例中，能人带头是关键，能人是连接资本、市场、外部和乡村社会以及乡村伦理的关键点。然而，能人大多因老人和孩子而返乡，我们希望相关政策能够为这些返乡能人提供便利，同时吸引更多的在外务工能人返乡，为脱贫攻坚与乡村振兴做出贡献。

参考文献

耿敬杰，汪军民. 2018. 易地扶贫搬迁与宅基地有偿退出协同推进机制研究. 云南社会科学，(2)：109-116.

黄承伟，王猛. 2017. “五个一批”精准扶贫思想视阈下多维贫困治理研究. 河海大学学报（哲学社会科学版），19（5）：1-5，47.

李培林，陈光金，张翼，等. 2008. 中国社会和谐稳定报告. 北京：社会科学文献出版社：290.

刘守英. 2017-08-21. 决战贫困第三波，关键在于把好事做对. http://magazine.caijing.com.cn/20170821/4319407.shtml[2019-10-05].

牛胜强. 2017. 多维视角下深度贫困地区脱贫攻坚困境及战略路径选择. 理论月刊，（12）：146-150，176.

孙璐，陈宝峰. 2015. 基于AHP-TOSPSIS方法的扶贫开发项目绩效评估研究——以四川大小凉山地区为例. 科技与经济，（1）：62-66.

吴新叶，牛晨光. 2018. 易地扶贫搬迁安置社区的紧张与化解. 华南农业大学学报（社会科学版），17（2）：118-127.

张楚，张守夫. 2017. 深入学习习近平总书记“破解深度贫困问题”新思想. 前进，（8）：11-14.

周飞舟，谭明智. 2020. “责任到人”的治理机制及其作用——以脱贫攻坚战为例. 学海，（3）：49-58.

朱玉林，李思贤. 2018. 湖南农民参与易地扶贫搬迁影响因素分析. 中南林业科技大学学报（社会科学版），12（2）：52-56.

左停，徐加玉，李卓. 2018. 摆脱贫困之“困”：深度贫困地区基本公共服务减贫路径. 南京农业大学学报（社会科学版），18（2）：35-44，158.

Foster J，Greer J，Thorbecke E. 1984. A class of decomposable poverty measures. Econometrica，52（3）：761-766.

Sen A K. 1976. Poverty：an ordinal approach to measurement. Econometrica，44（2）：219-231.

第十一章　乡村振兴的主要挑战与政策建议①

党的十九大报告提出实施乡村振兴战略。乡村现代化不仅是中国建设现代化强国的重要战场，而且在很大程度上决定“中国梦”的成色。实施乡村振兴战略将是未来“三农”领域理论创新、决策制定、政策实施、政府工作的基本方位。十九大报告描绘了“产业兴旺、生态宜居、乡风文明、治理有效、生活富裕”的未来农村图景，2018年中央一号文件做出了2020年、2035年、2050年三个阶段的乡村振兴战略部署。乡村振兴战略的提出与实施，意味着“三农”作为“农业、农民、农村”三位一体的回归，乡村是农业和农民的空间与载体，以乡村振兴为抓手有望真正解决中国的“三农”问题。

乡村振兴战略提出之后，学术界、政策界、地方政府的反应，彰显了乡村振兴研究滞后对战略实施的可能后果。迄今为止学术界的解读热度不减，但基本上是以传统思维对这一战略的自我解释，要么继续以单向城市化逻辑来理解乡村的归宿，要么以孤立的乡土和传统农业思维陷入脱离实际的乡村浪漫主义情绪；政策界在基本内涵不清的情况下，沿袭着忙于做规划、列工程、造项目的工作惯性，各地政府更是召开各种报告动员会，大有兴起一股乡村振兴运动之势。乡村振兴面临的最大瓶颈是理论的缺乏。中国共产党在各个阶段都强调“三农”的基础地位和全党工作重中之重的位置，但是，在农业份额已经降到7%以后，“三农”基础地位的理论依据如何表述？长期以来，关于“三农”问题的研究存在农业—农民—农村的顺序，农业作为“三农”之首是因为吃饭问题的重要性和保障国家工业化战略的意义，农民问题受到重视是因为小农对国家秩序的意义，农村问题事实上成为“三农”问题的末端，以传统农业为主导的“三农”理论存在重大缺陷。在我们看来，乡村振兴战略承载的是新时代乡村现代化的使命，需要基于发展阶段、城乡格局和乡村变迁趋势的分析，重新思考乡村与城市的关系，农民与土地及村庄的关系以及代际变化等对乡村发展的影响，农业内涵、功能与基础性地位的重新界定，农业优先发展与乡村现代化的路径，村庄作为一种制度装置的功能和演化。

为了促进中国乡村振兴的理论进步，以及为乡村振兴的实践提供制度供给与体制政策保障，促进基于理论研究的成果转化为服务中央决策的咨政服务，国家自然科学基金委员会2018年启动了应急管理项目“乡村振兴的理论、制度供求与

① 本章执笔人：刘守英、章元、熊雪锋。

体制政策保障——总体思路、目标模式与基本框架”。遵循应急管理项目“对经济、科技、社会发展中出现的一些重大管理问题快速做出反应，及时为党和政府高层决策提供科学分析和政策建议”的指导思想，项目重点围绕乡村振兴的理论与制度变革、体制政策保障展开研究，在分析乡村振兴的制度制约和问题根源的基础上，提出支撑乡村振兴的制度供给的总体思路、目标模式与实施路径。历时1年的研究，课题组于2019年12月完成项目评估。本章概述了该项目下各个子课题取得的研究进展，包括乡村振兴的路径和制度供给、乡村产业兴旺、提升生态韧性和乡村宜居、乡村智慧治理、农民增收、生产要素的城乡间自由流动、农业支持保护体系和深度贫困地区脱贫攻坚所面临的深层次约束与问题。

第一节　加大制度供给，完善乡村振兴的体制机制

一、造成乡村衰败的主要制度障碍

当前，实现乡村振兴与城乡融合发展还面临着的制度性难题主要有五个方面：一是乡村的从属地位；二是农民的城市权利被忽视；三是乡村发展权丧失；四是现行农地制度与农业发展方式不适应；五是宅基地制度改革滞后阻碍村庄转型。

（1）赶超战略、城市偏向与乡村的从属地位。中国乡村问题的根源来自工业和城市优先的发展导向。国家计划工业化启动并推动了结构转变，但也由此形成了工业化先于农业现代化、农业和农村服务于工业发展的工农关系，农民被剥夺了参与工业化的权利。但是，无论是乡村工业化还是农民自主城镇化，并未根本改变城市主导乡村的格局。在政府主导的园区工业化和城市化下，城乡发展权利差距拉大，乡村工业化退场，乡村失去发展权，农村产业发展受阻，农业功能窄化，在不断繁荣的城市下，乡村陷入衰败。

（2）农民的城市权利被忽视。1949年到20世纪50年代中期，自由迁徙权是受到法律保护的。从20世纪50年代中期开始，以户籍制度为基础，建立起了一套城乡区别对待的社会制度，严格限制农民进入城市。20世纪90年代中期以后，工业化、城市化的快速推进，为农民入城创造了机会。但是，城市的权利依然只赋予本地市民，为经济社会发展做出巨大贡献的农民工群体没有享受到与市民同等的基本权利和公共服务。

（3）二元土地制度与乡村发展权丧失。改革开放之初到1998年《土地管理法》修订前，农地转为集体建设用地的通道一直是敞开的。1992年开始，国家对集体建设用地的政策发生转变，集体土地必须先征为国有出让才能作为建设用地，但

对集体土地从事非农建设留有余地，直至 1998 年《土地管理法》修订将这一通道彻底关闭。在集体建设用地转用通道关闭后，征地转用更是成为唯一的合法土地转用方式。人口和资本配置变化带来的乡村经济活动的变革，凸显了土地制度的不适应。如果乡村不能获得平等的建设用地权利，乡村空间就无法实现与城市空间平等的发展权，乡村产业发展受阻，人口和劳动力就不可能持久地向乡村流动，资本下乡因没有获利前景而可能昙花一现，乡村振兴战略就找不到有效的实施路径。

（4）农业发展方式历史转型与农地制度不适应。在高速工业化、城镇化浪潮的冲击下，中国的农业生产方式正在历经意义深远的重大变迁。到 2015 年，中国的农业产值和就业份额分别仅占 9.2%和 30.5%；随着农民外出从事非农就业，农民的分化程度加深成为常态；以农业边际生产率衡量的刘易斯转折点于 2010 年前后真正到来，农业与非农业争夺劳动力的竞争劣势凸显。农业发展方式以 2003 年为转折点，中国农业以提高土地生产率的精耕细作传统农业模式向以提高劳动生产率为主的现代农业发展模式转变。

（5）乡村分化与宅基地制度滞后。在中国农村的几项土地安排中，宅基地制度是最落后的一项制度安排，中国村庄的衰败、无序等都与宅基地制度的缺陷及改革滞后有关。新中国成立 70 多年来，当中国农村历经土地改革—合作化运动—人民公社—家庭承包制的频繁制度变迁时，宅基地制度变迁经历了与农地承包经营权制度变迁基本类似但制度安排相异的历程，呈现出一幅独特和复杂的图景：一是宅基地的权利安排制度的特殊性。宅基地所有权归集体所有，农户宅基地不允许出租、转让和买卖，出卖出租房屋后不得再申请。农户拥有房屋的所有权，但因宅基地使用权权能残缺并且房地不可分割，房屋所有权权能实现受到了影响。二是宅基地的获得与分配的独特性。宅基地使用权在一定程度上体现为成员资格权，申请和获得宅基地使用权的前提是申请者具有集体经济组织成员资格。三是宅基地的特殊功能。宅基地有两个特殊的社会目标：一是严守耕地，二是稳住农民。这一制度的困境表现在：宅基地大量入市、宅基地的无偿分配和成员取得难以为继、宅基地管理失控、宅基地的无序扩张不利于乡村健康发展。

二、乡村振兴的路径与制度供给

（1）增加乡村振兴制度供给的总体思路。以实施乡村振兴战略为统领，以强化、活化乡村的制度供给和城乡融合的体制机制创新为支撑，以“活业—活人—活村”为路径，实现“产业兴旺、生态宜居、乡风文明、治理有效、生活富裕”。通过城乡关系的重塑，改变不利于乡村经济活动的城市偏向公共政策，改革妨碍乡村发展的城乡二元体制，实现城乡平等发展。顺应发展阶段转换和消费需求变化，研究新阶段农业产业演变规律，完善农地“三权分置”制度，建立小农与现代农业相结合的产业体系、组织体系、服务体系，探索中国农业优先发展模式和现代化路径。正视农民代际革命和城市人口对乡村文明的需求，对进城农民的城市权利赋权，实现城乡居民权利平等，促进人口城市化，以体制机制创新促进社会资本和城市人力资本下乡，提升和改造乡村人力资本结构。通过村庄的开放、实行乡村规划体制、宅基地制度、治理结构改革，促进村庄转型与复兴。顺应城乡互动和乡村经济活动的变化趋势，通过土地、资本、劳动力要素市场改革，促进生产要素城乡顺畅配置与流动，实现城市文明与乡村文明的共融共生及城乡共同发展与繁荣。

（2）增加乡村振兴制度供给的路径选择。第一，以“活业”带动“活人”，实现“活村”，全面复兴乡村空间。乡村振兴的根本是全面复兴乡村空间，使乡村和城市相得益彰、差异互补、共融共生共荣。乡村振兴的标志是乡村空间的“活业”、“活人”与“活村”，没有乡村的活态化，就不能称为乡村振兴。在振兴路径顺序上，首先是“活业”，它是乡村振兴的前提，没有乡村产业兴旺，乡村振兴就成了无本之木，不具有可持续性。“活业”既包括传统农业竞争力的提升与农业从数量向质量的结构转变，也包括农业功能和形态变化带来的农业附加值提高与农业工业化水平提高。接着是“活人”，有了活的业态，就能吸引人才进入乡村创业和从事有回报的农业经济活动。“活人”是乡村振兴的关键，“活人”包括本村部分年轻人的回归，有情怀、有作为的外村人的进入，以及传统农业的现代化改造。只有人力资本的提升和改造，乡村产业发展、业态活化才能成为可能，乡村才能变得更有生机。“活业”“活人”的结果就是“活村”。“活村”是乡村振兴的归宿。有了活的业态，有了有生命力的新型乡村人力资本，乡村的活态就能出现并可持续。在乡村振兴的路径上，切不可以政府行动和规划强制，实行村庄变革，将改变村庄作为乡村振兴的标志，也不要不切实际地以大量政策优惠补贴等差别性政策培育乡村新型主体、龙头企业和鼓励农民回村创业，没有产业支撑的“引人”不仅难以持续，还会挫伤一批有情怀的人入村创业的热情，也会导致对大多数小农的歧视。第二，在城乡互动格局下实现乡村活化。新阶段的乡村振兴不是乡土中国阶段的乡土重建，也不是快速城市化下的以城统乡，而是城乡互动下的乡村复兴。乡村振兴就是利用城乡互动带来的机会，复兴乡村产业，活化乡村空间；通过城乡要素的流动与再配置，形成乡村与城市互动的资本流和人流，实现乡村的振兴。要避免两个极端：一个是固守乡土中国理念，以不变应万变，导致乡村发展机会的丧失；另一个是继续沿袭快速城市化惯性，不改先发展城市再补贴乡村的公共政策，会加剧乡村的衰败。第三，以土地制度改革为突破口，实现城乡两个空间的平等发展。城乡要素配置不畅和城乡发展不平等的最大障碍是城乡二元土地制度。农地转非农用地必须实行政府征收，非农经济活动必须使用国有土地，土地用途和年度指标管制以及政府独家垄断土地市场，是乡村发展权丧失、乡村产业窄化、城乡财富差距拉大的根源。只有改革土地配置制度，实现集体建设用地和国有建设用地权利平等，才能实现乡村产业和发展空间的复兴，才有城乡资本和人力的持续对流与配置，乡村发展才有可持续的制度支撑。在此基础上，配合城乡基本公共服务均等化和城乡居民权利平等，促进城乡一体化发展。

（3）加大乡村振兴的土地制度供给，实现"活业、活人、活村"。实施乡村振兴战略，关键在于深化农村改革，加大制度供给，消除不利于乡村发展的制度制约，以"活业"带动"活人"，实现"活村"，全面活化乡村空间，使乡村和城市相得益彰、共融共生共荣。第一，改革生产要素配置制度，促进城乡互动。第二，完善农地权利体系，促进农业转型。一是明晰集体所有权。对于未到户集体资源进行全面确权，明确归属和利益分享机制，增强集体经济发展能力。推进清产核资、资产量化、确股到户的集体产权改革，确保集体资产保值增值。探索实行承包地股份合作制，在确保农户土地基本权利的前提下，实行农地资源重组与配置。创新集体资源资产的集体经营、委托经营、合作经营等多种方式，保障集体成员按份共有集体资源资产经营收益。二是承包经营权的分割与农户权利保障。顺应农民离土出村和"农二代"、"农三代"与土地关系及他们的农业观念的变化，在自愿前提下，实行农地承包权与经营权的分离，保障集体成员对承包地的按份占有权、收益权、地租权、转让权。实行获得城市户籍农民承包地有偿退出权和一定期限内的可赎回权。三是经营权设权赋权。明确从农户承包经营权分割出的经营权的合法权利地位，双方议定的合约受法律保护，经营者享有所经营土地的耕作权、收益权、转让权、土壤改良补偿权、土地收益抵押权。四是创新农业经营体系。在自愿、依法、有偿原则下推进土地流转。探索国家土地信托制度，进行闲置低效利用土地的收购、整理和发包。培育现代农业经营主体、服务主体、合作组织和市场主体，以农业经营适度规模化、服务规模化、区域种植规模化、市场化实现农业规模报酬。第三，推进宅基地制度改革，促进村庄转型。一是改革宅基地的无偿分配制度。对于农户超占宅基地部分实行收回或有偿使用。可以考虑以时点划断办法，对时点以后集体成员在保障宅基地资格权前提下实行宅基地的有偿获得。二是赋予农民宅基地财产权。在保障农户宅基地占有权和居住权前提下，以宅基地财产权交换福利分配权，农民宅基地可以有偿退出、出让、转让、交易，可从事乡村相关产业。三是对外村人和外来资本的有序开放。在规划和用途管制前提下，实行村庄宅基地、农房和闲置地的对村外人和外部资本开放，实行乡村资源与外来资本的有效组合，显化乡村价值，提高资源配置效率。四是改革宅基地管理体制。将乡村纳入国土空间规划，控制和锁定村庄宅基地总量，通过宅基地跨区域使用和资格权保障促进村庄适度集聚，行政部门对宅基地实行总量控制和规划管制，村内宅基地使用、分配、处置交由村集体组织行使。

第二节　促进乡村产业兴旺的政策机制

作为乡村振兴战略的基础和重点，产业兴旺在乡村振兴战略中具有重要地位和作用。为了实现“农业兴，百业旺”，重点对乡村振兴战略实施进程中促进产业兴旺的政策需求和体制机制开展了系统研究，包括产业兴旺的理论基础，质量兴农的体制机制，一、二、三产业融合的体制机制，国际经验的政策参考。

一、城乡中国的新需求，乡村产业发展的新思路

产业兴旺作为乡村振兴战略五大要求之首，是整个乡村振兴战略的重点。研究发现，中国特色乡村振兴道路，需要面向新需求，创造新供给，培育新业态，做出新探索。第一，面向新需求：“四洗三慢两养”。“四洗”是指乡村通过提供生态食品、新鲜空气、青山绿水和闲适生活等方式为人们“洗胃、洗肺、洗眼、洗心”。“三慢”是指乡村可以为人们提供慢食、慢村和慢生活的体验。“两养”是指乡村可以提供养老、养生的空间。根据家庭汽车保有量、中等收入群体和老年人口等数据粗略估计，“四洗三慢两养”产生的新需求每年会超过 12 万亿元。第二，创造新供给：一、二、三产业融合。“四洗三慢两养”的新需求，呼唤乡村振兴一、二、三产业的融合，创造新供给，培育新产业、新业态、新模式，并做出新探索。在农村产业融合的农业 4.0 时代，农民集生产者、技术员、服务员、销售员等综合身份于一体，重拾农业的多功能性，让农业成为一种全新的生活方式。

二、质量兴农的体制机制

乡村产业振兴，需要解决农产品质量安全和消费信任问题。第一，以共治共益体系推动食品安全。质量兴农涉及多主体、多部门、多行业、多环节、多因素，属于复杂的公共事务治理。不仅需要政府力量和市场力量，更需要社会力量的参与。但如何推动社会参与，一直是一个现实性难题。共治共益体系提供了一种可能的应对路径。通过组织架构设计、区块链技术应用和重塑消费者责任，共治共益体系有效推动了各类行动主体共同参与食品安全治理。该体系将促进政府、市场和社会多方主体共享一个更加健康的食物体系，营造更加协同、和谐的社会共

治格局。第二，建立生产者与消费者之间的信任渠道。生产者可运用自然逻辑的嵌入和社会逻辑的嵌入激发认知信任，运用关系嵌入和生活场景嵌入激发情感信任，从而形成初始关系圈，并通过初始关系圈中焦点成员的社会互惠活动，吸引一般成员加入，促成次级关系圈的形成，最终形成“社区支持农业”的局面，从而为发展可持续农业、提供优质安全食品、增进生产者与消费者的信任提供一条新路径。

三、一、二、三产业融合的形成机制

一、二、三产业之间出现的分离与隔阂，导致了农业多功能性被忽视。在破解乡村衰落难题时，有必要从超越产业分割局限的政策视角，从战略层面推进乡村振兴。农业至少具有八大功能，包括生态环境功能、物种和农作物多样性功能、农民生活就业与社会保障功能、社会稳定与社会调节功能、国家安全功能、文化教育功能、医疗休闲功能和经济产业功能。在推进一、二、三产业融合时，首要目标是建立和创造符合当地实际情况、体现农业多功能性的产业融合体系，促进当地农民和本地产业发展的有机结合，并根据实际需求推进产业的延伸与融合，使得农民在农业领域的创业、创新机会越来越多。

四、国内外经验

由于国情和发展阶段的巨大差异，欧美国家乡村发展经验，很难为中国带来直接的借鉴价值。相反，亚洲各国和地区，尤其是东亚地区，在农业资源、发展历史、乡村特征等诸多方面，与中国有很强的相似性。韩国的新村运动、日本的新农村建设，以及我国台湾地区的社区营造等，更多注重乡村生态环境、自然资源保护和利用，以及乡村文化历史传承等方面的建设，通过基础设施建设和农业多功能性的发挥，稳步推进了乡村产业发展进程。

第三节　提升生态韧性的乡村宜居空间规划和建设指引

生态宜居是乡村振兴战略的重要内容，主要从生态宜居的角度研究推进乡村振兴战略的相关政策建议。研究聚焦生态宜居构成要素和现状，并提出空间规划的政策建议。

一、生态宜居的构成要素和主要问题

我国乡村人居环境在取得可喜成就的同时，仍面临严峻挑战。主要问题和成因如下：第一，生态环境本底恶化、点源面源污染严重。目前对乡村生态环境缺乏严格的监管措施，乡村的点源和面源污染仍十分严重，开山、填湖、毁林等一系列不合理建设行为严重破坏了乡村生态环境的本底。第二，传统农业效益低下，新兴产业空间受限。虽然农业综合生产能力有所增强，但是因农业空间缺乏细分和管控，农业生产设施配套不足，农业生产效率仍不高、经济效益相对低下。第三，乡土文化传承断裂、村庄风貌特色消减。随着乡村文明建设的持续推进，我国乡村的人文风貌得到逐步改善，但仍存在乡村空间规划简单套用城镇规划、忽视对乡村地域特征和人文特色的挖掘等问题。第四，公共设施配置不足、农房建造标准不高。乡村公共设施历史欠账较多，教育、医疗等基础设施总量不足，布局不合理，与村民需求不匹配。农房缺乏合理的功能分区，防漏防潮性能、抗震等级以及厨房、厕所等附属设施的建设标准等还有待进一步提升。第五，选址缺乏灾害评估、建筑抗震等级较低。

二、提升乡村生态宜居水平的空间规划

第一，践行生态优先理念、合理确定各类红线。乡村空间规划应践行保护先行、自然修复的生态理念，依据生产、生活、生态协调发展的总体要求，从县域、镇域、村域三个空间层次，建立规划内容衔接、规划引导一致的乡村空间规划体系，并通过简化规划层次、明晰规划权责形成乡村空间规划的统筹协调体制。第二，科学谋划农业空间、挖潜布局新兴产业。在县域层面，以资源环境承载力为基础，以满足国家粮食安全战略为前提，划定永久基本农田红线。在镇域层面，应结合重要农产品有效供给需求，统筹谋划种植、养殖业用地、设施农用地的空间，优化农业生产力区域布局。在村域层面，结合村庄农业资源特色和土壤环境条件，加强农作物种植类型的空间引导，优化田块布局，明确农田水利配套设施的规模和布局。开展全域土地整治，有效推动乡村低效工业用地、宅基地（一户多宅）专项整治，鼓励建设用地复合使用，拓展土地使用功能。通过建设用地内部规模、位置和性质的调整，实现存量建设用地的布局优化和空间挖潜，为新兴产业发展预留弹性发展空间。第三，契合乡村人居特色、展现地域文化特质。应根据乡村发展实际确定特色定位，凸显地域特征和人居特色。基于乡村不同的资源禀赋和区位条件，因地制宜制定差异化发展对策。激发村民营造特色乡村的主动性和创造性。第四，优化镇村结构体系，推动城乡区域共享。根据不同村庄的

发展现状、区位条件、资源禀赋等，分类优化镇村结构体系。对集聚提升类村庄通过激活产业、优化环境、增添活力来保护乡村风貌、建设宜居宜业的美丽村庄。对于城郊融合类村庄，应加快推动城乡产业融合发展，实现基础设施互联互通、公共服务共建共享。对于特色保护类村庄，要尊重居民的生活形态和传统习惯，合理利用村庄特色资源发展乡村旅游和特色产业。对于搬迁撤并类村庄，应严格限制新建、扩建活动，统筹考虑拟迁入或新建村庄的设施建设。第五，完善选址科学论证，构建综合防灾体系。新村聚落选址应综合考虑地形地貌和构造等因素，避让不宜建设的地点。加强对灾害类型、灾害等级、灾害风险的全面论证，有效识别灾害风险。建立集灾前预防、灾时抗御、灾后重建于一体的综合防灾体系。

三、提升乡村生态宜居水平的建设指引

第一，推进生态修复工程，完善环境整治标准。连通乡村河湖水系，恢复河塘行蓄能力，推进退田还湖还湿，保护和恢复河湖水系。在自然灾害密集区，加强损毁、退化山体的生态修复。实施生物多样性保护重大工程，加强对野生动物栖息地的环境修复。完善乡村环境整治标准，明确不同部门的年度行动计划。推动以自然村为单位的村庄环境整治。第二，制定高效的农田规范，颁布闲置房地导引。结合乡村地形地貌，因地制宜，制定高标准的农田建设规范，建设土地集中连片、设施配套齐全、与现代农业生产和经营方式相适应的高标准农田。第三，制定乡村风貌导则，分区分类指导建设。深入挖掘乡村地域特色，结合乡村生产生活需要，根据乡村的资源特色和建设重点，制定具有可辨识性的乡村风貌导则。第四，制定公共设施建设指南，编制村民建房手册。按照“兜住底线、统筹资源、共享发展”的基本原则，制定不同地区乡村公共服务设施的配套指南和建设标准。优化公共设施的空间布局，明确各类乡村公共设施的分类依据、空间布局原则和具体配置等要求。第五，完善农房质量标准、加强建筑安全管理。明确不同规模农房的设计标准、建设标准和施工准入标准。加强施工质量安全监督检查，明确建筑放样、基槽验收、竣工验收等关键环节和重要节点的监管内容，建立健全乡村建筑质量安全管理常态化制度。

四、乡村规划实施的政策建议

（1）界定乡村人居环境的生态宜居发展韧性。乡村人居环境中的人与环境相互作用、复合形成了乡村社会生态系统。乡村社会生态系统集自然生态、经济生产、社会生活、地域文化四个子系统为一体。在城乡融合及其流动加速的趋势下，

乡村社会生态系统长期处于动态演变的非平衡状态，需要面对持续不断的外界干扰和冲击，具备演进韧性的特征，遵循“适应性循环”规律，沿着利用、保存、释放、重组四个阶段循环演变。衡量乡村社会生态系统韧性强弱的指标是乡村人居环境在整体和局部、村域和区域具备的适应力和转型力。生态性是乡村人居环境的标志性特征，生态性生发的宜居性是乡村人居环境区别于城市的特有吸引力和优势发展力。乡村人居环境的演进与生态宜居息息相关，因此乡村社会生态系统的演进韧性可视为乡村的生态宜居发展韧性，即在影响乡村人居环境生态宜居质量的自然和社会要素干扰冲击下，乡村社会生态系统凭借自身或借助外界的力量，主动抵御、适应或转化外界干扰，协调好自身生态、生产、生活和文化，保持乡村人居环境生态宜居本质的可持续发展力。

（2）构建乡村生态宜居发展韧性的空间评价要素体系。乡村社会生态系统集自然生态、经济生产、社会生活、地域文化四个子系统为一体，因此乡村生态宜居发展韧性由自然生态韧性、经济生产韧性、社会生活韧性、地域文化韧性四类亚韧性构成。自然生态韧性在区域、村域和村庄尺度上对应乡村生态承载力，主要评价自然生态空间的安全属性、可利用属性和可达属性，具体评价自然生态空间的要素包括自然灾害隐患、生态开发潜力、生态利用方式。经济生产韧性在区域、村域和村庄尺度上对应乡村生产发展力，主要评价经济生产空间的规模属性、多功能属性和生态属性。社会生活韧性在村庄尺度上对应乡村生活吸引力，具体表现于生活设施、环境风貌和社会组织三个系统，主要评价社会生活空间的设施利用属性、设施生态属性和社区空间营造能力属性，具体评价社会生活空间的要素包括环境卫生设施、公共服务设施、生活污染隐患、景观环境特色、建筑风貌特色、社区组织能力和组织效率、社区活动吸引力。地域文化韧性在村庄尺度上对应乡村文化传承力，主要评价遗产空间活态实用属性和文化空间活力属性，具体评价地域文化空间的要素包括物质文化遗产保护和利用力、非物质文化遗产传承力、文化活力点的数量和吸引力。

（3）推进生态宜居发展韧性导向的乡村规划建设。第一，发挥乡村振兴规划的统筹作用和乡村性保持作用，发掘生态宜居发展韧性的潜力。一方面，制定多部门、多主体主动参与乡村振兴规划的协同机制，统筹经济、资源、环境等多重要素，明确规划区乡村阶段性发展目标、关键问题、核心主题、特有理念等内容，设立乡村振兴项目汇总库，以具体项目为抓手，加强乡村振兴各条线工作的连接，推进乡村振兴规划的落地。另一方面，建立典型方法范式和标准，包括乡村地域系统调研方法、资源环境承载力评价方法、地域模式类型甄别方法、乡村空间组织方法等，确保乡村性特征的识别和保持。第二，强化国土空间规划的管控作用和协调作用，构建生态宜居发展韧性的基础。基于国土空间规划总体框架，因地制宜地制定专题规划指引，包括生态保护和修复规划指引、耕地和永久基本农田保护规划指引、乡村住房布局规划指引、产业发展空间布局规划指引、基础设施和公共服务设施布局规划指引、自然历史文化传承与保护规划指引。第三，探索乡村社区营造的地域模式和有效方法，培育生态宜居发展韧性的动力。地方层面明确提出社区营造进入乡村的准入条件，因地制宜地制定方法指引，包括目标构建指引、内容框架指引、参与者构成及参与方法指引、操作过程指引。第四，推进乡镇全域土地综合整治和生态修复建设，把握生态宜居发展韧性的抓手。中央及地方各级政府部门分层次提出乡村空间总体整治技术指引，包括以空间结构调整优化乡村地区空间功能指引、以资源高效利用提升乡村土地空间质量指引、以生态系统保护修复打造生态宜居乡村指引。第五，分区分类编制人居环境整治技术指引，制定生态宜居发展韧性的规范。优先发展区分区域制定宜居乡村建设指引，一般发展区制定基本生活条件保障标准指引，差级发展区制定村庄环境整治规范指引。第六，完善乡村人居环境整治的主体、资金和监管机制，保障生态宜居发展韧性的落地。发挥农民主体作用，制定宣传、参与鼓励和约束机制。探索多渠道和形式的资金来源，完善资金科学匡算和县级统筹整合机制。加强整治全程有效监管，建立第三方成效综合评估机制。

第四节　多主体参与、场景关注与乡村智慧治理

治理有效是乡村振兴战略的重要组成部分，是产业兴旺、生态宜居、乡风文明、生活富裕的保障。治理有效还是党的十九大报告提出的十四个“坚持”中坚持“全面深化改革”“不断推进国家治理体系和治理能力现代化”的重要内容，是加快建设创新型国家中“智慧社会”建设的成果形态。2019 年 6 月 23 日中共中央办公厅、国务院办公厅印发了《关于加强和改进乡村治理的指导意见》，在数字乡村发展和改进乡村治理之间构建了明确的政策交集。

一、理解乡村智慧治理的内涵和主要逻辑

“乡村智慧治理”是指各类乡村治理主体利用信息技术进行的有关乡村公共事务治理的实践，乡村治理环境面临乡村社会开放、治理主体多元化、村民个体化等新变化，乡村智慧治理实践的推进也正是对这种治理环境新变化的回应。具体来讲：第一，乡村社会开放和治理主体多元化的治理环境要求建立协同共治治理机制；第二，村民个体化要求治理机制容纳场景关注的社会逻辑，构筑“属地治理+行为和事件场景治理”；第三，乡村智慧治理的前提是高质量和指向明确的基础信息，乡村社会中的基础信息形成需进行充分的村民协商和本地化搜集；第四，

必须充分利用信息技术，使乡村治理在“端—网—云”互动中实现数据驱动的智慧治理。因此，乡村智慧治理的主要内容应该是以新型集体构造为基础的村社治理，要处理好互联网技术的便利与成本以及乡村智慧治理的信息要求与农村社会信息特点这两对矛盾，创造多样化的乡村治理平台和模式。此外，乡村智慧治理的技术发展改变了县乡治理流程，为改善县乡治理提供了新机会。

二、人地分离是实现乡村治理有效需要面对的新场景

基于对中国东、中、西部地区不同经济发展水平、不同村庄形态、不同社会环境的典型案例调查，在满足信息饱和性的条件下，研究发现：乡村治理有效的痛点是如何让流动的村民回归村庄、参与村庄事务，实现乡村治理有效。无论是人口流出村还是流入村，人口流动频繁是事实，可乡村的建制还在，流出流入的人还是乡村的人，也是事实。有乡村、有人，乡村的人就有对美好生活的需求，就有治理的需求。真正的堵点则是，无论在人口流出村还是人口流入村，都有人留在乡村。留在村里的主要是妇女、儿童和老人。归结到一点，乡村大小事务都是建立在人口与土地实体关系基础上的，乡村劳动力大量且频繁的流动，导致人口与土地实体关系的解体，形成了实体人口与实体土地的分离。分离的本质不是土地上没有人劳作，而是人与土地联系在一起的各类事项没有人在场表达意志。劳动力不在，土地上的劳作可以由机器替代；人不在，与土地关联的意志却没有替代的表达机制。具体地说，上传下达的政策没有人承接和落实，下情上达的民情民意没有人申明和传递。子课题的研究结论是，人地分离制造了乡村治理的新场景，而让村民回归，重建劳动力与土地之间的有效关系，是解决所有问题的钥匙，也是实现乡村治理有效的必由之路。

三、运用数字技术是各地实现多主体参与的有效实践

数字技术的发展为乡村在实现治理有效中解决人地分离带来的“热痛难堵点”提供了机会。社交平台技术的发展为把不在场的人联系在一起提供了可选方案，办公平台技术的发展为把组织与不在场的人联系在一起提供了新的机制，知识平台技术的发展为把知识与不在场的人联系在一起提供了选择，电商平台技术的发展为把市场与不在场的人联系在一起提供了路径。简单地说，由人口流动带来的人地分离给乡村治理制造的难题，都可以在数字技术中找到解决途径。对代表性案例的分析表明，中国各地乡村的数字设施设备接入水平没有本质差异，宽带接入和无线接入是两种应用最普遍的接入方式，在案例村庄的覆盖率为100%。智能手机应用与年龄相关，在使用移动接入的人群中，智能手机是最主要的接入终端。

数字设施设备接入水平和智能手机应用两个指标在不同经济发展程度的地区几乎没有差别。

中国各地的乡村治理实践均运用了数字技术，运用的方式方法各有不同，归纳起来，大致有四种模式。四种模式的基础正是党的十八届三中全会提出的“以网格化管理、社会化服务为方向”的创新社会治理。第一，强化村两委的力量，发挥乡贤的积极影响力，运用数字技术推动村民对乡村治理的参与。第二，巩固传统优势，优化治理环节，运用数字技术创新传统经验的新内涵，把县级政府服务延伸到村公所，用提升服务来实现治理有效。第三，面对城市化潮流，运用数字技术开发新工具，让村民、村组织、镇区职能部门进入同一个数字乡村平台，适应快速变化的治理需求。第四，借用平台企业开发的公益性数字平台，开发既个性化又可互联互通的数字乡村治理平台，与社区的社交行为交互，让乡村和涉及乡村治理的多主体参与，实现乡村振兴的多场景整合，让产业兴旺、乡风文明、治理有效在同一个平台上相互促进，赋能生态宜居和生活富裕。

四、实现乡村治理“智慧”还需融入数字乡村发展

乡村智慧治理面对的一些共性难题，除了人地分离带来的“热痛难堵点”以外，在村人员对数字技术的应用也普遍存在数字素养缺乏的难题。即使是在运用数字技术进行智慧治理的最佳实践村，也面对三个难题。第一，村居党员的年龄普遍偏高，缺乏懂数字技术的人才，在村人口智能手机使用能力不够。第二，不同类型数据的互联互通是进一步发展的真正堵点。第三，一个更加普遍的问题是数据安全。为此，建议在既有最佳实践的基础上，至少有如下三个方面是需要公共政策给予高度重视的。首先，坚持人民主体地位，抓好乡村智慧治理顶层设计。在推进乡村智慧治理进程中，坚持人民主体地位是根本。问计于民，问需于民，问政于民。抓好乡村智慧治理的顶层设计，统筹各相关条线部门。其次，健全乡村智慧治理运行机制，推进“三治融合”。坚持以智慧化为牵引，以乡村治理场景梳理为重点，以社会化、法治化、智慧化、专业化的手段推进乡村治理综合创新，建立智慧治理的技术项目清单、应用场景清单、流程再造清单等制度体系，推动参与、决策、执行、监督、评估、反馈等各环节改革的深化，以智慧化服务乡村治理的自治、法治、德治，进一步助推“三治融合”。最后，加强技术应用培训，构建乡村智慧治理共同体。要特别关注新技术应用的包容性，要营造“人人是主人，人人有责任”的共治氛围。

第五节　完善农民增收的体制机制

在党中央几代领导集体的坚强领导下，中国创造了举世瞩目的经济增长奇迹，中国已经成为世界第二大经济体。然而，在持续快速的经济增长过程中，城乡居民的收入和生活并没有保持同步增长，城乡居民收入之比在经历了20世纪70年代末的下降之后，从1982年的1.82持续上升到2009年的3.33，虽然2009年后开始保持缓慢下降趋势，但是到2016年城乡居民收入之比依然高达2.72，2016年城乡居民的消费支出之比也依然高达2.28。因此，要实现共同富裕的最终目标，就必须确保农民收入持续稳定增长，并且只有确保农民的收入增速快于城镇居民，才能进一步缩小城乡收入差距，实现共同富裕和全社会均衡、协调发展。

一、各地选择的种植业和养殖业普遍雷同制约了农户增收的步伐

根据《中国农村贫困监测报告2017》提供的数据，贫困地区农户各项收入比重呈现“两低两高”的特点，与全国农村贫困水平对比，贫困地区农民的工资性收入低6.5个百分点，财产性收入低0.9个百分点，而家庭经营收入高2.4个百分点，转移性收入高5.1个百分点。这说明贫困地区或贫困农户过度依赖家庭经营收入。然而，研究却发现贫困地区发展经济时大多面临着产业雷同的困境和挑战。第一，贫困地区环境的相似性决定了他们的产业选择也具有相似性。第二，贫困地区发展的产业出现雷同时，很容易出现果贱伤农的结局。种植和养殖面积的快速增长带来了产量的快速增长，但同时也引起了价格的下跌。2015年和2016年干鲜瓜果的价格指数连续下降（97.4和97.9）；肉禽及其制成品的价格指数在2015年和2016年也同样出现了持续下降（92.7和96.7）。第三，贫困地区或者贫困农户选择发展产业时，相对于发达地区或者高收入农户总是“慢半拍”，从而无法抢占市场先机。第四，贫困地区的种植业和养殖业不仅面临着“小农户、大市场”的挑战，而且面临着技术和信息获取的落后，因此即使有好的产品，也未必能够获得丰厚的利润。

二、农业补贴政策的改革现状及中国面临的挑战

近年来中国顺应WTO规则对粮食支持政策进行了改革：第一，十六届四中全会后，中央相继出台了农业“四项补贴”以及水稻与小麦最低收购价政策和玉米

与大豆临时收储政策等 6 项政策，大多数都属于“黄箱”政策。第二，中国近年来对农业补贴政策改革的思路为“黄箱”改“绿箱”。第三，中国近年来对玉米和大豆临时收储政策的改革思路为减“黄箱”、加“蓝箱”。2016 年美国向 WTO 起诉中国，原因及中国面临的挑战包括：第一，美国起诉中国的最低收购价政策以及临时收储政策突破了“黄箱”政策的限制。争端的关键点在于计算支持总额时，WTO 专家组将其最终裁决为实际产量减去未达到收购质量标准的产量。这意味着，中国的粮食最低收购价政策的提升空间已被锁定。第二，2019 年中央一号文件提出的“大豆振兴计划”面临着“黄箱”政策的约束。2019 年中央一号文件提出“大豆振兴计划”，力争 2022 年播种面积提高到 1.5 亿亩。在目标播种面积提高的前提下，大豆生产者补贴力度的提升空间也已经被锁定。第三，虽然对玉米生产者补贴基于往年的固定面积或产量发放，具有“蓝箱”政策的特征，但可能被认定为受约束的“黄箱”政策。第四，中国针对非特定农产品的支持远未达到“黄箱”政策的 8.5%上限，导致 7000 亿元的支持额度被闲置。第五，受 WTO 规则的限制，近年来的粮食补贴政策改革导致农户得到的农业支持力度显著下降，对农户增收带来了压力。

三、积极化解产业雷同难题和应对 WTO 规则用好粮食补贴政策

建议从如下几方面着手，化解不发达地区选择发展产业时所面临的产业雷同难题，改善产业发展在农民增收中的效果。第一，建议国家统计局充分挖掘和利用第三次农业普查数据信息，建立全国农产品数据库，为各地产业发展提供参考信息。第二，在发达地区和不发达地区的对口帮扶体制下，鼓励发达地区向不发达地区提供产业发展所需的技术支持，帮助不发达地区的主导产业真正发展起来并具有自生能力。第三，建议对不发达地区的农产品购销和深加工的服务业企业进行税收减免或者财政补贴，以更好地促进一产和三产的融合。

同时，积极完善中国的农业补贴政策：第一，充分挖掘和拓展不受限制的“绿箱”政策，加大农民增收和粮食安全的支持力度。第二，取消水稻、小麦的最低收购价政策，实施水稻、小麦生产者补贴。第三，加大对粮食主产区的粮食适度规模经营补贴和农机具购置补贴力度。第四，为了更好地实现“大豆振兴计划”，建议财政部和农业农村部在减少大豆生产者补贴的同时，进一步增加大豆主产区的粮食适度规模经营补贴和农机具购置补贴的力度。同时，充分利用“绿箱”政策，鼓励科学技术部和教育部对大豆生产、加工和改良等方面的技术研发提供更多的支持，鼓励农村商业银行对大豆种植大户提供低息贷款。第五，明确以基期

固定面积或产量的 85%为玉米生产者补贴的计算依据，同时与玉米限产挂钩，使该政策成为不受约束的“蓝箱”政策。第六，进一步利用和鼓励央行制定信贷政策，鼓励农村商业银行等金融机构针对农业机械和物资生产企业提供更加便利的资金获取渠道以及更低成本的资金。

第六节　生产要素间自由流动与合理配置的体制机制

党的十九大报告提出乡村振兴战略，并提出建立健全城乡融合发展体制机制。城乡融合发展的核心是生产要素在城乡间的自由流动与合理分配。《中共中央 国务院关于实施乡村振兴战略的意见》中进一步提出“坚持城乡融合发展。坚决破除体制机制弊端，使市场在资源配置中起决定性作用，更好发挥政府作用，推动城乡要素自由流动、平等交换”。

一、阻碍城乡要素流通的体制机制

第一，法律限定了集体建设用地的入市范围。2019 年新修订的《土地管理法》放宽了对集体建设用地入市的限制，但是由于对政府征地范围的界定过宽，尤其是对城区连片开发的限定较为模糊，法律将增值潜力最大的土地的权利界定给了政府，集体建设用地入市的空间仍然极为有限。第二，宅基地制度限制了农民财产权。我国现行的宅基地制度，规定了具有集体成员权的农户具有宅基地的居住权，但是没有收益、转让、抵押等财产权。目前的宅基地制度难以保证农户“一户一宅”的居住权，造成了宅基地的大量闲置和浪费，更导致了农户财产权的缺失。第三，用途管制制约了农村建设发展权。通过编制国土空间规划，严格限制农用地特别是耕地转为建设用地。用途管制制度导致农民及外来投资者难以使用土地开展建设，丧失了产业发展的权利。第四，土地制度阻碍了城市资本下乡。受《农村土地承包法》《土地管理法》等现行法律法规的限制，农村土地房屋资产还不是普遍认可的合法抵押物，处置变现较难。第五，户籍制度剥夺了农民的市民权。伴随更多的“80 后”“90 后”“农二代”离土出村的是，农民工城市权利的不健全，比如差异化的进入权、不平等的就业和收入权、高成本的居住权、城乡二元的基本保障权以及缺失的子女教育权等，严重阻碍了进城农民融入城市社会。

二、部分地区的改革创新与经验

第一，浙江德清：集体建设用地入市促进产业发展。德清在多规合一的基础上，探索出了一套兼顾国家、集体、个人的集体经营性建设用地入市制度。截至2018年3月，全国33个试点县共有812宗、总面积1.6万亩集体建设用地入市，获得183亿元收益。入市价格平均为114万元。第二，重庆地票：地票交易助力精准扶贫。地票成为重庆扶贫的重要抓手。截至2018年，重庆已转让25.8万亩地票，共计505亿元。其中，17个贫困区县出让地票16.48万亩，324.86亿元，占总规模的2/3。13.63万户农民进城落户，获得地票价款110亿元。第三，四川成都：构建社会资金主导的城乡融合制度体系。成都在土地确权、集体建设用地入市、指标交易等方面开展了一系列改革。截至2015年，共交易集体建设用地102宗，2221.42亩，8.09亿元，平均36.42万元/亩；截至2015年底，已累计投入480亿元，完成300余个挂钩项目，复垦面积15.20万亩，产出8万多亩节余指标，改善了64.7万户近200万农民生活居住条件。第四，四川泸县：构建宅基地有偿使用和退出制度。泸县探索出了一套宅基地有偿使用和退出的制度路径。截至2017年，泸县已完成复垦验收2946户农户，退出宅基地2324亩。进城购房户退出宅基地户均获得补偿12万余元，退出原宅基地到中心村建房户均可获得补偿8万余元。泸县222个村集体平均收益100万元以上。第五，广东顺德：放权让利推动村级工业园改造。佛山市顺德区通过一系列改革创新，解决了珠三角地区常年面对的村级工业园产业发展落后、土地利用效率不足的问题，为制造业的转型发展奠定了基础。

三、构建城乡要素流通的体制机制和政策体系

第一，完善土地管理制度，建立城乡统一的建设用地市场。实施包括就地直接入市、调整入市、城中村整治入市等多种入市途径，以及出让、租赁、作价入股多种有偿使用方式。按照土地级差收益形成原理在国家、集体和农民个人之间公平分配土地增值收益。通过土地增值价值捕获解决城市基础设施建设投资资金来源问题。第二，完善集体建设用地入市配套制度，促进乡村产业发展。鼓励集体建设用地使用权人在符合土地利用总体规划、城乡规划和产业发展布局规划的前提下，通过自主开发、公开转让、参股合作等多种形式开发集体建设用地，建立集体土地上的城市与工业园区，发展农产品加工产业、旅游娱乐、商业服务、工业仓储等。建立集体建设用地用于工业、公益事业的补偿机制。第三，建立全国性的建设用地指标交易市场，提高不发达地区农民收入。以农民及其集体为供给主体，在全国性的指标交易平台上，将土地整治项目节余的指标跨省公开交易、按规划落地使用。在充分尊重农民意愿的前提下，支持农民开展零星集体建设用地整理，节余的建设用地指标作为规划计划指标安排在城镇规划建设区，将指标转让收益作为农户腾退宅基地的补偿。第四，构建宅基地有偿使用与退出制度，

显化农民财产性收入。赋予农民充分的宅基地转让权。通过宅基地的跨区域转让、有偿使用和有偿退出，吸引人才，促进乡村的重新整合和人口的适度集中居住。第五，改革户籍制度，落实“农二代”城市居住权和“农三代”城市教育权。向“农二代”开放大城市的居住权。鼓励大城市利用集体土地建立房屋租赁市场，向外来务工人员及其家庭开放。落实“农三代”在城市接受教育的权利。

第七节　基于目标导向的新型农业支持保护政策体系

2018 年中央一号文件要求，要以提高农业质量效益与竞争力为目标，强化绿色生态导向，创新完善政策工具和手段，加快建立新型农业支持保护政策体系。通过构建合理的政策逻辑框架，创新农业支持保护机制，一定程度上能促进农业发展、农民增收，这在农业农村优先发展的新时代背景下具有重要的理论和现实意义。

一、中国农业发展的五大困境及成因

第一，粮食安全困境：粮食连年增收，自给率却不断下滑。自 2009 年开始，中国谷物总需求量与总产量之间的缺口不断加大，贸易逆差不断呈现上升态势。截至 2018 年初，我国的粮食自给率已降至 82.3%。困境的原因在于：小农经营单位生产成本过高，粮食供需结构不匹配，国内以口粮生产为主，向工业用粮生产的转型严重不足，粮食生产与储备、库存未能有序衔接。第二，农产品质量安全困境：农药、化肥超标，质量安全形势趋紧。困境的原因在于：农药、化肥利用率低，农民质量安全意识薄弱，生产投入缺乏监管约束。第三，经营效益困境：比较收益低下，农民增产不增收。困境的原因在于：农产品的市场价格弹性过小，“谷贱伤农”问题突出；农业本身具有弱质性，受自然与市场环境变化影响较大，加之农业基础设施薄弱、自然灾害频发，使得农民抗御自然与市场风险的能力较弱；扩大生产面临资金难题。第四，农产品竞争力困境：成本居高不下，进口呈现爆发式增长。困境的原因在于：农业传统的小规模经营模式导致农产品单产偏低、成本偏高；农业生产技术水平弱，农业科技型基础竞争力欠缺；农业生产资料价格急剧上涨，生产成本不断激增；农业的组织化程度低、行业性组织发育滞后。第五，生态保护困境：生态环境恶化，农业污染日益突出。困境的原因在于：化肥、农药使用过量且利用率偏低，同时存在地膜使用不合理、回收不到位等问题；畜牧业中养殖场建场环评不达标，动物粪便处理配套设施不完善等问题凸显；农业资源配置不合理，粗放式生产依然大范围存在，严重制约了生态环境改善。

二、五大维度下农业支持保护的策略供给

第一，维稳国家粮食安全。以粮食主产区为考察对象，利用熵权 TOPSIS 方法，从供给侧、获得性、稳定性和持续性 4 个维度对 2012 ~ 2016 年中国粮食安全进行评价，然后提出如下建议：明确责任，保障粮食供给；统筹调配，确保粮食可获得；组织创新，确保粮食生产稳定性。第二，保障农村食品安全。将农业补贴与生产主体投资相结合。通过对特定生产资料予以补贴，鼓励农民以绿色有机肥和农家肥为主，减少化肥、农药的使用。第三，强化农民增收体制。农业产业化联合体具有产业链多元交叉融合、高度专业分工与紧密形态下要素共享三大特征，其纵向一体化组织边界源于中间品市场的产品定价与交易成本，并通过内化纵向外部性与化解双边际效应获得产业及供应链整体效益提升，契约分工、收益连接与要素流动是促进其增效的主要运行机制，发展农业产业化联合体，有利于形成优质优价的正向激励。第四，提升贸易竞争优势。粮食作物层面：加强新品种研发和新科技应用，进一步加大对三种粮食作物的政策支持力度，积极应用“绿箱”政策及 “黄箱”政策。经济作物层面：严格技术标准和生产流程，增加科技投入，研发适应市场需求的新品种，打造成熟供应链服务平台，加速国际贸易一体化进程；实施品牌战略，加强对水果市场需求的研究和预测，建立区域特色品牌，做大做强地方优势特色产业；拓展更多水果进口来源地。第五，农业生产生态保护。明确农业生产环保负面清单，建立交叉遵守机制和专门监测机制。

三、新型农业支持保护政策体系设计

为满足乡村振兴战略产业兴旺、生态宜居、乡风文明、治理有效、生活富裕的总要求，确保粮食安全、质量安全、效益、环保和竞争力的实现，整体上机制创新应采取内外围相结合的双层治理模式：内围主要包括农业支持保护政策体系，作为实现目标效果的政策支撑；外围则应构建相应的协同配套体系，以服务和强化内围政策执行效果。首先，支持保护体系具体包括产业政策、收入政策、市场调控政策、贸易促进政策以及资源与生态保护政策的有机构建。其中，产业政策应着力于做出好的经济引导与提供完善的产业聚集公共服务；收入政策要善于利用直接补贴与间接补贴的增收激励组合；市场调控政策要着重做好供给调节与进口调控；贸易促进政策则侧重于出口政策与营销支持；资源与生态保护政策则主要侧重于解决绿色生产激励、资源保护和合理开发利用问题。其次，协同配套体系则主要囊括公共基础设施建设、社会化服务体系、农地建设和人员培训等方面的整合与优化等。具体地，可采用以下创新举措：积极增强农业竞争力，深化农

业市场化改革；积极宣传农产品品牌；适时制定强制性绿色支付制度，注重环境保护；积极开展动物福利和植物品种的保护工作；完善城市青年归农培训促进制度，积极鼓励农民根据市场需求做出生产决策；鼓励农民专业合作社联社和农业产业化联合体的组建；通过补贴、保险工具提高农业竞争力；注重保持农业环境，积极应对气候变化等。

第八节　总结深度贫困地区脱贫经验，实现深度贫困地区与乡村振兴的有效衔接

一、总结深度贫困地区的脱贫机理

自脱贫攻坚战以来，中央提出发展生产脱贫一批、易地搬迁脱贫一批、生态补偿脱贫一批、发展教育脱贫一批、社会保障兜底一批的“五个一批”发展战略，各农村公路、用水用电以及村舍的公共设施建设成为脱贫的首要任务，这在一定程度上密切了贫困村与城市之间的交流，促进了农村人口外流。外出务工的工资性收入成为许多贫困村农民的主要收入来源之一。从扶贫工作的角度来看，能人返乡的确能够刺激农村经济的活力，但是对于农民而言在外务工是快速增加收入的有效途径。调查村庄中，只有极少数农民具有主动返乡的意愿，更多的返乡动力来自农民自身劳动能力与其家庭生命历程的作用。这一现象最终导致的结果是，农村留守农民中除了少数能人大户外，多为老人、留守妇女与留守儿童。

调查发现，在很多地区务工收入是家庭的主要经济来源，壮劳力外出务工，一年可以收入几万块钱，但这并不意味着农民不再从事农业产业劳动。那么一个家庭中谁在打工、谁在从事农业生产，何时打工、何时从事农业生产便成了重要的问题。我们将这一现象总结为“务工为主、产业为辅”的家庭生计模式，并使用家庭生命周期理论进行解释。

“家庭生命周期”是指婚嫁、生育、分家、养老等多个重要事件和阶段所构成的家庭延续和发展的过程。家庭生计模式中外出务工和留守务农的代际分工以家庭财富积累为目标，而家庭财富积累的成果是住房的改善，包括时下蔚然成风的城镇商品房购买，形成了住房城镇化的新趋势。但是这种城镇购房的风潮没有将农村家庭吸纳到城镇地区，这是由产业分布决定的，农村家庭财富积累的方式依赖发达地区的务工机会和依托村庄的种植业，作为新居民点的新型县市区有待发展出吸纳更多人就业的产业。调查地区农村家庭的劳动力更替模式是以直系家庭

为基础的代际分工。子女结婚以后的很长一段时间里，全家的劳动力和消费者的比值都处于一个低谷，只有当孙辈的子女走出学校，进入打工的周期时，年老的夫妻可能已经离开人世，中间一辈的父母正值中年，在理想的情况下，这个家庭的所有成员都是劳动力而没有纯粹的消费者，此时家庭的财富积累能力才达到最强。因此，“务工为主、产业为辅”的家庭劳动力配置格局使得乡村产业必须适应在缺少完整劳动力的条件下发展。

在脱贫攻坚政策与乡村振兴战略的背景下，一个贫困村的村民如果真的能够通过自己的能力发展出“务工为主、产业为辅”的家庭生计模式并在村内经营农业产业，那么这个农户也就不会被评为贫困户，这个村庄也不会是贫困村。也就是说，我们希望农民以家庭为单位在生产经营环节发挥其主体性，但这并不意味着我们希望任其“自生自灭”、缓慢发展。这就需要回到政府、企业、村集体与农民这四者的关系角度来解决这一问题。在扶贫开发与乡村振兴的过程中，这四者能够发挥的作用是不同的，政府亟须解决各个乡村基础设施建设的问题，这是扶贫工作的前提。而在产业生产环节，政府、企业与合作社如何发挥引导作用，建立分户经营的统一标准是各个地区探索的主要方向。

二、关注深度扶贫地区乡村振兴产业发展的社会基础

扶贫产业能否顺利发展起来，除了依靠市场、资金、政策这些外在条件，最为关键的地方还在于产业能否扎根在乡土社会之中，需要处理好人的问题，主要包括乡村伦理关系与劳动力监督、乡风文明、乡村能人这三个方面。研究发现，劳动力的监督根本上是在处理与农民的关系，农民有一套自己的伦理道德观念，要尊重、顺应农村的伦理关系，在劳动监管中转化运用才能实现良好的监管效果。另外农村劳动力有其特殊性，在进行劳动力监管的时候需要采取特殊的方式。在村的农业劳动力并不把自己定义为一个工人，其劳动时间和劳动过程受到家庭生活的干预。这些劳动力（尤其以妇女居多）一般都优先照顾好家里的老人、孩子，做好家务，然后在闲散时间去打零工。这些妇女生活在乡村熟人圈子里，极其注重自己的脸面。乡村工业管理必须采取特殊的管理方式，照顾到工人的感受和他们的家庭生活。

通过发展产业实现脱贫，最为紧要的是要发挥村民自身的主动性、积极性，要改变“等靠要”的惰性心态，激发农民自主发展的内生动力。重视人的因素，激发农民的内生动力体现为扶贫工作中的乡风文明建设。首先，要发挥党员的先锋模范作用，增强群众自主发展的内生动力。其次，充分调动农民的主体能动性，让其成为决策、经营的主体。再次，劳动力管理问题的本质是劳动力的思想观念，而思想观念的改变要靠教育。最后，继承发扬优良的传统文化和敦厚的民情风俗。

传统文化的继承能够培养老百姓忠厚的性情，维系好宗族邻里之间的良好关系，为产业、经济发展奠定良好的社会基础。

产业的启动与发展往往需要能人的带动。能人带动指的是村庄大户、村干部、返乡青年通过自己发展产业，为其他农户树立榜样，传授经验，提供资源，继而带动其他农户的发展，实现脱贫致富。另外，能人能够发挥组织农民的作用。村庄能人利用自己的良好关系与各种资源勾连起农民与外界市场的联系，组织起农民发展产业。